中華古籍保護計劃

ZHONG HUA GU JI BAO HU JI HUA CHENG GUO

·成果·

（漢）司馬遷 撰
（南朝宋）裴駰 集解
（唐）司馬貞 索隱
（唐）張守節 正義

宋本史記

第一册

國家圖書館出版社

圖書在版編目(CIP)數據

宋本史記:全二十八册/(漢)司馬遷撰;(南朝宋)裴駰集解;(唐)司馬貞索隱;(唐)張守節正義.— 北京:國家圖書館出版社,2018.10

(國學基本典籍叢刊)

ISBN 978-7-5013-6484-8

Ⅰ.①宋… Ⅱ.①司… ②裴… ③司… ④張… Ⅲ.①中國歷史—古代史—紀傳體 Ⅳ.①K204.2

中國版本圖書館 CIP 數據核字(2018)第 160665 號

書　　名 宋本史記(全二十八册)
著　　者 (漢)司馬遷　撰　(南朝宋)裴駰　集解
(唐)司馬貞　索隱　(唐)張守節　正義
責任編輯 張慧霞
封面設計 徐新狀

出　　版 國家圖書館出版社(100034　北京市西城區文津街7號)
(原書目文獻出版社　北京圖書館出版社)
發　　行 010-66114536　66126153　66151313　66175620
66121706(傳真)　66126156(門市部)
E-mail nlcpress@nlc.cn(郵購)
Website www.nlcpress.com→投稿中心
經　　銷 新華書店
印　　裝 北京市通州興龍印刷廠
版　　次 2018年10月第1版　2018年10月第1次印刷

開　　本 880×1230(毫米)　1/32
印　　張 191

書　　號 ISBN 978-7-5013-6484-8
定　　價 560.00 圓

《國學基本典籍叢刊》編委會

《國學基本典籍叢刊》前言

國家圖書館出版社（原書目文獻出版社 北京圖書館出版社）成立三十多年來，出版了大量的中國傳統文化典籍。由於這些典籍的出版往往採用叢書的方式或綫裝形式，供公共圖書館和大學圖書館典藏使用，普通讀者因價格較高、部頭較大，不易購買使用。爲弘揚優秀傳統文化，滿足廣大普通讀者的需求，現將經、史、子、集各部的常用典籍，選擇善本，分輯陸續出版單行本。每書之前均加簡要説明，必要者加編目録和索引，總名《國學基本典籍叢刊》。歡迎讀者提出寶貴意見和建議，以使這項工作逐步完善。

編委會

二〇一六年四月

序　言

《史記》是我國第一部紀傳體通史，經由西漢時期史學家司馬談、司馬遷父子兩代人的努力，最終由司馬遷撰著完成。從現存的版本形態來看，自漢至唐，皆爲寫本，北宋太宗淳化五年（九九四）始有雕版，歷代翻刻不絶。從内容來看，隨着《史記》注解之作的不斷問世，《史記》白文逐漸和注文合流，成爲了一個不可分割的整體。在這些注解之作裏，南朝宋裴駰的《史記集解》、唐司馬貞的《史記索隱》、張守節的《史記正義》，尤被推重，世稱『《史記》三家注』，是《史記》古注的集大成之作。目前存世的《史記》版本，北宋以前皆爲《集解》單注本，南宋開始産生《集解索隱》二家注合刻與《集解索隱正義》三家注合刻本，南宋刻書家黄善夫刊刻的《史記》是現存最早的三家注合刻本。

一、黄善夫及其刊刻的《史記》

黄善夫是南宋光宗（一一九〇—一一九四年在位）、寧宗（一一九五—一二二四年在位）時期福建建寧府建安縣的刻書家，所刻古籍現存者有《史記》《漢書》〔二〕《後漢書》《王狀元集百家注分類東坡先生詩》。

黄善夫本《史記》在国内佚失已久，直至日本學者澁江全善、森立之《經籍訪古志》著録之後，纔引起學者的關注，至今不過百餘年的時間。

目前學界通常認爲黄善夫本《史記》存世僅『一部半』，一部爲一百三十卷本，半部爲七十二卷殘本，原皆藏於日本。據張玉春等先生考證，黄善夫本應是鎌倉(一一八五—一三三三)初期傳入日本的，距離其刊刻時間非常接近。

一百三十卷本最初藏於日本妙心寺的南化玄興(一五三八—一六〇四)處，後經直江兼續(一五六〇—一六一九)轉入米澤上杉家，現藏於日本國立歷史民俗博物館，日本學者多稱之爲『南化本』，共九十册。一九九六至一九九八年南化本作爲古典研究會叢書由日本東京汲古書院

〔二〕現藏於中國國家圖書館的南宋劉元起刊《漢書》卷三十一『陳勝項籍列傳第一』末有刊印牌記『建安黄善夫刊於家塾之敬室』，從該刊本的版式、行款、字體風格等特徵可以判斷和黄善夫本《史記》當同出一家。黄永年先生認爲：『在這些建陽的書鋪中，有的是幾家有關係合作刻書的，如黄善夫的《史記》《後漢書》，劉元起的《漢書》，和不知書鋪名號的《三國志》，版式、行款完全一致，顯然是有計劃的分工。』(《古籍版本学》，江蘇教育出版社，二〇〇五年，第八十三頁)

影印出版。

七十二卷殘本原藏於狩谷棭齋求古樓，清末民初由時任留日學生監督及使署參贊的田吴炤購得，帶回中國，散諸坊肆，其中六十六卷由張元濟購得，兩卷由潘宗周購得，一卷由袁克文購得後贈傅增湘，又經多方輾轉，這六十九卷現皆藏於中國國家圖書館（下文簡稱『國圖本』），共二十八册。二○○三年國圖本被收入《中華再造善本》，由北京圖書館出版社（今國家圖書館出版社）影印出版。

東京大學東洋文化研究所現藏有黄善夫本《夏本紀》《殷本紀》兩卷，出自七十二卷殘本，國圖本正缺此二卷，當是七十二卷國圖本六十九卷之外的兩卷。

此外，還有一些黄善夫本《史記》的殘卷存世，上海圖書館藏有《高祖本紀》第一葉到第二十三葉，經查核該殘卷無任何批注，南化本與國圖本《高祖本紀》具存，且皆有批注，可知上海圖書館藏本是『一部半』之外的黄善夫本。另，臺灣傅斯年圖書館藏有北宋景祐本《史記集解》一百三十卷，其中的卷一百一至一百五用黄善夫本配補。

二、黄善夫本《史記》的版本形態與存世狀況

黄善夫本《史記》字體刻印精美，半葉十行，行十八字，注文小字雙行，行二十三字。有界欄，細黑口，左右雙邊。每葉書耳處刻有篇名。《集解序》後有牌記『建安黄善夫刊於家塾之敬室』，

《目録》後有篆字牌記『建安黄氏刻梓』。根據黄永年先生的研究，南宋時期『建本中所謂「×××刻梓於家塾」「×××刊於家塾」者其實統統是坊刻』〔二〕，黄善夫本《史記》即是這類坊刻本。

現存的一百三十卷南化本和六十九卷國圖本，實際上每卷亦并非完秩，其中仍有殘缺配補的情況存在。具體配補情況統計如下表：

現存黄善夫本《史記》南化本〔三〕與國圖本存佚配補情況一覽表

篇章目次〔三〕	南化本	國圖本
史記目録	存：從標題『史記目録』至『（列傳）第六十九貨殖 史記百二十九 范蠡 子貢』 配補：從『白圭 猗頓』至『史記目録終』，内有『安成郡彭寅翁栞於崇道精舍』牌記	全存

〔二〕黄永年《古籍版本學》，第七十六頁。

〔三〕南化本的抄補情況，日本學者小澤賢二曾有統計，參見日本汲古書院一九九八年影印黄善夫本《史記》書後所附《南化本〈史記〉解説》一文。但是我們通過具體比勘發現小澤賢二先生的統計僅是殘葉抄補的問題，未關注具體殘行的抄補情況。

〔三〕該篇章目次依據南化本排列，國圖本《五帝本紀》之前篇章排列次序與南化本不同，國圖本的次序是：《史記索隱序》《史記正義序》《史記集解序》《補史記序》《史記目録》《補史記三皇本紀》《史記正義論例謚法解》。

篇章目次	南化本	國圖本
史記集解序	全存	全存
補史記序	全存	全存
史記索隱序	全存	全存
史記正義序	全存	全存
史記正義論例謚法解	全存	全存
補史記三皇本紀	全存	全存
五帝本紀第一	全存	全存
夏本紀第二	全存	佚
殷本紀第三	全存	佚〔二〕

〔二〕現東京大學東洋文化研究所藏有黄善夫本《史記》中的《夏本紀》《殷本紀》兩卷，此兩卷出自原藏於日本的七十二卷殘本。

篇章目次	南化本	國圖本
周本紀第四	全存	全存
秦本紀第五	全存	第一葉、第十七葉版心右一行，第二十四葉版心左一行，第二十七葉版心右一行，第二十九葉、第三十葉、第三十一葉版心左右一行均有殘字
秦始皇本紀第六	全存	第七葉前半葉第五行、第六行、後半葉第六行、第七行、第八行，第十八葉第六行，第二十三葉第五行、第六行、第七行，第五十二葉、第五十三葉版心左右一行均有殘字
項羽本紀第七	全存	全存
高祖本紀第八	全存	全存

篇章目次	南化本	國圖本
吕后本紀第九	全存	全存
孝文本紀第十	全存	全存
孝景本紀第十一	全存	全存
孝武本紀第十二	全存	全存
三代世表第一	全存	佚
十二諸侯年表第二	全存	佚
六國表第三	全存	佚
秦楚之際月表第四	全存	佚
漢興以來諸侯年表第五	全存	佚
高祖功臣侯年表第六	全存	佚

篇章目次	南化本	國圖本
惠景間侯者年表第七	全存	全存
建元以來侯者年表第八	全存	全存
建元已來王子侯者年表第九	全存	全存
漢興以來將相名臣年表第十	配補： 一、元朔三年（公元前一二六）《大事記》『匈奴殺代太守友。《集解》徐廣曰：「太守姓共，名友。」』一句中『名友』前的文字皆殘，誤用下文元狩三年『匈奴入右北平、定襄』八字抄補 二、元鼎五年（公元前一一二）《大事記》『三月中南』『自殺』殘，抄補 三、甘露三年（公元前五一）《相位》『七月丁巳御史』殘，抄補 四、《索隱述贊》文字多有殘泐，抄補	佚

篇章目次	南化本	國圖本
禮書第一	配補： 一、第十二葉後半葉最末三行有殘字，抄補 二、文末《索隱述贊》前面雙行小注殘，抄補	全存
樂書第二	全存	第十七葉版心左右一行有殘字
律書第三	全存	第十七葉版心右一行雙行小注《正義》全殘
曆書第四	全存	全存
天官書第五	全存	全存
封禪書第六	全存	全存
河渠書第七	全存	第五葉版心左兩行有殘字
平準書第八	全存	第十二葉缺，第十六葉裝訂誤在第十八葉、十九葉之間

篇章目次	南化本	國圖本
吳太伯世家第一	全存	佚
齊太公世家第二	配補：第一葉版心左一行、第二葉版心左右一行皆有殘字，抄補	佚
魯周公世家第三	全存	佚
燕召公世家第四	全存	佚
管蔡世家第五	全存	佚
陳杞世家第六	全存	佚
衛康叔世家第七	全存	佚
宋微子世家第八	配補：第二葉前半葉第一行至第六行殘缺，抄補	佚
晉世家第九	全存	第十八葉重出，且重出的兩葉有差异

篇章目次	南化本	國圖本
楚世家第十	全存	全存
越王勾踐世家第十一	全存	全存
鄭世家第十二	配補：第二葉版心左右兩行有殘字，抄補	第十五葉左右兩行有殘字
趙世家第十三	全存	配補：第一葉前半葉全殘，抄補。 第二十九葉、第三十一葉版心左一行、第三十四葉版心右一行有殘字
魏世家第十四	全存	全存
韓世家第十五	配補：第十一葉全殘，始於《索隱述贊》「又侵負黍」至篇末，抄補	全存
田敬仲完世家第十六	配補：第二葉前半葉全殘，抄補	全存
孔子世家第十七	配補：第三十葉、三十一葉全殘，抄補	全存

篇章目次	南化本	國圖本
陳涉世家第十八	全存	全存
外戚世家第十九	全存	全存
楚元王世家第二十	全存	全存
荆燕世家第二十一	全存	全存
齊悼惠王世家第二十二	配補：第一葉前半葉第一行、第九行、第十行，後半葉版心左三行均有殘字，抄補	全存
蕭相國世家第二十三	全存	全存
曹參世家第二十四	全存	全存
留侯世家第二十五	配補：第十五葉全殘，抄補	全存
陳丞相世家第二十六	全存	全存
絳侯周勃世家第二十七	全存	全存

篇章目次	南化本	國圖本
梁孝王世家第二十八	全存	全存
五宗世家第二十九	全存	全存
三王世家第三十	全存	全存
老子伯夷列傳第一	配補：第一葉版心左右三行、第二葉版心左右三行、第三葉版心右三行有殘字，抄補	全存
管晏列傳第二	全存	全存
申不害韓非列傳第三	全存	全存
司馬穰苴列傳第四	全存	全存
孫子吴起列傳第五	全存	全存
伍子胥列傳第六	配補：第八葉到篇末第十一葉全殘，抄補	全存
仲尼弟子列傳第七	配補：第一葉前半葉全殘，抄補	全存

篇章目次	南化本	國圖本
商君列傳第八	全存	佚
蘇秦列傳第九	配補：第二十七葉全殘、第二十九葉《索隱述贊》『揣摩既就』以下至篇末殘，抄補	佚
張儀列傳第十	配補：第一葉全殘，抄補	佚
樗里子甘茂列傳第十一	全存	佚
穰侯列傳第十二	全存	佚
白起王翦列傳第十三	配補：第六葉，第十葉全殘，抄補	全存
孟子荀卿列傳第十四	配補：第一葉前半葉版心右兩行有殘字，抄補	全存
孟嘗君列傳第十五	全存	全存
平原君虞卿列傳第十六	全存	全存
信陵君列傳第十七	全存	全存

篇章目次	南化本	國圖本
春申君列傳第十八	全存	全存
范雎蔡澤列傳第十九	配補：第四葉全殘，第六葉版心左右一行各有殘字，第七葉全殘，第八葉版心左右一行各殘字，抄補	第一葉版心右兩行、左四行，第二葉版心右兩行、左一行，第三葉版心右一行、左四行，第四葉版心右三行、左兩行，第五葉版心左第二行，第六葉版心左、右第三行，第七葉版心右一行，第十四葉前半葉第一行至第五行均有殘字
樂毅列傳第二十	配補：第七葉版心左五行有殘字，抄補	全存
廉頗藺相如列傳第二十一	全存	全存
田單列傳第二十二	全存	全存
魯仲連鄒陽列傳第二十三	全存	全存

篇章目次	南化本	國圖本
屈原賈生列傳第二十四	配補：第一葉小題之下和第二行、第三行有殘字，抄補	全存
吕不韋列傳第二十五	全存	全存
刺客列傳第二十六	全存	全存
李斯列傳第二十七	配補：第一葉、第二葉版心左右兩行各有殘字，抄補	全存
蒙恬列傳第二十八	全存	全存
張耳陳餘列傳第二十九	配補：第十葉版心左八行有殘字，抄補	全存
魏豹彭越列傳第三十	全存	全存
黥布列傳第三十一	全存	佚
淮陰侯列傳第三十二	配補：第十三葉、十四葉、十五葉、十六葉、十七葉全殘，抄補	佚

篇章目次	南化本	國圖本
韓王信盧綰列傳第三十三	配補：第七葉、第八葉、第十葉全殘，第九葉版心左右兩行有殘字，抄補	佚
田儋列傳第三十四	全存	佚
樊酈滕灌列傳第三十五	全存	佚
張丞相列傳第三十六	全存	佚
酈生陸賈列傳第三十七	配補：第一葉版心左右兩行皆有殘字，抄補	佚
傅靳蒯成列傳第三十八	全存	佚
劉敬叔孫通列傳第三十九	全存	佚
季布欒布列傳第四十	配補：第一葉版心左右行有殘字，抄補	佚
袁盎晁錯列傳第四十一	全存	佚
張釋之馮唐列傳第四十二	全存	佚

篇章目次	南化本	國圖本
萬石張叔列傳第四十三	全存	佚
田叔列傳第四十四	全存	佚
扁鵲倉公列傳第四十五	配補：第三十一葉全殘，抄補	佚
吴王濞列傳第四十六	配補：第一葉版心左右一行皆有殘字，抄補	佚
魏其武安侯列傳第四十七	全存	佚
韓長孺列傳第四十八	全存	佚
李將軍列傳第四十九	全存	佚
匈奴列傳第五十	全存	佚
衛將軍驃騎列傳第五十一	全存	佚
平津侯主父列傳第五十二	全存	佚

篇章目次	南化本	國圖本
南越尉佗列傳第五十三	全存	佚
東越列傳第五十四	全存	佚
朝鮮列傳第五十五	全存	佚
西南夷列傳第五十六	全存	佚
司馬相如列傳第五十七	配補：第一葉版心左右一行各有殘字，抄補	佚
淮南衡山列傳第五十八	全存	佚
循吏列傳第五十九	全存	佚
汲鄭列傳第六十	全存	佚
儒林列傳第六十一	全存	佚
酷吏列傳第六十二	全存	佚

篇章目次	南化本	國圖本
大宛列傳第六十三	全存	佚
游俠列傳第六十四	配補：第四葉後半葉版心左一行有殘字，抄補	佚
佞幸列傳第六十五	全存	佚
滑稽列傳第六十六	全存	佚
日者列傳第六十七	全存	佚
龜策列傳第六十八	全存	佚
貨殖列傳第六十九	全存	佚
太史公自序第七十	全存	全存
史記索隱後序	第一葉前半葉版心右二行有殘字，抄補。後半葉版心左四行、第九行、第十行皆有殘字。第二葉第一行、第二行、第三行、第八行、第九行、第十行皆有殘字	全存

三、黄善夫本《史記》的價值

黄善夫本《史記》作爲現存最早的《史記》三家注本，具有重要的文獻價值，主要體現在以下三個方面。

（一）版本研究的價值

黄善夫本《史記》承前啓後，是研究《史記》版本流變的津梁。

正文部分，《老子莊子列傳》在《列傳》之首，與《伯夷列傳》合爲《老子伯夷列傳第一》。《太史公自序》：『末世争利，維彼奔義；讓國餓死，天下稱之。作《伯夷列傳》第一。……李耳無爲自化，清浄自正；韓非揣事情，循埶理。作《老子韓非列傳》第三。』可見《老子列傳》在《列傳》之首的次序不會是《史記》原貌。

《老子伯夷列傳》小題下有雙行小注：『監本老子與伯夷同傳第一，莊子與韓非同傳第三。』《申不害韓非列傳》小題下有雙行小注：『開元二十三年勅升老子莊子爲列傳首，故申韓爲此卷。』據張玉春先生考證：『黄善夫本刊於南宋，無奉唐開元敕書之理。北宋雖有政和八年升老子爲列傳之首之詔，但并未真正實行，僅政和間補刊景祐本時，依此詔改定了原本的次第，而南宋刊刻的諸本《史記》均未從此詔。黃善夫本的列傳次第如此排列另有因由，而且與黃善夫本所據底本有直接關係。』[二]黃善夫本《老子列傳》居首，或許承襲了《史記》唐代傳本。

另外，通過异文比較，發現該本與南宋乾道七年（一一七一）建安蔡夢弼刊《史記集解索隱》本、淳熙三年（一一七六）張杅刊八年（一一八一）耿秉重修《史記集解索隱》本，存在一定的相關性，而元至元二十五年（一二八八）彭寅翁崇道精舍刊《史記集解索隱正義》等三家注本又據該本爲底本。因此，黃善夫本是研究《史記》兩家注本、三家注本系統的重要節點。

（二）校勘研究的價值

黃善夫本《史記》作爲南宋刻本，存有大量一字千金的异文，可資校正傳世《史記》三家注訛誤。如：

中華書局原點校本《魏世家》『與韓康子』《索隱》：『名虔。』『虔』字，黃善夫本作『虎』，當是。《六國年表》『韓康子敗智伯於晉陽』《索隱》：『康子名虎。』《韓世家》『莊子卒，子康子代』《索隱》：『名虎。』《國語·晋語》『智襄子戲韓康子而侮段規』韋昭注：『康子，韓宣子之曾孫、

〔二〕張玉春《〈史記〉版本研究》，商務印書館，二〇〇一年，第二五五頁。

莊子之子虎。』《世本》：『莊子生康子虎。康子生武子啓章。武子生景子虔。』據《史記・韓世家》《世本》等史料，康子之孫名虔，亦可證康子不會名虔，《索隱》『虔』必是『虎』之訛。

黄善夫本亦有不見於中華書局原點校本《史記》的《索隱》佚文，如《五帝本紀》『索隱述贊』末有：『右述贊之體，深所不安。何者？夫叙事美功，合有首末，懲惡勸善，是稱褒貶。觀太史公贊論之中，或國有數君，或士兼百行，不能備論終始，自可略申梗概。遂乃頗取一事，偏引一奇，即爲一篇之贊，將爲龜鏡，誠所不取。斯亦明月之珠，不能無纇矣。今并重爲一百三十篇之贊云。』又如，《項羽本紀》小題之下有《索隐》：『項羽崛起，争雄一朝，假號西楚，竟未踐天子之位而身首別離，斯亦不可稱本紀，宜降爲世家。』此類《索隱》佚文共有二十七處之多，二〇一三年中華書局《史記》修訂本已悉據黄善夫本輯補。

(三) 批注文獻的價值

日本室町時代(一三三八—一五七三)後期，京都建仁寺僧人月舟壽桂等將所見《史記》古注抄録在了黄善夫本《史記》(今日本國立歷史民俗博物館藏本)邊欄之外天頭地腳等處，有時將這類批注另紙書寫，或以簽條粘在頁上，或附抄於篇末，如《扁鵲倉公列傳》一篇附頁就有九十餘張。這些批注所涉文獻，如鄒誕生《史記音》，劉伯莊《史記音義》，日本學者藤原英房《史記説》，南化玄興、桃源瑞仙等《史記》注原本皆已不存，因此顯得彌足珍貴。另外，批注裏最受關注的是存有大量標注『《正義》曰』的文字，自二十世紀三十年代以來，瀧川資言等日本學者認爲皆係三家注本《史記正義》佚文，據此展開輯佚工作，同時也引發了持續至今的真僞考辨與討論。近年張玉春先生將這些批注材料進行了全面整理，輯成七十二萬字的《〈史記〉日本古注疏證》一書，二〇一六年已由齊魯書社出版，可備參考。

四、黄善夫本《史記》的錯訛

如前所述，黄善夫本《史記》是一部南宋建安的坊刻本，錯訛滿紙，比比皆是。既有整段整句的脱衍，也有具體字詞的訛誤。

以日本國立歷史民俗博物館藏本爲例，全書共有五處文字存在大段脱衍，如《天官書》『地維咸光』下有《正義》：『四填星，出四隅，去地可四丈。地維咸光，亦出四隅，去地可三丈，若月始出所見。下有亂者亡，有德者昌也。』此處《史記》前後正文作：『四填星，所出四隅，去地可四丈。地維咸光，亦出四隅，去地可三丈，若月始出。所見，下有亂；亂者亡，有德者昌。』正文和《正義》幾乎全同。中華書局點校本等正文之下無《正義》，疑此處黄本是正文衍入注中，後人又補《正義》

二字。

具體字詞訛誤也非常之多，尤其是三家注部分，刊刻十分粗疏，訛脱衍倒的現象時有發生，形近而訛的字詞隨處可見。

由於黄善夫本存在大量錯訛，民國時期張元濟先生主持輯印百衲本二十四史時，《史記》一書雖然以黄善夫本爲底本，但是對校了武英殿本，參校了清劉喜海舊藏百衲本、明毛晋汲古閣單刻《史記索隱》本、明王延喆刻三家注本、清末劉承幹影刻蜀大字本等，對黄善夫本進行了全面修潤工作，改正了大量錯訛，所以一九三六年刊行出版的百衲本《史記》已不是黄善夫本原貌。然而，此後半個多世紀，許多使用商務印書館百納本《史記》的讀者，都誤以爲該書全據黄善夫本影印。直至一九九四年杜澤遜先生發表《論黄善夫本〈史記〉及其涵芬樓影印本》一文，纔真正揭示出黄善夫本《史記》和張元濟先生主持影印的百衲本《史記》的差异[一]。一九九六至一九九八年日本國立歷史民俗博物館藏黄善夫本《史記》作爲古典研究會叢書由東京汲古書院影印出版，國内極爲鮮見。二〇〇三年中國國家圖書館藏六十九卷本作爲《中華再造善本》之一種由北京圖書館出版

〔一〕 杜澤遜《論黄善夫本〈史記〉及其涵芬樓影印本》，《古籍整理出版情况簡報》一九九四年第四期。後又刊發於《中國典籍與文化論叢》（第三輯），中華書局，一九九五年。

社影印出版，一般讀者也難於使用，且未爲全秩。

此次《國學基本典籍叢刊》將日本國立歷史民俗博物館藏本重新影印，對於黃善夫本《史記》的流傳廣布具有十分重要的意義。

王景炎

二〇一八年九月

總目録

第一册

第二册

第三册

第四册

第五册

第六册

第七册

第八册

第九册

第十册

第十一册

第十二册

第十三册

第十四册

第十五册

第十六册

第十七册

第十八册

第十九册

第二十册

第二十一册

第二十二册

第二十三册

第二十四册

第二十五册

第二十六册

第二十七册

第二十八册

第一册目録

據日本汲古書院影印宋建安黄善夫家塾刻本影印原書版框高二十一點一厘米寬十三點三厘米

史記目錄 一

目錄一冊 序一冊
八書九冊 世家十九冊 列傳三十冊

史記目録

集解　宋中郎外兵曹參軍裴　駰

補史　唐朝散大夫國子博士弘文館學士

河内司馬　貞

索隱　唐朝散大夫國子博士弘文館學士

河内司馬　貞

正義　唐諸王侍讀宣義郎守右清道率

府長史張　守節

帝紀

第五卷　史記五
秦昭襄王
莊襄王
第六卷　史記六
秦始皇帝
二世皇帝
第七卷　史記七
項羽
第八卷　史記八

年表

第五卷　史記十七
漢興以來諸侯年表
第六卷　史記十八
高祖功臣侯年表
第七卷　史記十九
惠景閒侯者年表
第八卷　史記二十
建元以來侯者年表
第九卷　史記二十一

目五

宋微子
第九卷　史記三十九
晉
第十卷　史記四十
楚
第十一卷　史記四十一
越王句踐
第十二卷　史記四十二
鄭

孔子
第十八卷　史記四十八
陳涉
第十九卷　史記四十九
外戚
第二十卷　史記五十
楚元王
第二十一卷　史記五十一
荆燕

目七

列傳

穰侯

第十三卷　史記七十三

白起　王翦

第十四卷　史記七十四

孟軻　淳于髡

慎到　騶奭

荀卿

第十五卷　史記七十五

孟嘗君

樂毅

第二十一卷　史記八十一

廉頗　藺相如

趙奢　李牧

第二十二卷　史記八十二

田單

第二十三卷　史記八十三

魯仲連　鄒陽

第二十四卷　史記八十四

張蒼　周昌

任敖　申屠嘉

韋賢　魏相

邴吉　黄霸

韋玄成　匡衡

第三十七卷　史記九十七

酈食其　陸賈

朱建

第三十八卷　史記九十八

傅寬　靳歙
周緤
第三十九卷　史記九十九
劉敬　叔孫通
第四十卷　史記一百
季布　欒布
第四十一卷　史記一百一
袁盎　鼂錯
第四十二卷　史記一百二

第五十卷　史記百一十
匈奴
第五十一卷　史記百一十一
衛青
第五十二卷　史記百一十二
公孫弘　主父偃
第五十三卷　史記百一十三
南越尉佗
第五十四卷　史記百一十四

衡山王

第五十九卷循吏　史記百一十九

孫叔敖　子産

公儀休　石奢

李離

第六十卷　史記百二十

汲黯　鄭當時

第六十一卷儒林　史記百二十一

申生　轅固生

韓生　伏勝
董仲舒　胡毋生
第六十二卷酷吏史記百二十二
郅都　甯成
周陽由　趙禹
張湯　義縱
王温舒　楊僕
減宣　杜周
第六十三卷　史記百二十三

大宛
第六十四卷游俠　史記百二十四
朱家　劇孟
郭解
第六十五卷佞幸　史記百二十五
鄧通　韓嫣
李延年
第六十六卷滑稽　史記百二十六
淳于髡　優孟

白圭　猗頓
卓氏　程鄭
宛孔氏　師史
任氏
第七十卷　史記百三十
太史公自序
帝紀一十二卷
年表一十卷
八書八卷

目十八終

世家三十卷
列傳七十卷

安成郡彭寅翁
鰲于崇道精舍

史記目錄終

此葉據元板彭寅翁本
誤附同本末記 水澤記

史記集解序到謚法解　二

史記

史記集解序

裴駰 司馬貞索隱曰駰字龍駒河東聞喜人宋中郎外兵曹參軍父松之字世期太中大夫注三國志宋書父子同傳○正義曰裴駰採九經諸史并漢書音義及衆書之目而解史記故題史記集解序序緒也孫炎云謂端緒也孔子作易卦子夏作詩序之義其來尚矣

班固有言曰 索隱曰固撰漢書作司馬遷傳評其作史記所採之書兼論其得失故裴駰此序先引之爲説也按固字孟堅扶風人後漢明帝時仕至中護軍祖穉潁川太守父彪徐令續太史公書 司馬遷 正義曰字子長左馮翊人也漢武帝時爲太史令撰史記百三十篇父談亦爲大史令 據左氏國語 索隱曰仲尼作春秋經魯史左丘明作傳合三十篇

故曰左氏傳國語亦丘明所撰上起周穆王下訖敬王其諸侯之事起魯莊公迄春秋末凡二十一篇

釆世本戰國策索隱曰劉向云世本古史官明於古事者之所記也録黄帝已來帝王諸侯及卿大夫系謚名號凡十五篇也戰國策高誘云六國時縱横之説也一曰短長書亦曰國事劉向撰爲三十篇名曰戰國策按此是班固取其後名而書之非遷時已名戰國策述楚漢春秋索隱曰漢太中大夫楚人陸賈所撰記項氏與漢高祖初起及説惠文間事接其後事訖于天漢索隱曰武帝年號言太史公所記迄至武帝天漢之年也其言秦漢詳矣至於釆經摭傳索隱曰按字書摭拾也音之赤反分散數家之事甚多疏略或有抵捂索隱曰抵音丁禮反捂音五故反抵者觸也捂亦斜拒抵觸之名按今屋梁上斜柱是也

上下並如字向上取黄帝向下訖漢太初也

論語子罕篇子貢曰固天縱之將聖又多能也孔安國曰言天固縱之大聖之德也又使多能也

斜觸謂之捂下觸謂之抵抵捂言其參差也以言彼此二文同出一家而泊相乖舛亦其所涉獵者廣博貫穿經傳馳騁古今上下數千載閒斯已勤矣正義曰言作史記採經傳百家之事上下二千餘年此其甚勤於撰錄也又其是非頗謬於聖人索隱曰聖人謂周公孔子也言周孔之教皆宗儒尚德今太史公乃先黃老崇勢利是謬於聖人○正義曰太史公史記各顯六家之宗黃老道家之宗六經儒家之首序游俠則退處士述貨殖則崇勢利處士賤貧原憲非病夫作史之體務涉多時有國之規備陳臧否天人地理咸使該通而遷天縱之才述作無滯故異周孔之道班固詆之裴駰引序亦通人之蔽也而固作漢書與史記同者五十餘卷謹寫史記少加異者不弱即劣何更非剝史記乃是後士妄非前賢又史記五十二萬六千五百言敘二千四百一十三年事漢書八

十一萬言敘二百二十五年事司馬遷引父致意班固父脩而蔽之優劣可知矣 **論大道** 則先黄老而後六經 正義曰大道者皆禀乎自然不可稱道也道在天地之前先天地生不知其名字之曰道黄帝老子遵崇斯道故太史公論大道須先黄老而後六經 **序** 游俠則退處士而進姦雄 索隱曰游俠謂輕死重氣如荆軻豫讓之輩也游從也行也俠挾也持也言能相從游行挾持之事又曰同是非曰俠○正義曰姦雄猾雄豪之人 **述貨殖** 正義曰殖生也言貨物滋生也 則崇勢利 正義曰趨利之人 此其所蔽也 正義曰此三者是司馬遷不達理也 然自劉向揚雄博極羣書皆稱遷有良史之才服其善序事理辯而不華質而不俚 索隱曰俚音里

劉德曰俚即鄙也崔浩云世有鄙俚之語則俚亦野也謂詞不鄙樸其文直其事核不虛美不隱惡故謂之實錄駰以爲固之所言世稱其當正義曰駰音因當音丁浪反裴駰以班固所論司馬遷史記是非世人稱班固之言雖時有紕繆索隱曰紕音匹反紕猶錯也亦作紕字書云織者兩絲同齒曰紕繆亦與謬同實勒成一家正義曰雖有小紕繆實編勒成一家之書矣總其大較索隱曰較音角較猶略也則大較猶言大略也○正義曰較明也信命世之宏才也索隱曰按孟子云五百年生一賢其閒必有名世者趙岐曰名世次聖之才物來能名此言命者名也言賢人有名於世也宏才大才謂史遷考較此書文句不同有多有少莫辯其實

而世之惑者定彼從此是非相貿眞僞舛雜正義曰貿音茂舛音昌轉反言世之迷惑淺識之人或定彼從此本更相貿易眞僞雜亂不能辯其是非故中散大夫東莞徐廣研核衆本爲音義正義曰作音義十三卷裴駰爲注散入百三十篇具列異同兼述訓解正義曰徐作音義具列異同之本兼述訓解釋也粗有所發明而殊恨省略索隱曰殊絕也左傳曰軫其不殊言絕恨其所撰太省略○正義曰省音山景反聊以愚管索隱曰按東方朔云以管窺天以蠡測海皆喻小也然此語本出莊子文今云愚管者是駰謙言己愚陋管見所識不能遠大也增演徐氏正義曰演音羊善反增益也言裴駰更增益演徐氏之說采經傳百家并先

儒之說正義曰採取也或取傳說採諸子百家兼取先儒之義先儒謂孔安國鄭玄服虔賈逵等是也言百家廣其非一豫是有益悉皆抄内正義曰並採經傳之說有裨益史記盡抄内其中抄音楚交反刪其游辭取其要實正義曰刪音師顏反刪除也去經傳諸家浮游之辭取其精要之實或義在可疑則數家兼列正義曰兼列數家之說不同各有道理致生疑惑不敢偏棄故皆兼列漢書音義稱臣瓚者莫知氏姓索隱曰按即傅瓚而劉孝標以爲于瓚非也據何法盛書于瓚以穆帝時爲大將軍誅死不言有註漢書之事文其註漢書有引祿秩令及茂陵書然彼二書亡於西晉非于所見也必知是傅瓚者按穆天子傳目錄云傅瓚爲校書郎與荀勖同校定穆天子傳即當西晉之朝在于之前尚見茂陵等書又稱臣者以其職典秘書故也瓚

音殘岸反今直云瓚曰又鄰無姓名者但云漢書音義正義曰漢書音義中有全無姓名者裴氏注史記直云漢書音義按大顏以爲無名義今有六卷題云孟康或云服虔蓋後所加皆非其實未詳指歸也時見微意有所裨補正義曰見音賢見反裨音卑又音頻移反裨益也裴氏云時見已之微意亦有所補益也譬嘒星之繼朝陽索隱曰嘒微小貌也詩云嘒彼小星三五在東言衆無名微小之星各隨三心五噣出在東方亦能繼朝陽之光嘒音火慧反朝陽日也嘒星繼朝陽喻已淺薄而註史記也飛塵之集華嶽正義曰西岳華山極高大裴氏自喻材藻輕小如飛塵之集華岳亦能成其高大管子云海不辭水故能成其大山不辭土故能成其高華音故化反又如字以徐爲本正義曰徐廣音義辨諸家異同故以徐爲本也號曰集

晉懿公奔伯歸女五人懷嬴與焉子圉妻也子圉逃歸立為懷公曰懷嬴公子使奉匜沃盥既而揮
之嬴怒曰秦晉匹也何以卑我匹敵也卑賤也公子懼降服囚命撤上服自囚以聽命秦伯見公子
曰寡人之適此為才適妃也子圉之辱備嬪嬙焉辱猶貶於秦時嬪嬙婦官欲以成婚而懼離
其惡名非此則無故不敢以禮致之懼之故也言欲成婚懼以為圉妻惡離其名非有此則無宜故不敢
以婚姻正禮致之而令為夫人歡愛此女之故也公子有辱寡人之罪也唯命是聽公子辭司空季
子曰同姓為兄弟賈侍中云兄弟婚姻之稱也昭云同父而生德姓同者為兄弟言重耳其德不
同則子圉道路之人以妻其妻黃帝之子二十五人其同姓者二人而已唯青陽與夷
鼓皆為己姓此二人祖與同德故俱為己姓青陽方雷氏之甥也夷鼓彤魚氏之甥也青陽
西陵氏之甥彤魚國名常系曰黃帝娶於西陵氏之子曰纍祖實生青陽青陽金天氏帝少皞也其同
姓而異姓者四母之別為十二姓凡黃帝之子二十五宗韋昭云尚書曰繼別為小宗非也繼別
為大宗別之庶孫乃為小宗耳其得姓者十四人為十二姓得姓以德居官而初賜之姓謂十四人為十二人
為姬三人為己故十二姓云之公子親筮之曰尚有晉國著曰筮尚上也命筮之辭也得屯悔豫皆八
也內曰貞外曰悔震下坎上屯坤下震上豫得此兩卦震在屯為貞在豫為悔八謂震兩陰爻在貞在悔皆不動故
曰皆八謂爻無為也筮史占之皆曰不吉筮史筮人掌以三易辨九筮之名一曰連山二曰歸藏三曰周易以夏之連
山商之歸藏占此二卦皆言不吉閉而不通爻無為也震為動動遇坎坎為險險阻閉塞不通則無所為也司
空季子曰吉是在周易皆利建侯以周易占之二卦皆吉也屯初九曰利建侯豫大象亦曰利建侯行師
不有晉國以輔王室安能建侯我命筮曰尚有晉國告我曰利建侯得國務也吉孰大焉
云云

世家書之大要出自虞律
述作圖各世家而以日後之
遠之間分殘之
若妄言未學乃旧甚訳宋
学之義也幻訳四字連
語亦可放之妄言末学
也

大夫曰季名曰胥臣按國語稱晉文公使趙衰為卿辭曰欒枝貞慎先軫有謀胥臣多聞皆可以為輔又胥臣對文公黃帝二十五子及屯豫皆八等事是多聞也子產之博物索隱曰鄭卿公孫僑字子產按左氏傳子產聘晉晉侯之疾非實沈臺駘之祟乃說飲食哀樂及內官不及同姓則能生疾晉侯聞子產之言曰博物君子也妄言末學蕪穢舊史

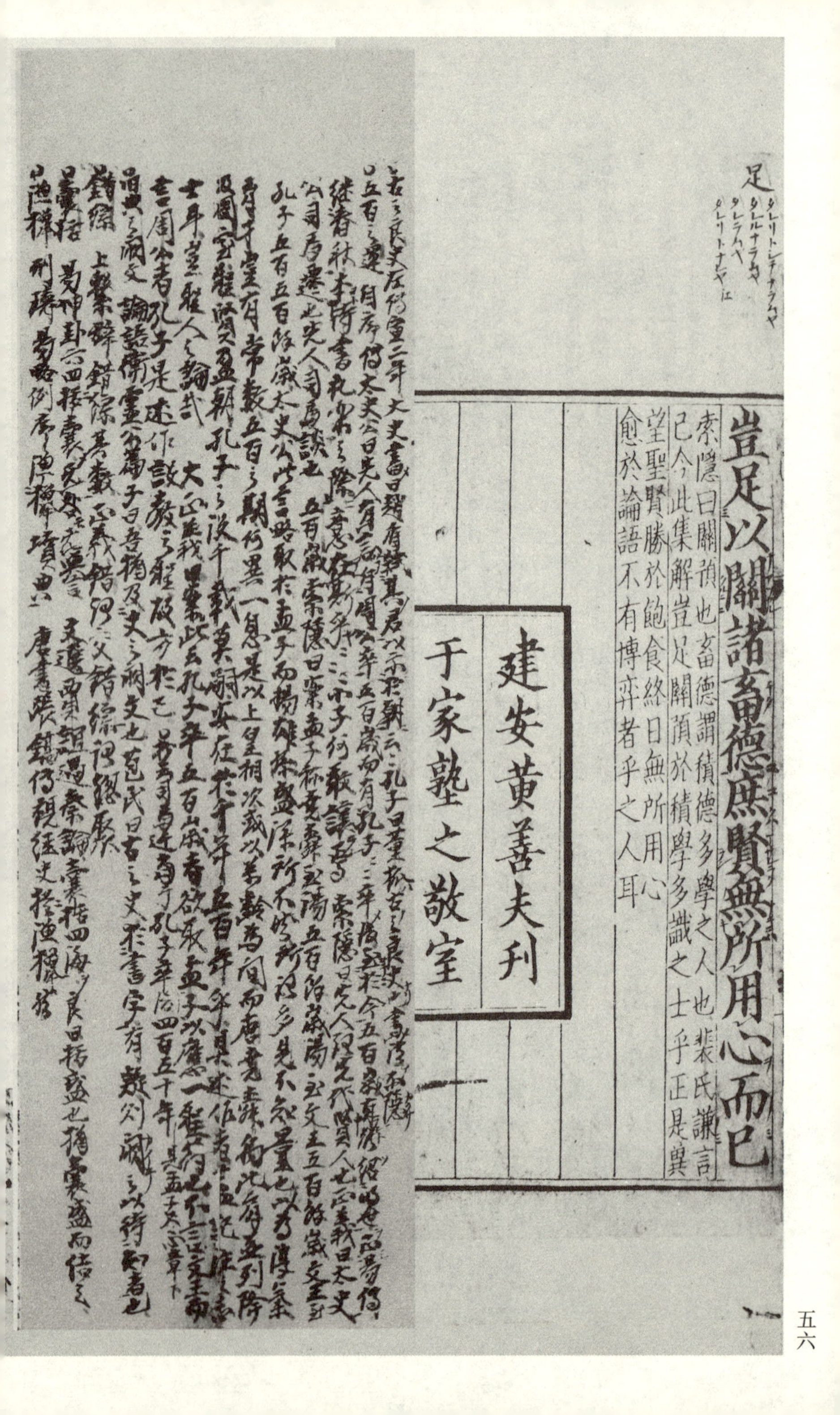

足 タレリトレテナラムヤ タルルナラムヤ タレラムヤ タレリトナムヤ江

豈足以關諸畜德庶賢無所用心而已

索隱曰關預也畜德謂積德多學之人也裴氏謙言己今此集解豈足關預於積學多識之士乎正是異望聖賢勝於飽食終日無所用心愈於論語不有博弈者乎之人耳

建安黃善夫刊于家塾之敬室

解未詳則闕弗敢臆説正義曰有未詳審之處則闕而不論不敢以胸臆之中而妄解説也人心不同正義曰言人心既不同所見亦殊别也聞見異辭正義曰耳聞目見心意既乖其辭所以各異也班氏所謂疏略抵捂者依違不悉辯也索隱曰裴氏言今或依違不復更辯明之也按周公世家叙傳曰依之違之周公綏之愧非胥臣之多聞索隱曰晉大夫臼季名曰胥臣按國語稱晉文公使趙衰爲卿辭曰欒枝貞慎先軫有謀胥臣多聞皆可以爲輔又胥臣對文公黄帝二十五子及屯豫皆八等事是多聞也子產之博物索隱曰鄭卿公孫僑字子產按左氏傳子產聘晉言晉侯之疾非實沈臺駘之祟乃説飲食哀樂及内官不及同姓則能生疾晉侯聞子產之言曰博物君子也妄言未學蕪穢舊史

豈足以關諸畜德庶賢無所用心而已

索隱曰關預也畜德謂積德多學之人也裴氏謙言己今此集解豈足關預於積學多識之士乎正是與望聖賢勝於飽食終日無所用心愈於論語不有博弈者乎之人耳

建安黄善夫刊于家塾之敬室

史記集解序

補史記序

小司馬氏

太史公古之良史也家承二正之業人當五百之運兼以代爲史官親掌圖籍慨春秋之絶筆傷舊典之闕文遂乃錯綜古今囊括記録本皇王之遺事採人臣之故實爰自黃帝迄于漢武歷載悠邈舊章罕補漁獵則窮於百氏筆削乃成於一家父作子述其勤至矣然其敘

勸褒貶頌稱折衷後之作者咸取則焉夫以首創者難爲功因循者易爲力自左氏之後未有體制而司馬公補立紀傳規模別爲書表題目莫不本紀十二象歲星之一周八書有八篇法天時之八節十表放剛柔十日三十世家比月有三旬七十列傳取懸車之暮齒百三十篇象閏餘而成歲其間禮樂刑政君舉必書福善禍淫用垂炯誡事廣而文

序六

論語八佾篇子謂韶盡美矣又盡善也謂武盡美矣未盡善也是他史之所不盡善則後学之深疑者不復篇闕三皇紀等也

句詞質而理暢斯亦盡美矣而有未盡善者具如後論雖意出當時而義非經遠蓋先史之未備成後學之深疑借如本紀叙五帝而闕三皇世家載列國而有外戚郛許春秋次國略而不書張吴敵國蕃王抑而不載並編録有闕觸所未安又列傳所著有管晏及老子韓非管晏乃齊之賢卿即如其例則吴之延陵鄭之子產晉之叔向衛之史魚盛德

不闕何爲蓋闕伯陽清虛爲教韓子峻刻制法靜躁不同德刑斯舛今宜柱史共漆園同傳公子與商君並列可不善歟其中遠近乖張詞義踳駁或篇章倒錯或贊論麁䟽蓋由遭逢非罪有所未暇故十篇有録無書是也然其綱絡古今叙述懲勸異左氏之微婉有南史之典實所以揚雄班固等咸稱其有良史之才蓋信乎其然也後褚少孫亦頗加

補綴然猶未能周備貞業謝顓門人非
博古而家傳是學頗事討論思欲續成
先志潤色舊史輒黜陟陞降改定篇目
其有不備並採諸典籍以補闕遺其百
三十篇之贊記非周悉並更申而述之
附于衆篇之末雖曰狂簡必有可觀其
所改更具條于後至如徐廣唯略出音
訓兼記異同未能考覈是非解釋文句
其裴駰實亦後進名家博採羣書專取

經傳訓釋以爲集解然則時有冗長至於盤根錯節殘缺紕繆咸拱手而不言斯未可謂通學也今輒採按今古仍以裴爲本兼自見愚管重爲之註號曰小司馬史記然前朝顔師古止註漢史今並謂之顔氏漢書貞雖位不逮顔公既補史舊兼下新意亦何讓焉

史記補史序

二序八

史記索隱序

朝散大夫國子博士弘文館
學士河内司馬　貞

史記者漢太史司馬遷父子之所述也遷自以承五百之運繼春秋而纂是史其襃貶覈實頗亞於丘明之書於是上始軒轅下訖天漢作十二本紀十表八書三十系家七十列傳凡一百三十篇始變左氏之體而年載悠邈簡冊闕遺

勤成一家其勤至矣又其屬稾先據左氏國語系本戰國策楚漢春秋及諸子百家之書而後貫穿經傳馳騁古今錯綜隱括各使成一國一家之事故其意難究詳矣比於班書微爲古質故漢晉名賢未知見重所以魏文侯聽古樂則唯恐卧良有以也逮至晉末有中散大夫東莞徐廣始考異同作音義十三卷宋外兵參軍裴駰又取經傳訓釋作集

解合爲八十卷雖粗見微意而未窮討論南齊輕車録事鄒誕生亦作音義三卷音則微殊義乃更略爾後其學中廢貞觀中諫議大夫崇賢館學士劉伯莊達學宏才鉤深探賾又作音義二十卷比於徐鄒音則具矣殘文錯節異古微義雖知獨善不見傍通欲使後人從何准的貞謏聞陋識頗事鑽研而家傳是書不敢失墜初欲改更舛錯裨補疏遺

義有未通兼重註述然以此書殘鈌雖多實爲古史忽加穿鑿難允物情今止探求異聞採摭典故解其所未解申其所未申者釋文演註又重爲述贊凡三十卷號曰史記索隱雖未敢藏之書府亦欲以貽厥孫謀云

史記索隱序

史記正義序

諸王侍讀宣義郎守右清道

率府長史張　守節　上

史記者漢太史公司馬遷作遷生龍門
耕牧河山之陽南遊江淮講學齊魯之
郡紹太史繼春秋括文魯史而包左氏
國語采世本戰國策而摭楚漢春秋貫
紬經傳旁搜史子上起軒轅下曁天漢
作十二本紀帝王興廢悉詳三十世家

君國存亡畢著八書贊陰陽禮樂十表
定代系年封七十列傳忠臣孝子之誠
備矣筆削冠於史籍題目足以經邦裴
駰服其善序事理辯而不華質而不俚
其文直其事核不虛美不隱惡故謂之
實録自劉向揚雄皆稱良史之才況墳
典湮滅簡冊闕遺比之春秋言辭古質
方之兩漢文省理幽守節涉學三十餘
年六籍九流地里蒼雅鋭心觀採評史

漢詮衆訓釋而作正義郡國城邑委曲申明古典幽微竊探其美索理允愜次舊書之旨兼音解注引致傍通凡成三十卷名曰史記正義發揮膏肓之辭思濟滄溟之海未敢侔諸秘府冀訓詁而齊流庶貽厥子孫世疇茲史于時歲次丙子開元二十四年八月殺青斯竟

序上

史記正義序

史記正義論例謚法解

諸王侍讀宣義郎守右清道率府長史張　守節　上

論史例

古者帝王右史記言左史記事言爲尚書事爲春秋太史公兼之故名曰史記并採六家雜說以成一史備論君臣父子夫妻長幼之序天地山川國邑名號殊俗物類之品也太史公作史記起黃帝高陽高辛唐堯虞舜夏殷周秦訖于漢武帝天漢四年合二千四百一十三年作本紀十二象歲十二月也作表十象天之剛柔十

日以記封建世代終始也作書八象一歲八節以記天地日月山川禮樂也作世家三十象一月三十日三十輻共一轂以記世祿之家輔弼股肱之臣忠孝得失也作列傳七十象一行七十二日言七十者舉全數也餘二日象閏餘也以記王侯將相英賢略立功名於天下可序列也合百三十篇象一歲十二月及閏餘也而太史公作此五品廢一不可以統理天地勸獎箴誡爲後之楷模也

論注例

史記文與古文尚書同者則取孔安國注若與伏生尚書同者則用鄭玄王肅馬融所釋與三傳同者取杜元凱服虔何休賈逵范甯等注與三禮論語孝經同者則取鄭玄馬融王肅之注與韓詩同者則取毛傳鄭箋等釋與周易同者則依王氏之注與諸子諸史雜書及先儒解釋善者而裴駰並引爲注又徐中散作音訓校集諸本異同或義理可通者稱一本云又一本云自是別記異文裴氏亦引之爲注

論字例

史漢文字相承已久若悅字作說閑字作間智字作知汝字作女早字作蚤後字作后旣字作漑勑字作飭制字作剬此之般流緣古少字通共用之史漢本有此古字者乃爲好本程邈變篆爲隸楷則有常後代作文隨時改易衛宏官書數體呂忱或字多奇鍾王等家以能爲法致令楷文改變非復一端咸著秘書傳之歷代又字體乖日久其黼黻之字法從黹丁履反今之史本則有從耑音端秦本紀云天子賜孝公黼黻鄒誕生音甫弗而鄒氏之前史本已從耑矣如此

序十三

之類並即依行不可更改若其黿鼉從龜辭從舌覺學從與奏恭從小匱匠從走巢藻從果耕籍從禾席下為帶美下為大哀下為衣極下為點析旁著片惡上安西餐側出頭離邊作禹此之等類例直是訛字寵（勑勇反）字為錫（音陽）以支（章移反）代文（問分反）將旡混無若茲之流便成兩失

論音例

史文與傳諸書同者劉氏並依舊本為音至如太史公改五帝本紀便章百姓便程東作便程南譌便程西成便在伏物咸依見字讀之太史

變尚書文者義理特美或訓意改其古澀何煩如劉氏依尚書舊音斯例蓋多不可具録著在正義隨文音之君子宜詳其理庶明太史公之達學也然則先儒音字比方爲音至魏秘書孫炎始作反音又未甚切今並依孫反音以傳後學鄭康成云其始書之也倉卒無字或以音類比方假借爲之趣於近之而已受之者非一邦之人其鄉同言異字同音異於兹遂生輕重訛謬矣然方言差别固自不同河北江南最爲鉅異或失在浮清或帶於重濁今之取捨冀除兹弊

夫質有精麤謂之好惡並如字心有愛憎稱為好惡並去聲當體則名譽音預情乖則曰毀譽音餘自壞乎怪反壞徹上音怪自斷徒緩反自去離也刀斷端管反以刀割令相去也耶以遮反未審之辭也也亦且反助句之語也復音伏又扶富反重也過古卧反越度也解核買反自散也間紀莧反隙也畜許又反畜許六反養也先蘇前反仙胥然反尤羽求反侯胡溝反治持並音直之反之止而反脂砥祗並音旨夷反惟維遺唯並音以佳反怡貽頤詒並音與之反夷寅彝彛姨並音以脂反私息脂反綏雖睢荾並音息遺反偲司伺絲並音巨攴反危枝衹肢並音章移反衹歧並音巨支反其期旗棊琪並音渠之反祈頎旂幾畿並音渠希反僖

熙嬉嘻並音許其反希睎晞稀並音虛幾反霏妃菲騑並音芳非反飛非扉並音匪肥反尸屍蓍並音式脂反詩書之反巾居人反斤筋舉欣反篇偏並音芳連反穿詳連反里李裏並音良止反至贄並脂利反志之吏反利涖並力至反吏力置反寺嗣飼並辭吏反字牸並疾置反自疾二反置致躓鷙並陟利反器去冀反氣去既反亟去吏反冀穊几利反既居未反覆數救反又數福反副數救反富復並府副反若斯清濁實亦難分博學碩材乃有甄異此例極廣不可具言庶後學士幸留意焉

音字例

文或相似音或有異一字單錄乃恐致疑兩字連文檢尋稍易若音上字言上别之所音下字乃須書下有長句在文中須音則題其字

發字例

古書字少假借蓋多字或數音觀義點發皆依平上去入若發平聲每從寅起又一字三四音者同聲異喚一處共發恐難辯别故略舉四十二字如字初音者皆爲正字不須點發

畜許六反養也又許救反六畜也又他六反聚也　從訟容反隨也又縱容反南北長也又但容反又子勇反相勸也又從用反侍從也又足用反慫也　數色具反曆數述數也又色五反次第也又色角反頻也　傳

逐戀反書傳也又逐全反相付也又張戀反驛也

卒 子律反卒終也又蒼忽反急也尊忽反兵人也字體各別不辨故發之也

辟 君也徵也又頻亦反罪也開也疋亦反邪也又疋豉反諭也又音避隱也又普覓反辟歷也

施 書移反張也又式豉反與也又羊豉反延也

間 紀閑反隟也又紀莧反間也又莧間反靜也

射 蛇夜反射也又成亦反音石

夏 胡馬反禹號也又胡嫁反春夏也又格雅反陽夏縣也

復 符富反重也又音伏也又音福徐役之也

重 直拱反尊也直龍反疊也又直用反累也

適 聖石反寛也之也又丁歷反大也又張華反責也又音敵當也

汜 音祀水在成皐又音几邑名在襄城又孚劒反為水在定陶高帝即位處也又音夷楚人呼土為汜橋

樂 音岳謂音樂也又音洛歡也又音五教反好也情願也

覆 敷富反蓋也又敷福反再也

恐 曲用反疑也又丘拱反懼也

惡 烏各反麤也又烏路反憎也又音烏謂於何也

斷 端管反有物割截也又段緩反自指分也又端亂反斷疑事也

解 佳買反除結縛也又核買反散也又佳債反忩懥也又核諦反縫解

幾 音機庶幾也又音祈近也又音記亦冀望字也又音紀錄也

過 光卧

反度也罪過也又音戈經過也度前也**率**所律反平例也率伏也又音類也又音刷徐廣云率即斂也又音色類反將帥也**屈**丘勿反曲也又君勿反姓也又羣勿反盡也強也**上**時讓反位也元在物之上又時掌反自下而上**王**于方反人主也又于放反覇王也又盛也又張丈反長上也**藉**才昔反名籍也又薦藉也又租夜反即借也**培**勃回反補也又蒲内反板也**勝**音升又式證反**難**乃丹反艱也乃亘反危也**使**所里反又所吏反**相**息羊反又息匠反**沈**針甚反又針禁反又直今反又沈禁反厭没也**任**入今反又入禁反**棺**音官又古玩反又古患反斂之也**造**曹早反七到反至也

妻七低反切帝反**費**非味反用也又音祕邑也扶味反姓也

謚法解

惟周公旦太公望開嗣王業建功于牧野終將葬乃制謚遂叙謚法謚者行之迹號者功之表

古者有大功則賜之善號以為稱也車服者位之章也是以大行受

大名細行受細名行出於己名生於人名謂號謚

民無能名神不名一善

一德不懈簡一不委曲

靖民則法皇靖安

平易不訾簡不信訾毀

德象天地帝同於天帝

尊賢貴義恭尊事賢人寵貴義士

仁義所往王民往歸之

敬事供上恭供奉也

序十六

立志及衆公志無私也

尊賢敬讓恭敬有德讓有功

執應八方侯所執行八方應之

旣過能改恭言自知

賞慶刑威君能行四者

執事堅固恭守正不移

從之成羣君民從之

愛民長弟恭順長接弟

揚善賦簡聖所稱得人所善得實所賦得簡

執禮御賓恭迎待賓也

敬賓厚禮聖厚於禮

芘親之闕恭脩德以益之

照臨四方明以明照之

尊賢讓善恭不専己善推於人

譖訴不行明逆知之故不行

威儀悉備欽威則可畏儀則可象

經緯天地文成其道

大慮靜民定思樹惠

道德博聞文無不知

純行不爽定行一不傷

學勤好問文不恥下問

安民大慮定以慮安民

慈惠愛民文惠以成政

安民法古定不失舊意

愍民惠禮文惠而有禮

辟地有德襄取之以義

賜民爵位文與同升

甲冑有勞襄亟征伐

綏柔士民德安民以居安士以事

小心畏忌僖思所當忌

剛彊直理武（剛無欲強不屈懷忠恕正曲直）

質淵受諫釐（深故能愛）

諫爭不威德（不以威拒諫）

有罰而還釐（知難而退）

威彊敵德武（與有德者敵）

温柔賢善懿（性純淑）

克定禍亂武（以兵往故能定）

心能制義度（制事得宜）

刑民克服武（法以正民能使服）

聰明叡哲獻（有通知之聰）

夸志多窮武 大志行兵多所窮極

知質有聖獻 有所通而無蔽

安民立政成 政以安定

五宗安之孝 五世之宗

淵源流通康 性無忌

慈惠愛親孝 周愛族親

温柔好樂康 好豐年勤民事

秉德不回孝 順於德而不違

安樂撫民康 無四方之虞

協時肇享孝 協合肇始

合民安樂康富而教之
執心克莊齊能自嚴
布德執義穆故穆穆
資輔就共齊資輔佐而共成
中情見貌穆性公露
甄心動懼頊甄精
容儀恭美昭有儀可象行恭可美
敏以敬慎頊疾於所慎敬
昭德有勞昭能勞謹
柔德安衆靖成衆使安

序十九

聖聞周達昭 聖聖通合

恭己鮮言靖 恭己正身少言而中

治而無眚平 無災罪也

寬樂令終靖 性寬樂義以善自終

執事有制平 不任意

威德剛武圉 禦亂患

布剛治紀平 施之政事

彌年壽考胡 久也

由義而濟景 用義而成

保民耆艾胡 六十曰耆七十曰艾

耆意大慮景耆強也

布義行剛景以剛行義

追補前過剛勤善以補過

清白守節貞行清白執志固

猛以剛果威猛則少寬果敢行

大慮克就貞能大慮非正而何

猛以彊果威強甚於剛

不隱無屈貞恒然無私

彊義訙正威問正言無邪

辟土服遠桓以武正定

治典不殺祁 秉常不衰

克敬動民桓 敬以使之

大慮行節孝 言成其節

辟土兼國桓 兼人故啓土

治民克盡使 克盡無恩惠

能思辯衆元 別之使各有次

好和不爭安 生而少斷

行義說民元 民說其義

道德純一思 道大而德一

始建國都元 非善之長可以始之

大省兆民思（大親民而不殺）

主義行德元（以義爲主行德故）

外內思索思（言求善）

聖善周聞宣（聞謂所聞善事也）

追悔前過思（思而能改）

兵甲亟作莊（以數征爲嚴）

行見中外慤（表裏）

叡圉克服莊（通邊圉使能服）

狀古述今譽（立言之稱）

勝敵志強莊（不撓故勝）

昭功寧民商明有功者

死於原野莊非嚴何以死難

克殺秉政夷秉政不任賢

屢征殺伐莊以嚴釐之

安心好靜夷不爽政

武而不遂莊武功不成

執義揚善德稱人之善

柔質慈民惠知其性

慈仁短折懷短未六十折未三十

愛民好與惠與謂施

述義不克丁 不能成義

夙夜警戒敬 敬身思戒

有功安民烈 以武立功

秉德尊業烈

合善典法敬 非敬何以善之

剛克爲伐翼 伐功也

剛德克就肅 成其敬使爲終

思慮深遠翼 小心翼翼

執心決斷肅 言嚴果

外内貞復白 正而復終始一

序廿二

不生其國聲 生於外家

不勤成名靈 任本性不見賢惠齊

未家短折傷 未家未娶

死而志成靈 志事不忝命

愛民好治戴 好民治

死見神能靈 有鬼不爲厲

典禮不愆戴 無過

亂而不損靈 不能以治損亂

短折不成殤 有知而夭殤

好祭鬼怪靈 瀆鬼神不致遠

隱拂不成隱不以隱括改其性

極知鬼神靈其智能聰徹

不顯尸國隱以間主國

見美堅長隱美過其令

殺戮無辜厲

官人應實知能官人

愎很遂過刺去諫曰愎反是曰很

肆行勞祀悼放心勞於淫祀言不脩德

不思忘愛刺忘其愛已者

年中早夭悼年不稱志

蚤孤短折哀早未知人事

恐懼從處悼從處言險圮

恭仁短折哀體恭質仁功未施

凶年無穀荒不務耕稼

好變動民躁數移徙

外內從亂荒家不治官不治

不悔前過戾知而不改

好樂怠政荒淫於聲樂怠於政事

怙威肆行醜肆意行威

在國遭憂愍仍多大喪

壅遏不通幽弱損不凌

在國逢難愍兵寇之事

蚤孤鋪位幽鋪位即位而卒

禍亂方作愍國無政動長亂

動祭亂常幽易神之班

使民悲傷愍苛政賊害

柔質受諫慧以虛受人

貞心大度匡心正而用察少

名實不爽質不傷言相應

德正應和莫正其德應其和

溫良好樂良（言其人可好可樂）
施勤無私類（無私唯義所在）
慈和徧服順（能使人皆服其慈和）
思慮果遠明（自任多近於專）
博聞多能憲（雖多能不至於大道）
嗇於賜與愛（言貪悋）
滿志多窮惑（自足者必不惑）
危身奉上忠（險不辭難）
思慮不爽厚（不差所思而得）
克威捷行魏（有威而敏行）

好内遠禮煬 朋淫於家不奉禮

克威惠禮魏 雖威不逆禮

去禮遠衆煬 不率禮不親長

教誨不倦長 以道教之

内外賓服正 言以正服之

肇敏行成直 始疾行成言不深

彰義揜過堅 明義以蓋前過

疏遠繼位紹 非其弟過得之

華言無實夸 恢誕

好廉自克節 自勝其清欲

序廿五

逆天虐民抗背尊大而逆之

好更改舊易變故改常

名與實爽繆言名美而實傷

愛民在刑克道之以政齊之以法

擇善而從比比方善而從之

除殘去虐湯

隱哀也景武也施德爲文除惡爲武辟地爲襄服遠爲桓剛克爲僖施而不成爲宣惠無内德爲平亂而不損爲靈由義而濟爲景餘皆象也以其所爲謚象其事行和會也勤勞也尊脩也爽傷也肇始

也怙恃也享祀也胡大也秉順也就會也錫與也典常也肆放也康虛也叡聖也惠愛也綏安也堅長也耆彊也考成也周至也懷思也武法也布施也敏疾也速也載事彌文以前周書謚法周代君王並取作謚故全寫一篇以傳後學

○漢書地理志云本秦京師爲內史顔師古云京師天子所居畿內也秦并天下改立郡縣而京畿所統時號內史言其在內以別於諸郡守也百官表云內史周官秦因之掌治京師景帝二年分置左內史右內史武帝太初元年更名京兆尹左內史名馮翊主爵中尉秦官掌列侯景帝六年更名都尉武帝太初元年更名右扶風治內史與左馮翊京兆尹是爲三輔也

秦地於天官東井輿鬼之分野其界自弘農故

關以西京兆扶風馮翊北地上郡西河安定天水隴西南有巴蜀廣漢犍爲武都西有金城武威張掖酒泉敦煌又西南有牂牁越巂益州

魏地觜觿參之分埜其界自高陵以東盡河東河內南有陳留及汝南之召陵濦彊新汲西華長平潁川之舞陽郾陵河南之開封中牟陽武酸棗卷卷去權反

周地柳七星張之分埜今之河南洛陽穀城平陰偃師鞏緱氏

韓地角亢氐之分埜韓分晉得南陽郡及潁川

之父城定陵襄城潁陽潁陰長社陽翟郟東接
汝南西接弘農得新安宜陽鄭今河南之新鄭
及成皋滎陽潁川之崇高城陽
趙地昴畢之分埜趙分晉得趙國北有信都真
定常山又得涿郡之高陽鄚州鄉東有廣平鉅
鹿清河河間又得渤海郡之東平舒中邑文安
東州成平章武河以北也南至浮水繁陽内黃
斥丘西有太原定襄雲中五原上黨
燕地尾箕之分埜召公封於燕後三十六世與
六國俱稱王東有漁陽右北平遼西遼東西有

亭廿七

上谷代郡鴈門南有涿郡之易容城范陽北有新成故安涿縣良鄉新昌及渤海之安次樂浪玄菟亦宜屬焉

齊地虚危之分壄東有菑川東萊瑯耶高密膠東南有泰山城陽北有千乘清河以南渤海之高樂高城重合陽信西有濟南平原

魯地奎婁之分壄東至東海南有泗水至淮得臨淮之下相睢陵僮取慮

宋地房心之分壄今之沛梁楚山陽濟陰東平及東郡之須昌壽張今之睢陽

衞地營室東壁之分埜今之東郡及魏郡之黎陽河内之野王朝歌

楚地翼軫之分埜今之南郡江夏零陵桂陽武陵長沙及漢中汝南郡後陳魯屬焉

吴地斗牛之分埜今之會稽九江丹陽豫章廬江廣陵六安臨淮郡

粤地牽牛婺女之分埜今之蒼梧鬱林合浦交阯九眞南海日南

以前并戰國時諸國界域及相侵伐犬牙深入然亦不能委細故略記之用知大略

史記正義論例謚法解

史記本紀　三

三皇本紀

皇

三年

三皇本紀　補史記　小司馬氏撰幷注

小司馬氏云太史公作史記古今君臣宜應上自開闢下迄當代以爲一家之首尾今闕三皇而以五帝爲首者正以大戴禮有五帝德篇又帝世皆叙自黄帝巳下故因以五帝本紀爲首其實三皇巳還載籍罕備然君臣之始教化之先旣論古史不合全闕近代皇甫謐作帝王代紀徐整作三五曆皆論三皇巳來事斯亦近古之一證今並採而集之作三皇本紀雖復淺近聊補闕云

太皥庖犧氏風姓代燧人氏繼天而王母曰華胥履大人迹於雷澤而生庖犧於成紀蛇身人首按伏犧風姓出國語其華胥巳下出帝王世紀然雷澤澤名卽舜所漁之地在濟陰成紀亦地名按天水有成紀縣有聖德仰則觀象於天俯則觀法於地旁觀鳥獸之文與地之宜近取諸身遠取諸物始畫八

卦以通神明之德以類萬物之情造書契以代結繩之政於是始制嫁娶以儷皮爲禮按譙周古史考伏犧制嫁娶以儷皮爲禮也結網罟以敎佃漁故曰宓犧氏按事出漢書曆志宓音伏養犧牲以庖廚故曰庖犧有龍瑞以龍紀官號曰龍師作三十五弦之瑟木德王注春令故易稱帝出乎震月令孟春其帝太皞是也按位在東方象日之明故稱太皞皞明也都於陳東封太山立一十一年崩按皇甫謐伏犧葬南郡或曰冢在山陽高平之西也其後裔當春秋時有任宿須句顓臾皆風姓之胤也女媧氏亦風姓蛇身人首有神聖之德代宓犧立號曰女希氏無革

造惟作笙簧（按禮明堂位及世本皆云女媧作簧）故易不載不承五運一曰女媧亦木德王蓋宓犧之後已經數世金木輪環周而復始特舉女媧以其功高而充三皇故頻木王也當其末年也諸侯有共工氏任智刑以强霸而不王以水乘木乃與祝融戰不勝而怒乃頭觸不周山崩天柱折地維缺女媧乃鍊五色石以補天斷鼇足以立四極聚蘆灰以止滔水以濟冀州（按其事出淮南子也）於是地平天成不改舊物女媧氏沒神農氏作（按三皇記者不同譙周以燧人爲皇宋均以祝融爲皇而鄭玄依春秋緯以女媧爲皇承伏犧皇甫謐亦同今依之爲說也）

炎帝神農氏

姜姓母曰女登有蟜氏之女爲少典妃感神龍而生炎帝人身牛首長於姜水因以爲姓按國語炎帝黃帝皆少典之子其母又皆有蟜氏之女據諸子及古史考炎帝之後凡八代五百餘年軒轅氏代之豈炎帝黃帝是昆弟而同母氏乎皇甫謐以爲少典有蟜代諸侯國號然則姜姬二帝同出少典氏黃帝之母又是神農母氏之後代女所同是有蟜氏之女也火德王故曰炎帝以火名官斲木爲耜揉木爲耒耒耨之用以教萬人始教耕故號神農氏於是作蜡祭以赭鞭鞭草木始嘗百草始有醫藥又作五弦之瑟教人日中爲市交易而退各得其所遂重八卦爲六十四爻初都陳後居曲阜按今淮陽有神農井又左傳魯有大庭氏之庫是也立一百二十年

崩葬長沙神農本起烈山故左氏稱烈山氏之子曰柱亦曰厲山氏禮曰厲山氏之有天下是也按鄭玄云厲山神農所起亦曰有烈山皇甫謐曰厲山今隨之厲鄉也神農納奔水氏之女曰聽訞爲妃生帝哀哀生帝克克生帝榆罔凡八代五百三十年而軒轅氏興焉按神農之後凡八代事見帝王代紀及古史考然古典亡矣祝誰望二代皆前聞君子考按古書而爲此說豈至今鑿空乎此紀亦據以爲說其易稱神農氏没即榆罔榆罔猶龍衮神農之號也其後有州甫甘許戲露齊紀怡向申呂皆姜姓之後並爲諸侯或分四岳當周室甫侯申伯爲王賢相齊許列爲諸侯霸於中國蓋聖人德澤廣大故其祚胤繁昌久長

云一說三皇謂天皇地皇人皇爲三皇旣是開闢之初君臣之始圖緯所載不可全弃故兼序之天地初立有天皇氏十二頭澹泊無所施爲而俗自化木德王歲起攝提兄弟十二人立各一萬八千歲葢天地初立神人首出行化故其年世長久也然言十二頭者非謂一人之身有十二頭葢古質比之鳥獸頭數故也地皇十一頭火德王姓十一人興於熊耳龍門等山亦各萬八千歲人皇九頭乘雲車駕六羽出谷口兄弟九人分長九州各立城邑凡一百五十世合四萬五千六百年天皇已下皆出河圖及三五曆也自人皇已後有五龍氏五龍氏兄弟五人並乘龍上下故曰五龍

氏也燧人氏按其君鑽燧出火教人熟食在伏犧氏前譙周以爲三皇之首也大庭氏柏皇氏中央氏卷須氏栗陸氏驪連氏赫胥氏尊盧氏渾沌氏昊英氏有巢氏朱襄氏葛天氏陰康氏無懷氏斯盖三皇已來有天下者之號按皇甫謐以爲大庭已下一十五君皆襲庖犧之號事不經見難可依從然按古封太山者首有無懷氏乃在太昊之前豈得如謐所說但載籍不紀莫知姓王年代所都之處而韓詩以爲自古封太山禪梁甫者萬有餘家仲尼觀之不能盡識管子亦曰古封太山七十二家夷吾所識十有二焉首有無懷氏然則無懷之前天皇已後年紀悠邈皇王何昇而告但古

書云矣不可備論豈得謂無帝王耶故春秋緯稱自開闢至於獲麟凡三百二十七萬六千歲分爲十紀凡世七萬六百年一曰九頭紀二曰五龍紀三曰攝提紀四曰合雒紀五曰連通紀六曰序命紀七曰脩飛紀八曰回提紀九曰禪通紀十曰流訖紀盖流訖當黃帝時制九紀之間是以録於此補紀之也

史壹阡柒拾壹字

注柒伯單玖字

三皇本紀　補史記

五帝

五帝本紀第一　史記一

裴駰曰凡是徐氏義稱徐姓名以別之餘者悉是駰註解并集衆家義。司馬貞索隱曰紀者記也本其事而記之故曰本紀又紀理也絲縷有紀而帝王書稱紀者言爲後代綱紀也。正義曰鄭玄注中候勑省圖云德合五帝坐星者稱帝又坤靈圖云德配天地在正不在私曰帝按太史公依世本大戴禮以黃帝顓頊帝嚳唐堯虞舜爲五帝譙周應劭宋均皆同而孔安國尚書序皇甫謐帝王世紀孫氏注世本並以伏犧神農黃帝爲三皇少昊顓頊高辛唐虞爲五帝裴松之史目云天子稱本紀諸侯曰世家本者繫其本系故曰本紀者理也統理衆事繫之年月名之曰紀第者次序之目一者舉數之由故曰五帝本紀第一。又曰禮云動則左史書之言則右史書之正義云左陽故記動右陰故記言言爲尚書事爲春秋按春秋時置左右史故云史記也

黃帝者徐廣曰號有熊。索隱曰按有土德之瑞土色黃故稱黃帝猶神農火德王而稱炎帝然也此以黃

帝為五帝之首蓋依大戴禮五帝德又譙周宋均亦以為然
而孔安國皇甫謐帝王代紀及孫氏註系本並以伏犧神農
黃帝為三皇少昊高陽高辛唐虞為五帝註號有熊者以其
本是有熊國君之子故也都軒轅之丘因以為名又以為號
又據左傳亦號帝鴻氏也○正義曰輿地志云涿鹿本名彭
城黃帝初都遷有熊也按黃帝有熊國君乃少典國君之次
子號曰有熊氏又曰縉雲氏又曰帝鴻氏亦曰帝軒氏母曰
附寶之祁野見大電繞北斗樞星感而懷孕二十四月而生
黃帝於壽丘壽丘在魯東門之北今在兗州曲阜縣東北六
里生日角龍顏有景雲之瑞以土德王故曰黃帝封泰山禪
亭亭亭亭在牟陰

少典之子

譙周曰有熊國君少典之子也皇甫謐曰有熊今河南新鄭是也○索隱曰少
典者諸侯國號非人名也又按國語云少典娶有蟜氏女而
生炎帝然則炎帝亦少典之子炎黃二帝雖則承帝王代紀
中間凡隔八帝五百餘年若以少典是其父名豈黃帝經五
百餘年而始代炎帝後為天子乎何其年之長也又按秦本
紀云顓頊氏之裔孫曰女脩吞玄鳥之卵而生大業大業娶
少典氏而生柏翳明少典是國號非人名也黃帝即少典氏
後代之子孫賈逵亦以左傳高陽氏有才子八人亦謂其後
代子孫而稱為子是也譙周字允南蜀人魏散騎常侍徵不

軒轅略云作軒
冕之服故曰軒轅

拜此註所引者是其人所著古史考之說也皇甫謐字士安晉人號玄晏先生今所引者是其所作帝王世紀也

姓公孫名曰軒轅索隱曰按皇甫謐云黄帝生於壽丘長於姬水因以爲姓居軒轅之丘因以爲名又以爲號是本姓公孫長居姬水因改姓姬**生而神靈弱而能言**索隱曰弱謂幼弱時也蓋未合能言之時而黄帝即言所以爲神異也潘岳有哀弱子篇其子未七旬曰弱○正義曰言神異也易曰陰陽不測之謂神書云人惟萬物之靈故謂之神靈也**幼而徇齊**徐廣曰墨子曰年踰十五則聰明心慮無不徇通矣駰案徇疾齊速也言聖德幼而疾速也○索隱曰斯文未明今案徇齊皆德也書曰聰明齊聖左傳曰子雖齊聖齊謂聖德齊肅又按孔子家語及大戴禮並作叡齊一本作慧齊叡慧皆智也太史公採大戴禮而爲此紀今彼文無作徇者史記舊本亦有作濬齊蓋古字假借徇爲濬濬深也義亦並通爾雅齊速俱訓爲疾尚書大傳曰多聞而齊給鄭註云齊疾也今裴氏註云徇亦訓疾未見所出或當讀徇爲迅迅於爾雅與齊俱訓疾則迅濬雖異字而音同也又爾雅曰宣徇徧也濬通也是徧之與通義亦相近言黄帝幼而才智周徧且辯給也故墨子亦云年踰五十則聰明心慮不徇

徇音俊
齊自[illegible]反

通矣俗本作十五非是按謂年老踰五十不聰明何得云十五**長而敦敏成而聰明**正義曰成謂年二十冠成人也聰明聞見明辯也此以上至軒轅皆大戴禮文**軒轅之時神農氏世衰**皇甫謐曰易稱庖犧氏沒神農氏作是為炎帝班固曰教民耕農故號曰神農○索隱曰世衰謂神農氏後代子孫道德衰薄非指炎帝之身即班固所謂參盧皇甫謐所云帝榆罔是也○正義曰帝王世紀云神農氏姜姓也母曰任姒有蟜氏女登為少典妃遊華陽有神龍首感生炎帝人身牛首長於姜水有聖德以火德王故號炎帝初都陳又徙魯又曰魁隗氏又曰連山氏又曰列山氏括地志云厲山在隨州隨縣北百里山東有石穴曰神農生於厲鄉所謂列山氏也春秋時為厲國**諸侯相侵伐暴虐百姓而神農氏弗能征於是軒轅乃習用干戈以征不享**索隱曰謂用干戈以征諸侯之不朝享者本或作亭亭訓直以征諸侯之不直者**諸侯咸來賓從而蚩尤最為暴莫能伐**應劭曰蚩尤古天子瓚曰孔子三朝記曰蚩尤庶人之貪者○索隱

曰按此紀云諸侯相侵伐蚩尤最爲暴則蚩尤非爲天子也又管子曰蚩尤受盧山之金而作五兵明非庶人盖諸侯號也劉向别録云孔子見魯哀公問政比三朝退而爲此記故曰三朝凡七篇並入大戴禮今此文見用兵篇也○正義曰龍魚河圖云黄帝攝政有蚩尤兄弟八十一人並獸身人語銅鐵額食沙造五兵仗刀戟大弩威振天下誅殺無道萬民欽命黄帝行天子事黄帝以仁義不能禁止蚩尤乃仰天而歎天遣玄女下授黄帝兵符伏蚩尤後天下復擾亂黄帝遂畫蚩尤形像以威天下天下咸謂蚩尤不死八方皆爲殄滅山海經云黄帝令應龍攻蚩尤蚩尤請風伯雨師以從大風雨黄帝乃下天女曰魃以止雨雨止遂殺蚩尤孔安國曰九黎君號蚩尤是也

炎帝欲侵陵諸侯諸侯咸歸軒轅軒轅乃修德振兵正義曰振整也**治五氣**王肅曰五行之氣○索隱曰謂春甲乙木氣夏丙丁火氣之屬是五氣也**蓺五種**蓺樹也詩云蓺之荏菽周禮曰穀宜五種鄭玄曰五種黍稷菽麥稻也○索隱曰蓺音藝蓺種也樹也五種即五穀也音朱用反此註所引見詩大雅生民之篇爾雅云荏菽戎菽也郭璞曰今之胡豆鄭氏曰豆之大者是也○正義曰蓺音魚曳反種音腫撫

撫萬民度四方。王肅曰度四方而安撫之。正義曰度音徒洛反 教熊羆貔貅貙虎。索隱曰書云如虎如貔爾雅云貔白狐禮曰前有摯獸則載貔貅是也爾雅又曰貙獌似貍此六者猛獸可以教戰周禮有服不氏掌教擾猛獸即古服牛乘馬亦其類也。正義曰熊音雄羆音碑貔音毗貅音休貙音丑于反羆如熊黃白色郭璞云貔執夷虎屬也按言教士卒習戰以猛獸之名名之用威敵也 以與炎帝戰於阪泉之野。服虔曰阪泉地名皇甫謐曰在上谷。正義曰阪音白板反括地志云阪泉今名黃帝泉在嬀州懷戎縣東五十六里出五里至涿鹿東北與涿水合又有涿鹿故城在嬀州東南五十里本黃帝所都也晉太康地里志云涿鹿城東一里有阪泉上有黃帝祠按阪泉之野則平野之地也 三戰然後得其志。正義曰謂黃帝克炎帝之後 蚩尤作亂不用帝命。正義曰言蚩尤不用黃帝之命也 於是黃帝乃徵師諸侯與蚩尤戰於涿鹿之野。服虔曰涿鹿山名在涿郡張晏曰涿鹿在上谷。索隱曰或作濁鹿古今字異耳按地理志上谷有涿鹿

注守節二字未詳疑可有案字

平 タヒラキヌ六 タヒラクノトキハ タヒラキツ六

縣然則服虔云在涿郡者誤也遂禽殺蚩尤皇覽曰蚩尤冢在東平郡壽張縣闞鄉城中高七丈民常十月祀之有赤氣出如匹絳帛民名爲蚩尤旗肩髀冢在山陽郡鉅野縣重聚大小與闞冢等傳言黃帝與蚩尤戰於涿鹿之野黃帝殺之身體異處故別葬之○索隱曰按皇甫謐云黃帝使應龍殺蚩尤于凶黎之谷或曰黃帝斬蚩尤于中冀因名其地曰絕轡之野皇覽書名也記先代冢墓之處宜皇王之省覽故曰皇覽是魏人王象繆襲等所撰也

而諸侯咸尊軒轅爲天子代神農氏是爲黃帝天下有不順者黃帝從而征之平者去之正義曰平服者即去也披山通道徐廣曰披他本亦作陂字蓋當爲詖詖者旁其邊之謂也披語誠合今世然古今不必同也○索隱曰披音如字謂披山林草木而行以通道也徐廣音詖恐稍紆也未嘗寧居東至于海登丸山徐廣曰丸一作凡駰案地理志曰丸山在郎耶朱虛縣○索隱曰凡音扶嚴反○正義曰丸音桓括地志云丸山即丹山在青州臨朐縣界朱虛故縣西北二十里丹水出焉丸音紈守節括地志唯有

代作代本

紆作迂一本

凡山蓋凡山九山是一山耳諸處字誤或九或凡也漢書郊祀志云禪凡山顔師古云在朱虛亦與括地志相合明九山是也

及岱宗 正義曰泰山東岳也在兖州博城縣西北三十里也

西至于空桐 應劭曰山名韋昭曰在隴右

登雞頭 索隱曰山名也後漢王孟塞雞頭道在隴西一曰崆峒山之別名。正義曰括地志云空桐山在肅州福祿縣東南六十里抱朴子內篇云黃帝西見中黃子受九品之方過空桐從廣成子受自然之經即此山括地志又云笄頭山一名崆峒山在原州平陽縣西百里禹貢涇水所出輿地志云或即雞頭山也酈元云蓋大隴山異名也莊子云廣成子學道崆峒山黃帝問道於廣成子蓋在此按二處崆峒皆云黃帝登之未詳孰是

南至于江登熊湘 封禪書曰南伐至于召陵登熊山地理志曰湘山在長沙益陽縣。正義曰括地志云熊耳山在商州洛縣西十里齊桓公登之以望江漢也湘山一名編山在岳州巴陵縣南十八里也

北逐葷粥 匈奴傳曰唐虞以上有山戎獫狁葷粥居于北蠻。索隱曰匈奴別名也唐虞已上曰山戎亦曰薰粥夏曰淳維殷曰鬼方周曰玁狁漢曰匈奴。正義曰葷音薰粥音育

合符釜山 索隱曰合諸侯符契

五帝紀

葷粥 玉韻作獯

粥葷北方胡名

葷作煇本

音轎

圭瑞而朝之於釜山猶禹會諸侯於塗山然也又按郭子橫洞冥記稱東方朔云東海大明之墟有釜山山出瑞雲應王者之符命如堯時有赤雲之祥之類蓋黃帝黃雲之瑞故曰合符應於釜山也○正義曰括地志云釜山在嬀州懷戎縣北三里山上有舜廟**而邑于涿鹿之阿**正義曰廣平曰阿涿鹿山名已見上涿鹿故城在山下即黃帝所都之邑於山下平地**遷徙往來無常處以師兵為營衛**正義曰環繞軍兵為營以自衛若轅門即其遺象**官名皆以雲命為雲師**應劭曰黃帝受命有雲瑞故以雲紀事也春官為青雲夏官為縉雲秋官為白雲冬官為黑雲中官為黃雲張晏曰黃帝有景雲之應因以名師與官**置左右大監監于萬國**正義曰監上監去聲下監平聲若周邵分陝也**萬國和而鬼神山川封禪與為多焉**徐廣曰多一作朋○索隱曰與音羊汝反與猶許也言萬國和同而鬼神山川封禪祭祀之事自古以來帝皇之中推許黃帝以為多多猶大也**獲寶鼎迎日推策**晉灼曰策數也迎數之也瓚曰日月朔望未來

而推之故曰迎日。索隱曰封禪書曰黃帝得寶鼎神筴
云於是推策迎日則神策者神蓍也黃帝得蓍以推筭曆數
於是逆知節氣日辰之將來故曰推策迎日也。正義曰
筴音策迎逆也黃帝受神筴大撓造甲子容成造曆是也
舉

風后力牧常先大鴻

鄭玄曰風后黃帝三公也班固
曰力牧黃帝相也。正義曰舉
任用四人皆帝臣也帝王世紀云黃帝夢大風吹天下之塵
垢皆去又夢人執千鈞之弩驅羊萬羣帝寤而嘆曰風爲號
令執政者也垢去土后在也天下豈有姓風名后者哉夫千
鈞之弩異力者也驅羊數萬羣能牧民爲善者也天下豈有
姓力名牧者也於是依二占而求之得風后於海隅登以爲
相得力牧於大澤進以爲將黃帝因著占夢經十一卷藝文
志云風后兵法十三篇圖三卷孤虛二十卷力牧兵法十五
篇鄭玄云風后黃帝之三公也按黃帝仰天地置列侯衆官
以風后配上台天老配中台五聖配下台謂之三公也封禪
書云鬼臾區號大鴻黃帝大臣也死葬雍故鴻冢是藝文志
云鬼容區兵
法三篇也

以治民順天地之紀

正義曰言黃帝順天
地陰陽四時之紀也

幽明之占

正義曰幽陰明陽也占數也言陰陽五
行黃帝占數而知之此文見大戴禮

死生

之說徐廣曰一云幽明之數合死生之說。正義曰說謂儀制也民之生死此謂作儀制禮則之說存亡之難索隱曰存亡猶安危也易曰危者安其位亡者保其存是也難猶說也凡事是非未盡假以往來之詞則曰難又上文有死生之說故此云存亡之難所以韓非著書有說林說難也。正義曰難音乃憚反存亡猶生死也黃帝之前未有衣裳屋宇及黃帝造屋宇制衣服營殯葬萬民故免存亡之難時播百穀草木王肅曰時是也。索隱曰爲一句。正義曰言順四時之所置而布種百穀草木也淳化鳥獸蟲蛾索隱曰爲一句蛾音牛綺反一作豸豸言淳化廣被及之。正義曰蛾音魚起反又音豸豸音直氏反蟻蚍蜉也爾雅曰有足曰蟲無足曰豸旁羅日月星辰水波土石金玉徐廣曰波一作沃。索隱曰旁非一方羅廣布也今按大戴禮作歷離離即羅也言帝德旁羅日月星辰水波及至土石金玉謂日月揚光海水不波山不藏珍皆是帝德廣被也。正義曰旁羅猶遍布也日月陰陽時節也星二十八宿也辰日月所會也水波瀾漪也言天不異災土無別害水少波浪山出珍寶勞勤心力耳目節用水火材物正義曰節時節也水陂障決洩也火山野禁放也材木也物事也言黃帝教民江湖陂澤山林原隰皆收採禁捕以時用之有節令得其利也大戴禮云宰我問於孔子曰予聞榮伊曰黃帝三百年請問黃帝者人耶何以至三百年乎孔子曰勞勤心力耳目節用水火材物生而民得其利百年死而民畏其神百年亡而民用其教百年故曰三百年也有土德之瑞故號黃帝索隱曰炎帝火黃帝土代之即黃龍地螾見是也螾土精大五六圍長十餘丈螾音引。正義曰螾音以刃反黃帝二十五子其得姓者十四人索隱曰舊解破四為三言得姓者十三人耳今按國語胥臣云黃帝之子二十五宗其得姓者十四人為十二姓姬酉祁己滕葴任荀僖姞嬛依是也唯青陽與夷鼓同己姓又云青陽與蒼林為姬姓上則十四人為十二姓其文甚明唯姬姓再稱青陽與蒼林蓋國語文誤所以致令前儒共疑其姬姓青陽當為玄囂是帝嚳祖本與黃帝同姬姓其國語上文青陽即是少昊金天氏為己姓者耳既理在不疑無煩破四為三。正義曰僖音力其反姞其吉反嬛音在宣反黃帝居軒轅之丘皇甫謐曰受國於有熊居軒轅之丘故因以為名又以為號山海經曰在窮山之際西射之南張晏曰作軒冕之服故謂之軒轅而娶於西陵之女正義曰西陵國名也是爲嫘祖徐廣曰祖一作組嫘力追反○索隱曰一曰雷祖音力堆反○正義曰一作傫嫘祖爲黃帝正妃索隱曰按黃帝立四妃象后妃四星皇甫謐云元妃西陵氏女曰累祖生昌意次妃方雷氏女曰女節生青陽次妃彤魚氏女生夷鼓一名蒼林次妃嫫母班在三人之下按國語夷鼓蒼林是二人又按漢書古今人表彤魚氏生夷鼓嫫母生蒼林不得如謐所說生二子其後皆有天下其一曰玄囂是爲青陽太史公曰據大戴禮以累祖生昌意及玄囂玄囂即青陽也皇甫謐以青陽爲少昊乃方雷氏所生是其所見異也○索隱曰玄囂帝嚳之祖按皇甫謐及宋衷皆云玄囂青陽即少昊也今此紀下云玄囂不得在帝位則太史公意青陽非少昊明矣而此又云玄囂是爲青陽當是誤也謂二人皆黃帝子並列其名所以前史因誤以玄囂青陽爲一人耳宋衷又云玄囂青陽是爲少昊繼黃帝立者而史不叙蓋少昊金德王非五運之次故叙五帝不數之也青陽降居江水正義曰括地志云安陽故城在

豫州新息縣西南八十里應劭云古江國也地理志亦云安陽古江國也其二曰昌意降居若水索隱曰降下也言帝子為諸侯降居江水若水皆在蜀即所封國也水經曰水出旄牛徼外東南至故關為若水南過邛都又東北至朱提縣為盧江水是蜀有此二水也昌意娶蜀山氏女曰昌僕生高陽高陽有聖德焉正義曰華陽國志及十三州志云蜀之先肇於人皇之際黃帝為子昌意娶蜀山氏後子孫因封焉帝顓頊高陽氏黃帝之孫昌意之子母曰昌僕亦謂之女樞河圖云瑤光如蜺貫月正白感女樞於幽房之宮生顓頊首戴干戈有德文也黃帝崩皇甫謐曰在位百年而崩年百一十一歲。索隱曰按大戴禮宰我問孔子曰榮伊言黃帝三百年請問黃帝何人也抑非人也何以至三百年乎對曰生而人得其利百年死而人畏其神百年亡而人用其教百年則士安之說略可憑矣。正義曰列仙傳云軒轅自擇亡日與羣臣辭還葬橋山山崩棺空唯有劍舄在棺焉葬橋山皇覽曰皇帝冢在上郡橋山。索隱曰地理志橋山在上郡同陽縣山有黃帝冢也。正義曰括地志云黃帝陵在寧州羅川縣東八十里子午山地理

志云上郡陽周縣橋山南有黃帝冢按陽周隋改爲羅川爾雅云山銳而高曰橋也 其孫昌意之顓音專頊許録反子高陽立是爲帝顓頊也

帝顓頊高陽者皇甫謐曰都帝丘今東郡濮陽是也。索隱曰宋衷云顓頊名高陽有天下號也張晏曰高陽者所興地名也黃帝之孫而昌意之子也靜淵以有謀疏通而知事養材以任地索隱曰言能養材物以任地大戴禮作養財載時以象天索隱曰載行也言行四時以象天大戴禮作履時以象天履亦踐而行也依鬼神以制義索隱曰鬼神聰明正直當盡心敬事因制尊卑之義故禮曰降于祖廟之謂仁義是也。正義曰鬼之靈者曰神也鬼神謂山川之神也能興雲致雨潤養萬物也故已依馮之制義也制古制字治氣以教化索隱曰謂理四時五行之氣以教化萬人也絜誠以祭祀北至于幽陵正義曰幽州也南至于交阯正義曰阯音止交州也西至于流沙（地理志曰流沙在張掖居延縣。正義曰濟渡也括地志云居延海南甘州張掖縣東北千六十四里是）東至于蟠木（海外經曰東海中有山焉名曰度索上有大桃樹屈蟠三千里東北有門名曰鬼門萬鬼所聚也天帝使神人守之一名鬱壘主閱領萬鬼若害人之鬼以葦索縛之射以桃弧投虎食也）動靜之物（正義曰動物謂鳥獸之類靜物謂草木之類）小大之神（正義曰大謂五嶽四瀆小謂丘陵墳衍）日月所照莫不砥屬（王肅曰砥平也四遠皆平而來服屬。索隱曰依王肅音止屬據大戴禮作砥礪也）帝顓頊生子曰窮蟬（索隱曰系本作窮係宋衷云一云窮係謚也。正義曰帝舜之高祖也）顓頊崩（皇甫謐曰在位七十八年年九十八皇覽曰顓頊冢在東郡濮陽頓丘城門外廣陽里中頓丘者城門名頓丘道。索隱曰皇甫謐云據左氏歲在鶉火而崩葬東郡又山海經曰顓頊葬鮒魚山之陽九嬪葬其陰也）而玄囂之孫高辛立是爲帝嚳

帝嚳高辛者（張晏曰少昊之前天下之號象其德顓頊以來天下之號因其名高陽高辛皆所興）

之地名顓頊與嚳皆以字爲號上古質故也○索隱曰宋衷曰高辛地名因以爲號嚳名也皇甫謐云帝嚳名夋也○正義曰帝王紀云佶母無聞焉黄帝之曾孫也高辛父曰蟜極正義曰蟜音居兆反本作橋橋音同又巨遙反帝堯之祖也蟜極父曰玄囂玄囂父曰黄帝自玄囂與蟜極皆不得在位至高辛即帝位皇甫謐曰都亳今河南偃師是高辛於顓頊爲族子高辛生而神靈自言其名正義曰帝王紀云帝佶高辛姬姓也其母生見其神異自言其名曰岌及齠齓南德年十五而佐顓頊三十登位都亳以人事紀官也普施利物不於其身聰以知遠明以察微順天之義知民之急仁而威惠而信脩身而天下服取地之財而節用之撫教萬民而利誨之曆日月而迎送之正義曰言作曆弦望晦朔日月

未至而迎之過而送之上迎日推策是也明鬼神而敬事之正義曰天神曰神人神曰鬼又
云聖人之精氣謂之神賢人之精氣謂之鬼言明識鬼神而敬事也其色郁郁其德嶷嶷
索隱曰郁郁猶穆穆也嶷嶷德高也今案大戴禮郁作神嶷作俟其動也時其服也士
索隱曰舉動應天時衣服服士服言其公且廉也帝嚳溉執中而徧天下徐廣
曰古既字作水旁徧字一作尹○索隱曰即尚書允執厥中是也○正義曰溉音既言帝俈治民若水之溉灌平等而執
中正遍於天下也日月所照風雨所至莫不從服正義曰以上大戴禮文
也帝嚳娶陳鋒氏女正義曰鋒音峯又作豐帝王紀云帝俈有四妃卜其子皆有天下元
妃有邰氏女曰姜嫄生后稷次妃有娀氏女曰簡狄生卨次妃陳豐氏女曰慶都生放勛次妃娵訾氏女曰常儀生帝摯
也生放勛正義曰放音方往反勳亦作勛音許云反言堯能放上代之功故曰放勛謚堯姓伊祁氏帝紀
云帝堯陶唐氏祁姓也母慶都十四月生堯娶娵訾氏女生摯索隱曰案皇甫謐云女名

常宜也。○正義曰娵足須反訾紫移反

帝嚳崩皇甫謐曰在位七十年年百五歲皇覽曰帝嚳冢在東郡濮陽頓丘城南臺陰野中而摯代立帝摯立不善崩索隱曰古本作不著音張慮反俗本作不善不善謂微弱不著猶不著明衛宏云摯立九年而唐侯德盛因禪位焉○正義曰帝王紀云帝摯之母於四人中班最在下而摯於兄弟最長得登帝位封異母弟放勛爲唐侯摯在位九年政微弱而唐侯德盛諸侯歸之摯服其義乃率羣臣造唐而致禪唐侯自知有天命乃受帝禪乃封摯於高辛今定州唐縣也而弟放勳立是爲帝堯

帝堯者諡法曰翼善傳聖曰堯○索隱曰堯諡也放勳名帝嚳之子姓伊祁氏案皇甫謐云堯初生時其母在三阿之南寄於伊長孺之家故從母所居爲姓也○正義曰徐廣云號陶唐帝王紀云堯都平陽於詩爲唐國徐才宗國都城記云唐國帝堯之裔子所封其北帝夏禹都漢曰太原郡在古冀州太行恒山之西其南有晉水括地志云今晉州所理平陽故城是也平陽河水一名晉水也放勳徐廣曰號陶唐皇甫謐曰堯以甲申歲生甲辰即帝位甲

者本無

車音居 馴音郡書作俊

便作使下

午徵舜甲寅舜代行天子事辛巳崩年百十八在位九十八年其仁如天索隱曰如天之涵養也其

知如神索隱曰如神之微妙也就之如日索隱曰如日之照臨人咸依就之若葵藿傾心

以向日也望之如雲索隱曰如雲之覆渥言德化廣大而浸潤生人人咸仰望之故曰如百穀之仰膏雨

也富而不驕貴而不舒索隱曰舒猶慢也大戴禮作不豫黃收純

衣徐廣曰純一作絞駰案太古冠冕圖云夏名冕曰收禮記曰野夫黃冠鄭玄曰純衣士之祭服○索隱曰收冕名其

色黃故曰黃收象古質素也純讀曰緇彤車乘白馬能明馴德徐廣曰馴古訓

字○索隱曰史記馴字徐廣皆讀曰訓訓順也言聖德能順人也案尚書作俊德孔安國云能明用俊德之士與此文意

別也以親九族九族既睦便章百姓徐廣曰下云便程東作然則訓平爲

便也駰案尚書並作平字孔安國曰百姓百官鄭玄曰百姓羣臣之父子兄弟○索隱曰古文尚書作平此文蓋讀平爲

蒲耕反平既訓便因作便章其今文作辯章古平字亦作便音婢緣反便則訓辯遂爲辯章鄒誕生本亦同也百姓

昭明合和萬國乃命羲和孔安國曰重黎之後羲氏和氏世掌天地之官○正義曰呂刑傳云重即羲黎即和雖別為氏族而出自重黎也按聖人不獨治必須賢輔乃命相天地之官若周禮天官卿地官卿也敬順昊天正義曰敬猶恭勤也元氣昊然廣大故云昊天釋天云春為蒼天夏為昊天秋為旻天冬為上天而獨言昊天者以堯能敬天大故以昊大言之數法日月星辰正義曰曆數之法日之甲乙月之大小昏明遞中之星日月所會之辰定其天數以為一歲之曆敬授民時索隱曰尚書作曆象日月則此言數法是訓曆象二字謂命羲和以曆數之法觀察日月星辰之早晚以敬授人時也○正義曰尚書考靈耀云主春者張昏中可以種稷主夏者火昏中可以種黍菽主秋者虛昏中可以種麥主冬者昴昏中可以收斂也天子視四星之中知民緩急故云敬授民時也分命羲仲居郁夷曰暘谷尚書作嵎夷孔安國曰東表之地稱嵎夷日出於暘谷羲仲治東方之官○索隱曰史記舊本作湯谷今並依尚書字案淮南子曰日出湯谷浴於咸池則湯谷亦有他證明矣又下曰昧谷徐廣云一作柳柳亦日入處地名太史公博採經記

暘音陽又音湯

而爲此史廣記異聞不必皆依尚書盖郁夷亦地之别名也
○正義曰郁音隅陽或作暘禹貢青州云隅夷既略按隅夷
青州也堯命羲仲理東方青州隅夷之地日所出
處名曰暘明之谷羲仲主東方之官若周禮春官**敬道日**
出便程東作孔安國曰敬道出日平均次序東作之事以
務農也○索隱曰劉伯莊傳皆依古史作平
秩音然尚書大傳曰辯秩東作則是訓秩爲程言便課其作
程者也○正義曰道音導便程並如字後同導訓也三春主
東故言日出耕作在春故言東作命羲
仲恭勤道訓萬民東作之事使有程期**日中星鳥以殷**
中春孔安國曰日中謂春分之日也鳥南方朱鳥七宿也
殷正也春分之昬鳥星畢見以正仲春之氣節轉以
推孟季則可知也○正義
曰中音仲夏秋冬並同**其民析鳥獸字微**孔安國曰
春事既起
丁壯就功言其民老壯分析也乳化曰
字尚書微作尾字說文云尾交接也**申命羲叔居南**
交孔安國曰夏與春交此治南方之官也○索隱曰孔註未
是然則冬與秋交何故下無其文且東嵎夷西昧谷北幽
都三方皆言地而夏獨不言地乃云與春交斯不例之甚也
然南方地有名交阯者或古文略舉一字名地南交則是交

吡不疑也。正義曰羲叔主南方官若周禮夏官卿也便程南譌敬致孔安國曰譌化也平
序分南方化育之事敬行其教以致其功也。索隱曰譌依字讀春言東作夏言南爲皆是耕作營爲勸農之事孔安國
強讀爲訛字雖則訓化解釋亦甚紆回也。正義曰爲音于僞反命羲叔宜恭勤民事致其種殖使有程期也日永
星火以正中夏孔安國曰永長也謂夏至之日火蒼龍之中星舉中則七星見可知以正中
夏之節馬融王肅謂日長晝漏六十刻鄭玄曰五十五刻其民因鳥獸希革孔安國曰因謂
老弱因就在田之丁壯以助農也夏時鳥獸毛羽希少改易也革改也申命和仲居西土
徐廣曰一無土字以爲西者今天水之西縣也駰案鄭玄曰西者隴西之西今人謂之兌山曰昧谷徐廣
曰一作柳谷駰案孔安國曰日入于谷而天下冥故曰昧谷此居治西方之官掌秋天之政也。正義曰和仲主西方之
官若周禮秋官卿也敬道日入便程西成孔安國曰秋西方萬物成也夜中
星虛以正中秋孔安國曰春言日秋言夜互相備也虛玄武之中星亦言七星皆以秋分日見

便乍使 譌音几

昧音妹

便乍使

以正三秋也○索隱曰虛舊依字讀而鄒誕生云音墟案虛星主墳墓鄒氏頗得其理**其民夷易鳥獸毛毨**孔安國曰夷平也老壯者在田與夏平也毨理也毛更生曰毨理**申命和叔居北方曰幽都**孔安國曰北稱幽都謂所聚也○索隱曰案山海經曰北海之內有山名幽都盖是也○正義曰按北方幽州陰聚之地命和叔居理之北方之官若周禮冬官卿**便在伏物**索隱曰使和叔察北方藏伏之物謂人畜積聚等冬皆藏伏尸子亦曰北方者伏方也尚書作平在朔易今案大傳云便在伏物太史公據之而書**日短星昴以正中冬**孔安國曰日短冬至之日也昴白虎之中星亦以七星並見以正冬節也馬融王肅謂日短晝漏四十刻鄭玄曰四十五刻非**其民燠鳥獸氄毛**徐廣曰氄音茸駰案孔安國曰民入室處鳥獸皆生氄毳細毛以自温也**歲三百六十六日以閏月正四時**索隱曰夫周天三百六十五度四分度之一是天度數也而日行遲一歲一周天月行疾一月一周天日一日行一度月一日行十三度十九分度之七至二十九日半彊月行天一匝又逐及日而與會一年十

二會是爲十二月每月二十九日過半年分出小月六是每歲餘六日又大歲三百六十六日小歲三百六十五日舉全數云六十六日其實一歲唯餘十一日弱未滿三歲已成一月則置閏若三年不置閏則正月爲二月九年差三月則以春爲夏十七年差六月則四時皆反以此四時不正歲不成矣故傳曰歸餘於終事則不悖是也

信飭徐廣曰古勑字百官衆功皆興堯曰誰可順此事正義曰言將登用之嗣位也放齊曰嗣子丹朱開明孔安國曰放齊臣名。正義曰放音方往反鄭玄云帝堯胤嗣之子名曰丹朱開明也按開解而達也帝王紀云堯娶散宜氏女曰女皇生丹朱汲冢紀年云后稷放帝子丹朱范汪荊州記云丹川水縣在丹川堯子朱之所封也括地志云丹朱故城在鄧州內鄉縣西南百三十里丹朱故爲縣

堯曰吁頑凶不用孔安國曰吁疑怪之辭。正義曰左傳云口不道忠信之言爲嚚心不則德義之經爲頑凶訟也言丹朱心既頑嚚又好爭訟不可用之堯又曰誰可者讙兜曰共工旁聚布功可用孔安國曰讙兜臣名鄭玄曰共工水官名。正義曰兜音斗侯

反堯曰共工善言其用僻似恭漫天不可正義曰漫音莫
干反共工善為言語用意邪僻也似於恭敬罪惡漫天不可用也堯又曰嗟四嶽鄭玄曰四
嶽四時官主方嶽之事。○正義曰嗟嘆鳩水問四嶽誰能理也孔安國云四嶽即上羲和四子也分掌四嶽之諸侯故稱
焉湯湯洪水滔天浩浩懷山襄陵孔安國曰懷包襄上也。○正義
曰湯音商今讀如字蕩蕩廣平之貌言水奔究有所滌除地上之物為水漂流蕩蕩然按懷藏包裹之義故懷為包釋言
以襄為駕駕乘牛馬皆在上也言水襄上乘陵浩浩盛大勢若漫天下民其憂有能使
治者皆曰鯀可馬融曰鯀臣名禹父堯曰鯀負命毀族不
可正義曰負音佩依字通負違也族類也鯀性很戾違負教命毀敗善類不可用也詩云貪人敗類也嶽曰
异哉試不可用而已正義曰异音異孔安國云异已也退也言餘人盡已唯鯀可試無成
乃退堯於是聽嶽用鯀九歲功用不成正義曰爾雅釋天云載歲

也夏曰祀周曰年唐虞曰載李巡云各自紀事不相襲也孫炎云歲取星行一次也祀取四時祭祀一訖也年取年穀一孰也載取萬物始更終也載者年之别名故以載爲年也按功用不成水害不息故放退也至明年得舜乃殛之羽山而用其子禹也

堯曰咨四嶽朕在位七十載汝能庸命踐朕位鄭玄曰言汝諸侯之中有能順事用天命者入處我位統治天子之事者乎。正義曰孔安國云堯年十六以唐侯升爲天子在位七十載時八十六老將求代也嶽應曰鄙德忝帝位正義曰四嶽皆云鄙俚無德若便行天子事是辱帝位言己等不堪也堯曰悉舉貴戚及疏遠隱匿者衆皆言於堯曰有矜在民閒曰虞舜孔安國曰無妻曰矜。正義曰矜古頑反堯曰然朕聞之其何如嶽曰盲者子父頑母嚚弟傲能和以孝烝烝治不至姦正義曰烝烝之升反進也言父頑母嚚弟傲舜皆和以孝進之於善不至於姦惡也堯曰吾其試哉正義曰欽以二女試舜觀其理家之道也於是堯妻之二女正義曰妻音七計反二女娥皇女英也娥皇無子女英生商均舜升天子娥皇爲后女英爲妃觀其德於二女正義曰視其爲德行於二女以理家而觀國也舜飭下二女於嬀汭孔安國曰舜所嬀水之汭。索隱曰列女傳云二女長曰娥皇次曰女英系本作女瑩大戴禮作女匽皇甫謐云嬀水在河東虞縣歷山西汭水涯也猶洛汭渭汭然也。正義曰飭音敕下音胡亞反汭音芮舜能整齊二女以義理下二女之心於嬀汭使行婦道於虞氏也括地志云嬀源汭水出蒲州河東南山許慎云水涯曰汭按地記云河東郡青山東山中有二泉下南流者嬀水北流者汭水二水異泉合流出谷西注河嬀水北曰汭也又云河東縣二里故蒲坂城舜所都也城中有舜廟城外有舜宅入二妃壇如婦禮堯善之乃使舜慎和五典鄭玄曰五典五教也蓋試以司徒之職五典能從乃徧入百官百官時序賓於四門四門穆穆諸侯遠方賓客皆敬馬融曰四門四方之門諸侯羣臣朝者舜賓迎之皆有美德也堯使舜入山林川澤暴風雷雨舜行不迷索隱曰尚書云納于大麓穀梁傳云林屬於山曰麓是山足曰麓故此以爲入山林不迷孔氏以麓訓錄言令舜大錄萬機之政與此不同堯以爲聖召舜曰女謀事至而言可績三年矣鄭玄曰三年者賓四門之後三年也女登帝位舜讓於德不懌徐廣曰音亦今文尚書作不怡怡懌也○索隱曰古文作不嗣今文作不怡怡即懌也謂辭讓於德不堪所以心意不悅懌也俗本作澤誤爾亦當爲懌正月上日馬融曰上日朔日也○正義曰鄭玄云帝王易代莫不改正建朔舜正建子此時未改故依堯正月上日也舜受終於文祖文祖者堯大祖也鄭玄曰文祖者五府之大名猶周之明堂○索隱曰尚書帝命驗曰五府五帝之廟蒼曰靈府赤曰文祖黃曰祖計白曰顯紀黑曰玄矩唐虞謂之五府夏謂世室殷謂重屋周謂明堂皆祀五帝之所也○正義曰舜受堯終帝之事於文祖也尚書帝命驗云帝者承天立五府以尊天重象也五府者黃曰神斗注云唐虞謂

之天府夏謂之正室殷謂之重室周謂之明堂皆祀五帝之
所也文祖者赤帝熛怒之府名曰文祖火精光明文章之祖
故謂之文祖周曰明堂神斗者黄帝含樞紐之府名曰神斗
斗主也土精澄靜四行之主故謂之神斗周曰太室顯紀者
白帝招拒之府名曰顯紀紀法也金精斷割萬物故謂之顯紀
周曰總章玄矩者黑帝光紀之府名曰玄矩矩法也水精玄
昧能權輕重故謂之玄矩周曰玄堂靈府
者蒼帝靈威仰之府名曰靈府周曰青陽

於是帝堯老命舜攝行天子之政以觀天命舜乃在璿璣玉衡以齊七政

鄭玄曰璿璣玉衡渾天儀也七政日月五星
也。正義曰說文云璿赤玉也按舜雖受堯
命猶不自安更以璿璣玉衡以正天文璣爲運轉衡爲横簫
運璣使動於下以衡望之是王者正天文器也觀其齊與不
齊今七政齊則已受禪爲是矣尚書云玉衡長八尺孔徑一寸
下端望之以視星宿並縣璣以象天而以衡望之轉璣窺衡
以知星宿璣徑八尺圓周二尺五寸而強也鄭玄云運轉者
爲璣持正者爲衡尚書大傳云政者齊中也謂春秋冬夏天
文地理人道所以爲政也道正
而萬事順成故天道政之大也

遂類於上帝

鄭玄曰禮
祭上帝於

五帝紀

在下明本

圓丘。正義曰五經異義云非時祭天謂之類言以事類告也時舜告攝非常祭也王制云天子將出類于上帝鄭玄云昊天上帝謂天皇大帝北辰之星**禋于六宗**鄭玄曰六宗星辰司中司命風師雨師也騶案六宗義衆矣愚謂鄭說為長。正義曰周語云精意以享曰禋也孫炎云禋絜敬之祭也按星五星緯也辰日月所會十二次也司中司命文昌第五第四星也風師箕星也雨師畢星也孔安國云四時寒暑也日月星也水旱也禮祭法云埋少牢於大昭祭時也禳祈於坎壇祭寒暑也王宮祭日也夜明祭月也幽禜祭星也雩禜祭水旱也司馬彪續漢書云安帝立六宗祀於洛陽城西北亥地禮比大社魏因之至晉初荀顗言新祀以六宗之神諸家說不同乃廢之也**望于山川**正義曰望者遥望而祭山川也山川五嶽四瀆也爾雅云梁山晉望也**辯於羣神**徐廣曰辯音班駰案鄭玄曰羣神若丘陵墳衍。正義曰辯音遍謂祭羣神也**揖五瑞擇吉月日**馬融曰揖斂也五瑞公侯伯子男所執以為瑞信也堯將禪舜使羣牧斂**見四嶽諸牧班瑞**之使舜親往班之。正義曰揖音集周禮典瑞云王執鎮圭尺二寸公執桓圭九寸侯執信圭七寸伯執躬圭五寸子執

穀璧男執蒲璧皆五寸言五瑞者王不在中也孔文祥云宋
末會稽修禹廟於廟庭山土中得五等圭璧百餘枚形與周
禮同皆短小此即禹會諸侯於會稽執
以禮山神而埋之其璧今猶有在也 **歲二月東巡狩**
至於岱宗柴 馬融曰舜受終後五年之二月鄭玄曰建卯之月也柴祭東嶽者考績柴燎也。正義曰
按既班瑞羣后即東巡者守土之諸侯會岱宗之嶽燔柴告
至也王者巡狩以諸侯自專一國威福任己恐其擁遏上命
澤不下流故巡狩問人疾苦也風俗通云太山之尊者一曰
岱宗始也長也萬物之始陰陽交代故爲五岳之長也按二
月仲月也仲中也言得其中也 **望秩於山川** 正義曰乃以秩望祭東方諸侯境內之名山大川也
言秩者五岳視三公四瀆視諸侯 **遂見東方君長合時月正日** 鄭玄曰協
正四時之月數及日名備有失誤。正義曰既見東方君長
乃合同四時氣節月之大小日之甲乙使齊一也周禮太史
掌正歲年以序事頒正朔於邦國則節氣晦朔皆天
子頒之猶恐諸侯國異或不齊同因巡狩合正之 **同律**
度量衡 鄭玄曰同陰律度丈尺量斗斛衡斤兩也。正義曰律之十二律度之丈尺量之斗斛衡之斤兩皆

使天下相同無制度長短輕重異也漢律志云虞書云同律度量衡所以齊遠近立民信也律有十二陽六爲律陰六爲呂律以統氣類物一曰黃鍾二曰太蔟三曰姑洗四曰蕤賓五曰夷則六曰無射呂以旅陽宣氣一曰林鍾二曰南呂三曰應鍾四曰大呂五曰夾鍾六曰中呂度者分寸尺丈引也所以度長短也本起黃鍾之管長以子穀秬黍中者一黍爲一分十分爲寸十寸爲尺十尺爲丈十丈爲引而五度審矣量者龠合升斗斛也所以量多少也本起黃鍾之龠以子穀秬黍中者千有二百實爲一龠十龠爲合十合爲升十升爲斗十斗爲斛而五量嘉矣衡權者銖兩斤鈞石也所以稱物輕重也本起於黃鍾之一龠容千二百黍重十二銖二十四銖爲兩十六兩爲斤三十斤爲鈞四鈞爲石而五權謹矣衡平也權重也

脩五禮馬融曰吉凶賓軍嘉也。正義曰周禮以吉禮事邦國之鬼神祇以凶禮哀邦國之憂以賓禮親邦國以軍禮同邦國以嘉禮親萬民也尚書堯典云類于上帝吉禮也如喪考妣凶禮也羣后四朝賓禮也大禹謨云汝徂征軍禮也堯典云女于時嘉禮也女音女慮反

五玉鄭玄曰即五瑞也執之曰瑞陳列曰玉

三帛馬融曰三孤所執也鄭玄曰帛所以薦玉也必三者高陽氏後用赤繒高辛氏後用黑繒其餘諸侯皆用

白繒。正義曰孔安國云諸侯世子執纁公之孤執玄附庸之君執黃也按三統紀推伏羲爲天統色尚赤神農爲地統色尚黑黃帝爲人統色尚白少昊黃帝子亦尚白故高陽氏又天統亦尚赤堯爲人統故用白

二生正義曰羔鴈也鄭玄注周禮大宗伯云羔小羊也取其羣不失其類也鴈取其候時而行也卿執羔大夫執鴈按羔鴈性馴可生爲贄

一死正義曰雉也馬融云一死雉士所執也按不可生爲贄故死雉取其守介死不失節也

爲摯馬融曰贄三生羔鴈卿大夫所執一死雉士所執。正義曰摯音至贄執也鄭玄云贄之言至所以自致也韋昭云贄六贄皮帛卿執羔大夫執鴈士執雉庶人執鹿工商執雞也

如五器卒乃復馬融曰五器上五玉五玉禮終則還之三帛已下不還也。正義卒音子律反復音伏

五月南巡狩八月西巡狩十一月北巡狩皆如初歸至于祖禰廟正義曰禰音乃禮反何休云生曰父死曰考廟曰禰

用特牛禮五歲一巡狩羣后四朝鄭玄曰巡狩之年諸侯見於方嶽之下其閒四年四方諸侯分來朝於京師也

遍告以言

張氏曰鞭作官刑所以治在官之賤者扑作教刑所以治在学之者在官在学皆士也 扑音卜

正義曰徧音遍言徧告天子治理之言也**明試以功車服以庸**正義曰孔安國云功成則錫車服以表顯其能用也**肇十有二州決川**馬融曰禹平水土置九州舜以冀州之北廣大分置并州燕齊遼遠分燕置幽州分齊爲營州於是爲十二州也鄭玄曰更爲之定界濬水害也**象以典刑**馬融曰言咎繇制五常之刑無犯之者但有其象無其人也○正義曰孔安國云象法也法用常刑用不越法也**流宥五刑**馬融曰流放宥寬也一曰幼少二曰老耄三曰惷愚五刑墨劓剕宮大辟○正義曰孔安國云以流放之法寬五刑也鄭玄云三宥一曰弗識二曰過失三曰遺忘也**鞭作官刑**馬融曰爲辨治官事者爲刑**扑作教刑**鄭玄曰扑檟楚也扑爲教官爲刑者**金作贖刑**馬融曰金黃金也意善功惡使出金贖罪坐不戒慎者**眚裁過赦**鄭玄曰眚裁爲人作患害者也過失雖有害則赦之**怙終**徐廣曰一作衆**賊刑**鄭玄曰怙其姦邪終身以爲殘賊則用刑之**欽哉欽哉惟刑之靜哉**徐廣曰今文云惟刑之謐哉爾雅曰謐靜也○索隱曰案古文作恤哉且今文是伏生口

眚音井 裁音哉

誦卹謚聲近遂作謚也讙兜進言共工正義曰讙兜渾沌也共工窮奇也鯀檮杌也三苗號食飱食也左傳云舜臣堯流四凶投諸四裔以禦魑魅也堯曰不可而試之工師正義曰工師若今太匠卿也共工果淫辟正義疋亦反四嶽舉鯀治鴻水堯以爲不可嶽彊請試之試之而無功故百姓不便三苗馬融曰國名也。正義曰左傳云自古諸侯不用王命虞有三苗夏有觀扈孔安國云縉雲氏之後爲諸侯號饕餮也吳起云三苗之國左洞庭而右彭蠡按洞庭湖名在岳州巴陵西南一里南與青草湖連彭蠡湖名在江州潯陽縣東南五十二里以天子在北故洞庭在西爲左彭蠡在東爲右今江州鄂州岳州三苗之地也在江淮荊州正義曰淮讀曰匯音胡罪反今彭蠡湖也本屬荊州尚書云南入于江東匯澤爲彭蠡是也數爲亂於是舜歸而言於帝請流共工于幽陵馬融曰北裔也。正義曰尚書及大戴禮皆作幽州括地志云故龔城在檀州燕樂縣界故老傳云舜流共工幽州居此城神異經云西北荒有人焉人面朱髮蛇身人手足而食五穀禽獸頑愚名曰共工**以變北狄**徐廣曰變一作燮。索隱曰變謂變其形及衣服同於夷狄也徐廣云作燮燮和也。正義曰言四凶流四裔各於四夷放共工等爲中國之風俗也**放驩兜於崇山**馬融曰南裔也。正義曰神異經云南方荒中有人焉人面鳥喙而有翼手足扶翼而行食海中魚爲人很惡不畏風雨禽獸犯死乃休名曰讙兜也**以變南蠻遷三苗於三危**馬融曰西裔也。正義曰括地志云三危山有峯故曰三危俗亦名卑羽山在沙州敦煌縣東南三十里神異經云西荒中有人焉面目手足皆人形而胳下有翼不能飛爲人饕餮淫逸無理名曰苗民又山海經云大荒北經黑水之北有人有翼名曰苗民也**以變西戎殛鯀於羽山**馬融曰殛誅也羽山東裔也。正義曰殛音紀力反孔安國云殛竄放流皆誅也括地志云羽山在沂州臨沂縣界神異經云東方有人焉人形而身多毛自解水土知通塞爲人自用欲爲欲息皆曰云是鯀也**以變東夷四辠而天下咸服堯立七十年得舜二十年而**

老令舜攝行天子之政薦之於天堯辟位凡二十八年而崩徐廣曰堯在位凡九十八年駰案皇覽曰堯冢在濟陰城陽劉向曰堯葬濟陰丘壠山呂氏春秋曰堯葬穀林皇甫謐曰穀林即城陽堯都平陽於詩爲唐國○正義曰皇甫謐云堯即位九十八年通舜攝二十八年也凡年百一十七歲孔安國云堯壽百一十六歲括地志云堯陵在濮州雷澤縣西三里郭生述征記云城陽縣東有堯冢亦曰堯陵有碑是也括地志云雷澤縣本漢郕陽縣也百姓悲哀如喪父母三年四方莫舉樂正義曰尚書云三載四海遏密八音是也以思堯堯知子丹朱之不肖索隱曰鄭玄曰肖似也不似言不如人也皇甫謐云堯娶散宜氏之女曰女皇生丹朱又有庶子九人皆不肖也不足授天下於是乃權授舜索隱曰父子繼立常道也求賢而禪權道也權者反常而合道○正義曰五帝官天下老則禪賢故權試舜也授舜則天下得其利而丹朱病授丹朱則天下病而丹朱得

其利堯曰終不以天下之病而利一人而卒授舜以天下堯崩三年之喪畢舜讓辟丹朱於南河之南劉熙曰南河九河之最在南者。正義曰括地志云故堯城在濮州鄄城縣東北十五里竹書云昔堯德衰爲舜所囚也又有偃朱故城在縣西北十五里竹書云舜囚堯復偃塞丹朱使不與父相見也按濮州北臨漯大川也河在堯都之南故曰南河禹貢至于南河是也其偃朱城所居即舜讓避丹朱於河南之處也諸侯朝覲者不之丹朱而之舜獄訟者不之丹朱而之舜謳歌者不謳歌丹朱而謳歌舜舜曰天也夫而後之中國踐天子位焉劉熙曰天子之位不可曠年於是遂反格于文祖而當帝位帝王所都爲中故曰中國是爲帝舜

虞舜者謚法曰仁聖盛明曰舜。索隱曰虞國名在河東太陽縣舜謚也皇甫謐云舜字都君也。正義曰

括地志云故虞城在陝州河北縣東北五十里虞山之上酈元注水經云幹橋東北有虞城堯以女嬪于虞之地也又宋州虞城大襄國所封之邑杜預云舜後諸侯也又越州餘姚縣顧野王云舜後支庶所封之地舜姚姓故云餘姚縣西七十里有漢上虞故縣會稽舊記云舜上虞人去虞三十里有姚丘即舜所生也周處風土記云舜東夷之人生姚丘括地志又云姚墟在濮州雷澤縣東十三里孝經援神契云舜生於姚墟按二所未詳也

名曰重華

徐廣曰皇甫謐云舜以堯之二十一年甲子生三十一年甲午徵用七十九年壬午即眞百歲癸卯崩。正義曰尚書云重華叶於帝孔安國云華謂文德也言其光文重合於堯瞽叟姓嬀妻曰握登見大虹意感而生舜於姚墟故姓姚目重瞳子故曰重華字都君龍顏大口黑色身長六尺一寸

重華父曰瞽叟

正義曰先后反孔安國云無目曰瞽舜父有目不能分別好惡故時人謂之瞽配字曰叟叟無目之稱也

瞽叟父曰橋牛

正義曰橋又音嬌

橋牛父曰句望

正義句古侯反望音云

句望父曰敬康敬康父曰窮蟬窮蟬父曰帝顓頊顓頊父曰

昌意以至舜七世矣自從窮蟬以至帝舜皆微爲庶人舜父瞽叟盲而舜母死索隱曰皇甫謐云舜母名握登生舜於姚墟因姓姚氏也瞽叟更娶妻而生象象傲瞽叟愛後妻子常欲殺舜舜避逃及有小過則受罪順事父及後母與弟日以篤謹匪有解舜冀州之人也正義曰蒲州河東縣本屬冀州宋永初山川記云蒲坂城中有舜廟城外有舜宅及二妃壇括地志云嬀州有嬀水源出城中耆舊傳云即舜釐降二女於嬀汭之所外城中有舜井城北有歷山山上有舜廟未詳按嬀州亦冀州城是也舜耕歷山鄭玄曰在河東。正義曰括地志云蒲州河東縣雷首山一名中條山亦名歷山亦名首陽山亦名蒲山亦名襄山亦名甘棗山亦名猪山亦名狗頭山亦名薄山亦名吴山此山西起雷首山東至吴坂凡十二名隨州縣分之歷山南有舜井又云越州餘姚縣有歷山舜井濮州雷澤縣有歷山舜井二所又有姚墟云生舜處也及

嘗或作常

五帝紀

嬀州歷山舜井皆云舜所耕處未詳也漁雷澤鄭玄曰雷夏兗州澤今屬濟陰。正義曰括地志云雷夏澤在濮州雷澤縣郭外西北山海經云雷澤有雷神龍首人頰鼓其腹則雷也陶河濱皇甫謐曰濟陰定陶西南陶丘亭是也。正義曰按於曹州濱河作瓦器也括地志云陶城在蒲州河東縣北三十里即舜所都也南去歷山不遠或陶所在則可何必定陶方得為舜陶之陶也斯或一焉作什器於壽丘皇甫謐曰在魯東門之北。索隱曰什器什數也盖人家常用之器非一故以十為數猶今云什物也壽丘地名黃帝生處。正義曰壽音受顏師古云軍法伍人為伍二伍為什則共器物故為生生之具為什器亦猶從軍及作役者十人為火共畜調度也就時於負夏鄭玄曰負夏衛地。索隱曰就時猶逐時若言乘時射利也尚書大傳曰販於頓丘就時負夏孟子曰遷於負夏是也舜父瞽叟頑母嚚弟象傲皆欲殺舜舜順適不失子道兄弟孝慈欲殺不可得即求嘗在側舜年二十以孝聞三十而帝堯問可用者〔正義曰可用謂可爲天子也〕四嶽咸薦虞舜曰可於是堯乃以二女妻舜以觀其內使九男與處以觀其外舜居嬀汭內行彌謹堯二女不敢以貴驕事舜親戚〔正義曰二女不敢以帝女驕慢舜之親戚親戚謂父瞽叟後母弟象妹顆手等也顆音古果反〕甚有婦道堯九男皆益篤〔正義曰篤惇也非唯二女恭勤婦道九男事舜皆益惇厚謹敬也〕舜耕歷山歷山之人皆讓畔〔正義曰韓子曆二云濃相侵略舜往耕朞年耕者讓畔也〕漁雷澤雷澤上人皆讓居陶河濱河濱器皆不苦窳〔史記音隱曰音游甫反窳謂窳病也○正義曰苦讀如盬音古盬麤也窳音庾〕一年而所居成聚〔正義曰聚在喻反聚謂村落也〕二年成邑三年成都〔正義曰周禮郊野法云九夫爲井四井爲邑四邑爲丘四丘爲甸四甸爲縣四縣爲都也〕堯乃

賜舜絺衣正義曰絺勑遲反細葛布衣也鄒氏音竹几反與琴爲築倉廩予牛羊瞽叟尚復欲殺之使舜上塗廩瞽叟從下縱火焚廩舜乃以兩笠自扞而下去得不死索隱曰言以笠自扞已身有似鳥張翅而輕下得不損傷皇甫謐云兩繖繖笠類列女傳云二女教舜鳥工上廩是也○正義曰通史云瞽叟使舜滌廩舜告堯二女女曰時其焚汝鵲汝衣裳鳥工往舜既登廩得免去也後瞽叟又使舜穿井舜穿井爲匿空旁出劉熙曰舜以權謀自免亦大聖有神人之助也○索隱曰空音孔列女傳所謂龍工入井是也○正義曰言舜潛匿穿孔旁從他井而出也通史云舜穿井又告二女二女曰去汝裳衣龍工往入井瞽叟與象下土實井舜從他井出去也括地志云舜井在嬀州懷戎縣西外城中其西又有一井耆舊傳云並舜井也舜自中出帝王紀云河東有舜井未詳也舜既入深瞽叟與象共下土實井索隱曰亦作塡井舜從匿空出去

瞽叟象喜以舜爲已死象曰本謀者象象與其父母分正義扶問反於是曰舜妻堯二女與琴象取之牛羊倉廩予父母象乃止舜宮居正義曰宮即室也爾雅云室謂之宮禮云命士已上父子異宮也鼓其琴舜往見之象鄂不懌曰我思舜正鬱陶舜曰然爾其庶矣索隱曰言汝猶當庶幾於友悌之情義也如孟子取尚書文又云惟茲臣庶女其于予治蓋欲令象共我理臣庶也舜復事瞽叟愛弟彌謹於是堯乃試舜五典百官皆治昔高陽氏有才子八人名見左傳世得其利謂之八愷賈逵曰愷和也○索隱曰左傳史克對季文子曰昔高陽氏有才子八人蒼舒隤敳檮戭大臨尨降庭堅仲容叔達高辛氏有才子八人名見左傳世謂之八元賈逵曰元善也○索隱曰左傳高辛

氏有才子八人伯奮仲堪叔獻季仲伯虎仲熊叔豹季貍此十六族者世濟其美

索隱曰謂元愷各有親族故稱族也濟成也言後代成前代也不隕其名至於堯堯

未能舉舜舉八愷使主后土王肅曰君治九土之宜杜預曰后土地也。索

隱曰禹爲司空司空主土則禹在八愷之中。正義曰春秋正義云后君也天曰皇天地曰后土以揆百

事莫不時序正義曰言禹度九土之宜無不以時得其次序也舉八元使布

五教于四方索隱曰契爲司徒司徒敷五教則契在八元之數父義母慈兄

友弟恭子孝內平外成正義曰杜預云內諸夏外夷狄也按契作五常之教諸夏

太平夷狄向化也昔帝鴻氏有不才子賈逵曰帝鴻黃帝也不才子其苗裔讙兜

也掩義隱賊好行凶慝天下謂之渾沌正義曰慝惡也一本

云天下之民謂之渾沌渾沌即讙兜也言掩義事陰爲賊害而好凶惡故謂之渾沌也杜預云渾沌不開通之皃神異經

慝吐得反

云崑崙西有獸焉其狀如犬長毛四足似羆而無爪有目而
不見行不開有兩耳而不聞有人知往有腹無五臟有腹直
短食徑過人有德行而往抵角有凶惡而行依憑之名渾沌
又莊子云南海之帝爲儵忽中央之帝爲渾沌儵忽時相遇
於渾沌之地渾沌待之甚善儵與忽謀欲報渾沌之德曰人
皆有七竅以視聽食息此獨無有嘗試鑿之日鑿一竅七日
而渾沌死按言讙兜性似故號之也**少皞氏**服虔曰金天氏帝號**有不才子毀信**

毀信以下八字一本无

惡崇飾惡言天下謂之窮奇服虔曰謂共工氏也其行窮而好奇
○正義曰謂共工言毀敗信行惡其忠直有惡言語高粉飾
之故謂之窮奇按常行終必窮極好諂諛奇異於人也神異
經云西北有獸其狀似虎有翼能飛便剿食人知人言語聞
人鬬輒食直者聞人忠信輒食其鼻聞人惡逆不善輒殺獸
往饋之名曰窮奇按言共工性似故號之也**顓頊氏有不才子不可教訓**

不可以下八字一本无

不知話言天下謂之檮杌賈逵曰檮杌頑凶無疇匹之貌謂鯀也○正義曰檮
音道刀反杌音五骨反謂鯀也凶頑不可教訓不從詔令故
謂之檮杌按言無疇匹言自縱恣也神異經云西方荒中有

古　古

四凶族

獸焉其狀如虎而犬毛長二尺人面虎足猪口牙尾長一丈八尺攪亂荒中名檮杌一名傲很一名難訓按此鯀性似故號之也

此三族世憂之至于堯堯未能去縉雲氏

賈逵曰縉雲氏姜姓也炎帝之苗裔當黃帝時在縉雲之官也○正義曰今括州縉雲縣蓋其所封也書云縉赤繒也

有不才子

正義曰此以上四處皆左傳文或本有並文次相類四凶故書之恐本錯脫耳謂三苗也言貪飲食冒于貨賄故謂之饕餮饕餮神異經云西南有人焉身多毛頭戴豕性很惡好息積財而不用善奪人穀物強者畏羣而單名號饕餮言三苗性似故號之

貪於飲食冒于貨賄天下謂之饕餮天下惡之比之三凶

杜預曰非帝子孫故別之以比三凶也

舜賓於四門

正義曰杜預云闢四門達四聰以賓禮衆賢之也

乃流四凶族遷于四裔

賈逵曰四裔之地去王城四千里

以御螭魅

服虔曰螭魅人面獸身四足好惑人山林異氣所生以為人害○正義曰御音魚呂反螭音丑知反魅音媚按御螭魅恐更有邪諂之人故流放四凶以禦之也故下云無凶

五帝紀

貪於以下十四字一本無

言毋凶人

言毋凶人

人也

於是四門辟言毋凶人也舜入于大麓烈風雷雨不迷堯乃知舜之足授天下堯老使舜攝行天子政巡狩舜得舉用事二十年而堯使攝政攝政八年而堯崩三年喪畢讓丹朱天下歸舜而禹皐陶契后稷伯夷夔龍倕益彭祖索隱曰彭祖即陸終氏之第三子籛鏗之後後為大彭亦稱彭祖○正義曰高姚二音皐陶字庭堅英六二國是其後也契音薛殷之祖也伯夷齊太公之祖也夔巨龜反樂官也倕音垂亦作垂内言之官也益伯翳也即秦趙之祖彭祖自堯時舉用歷夏殷封於大彭自堯時而皆舉用未有分職正義曰分音符問反如字分謂封壇爵土也於是舜乃至於文祖謀于四嶽辟四門明通四方耳目命十二牧論帝德行厚德遠

烈風以下六字本无

命作令本

六

鄭時是也音如字或作蒔音侍

使人正義曰舜命十二牧論帝堯之德又勅之於民以遠離邪佞之人言能如此則夷狄亦服從也則蠻夷率服舜謂四嶽曰有能奮庸馬融曰奮明庸功也美堯之事者使居官相事皆曰伯禹為司空可美帝功舜曰嗟然禹汝平水土維是勉哉禹拜稽首讓於稷契與皐陶舜曰然往矣鄭玄曰然其舉得其人汝往居此官不聽其所讓也舜曰棄黎民始飢徐廣曰今文尚書作祖飢祖始也。索隱曰古文作阻飢孔氏以為阻難也祖阻聲相近未知誰得汝后稷播時百穀鄭玄曰時讀曰蒔。正義曰稷農官也播時謂順四時而種百穀舜曰契百姓不親五品不馴鄭玄曰五品父母兄弟子也王肅曰五品五常也。正義馴音訓汝為司徒而敬敷五教在寬馬融曰五品之教舜曰皐陶蠻夷猾夏鄭玄曰猾夏侵亂中國也

注種百穀一本作播百穀

寇賊姦軌鄭玄曰由內爲姦起外爲軌○正義亦作宄汝作士馬融曰獄官之長○正義曰按言大理御也五刑有服正義曰孔安國云服從也言輕重之中正也按墨黥鑿其額涅以墨劓截鼻也刖足也宮淫刑也男子割勢婦人幽閉也大辟死刑也五服三就馬融曰五刑墨劓剕宮大辟三就謂大罪陳諸原野次罪於市朝同族適甸師氏既服五刑當就三處五流有度正義曰度音徒洛反尚書作宅孔安國云五刑之流各有所居也五度三居正義曰按謂度其遠近爲三等之居也維明能信馬融曰謂在八議君不忍刑宥之以遠五等之差亦有三等之居大罪投四裔次九州之外次中國之外當明其罪能使信服之舜曰誰能馴予工馬融曰謂主百工之官也皆曰垂可於是以垂爲共工馬融曰爲司空共理百工之事舜曰誰能馴予上下馬融曰上謂原下謂隰草木鳥獸皆曰益可於是以益爲朕虞馬融曰虞掌山澤之官名益拜稽首讓于諸臣

朱虎熊羆索隱曰即高辛氏之子伯虎仲熊也○正義曰孔安國云朱虎熊羆二臣也垂益所讓四人也皆在元凱之中也舜曰往矣汝諧遂以朱虎熊羆為佐正義曰為益之佐也舜曰嗟四嶽有能典朕三禮馬融曰三禮天神地祇人鬼之禮也鄭玄曰天事地事人事之禮也皆曰伯夷可舜曰嗟伯夷以汝為秩宗鄭玄曰主次秩尊卑○正義曰若太常也漢書百官表云王莽改太常曰秩宗依古名也孔安國云秩序宗尊也主郊廟之官也夙夜維敬直哉維靜絜正義曰靜清也絜明也孔安國云職典禮施政教使正直而清明伯夷讓夔龍舜曰然正義曰孔安國云然其推賢不許其讓也以夔為典樂教穉子鄭玄曰國子也案尚書作胄子孔安國曰穉胄聲相近○正義曰穉胄維反孔安國云胄長子謂元子以下至卿大夫子弟也歌詩蹈之舞之教長國子中和祗庸孝友直而溫馬融曰正直而色溫和寬而栗馬融曰寬大而謹敬戰栗也剛而無

無作毋下同

虐簡而無傲正義曰孔安國云剛失之虐簡失之傲教之以防其失也詩言意歌長言馬融曰歌所以長言詩之意也○正義曰孔安國云詩言志以蹈其心歌詠其義以長其言也聲依永律和聲鄭玄曰聲之曲折又依長言聲中律乃爲和也○正義曰孔安國云聲五聲宮商角徵羽也律謂六律六呂十二月之音氣也當依聲律和樂也八音能諧毋相奪倫神人以和鄭玄曰祖考來格羣后德讓其一隅也○正義曰八音金石絲竹匏土革木也孔安國云倫理也八音能諧理不錯奪則神人咸和命夔使勉也夔曰於予擊石拊石百獸率舞鄭玄曰百獸服不氏所養者也率舞言音和也○正義曰於音烏孔安國云石磬也音之清者拊亦擊也舉清者和則其餘皆從矣樂感百獸使相率而舞則神人和可知也按磬石一片黑石也下音福尤反周禮云夏官有服不氏掌服猛獸下士一人徒四人鄭玄云不服之獸也舜曰龍朕畏忌讒說殄僞振驚朕衆徐廣曰一云齊說殄行振驚衆駰案鄭玄曰所謂色取仁而行違是驚動我之衆臣使之疑惑○正

師曰爲字上有作字爲異本耳

義曰僞音危睡反言畏惡利口讒說之人兼殄絶姦僞人黨恐其驚動我衆使龍遏絶之出入其命惟信實也此僞字太史公變尚書文也尚書僞字作行音下孟反言信畏忌有利口讒說之人殄絶無德行之官也**命汝爲納言夙夜出入朕命惟信**正義曰孔安國云納言喉舌之官也聽下言納於上受上言宣於下必信也**舜曰嗟女二十有二人**馬融曰稷契皋陶皆居官久有成功但述而美之無所復勑禹及垂已下皆初命凡六人與上十二牧四嶽凡二十二人鄭玄曰皆格于文祖時所勑命也**敬哉惟時相天事**正義曰相視也舜命二十二人各敬行其職惟在順時視天所宜而行事也**三歲一考功三考絀陟遠近衆功咸興分北三苗**鄭玄曰所竄三苗爲西裔諸侯者猶爲惡乃復分析流之**此二十二人咸成厥功皋陶爲大理平**正義曰皋陶作士正平天下罪惡也**民各伏得其實伯夷主禮上下咸讓垂主工師**正義曰工匠若今大匠卿也**百**

作 或生爲字上 本无

絀 丑律反

北 知字又音背 鄭步代反

廋作搜本
鳥夷是袁本紀

百工致功益主虞山澤辟正義曰辟婢亦反開也棄主稷百穀時茂契主司徒百姓親和龍主賓客遠人至十二牧行而九州莫敢辟違正義曰禹九州之民無敢辟違舜十二牧也唯禹之功爲大披九山正義曰披音皮義反謂傍其山邊以通通九澤決九河定九州各以其職來貢不失厥宜方五千里至于荒服南撫交阯北發索隱曰一句西戎析枝渠廋氏羌索隱曰一句北山戎發息愼鄭玄曰息愼或謂之肅愼東北夷東長鳥夷索隱曰此言帝舜之德皆撫及四方夷人故先以撫字揔之北發當云北戶南方有地名北戶又案漢書北發是北方國名今以北發爲南方之國誤也此文省略四夷之名錯亂西戎上少一西字山戎下少一北字長字下少一夷字長夷也鳥夷也其意宜然今案大戴禮亦云長夷則長是夷號又云鮮支渠搜則鮮支當此析枝也鮮析音

河作川本
析音錫又音哲
息音肅又如字

相近鄒氏劉氏云息並音肅非也且夷狄之名古書不必皆同今讀如字也○正義曰注鳥或作島括地志云百濟國西南海中有大島十五所皆置邑有人居屬百濟又倭國西南大海中島居凡百餘小國在京南萬三千五百里按武后改倭國爲日本國四海之內正義曰爾雅云九夷八狄七戎六蠻謂之四海咸戴帝舜之功於是禹乃興九招之樂索隱曰招音韶即舜樂簫韶九成故曰九招致異物鳳皇來翔天下明德皆自虞帝始舜年二十以孝聞年三十堯舉之年五十攝行天子事年五十八堯崩年六十一代堯踐帝位皇甫謐曰舜所都或言蒲阪或言平陽或言潘潘今上谷也○正義曰括地志云平陽今晉州城是也潘今嬀州城是也蒲坂今蒲州南二里河東縣界蒲坂故城是也踐帝位三十九年南巡狩崩於蒼梧之野葬於江南九疑是爲零陵皇覽曰舜冢在零陵營浦縣其山九

谿皆相似故曰九疑傳曰舜葬蒼梧象爲之耕禮記曰舜葬蒼梧二妃不從山海經曰蒼梧山帝舜葬于陽丹朱葬於陰皇甫謐曰或曰二妃葬衡山

舜之踐帝位載天子旗往朝父瞽叟夔夔唯謹徐廣曰和敬貌如子道封弟象爲諸侯

孟子曰封之有庳音鼻○正義曰帝王紀云舜弟象封於有鼻括地志云鼻亭神在道縣北六十里故老傳云舜葬九疑象來至此後人立祠名爲鼻亭神輿地志云零陵郡應陽縣東有山山有象廟王隱晉書云此大泉陵縣北部東五里有鼻墟象所封也

舜子商均亦不肖皇甫謐曰娥皇無子女英生商均○正義曰譙周云以虞封舜子今宋州虞城縣括地志云虞國舜後所封邑也或云封舜子均於商故號商均也

舜乃豫薦禹於天索隱曰謂告天使之攝位也

十七年而崩三年喪畢禹亦乃讓舜子正義曰括地志云禹居洛州陽城者避商均非時久居也如舜讓堯子諸侯歸之然後禹踐天子位堯子丹朱舜子商

均皆有疆土譙周曰以唐封堯之子以虞封舜之子○索隱曰漢書律曆志云封堯子朱於丹淵爲諸侯商均封虞在梁國今虞城縣也○正義曰括地志云定州唐縣堯後所封宋州虞城縣舜後所封也以奉先祀服其服禮樂如之以客見天子正義曰爲天子之賓客也天子弗臣示不敢專也自黃帝至舜禹皆同姓而異其國號以章明德徐廣曰外傳曰黃帝二十五子其得姓者十四人虞翻云以德爲氏姓又虞翻説以凡有二十五人其二人同姓姬又十一人爲十一姓酉祁巳滕葴任荀釐姞嬛衣是也餘十二姓德薄不紀録故黃帝爲有熊帝顓頊爲高陽帝嚳爲高辛帝堯爲陶唐韋昭曰陶唐皆國名猶湯稱殷商矣張晏曰堯爲唐侯國於中山唐縣是也帝舜爲有虞皇甫謐曰舜嬪于虞因以爲氏今河東大陽西山上虞城是也帝禹爲夏后而別氏姓姒氏契爲商姓子氏索隱曰禮

緯曰禹母脩己吞薏苡而生禹因姓姒氏而契姓子氏者亦以其母吞乙子而生棄爲周姓姬氏鄭玄駁許慎五經異義曰春秋左傳無駭卒羽父請謚與族公問族於衆仲衆仲對曰天子建德因生以賜姓胙之土而命之氏諸侯以字爲氏因以爲族官有世功則有官族邑亦如之公命以字爲展氏以此言之天子賜姓命氏諸侯命族族者氏之別名也姓者所以統繫百世使不別也氏者所以別子孫之所出故世本之篇言姓則在上言氏則在下也

太史公曰正義曰太史公司馬遷自謂也自敘傳云太史公曰先人有言又云太史公曰余聞之董生又云太史公遭李陵之禍明太史公司馬遷自號也遷爲太史公官題贊首也虞喜云古者主天官者皆上公非獨遷學者多稱五帝尚矣索隱曰尚上也言久遠也然尚矣文出大戴禮然尚書獨載堯以來而百家言黃帝其文不雅馴正義曰馴訓也謂百家之言皆非典雅之訓薦紳先生難言之徐廣曰薦紳即縉紳也古字假借孔子所傳宰予問五帝德及帝繫姓正義曰繫音奚計反五帝德及帝繫

第ノ下タ 弟ダニ シラスク

姓皆大戴禮文及孔子家語篇名漢儒者以
二書非經恐不見聖人之言故或不傳學也 儒者或不傳

索隱曰五帝德帝繫姓皆大戴禮及孔子家語篇名以二者
皆非正經故漢時儒者以為非聖人之言故多不傳學也

余嘗西至空峒 正義曰余太史公自稱也嘗曾也空桐
山在原州平高縣西百里黃帝問道於

廣城
子之處 北過涿鹿 正義曰涿鹿山在嬀州東南五十里
山側有涿鹿城即黃帝堯舜之都也 東

漸於海南浮江淮矣至長老皆各往往稱黃帝

堯舜之處風教固殊焉總之不離古文者近是

索隱曰古文即帝德帝系
二書也近是聖人之說 予觀春秋國語其發明五

帝德帝繫姓章矣 索隱曰太史公言以春秋國語
古書博加考驗益以發明五帝德

等說甚
章著也 顧弟弗深考 徐廣曰弟但也史記漢書見此者
非一又左思蜀都賦曰弟如滇也

而不詳者多以為字誤學者安可不博觀乎正義曰顧念
也弟且也太史公言博考古文擇其言表鼻之不虛甚章著

注廣城子城 處作誠一本

至 本无

周作國 本

說作記 本

五帝紀

漢書涉傳注師古曰漢書諸之弟者甚衆第但也語有緩急了亦俗人語稱但若急言之則言如第矣

又鄭當時傳並外戚傳亦載皆謂但耳義非且也 師曰此文有仰說通也先言稱黃帝末乃堯舜

甚其風教國之不同也 又言稱黃帝堯舜之處并風教國之不同也

擇其言尤多雅故

古

矣思念亦且不須更深考論虛妄也其所表見皆不虛索隱曰言帝德帝系所有表見者皆不譌

書缺有閒矣正義曰言古文尚書缺失其閒多矣而無説黃帝之語其軼

軼音逸

乃時時見於他說索隱曰言古典殘缺有年載故曰有閒然帝皇遺事散軼乃時時旁見於他記說即帝德帝系等說也故已今採按而備論黃帝已來事耳非好學深思心知其意固難為淺見寡聞道也余并論次擇其言尤雅者故著為本紀書首正義曰太史公據古文并諸子百家論次擇其言語典雅者故著為五帝本紀在史記百三十篇書之首

尤雅者故
本ニ尤多雅故

師說曰或本雅下有者字為異本賀陽家記曰先說擬良家集注也其意雅下無者字也是為如說矣又

雅者故著為本紀書首也言故者

索隱述贊曰

帝出少典　居于軒丘　既代炎曆

遂禽蚩尤　高陽嗣位　靜深有謀

五帝紀

小大遠近　莫不懷柔　爰洎帝嚳
列聖同休　帝摯之弟　其號放勳
就之如日　望之如雲　郁夷東作
昧谷西曛　明敭仄陋　玄德升聞
能讓天下　賢哉二君

右述贊之體深所不安何者夫敘事美功合有首末懲惡勸善是稱襃貶觀大史公贊論之中或國有數君或士兼百行不能備論終始自可略申梗概遂乃頗取一事偏引一奇即為一篇之贊將為龜鏡誠所

不敢斯亦明月之珠不能無纇矣今並重
爲一百三十篇之贊云

史計叁阡捌伯陸拾壹字
注計壹萬柒阡玖伯陸拾肆字

五帝本紀第一　史記一

（漢）司馬遷　撰
（南朝宋）裴駰　集解
（唐）司馬貞　索隱
（唐）張守節　正義

宋本史記

第七册

國家圖書館出版社

宋本史記

第七册目録

史記年表 廿二

困学紀聞[illegible]楚漢
春秋曰高帝初封
侯者皆賜丹書
鐵券曰使黄河如
帶太山如礪漢有
宗廟爾無絶世[illegible]
同

高祖功臣侯年表第六　史記十八

正義曰高祖初定天下表明有功之臣而侯之若蕭曹等

太史公曰古者人臣功有五品以德立宗廟定社稷曰勳以言曰勞用力曰功明其等曰伐積日曰閱封爵之誓曰使河如帶泰山如厲國以永寧爰及苗裔始未嘗不欲固其根本而枝葉稍陵夷衰微也余讀高祖侯功臣察其首封所以失之者曰異哉所聞書曰協和萬國遷于夏商或數千歲蓋周封八百幽厲之後見於春秋尚書有唐虞之侯伯歷三代千有餘載自全以

藩衛天子，豈非篤於仁義，奉上法哉？漢興，功臣受封者百有餘人。索隱曰案下文高祖功臣百三十七人兼外戚及王子凡一百四十三人受封 天下初定，故大城名都散亡，戶口可得而數者十二三，索隱曰言十分纔二三在耳 是以大侯不過萬家，小者五六百戶。後數世，民咸歸鄉里，戶益息，蕭曹絳灌之屬或至四萬，小侯自倍，索隱曰倍其初封時戶數也 富厚如之。子孫驕溢，忘其先，淫嬖。至太初百年之間，見侯五，正義曰謂平陽侯曹宗曲終侯酈終根楊阿侯卞仁戴侯秘家穀陵侯韓偃也 餘皆坐法隕命亡國，秏矣。罔亦少密焉，然皆身無兢兢於當世之禁云。居今之世，志古之道，所以自鏡也索隱曰言居今之代志識古之道得以自鏡當代之存亡也未必盡同帝王者各殊禮而異務要以成功爲統紀豈可緄乎觀所以得尊寵及所以廢辱亦當世得失之林也索隱曰言觀今人臣所以得尊寵者必由忠厚被廢辱者亦由驕淫是言見在興廢亦當代得失之林也何必舊聞於是謹其終始表見其文頗有所不盡本末著其明疑者闕之後有君子欲推而列之得以覽焉

建元至元

索隱曰姚氏云蕭何第一曹參二張敖三周勃四樊噲五酈商六奚涓七夏侯嬰八灌嬰九

正義曰此國名匡左行一

國名

道成是諸侯所封國名也

侯功

高祖 十二

孝惠 七

高后 八

孝文 二十三

孝景 十六

封六年三十六

太初元年盡後元二年十八

侯第

傳寬十七靳歙十一王陵十二陳武十三王吸十四薛歐十五周昌十六丁復十七蟲達十八

史記與漢書表同

而楚漢春秋則不同者陸賈記事在高祖惠帝時漢書是後定功臣等列及陳平受呂后命而定或已改邑號故人名亦別且高祖初定唯十八侯呂后令陳平終竟以下列侯第錄凡一百四十三人也

漢書音義曰曹參位第二而表在首以前後故

平陽

索隱曰漢書地理平陽縣屬河

以中涓從起沛至霸上侯以將軍入漢以左丞相出征齊魏以右丞相爲平陽侯萬六百戶如淳曰謁王通書謂出納君命石奮爲謁中涓受陳平謁是也春秋傳曰

六年十二月甲申懿侯曹

七

參元年○索隱曰懿諡也

其二年

五

爲相國

六年十月靖

二

侯窋元年

八

九

後元四年簡

四

侯奇元年

四年夷侯時元年○索隱曰時或作時音止又音市案漢

三

十三

書衛青傳平西曹壽尚陽信公

元光五年恭

十

侯襄元年

元鼎三年今

十六

侯宗元年

索隱曰漢書音義曰曹參位第二而表在首蕭何位第一而表在十三者以封先後故也又按封參在六

二

年十二月封何在六年正月高祖十月國秦改元故十二月在王月前也漢

東	信武 索隱曰地理志無信武縣當是後廢也
涓人時 漢儀註天子有中涓如黃門皆中官者	以中涓從起宛朐入漢以騎都尉定三秦擊項羽別定江陵侯五千三百戶以車騎將軍攻黥布陳豨
	七 六年十二月甲申肅侯靳歙元年○索隱靳姓音紀覲反歙音攝又音吸
	七
	五
主即此人當是字訛也	三 六年夷侯亭元年
	十八 後元三年侯亭坐事國人過律奪侯國除
具記位次而亦依封前後錄也	
	十一

索隱曰漢表作清河定侯地理

清陽

志清陽縣屬清河郡也

以中涓從起豐至霸上爲騎郎將入漢以將軍擊項羽功侯三千一百户

六年十二月甲申定侯王吸元年○索隱曰楚漢春秋作清陽侯王隆

七

七

八

元年哀侯彊元年 七 索隱曰彊音其良切

八年孝侯伉元年 十六 索隱曰伉音苦浪切

四

五年哀侯不害元年 十二

元光二年侯不害薨無後國除 七

十四

索隱曰汝陰縣名屬汝南凡縣名

汝陰

皆據地理志不言者從省文

以令史從降沛為太僕常奉車為滕公竟定天下入漢中全孝惠魯元侯六千九百戶常為太僕

六年十二月甲申文侯夏侯嬰元年 **七**

七

八

八

九年夷侯竈元年 **七**

十六年恭侯賜元年 **八**

十六

元光二年侯頗元年 **七**

元鼎二年頗坐尚公主與父御婢姦罪自殺國除 **十九**

八

陽陵 索隱曰陽陵縣屬馮翊 楚漢春秋作陰陵

以舍人從起橫陽至霸上爲魏將入漢定三秦屬淮陰定齊爲齊丞相侯二千六百戶

七 六年十二月甲申景侯傅寬元年

五

二 六年隨項侯靖元年

八

十四

九 十五年恭侯則元年

二十三 前四年侯偃元年

十八 元狩元年侯偃以與淮南王謀反國除

十

索隱曰晋書地道記廣縣在東莞嚴謚 **廣嚴** 也下又云壯班馬二史並誤
以中涓從起沛至霸上爲連敖入漢以騎將定燕趙得將軍侯二千二百户
六年十二月甲申壯侯召 **七** 歐元年○索隱曰歐烏后切
七
八
二年戴侯 **一** 勝元年
九
十一年恭侯嘉元年至後 **十三** 元七年嘉薨無後國除
三十八

廣平 索隱曰縣名屬臨淮

以舍人從起豐至霸上爲郎中入漢以將軍擊項羽鍾離眛功侯四千五百户

七 六年十二月甲申敬侯薛歐元年

七

八 元年靖侯山元年

十八

五 後元三年侯澤元年

八 中二年有罪絶

平棘

五 中五年復封節侯澤元年

十 其十年爲丞相

五 元朔四年侯穰元年

三 元狩元年穰受淮南王財物稱臣在赦前詔問謾罪國除

十五

博陽 索隱曰博陽縣在汝南

以舍人從起碭，以刺客將入漢，以都尉擊項羽榮陽，絕甬道，擊殺追卒，功侯

六年十二月甲申，壯侯陳濞元年。○ 七 索隱曰楚漢春秋名贊

七

八

十六

後元三年 五 侯始元年

前五年侯始 四 有罪國除

中五年封始。○索隱 塞 曰塞在桃林之西

後元年始 二 有罪國除

十九

索隱曰縣名屬中 曲逆 山章帝改曰蒲陰

以故楚都尉漢王二年初從脩武爲都尉遷爲護軍中尉出六奇計定天下侯五千戶

六年十二月甲申 七 獻侯陳平元年

其五年爲 七 左丞相

其元年徙爲右丞相後專爲丞 八 相相孝文二年

三年恭侯買元年 二十九 五年簡侯悝元年

四 十二 五年侯何元年

元光五年侯何坐 十 略人妻棄市國除

四十七

堂邑 索隱曰縣名屬臨淮

以自定東陽爲將屬項梁爲楚柱國四歲項羽死屬漢定豫章浙江都浙自立爲王壯思侯千八百户復相楚元年王十一年

六年十二月甲申 七 安侯陳嬰元年

七

四

五年恭侯 四 祿元年

二

三年夷侯 二十一 午元年

十六

元光六年 十一 季須元年

元鼎元年須坐母長公主卒未除服姦兄弟爭財當死自殺國除 十三

八十六

索隱曰應劭云周呂國也按周 周呂 及呂皆國名濟陰有呂都縣

以呂后兄初起以客從入漢爲侯還定一秦將兵先入碭漢王之解彭城往從之復發兵佐高祖定天下功侯

六年正月丙戌令武侯呂澤元年○索隱曰令武謚也一云令 三 邑武謚也又改封令縣名在滎陽出晉地道記

九年子台封酈侯元年○索隱 四 曰酈音歷一作鄜音敷皆縣名

有罪 七

建成　索隱曰縣名屬沛郡

以呂后兄初起以客從擊三秦漢王入漢而釋之還豐沛奉衛呂宣王太上皇天下已平封釋之為建成侯〇索隱曰呂宣王呂公子也

六年正月丙戌

七

康侯釋之元年

三年侯則元年

二

五

有罪

胡陵

元年五月丙寅封則弟太中大夫呂祿元年

八年祿為趙王國除追尊康侯為昭王祿

七

以趙王謀為不善大臣誅祿遂滅呂

留

索隱曰韋昭云留今在彭城

以廄將從起下邳以韓申徒下韓國言上張旗志秦王恐降解上與項羽之郄爲漢王請漢中地常計謀平天下侯萬户

六年正月丙戌文成侯張良元年 七

七

三年不疑元年 二 六

五年侯不疑坐與門大夫謀殺故楚內史當死贖爲城旦國除 四

六十二

射陽

索隱曰縣名屬臨淮射一作貫

兵初起與諸侯共擊秦爲楚左令尹漢王與項羽有郄於鴻門項伯纏解難以破子羽纏嘗有功封射陽侯

六年正月丙午侯項纏元年賜

七

姓劉氏○索隱曰即項伯也

三年侯纏卒嗣

二

子睢有罪國除

酇 索隱曰酇音贊縣名在沛劉氏云以何子祿嗣無後國除呂后封何夫人於南陽鄼恐非也

以客初起從入漢為丞相備守蜀及關中給軍食佐上定諸侯法令立宗廟侯八千户

七
六年正月丙午文終侯蕭何元年
元年為丞相九年為相國

二
三年哀侯祿元年
五

一
二年懿侯同元年同祿弟
七

十九
筑陽○索隱曰筑音逐縣名
元年同有罪封何小子延元年
一
後元四年煬侯遺元年
三
五年侯則元年

一
有罪
七
前一年封煬侯武陽弟幽侯嘉元年
八
中一年侯勝元年

十
元朔二年侯勝坐不敬絕
三
元狩三年封何孫恭侯慶元年
酇
元狩六年侯壽成元年
二十
元封四年壽成為太常犧牲不如令國除

曲周 索隱曰縣名屬廣平

以將軍從起岐攻長社以南別定漢中及蜀定三秦擊項羽侯四千八百戶

六年正月丙午景侯酈商元年

七

七

八

二十三

元年侯寄元年

九

中三年有罪絕

七

封商他子繆靖侯堅元年

九 元光四年康侯遂元年

五 元朔三年侯宗元年

十三 元鼎二年侯終根元年

十八 後二年五月侯終根坐咒詛誅國除

六

絳 索隱曰縣名屬河東

以中涓從起沛，至霸上，為侯，定三秦，食邑，為將軍，入漢，定隴西，擊項羽，守嶢關，定泗水、東海，八千一百戶

六年正月丙午 七 武侯周勃元年

七

八
其四年為太尉

元年為右丞相 十一 三年免復為丞相

十二年侯 六 勝元年

後元二年封勃 條 子亞夫元年

其三為太尉七為 十 丞相有罪國除

平 三 曲

後元年封勃 三 子恭侯堅元年

元朔五年侯 十 建德元年

六

元鼎五年侯建 十二 德坐酎金國除

四

舞陽 索隱曰縣名屬潁川
以舍人起沛從至霸上爲侯入漢定三秦爲將軍擊項籍再益封從破燕執韓信侯五千戶
六年正月丙午 七 武侯樊噲元年 其七年爲將軍相國三月
六 七年侯伉元 一 年呂須子
坐呂氏 八 誅族
元年封樊噲子 二十三 荒侯市人元年
七年侯它 六 廣元年 中元五年侯它廣非 六 荒侯市人子國除
五

潁陰 索隱曰縣名屬潁川

以中涓從起碭至霸上為昌文君入漢定三秦食邑以車騎將軍屬淮陰定齊淮南及下邑殺項籍侯五千戶

六年正月丙午 七 懿侯灌嬰元年

七

八

其一為太尉三為丞 四十九 相五年平侯何元年

九

中三年侯 七 彊元年

有罪 六 絕

元光二年封嬰孫臨 九 汝侯侯賢元年

元朔五年侯賢行財罪國除

九

索隱曰縣 **汾陰** 名屬河東

初起以職志擊破秦入漢出關以內史堅守敖倉以御史大夫定諸侯比清陽侯二千八百戶○索隱曰如淳云職志官名主幡旗

六年正月丙午 **七** 悼侯周昌元年

四年哀侯有罪建 **三四八** 平開絕方元年

前五年侯有罪 **四十三** 意元年

中二年封昌孫左車 **安陽八** 後元元年有罪國除

十六

梁鄒 索隱曰梁鄒縣屬濟南
兵初起以謁者從擊破秦入漢以將軍擊定諸侯功比博陽侯二千八百戶
六年正月丙午孝侯武儒元年 七 ○索隱曰漢表儒作兒
五年侯最元年 四 索隱曰最音辭取反 三
八
二十三
十六
元光元年頃侯嬰齊元年 六 元光四年侯山柎元年 三 元鼎五年侯山柎坐酎金國除 二十 ○索隱曰柎音跌
二十

索隱曰縣成名屬涿郡

兵初起以舍人從擊秦為都尉入漢定三秦出關以將軍定諸侯功比厭次侯二千八百戶

六年正月丙午敬侯董渫元年七○索隱曰渫音息列反

元年康侯七赤元年

八

二十三

有罪節六氏絕

中五年復封康侯赤元五年○索隱曰節氏縣名

建元四年恭二侯霸軍元年

元光三年五侯朝元年

元狩三年侯朝為齊南太守與成陽十二王女不通不敬國除

二十五

蓼 索隱曰縣名屬六安

以執盾前元年從起碭以左司馬入漢以將軍三以都尉擊項羽屬韓信功侯○索隱曰即漢五年圍羽垓下淮陰侯將四十萬自當之孔將軍居左費將軍居右是也費將軍即下費侯陳賀也

六年正月丙午侯孔聚元年○索隱曰姚氏案孔子家語云子武生子

七

魚及子文子文生最字子産說文以最爲積聚字此作聚不同

七

八

九年侯 八十五 臧元年

十六

元朔三年侯臧坐爲太常南陵橋壞衣冠車不得度國除○索隱曰案孔藂云臧歷位九卿爲御史大夫辭曰臣經學乞爲太常典禮臣業以

十四

安國綱紀古訓武帝難違其意遂拜太常典禮賜如三公臧子琳位至諸吏琳子璜失侯爵此云臧國除當是後更封其子也

三十

費 索隱曰費音祕一音扶未反縣名屬東海

以舍人前元年起碭從左司馬入漢用都尉屬韓信擊項羽有功為將軍定會稽浙江湖陽侯

六年正月丙午圉侯陳賀元年徐廣 七 曰圉或作幽

七

八

元年共侯 二十三 常元年

二年侯 一 偃元年
中二年 八 有罪絕
中元六年封賀 巢 子侯最元年
後元三年最 四 薨無後國除

陽夏	索隱曰縣名屬淮陽
以特將將卒五百人前元年從起宛朐至霸上為侯以游擊將軍別定代已破臧荼封豨為陽夏侯○索隱曰豨音虛肥反	
六年正月丙午 五 侯陳豨元年	
十年八月豨以趙相國將兵守代漢使召豨豨反以其兵與王黃等略代自立為燕漢殺豨靈丘	

索隱曰縣名屬河內音林

隆慮

閭隆避殤帝諱故改之

以卒從起碭以連敖入漢以長鈹都尉擊項羽有功侯○索隱曰徐廣以連敖爲典客官長鈹爲官名說文云鈹者劒刀裝也鈹音敷皮反漢表作鉟音丕

六年正月丁未哀侯周竈元年

七

○索隱曰漢表哀作克

七

八

後元二年

十七

六

侯通元年

七

中元元年侯通有罪國除

三十四

陽都 索隱曰漢志闕晉書地道記屬琅邪

以趙將從起鄴至霸上爲樓煩將入漢定三秦別降翟王屬悼武王殺龍且彭城爲大司馬破羽軍葉拜爲將軍忠臣侯七千八百户

六年正月戊申敬侯丁復元年 七 。索隱曰復音伏

七

六年趮侯甯元年 五 三

十年侯安成元年 九 十四

二年侯安成有罪國除 一

十七

新陽 索隱曰漢表作陽信縣名屬汝南

以漢五年用左令尹初從功比堂邑侯千户

六年正月壬子 七 胡侯呂清元年

四年頃侯 三 臣元年

四

八

七年懷侯 六 二 義元年
九年惠侯 十五 它元年

中三年侯 四 五 七 譚元年

元鼎五年侯譚 二 十八 坐酎金國除

八十一

東武 索隱曰縣名屬琅邪郡

以戶衛徐廣曰一云從起薛爲悼武王破秦軍杠里陽熊軍曲遇入漢爲越徐廣曰一云城將軍定三秦以都尉堅守敖倉爲將軍破籍軍功侯二千戶

六年正月戊午貞侯郭蒙元年

七

七

六年侯他元年

五

三

二十三

五

六年侯他弃市國除

四十一

如淳曰汁音什邡音方索隱○汁邡曰汁又如字縣屬廣漢

以趙將前三年從定諸侯二千五百戶功比平定侯齒故沛豪有力與上有郄故晚從

六年三月戊子 七 肅侯雍齒元年

三年荒侯 二 巨元年

五

八

二十三

三年侯 二十 野元年

中元六年終侯 四 桓元年

元鼎五年終侯 二十七 桓坐酎金國除

五十七

棘蒲

以將軍前元年率將二千五百人起薛別救東阿至霸上二歲十月入漢擊齊歷下軍田既功侯

六年三月丙申 七 剛侯陳武元年

七

八

十六 後元年侯武薨嗣子奇反不得置後國除

十三

都昌
以舍人前元年從起沛，以騎隊卒先降翟王，虜章邯，功侯
六年三月庚子 七 莊侯朱軫元年
七
元年剛侯 八 率元年
八年夷侯 七 十六 詘元年
元年恭侯 二 偃元年 三年侯辟 五 彊元年 中元元年辟彊薨無後國除
二十三

武彊

以舍人從至霸上，以騎将入漢，還擊項羽，屬丞相甯，功侯，用将軍擊黥布，侯。

六年三月庚子 七 莊侯莊不識元年

七

七年簡侯 六 嬰元年
二

十
六 後元二年侯 青翟元年

十
六

元鼎二年侯青翟坐爲丞相與長史 二十五 朱買臣等逮御史大夫湯不直國除

三十三

索隱曰縣名屬鉅鹿　貰　貰音世一音時夜反

以越戶將從破秦入漢定三秦以都尉擊項羽千六百戶功比臺侯

六年三月庚子齊侯呂元年徐廣曰呂一作台　二　〇索隱曰謚法執心克莊曰齊

八年恭侯　五　方山元年

七

八

元年煬侯　十一　赤元年

十二年康　十二　侯遺元年

十六

元朔五年侯倩元年　十六　索隱曰倩音七淨反

元鼎元年侯倩坐　八　殺人弃市國除

三十六

海陽	索隱曰海陽亦南越縣地理志闕
侯功	以越隊將從破秦入漢定三秦以都尉擊項羽侯千八百戶
高祖	六年三月庚子齊信侯搖毋餘 七 元年 ○索隱曰毋餘東越之族也
孝惠	三年哀侯 二 五 昭襄元年
高后	五年庚侯 四 四 建元年
孝文	二十三
孝景	四年哀侯 三 省元年 中六年侯省 十 薨无後國除
建元至元封	
太初	三十七

索隱曰縣名屬犍為南安建安亦有此縣

以河南將軍漢王三年降晉陽以亞將破臧荼侯九百戶○索隱曰亞將漢表作連將

六年三月庚子莊侯宣虎元年

七

七

八

八
九年共侯戎元年
十一
後元四年侯千秋元年
四

七
中元元年千秋坐傷人免

六十三

肥如 索隱曰縣名屬遼西

以魏太僕三年初從以車騎都尉破龍且及彭城侯千戶

六年三月庚子 七 敬侯蔡寅元年

七

八

三年莊侯成元年 二 十四 七 後元年侯奴元年

元年侯奴薨無後國除

六十六

曲城 索隱曰漢志闕表在涿郡

以曲城戶將卒三十七人初從起碭至霸上爲執珪爲二隊將屬悼武王入漢定三秦以都尉破項羽軍陳下功侯四千戶爲將軍擊燕代拔之

六年三月庚子圍侯蠱逢元年○索隱曰楚漢春秋云夜侯蠱達蓋改封也夜縣屬東萊又謚法威德殭武曰園子恭侯捷封垣故位次日夜侯垣亦誤

七

七

八

元年侯捷元年

八

有罪絕

後元三年復封恭侯捷元年

五

有罪絕

十三

垣

中五年復封恭侯捷元年

五

建元二年侯皐柔元年

三十五

元鼎二年侯皐柔坐爲汝南太守知民不用赤側錢爲賦國除 索隱曰時用赤側錢而汝南不非爲賦

十八

河陽 索隱曰縣名屬河內

以卒前元年起碭從以二隊將入漢擊項羽身得郎將處功侯以丞相定齊地

六年三月庚子 七 莊侯陳涓元年

七

八

元年 三 侯信元年

四年侯信坐不償人責過六月奪侯國除

二十九

淮陰 索隱曰縣名屬臨淮

兵初起以卒從項梁梁死屬項羽爲郎中至咸陽亡從入漢爲連敖典客蕭何言爲大將軍別定魏齊爲王徙楚坐擅發兵廢爲淮陰侯○索隱曰典客漢表作粟客蓋字誤傳作治粟都尉或先爲連敖典客也

六年四月侯 五 韓信元年

十一年信謀反關中呂后誅信夷三族國除

芒 索隱曰縣名屬沛

以門尉前元年初起碭至霸上爲武定君入漢還定三秦以都尉擊項羽侯

六年侯昭元年徐廣曰昭一作起漢書年表云芒侯耏跖○索隱曰耏跖音而只耏又音人才反字林以多鬚髮自耏耏姓也左傳有耏班

三

九年侯昭有罪國除

孝景三年昭以故芒侯將兵從太尉亞夫擊吳楚有功復封

十二

後元元年三月張侯申元年

元朔六年侯申坐尚南宮公主不敬國除○索隱曰主景帝女初南宮侯張生尚之有罪後張侯耏申尚之

十一

故市	索隱曰縣名屬河南
	以執盾初起入漢爲河上守遷爲假相擊項羽侯千户功比平定侯
三	六年四月癸未侯閻澤赤元年
四	九年侯夷毋害元年
七	
十九 四	後四年戴侯續元年
四 十二	孝景五年侯穀嗣
二十八	元鼎五年侯穀坐酎金國除
五十五	

索隱曰縣名 柳丘 屬渤海郡

以敖起以隊入定秦都破籍為軍千
連從薛二將漢三以尉項軍將侯戶

六年六月丁亥 七 齊侯戎賜元年

七

五年定侯 四 安國元年
四

二十
三

四年敬侯 三 嘉成元年
後元元年侯角 十 嗣有罪國除

三十九

索隱曰縣 魏其 名屬琅邪

以舍人從沛，以郎中入漢，為周信侯，定三秦，遷為郎中騎將，破籍東城，侯，千戶。

六年六月丁亥 七 莊侯周定元年

七

五年侯 四 間元年

四

二十三

二

前三年侯間反國除

四十四

祁

索隱曰縣名屬太原

以執盾漢王三年初起從晉陽以連敖擊項籍漢王敗走賀方將軍擊楚追騎以故不得進漢王顧謂賀祁子留彭城軍執圭東擊羽急絕其近壁侯千四百户徐廣曰戰彭城爲將敗斬將又云漢王顧敕賀祁戰彭城斬將

六年六月丁亥穀侯繒賀元年

七

索隱曰諡法行見中外曰穀

七

八

十一

十二

十二年頃侯湖元年

五

十一

六年侯它元年

八

元光二年侯它坐從射擅罷不敬國除徐廣曰射一作酎

五十一

平 索隱曰縣屬河南
兵初起以舍人從擊秦以郎中入漢以將軍定諸侯守洛陽功侯比費侯賀千三百户
六年六月丁亥悼侯沛嘉元年 六
上二年靖侯一奴元年 七
八
十五 十六年侯八執元年
十一 中元五年侯執有罪國除
三十二

魯 索隱曰縣屬魯國

以舍人從起沛至咸陽爲郎中入漢以將軍從定諸侯侯四千八百户功比舞陽侯死事無代侯徐廣曰漢書云魯侯涓涓死無子封母疵

七 六年中母侯疵元年

七

四 五年母侯疵薨無後國除

七

索隱曰兵初起以謁 六年中
漢表作者從入漢以 莊侯尹
故城 將軍擊諸侯 七
以右丞相備 恢元年
城父屬守淮陽功比
沛郡 厭次侯二千戶

一

五
三年侯開方元年

二
三年侯方奪侯爲關內侯

任侯 索隱曰縣名屬廣平
以騎都尉漢五年從起東垣擊燕代屬雍齒有功侯爲車騎將軍
六年侯張越元年 七
七
二 三年侯越坐匿死罪免爲庶人國除

棘丘 索隱曰漢志蒜立地闕
以執盾隊史前元年從起碭破秦以治粟內史入漢以上郡守擊定西魏地功侯
六年侯襄元年 索隱 七 曰襄名也史失姓及謚
七
四 四年侯襄奪侯爲仕伍國除

阿陵 索隱曰縣名屬涿郡	以連敖前元年從單父以塞疏入漢還定三秦屬悍武王以都尉擊籍功侯徐廣曰一云塞路一云以衆入漢中索隱曰按路字誤爲疏小顏云主遮塞要路也	六年七月庚寅頃侯郭亭元年 七	七	八	二 三年惠侯歐元年 二十一	一 前二年侯勝客元年 十一 有罪絕 中六年侯延居元年 四	十一 元光六年侯則元年 十七 元鼎四年侯則坐酎金國除	二十七

昌武 索隱曰漢志昌武闕
初起以舍人從以郎中入漢定三秦以郎中將擊諸侯侯九百八十戶比魏其侯
七 六年七月庚寅靖信侯單甯元年 索隱曰單音善甯音佞
五 六年夷侯如意元年 二
八
二十三
十 中四年康侯賈成元年 六
十 元光五年侯得元年 元朔元年坐傷人二旬內死弃市國除 四
四五

索隱曰縣 高苑 名屬千乘

初起以舍人從入漢定三秦以中尉破籍侯千六百户比斥丘侯

六年七月戊戌制侯丙倩 七 元年索隱曰倩音七淨反

元年簡侯得元年

七

八

十六年孝 十五 侯武元年 八

十六

建元元年 二 侯信元年

建元三年侯信坐出入屬車間奪侯國除

四十一

索隱曰 宣曲 漢志闕
以卒從起留，以騎將入漢，定三秦，破籍軍滎陽，為郎騎，破鍾離眜軍固陵，侯，六百七十戶
六年七月戊戌 七 齊侯丁義元年
七
八
十一年侯 二十三 通元年
有罪 四 除 中五年復封 發 侯通元年 中六年侯通 婁 有罪國除
四十三

索隱曰漢志闕　絳陽　漢表作終陵也

以越將從起留入漢定三秦擊臧荼侯七百四十戶從攻馬邑及布

六年七月戊戌齊　七　侯華無害元年

七

八

四年恭侯勃齊元年　三　十六　四

後元四年侯祿元年

三

前四年侯祿坐出界有罪國除

四十六

索隱曰	東茅	漢志闕
以舍人從碭至霸上，以二隊入漢，定三秦，以都尉擊項羽，破臧荼，侯，捕韓信，為將軍，益邑千户		
六年八月丙辰	七	敬侯劉釗元年
	七	
	八	
三年侯吉元年 十六年侯吉	二十三	奪爵國除
	四十八	

斥丘　索隱曰縣名屬魏郡

以舍人從起豐以左司馬入漢以亞將攻籍剋敵爲東郡都尉擊破籍武城爲漢中尉擊布爲斥丘侯千戶　徐廣曰一云城武

六年八月丙辰　八　懿侯唐厲元年

七

八

九年恭侯鼂元年

八十三

後元六年侯賢元年

二十五

元鼎二年侯尊元年

三

元鼎五年侯尊坐酎金國除

四十

臺 索隱曰臨淄郡有臺鄉縣

以舍人從起碭，用隊率入漢，以都尉擊籍，籍死，轉擊臨江，罾將軍賈，功侯。以將軍擊漢

七 六年八月甲子，定侯戴野元年

七

八

二十三 四年，侯才元年

二 三年，侯才反，國除

三十五

安國 索隱曰縣名屬中山

以客從起豐以廐將別定東郡南陽從至霸上入漢守豐上東因從戰不利奉孝惠魯元出淮水中及堅守豐于雍侯五千户

六年八月甲子武侯 七 王陵元年定侯安國

其六年爲 七 右丞相

八年哀侯 七一 忌元年

元年終侯游元年 二十三 徐廣曰游一作昭

十六

建元元年三月 二 安侯辟方元年

元狩三年 十 侯定元年

元鼎五年侯定 八 坐酎金國除

十二

索隱曰樂成漢志闕

以中涓騎從碭中爲騎將入漢定三秦侯以都尉擊籍屬灌嬰殺龍且更爲樂成侯千户

六年八月甲子 七 節侯丁禮元年

七

八

五年夷侯馬從元年 四 十八

後七年武侯客元年 一

十六

元鼎二年 二十五 侯義元年

元鼎五年侯義坐言五利侯不道弃市國除 三

四十二

辟陽 索隱曰縣名屬信都

以舍人初起侍呂后孝惠沛三歲十月呂后入楚食其從一歲侯

七
六年八月甲子幽侯審食其元年

七

三十
四年侯平元年

二
三年平坐反國除

五十九

索隱曰縣	安平	名屬涿郡
以謁者漢王三年初從定諸侯有功秩舉蕭何功侯二千户		
六年八月甲子敬	七	侯諤千秋元年
孝惠三年簡	二五	侯嘉元年
八年頃侯	七一	應元年
十四年煬	十三二十	侯寄元年
後三年侯	十五一	但元年
元狩元年坐與淮南王女陵通	十八	遺淮南書稱臣盡力弃市國除
	六十二	

索隱曰漢志闕晉書地道記屬北地案緤封池

蒯成

陽後定封蒯成音苦懷反一音裴小顏音普肯

以舍人從起沛至霸上侯入漢定三秦食邑池陽擊項羽軍滎陽絕甬道從出度平陰遇淮陰侯軍襄國楚漢約分洪溝以緤為信戰不利不敢離上侯三千三百戶

六年八月甲子 **七** 尊侯周緤元年

十二年十月乙未定蒯成

七

八

五

緤子昌代有罪絕國除

中元元年封緤子康侯應 **鄲** 元年○索隱曰鄲音多

中二年侯中居元 **一八** 年索隱曰中音仲

元鼎三年居坐為 **二十六** 太常有罪國除

二十二

北平

索隱曰縣名屬中山

以客從起陽武至霸上為常山守得陳餘為代相徙趙相侯為計相四歲淮南相十四歲千三百戶

七

六年八月丁丑文侯張蒼元年

七

八

二十三

其四為丞相五歲罷

五

六年康侯奉元年

八

三

後元年元侯類元年

四

建元五年侯類坐臨諸侯喪後不敬國除

六十五

高胡 索隱曰漢志闕

以卒從起杠里入漢以都尉擊籍以都尉定燕侯千户

六年中侯陳 七 夫乞元年

七

八

五年殤侯程嗣 四 薨無後國除

八十二

索隱曰漢志闕晉書地道 **厭次** 記屬平原後乃屬樂陵國也
以慎將前元年從起留入漢以都尉守廣武功侯
六年中侯元頃元年 **七** 徐廣曰漢書作表類
七
八
元年侯 **五** 賀元年 六年侯賀謀反國除
二十四

平皋 索隱曰縣名屬河内

項它漢六年以碭郡長初從賜姓為劉氏功比戴侯彭祖五百八十户

七年六月癸亥 六 煬侯劉它元年

四

五年恭侯 三 遠元年

八

二十三

元年節侯 十六 光元年

建元元年 二 侯勝元年

元鼎五年侯勝 十八 坐酎金國除

百二十一

索隱曰縣名屬南陽復音伏應 **復陽** 劭云在桐栢山下復水之陽

以卒從起薛以將軍入漢以右司馬擊項籍侯千户

七年十月甲子 **六** 剛侯陳胥元年

七

八

十

十三 十一年恭侯嘉元年

五

十一 六年康侯拾元年

元朔元年 **十二** 侯彊元年

元狩二年坐父 **七** 拾非嘉子國除

四十九

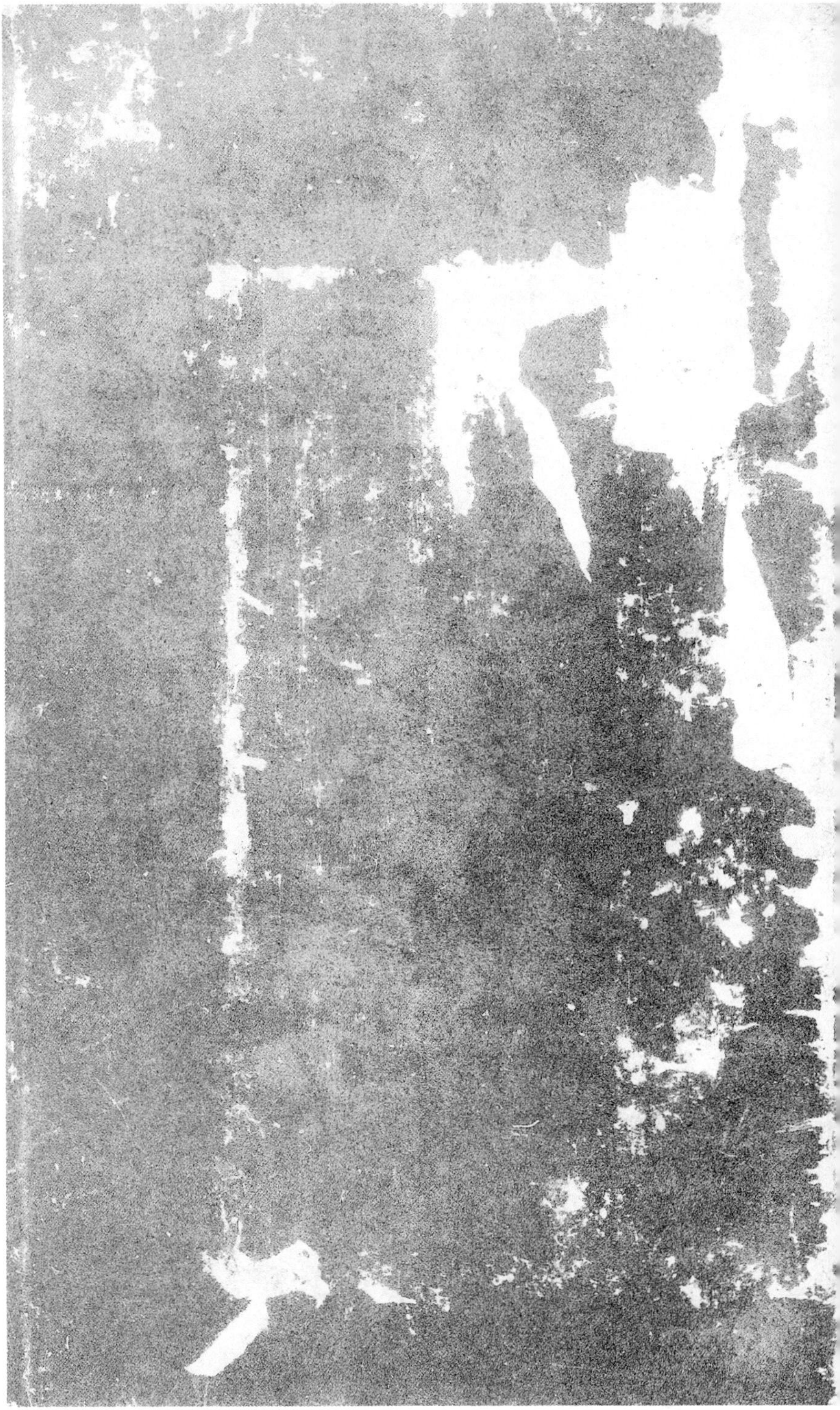

史記年表 廿三

高祖功臣侯 下

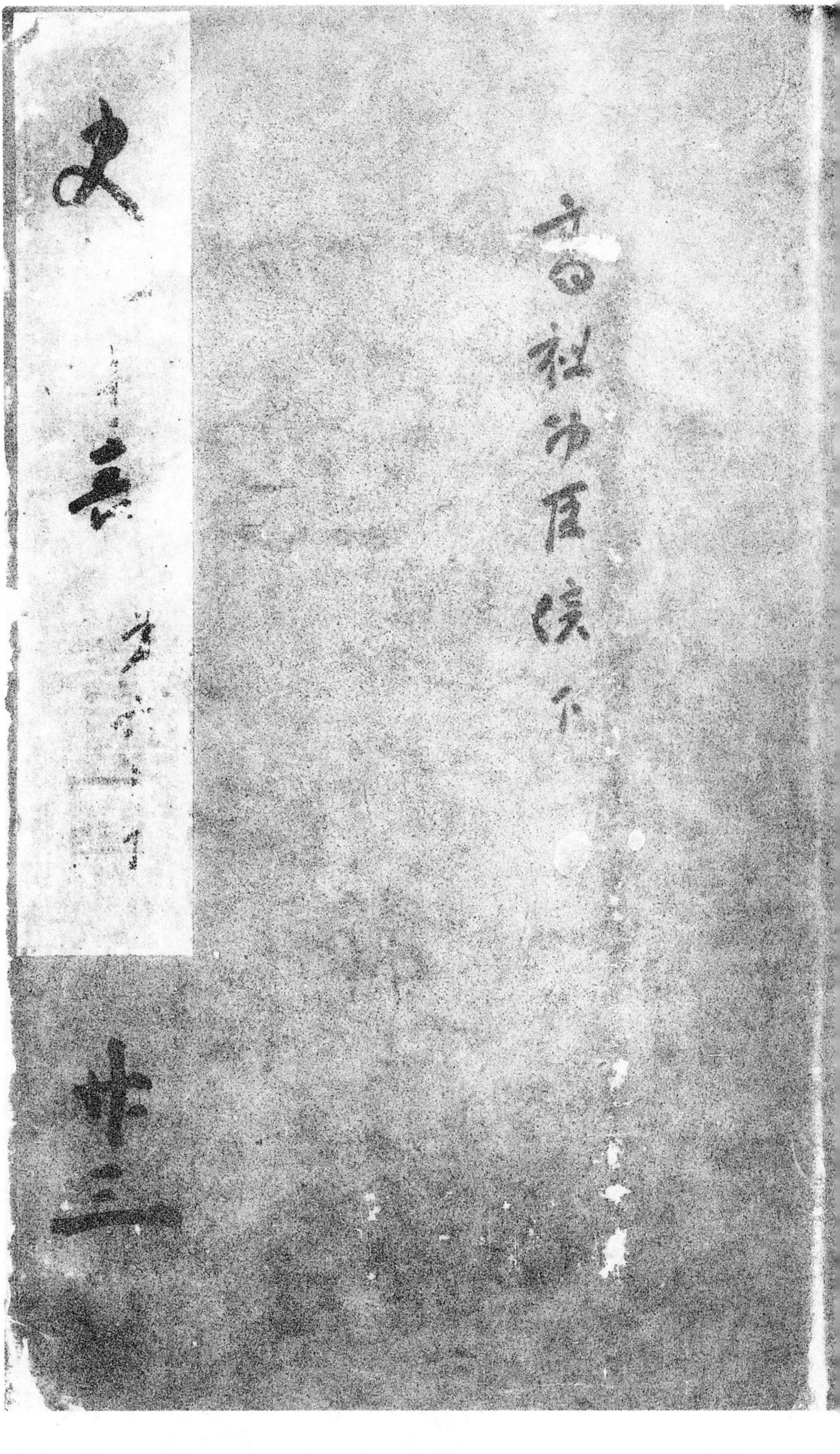
廿三

陽河 索隱曰縣名屬上黨

以中謁者從入漢以郎中騎從定諸侯侯五百戶功比高胡侯

七年十月甲子齊哀侯元 三 年漢表云齊侯其石

十年侯安 三 國元年

七

八

二十三

十

中元四年侯 六 午元年中絕

元鼎四年恭 二十 侯章元年

元封元年山埤侯仁 七 元年索隱曰埤音卑

征和二年十月仁與母 三十 坐祝詛大逆無道國除

八十三

朝陽 索隱曰縣名屬南陽

以舍人從起薛，以連敖入漢，以都尉擊項羽，後攻韓王信，侯，千户

七年三月丙寅 六 齊侯華寄元年

七

元年文侯 八 要元年

十四年侯 十三 當元年

十六

元朔二年侯當坐教 十三 人上書枉法罪國除

六十九

棘陽 索隱曰棘音紀力反縣名屬南陽

以卒從胡陵入漢以郎將迎左丞相軍以擊諸侯侯千户

七年七月丙辰 六 莊侯杜得臣元年

七

八

六年質侯但元年 五十八

十六

元光四年懷侯武元年 九

元朔五年侯武薨無後國除 七

八十一

涅陽 索隱曰縣名屬南陽

以騎士漢王二年從出關以郎將擊斬項羽侯千五百户比杜衍侯

七年中莊侯呂勝元年○索隱曰五侯斬 六 項籍皆謚莊漢表以避諱皆改作嚴誤也

七

八

五年莊侯子成實非 四 子不當為侯國除

百四

平棘 索隱曰縣名屬常山
以客從起亢父，斬章邯所署蜀守，用燕相侯，千戶
七年中，懿侯執元年 六 徐廣曰漢書作林摯
七
七 八年，侯辟彊元年 一
五 六年，侯辟彊有罪，鬼薪，國除
六十四

羹頡

以高祖兄子從軍擊反韓王信爲郎中將信母嘗有罪高祖微時太上憐之故封爲羹頡侯

七年中侯劉信元年

六

索隱曰高祖兄子

七

元年信有罪削爵一級爲關內侯

深澤 索隱曰縣名屬中山

以趙將漢王三年降屬淮陰侯定趙齊楚以擊平城侯七百户

八年十月癸丑齊侯趙將夜元 五 年○索隱曰漢表作將夕

七

奪 一 絶

三年復封 封一年薨

十四年復封 四 將夜元年

後元二年戴 六 侯頭元年

三年侯 二七更五 循元年

中五年封頭子 夷侯胡元年

元朔五年夷侯 十六 胡薨無後國除

九十八

柏至

索隱曰漢至關

以駢憐從起昌邑以說衛入漢以中尉擊籍侯千戶漢表師古曰二馬曰駢憐謂並兩騎爲軍翼也說讀曰稅說衛謂軍行止舍主爲衛也○索隱曰姚氏憐聲近駢鄰猶比鄰也

六　七年七月戊辰靖侯許溫元年

○索隱曰漢表作許盎靖音淨

七

一　二年有罪絕

六　三年復封溫疥故

十四　元年簡侯祿元年

九　十五年哀侯昌元年

十六

七　元光二年共侯如安元年

十三　元狩三年侯福元年

五　元鼎二年侯福有罪國除

五十八

索隱曰縣名屬涿郡 中水 應劭云易滱二水之中

以郎中騎將漢王元年從起好畤以司馬擊龍且後共斬項羽侯千五百户

七年正月己酉莊 六 侯呂馬童元年

七

八

十年夷侯 九 假元年
十三年共侯 三 青肩元年
十一

十六

建元六年靖 五 侯德元年
元光元年侯 一 宜成元年
二十
元鼎五年侯宜成 三 坐酎金國除

百一

杜衍 索隱曰縣名屬南陽

以郎中騎漢王三年從起下邳屬淮陰從灌嬰共斬項羽侯千七百戶

七年正月己酉莊侯王翳元年 六 〇索隱曰漢表作王翥

七

五 三 六年共侯福元年

四 七 十二 五年侯市臣元年 十二年侯翕元年

十三 三 有罪絕後元元年復封翳子彊 侯郢人元年徐廣曰彊一作景

九 十二 元光四年侯定國元年 元狩四年侯定國有罪國除

百二

索隱曰 赤泉 漢志闕

以郎中騎漢王二年從起杜屬淮陰後從灌嬰共斬項羽侯千九百户

七年正月己酉 六 莊侯楊嘉元年

七

元年奪絕 一 七 二年復封

十 十二 三 六 臨汝 五

十二年定侯殷元年

四年侯無害元年

有罪絕

中五年復封無害元年

七 元光二年侯無害有罪國除

百

索隱曰縣名屬扶風音荀故周

恂

文王封其子之邑河東亦有郇城

以燕將軍漢王四年從曹咎軍爲燕相告燕王荼反侯以燕相國定盧奴千九百戶

八年十月丙辰 **五** 項侯温疥元年

七

八

六年文侯仁元年 **十四**

後元七年侯河元年 **三**

十

中元四年侯河有罪國除

九十

武原	索隱曰漢志闕	
漢七年以梁將軍初從擊韓信陳豨黥布功侯二千八百户功比高陵		
八年十二月丁未靖侯衛胠元年。索隱曰漢表胠作膝音怯	五	
四年共侯寄元年	三	四
八		
二十三		
四年侯不害元年	三	
後二年不害坐葬過律國除	十三	
九十二		

索隱曰漢志闕表作歷歷縣在信都劉氏依字讀言天下地名

磨

多既無定諡但依字是不決之詞地之與邑並無磨誤也

以趙衛將軍漢王三年從起盧奴擊項羽敖倉下為將軍攻臧荼有功侯千戶

八年七月癸丑 五 簡侯程黑元年

七

三年孝侯 二 六 釐元年

後元年 十六 七 侯竈元年

七

中元年竈有罪國除

九十二

索隱曰漢志橐縣屬山陽

高帝七年為將軍從擊代陳豨有功侯六百户

八年十二月丁未祗侯陳錯元年○索

五

隱曰漢表作錯音措三蒼云九江人名鐵曰錯

三年懷侯二

五

嬰元年

八

七年共侯六應元年

十

後五年侯四安元年

十

六

不得千秋父徐廣曰十千秋父以元朔元年位

二

元狩二年侯七千秋元年

元鼎五年侯千九秋坐酎金國除

百二十四

宋子 索隱曰漢志宋子縣屬鉅鹿

以漢三年以趙羽林將初從擊定諸侯功比磨侯五百四十户

八年十二月丁卯惠侯許瘛元年瘛音充志反。索隱

四

曰瘛音尺制反郭璞音胡計反亦作憠字林音巨月反

十二年共侯

一

不疑元年

七

八

卆四

十年侯九元年

中元二年侯九坐買

八

塞外禁物罪國除

卆九

猗氏 索隱曰縣名屬河東

以舍人從起豐入漢以都尉擊項羽侯二千四百户

八年三月丙戌敬侯陳遬元年 五 ○索隱曰遬音速

七年靖侯交 六 一 元年

八

二十三

三年頃侯差元 二 年薨無後國除

五十

索隱曰清	**清**	縣屬東郡
以弩將初起，從入漢，以都尉擊項羽、代，侯，比彭侯，千户		
八年三月丙戌，簡侯空中元年。徐廣曰空	**五**	一作窒。索隱曰窒中姓，見風俗通
元年，頃侯	**七**	聖元年
	八	
八年，康侯	**七 十六**	鮒元年
	十六	
元狩三年，恭	**二十**	侯右元年
元鼎四年，	**七**	侯生元年
元鼎五年，生	**一**	坐酎金，國除
	七十一	

彊 索隱曰：漢志闕

以客吏初起，從入漢，以都尉擊項羽、代，侯，比彭侯，千户

八年三月丙辰，簡侯留勝元年 三

十一年，戴侯章元年 二

七

八

十三年，侯服元年 十二

十五年，侯服有罪，國除 三

七十二

四五

索隱曰漢表 彭 屬東海郡
以卒從起薛以弩將入漢以都尉擊項羽代侯千戶
八年三月丙戌 五 簡侯秦同元年
七
八
三年戴侯執 二十三 元年
三年侯武元年 二十一 後元元年武有罪國除
七十

吴房	索隱曰縣名屬汝南
以郎中騎將漢王元年從下邽擊陽夏以都尉斬項羽有功侯七百户	
八年二月辛巳	五 莊侯楊武元年
	七
	八
十二年侯	十一 十二 去疾元年
後元元年去	十四 疾有罪國除
	九十四

甯 索隱曰漢表甯陽屬濟南郡
以舍人從起碭入漢以都尉擊臧荼功侯千户
八年四月辛卯 五 莊侯魏選元年
七
八
十六年恭侯連元年 十五 八
元年侯指元年 三 四年侯指坐出國界有罪國除
七十八

昌 索隱曰縣名屬琅邪

以齊將漢王四年從淮陰侯起無鹽定齊擊籍及韓玉信於代侯千戶

八年六月戊申圉侯盧卿元年○索隱曰漢表姓張張即盧古弦弓字

五

七

八

十四

十五年侯通元年

九

二

二年侯通反國除

百九

共 索隱曰縣名屬河内

以齊將漢王四年從淮陰侯起臨菑擊籍及韓王信於平城有功侯千二百户

八年六月壬子 五 莊侯盧罷師元年

七

八

七年惠侯 六 黨元年
十五年懷 八 侯商元年
後四年侯商 五 薨無後國除

百十四

閼氏　索隱曰縣名屬安定

以代太尉漢王三年降爲鴈門守以特將平代反寇侯千戶○索隱曰漢表太尉作太與爵名音余

八年六月壬子節侯馮解敢元年　四

十二年恭侯它元年　一

薨無後絕

二年封恭侯遺腹子　十四　文侯遺元年

十六年共侯勝之元年　八

五

前六年侯平元年　十一

元鼎五年侯平坐酎金國除　二十八

索隱曰安丘 安丘 縣屬北海

以卒從起方與，屬魏豹，二歲五月，以執鈹入漢，以司馬擊籍，以將軍定代，侯三千戶。

八年七月癸酉，懿侯張說 五 元年。○索隱曰說音悅

七

八

十三年恭 十二 奴元年

四年敬侯 三 執元年

三年康侯 十三 訢元年

元狩元年 十八 侯指元年

元鼎四年，侯指坐入 九 上林謀盜鹿，國除。

索隱曰合**合陽**陽屬馮翊

高祖兄兵初起侍太公守豐天下已平以六年正月立仲爲代王高祖八年匈奴攻代王弃國亡廢爲合陽侯

八年九月丙子侯劉仲元年徐廣曰一名嘉

五

仲子濞爲吳王

二

以子吳王故尊仲謚爲代頃侯

襄平 索隱曰縣名屬臨淮

兵初起紀成以將軍從擊破秦入漢定三秦功定平侯戰好畤、死事子通襲成功侯

八年九月丙午 五 侯紀通元年

七

八

二十三

中元三年康 九 侯相夫元年

七

元朔元年 十二 夷吾元年

元封二年夷吾 十九 薨無後國除

索隱曰盧江有 **龍** 龍舒縣蓋其地也

以卒從漢王元年起霸上以謁者擊籍斬曹咎侯千户

五

八年後九月己未敬侯陳署元年

七

七年侯 六 堅元年

二

後元元年侯 十六 堅奪侯國除

一

八十四

繁 索隱曰地理志魏郡有繁陽恐別有繁縣志闕

以趙騎將從漢三年從擊諸侯族比吳房侯千五百户

四 九年十一月壬寅莊侯彊瞻元年○索隱曰漢表作平嚴侯張瞻

四三 五年康侯昫獨元年一云侯惇

八

二十三

三六 四年侯寄元年

七 中三年侯安國元年

十八 元狩元年安國為人所殺國除

九十五

索隱曰如淳據始皇紀所	陸梁	謂陸梁地按今在江南也
詔以爲列侯自置吏受令長沙王		
九年三月丙辰侯須毋元	二	年○索隱曰漢表作須無
十二年共	一	侯桑元年
	七	
	八	
後三年康侯	十五	慶忌元年
元年侯	十六	冉元年
元鼎五年侯冉	二十八	坐酎金國除
	百三十七	

高京（徐廣曰一作景）

周苛起兵以內史從擊破秦為御史大夫入漢圍取諸侯堅守滎陽功比辟陽苛以御史大夫死事子成為後襲侯

九年四月丙寅

四

侯周成元年

七

八

後五年坐謀反

二十

繫死國除絕

中元年封成

繩

孫應元年

侯平嗣不得元年

元狩四年坐為太常不繕治園陵不敬國除

六十

離
元年四月戊寅鄧弱元年
失此侯始所起及所絕○索隱曰案楚漢春秋亦闕漢表成帝時光祿大夫潛堪曰旁占驗曰鄧弱以長沙將兵侯是所起也

徐廣曰一作陽○索 義陵 隱曰義陽縣在汝南

以長沙柱國侯千五百户

九年九月丙子 四 侯吳程元年

四年侯 三四 種元年

七年侯種薨無 六 後國除皆失謚

百三十四

索隱曰楚漢春秋南宮侯張耳此作宣
宣平
平侯敖敖耳子陳平録第時耳已薨故也

兵初起張耳誅秦爲相合諸侯兵鉅鹿破秦定趙爲常山王陳餘反襲耳弃國與大臣歸漢漢定趙爲王卒子敖嗣其臣貫高不善廢爲

九年四月武 **四** 侯張敖元年

七

信 **六** 平
襃子偃爲魯王國除徐廣曰改封信平

元年以故魯 **十五** 王爲南宮侯
十六年哀 **八** 侯歐元年

九
中三年侯 **七** 生元年

罪 **七** 絕
睢陽
元光三年封偃 **十** 孫侯廣元年
元鼎二年 **八** 侯昌元年
太初三年侯昌爲太常之祠國 **十三** 除漢表師古曰祠事有闕乏也

三

東陽 索隱曰縣名屬臨淮

高祖六年爲中大夫以河間守擊陳豨力戰功侯千三百户

二 十一年十二月癸巳武侯張相如元年

七

八

十五 十六年共侯殷元年

五 後元五年戴侯安國元年

三

三 四年哀侯彊元年

十三

建元元年侯彊薨無後國除

百十八

開封
索隱曰縣名屬河南
以右司馬漢王五年初從以中尉擊燕定代侯比共侯二千户
十一年十二月丙辰閔侯陶舍元年 一 十二年侯青元年 一
景帝時爲丞相 七
八
二十三
中元三年節侯偃元年 九 七
元光五年侯睢元年 十 元鼎五年侯睢坐酎金國除 十八
百十五

沛 索隱曰縣名屬沛郡

高祖兄合陽侯劉仲子侯

十一年二月癸巳 一 侯劉濞元年

十二年十月辛丑侯濞為吳王國除

索隱曰曰慎陽汝南如淳曰音震闞駰云合作滇陽水

慎陽

平五年失印更刻遂誤以水為心續漢書作滇陽也

為淮陰舍人告淮陰侯信反侯二千戶

十三年十二月甲寅侯欒說元

二

年。索隱曰漢表作欒說

七

八

二十三

中元六年靖

十二

四

侯願之元年

建元元年侯

二

買之元

元狩五年侯買之坐

十二

鑄白金棄市國除

百三十一

索隱曰
禾成
漢志闕

以卒漢二年初從以郎中擊代斬陳豨侯千九百户

十二年正月己未孝侯公孫耳元年

二

元年○索隱曰漢表耳作昔

七

八

五年懷侯

四

漸元年

十四年侯漸

九

薨無後國除

百十七

堂陽 索隱曰縣名屬鉅鹿

以中涓從起沛以郎入漢以將軍擊籍爲惠侯坐守滎陽降楚免後復來以郎擊籍爲上黨守擊豨侯八百户

十一年正月己 二 未哀侯孫赤元年

七

元年侯 八 德元年

二十三

中六年侯德 十三 有罪國除

七十七

祝阿

索隱曰縣名屬平原

以客從起齧乘以十隊將入漢以將軍定魏太原破井陘屬淮陰侯以鉅度軍擊籍及攻豨侯八百戶

十一年正月乙未孝侯高邑元年

二

七

八

五年侯成元年

四十四

後三年侯成坐事國人過律國除

七十四

長脩 索隱曰縣名屬河東

以漢二年用御史初從出關以內史擊諸侯功比須昌侯以廷尉死事千九百戶

十一年正月丙辰平侯杜恬元年一云杜恪○ 二 索隱曰案位次曰信平侯

三年懷侯 三五 中元年

八

五年侯 四十九 喜元年

罷 絕

中五年復封 八陽平五 侯相夫元年

元封四年侯相夫坐爲太常與樂令無 三十三 可當鄭舞人擅繇不如令闌出函谷關國除

百八

江邑	索隱曰漢志闕
	以漢五年爲御史用奇計徙御史大夫周昌爲趙相而代陳豨功侯六百戶
	十一年正月辛未侯趙堯元年
	二
	七
	元年侯堯有罪國除

營陵 索隱曰縣名屬北海

以三年爲郎中擊項羽以將軍擊陳豨得王黃爲侯與高祖疏屬劉氏世爲衛尉萬二千户

二

十一年侯劉澤元年

七

五

六年侯澤爲琅耶王國除

八十八

土軍　索隱曰包愷云地理志西河有土軍縣

高祖六年爲中地守以廷尉擊陳豨侯千二百户就國後爲燕相

十一年二月丁亥武侯宣義元年　二　○索隱曰案位次曰信成侯也

六年孝侯莫如元年　五二

八

二十三

二年康侯平元年　二十四

建元六年侯生元年　五

元朔二年坐與人妻姦罪國除　八

百二十二

廣阿

索隱曰縣名屬鉅鹿

以客從起沛爲御史守豐二歲擊籍爲上黨守陳豨反堅守侯千八百戶後遷御史大夫

十一年二月丁亥懿侯任敖元年

二

七

八

三年夷侯竟元年

三

四年敬侯但元年

二十

十六

建元五年侯越元年

四

元鼎二年侯越坐爲太常廟酒酸不敬國除

二十

八十九

須昌	索隱曰縣名屬東郡
	以謁者漢王元年初起漢中雍軍塞陳謁上上計欲還衍言從它道道通後爲河間守陳豨反誅都尉相如功侯千四百戶
二	十一年二月乙酉貞侯趙衍元年
七	
八	
十五	十六年戴侯福元年
四	後元四年侯不害元年
四	五年侯不害在罪國除
一	
百七	

臨轅

初起從為郎以都尉守蘄城以中尉侯五百戶

二

十一年二月乙酉堅侯戚鰓元年

四 五年夷侯觸龍元年

三

八

二十三

二十三 四年共侯忠元年

三 建元四年侯賢元年

二十五 元鼎五年侯賢坐酎金國除

百十六

索隱曰漢表作伋伋 汲侯 與汲並縣名屬河內

高祖六年為太僕擊代絺有功侯千二百戶為趙大傅

十一年二月己己終侯公上不害元年○ 二 索隱曰公上姓不害名也

二年夷侯 一 六 武元年

十四年康侯 十三 十 通元年

十六

建元二年侯 一 廣德元年

元光五年廣德坐妻精大逆罪 九 頗連廣德棄市國除

百二十三

索隱曰縣名屬陳留

寧陵

以舍人從陳留，以郎入漢，破曹咎成皋，為上解隨馬，都尉擊陳豨，功侯，千户

二

十一年二月辛亥夷侯呂臣元年

七

八

十 十一年戴侯射元年

十三

三 四年惠侯始元年

一 五年侯始甍無後國除

七十三

汾陽	索隱曰縣名屬太原
	以郎中騎千人前二年從起陽夏擊項羽以中尉破鍾離昧功侯
二	十一年二月辛亥侯靳彊元年
七	
二六	三年共侯解元年
三三	
四十二	五年康侯胡元年
絕江鄒	元鼎五年侯石元年
	太始四年五月丁卯侯石坐爲太常行太僕事治可當夫猶䍃年縱年國除
	九十六

索隱曰戴地名音再應劭云章

戴

帝改曰考城在故留縣

以卒從起沛以卒開沛城門爲太公僕以中令擊豨侯千二百户

十一年三月癸酉敬侯彭祖元年○索隱曰漢表彭祖姓秘音

二

[illegible]韋昭音符蔑反非也今檢史記諸本並作秘今見有姓秘氏

七

二

三年共侯悼元年

六

七

八年夷侯安國元年

十六

十六

十六

元朔五年侯安期元年

十二

元鼎五年侯蒙元年

二十五

後元元年五月甲戌坐祝詛無道國除

百二十六

索隱曰衍漢志闕

以漢二年爲燕令以都尉下楚九城堅守燕侯九百户

二　十一年七月乙巳簡侯翟盱元年○索隱曰盱音况于反

七

三　四年祇侯山元年

二

三　六年節侯嘉元年

二十三

十六

二　建元三年侯不疑元年

十　元朔元年不疑坐挾詔書論罪國除

百三十

索隱曰漢志闕晉書 平州 地道記屬巴郡

漢王四年以燕相從擊籍還擊荼以故二千石將爲列侯千户

十一年八月甲辰共侯昭涉掉尾元年 二 索隱曰昭涉掉尾名

七

八

一
二年戴侯福元年 三
五年懷侯它人元年 四
九年孝侯馬童元年 十五

後元二年侯昧元年 十四 二

元狩五年侯昧坐行馳道 二十二 中更呵馳去罪國除

百十一

中牟 索隱曰縣名屬河南

以卒從起沛，入漢以郎中擊布功侯，二千三百戶。始高祖微時有急，給高祖一馬，故得侯。

十二年十月乙未，共侯單父聖元年。 一 ○索隱曰漢表作單父左車。

七

八

八年，敬侯繒元年。 七

十二年，戴侯終根元年。 五十

十六

元光五年，侯舜元年。 十

元鼎五年，侯舜坐酎金，國除。 十八

百二十五

郎 漢書音義曰音巨巳反。○索隱曰郎縣屬南郡。周成雜字辯詁云郎音跽
以故群盜長臨江將，已而爲漢擊臨江王及諸侯，破布，功侯，千户
一 十一年十月戊戌，莊侯黃極忠元年
七
八
十一 十二年，慶侯榮盛元年 九 三 後元五年，共侯明元年
十六
十六 元朔五年，侯遂元年 八 元鼎元年，遂坐賣宅縣官故貴，國除
百十一

博陽 索隱曰縣名屬彭城

以卒從起豐以隊卒入漢擊籍成皋有功爲將軍布反定吳郡侯千四百户

十二年十一月 一 辛丑節侯周聚元年

七

八

九年侯遫 八十五 元年

中五年侯遫 十二 奪爵一級國除

五十三

陽義 徐廣曰一作羨。○索隱曰縣屬宜陽。漢表羨作美

以荊令尹漢王五年初從擊鍾離眛及陳公利幾破之徙爲漢大夫坐至陳取韓信還爲中尉從擊布功侯二千户

十二年十月壬寅定侯靈常元年 一

七

七年共侯賀元年 六

七年哀侯勝元年 六

十二年侯勝薨無後國除 六

百十九

下相 索隱曰縣名屬臨淮

以客從起沛，周侯從擊破齊田觧軍，以楚丞相堅守彭城，距布軍，功侯，二千户。

一 十二年十月乙酉，莊侯冷耳元年。

七

八

二十三 三年侯愼元年

二 三年三月，侯愼反，國除。

八十五

德　索隱曰漢志闕表在濟南

以代頃王子侯頃王昊王濞父也廣濞之弟也

十二年十一月　一　庚辰哀侯劉廣元年

七

三年頃侯　二六　通元年

十二三

六年侯　五十　齕元年

元鼎四年　二十　侯何元年

元鼎五年侯何　七一　坐酎金國除

百二十七

高陵 索隱曰高陵縣屬琅邪
以騎司馬漢王元年從起廢丘以都尉破田横龍且追籍至東城以將軍擊布九百户
十二年十一月丁亥圉侯王周 一 元年。索隱曰漢表作王虞人
七
三年惠侯 六 并弓元年
十三年侯 十二十一 行元年
二 二年反國除
九十二

期思 索隱曰縣名屬汝南

淮南王布中大夫有郄上書告布反侯二千石布盡殺其宗族

十二年十二月癸卯康侯賁赫 一 元年。索隱曰賁姓音肥又如字

七

八

十四年赫薨 十三 無後國除

百三十二

穀陵

以卒從前二年起柘擊籍定代爲將軍功侯

十二年正月乙丑定侯馮谿元年

一

七

八

卒七一三十二

七年共侯熊元年

三年隱侯卬元年

五年獻侯解元年

建元四年侯偃元年

三

五百

戚　索隱曰漢志闕晉地道記屬東海

以都尉漢二年初起櫟陽攻廢丘破之因擊項籍別屬丞韓信破齊軍攻臧荼遷爲將軍擊信侯合千戶

十二年十二月癸卯圉侯季必元年○索隱曰案灌嬰傳云重泉人李必此作季誤也　一

七

八

四年齊侯班元年　三　十

十六

建元三年侯信成元年　二

元狩五年侯信坐爲太常縱丞相侵神道壖不敬國除　二十

九十

徐廣曰一作莊○索壯隱曰漢表作嚴避明帝諱

以楚將漢三年降起臨濟以郎中擊籍陳豨功侯六百戶

一

十二年正月乙丑敬侯許倩元年

七

八

二十三

三年共侯 二十五 恢元年

建元二年殤侯 一 則元年

元光五年侯 九 廣宗元年

元鼎元年侯廣 十五 宗坐酎金國除

百十二

成陽 索隱曰縣名屬汝南

以魏郎漢王二年從起陽武擊籍屬魏豹豹反屬相國彭越太原尉定代侯戶六百

一

十二年正月乙酉定侯意元年

七

八

二十三

十一年侯信元年

十六

建元元年侯信罪鬼薪國除

百一十

桃 索隱曰縣名屬信都

以客從，漢王二年從起定陶，以大謁者擊布，侯，千戶。爲淮陰守。項氏親也，賜姓。

一

十二年二月丁巳，安侯劉襄元年。

七

奪，絕，二年。一 七 復封襄。

十年，哀侯舍元年。九 十四 景帝時爲丞相。

十六

建元元年，厲侯申元年。十 元朔二年，侯自爲元年。三 十五 元鼎五年，侯自爲坐酎金，國除。

百三十五

高梁

食其兵起以客從擊破秦以列侯入漢還定諸侯常使約和諸侯列卒兵聚侯功比平侯嘉以死事子疥襲食其功侯九百户

十二年三月丙寅共侯酈疥元年

一

七

八

二十三

十六

元光三年

八

侯勃元年

元狩元年坐詐詔衡山王取金當死病死國除

六十六

紀信

以中涓從起豐，以騎將入漢，以將軍擊籍，後攻盧綰，侯，七百户。

十二年六月丙辰，匡侯陳倉元年。

一

七

二

六

三年，夷侯開元年。

十七

六

後二年六月，侯陽元年。

二

三年，陽反，國除。

八十

徐廣曰一作景○索隱曰案志甘泉甘泉闕疑甘泉是甘水漢表作景侯

以車司馬漢王元年初從起高陵屬劉賈以都尉從軍侯

十二年六月壬辰侯王一竟元年索隱曰漢表作王競

七年戴侯莫搖六一元年

八

十一年侯嫖元年○索隱曰嫖音匹妙十十三反漢表作嫖音火孕反說文嫖悅也

十年侯嫖九有罪國除

百六

煮棗

索隱曰徐廣云在宛句

以越連敖從起豊別以郎將入漢擊諸侯以都尉侯九百戶

十二年六月壬辰靖侯赤元年

一

○索隱曰漢表作端侯華朱華竟棘亦作赤誤也蕀姓蓋子成之後

二年赤子康

二十二

侯武元年

中二年侯

八

昌元年

二

中四年有罪國除

七十五

張 索隱曰縣名屬廣平

以中涓騎從起豐以郎將入漢從擊諸侯七百戶

一 十二年六月壬辰節侯毛澤元年○索隱曰亦作釋之

七

八

十二 十一年夷侯慶元年

十一 十三年侯舜元年

十二 中六年侯舜有罪國除

卅九

鄢陵 索隱曰縣名屬潁川
以卒從起豐，入漢，以都尉擊籍、荼，侯，七百戶。
十二年中，莊侯朱濞元年。 一
七
三
四年恭侯慶元年。 五
七年，恭侯慶薨，無後，國除。 六
五十二

徐廣曰一作鹵○索隱曰漢志

菌

闕菌音求隕反徐作鹵音魯又作齒

以中涓前元年從起單父不入關以擊籍布燕王綰得南陽侯二千七百户

十二年六月莊侯張平元年

一

七

四

五年侯勝元年

四

四年侯勝有罪國除

三

四十八

索隱述贊曰

聖賢影響　風雲潛契　高祖膺籙

功臣命世　起沛入秦　憑謀仗計

紀勳書爵　河盟山誓　蕭曹輕重

絳灌權勢　咸就封國　式盟罪戾

仁賢者祀　昏虐者替　永監前脩

良慚固帶

高祖功臣年表卷第六　史記十八

史記年表　廿四

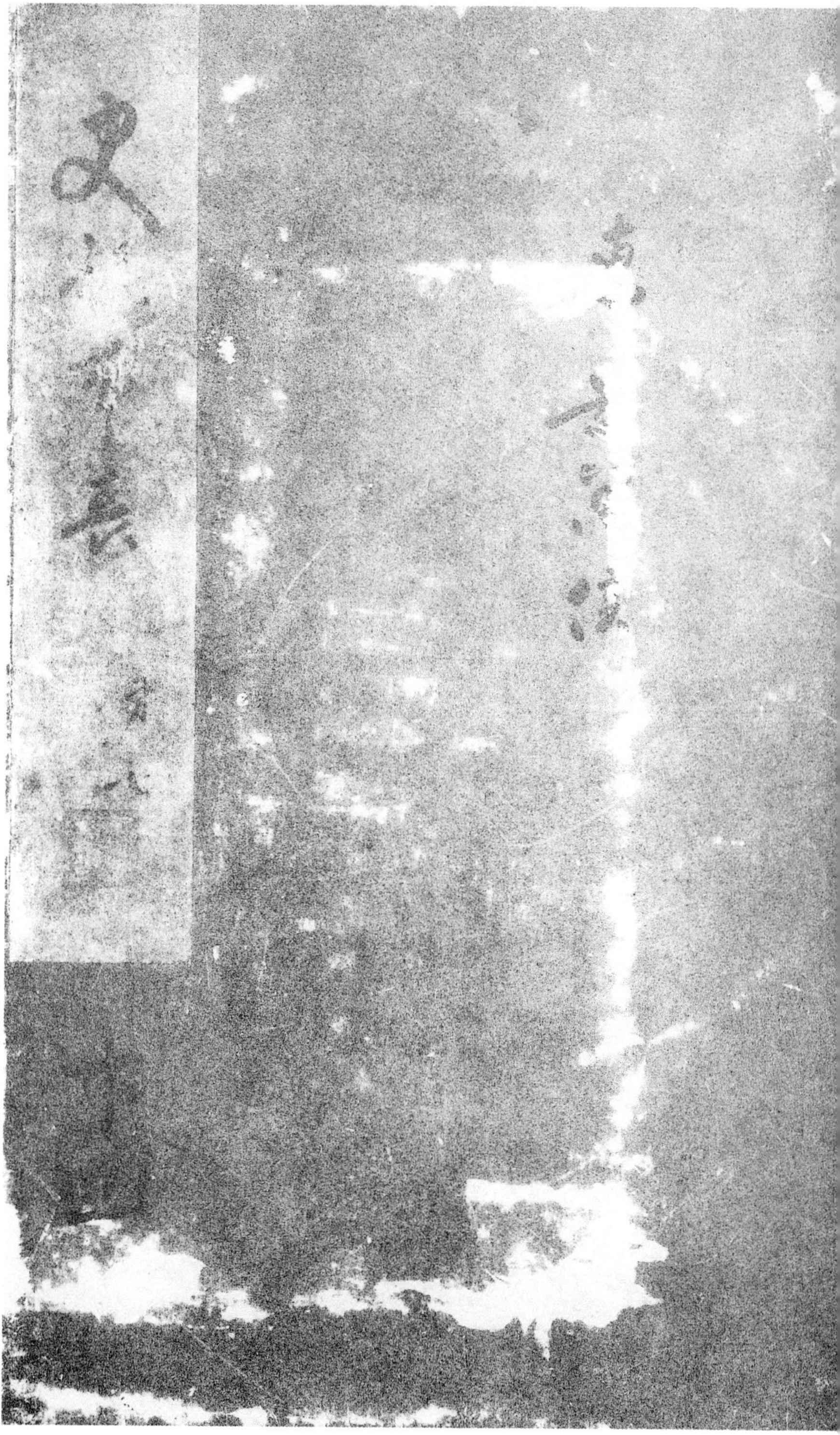

惠景閒侯者年表第七　史記十九

太史公讀列封至便侯索隱曰便音鞭縣名吳淺所封曰有以也夫長沙王者著令甲稱其忠焉鄧展曰漢約非劉氏不王如芮王故著令使特王或曰以芮至忠故著令也瓚曰漢以芮忠故特王之以非制故特著令昔高祖定天下功臣非同姓疆土而王者八國索隱曰謂齊王韓信韓王韓信燕王盧綰梁王彭越趙王張耳淮南王英布臨江王共敖長沙王吳芮也至孝惠時唯獨長沙全禪五世以無嗣絕徐廣曰孝文後七年靖王著薨無嗣。索隱曰禪者傳也案諸侯王表芮國至五世而絕也竟無過為藩守職信矣故其澤流枝庶毋功而侯者數人索隱曰案此表芮子淺封便侯傳至玄孫又封成王臣之子為沅臨侯亦至曾孫及孝惠訖孝景閒五十載追脩高祖時遺功臣及從代來，吳楚之勞，諸侯子弟若肺腑（索隱曰肺音柿，腑音附。柿，木札也；附，木皮也。以喻人主疎末之親，如木札出於木，樹皮附於樹也。詩云「如塗塗附」，注云「附，木皮」是也）外國歸義，封者九十有餘。咸表始終，當世仁義成功之著者也。（異信國八，王者吳芮、英布、張耳、臧荼、韓王信、彭越、盧綰、韓信也）

國名	侯功	孝惠七	高后八	孝文二十三	孝景十六	建元至元封六年三十六	太初已後
便（索隱曰漢志縣名，屬桂陽。便音鞭）	長沙王子侯，二千石	七 元年九月，項王吳淺元年	八	二十二 一 後七年，恭侯信元年	五 十一 前六年，侯廣志元年	二十九 元鼎五年，侯千秋坐酎金國除	

軑 音大。索隱曰縣名，在江夏	長沙相，侯七百戶	六 二年四月庚子侯利君元年。索隱曰漢書作軑侯朱倉	二 三年，侯豨元年 六	十五 十六年，侯彭祖元年 八	十六	元封元年，侯秩為東海太守，行過不請擅發卒兵為衛，當斬，會赦，國除 三十	
平都 索隱曰屬東海	以齊將，高祖三年降，定齊，侯千戶	二 五年六月乙亥，孝侯劉到元年	八	二 三年，侯成元年 二十一	十四 後元二年，侯成有罪，國除		

右孝惠時二

扶柳 索隱曰縣名，屬信都	高后姊長姁子，侯		元年四月庚寅，侯呂平元年 七 八年，侯平坐呂氏事誅，國除				

郊 索隱曰縣名屬沛郡一作汶	南宮 索隱曰縣名屬信都
呂后兄悼武王身佐高祖定天下呂氏佐高祖治天下天下大安封武王少子產爲郊侯	以父越人爲高祖騎將從軍以大中大夫侯
元年四月辛卯侯呂產元年 五 六年七月壬辰產爲呂王國除 高后八年九月產以呂王爲漢相謀爲不善大臣誅產遂滅諸呂	六 元年四月乙酉齊侯陽成延元年 二 七年敬侯去疾元年

梧	平定
梧 索隱曰縣名屬彭城	平定 索隱曰漢志闕或鄉名
以軍匠從起郟入漢後為少府作長樂未央宮築長安城先就功侯五百戶	以卒從高祖起留以家車吏入漢以梟騎都尉擊項籍得樓煩將功用齊丞相侯一云項涓
六 元年四月乙酉齊侯陽成延元年 二 七年敬侯去疾元年	八 元年四月乙酉敬侯齊受元年
二十三	二年齊侯市人元年 一 四十八 六年恭侯應元年
九 中元三年靖侯偃元年 七	十六
八 元光三年侯戎奴元年 十四 元狩五年侯戎奴坐謀殺季父棄市國除	七 元光二年康侯延居二年 八十 元鼎二年侯昌元年 二 元鼎四年昌有罪國除

國名	侯功	年表			
博成	以悼武王郎中兵初起從高祖起豐攻雍丘擊項籍力戰奉衛悼武王出滎陽功侯	三 元年四月乙酉敬侯馮無擇元年 四 四年侯代元年 高后八年侯代坐呂氏事誅國除			
沛 索隱曰縣名屬沛郡	呂后兄康侯少子侯奉呂宣王寢園	七 元年四月乙酉侯呂種元年 一 為不其侯 高后八年侯種坐呂氏事誅國除			
襄成 索隱曰縣名屬潁川	孝惠子侯	一 元年四月辛卯侯義元年 高后四年侯義為常山王國除			

軹 索隱曰縣名屬河內	壺關	沅陵 索隱曰縣近長沙漢志屬武陵
孝惠子侯	孝惠子侯	長沙嗣成王子侯
三 元年四月辛卯侯朝元年 高后四年侯朝爲常山王國除	四 元年四月辛卯侯武元年 高后五年侯武爲淮陽王國除	八 元年十一月壬申頃侯吳陽元年
		十七 後二年頃侯福元年 六
		十二 中元五年哀侯周元年 四 後二年侯周薨無後國除

國名	侯功		高后	孝文	
上邳	楚元王子侯		二年五月丙申侯劉郢客元年	孝文元年侯郢客爲楚王國除	
朱虛 索隱曰縣名屬琅邪	齊悼惠王子侯		七 二年五月丙申侯劉章元年	一 孝文二年侯章爲城陽王國除	
昌平 索隱曰縣名屬上谷	孝惠子侯		三 四年二月癸未侯太元年 高后七年太爲呂王國除		

惠景侯者年表

贊其 索隱曰縣名屬臨淮	呂后昆弟子用淮陽丞相侯		四 四年四月丙申侯勝元年 八年侯勝坐呂氏事誅國除				
中邑	以執矛從高祖入漢以中尉破曹咎用呂相侯六百戶		五 四年四月丙申貞侯朱通元年	十六 後元二年侯悼元年 七	十五 後元三年侯悼有罪國除		
樂成	以隊卒從高祖起沛屬皇訢以郎擊陳餘用衛尉侯六百戶		二 四年四月丙申簡侯衛無擇元年 三 六年恭侯勝元年	二十三	十五 後元三年侯侈元年 一	五 建元六年侯侈坐以買田宅不法又請求吏罪國除	

山都	高祖五年爲郎中柱下令以衛將軍擊陳豨用梁相侯		四年四月丙申貞侯王恬開元年 五	三 二十 四年惠侯中黃元年	三 十三 四年敬侯觸龍元年	二十三 元狩五年侯當元年 八 元封元年侯當坐與奴闌入上林苑國除	
松茲 徐廣曰松一作祝。索隱曰縣名屬廬江	兵初起以舍人從起沛以郎吏入漢還得雍王邯家屬功用常山丞相侯		四年四月丙申夷侯徐厲元年 五	六 十七 七年康侯悼元年	十二 四 中元六年侯偃元年	五 建元六年侯偃有罪國除	

國名	侯功	孝惠	高后	孝文		
成陶 徐廣曰一作陰。索隱曰漢志地闕	以卒從高祖起單父，爲呂氏舍人，度呂氏淮之功，用河南守侯，五百戶		四年四月丙申，夷侯周信元年 五	十一 十二年，孝侯勃元年 三 十五年，侯勃有罪，國除		
俞 如淳曰音輸。索隱曰縣名，屬清河	以連敖從高祖破秦，入漢，以都尉定諸侯，功比朝陽侯。嬰死，子它襲功，用太中大夫侯。索隱曰它音駞		四 四年四月丙申，侯呂它元年 八年，侯它坐呂氏事誅，國除			
滕 索隱曰劉氏云作勝，恐誤。今按滕縣屬沛縣	以舍人郎中十二歲，以都尉屯霸上，用楚相侯		四 四年四月丙申，侯呂更始元年 八年，侯更始坐呂氏事誅，國除			

國名	侯功	高后	孝文
醴陵 索隱曰縣名屬長沙	以卒從漢王三年初起櫟陽以卒吏擊項籍為河內都尉長沙相侯六百戶	四年四月丙申侯越元年 五	三 孝文四年侯越有罪國除
呂成	呂氏昆弟子侯	四年四月丙申侯呂忿元年 四 八年侯忿坐呂氏事誅國除	
東牟 索隱曰縣名屬東萊	齊悼惠王子侯	六年四月丁酉侯劉興居元年 三	一 孝文二年侯興居為濟北王國除

鍾 一作鉅。索隱曰縣名屬東萊	呂肅王子侯		六年四月丁酉侯呂通元年 二 高后八年侯通爲燕王坐呂氏事國除				
信都 索隱曰縣名屬信都	以張敖魯元太后子侯		八年四月丁酉侯侈元年 一	孝文元年侯侈有罪國除			
樂昌	以張敖魯元太子后子侯		八年四月丁酉侯受元年 一	孝文元年侯受有罪國除			

祝茲 索隱曰漢書作琅邪	建陵 索隱曰漢表在東海	東平 徐廣曰一作康。索隱曰縣名屬東平
呂后昆弟子侯	以大謁者侯宦者多奇計	以燕王呂通弟侯
八年四月丁酉侯呂榮元年坐呂氏事誅國除	八年四月丁酉侯張澤元年高后八年九月奪侯國除。索隱曰澤一名釋	八年五月丙辰侯呂莊元年坐呂氏事誅國除

元年九月[illegible]

右高后時三十一

	陽信	軹
	陽信 索隱曰表在新野志屬勃海恐有二縣	**軹** 索隱曰縣名屬河內
	高祖十二年為郎以典客奪趙王呂祿印關殿門拒呂產等入共尊立孝文侯二千戶	高祖十年為郎從軍十七歲為太中大夫迎孝文代用車騎將軍迎文后侯萬戶薄太后弟
孝文二十三	元年二月辛丑侯劉揭元年 **十四** 十五年侯中意元年 **九**	元年四月乙巳侯薄昭元年 **十** 十年易侯戎奴元年 **十三**
孝景十六	**五** 景帝六年侯中意有罪國除	**十六**
		一 建元二年侯梁元年

壯武 索隱曰縣名屬膠東	以家吏從[illegible]起山東以都尉從之入滎陽食邑以代中尉勸代王入驂乘至代邸王卒為帝功侯千四百戶			元年四月辛亥侯宋昌元年 二十三	十一 中元四年侯昌奪侯國除		
清都 徐廣曰一作鄡音苦堯反○索隱曰漢表作鄔侯鄔太原縣	以齊哀王舅父侯○索隱曰舅父即舅猶姨曰姨母也			元年四月辛未侯駟鈞元年 五 孝文前六年鈞有罪國除			
周陽 索隱曰縣名屬上郡	以淮南厲王舅父侯			元年四月辛未侯趙兼元年 五 孝文前六年兼有罪國除			

樊 索隱曰縣名屬東平	以睢陽令髙祖初起從阿以韓家子還定北地用常山相侯千二百戶		十四 元年六月丙寅侯蔡兼元年 九 十五年康侯客元年徐廣曰客一作容	九 中元三年恭侯平元年 七	十二 元朔二年侯辟方元年 十四 元鼎四年侯辟方有罪國除
管 索隱曰管古國今爲縣屬滎陽	齊悼惠王子侯		二 四年五月甲寅恭侯劉罷軍元年 十八 三年侯戎奴及國除	二 三年侯戎奴反國除	
瓜丘 索隱曰縣在魏郡	齊悼惠王子侯		十一 四年五月甲寅侯劉寧國元年 九 十五年侯偃元年	二 三年侯偃反國除	

營 索隱曰表在濟南	齊悼惠王子侯			十 四年五月甲寅平侯劉信都元年 十 十四年侯廣元年	二 孝景三年侯廣反國除	
楊虛	齊悼惠王子侯			十二 四年五月甲寅恭侯劉將盧元年。索隱曰漢書作將閭 十六年侯將盧爲齊王有罪國除		
朸 音力。索隱曰縣名屬平原	齊悼惠王子侯。索隱曰爲濟南王			十一 四年五月甲寅侯劉辟光元年 十六年侯辟光爲濟南王國除		

盧作廬

安都	齊悼惠王子侯。索隱曰爲濟北王			十二 四年五月甲寅侯劉志元年 十六年侯志爲濟北王國除			
平昌 索隱曰縣名屬平原	齊悼惠王子侯。索隱曰爲膠西王			十二 四年五月甲寅侯劉卬元年 十六年爲膠西王國除			
武城 索隱曰漢志闕凡闕者或鄉名或尋廢漢志不載	齊悼惠王子侯。索隱曰爲菑川王			十二 四年五月甲寅侯劉賢元年 十六年侯賢爲菑川王國除			

白石 索隱曰縣名屬金城	齊悼惠王子侯。索隱曰爲膠東王			十二 四年五月甲寅侯劉雄渠元年 十六年侯雄渠爲膠東王國除			
波陵 索隱曰漢表波作泜音坻	以陽陵君侯			五 七年三月甲寅康侯魏駟元年 孝文十二年康侯魏駟薨無後國除			
南郎 徐廣曰一作朝。索隱曰韋昭音貞一音程李彤云河南有郎亭音瀨	以信平君侯			七年三月丙寅侯起元年。索隱曰起名也史失其姓 孝文時坐復父故奪爵級關內侯			

國名	侯功					
阜陵 索隱曰縣名屬九江	以淮南厲王子侯			八年五月丙午侯劉安元年 孝文十六年安爲淮南王國除		
安陽 索隱曰縣名屬馮翊	以淮南厲王子侯			八年五月丙午侯勃元年 孝文十六年侯勃爲衡山王國除		
陽周	以淮南厲王子侯 索隱曰爲廬江王			八年五月丙寅劉賜元年 孝文十六年侯賜爲廬江王國除		

東城	犂	缾
東城 索隱曰縣名屬九江	犂 索隱曰縣名屬東郡	缾 索隱曰縣名屬琅耶
以淮南厲王子侯	以齊相召平子侯千四百一十戶	以北地都尉孫卬匈奴入北地力戰死事子侯
七 八年五月丙寅哀侯劉良元年 孝文十五年侯良薨無後國除	十一 十年四月癸丑頃侯召奴元年 三 後五年侯澤元年	十 十四年三月丁巳侯孫單元年
	十六	二 孝景前二年侯鄲謀反國除
	十六 元朔五年侯延元年 十九 元封六年侯延坐不出持馬斬國除	

弓高 索隱曰漢表在營陵	以匈奴相國降故韓王信孽子侯千二百三十七戶			十六年六月丙子莊侯韓穨當元年 八	十六 前元年侯則元年	十六 元朔五年侯則薨無後國除
襄成 索隱曰志屬潁川	以匈奴相國降侯故韓王信太子之子侯千四百三十二戶			十六年六月丙子哀侯韓嬰元年 七 一 後元七年侯澤之元年	十六	十五 元朔四年侯澤之坐詐病不從不敬國除

故安	章武
故安 索隱曰縣名屬涿郡	章武 索隱曰縣名屬渤海
孝文元年舉淮陽守從高祖入漢功侯食邑五百戶用丞相侯一千七百一十二戶	以孝文后弟侯萬一千八百六十九戶
後元三年四月丁巳節侯申屠嘉元年 五	後元七年六月乙卯景侯竇廣國元年 一
二 前三年恭侯蔑元年 十四	六 前七年恭侯完元年 十
十九 元狩二年清安侯臾元年 五 元鼎元年臾坐為九江太守有罪國除	八 光三年侯常坐元年 十 元狩元年侯常坐謀殺人未殺罪國除

南皮 索隱曰縣名屬渤海		平陸 索隱曰縣名屬西河又有東平陸在東平
以孝文后兄竇長君子侯六千四百六十戶	右孝文時二十	楚元王子侯三千二百六十七戶
後元七年六月乙卯侯竇彭祖元年 一		
十六	孝景十六	元年四月乙巳侯劉禮元年一云乙卯 二 孝景三年侯禮爲楚王國除
建元六年侯良元年 五 元光五年侯桑林元年 五 十八 元鼎五年侯桑林坐酎金罪國除		

休	沈猶 索隱曰漢表在高苑
楚元王子侯	楚元王子侯千三百八十戶
元年四月乙巳侯富元年 孝景三年侯富以兄子戊爲楚王反富與家屬至長安北闕自歸不能相教上印綬詔復王後以平陸侯爲楚王更封爲紅侯	元年四月乙巳夷侯劉穢元年 十六
	四 建元五年侯受元年 十八 元狩三年侯受坐故爲宗正聽謁不具宗室不敬國除

紅	宛朐 索隱曰縣名屬濟陰
楚元王子侯千七百五十戶	楚元王子侯
索隱曰楚元王傅休侯富免後封紅侯此則並列誤也漢表一書而已紅休蓋二鄉名王莽封劉歆為紅休侯一云紅即虹縣	
四 三年四月乙巳莊侯富元年一云禮侯 一 前七年悼侯澄元年 九 中元元年敬侯發元年一作發嘉	二 元年四月乙巳侯劉埶元年○索隱曰蕭該埶音藝 孝景三年侯埶反國除
十五 元朔四年侯章元年 一 元朔五年侯章薨無後國除	

魏其 索隱曰縣名屬琅耶	棘樂
以大將軍屯滎陽扞吳楚七國反已破爲侯三千三百五十戶	楚元王子侯戶千二百一十三
十四 三年六月乙巳侯竇嬰元年	十四 三年八月壬子敬侯劉調元年
九 建元元年爲丞相二歲免 元光四年侯嬰坐爭灌夫事上書稱爲先帝詔矯制害棄市國除	二十 建元二年恭侯應元年 十六 元朔元年侯慶元年 元鼎五年侯慶坐酎金國除

俞 索隱曰俞音輸縣名屬清河	建陵
以將軍吳楚反時擊齊有功布故彭越舍人越反時布使齊還已梟越布祭哭之當亨出忠言高祖赦之黥布反布為都尉戶千八百	以將軍擊吳楚功用中尉侯戶一千三百一十
六 六年四月丁卯侯欒布元年 中元五年侯布薨	六年四月丁卯敬侯衞綰元年 十一
元狩六年侯賁坐為太常廟犧牲不如令有罪國除一云元朔二年侯賁元年	十 元光五年侯信元年 十八 元鼎五年侯信坐酎金國除

建平	平曲
索隱曰縣名屬沛郡	索隱曰漢表在高城
以將軍擊吳楚功用江都相侯戶三千一百五十	以將軍擊吳楚功用隴西太守侯戶三千二百二十
六年四月丁卯哀侯程嘉元年 十七	六年四月己巳侯公孫昆邪元年。索隱曰漢書昆作渾 五 中元四年侯昆邪有罪國除。太僕賀父
元光二年節侯橫元年 一 元光三年侯回元年 一 元光四年侯回薨無後國除	

國名	江陽	遽
	江陽。索隱曰縣在東海	遽 索隱曰漢表鄉名在常山
侯功	以將軍擊吳楚功用趙相侯戶二千五百四十一	以趙相建德王遂反建德不聽死事子侯戶千九百七十
孝景	六年四月壬申康侯蘇嘉元年 四 徐廣曰蘇一作籍索隱曰漢表作蘇息 七 中元二年懿侯盧元年徐廣曰一作哀侯	中元二年四月巳巳侯橫元年。索隱曰史失其姓 六 後元二年侯橫有罪國除
建元至元封	建元三年 二十 侯明元年 元朔六年 六 侯雕元年 元鼎五年侯雕坐酎金國除 十	
太初		

新市 索隱曰縣名屬鉅鹿	商陵 索隱曰漢表在臨淮
以趙內史王慎王遂反慎不聽死事子侯戶一千十四	以楚太傅趙夷吾王戊反不聽死事子侯一千四十五戶
五 中元二年四月乙巳康侯元年 三 後元元年殤侯始昌元年	八 中元二年四月乙巳侯周元年
九 元光四年殤侯始昌為人所殺國除	二十九 元鼎五年侯周坐為丞相知列侯酎金輕下廷尉自殺國除

山陽	安陵	垣 索隱曰縣名屬河東
以楚相張尚王戊反尚不聽死事子侯戶千一百一十四	以匈奴王降侯戶一千五百一十七	以匈奴王降侯
中元二年四月乙巳侯當居元年 八	中元三年十一月庚子侯子軍元年 七	中元三年十二月丁丑侯賜元年 三 六年賜死不得及嗣
十六 元朔五年侯當居坐為太常程博士弟子故不以實罪國除徐廣曰程一作澤	五 建元六年侯子軍薨無後國除	

遒	容成
遒 索隱曰縣名屬涿郡音玆鳩反	容成 索隱曰縣名屬涿郡
以匈奴王降侯戶五千五百六十九	以匈奴王降侯七百戶
中元三年十二月丁丑侯隆彊元年不得隆彊嗣	中元三年十二月丁丑侯唯徐盧元年 七
後元年四月甲辰侯則坐使巫齊少君祠祝詛上大逆無道國除 徐廣曰漢書云武後二年	十四 建元二年康侯綽元年 二 元朔三年侯光元年
	十八 後三年五月壬辰侯光坐祠祝詛國除

國名	侯功				孝景	建元至元封	
易 索隱曰縣名屬涿郡	以匈奴王降侯				中元二年十二月丁丑侯僕黥元年 六 後元二年侯僕黥薨無嗣		
范陽 索隱曰縣名屬涿郡	以匈奴王降侯戶千百九十七				中元三年十二月丁丑端侯代元年 七	七 元光二年懷侯德元年 二 元光四年侯德薨無後國除	
翕 索隱曰漢表在內黃	以匈奴王降侯				中元三年十二月丁丑侯邯鄲元年 七	九 元光四年侯邯鄲坐行來不請長信不敬國除	

亞谷 索隱曰一作亞父漢表在河內	以匈奴東胡王降故燕王盧綰子侯千五百户				二 中元五年四月丁巳簡侯它父元年 三 後元元年安侯種元年	十一 建元元年康侯偏元年 二十四 元光六年侯　元年	十五 征和三年七月辛巳賀坐太子事國除
隆慮 索隱曰音林閭縣名屬河內	以長公主嫖子侯户四千一百二十六				五 中元五年五月丁丑侯蟜元年 徐廣曰按本紀乃前五年非中元年	二十四 元鼎元年侯蟜坐母長公主薨未除服姦禽獸行當死自殺國除	

乘氏 索隱曰縣名屬濟陰	桓邑	蓋 索隱曰漢表在勃海
以梁孝王子侯	以梁孝王子侯	以孝景后兄侯戶二千八百九十
一 中元五年五月丁卯侯買元年 中元六年侯買嗣爲梁王國除	一 中元五年五月丁卯侯明元年 孝景中六年爲濟川王國除	五 中元三年五月甲戌靖侯王信元年
		二十 元狩三年侯偃元年 八 元鼎五年侯偃坐酎金國除

塞	以御史大夫前將軍兵擊吳楚功侯，戶千四十六				三 後元元年八月侯直不疑元年	建元四年侯相如元年 十二 元朔四年侯堅元年 十三 元鼎五年堅坐酎金國除
武安 索隱曰縣名屬魏郡	以孝景后同母弟侯，戶八千三百一十四				後元三年三月侯田蚡元年 一	九 元光四年侯梧元年 五 元朔三年侯梧坐衣襜褕入宮廷中不敬國除

周陽 索隱曰縣名屬上郡 以孝景后同母弟侯戶六千五十一				後元三年三月懿侯田勝元年 一	十一 元光六年侯彭祖元年 八 元狩二年侯彭祖坐當歸與章侯宅不與罪國除

右孝景時三十一

索隱述贊曰

惠景之際　天下已平　諸呂構禍

吳楚連兵　條侯出討　壯武奉迎

薄竇恩澤　張趙忠貞　本枝分蔭

外腑歸誠　新市死事　建陵勳榮

咸開青社　俱受册青　旋窺甲令

吳便有聲

惠景閒侯者年表第七　史記十九

（漢）司馬遷　撰
（南朝宋）裴駰　集解
（唐）司馬貞　索隱
（唐）張守節　正義

宋本史記

第六册

國家圖書館出版社

宋本史記

第六册目録

史記年表　十九

六國表第三　史記十五

索隱曰六國乃魏韓趙楚燕齊并秦凡七國號曰七雄

太史讀秦記索隱曰即秦國之史記也故下云秦燒詩書諸侯史記尤甚獨有秦記又不載日月是也至犬戎敗幽王周東徙洛邑秦襄公始封爲諸侯作西畤用事上帝僭端見矣禮曰天子祭天地諸侯祭其域內名山大川今秦雜戎翟之俗先暴戾後仁義位在藩臣而臚於郊祀君子懼焉索隱曰按臚字訓陳也出爾雅文以言秦是諸侯而陳天子郊祀實僭也猶季氏旅於泰山然○正義曰臚作臚音旅祭名又旅陳也及文公踰隴攘夷狄尊陳寶營岐雍之間而穆公脩政東竟至河則與齊桓晉文

中國侯伯侔矣是後陪臣執政大夫世祿六卿擅晉權征伐會盟威重於諸侯及田常殺簡公而相齊國諸侯晏然弗討海內爭於戰功矣三國終之卒分晉田和亦滅齊而有之六國之盛自此始務在彊兵并敵謀詐用而從衡短長之說起矯稱蠭出誓盟不信雖置質剖符猶不能約束也秦始小國僻遠諸夏賓之比於戎翟至獻公之後常雄諸侯論秦之德義不如魯衛之暴戾者量秦之兵不如三晉之彊也然卒并天下非必險固便形埶利也蓋若天所助焉或曰

東方物所始生西方物之成孰夫作事者必於
東南收功實者常於西北故禹興於西羌皇甫謐曰孟子
稱禹生石紐西夷人也傳曰禹生自西羌是也○正義曰禹生於茂州汶川縣本冉駹國皆西羌湯起于
亳徐廣曰京兆杜縣有亳亭周之王也以豐鎬伐殷秦之帝用
雍州興漢之興自蜀漢秦既得意燒天下詩書
諸侯史記尤甚為其有所刺譏也詩書所以復
見者多藏人家而史記獨藏周室以故滅惜哉
惜哉獨有秦記又不載日月其文略不具然戰
國之權變亦有可頗采者何必上古秦取天下
多暴然世異變成功大索隱曰以言人君制法當隨時之異而變易其政則其

成功大若居今行古猶膠柱而調瑟也傳曰法後王何也以其近己而俗變相類議卑而易行也正義曰易以豉反後王近代之王法與己連接世俗之變及相類也故議卑淺而易識行耳學者牽於所聞見秦在帝位日淺不察其終始因舉而笑之索隱曰舉猶皆也不敢道此與以耳食無異索隱曰按言俗學淺識舉而笑秦此猶耳食不能知味也悲夫余於是因秦記踵春秋之後起周元王索隱曰按此表起周元王元年春秋迄元王八年表六國時事訖二世凡二百七十年著諸所聞興壞之端後有君子以覽觀焉

周	秦	魏獻子	韓宣子	趙簡子	楚	燕	齊

元王元年徐廣曰乙丑皇甫謐曰元年癸酉二十八年庚子崩索隱曰元王名仁系本名赤敵主子八年崩子定王介立	二
厲共公元年索隱曰悼公子三十四年卒子躁公立	二蜀人來賂
衛出公輒後元年索隱曰二十一年季父黚逐出公而自立爲悼公	晉定公卒索隱曰系本定公名午
四十二索隱曰系家簡子名鞅文子武之孫景叔成之子	四十三索隱曰按簡子以傾公九年在位傾公十四年卒而
楚惠王章十三年吳伐我徐廣曰亦魯哀公十九年索隱曰五十七年卒	十四越圍吳吳怨
燕獻公十七年索隱曰二十八年卒	十八
齊平公驁五年索隱曰十九年卒	六

	三	四
	三	四
	晋出公錯元年 索隱曰系本名鑿	
定公立定公四十七年卒是四十三爲簡子在位之年又至出公十七年是在位六十年也	四十四	四十五
	十五	十六 越滅吳
	十九	二十
	七 越人始來	八

五	六
五 楚人來賂	六 義渠來賂緜諸乞援音義曰一作爰
四十六	四十七
十七 蔡景侯卒索隱曰按景字誤合作成侯徐廣不辨即言或作成按景侯即成侯之高祖父	十八 蔡聲侯元年索隱曰名產成侯之子
二十一	二十二
九 晉知伯瑤來伐我	十

七	八	定王元年徐廣曰癸酉左傳盡此皇甫謐曰貞定王元年癸亥十年壬申崩 索隱曰定王名介二十八年崩
七 慧星見	八	九
四十八。衛莊公飲大夫不解襪公怒即攻公公奔宋	四十九	五十
十九 王子英奔秦	二十	二十一
二十三	二十四	二十五
十一	十二	十三

二	三	四	五
十 庶長將兵拔魏城彗星見音義拔一作捕	十一	十二	十三
			知伯伐鄭駟桓子如齊求救
五十一	五十二	五十三	五十四 知伯謂簡子欲廢太
二十二 魯哀公卒索隱曰系本名蔣	二十三	二十四 魯悼公元年三桓勝魯如小侯索隱曰系本悼公名寧	二十五
二十六	二十七	二十八	燕孝公元年
十四	十五	十六	十七 救鄭晉師去中行文

	六	七	八
	十四	十五	十六 塹阿旁伐大荔補龐戲城
	鄭聲公卒 索隱曰聲公名勝獻公子也三十七年卒子哀公易立八年鄭殺哀公立聲公弟丑爲共公也	鄭哀公元年	
子襄子子襄子惄知伯	五十五	五十六	五十七
	二十六	二十七	二十八
	二	三	四
子謂田常乃今知以亡	十八	十九	二十

九	十	十一	十二
十七	十八	十九	二十 公將師與緜諸戰
五十八	五十九	六十	襄子元年 未除服登夏屋誘代王以金斗殺代王封伯魯子周爲代成君 索隱曰襄子名無恤後四年與韓魏敗智伯晉陽分其地始有三晉也
二十九	三十	三十一	三十二 蔡聲侯卒
五	六	七	八
二十一	二十二	二十三	二十四

十三	十四
二十一	二十二
晉哀公忌元年 正義曰表云晉出公錯十八年晉哀公忌二年晉懿公驕驕十七年而卒世本云昭公生桓子雝雝生忌忌生懿公驕世家云晉出公十七年晉哀公驕十八年而無懿公獲出公道死知伯乃立昭公曾孫驕爲晉君是爲哀公哀公大父雍晉昭公少子號戴子生忌忌善智伯早死故智伯欲并晉未敢乃立忌子驕爲君據三處不同未知孰是	衛悼公黚元年
二	三
三十三 蔡元侯元年	三十四
九	十
二十五	齊宣公就匜元年

六國表

	十五	十六	十七
	二十三	二十四	二十五 晉大夫知開率其邑人來奔
		魏桓子敗知伯于晉陽 索隱曰桓子名駒	
		韓康子敗知伯晉陽 索隱曰康子名虎	
	四 與智伯分范中行地	五 襄子敗知伯晉陽與魏韓三分其地	六
	三十五	三十六	三十七
	十一	十二	十三
本作積 索隱曰積平公子立五十一年子康公貸立	二	三	四

十八	十九	二十
二十六 左庶長城南鄭	二十七	二十八 越人來迎女
	衛敬公元年	
七	八	九
三十八	三十九 蔡侯齊元年	四十
十四	十五	燕成公元年
五 宋景公卒徐廣曰案左傳景公死至此九十九年 索隱曰系家景公元公子名頭曼已見十二諸侯表徐廣說誤景公立六十四年卒公子特殺太子自立號昭公與前昭公拼曰相去略九十年知徐誤	六 宋昭公元年	七

二十一	二十二	二十三	二十四	二十五	二十六
二十九 晉大夫知伯寬率其邑人來奔	三十	三十一	三十二	三十三 伐義渠虜其王	三十四 日蝕晝晦星見
十	十一	十二	十三	十四	十五
四十一	四十二 楚滅蔡	四十三	四十四 滅杞杞夏之後	四十五	四十六
二	三	四	五	六	七
八	九	十	十一	十二	十三

二十七	秦躁公元年			十六	四十七	八	十四
二十八	二 南鄭反			十七	四十八	九	十五
考王元年 徐廣曰辛丑	三			十八	四十九	十	十六
二	四			十九	五十	十一	十七
三	五			二十	五十一	十二	十八
四	六	晉幽公柳元年 服韓魏		二十一	五十二	十三	十九

五	六	七	八	九	十
七	八 六月雨雪 日月蝕	九	十	十一	十二
					衛昭公元年
二十二	二十三	二十四	二十五	二十六	二十七
五十三	五十四	五十五	五十六	五十七	楚簡王仲元年 滅莒
十四	十五	十六	燕湣公元年	二	三
二十	二十一	二十二	二十三	二十四	二十五

十一	十三 義渠伐秦侵至渭陽			二十八	二	四	二十六
十二	十四			二十九	三 魯悼公卒	五	二十七
十三	秦懷公元年 生靈公			三十	四 魯元公元年	六	二十八
十四	二			三十一	五	七	二十九
十五	三			三十二	六	八	三十
威烈王元年 徐廣曰丙辰 索隱曰名午 考王子	四 庶長鼂殺懷公太子蚤死大臣立太子之子爲靈公	衛悼公亹元年		三十三 襄子卒	七	九	三十一

二	三	四	五
秦靈公元年 生獻公	二	三 作上下時	四
魏文侯斯元年 索隱曰生武侯擊	二	三	四
韓武子元年 索隱曰生景侯處	二 鄭幽公元年韓殺之	三 鄭立幽公子為繻公元年	四
趙桓子元年 索隱曰桓子嘉襄子弟也元年卒明年國人共立襄子子獻侯晚	趙獻侯元年	二	三
八	九	十	十一
十	十一	十二	十三
三十二	三十三	三十四	三十五

六	七	八	九
五	六	七 與魏戰少梁	八 城塹河瀕初以君主妻河索隱曰謂初以此年取他女爲君主君主猶公主也妻河謂嫁之河伯故魏俗猶爲河伯取婦蓋其遺風殊異其事故云初
五 魏誅晉幽公立其弟止	六 晉烈公止元年魏滅少梁	七	八 復城少梁
五	六	七	八
四	五	六	七
十二	十三	十四	十五
十四	十五	十六	十七
三十六	三十七	三十八	三十九

十	十一	十二
九	十 補龐城城籍姑靈公卒立其季父悼子是為簡公 索隱曰按龐及籍姑皆城邑之名補者修也謂修龐而城籍姑也	秦簡公元年
九	十	十一 衛慎公元年
九	十一	十二
八	九	十 中山武公初立徐廣曰周定之孫西周桓公之子
十六	十七	十八
十八	十九	二十
四十	四十一	四十二

十三	十四	十五	十六	十七
二 與晉戰敗鄭下	三	四	五 日蝕	六 初令吏帶劍
十二	十三 公子擊圍繁龐出其民	十四	十五	十六 伐秦築臨晉九里
十二	十三	十四	十五	十六
十一	十二	十三 城平邑	十四	十五
十九	二十	二十一	二十二	二十三
二十一	二十二	二十三	二十四	二十五
四十三 伐晉敗黃城圍陽狐	四十四 伐魯莒及安陽	四十五 伐魯取都 徐廣曰世家云取一城	四十六	四十七

十八	十九	二十
七 塹洛城重泉初租禾	八	九
十七 擊宋中山伐秦至鄭還築洛陽徐廣曰一云擊宋中山置合陽世家云攻秦至鄭而還築合陽洛陽	十八 文侯受經子夏過段干木之閭常式	十九
韓景侯虔元年伐鄭取雍丘鄭城京	二 鄭敗韓于負黍	三
趙烈侯籍元年魏使太子伐中山	二	三
二十四 簡王卒	楚聲王當元年魯穆公元年	二
二十六	二十七	二十八
四十八 取魯郕	四十九 與鄭會于西城伐衛取毋	五十

二十一	二十二	二十三 九鼎震	二十四
十	十一	十二	十三
二十 卜相李克翟璜爭	二十一	二十二 初爲侯	二十三
四	五	六 初爲侯	七
四	五	六 初爲侯	七 列侯好音欲賜歌者田徐越侍以仁義乃止
三	四	五 魏韓趙始列爲諸侯	六 盜殺聲王
二十九	三十	三十一	燕釐公元年
五十一 田會以廩丘反	齊康公貸元年	二 宋悼公元年	三

安王元年 徐廣曰庚辰	二	三 王子定奔晉	四
十四 伐魏至陽孤	十五	秦惠公元年 索隱曰簡公子史無名	二
二十四 伐秦至陽孤	二十五 太子罃生	二十六 虢山崩壅河	二十七
八	九 鄭圍陽翟	韓列侯元年 索隱曰名取系本作武侯也	二 鄭殺其相駟子陽
八	九	趙武公元年	二
楚悼王類元年	二 三晉來伐我至桑丘	三 歸榆關于鄭	四 敗鄭師圍鄭鄭人殺子陽
二	三	四	五
四	五	六	七

五	六	七	八
三日蝕	四	五伐縣	六
二十八	二十九	三十	三十一
三鄭人殺君三月盜殺韓相俠累徐廣曰一作法其	四鄭相子陽之徒殺其君繻公	五鄭康公元年	六救魯鄭負黍反
三	四	五	六
五	六	七	八
六	七	八	九
八	九	十宋休公元年	十一伐魯取最

九	十	十一	十二
七	八	九 伐韓宜陽取六邑	十 與晉戰武城縣陝
三十二 伐鄭城酸棗	三十三 晉孝公傾元年	三十四	三十五 齊伐取襄陽
七	八	九 秦伐宜陽取六邑	十
七	八	九	十
九 韓伐我負黍	十	十一	十二
十	十一	十二	十三
十二	十三	十四	十五 魯敗我平陸

十三	十四	十五	十六
十一 太子生	十二	十三 蜀取我南鄭	秦出公元年 索隱曰惠公子
三十六 秦侵晉	三十七	三十八	魏武侯元年 襲邯鄲敗焉 索隱曰武侯名擊
十一	十二	十三	韓文侯元年
十一	十二	十三	趙敬侯元年 武公子朝作亂奔魏
十三	十四	十五	十六
十四	十五	十六	十七
十六 與晉衛會濁澤	十七	十八	十九 田常曾孫田和始列爲諸侯遷康公海上食一城 索隱曰和田常曾孫亦號太公

十七	十八	十九	二十
二 庶長改迎靈公太子立爲獻公誅出公	秦獻公元年 索隱曰名師隰靈公太子	二 城櫟陽	三 日蝕晝晦
二 城安邑王垣	三	四	五
二 伐鄭取陽城伐宋到彭城執宋君	三	四	五
二	三	四 魏敗我兔臺 索隱曰兔音去故反亦作菟	五
十七	十八	十九	二十
十八	十九	二十	二十一
二十 伐魯破之 田和卒	二十一 田和子桓公午立	二十二	二十三

二十一	四 孝公生	六	六	六	二十一	二十二	二十四
二十二	五	七 伐齊至桑丘	七 伐齊至桑丘鄭敗晉	七 伐齊至桑丘	楚肅王臧元年	二十三	二十五 伐燕取桑丘
二十三	六 初縣蒲藍田善明氏	八	八	八 襲衛不克	二	二十四	二十六 康公卒田氏遂并齊而有之太公望之後絕祀
二十四	七	九 翟敗我澮伐齊至靈丘	九 伐齊至靈丘	九 伐齊至靈丘	三	二十五	齊威王因齊元年 自田常至威王威王始以齊彊天下

二十五	二十六	烈王元年徐廣曰丙午	二	三
八	九	十 日蝕	十一 縣櫟陽	十二
十 晉靜公俱酒元年	十一 魏韓趙滅晉絕無後	十二	十三	十四
十	韓哀侯元年 分晉國	二 滅鄭康公二十一年滅無後	三	四
十	十一 分晉國	十二	趙成侯元年	二
四 蜀伐我茲方	五	六 魯共公元年	七	八
二十六	二十七	二十八	二十九	三十 敗齊林孤
二	三 三晉滅其君	四	五	六 魯伐入陽關晉伐到鱄陵 索隱曰劉氏鱄音篇兖反又音專

四	五	六 徐廣曰齊威王朝周
十三	十四	十五
十五 衛聲公元年敗趙北藺	十六 伐楚取魯陽	惠王元年
五	六 韓嚴殺其君	莊侯元年 索隱曰系家作佑懿侯系本無名
三 伐衛取都鄙七十三魏敗我藺	四	五 伐齊于甄魏敗我懷
九	十 魏取我魯陽	十一
燕桓公元年	二	三
七 宋辟公元年 索隱曰辟音璧辟公名辟兵生剔成按宋後微弱君薨未必有謚辟兵其名也猶剔成然也	八	九 趙伐我甄

七	顯王元年徐廣曰癸	二	三	四
十六 民大疫 日蝕	十七 櫟陽雨金 四月至八月	十八	十九 敗韓魏洛陽	二十
二 敗韓馬陵	三 齊伐我觀津	四	五 與韓會宅陽城武都	六 伐宋敗儀臺
二 魏敗我馬陵	三	四	五	六
六 魏敗涿澤圍惠王	七 侵齊至長城	八	九	十
楚宣王良夫元年	二	三	四	五
四	五	六	七	八
十 宋剔成元年	十一 伐魏取觀趙取我長城	十二	十三	十四

五 賀秦	六	七	八
二十一 章蟜徐廣曰一云車騎與晉戰石門天子賀徐廣曰一作阿斬首六萬	二十二	二十三 與魏戰少梁虜其太子	秦孝公元年 彗星見西方
七	八	九 與秦戰少梁虜我太子	十 取趙皮牢 衛成侯元年
七	八	九 魏敗我于澮大雨三月	十
十一	十二	十三 魏敗我于澮	十四
六	七	八	九
九	十	十一	燕文公元年
十五	十六	十七	十八

九 致胙于秦徐廣曰紀年東周惠公傑薨	十	十一	十二
二 天子致胙	三	四	五
十一	十二 星晝墮有聲	十三	十四 與趙會鄗
十一	十二	韓昭侯元年秦敗我西山	二 宋取我黃池魏取我朱
十五	十六	十七	十八 趙孟如齊
十	十一	十二	十三 君尹黑迎女秦
二	三	四	五
十九	二十	二十一 鄒忌以鼓琴見威王	二十二 封鄒忌為成侯

十三	十四	十五
六	七 與魏王會杜平	八 與魏戰元里斬首七千取少梁
十五 魯衛宋鄭侯來徐廣曰紀年二曰魯共侯來朝邯鄲成侯會燕成侯平安邑	十六 徐廣曰與秦孝公會杜平侵宋黃池宋復取之	十七 與秦戰元里秦取我少梁
三	四	五
十九 與燕會河與齊宋會平陸	二十	二十一 魏圍我邯鄲
十四	十五	十六
六	七	八
二十三 與趙會平陸	二十四 與魏會田於郊	二十五

十六	十七	十八	十九
九	十 衛公孫鞅為大良造伐安邑降之	十一 城商塞衛鞅圍固陽降之	十二 初取小邑為三十一縣令為田開阡陌
十八 邯鄲降齊日敗桂陵	十九 諸侯圍我襄陵築長城塞固陽	二十 歸趙邯鄲	二十一 與秦遇彤 索隱曰彤地名商君死彤地劉氏云阡陌道非也
六 伐東周取陵觀廩丘	七	八 申不害相	九
二十二 魏敗邯鄲	二十三	二十四 魏歸邯鄲與魏盟漳水上	二十五
十七	十八 魯康公元年	十九	二十
九	十	十一	十二
二十六 敗魏桂陵	二十七	二十八	二十九

二十	二十一	二十二	二十三
十三 初爲有秩史	十四 初爲賦	十五	十六
二十二	二十三	二十四	二十五
十 韓姬弑其君悼公 索隱曰姬一作玘同音怡韓之大夫姓名按韓無悼公未詳	十一 昭侯如秦	十二	十三
趙肅侯元年 索隱曰名語	二	三 公子范襲邯鄲不勝死	四
二十一	二十二	二十三	二十四
十三	十四	十五	十六
三十	三十一	三十二	三十三 殺其大夫牟辛

二十四	二十五 諸侯會	二十六 致伯秦	二十七	二十八
十七	十八	十九 城武城從東方牡丘來歸天子致伯	二十 諸侯畢賀會諸侯于澤朝天子徐廣曰紀年作逢澤	二十一
二十六	二十七 丹封名會丹魏大臣	二十八	二十九 中山君爲相	三十
十四	十五	十六	十七	十八
五	六	七	八	九
二十五	二十六	二十七 魯景公偃元年	二十八	二十九
十七	十八	十九	二十	二十一
三十四	三十五 田忌襲齊不勝	三十六	齊宣王辟彊元年	二

	二十九	三十
馬生人	二十二 封大良造商鞅	二十三 與晉戰岸門
齊虜我太子申殺將軍龐涓	三十一 秦商君伐我虜我公子卬	三十二 公子赫爲太子
	十九	二十
	十	十一
	三十	楚威王熊商元年
	二十二	二十三
敗魏馬陵田忌田嬰田盼將孫子爲師徐廣曰楚世家云田盼者齊之將而齊世家不說田盼或者爾時三人皆出征	三 與趙會伐魏	四

三十一	三十二	三十三 賀秦	三十四
二十四 秦太荔圍合陽孝公薨商君反死彤地	秦惠文王元年楚韓趙蜀人來	二 天子賀行錢宋太丘社亡	三 王冠拔韓宜陽
三十三 衛鞅亡歸我我恐弗内	三十四	三十五 孟子來王問利國對曰君不可言利	三十六
二十一	二十二 申不害卒	二十三	二十四 秦拔我宜陽
十二	十三	十四	十五
二	三	四	五
二十四	二十五	二十六	二十七
五	六	七 與魏會平河南	八 與魏會於甄

三十五	四 天子致文武胙魏夫人來	魏襄王元年與諸侯會徐州以相王	二十五 旱作高門屈宜臼曰昭侯不出此門	十六	六	二十八 蘇秦說燕	九 與魏會徐州諸侯相王
三十六	五 陰晉人犀首爲大良造	二 秦敗我彫陰	二十六 高門成昭侯卒不出此門	十七	七 圍齊於徐州	二十九	十 楚圍我徐州
三十七	六 魏以陰晉爲和命曰寧秦徐廣曰今之華陰	三 伐趙衛平侯元年	韓宣惠王元年	十八 齊魏伐我我決河水浸之	八	燕易王元年	十一 與魏伐趙
三十八	七 義渠內亂庶長操將兵定之	四	二	十九	九	二	十二

三十九	四十	四十一	四十二
八 魏入少梁河西地于秦	九 度河取汾陰皮氏圍焦降之與魏會應	十 張儀相公子桑圍蒲陽降之魏納上郡	十一 義渠君爲臣歸魏焦曲沃
五 與秦河西地少梁秦圍我焦曲沃	六 與秦會應秦取汾陰皮氏	七 入上郡于秦	八 秦歸我焦曲沃
三	四	五	六
二十	二十一	二十二	二十三
十	十一 魏敗我陘山	楚懷王槐元年	二
三	四	五	六
十三	十四	十五 宋君偃元年	十六

	四十三	四十四	四十五	四十六
	十二 初臘會龍門	十三 四月戊午魏君爲王	相張儀將兵取陝初更元年	二 相張儀與齊楚會齧桑
	九	十	十一 衛嗣君元年	十二
	七	八 魏敗我韓舉	九	十 君爲王
	二十四	趙武靈王元年 魏敗我趙護	二 城鄗	三
	三	四	五	六 敗魏襄陵
	七	八	九	十 君爲王
	十七	十八	十九	齊湣王元年

四十七	四十八	慎靚王元年 徐廣曰辛丑	二
三 張儀免相相魏	四	五 王北遊戎地至河上	六
十三 秦取曲沃平周女化為丈夫	十四	十五	十六
十一	十二	十三	十四 秦來擊我取鄢
四 韓會區鼠	五 取韓女為夫人	六	七
七	八	九	十 城廣陵
十一	十二	燕噲王元年	二
二	三 封田嬰於薛	四 迎婦于秦	五

六國表

三	四	五	六
七 五國共擊秦不勝而還	八 與韓趙戰斬首八萬張儀復相	九 擊蜀滅之取趙中都西陽安邑	十
魏哀王元年 擊秦不勝	二 齊敗我觀津	三	四
十五 擊秦不勝	十六 秦敗我脩魚得韓將軍申差	十七	十八
八 擊秦不勝	九 與韓魏擊秦齊敗我觀澤	十 秦取我中都西陽安邑	十一 秦敗我將軍英
十一 擊秦不勝	十二	十三	十四
三 擊秦不勝	四	五 君讓其臣子之國顧為臣	六
六	七 敗魏趙觀澤	八	九

周赧王元年 徐廣曰丁未 索隱曰赧音泥簡反宋衷曰赧謚也皇甫謐云名誕也	二
十一 侵義渠得二十五城	十二 樗里子擊藺陽虜趙將公子繇通封蜀 索隱曰繇音由秦之公子
五 秦拔我曲沃歸其人走犀首岸門	六 秦來立公子政爲太子與秦王會臨晉
十九	二十
十二 徐廣曰紀年云立燕公子職	十三 秦拔我藺虜將趙莊
十五 魯平公元年	十六 張儀來相
七 君及太子噲子之皆死	八
十	十一

三	四	五
十三 庶長章擊楚斬首八萬	十四 蜀相殺蜀侯	秦武王元年誅蜀相壯張儀魏章皆死於魏
七 擊齊虜声子於濮與秦擊燕	八 圍衛	九 與秦會臨晋
二十一 秦助我攻楚圍景座	韓襄王元年	二
十四	十五	十六 吴廣入女生子阿立爲惠王后
十七 秦敗我將屈丐 索隱曰匄音蓋楚大夫	十八	十九
九 燕人共立公子平	燕昭王元年	二
十一	十三	十四

六	七	八	九
二 初置丞相樗里子甘茂爲丞相	三	四 拔宜陽城斬首六萬涉河城武遂	秦昭王元年
十 張儀死	十一 與秦會應徐廣曰在潁川大城	十二 太子往朝秦	十三 秦擊皮氏未拔而解
三	四 與秦會臨晉秦擊我宜陽	五 秦拔我宜陽斬首六萬	六 秦復與我武遂
十七	十八	十九 初胡服	二十
二十	二十一	二十二	二十三
三	四	五	六
十五	十六	十七	十八

十	十一	十二	十三
二 彗星見桑君爲亂誅	三	四 彗星見	五
十四 秦武王后來歸	十五	十六 秦拔我蒲坂晋陽封陵	十七 與秦會臨晋復我蒲坂
七	八	九 秦取武遂	十 太子嬰與秦王會臨晋因至咸陽而歸
二十一	二十二	二十三	二十四
二十四 秦來迎婦	二十五 與秦王會黄棘秦復歸我上庸	二十六 太子質秦	二十七
七	八	九	十
十九	二十	二十一	二十二

十四	十五	十六	十七
六 蜀反司馬錯往誅蜀守煇定蜀日蝕晝晦伐楚	七 樗里疾卒擊楚斬首三萬魏冄爲相	八 楚王來因留之	九
十八 與秦擊楚	十九	二十 與齊王會於韓	二十一 與齊魏共
十一 秦取我穰與秦擊楚	十二	十三 齊魏王來立咎爲太子	十四 與齊魏
二十五 趙攻中山惠后卒	二十六	二十七	趙惠文王元年
二十八 秦韓魏齊敗我將軍唐眜於重丘	二十九 秦取我襄城殺景缺	三十 王入秦秦取我八城	楚頃襄王元年
十二	十二	十三	十四
二十三 與秦擊楚公子將大有功	二十四 秦使涇陽君來爲質	二十五 涇陽君復歸秦薛文入相秦	二十六 與魏韓共

六國表

	十八	十九	二十
	十 楚懷王亡之趙趙弗內	十一 彗星見復與魏封陵	十二 樓緩免穰侯魏冉爲丞相
擊秦於函谷河渭絕一日	二十二	二十三	魏昭王元年秦尉錯來擊我襄城
共擊秦	十五	十六 與齊魏擊秦秦與我武遂和	韓釐王咎元年
以公子勝爲相封平原君	二 楚懷王亡來弗內	三	四 圍殺主父與齊燕共滅中山
秦敗我十六城	二	三 懷王卒於秦來歸葬	四 魯文侯元年徐廣曰一作湣
	十五	十六	十七
擊秦孟嘗歸相齊	二十七	二十八	二十九 佐趙滅中山

二十一	十三 任鄙爲漢中守	二 與秦戰解不利	二	五	五	十八	三十 田甲劫王相薛文走
二十二	十四 白起擊伊闕斬首二十四万	三 佐韓擊秦秦敗我兵伊闕	三 秦敗我伊闕二十四萬虜將喜	六	六	十九	三十一
二十三	十五 魏冄免相	四	四	七 迎婦秦	七	二十	三十二
二十四	十六	五	五 秦拔我宛城	八	八	二十一	三十三
二十五	十七 魏入河東四百里	六 芒卯以詐見重	六 與秦武遂地方二百里	九	九	二十二	三十四

Column 1	Column 2	Column 3	Column 4
二十六	二十七	二十八	二十九
十八 客卿錯擊魏至軹取城大小六十一	十九 十月爲帝十二月復爲王任鄙卒	二十	二十一 魏納安邑及河內
七 秦擊我取城大小六十一	八	九 秦拔我新垣曲陽之城	十 宋王死我温
七	八	九	十 秦敗我兵夏山
十	十一 秦拔我桂陽徐廣曰一作梗	十二	十三
十	十一	十二	十三
二十三	二十四	二十五	二十六
三十五	三十六 爲東帝二月復爲王	三十七	三十八 齊滅宋

三十	三十一	三十二	三十三
二十二 蒙武擊齊	二十三 尉斯離與韓魏燕趙共擊齊破之	二十四	二十五
十一	十二 與秦擊齊濟西與秦王會西周	十三 秦拔我安城兵至大梁而還	十四 大水衛懷君元年
十一	十二 與秦擊齊濟西與秦王會西周	十三	十四 與秦會兩周間
十四 與秦會中陽	十五 取齊淮北	十六 與秦王會穰	十七 秦拔我兩城
十四 與秦會宛	十五 取齊淮北	十六	十七
二十七	二十八 與秦三晉擊齊燕獨入至臨菑取其寶器	二十九	三十
三十九 秦拔我列城九	四十 五國共擊湣王王走莒	齊襄王法章元年	二

三十四	三十五	三十六	三十七
二十六 魏冉復為丞相	二十七 擊趙斬首二萬 地動壞城	二十八	二十九 白起擊楚拔郢更東至竟陵以為南郡
十五	十六	十七	十八
十五	十六	十七	十八
十八 秦拔我石城	十九 秦敗我軍斬首三萬	二十 與秦會黽池藺相如從	二十一
十八	十九 秦擊我與秦漢及上庸地	二十 秦拔鄢西陵	二十一 秦拔我郢燒夷陵王亡走陳
三十一	三十二	三十三	燕惠王元年
三	四	五 殺燕騎劫	六

六國表

三十八	三十九	四十
三十 白起封爲武安君	三十一	三十二
十九	魏安釐王元年 秦拔我南城封弟公子無忌爲信陵君	二 秦拔我兩城軍大梁城韓來救與秦溫以和
十九	二十	二十一 暴鳶救魏爲秦所敗走開封
二十二	二十三	二十四
二十二 秦拔我巫黔中	二十三 秦所拔我江旁反秦	二十四
二	三	四
七	八	九

四十一	四十二	四十三	四十四
三十三	三十四白起擊魏華陽軍芒卯走得三晉將斬首十五萬	三十五	三十六
三秦拔我四城斬首四萬	四與秦南陽以和	五擊燕	六
二十二	二十三	韓桓惠王元年	二
二十五	二十六	二十七	二十八藺相如攻齊至平邑
二十五	二十六	二十七擊燕魯頃公元年	二十八
五	六	七	燕武成王元年
十	十一	十二	十三

四十五	四十六	四十七	四十八
三十七	三十八	三十九	四十 太子質於魏者死歸葬芷陽
七	八	九 秦拔我懷城	十
三	四	五	六
二十九 秦拔我閼與趙奢將擊秦大敗之賜號曰馬服	三十 秦擊我閼與城不拔	三十一	三十二
二十九	三十	三十一	三十二
二	三	四	五
十四 秦楚擊我剛壽	十五	十六	十七

四十九	五十	五十一	五十二
四十一	四十二 宣太后薨 安國君爲太子	四十三	四十四 秦攻韓取南陽徐廣曰一作郡
十一 秦拔我廩丘徐廣曰或作邢丘	十二	十三	十四
七	八	九 秦拔我城汾旁	十 秦擊我太行
三十二	趙孝成王元年 秦拔我三城 平原君相	二	三
三十三	三十四	三十五	三十六
六	七 齊田單拔中陽	八	九
十八	十九	齊王建元年	二

五十三	五十四	五十五	五十六	五十七
四十五 秦攻韓取十城	四十六 王之南鄭	四十七 白起殺趙長平殺卒四十五萬	四十八	四十九
十五	十六	十七	十八	十九
十一	十二	十三	十四	十五
四	五 使廉頗距秦於長平	六 使趙括代廉頗將白起破括四十五萬	七	八
楚考烈王元年 秦取我州 黃歇爲相	二	三	四	五
十	十一	十二	十三	十四
三	四	五	六	七

五十八	五十九		
五十 王齕鄭安平圍邯鄲及齕還軍拔新中	五十一 徐廣曰乙巳赧王卒	五十二 取西周王 徐廣曰丙午王稽棄市	五十三
二十 公子無忌救邯鄲秦兵解去	二十一 韓魏楚救趙新中秦兵罷	二十二	二十三
十六	十七	十八	十九
九 秦圍我邯鄲楚魏救我	十	十一	十二
六 春申君救趙	七 救趙新中	八 取魯魯君封於莒	九
燕孝王元年	二	三	燕王喜元年
八	九	十	十一

五十四	五十五	五十六	秦孝文王元年 徐廣曰辛亥文王后曰華陽后生莊襄王子楚母曰夏太后
二十四	二十五 衛元君元年	二十六	二十七
二十	二十一	二十二	二十三
十三	十四	十五 平原君卒	十六
十 徙於鉅陽	十一	十二 柱國景伯死	十二
二	三	四 伐趙趙破我軍殺栗腹索隱曰人姓字燕相	五
十二	十三	十四	十五

秦莊襄王楚元年徐廣曰王子蒙驁取城皋滎陽元年初置三川郡呂不韋相取東西周	蒙驁擊趙榆次新城狼孟得三十七城日蝕	王齕徐廣曰一作齮擊上黨初置太原郡魏公子無忌率五國卻我軍河外蒙驁解去
二十八	二十九	三十無忌率五國兵敗秦軍河外
二十四秦拔我城皋滎陽	二十五	二十六秦拔我上黨
十七	十八	十九
十四楚滅魯頃公遷下邑爲家人絕祀	十五春申君徙封於吳	十六
六	七	八
十六	十七	十八

始皇帝元年 徐廣曰乙卯 擊取晉陽作鄭國渠	三十一	二十七	二十 秦敗我晉陽	十七	九	十九
二	三十二	二十八	二十一	十八	十	二十
三 蒙驁擊韓取十二城王齮死	三十三	二十九 秦拔我十二城	趙悼襄王偃元年	十九	十一	二十一
四 七月蝗蔽天下百姓納粟千石拜爵一級	三十四 信陵君死	三十	二 太子從質秦歸	二十	十二 趙拔我武遂方城	二十二

五 蒙驁取燕酸棗二十城初置東郡	六 五國共擊秦	七 彗星見北方西方夏太后薨蒙驁死	八 嫪毐封長信侯
魏景湣王元年 秦拔我二十城	二 秦拔我朝歌衛從濮陽徙野王	三 秦拔我汲	四
三十一	三十二	三十三	三十四
三 趙相魏相會柯盟	四	五	六
二十一	二十二 王東徙壽春命曰郢	二十三	二十四
十三 劇辛死於趙	十四	十五	十六
二十三	二十四	二十五	二十六

九 彗星見竟天嫪毒為亂迁其舍人于蜀彗星復見	十 相國呂不韋免齊趙來置酒太后入咸陽太索	十一 呂不韋之河南王翦擊鄴閼與取九城
五	六	七
韓王安元年	二	三
七	八 入秦置酒	九 秦拔我閼與鄴取九城
二十五 李園殺春申君	楚幽王悼元年	二
十七	十八	十九
二十七	二十八 入秦置酒	二十九

十二 發四郡兵助魏擊楚呂不韋卒復嫪毐舍人遷蜀者	十三 桓齮擊平陽殺趙扈輒斬首十萬因東擊趙王之河南彗星見	十四 桓齮定平陽武城宜安韓使非來我殺非韓王請為臣
八 秦助我擊楚	九	十
四	五	六
趙王遷元年 徐廣曰幽愍元年	二 秦拔我平陽敗扈輒斬首十萬○索隱曰扈輒人姓字趙將漢別有扈輒也	三 秦拔我宜安
三 秦魏擊我	四	五
二十	二十一	二十二
三十	三十一	三十二

十五 興軍至鄴軍至太原取狼孟	十六 置麗邑發卒受韓南陽地	十七 內史勝擊得韓王安盡取其地置潁川郡華陽太后薨	十八
十一	十二 獻城秦	十三	十四 衛君角元年
七	八 秦來受地	九 秦虜王安	秦滅韓
四 秦拔我狼孟鄱吾軍鄴○索隱曰鄱音婆又音盤鄱縣各在常山	五 地大動	六	七
六	七	八	九
二十三 太子丹質於秦亡來歸	二十四	二十五	二十六
三十三	三十四	三十五	三十六

十九 王翦拔趙虜王迁之邯鄲 帝太后薨	二十 燕太子使荊軻刺王覺之 王翦將擊燕	二十一	二十二 王賁擊魏得其王假盡取其地
十五	魏王假元年	二	三 秦虜王假
八 秦王翦虜王迁邯鄲公子嘉自立爲代王	代王嘉元年	二	三
十 幽王卒弟郝立爲哀王三月負芻殺哀王	楚王負芻元年 負芻哀王庶兄	二 秦大破我取十城	三
二十七	二十八 太子丹使荊軻刺秦王秦伐我	二十九 秦拔我薊得太子丹徙王遼東	三十
三十七	三十八	三十九	四十

二十三 王翦蒙武擊破楚軍殺其將項燕			四	四 秦破我將項燕	三十一	四十一
二十四 王翦蒙武破楚虜其王負芻			五	五 秦虜王負芻	三十二	四十二
二十五 王賁擊燕虜王喜又擊得代王嘉五月天下大酺			六 秦將王賁虜王嘉秦滅趙	秦滅楚	三十三 秦虜王喜拔遼東	四十三
二十六 王賁擊齊虜[illegible]					秦滅燕	四十四

王賁[illegible]併天下立為皇帝

二十七 更命河為德水為金人十二命民曰黔首同天下書分為三十六郡

秦虜王建

秦滅

二十八 為阿房宮之衡山治馳道帝之琅邪道南郡入為太極廟賜戶三十爵一級

二十九 郡縣大索十日帝之琅邪道上黨入

三十

三十一　更命臘曰嘉平賜黔首里六石米二羊以嘉平大索二十日

三十二　帝之碣石道上郡入

三十三　遣諸逋亡及賈人贅壻略取陸梁為桂林南海象郡以適戍西北戎為四十四縣徐廣曰一云四十[illegible]是也又云二十四縣築長城河上蒙恬將三十萬

三十四　適治獄吏不直者築長城及南方越地覆獄故失

三十五　為直道道九原通甘泉

三十六　徙民於北河榆中耐徙三處徐廣曰一作家拜爵一級石畫下東郡有文言地分

三十七	十月帝之會稽琅邪還至沙丘崩子胡亥立爲二世皇帝殺蒙恬道九原入復行錢
二世元年	十月戊寅大赦罪人十一月爲兎園十二月就阿房宮其九月郡縣皆反楚兵至戲章邯擊卻之出衛君角爲庶人
二	將軍章邯長史司馬欣都尉董翳追楚兵至河誅丞相斯去疾將軍馮劫
三	趙高反二世自殺高立二世兄子嬰子嬰立刺殺高夷三族諸侯入秦嬰降爲項羽所殺尋誅羽天下屬漢

索隱述贊曰春秋之後王室益卑楚蠻南服秦霸西垂三卿分晉八代興嬀遞主盟

會亡爲雄雌二周前滅六國後隳壯哉嬴
氏吞并若斯

六國表第三　　史記十五

史記年表 二十

秦楚之際月表第四

索隱曰張晏云時天下未定參錯變易不可以年記故列其月今案秦楚之際擾攘僭篡運數又促故以月紀事而名表也

太史公讀秦楚之際曰初作難發於陳涉虐戾滅秦自項氏撥亂誅暴平定海內卒踐帝祚成於漢家五年之間號令三嬗音善○索隱曰古禪字音市戰反三嬗謂陳涉項氏漢高祖也自生民以來未始有受命若斯之亟也索隱曰音己力反亟訓急也昔虞夏之興積善累功數十年德洽百姓攝行政事考之于天韋昭曰謂舜禹受禪在璇璣玉衡以齊七政然後在位湯武之王乃由契后稷修仁行義十餘世

不期而會孟津八百諸侯猶以爲未可其後乃放弒〔索隱曰桀謂湯放桀武王討紂也〕秦起襄公章於文繆獻孝之後稍以蠶食六國百有餘載至始皇乃能并冠帶之倫以德若彼〔索隱曰即契后稷及秦襄公文公穆公也〕用力如此〔索隱曰謂湯武及始皇也〕蓋一統若斯之難也秦既稱帝患兵革不休以有諸侯也於是無尺土之封墮壞名城銷鋒鏑〔徐廣曰一作鍉○索隱曰鏑音的注鍉字亦音的案秦銷鋒鏑作金人十二以弱天下之兵也〕鉏豪桀維萬世之安〔索隱曰維訓度謂計度令萬代安也〕然王跡之興起於閭巷合從討伐軼於三代鄉秦之禁適足以資賢者爲驅除難耳〔索隱曰鄉音向許亮反謂秦前時之禁兵及不封樹諸侯〕

適足以資後之賢者即高帝也言爲之驅除患難也故憤發其所爲天下雄索隱曰指漢高祖安在無土不王白虎通曰聖人無土不王使舜不遭堯當如夫子老於闕里也此乃傳之所謂大聖乎索隱曰高祖起布衣卒傳之天位實所謂大聖豈非天哉豈非天哉非大聖孰能當此受命而帝者乎

秦 二世元年。徐廣曰壬辰。○正義曰七月陳涉起陳，八月武臣起趙，九月項梁起吳，田儋起齊，沛公初起，韓廣起燕，十二月魏咎起魏，陳王立之。三年六月韓成起韓，項梁立之也。

楚

項

趙

齊

漢

燕

魏

韓

七月	八月
楚隱王陳涉起兵入秦。索隱曰涉起凡六月盡二世元年十二月也	二 葛嬰爲涉徇九江立襄彊爲楚王。索隱曰涉之二月也
	武臣始至邯鄲自立爲趙王始。索隱曰凡四月爲李良所殺當二世元年八月也

秦楚之際月表

	九月	二年十月
	九月 楚兵至戲	二年 十月
	三 周文兵至戲敗而陳嬰聞涉王即殺彊	四 誅葛嬰
	項梁號武信君。索隱曰二世元年九月立至二年九月章邯殺梁於定陶	二
	二	三
	齊王田儋始儋狄人諸田宗彊從弟榮弟橫。索隱曰至二世二年六月章邯殺儋	二 儋之起殺狄令自王
	沛公初起。索隱曰凡十四月懷王封沛公爲武安侯將碭郡兵	二 擊胡陵方與破秦監軍
	韓廣爲趙略地至薊自立爲燕王始。索隱曰項羽後分燕爲二臧荼爲燕王廣爲遼東王後韓信殺廣	二
	魏王咎始咎在陳不得歸國徐廣曰魏咎曹咎皆作咎音臼。索隱曰至二世二年六月咎自殺	二

十一月	十二月
五 周文死	六 陳涉死
三	四
四 李良殺武臣張耳陳餘走	五
三	四
三 殺泗水守徐廣曰泗水屬東海拔薛西周市東略地豐沛閒	四 雍齒叛沛公以豐降魏沛公還攻豐不能下
三	四
三 齊趙共立周市市不肯曰必立魏咎云	四 咎自陳歸立陳涉死

端月 索隱曰二世二年正月也秦諱正謂之端	二月
楚王景駒始秦嘉立之。索隱曰八月項梁殺之	二 嘉為上將軍
五 涉將召平矯拜項梁為楚柱國急西擊秦	六 梁渡江陳嬰黥布皆屬
趙王歇始立張耳陳餘立之。索隱曰項羽立為代王後漢滅歇立張耳	二
五 讓景駒以擅自王不請我	六 景駒使公孫慶讓齊誅慶
五 沛公聞景駒王在留往從與擊秦軍碭西徐廣曰一作蕭	六 攻下碭收得兵六千與故凡九千人
五	六
五 章邯已破涉圍咎臨濟	六

三月	四月
三	四 梁擊救景駒秦嘉遂入薛兵十餘萬衆
七	八
三	四
七	八
七 攻拔下邑遂擊豐豐不拔聞項梁兵衆往請擊豐	八 沛公如薛見項梁梁益沛公卒五千擊豐拔之
七	八
七	八 臨濟急周市如齊楚請救

五月	六月
五	楚懷王始都盱台。故懷王孫梁立之。索隱曰懷王孫名心也項梁與諸侯尊爲義帝[illegible]殺之
九	十 梁求楚懷王孫得之民間立爲楚王
五	六
九	十 儋救臨濟章邯殺田儋榮走東阿
九 雍齒奔魏	十 沛公如薛共立楚懷王
九	十
九	十 咎自殺臨濟降秦
	韓王成韓始。索隱曰項羽更王之不使就封數月殺之立鄭昌爲韓王降漢漢封韓信爲王

七月	八月
二 陳嬰爲柱國	三
十一 天大雨三月不見星	十二 救東阿破秦軍乘勝至定陶項梁有驕色
七	八
十一 齊立田假爲王秦急圍榮東阿	十二 楚救榮得解歸逐田假立儋子市爲齊王始
十一 沛公與項羽北救東阿破秦軍濮陽東屠城陽	十二 沛公與項羽西略地斬三川守李由於雍丘
十一	十二
十一 咎弟豹走東阿	十二
二	三

九月	後九月 徐廣曰應閏建酉
四 從都彭城	五 拜宋義為上將軍
十三 章邯破殺項梁於定陶項羽恐還軍彭城	懷王封項羽於魯為次將屬宋義北救趙
九	十 秦軍圍歇鉅鹿陳餘出收兵
二 田假走楚楚趣齊救趙田榮以假故不肯	三 齊救假乃出兵項羽怒田榮
十三 沛公聞項梁死還軍從懷王軍於碭	十四 懷王封沛公為武安侯將碭郡兵西約先至咸陽王之
十三	十四
魏豹自立為魏王都平陽始	二
四	五

三年十月	十一月	十二月
六	七 拜籍上將軍	八
二	三 羽矯殺宋義，將其兵渡河救鉅鹿	四 大破秦軍鉅鹿下，諸侯將皆屬項羽
十一 章邯破邯鄲，徙其民於河內	十二	十三 楚救至，秦圍解
四 齊將田都叛榮，往助項羽救趙	五	六 故齊王建孫田安下濟北，從項羽救趙
十五 攻破東郡尉及王離軍於成武南	十六	十七 救趙，至栗，得皇訢、武蒲軍，與秦軍戰，破之
十五 使將臧荼救趙	十六	十七
三	四	五 豹救趙
六 從項羽略入關	七	八 分魏為殷國

端月	二月	三月
九	十	十一
五 虜秦將王離	六 攻破章邯章邯軍却	七
十四 張耳怒陳餘弃將印去	十五	十六
七 項羽田榮入分齊為二國	八	九
十八	十九 得彭越軍昌邑襲陳留用酈食其策軍得積粟	二十 攻開封破秦將楊熊熊走滎陽秦斬熊以徇
十八	十九	二十
六	七	八 入分韓為河南國
九	十	十一

月	五月
十二	二年一月
八 趙急攻章邯章邯恐使長史欣歸秦請兵趙高讓之	九 趙高欲誅欣欣恐亡走告章邯謀叛秦
七	十八
十	十一
二十一 攻潁陽略韓地北絕河津	二十二
二十一	二十二
九	二十
十二	十二

六月	七月
二	三
十 章邯與楚約降，未定，項羽許而擊之	十一 項羽與章邯期殷虛，章邯等已降，與盟，以邯為雍
十九 張耳從楚西入秦	二十
十二	十三
二十三 攻南陽守齮，破之陽城郭東。徐廣曰陽城在南陽	二十四 降下南陽，封其守齮
二十三	二十四
十一	十二
十四	十五 申陽下河南，降楚

八月	九月
八月 趙高殺二世	九月 子嬰爲王徐廣曰歲在乙未
四	五
十二 以秦降都尉翳長史欣爲上將將秦降軍	十三
二十一 趙王歇留國陳餘云居南皮	二十二
十四	十五
二十五 攻武關破之	二十六 攻下嶢及藍田以留侯策不戰皆降
二十五	二十六
十三	十四
十六	十七

秦楚之際月表

十月	十一月
六	七
十四　項羽將諸侯兵四十餘萬行略地西至於河南	十五　羽詐坑殺秦降卒二十萬人於新安
二十三　張耳從楚西入秦	二十四
十六	十七
二十七　漢元年秦王子嬰降沛公入破咸陽平秦還軍霸上待諸侯約	二十八　沛公出令三軍秦民大悅
二十七	二十八
十五　從項羽略地遂入關	十六
十八	十九

十二月	
八	
十六	至關中，誅秦王子嬰，屠燒咸陽，分天下，立諸侯。
二十五	分趙為代國。
十八	項羽怨榮，殺之。分齊為三國。索隱曰臨淄、濟北、膠東。
二十九	與項羽有郄，見之戲下，講解。羽倍約，分關中為四國。索隱曰漢、雍、塞、翟。
二十九	臧荼從入。分燕為二國。索隱曰燕、遼東也。
十七	分魏為殷國。
三十	分韓為河南國。

義帝元年	
九	諸侯尊懷王為義帝
十七	項籍自立為西楚霸王
分楚為四	分為衡山
	分為臨江
	分為九江
二十七	更名為常山
	分為代
十九	更名為臨菑
	分為濟北
	分為膠東
正月	分關中為漢
	分關中為雍
	分關中為塞
	分關中為翟
三十	燕
	分為遼東
十八	更為西魏
	分為殷
二十一	韓
	分為河南

二徙都江南郴

西楚主伯項籍始爲天下主命立十八王

索隱曰高祖及十八諸侯受封之月漢書

王吳芮始故番君

王共敖始故楚柱國

王英布始故楚將

王張耳始故楚將。索隱曰故趙相

二十七王趙歇始故趙王

王田都始故齊將

王田安始故齊將

二十王田市始故齊王

二月漢王始故沛公

王章邯始故秦將

王司馬欣始故秦將。索隱曰故秦長史

王董翳始故秦將。索隱曰故秦都尉

王臧荼始故燕將

三十一王韓廣始故燕王

十九王魏豹始故魏王

王司馬卬始故趙將

二十二王韓成始故韓將。索隱曰故韓

王申陽始故楚將

異姓王表云一月應劭云諸侯王始受封

王

之月十八王同時稱一月以非元正故云

秦楚之際月表

一月高祖十月至霸上改元至此月漢四

	三
	二都彭城
月也	二都江都。索隱曰漢表云二月應
	二都郴
	二都江陵
	二都六
	二都襄國
	二十八都代
	二都臨菑
	二都博陽
	二十一都即墨
	三月都南鄭
	二都廢丘
	二都櫟陽
	二都高奴
	二都薊
	二十三都無終
	二十都平陽。索隱曰後從漢又叛
	二都朝歌
	二十三都陽翟。索隱曰姚氏云
	二都洛陽

劭云諸侯王始都國之月十八王同時稱

韓信虜之漢四年周苛殺豹也

韓成是項梁所立不與十七國封此云十

二月

八王並項羽所命不細區別又高紀云項

羽與成至彭城廢爲侯又殺之是不令就

國當以陽翟爲都而不之其所封國也

秦楚之際月表

四
三諸侯罷戲下皆之國
三
三
三
三
三
三十九索隱曰趙歇前為趙王巳二十六
三
三
二十二
四月
三
三
三
三
三十三
二十一
三
二十四
三

月令徙王代之二月故云二十九月其曆

東市之前爲齊王十九韓廣魏豹韓成五

人並先爲王已經多月故因舊月而數

五	六
四	五
四	五
四	五
四	五
四	五
三十	三十一
四田榮擊都都降楚	五齊王田榮始故齊相
四	五
二十三	二十四田榮擊殺市
五月	六月
四	五
四	五
四	五
四	五
三十四	三十五
二十二	二十三
四	五
二十五	二十六
四	五

七	八
六	七
六	七
六	七
六	七
六	七
三十二	三十三
二	三
六田榮擊殺安	七屬齊
屬齊	
七月	八月
六	七邯守廢丘漢圍之
六	七欣降漢國除
六	七翳降漢國除
六	七
三十六	三十七臧荼擊殺廣無
二十四	二十五
六	七
二十七項羽誅成	二十八韓王鄭昌始項
六	七

秦楚之際月表

	九	十項羽滅義帝
	八	九
	八	九
	八	九
	八	九
	八	九耳降漢
	三十四	三十五歇後王
	四	五
	九月	十月王至陝徐
	八	九
	屬漢爲河南上郡	
	屬漢爲上郡	
	八	九
終滅之	屬燕	
	二十六	二十七
	八	九
王立之	二	三
	八	九

索隱曰羽使九江王布殺之漢王爲舉哀

趙

廣曰弘農陝縣

秦楚之際月表

十	十一
十	十一
十	十一
十	十一
	歇以陳餘爲代王
三十六代王歇還王趙	三十七
六	七
十一月	十二月
十漢拔我隴西	十一
十	十一
二十八	二十九
十	十一
韓王信始漢立之	二
屬漢爲河南郡	

	十二
	十二
	十二
	十二
號成安君	二
	三十八
	八項籍擊榮走平原平原民殺之
	正月
	十二漢拔我北城
	十二
	三十
	十二
	三

秦楚之際月表

二年一月	二
二年一月	二
十三	十四
二年一月	二
三	四
三十九	四十
項籍立故齊王田假為齊王	二田榮弟橫
二月	三月王擊劉
二年一月	二
二年一月	二
三十一	三十二降漢
十三	十四降漢印
四	五

三項羽以兵三
三
十五
三
五
四十一
反城陽擊假走楚殺假
三齊王田廣始
四月王伐楚至
三
三
為廢王
三十三從漢伐
廢
為河內郡屬漢
六從漢伐楚

萬破漢兵五十六萬 | 四

四

十六

四

六

四十二

廣榮子橫立之 | 二

彭城懷定 | 五月王走榮陽

四

四

楚 | 三十四豹歸叛漢

七

五	六
五	六
十七	十八
五	六
七	八
四十三	四十四
三	四
六月王入關立太子復如滎陽	七月
五漢殺邯廢丘	屬漢為隴
五	六
三十五	三十六
八	九

	七	八
	七	八
	十九	二十
	七	八
	九	十
	四十五	四十六
	五	六
	八月	九月
西北屯戍地郡		
	七	八
	三十七	三十八漢將韓信
	十	十一

九	十
九	十
二十一	二十二
九	十
十一	十二漢將
四十七	四十八漢
七	八
後九月徐廣曰應閏建巳	二年十月
九	十
豹歸漢爲河東上黨郡	
	二年一月

	十一	十二
	十一	十二
	二十三	二十四
	十一	十二布身降漢
韓信斬陳餘	十三	屬漢為太原郡
滅歇立張耳	屬漢為郡	
	九	十
	十一月	十二月
	十一	十二
	二	三

三年一月	二	三	四
三年一月	二	三	四
二十五	二十六	二十七	二十八
地屬項籍			
十一	十二	十三	十四
正月	二月	三月	四月楚圍王
三年一月	二	三	四
四	五	六	七

	五	六	七
	五	六	七
	二十九	三十	三十一王敖甍
	十五	十六	十七
滎陽	五月	六月	王出滎陽徐廣曰項羽
	五	六	七
	八	九	十

	八
	八
	臨江王驩始敖子
	十八
高紀七月出滎陽	八月周苛樅公殺魏豹
	八
	十一

九	十	十一漢將韓信破殺龍且
九	十	十一
	三	四
		趙王張耳始漢立之
十九	二十	二十一漢將韓信擊殺廣
九月	四年十月	十一月
九	十	十一
十二	三年一月	二

十二	四年一月	二
十二	四年一月	二
五	六	七
二	三	四
屬漢爲郡		齊王韓信始漢立之
十二月	正月	二月立信王齊
十二	四年一月	二
三	四	五

秦楚之際月表

三漢御史周苛入楚	四
三	四
八	九
五	六
二	三
三月周苛入楚	四月王出滎陽豹死
三	四
六	七

	五	六
	五	六
	十	十
	七	八
	四	五
徐廣曰項羽紀曰王出成皐	五月	六月
	五	六
	八	九

七	八	九
七	八	九
十二	十三	十四
淮南王英布始漢立之	二	三
九	十	十一
六	七	八
七月立布爲淮南王	八月	九月太公呂后
七	八	九
十	十一	十二

	十	十一	十二誅籍
	十	十一	十二
	十五	十六	十七漢虜[illegible]
	四	五	六
	十二	二年一月	二
	九	十	十一
歸自楚	五年十月	十一月	
	十	十一	十二
	四年一月	二	三

齊王韓信徙楚王	二
十三徙王長沙	屬淮南
屬漢爲南郡	
七淮南國	八
三趙國	四
十二徙王楚屬漢南四郡	
正月殺項籍天下平諸侯臣屬漢	二月甲
五年一月燕國	二
復置梁國	一月梁
四韓王信	五徙王
分臨江爲長沙國	衡山王

國

三

九五

月三　午王更號即皇帝位於定陶

三

二　王彭越始

六　代都馬邑

二　吳芮爲長沙王。索隱曰改封也

秦楚之際月表

四	五	六	七
十	十一	十二	二年一月
六	七	八	九耳薨謚景王
四月	五月	六月帝入關	七月
四	五	六	七
三	四	五	六
七	八	九	十
三	四	五	六薨謚文王

八	九王得故頸翁將[illegible]
二	三
趙王張敖立耳子	二
八月帝自將誅燕	九月
八	九反漢虜荼○索隱
七	八
十一	十二
長沙成王臣始芮子	二

秦楚之際月表

謚眛以聞

十

四

三

後九月徐廣

曰漢書作四年九月誤也燕王盧綰始漢

九

五年一月

三

太尉

應閣建寅

索隱述贊曰

秦失其鹿，羣雄競逐。狐鳴楚祠，

龍興沛谷。武臣自王，魏豹必復。

田儋據齊，英布居六。項王主命，

義帝見戮。以月繫年，道悠運速。

洶洶天下，瞻烏誰屋。眞人霸上，

卒享天祿。

秦楚之際月表第四　　史記十六

漢興以來諸侯

史記年表 廿一

漢興以來諸侯年表第五　史記十七

索隱曰應劭云雖名爲王其實如古之諸侯

太史公曰殷以前尚矣周封五等公侯伯子男然封伯禽康叔於魯衛地各四百里親親之義襃有德也太公於齊兼五侯地尊勤勞也武王成康所封數百而同姓五十五索隱曰案漢書封國八百同姓五十餘頃氏據左傳魏子謂成鱄云武王克商光有天下兄弟之國十有五人姬姓之國四十人是也地上不過百里下三十里以輔衛王室管蔡康叔曹鄭或過或損厲幽之後王室缺侯伯彊國興焉天子微弗能正非德不純形勢弱也索隱曰純善也亦云絲一言周王非德不

〔絀一形勢弱也〕漢興序二等〔韋昭曰漢封功臣大者王小者侯也〕高祖末年非劉氏而王者若無功上所不置〔徐廣曰一云非有功上所置〕而侯者天下共誅之高祖子弟同姓爲王者九國〔徐廣曰齊楚荆淮南燕趙梁代淮陽○索隱曰徐氏九國不數吳蓋以荆絶乃封吳故也仍以淮陽爲九今案下文所列有十國者以長沙異姓故言九國也〕唯獨長沙異姓而功臣侯者百有餘人自鴈門太原以東至遼陽〔韋昭曰遼東遼陽縣〕爲燕代國常山以南大行左轉度河濟阿甄以東薄海爲齊趙國自陳以西南至九疑東帶江淮穀泗〔徐廣曰穀水在沛〕薄會稽爲梁楚吳淮南長沙國皆外接於胡越而內地北距山以東盡諸侯地大者

或五六郡連城數十置百官宮觀僭於天子漢
獨有三河東郡潁川南陽自江陵以西至蜀北
自雲中至隴西與內史（正義曰京兆也）凡十五郡而公主
列侯頗食邑其中何者天下初定骨肉同姓少
故廣彊庶孽以鎮撫四海用承衛天子也漢定
百年之間親屬益踈諸侯或驕奢忕邪臣計謀
爲淫亂（索隱曰忕音誓忕訓習言習於邪臣之謀計故爾雅云忕猶細也細亦訓習）大者叛
逆小者不軌于法以危其命殞身亡國天子觀
於上古然後加惠使諸侯得推恩分子弟國邑
故齊分爲七（徐廣曰城陽濟北濟南菑川膠西膠東是）
（索隱曰案武帝用主父偃言而下推恩之令也）

分爲七趙分爲六（徐廣曰河閒廣川中山常山清河）梁分爲五（徐廣曰濟陽濟川濟東山陽也）淮南分三（徐廣曰廬江衡山）及天子支庶子爲王王子支庶爲侯百有餘焉吳楚時前後諸侯或以適削地（索隱曰適音宅或作過）是以燕代無北邊郡吳淮南長沙無南邊郡（如淳曰長沙之南更置郡燕代以北更置緣邊郡其所有饒利兵馬器械三國皆失之也○正義曰景帝時漢境北至燕代燕代之北未列爲郡吳長沙之國南至嶺南嶺南越未平亦無南邊郡）齊趙梁楚支郡名山陂海咸納於漢諸侯稍微大國不過十餘城小侯不過數十里上足以奉貢職下足以供養祭祀以蕃輔京師而漢郡八九十形錯諸侯間犬牙相臨（索隱曰錯音七各反錯謂交錯相衡如犬牙故云犬）

牙相制言犬牙參差也秉其阸塞地利彊本幹弱枝葉之勢也尊卑明而萬事各得其所矣臣遷謹記高祖以來至太初諸侯譜其下益損之時令後世得覽形勢雖彊要之以仁義爲本

高祖元年

楚　索隱曰高祖五年封韓

齊　索隱曰四年封韓信六

荊　索隱曰六年封劉賈十

淮南　索隱曰四年封英布十

燕　索隱曰五年封盧綰十

趙　索隱曰四年封張耳其

梁　索隱曰五年封彭越十

淮陽　索隱曰十一年封子

代　索隱曰二年封韓王信

長沙　索隱曰五年吳芮薨

偃六年王易交也

年封子肥

一年賈爲英布所殺其年立吳國封兄子濞也

一年反誅立子長

一年云入匈奴十二年立子建也

年豔明年子敖立八年廢爲宣平侯九年立子

一年反誅十二年立子恢

友後二年爲郡高后元年復爲國封惠帝子彊

五年降匈奴十一年立子恒

六年子成王臣立爲長沙王

一
都彭城
都臨菑
都吳
都壽春
都薊
如意 都邯鄲
都淮陽
都陳
十一月初韓王信元年都馬邑徐廣曰

漢侯年表

三

本紀及表高祖起五年始徙信故韓王孫二

四	五
	齊王信徙爲楚
初王信元年故相國	二徙楚
十月乙丑初王武王英布元年	二
	九月壬子初王 初王張耳元年
	初王彭越元年
三	四降匈奴國除 二月乙未初王

王元年反廢

六

正月丙午初王交元年交高

正月甲子初王悼惠王肥元

正月丙午初王劉賈元年

三

盧綰元年

二

二

二

文王吳芮元年薨成王臣元年

	七	八	九
祖弟也	二	三	四來朝
年肥高祖子	二	三	四來朝
	二	三	四
	四	五	六來朝
	三	四	五
	三	四薨	初王隱王如意元年如
	三	四	五來朝
	二	三	四

漢侯年表

	十	十一
	五來朝	六
	五來朝	六
	五來朝	六爲英布所殺國除
	七來朝反誅	十二月庚午厲王長
	六來朝	七徐廣曰一云十月
遷高祖子	二	三
	六來朝反誅	二月丙午初王恢元
		二月丙寅初王友元
	後置代都中都	二月丙子初王元年
	五來朝	六

十二
七
七
爲郡 更爲吳國十月辛丑初王濞
元年長高祖子 二
云入於匈奴 三月甲午初王靈王建元年
四死
年恢高祖子 二
年友高祖子徙趙 二
二
七

孝惠元年

八

八

元年濞高祖兄仲子 二故沛侯

三

二

建高祖子

淮陽王徙於趙名友元年

三

爲郡

三

八

	二	三	四	五
	九來朝	十	十一來朝	十二
	九來朝	十	十一來朝	十二
	三	四	五	六來朝
	四	五	六來朝	七
	三	四	五	六來朝
是爲幽王	二	三	四來朝	五
	四	五	六	七
	四	五	六	七
	哀王回元年	二	三	四

六	七	高后元年
十三	十四來朝	十五
	初置魯國	四月元王張偃元年偃
十三薨	哀王襄元年	二
七	八來朝	九
八	九來朝	十
七	八來朝	九
六	七來朝	八
	初置常山國	四月辛卯哀王不疑元
八	九來朝	十
	初置呂國	四月辛卯呂王台元年
	復置淮陽國	四月辛卯初王懷王強
八	九	十
五	六	七

二	
十六	
二	高后外孫故趙王敖子
三	
十	
十一	
十	
九	
七月癸巳初王義元年	年薨
十一	
十一月癸亥王呂嘉元	薨
二	元年強惠帝子
十一	
燕王右元年	

侯年表

三十七三

四來朝

十一

十三

十一

十

二 皇子哀王弟義孝惠子故襄城侯立為帝

二十

年嘉肅王子

二

三

十二

二來朝

四十八

四

五

十二

十三

十二

十一

五月丙午初王朝元年朝惠帝子故軹侯口柰
十三

三

四

十三

隱曰軹音章是反軹縣在河內後文帝以封

五	六
十九	二七
五	六
六	七
	初置琅邪國
十三	十四
十四來朝	十五
十三	十四
十二	十三
二	三
十四	十五
	嘉廢七月丙辰呂產元年產肅王弟故
四	
五無嗣	初王武元年
十四	十五
四	五

洨侯 索隱曰洨音交洨水所出縣名在沛

七

二十一

八

王澤元年故營陵侯索隱曰營陵縣名屬北海

十五

十六

十五絶

十四趙呂産徙梁元年

四

十六趙徙王呂産元年

二呂産徙王梁七月丁巳王太元年惠帝子

孝惠帝子故壷關侯武

十六

六

八

二十二

九

二

十六

十七

十月辛丑初王呂通元年肅王子故東平侯九
初王呂祿元年呂后兄子胡陵侯誅國除○索

五非子誅國除為郡

二有罪誅為郡

三

二十七

六

孝文前元	
二十三	
十薨	
初置成陽	
初置濟北	
三徙燕	
十七	
十八	
十月庚戌	月誅國除○索隱曰東平縣屬梁國
十月庚戌	隱曰胡陵縣屬山陽
分爲河間	
初置太原	
復置梁國	
三武誅國	
十八爲文	
八	

漢興侯年表

年	二
	夷王郢元年
	文王則元年
郡	二月乙卯景王章元年
	二月乙卯王興居元年悼
	國除為郡
	十八
	十九
琅邪王澤徙燕元年	二是爲敬王薨
趙王遂元年	二幽王子
都洛城	二月乙卯初王文王辟強
都晉陽	二月乙卯初王參元年參
	二月乙卯初王懷王勝元
除	
帝	二月乙卯初王武元年武
	九

三	
二	
二	
二章悼	
二興居	惠王子
十九來	
二十來	
康王嘉	
三	
二	元年辟強趙幽王子。索隱曰辟音璧
二	文帝子
二	年勝文帝子
復置淮	
二徙淮	文帝子
靖王著	

惠子故朱虛侯。索隱曰朱虛縣名屬琅邪

故東牟侯。索隱曰東牟縣名屬東萊

朝

朝元年

陽

陽元年

國

三

三

共王喜元年

爲郡

二十

二十一

二

二

四

三

三更爲代王

三

代王武徙淮陽三年

三太原王參更號爲代王三年實居太原是爲

二

五
四
甍
四
二
二十二
二十三
二十三
五
四
四
四
四
三
事王

十一
十二

六
王戊元年
五
三
二十二
二十三
四
六
五
五
五
五
四

二十二
三
王典道遷蜀死雍
為郡
五
七
來朝
六
六
來朝
六
來朝
六
來朝
五

七
二
六
四

八	九	十	十一
三	四	五	六
七來朝	八	九	十
五	六來朝	七	八從淮南爲郡屬齊
二十四	二十五	二十六	二十七
六來朝	七	八	九
八	九	十	十一
七來朝	八	九	十
七	八	九	十來朝薨無後
七	八來朝	九	十來朝徙梁爲郡
七	八	九	十來朝
六	七	八來朝	九

十一	十三
七	八來朝
十一來朝	十二
二十八	二十九
城陽王喜徙淮南元年	二
十	十一
十二來朝	十三
十一來朝	十二
十一淮陽王武徙梁年是爲孝王	十二
十一	十二
十	十一

十四	十五
九	十
	初置衡山
十三	十四薨無後
	復置城陽國
	復置濟北國
	分爲濟南國
	分爲菑川都劇
	分爲膠西都宛徐廣曰樂安有宛縣
	分爲膠東都即墨
三十	三十一
三	四從城陽
十二來朝	十三來朝
十四	十五
十三薨	哀王福元年薨無後國除爲郡
	初置廬江國
十三	十四來朝
十三	十四
十二	十三

十六	後元年
十一	十二
四月丙寅王勃元年	二淮南厲王子故安
四月丙寅孝王將閭元年	二齊悼惠王子故陽
淮南王喜徙城陽十三年	十四
四月丙寅初王志元年	二齊悼惠王子故安
四月丙寅初王辟光元年	二齊悼惠王子故初
四月丙寅初王賢元年	二齊悼惠王子故武
四月丙寅初王卬元年	二齊悼惠王子故平
四月丙寅初王雄渠元年	二齊悼惠王子故白
三十二	三十三
四月丙寅王安元年	二淮南厲王子故阜
十四	十五
十六	十七
四月丙寅王賜元年	二淮南厲王子故陽
十五	十六
十五	十六
十四	十五

	二	三	四	五
	十三	十四	十五	十六來
陽侯	三	四	五	六
盧侯	三	四來朝	五	六
	十五	十六	十七	十八來
都侯	三	四來朝	五來朝	六
侯	三	四來朝	五	六
成侯	三	四	五	六來朝
昌侯	三	四	五	六
石侯	三	四	五	六來朝
	三十四	三十五	三十六	三十七
陵侯	三	四	五	六
	十六	十七	十八來朝	十九
	十八	十九	二十來朝	二十一
周侯	三	四	五	六
	十七	十八來朝	十九	二十
	十七薨	恭王登元年	二	三
	十六	十七	十八	十九

漢侯年表

	六	七
朝	十七	十八
	·	
	七	八
	七	八
朝	十九	二十
	七	八
	七	八
	七	八
	七	八
	七	八
	三十八	三十九
	七來朝	八
	二十	二十一
	二十二	二十三
	七	八
	二十一	一十二
	四	五
	二十來朝	二十一來朝薨無後國除

孝景前元年	二
十九	三十來朝
	分楚復置魯國
九	十
九	十
二十一	二十二
九	十來朝
九	十
九	十
九	十
九	十
四十	四十一
九	十
二十二	二十三
三十四	三十五來朝
復置河間國	三月甲寅初王獻王德元年
初置廣川都信都	三月甲寅彭王祖元年景帝
	初置中山都盧奴
九	十
二十三	二十四來朝
初置臨江都江都	三月甲寅初王閼元年景帝
初置汝南國	三月甲寅初王元元年景帝
初置淮陽國	三月甲寅初王非元年景帝
六	七
復置長沙國	三月甲寅定王發元年景帝

漢侯年表

三
二十一反誅
六月乙亥淮陽王徙魯元年
十一
十一
二十三
十一從菑川
十一反誅
十一賢反誅濟北王志徙
十一反誅六月乙亥王子
十一反誅
四十二反誅
十一
二十四
二十六
二來朝　景帝子
二來朝　子
六月乙亥靖王勝元年景
十一

二十五來朝

二　子。索隱曰閼音過
二　子
二　子從魯
八
二　子

年是爲恭王

菑川十一年是爲懿王

端元年景帝子。索隱曰諡法能優其德曰子

帝子

四四月乙巳立太子
丈王禮元年王子故平陸侯
二來朝
十二徙濟北盧江王賜徙衡山王元年
獻王壽元年
二十四
十二
爲郡
十二
二
四月乙巳初王元年是爲孝武帝
初置江都六月乙亥淮南王非爲江都王元年
十二
二十五
爲郡
三
三
二
十二徙魯山國除爲郡

二十六

三薨無後國除爲郡
三徙江都
爲郡
九
三

五
二
三
二
來二
十二
三十

三十
三
二
二 是爲易王○索隱曰謚法好更故舊爲易
三十
十二
川廣
四
徙四
三

十二

十
四

六	
三來朝薨	
四	
三	
三	朝
二十六	五
武王胡元年	薨是爲貞王
十四	
四	
三	
三	
十四	來朝
王定國元年	六薨
五	王彭祖徙趙四年是爲敬肅王
五	
	趙國除爲信都郡
四	
二十八	七
復置臨江國	
十一	
五來朝	

七十一月乙丑太子廢
安王道元年
五
四
四
二十七
二

十五
五
四四月丁巳爲太子復置膠東國
四
十五
二
六
六

五來朝

二十九來朝
十一月乙丑初王閔王榮元年景帝子太子廢

十二
六來朝

	中元	二
	二來朝	三
	六來朝	七
	五	六
	五	六
	二十八	二十九來朝
	三	四
	十六來朝	十七來朝
	六來朝	七
	五復置膠東國	四月乙巳初王康王寄元
	五	六
	十六	十七
	三	四
	七	八來朝
	七	八來朝
	復置廣川國	四月乙巳惠王越元年景
	六	七
		初置清河都濟陽
	三十	三十一來朝
為王	二	三
	十三	十四
	七	八

	三
	八
	七來朝
	七
	三十
	五
	十八
	八
年景帝子	二
	七
	十八
	五來朝
	九
	九
帝子	二
	八
	三月丁巳哀王秉元年景帝子
	三十二
	四坐寢廟壖垣爲宮自殺國除爲
	十五來朝
	九

南郡○索隱曰音如川反鄢垣廟境外之墟邊

	四	五
	五	六來朝
	九	十
	八	九
	八	九
	三十一	三十二
	六	七
	十九	二十
	九	十
	三	四來朝
	八	九
	十九來朝	
	六	七
	十	十一
	十	十一
	三	四
	九來朝	十
	二	三
	復置常山國	三月丁巳初王憲王舜元年
	三十三	三十四
也		分為濟川國
		分為濟東國
		分為山陽國
		分為濟陰國
	十六	十七
	十來朝	十一來朝

	六
	七
	十一
	十
	十
	三十三
	八
	二十一
	十一
	五
	十
	二十一
	八
	十二
	十二
	五
	十一
	四
孝景子	二
	三十五來朝薨
	五月丙戌初王明元年梁孝王子
	五月丙戌初王彭離元年梁孝王子
	五月丙戌初王定元年梁孝王子
	五月丙戌初王不識元年梁孝王子
	十八
	十二

後元	二	
八	九	
十二	十	三
十一	十	二
十一	十	一
頃王延元年索隱曰頃音傾城陽王子	二	
九	十	來
	十	
二十二來朝	二	十
二十二	十	三
六	七	
十一	十	二
二十二	二	十
九來朝	十	來
十三來朝	十	四
十三來朝	十	四
六	七	
十二	十	三
五	六	
三	四	
恭王買元年孝王子	二	
二	三	
二	三	
二	三	
二薨無後國除		
十九	二	十
十三	十	四

	三	孝武建元年	二
	十	十一	十二來朝
	十四	十五	十六來朝
	十三	十四	十五
來朝	十三	十四	十五
	三	四	五
朝	十一	十二	十三
三	二十四	二十五	二十六
	十四	十五	十六
	八來朝		十
	十三	十四	十五
三	二十四	二十五	二十六來朝
朝	十一	十二	十三
	十五	十六	十七
	十五	十六	十七
	八	九	十
	十四	十	十六
	七	八	九來朝
	五	六	七
	三	四	五
	四	五	六
	四	五	六
	四	五	六
	二十一	二十二	二十三
	十五	十六	十七

三	四
十三	十四
十七	十八
十六	十七
十六	十七
六	七
十四	十五
二十七	二十
十七	十八
十一	十二
十六	十七
二十七	二十
十四	十五
十八	十九
十八	十九
十一	十二
十七來朝	十八
十	十一
八	九來
六	七薨
七	八爲
七	八
七明殺中傅徐廣曰一作太傅廢遷房陵	八
二十四來朝	二十
十八來朝	十九

五
十五
十九
十八
十八
八
十六
二十九　八
十九
十三
來朝　十八
八　二十九
十六
二十
二十
繆王元年徐廣曰立此五年以征和元
十九
二十薨無後國除爲郡
朝　十
平王襄元年
郡
九
九薨無後國除爲郡
五　二十六

年乙丑有罪病死諡曰懿○索隱曰廣川惠王

元光元年	六	
十七	十六	
二十一	二十	
二十	十九	
二十	十九	
十來朝	九	
十八	十七	
二十一	三十	
二十一	二十來朝	
二十五來朝	十四	
二十	十九	
三十一	三十	
十八來朝	十七	
二十二	二十一來朝	
二十二	三十一	
三	二	子謚法名與實乖曰繆
三十一	二十	
十二	十一	
三	二	
十一	十	
二十八	二十七	
二十一	二十七	

二	三	四	五
二十八來朝	十九來朝	二十	二十
二十二	二十二	二十四	二十
二十一	二十二	二十三	二十
二十一	三十二卒	厲王次昌元年	三
十一	十二	十三	十四
十九	二十	二十一	二十
三十二	三十三	三十四	三十
二十二	二十三	二十四	二十
十六	十七	十八	十九
二十一	二十二	二十三	二十
三十二	三十三	三十四	三十
十九	二十	二十一	二十
二十三	二十四	二十五	二十
二十三	二十四	二十五	二十
四	五	六	七
二十二來朝	二十三來朝	二十四	二十
十三	十四	十五	十六
四	五	六	七
十二	十三	十四來朝	十五
二十九	王義元年	二	三
二十三來朝	二十四來朝	二十五	二十

漢侯年表

	六	元朔元年
一	二十二薨	襄王注元年
五	二十六薨	安王光元年
四	二十五	二十六
	三	四
來朝	十五	十六
二	二十三	二十四來朝
五薨	靖王建元年	二
五	二十六	二十七
	二十	二十一
四	二十五	二十六
五	三十六	三十七
二	二十三	二十四坐禽獸行自殺
六	二十七來朝	二十八
六來朝	恭王不害元年	二
	八	九
五	二十六	二十七
	十	十八
	八	九
	十六	十七
		五
六	二十七	康王庸元年

	二	三
	二	三
	二	三
	二十七	二十八
	五薨無後國除爲郡	
	十七	十八
	二十五	二十六
	三	四
	二十八來朝	二十九
	二十二	二十三
	王建元年	三
	三十八	三十九
國除爲郡		
	二十九	三十
	三	四薨
	十	十一
	二十八	二十九來朝
	十九	二十
	十來朝	十一
	十八	十九
	六	七
	二	三

四	五	六
四來朝	五	六
四	五	六
二十九	三十	三十一
十九	二十	二十一
二十七	二十八	二十九
五	六	七
三十	三十一	三十二
二十四	二十五來朝	二十六
三	四	五
四十	四十一安有罪削國二縣	四十二
三十一	三十二	三十三
剛王堪元年	二	三
十二	十三	十四來
三十	三十一	三十二
二十一	二十二來朝	二十三
十二	十三	十四
二十來朝	二十一	二十二
八	九	十
四	五	六

	元狩元年	二
	七	八
	七	八來朝
	三十二反自殺國除	
來朝	二十二	二十三
	三十	三十一
	八	九
	三十三	三十四
	二十七	二十八
	六	七反自殺國除
	四十三反自殺爲六安郡	以故陳爲都七
	三十四來朝	三十五
	四	五
朝	十五	十六
	三十三	三十四
	二十四	二十五
	十五	十六
	二十三	二十四
	十一	十二來朝
	七	八來朝

為廣陵郡

月丙子徐廣曰一云壬子初王恭王慶元年膠

	三	四	五
	九	十來朝	十一
	九	十	十一
			復置鄣國
	二十四	二十五	二十六來
	三十二來朝	三十三	三十四
	十	十一	十二來朝
	三十五	三十六	三十七
	哀王賢元年	二	三
			更爲廣陵
東王子	二	三	四
			復置燕國
	三十六	三十七	三十八
	六	七	八
	十七	十八	十九
	三十五來朝	三十六	三十七
	二十六	二十七	二十八
	十七	十八	十九
	二十五	二十六來朝	二十七
	十三	十四	十五
	九	十	十一

六
十二
十二
四月乙巳初王懷王閎元年閎武帝子
朝薨　敬王義元年
三十五
十三
三十八
四
國　四月乙巳初王旦元年武帝子
五
四月乙巳初王剌王胥元年武帝子◦索
三十九
九來朝
二十
三十八
二十九來朝
二十
二十八
十六
十二

	元鼎元年
	十三
	十三
	二
	二
	三十六
	十四
	三十九
	二
	六
隱曰諡法暴慢無親曰剌	二
	四十
	十
	二十一來朝
	三十九
	三十
	二十一
	二十九剛攻殺人遷
	十七
	十三

	二	三
	十四薨	節王純元年
	十四來朝	十五
		初置泗水都郯徐
	三	四
	三	四
	三十七	三十八
	十五	十六
	四十	四十一
	六	七
	三	四
	七	八
	三	四
	四十一	四十二
	十一	十二薨
	二十二	二十三
	四十	四十一來朝
		復置清河郡
	三十一	三十二薨子爲王
	二十二	二十三
上庸國爲太河郡		
	十八來朝	十九徙清河爲太
	十四	十五來朝

	四
	二
	十六
廣曰泗水屬東海	思王商元年徐廣曰一云勤
	五
	五
	三十九
	十七
	四十二
	八
	五
	九
	五
	四十三
	頃王授元年
	二十四
	四十二甍
	二十代王義徙清河年是為
	更為眞定國頃王平元年當
	二十四
原郡	
	十六

漢侯年表

五	
三	
十七	
二	王商元年商恒山憲王子
六	
六	
四十	
十八	
四十三	
九	
六	
十	
六	
四十四	
二	
三十五來朝	
四十三哀王昌元年	
二十一	爲剛王
二	山憲王子
二十五	
十七	

六
四
十八
三
七
七
四十一來朝
十九
四十四
十
七
十一來朝
七
四十五
三
二十六
即年甍康王昆侈元年索隱曰蕭該云謚法好
二十二
三
二十六
十八

漢侯年表

元封元年
五
十九
四
八薨無後國除
八來朝
四十二

二十
四十五
十一
八
十二
八
四十六
四
二十七
二　樂息政曰康漢書作穅昆侈名
二十三
四來朝
二十七
十九

二

六

二十

五

爲郡

九薨

四十三

頃王遺元年索隱曰濟南王辟光之子

四十六

十二

九

十三

九

四十七

五

二十八

三

二十四

五

二十八

二十

三	四	五
七	八	九
二十一來朝	二十二	二十三朝泰山
六	七	八
孝王武元年	二	二
四十四	四十五	四十六朝泰山
三	三	四
四十七薨無後國除		
十三	十四	戴王通平元年
十	十一	十二
十四	十五	十六
十	十一	十二
四十八	四十九	五十
六	七	八
二十九	三十	三十一
四	五	六
二十五來朝	二十六	二十七
六	七	八
二十九	三十	三十一
二十一	二十二	二十三

六	太初元年	二
十	十一	十二
二十四	二十五	二十六
九	十	甕子哀王安世元年即戴
四	五	六
四十七	四十八	四十九
五	六	七
二	三	四
十三	十四	十五
十七	十八來朝	十九
十三	十四	十五
五十一	五十二	五十三
九	十	十一
三十二	三十三	三十四
七	八	九來朝
二十八	二十九	三十
九來朝	十	十一
三十二	三十三	三十四
二十四	二十五	二十六

王賀元年安世子。索隱曰賀廣川惠王子

三	四
十三	十四
二十七	二十八
二	
	荒王賀元年
七薨	
五十	五十一
八	九
五	六
十六	十七
二十	二十一
十六	十七
五十四	五十五
十二	十三
三十五	三十六
十一	十二
三十一	三十二
十二	十三
三十五	三十六來朝
二十七	二十八來朝

徐廣曰孝武太始二年廣陵中山眞定五年朝孝宣本始元年趙來朝二年廣川來朝四年清河來朝孝宣地節元年梁來朝二年河間來朝三年濟北來朝濟北分平原太山二郡

索隱述贊曰

漢有天下　爰鑒興亡　始誓河岳
言峻寵章　淮陰就楚　彭越封梁
荊燕懿戚　齊趙棣棠　犬牙相制
麟趾有光　降及文景　代有英王
魯恭梁孝　濟北城陽　仁賢足紀
忠烈斯彰

漢興以來諸侯年表第五　史記十七

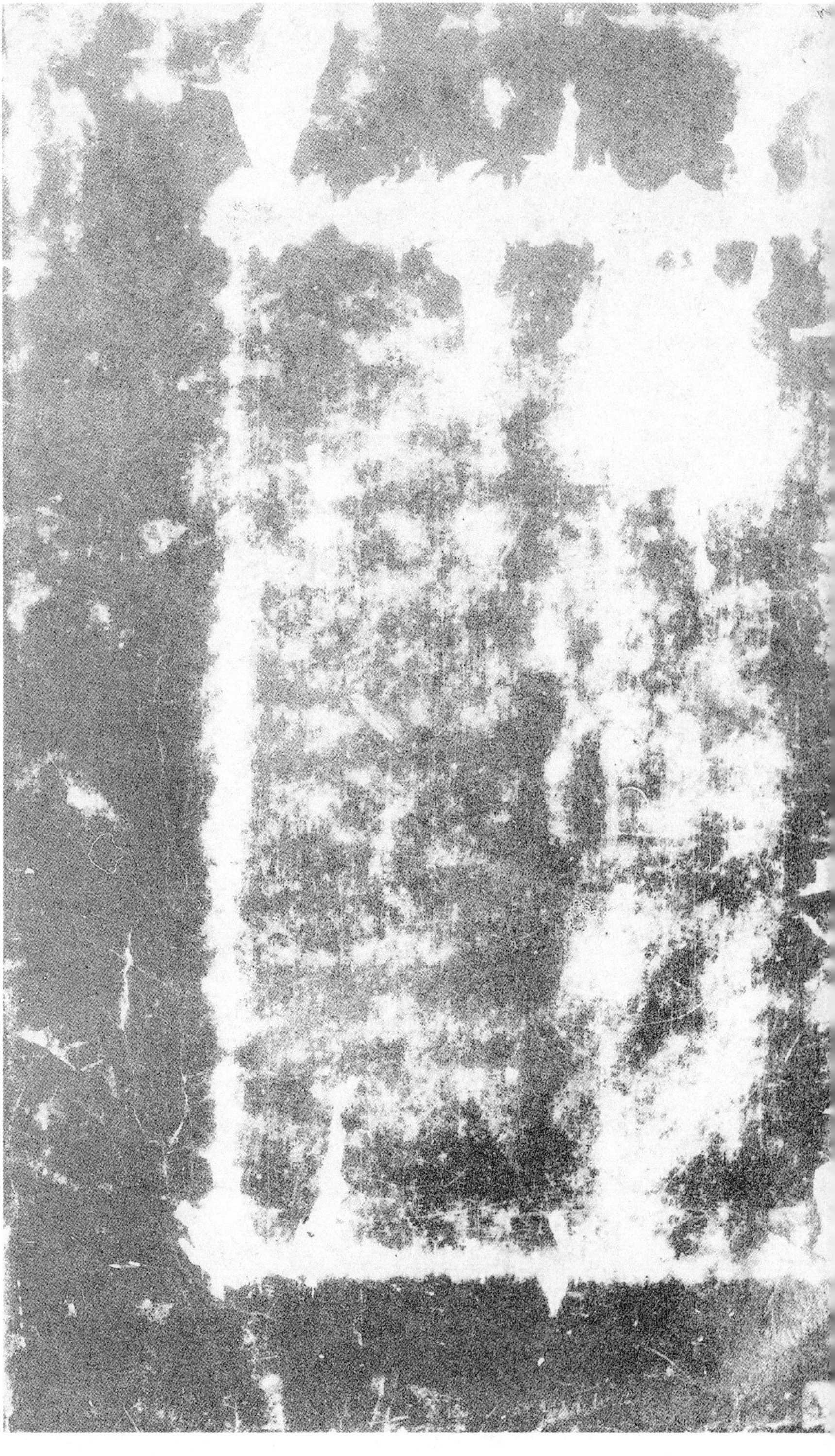

（漢）司馬遷 撰
（南朝宋）裴駰 集解
（唐）司馬貞 索隱
（唐）張守節 正義

宋本史記

第五册

國家圖書館出版社

第五册目録

史記年表 十七

三代

十二諸侯

上

十七

三代世表第一　　史記十三

索隱曰應劭云表者録其事而見之按禮有表記而鄭玄云表明也謂事微而不著須表明也故言表○正義曰言代者以五帝久古傳記少見夏殷以來乃有尚書略有年月比於五帝事迹易明故舉三代爲首表者明也明言事儀

太史公曰五帝三代之記尚矣索隱曰按此表依帝繫及系本其實敘五帝三代而篇唯名三代系表者以三代代系長遠宜以名篇且三代皆出自五帝故敘三代要從五帝而起首也劉氏云尚猶久古也尚矣之文元出大戴禮彼云黃帝尚矣自殷以前諸侯不可得而譜正義曰譜布也列其事也周以來乃頗可著孔子因史文次春秋紀元年正時日月蓋其詳哉至於序尚書則略無年月或頗有然多闕不可録故疑

則傳疑蓋其慎也余讀諜記索隱曰諜音牒牒者記系謚之書也下云稽歷譜諜謂歷代之譜諜也黃帝以來皆有年數稽其歷譜諜終始五德之傳索隱曰音轉謂帝王更王以金木水火土之五德傳次相承終而復始故云終始五德之傳也古文咸不同乖異夫子之弗論次其年月豈虛哉於是以五帝繫諜尚書集世紀黃帝以來訖共和為世表索隱曰按大戴禮有五帝德及帝繫篇蓋太史公取此二篇之諜及尚書集而紀黃帝以來為系表也厲王奔彘周召二公共相王室故曰共和皇甫謐云共伯和干王位言共和者以共國伯爵和其名也干王位言篡也与史迁之說不同蓋異說耳

帝王世國號	顓頊屬	俈屬	堯屬	舜屬	夏屬	殷屬	周屬

黃帝 號有熊	帝顓頊 黃帝孫起黃帝至顓頊三世		帝俈 黃帝曾孫起黃帝至帝俈四世號高辛
黃帝生昌意	昌意生顓頊顓頊爲高陽氏		
黃帝生玄囂	玄囂生蟜極		蟜極生高辛高辛生帝俈 索隱曰黃帝曾孫
黃帝生玄囂	玄囂生蟜極		蟜極生高辛高辛生放勛
黃帝生昌意	昌意生顓頊顓頊生窮蟬 索隱曰系本作窮係宋衷云窮係謚也		窮蟬生敬康敬康生句望
黃帝生昌意	昌意生顓頊		
黃帝生玄囂	玄囂生蟜極蟜極生高辛		高辛生卨
黃帝生玄囂	玄囂生蟜極蟜極生高辛		高辛生后稷爲周祖

帝堯起黃帝至嚳子五世號唐堯	帝舜黃帝玄孫之玄孫號虞	帝禹黃帝耳孫號夏
放勛爲堯		
句望生蟜牛蟜牛生瞽叟	瞽叟生重華是爲帝舜	
	顓頊生鯀鯀生文命索隱曰漢書顓頊五代而生鯀此及帝系皆云顓頊生鯀是古文闕其代系也	文命是爲禹
卨爲殷祖	卨生昭明	昭明生相土
后稷生不窋	不窋生鞠	鞠生公劉

帝啓 伐有扈作甘誓					相土生昌若	公劉生慶節
帝太康					昌若生曹圉曹圉生冥	慶節生皇僕皇僕生差弗
帝仲康 太康弟					冥生振	差弗生毀渝毀渝生公非
帝相					振生微微生報丁	公非生高圉高圉生亞圉
帝少康					報丁生報乙報乙生報丙	亞圉生公祖類

帝予 索隱曰直呂反亦作宁○正義曰相爲過澆所滅后緡歸有仍生少康其子予復禹績

帝槐 索隱曰音回一音懷系本作芬

帝芒 索隱曰音亡一作荒

帝泄 索隱曰音薛

帝不降

報丙生主壬主壬生主癸

主癸生天乙是爲殷湯從湯至黃帝十七世

公祖類生太王亶父

亶父生季歷季歷生文王昌益易卦

文王昌生武王發

帝扃不降弟○索隱曰古熒反

帝廑索隱曰其靳反又音勤

帝孔甲不降子好鬼神淫亂不好德二龍去

帝皐索隱曰宋衷云墓在崤南陵

帝發索隱曰帝皐子也系本云帝皐生發及履癸履癸一名桀

帝履癸是爲桀

從禹至桀十七世從黃帝至桀二十世

殷湯代夏氏殷湯從黃帝至湯十七世

帝外丙湯太子太丁蚤卒故立次弟外丙

帝仲壬外丙弟

帝太甲 故太子太丁子淫伊尹放之桐宮三年悔過自責伊尹乃迎之復位

帝沃丁 伊尹卒

帝太庚 沃丁弟

帝小甲 太庚弟殷道衰諸侯或不至○索隱曰殷本紀及系本皆云小甲太康子

帝雍己 小甲弟

帝太戊 雍己弟以桑穀生稱中宗

帝中丁 俗本作仲丁

帝外壬 中丁弟

帝河亶甲 外壬弟

帝祖乙

帝祖辛

帝沃甲 祖辛弟○索隱曰系本作開甲

帝祖丁 祖辛子

帝南庚 沃甲子

帝陽甲 祖丁子

帝盤庚 陽甲弟徙河南

帝小辛 盤庚弟

帝小乙 小辛弟

帝武丁 雉升鼎耳雊得傅說稱高宗●

帝祖庚

帝甲 祖庚弟淫徐廣曰一云淫德殷衰

帝廩辛 索隱曰或作馮辛系本作祖辛誤也按上祖乙已生祖辛故知非也

帝庚丁 廩辛弟殷從河北

帝武乙 慢神震死

帝太丁

帝乙 殷益衰

帝辛 是爲紂弒

從湯至紂二十九世三十從黄帝至紂四十六世

周武王伐殷 從黄帝至武王十九世

	成王誦 索隱曰本或作庸非	
魯	周公旦	初封武王弟
齊	太公尚	初封文王武王師
晉	唐叔虞	初封武王子
秦	惡來助紂父飛廉有力	初封
楚	熊繹繹父鬻熊	初封事文王
宋	微子啓	初封紂庶兄
衛	康叔	初封武王弟
陳	胡公蒲	初封舜之後
蔡	叔度	初封武王弟
曹	叔振鐸	初封武王弟
燕	召公奭	初封周同姓

康王釗 刑錯四十餘年。索隱曰：克堯反，又音昭	昭王瑕 南巡不返，不赴，諱之。○索隱曰：音遐。宋衷云：昭王南伐楚，辛由靡爲右，涉漢中流而隕，由靡承王，遂卒，不復，周乃侯其後于西翟也	穆王滿 作甫刑，荒服不至
魯公伯禽	考公	煬公 考公弟
丁公呂伋	乙公	癸公
晉侯燮	武侯	成侯
女防	旁皋	大几
熊艾	熊黮 索隱曰：吐感反，又徒感反，又杜減反，鄒氏又作黕音	熊勝
微仲 啓弟	宋公	丁公
康伯 索隱曰：康叔子王孫牟父也	孝伯	嗣伯
申公	相公	孝公
蔡仲	蔡伯	宮侯
	太伯	仲君
九世至惠侯		

恭王伊扈	幽公	哀公	厲侯	大駱	熊煬	湣公 丁公弟 索隱曰音捷	夷伯	慎公	厲侯	宮伯
懿王堅 周道衰詩人作刺	魏公 索隱曰系本作微公名弗其	胡公	靖侯	非子	熊渠	煬公 湣公弟	靖伯	幽公	武侯	孝伯
孝王方 懿王弟	厲公	獻公 弒胡公		秦侯	熊無康	厲公	貞伯	釐公		夷伯
夷王燮 懿王子	獻公 厲公弟	武公		公伯	熊摯紅	釐公	頃侯			

厲王胡 以惡聞遇亂出奔遂死于彘	真公			秦仲	熊延 紅弟		釐侯				
共和 二伯行政	武公 真公弟				熊勇						

張夫子問褚先生曰〔索隱曰褚先生名少孫元成間為博士張夫子未詳〕詩言契后稷皆無父而生今案諸傳記咸言有父父皆黃帝子也〔索隱曰按上契及后稷皆帝嚳子此云黃帝子者謂是黃帝之子孫耳按嚳是黃帝曾孫而契棄是玄孫也〕得無與詩謬乎褚先生曰不然詩言契生於卵后稷人迹者欲見其有天命精誠之意耳

鬼神不能自成須人而生奈何無父而生乎一言有父一言無父信以傳信疑以傳疑故兩言之堯知契稷皆賢人天之所生故封之契七十里後十餘世至湯王天下堯知后稷子孫之後王也故益封之百里其後世且千歲至文王而有天下詩傳曰湯之先爲契無父而生契母與姊妹浴於玄丘水有燕銜卵墮之契母得故含之誤吞之即生契（索隱曰按史所引出詩緯故曰詩傳殷本紀云玄鳥翔水遺卵娀簡狄取而吞之）契生而賢堯立爲司徒姓之曰子氏子者茲茲益大也詩人美而頌之曰殷社（詩云土）芒芒

天命玄鳥降而生商商者質殷號也文王之先爲后稷后稷亦無父而生后稷母爲姜嫄索隱曰有邰氏之女也韋昭云姜姓嫄字也出見大人蹟而履踐之知於身則生后稷姜嫄以爲無父賤而棄之道中羊牛避不踐也抱之山中抱音普茅反○索隱曰抱又如字山者養之又捐之大澤鳥覆席食之姜嫄怪之於是知其天子乃取長之堯知其賢才立以爲大農姓之曰姬氏姬者本也詩人美而頌之曰厥初生民深修益成而道后稷之始也孔子曰昔者堯命契爲子氏爲有湯也命后稷爲姬氏爲有文王也

太王命季歷明天瑞也太伯之吳遂生源也索隱曰言太伯之讓季歷居吳不反者欲使傳文王武王撥亂反正成周道遂天下生生之原本也天命難言非聖人莫能見舜禹契后稷皆黃帝子孫也黃帝策天命而治天下德澤深後世故其子孫皆復立為天子是天之報有德也人不知以為氾從布衣匹夫起耳夫布衣匹夫安能無故而起王天下乎其有天命然黃帝後世何王天下之久遠邪曰傳云天下之君王為萬夫之黔首請贖民之命者帝有福萬世黃帝是也五政明則脩禮義因天時舉兵征伐而利者王有福千世蜀王黃帝後世也索隱

曰按系本蜀無姓相承云黄帝後世子孫也且黄帝二十五子分封賜姓或於蠻夷蓋當然也蜀王本紀云朱提有男子杜宇從天而下自稱望帝亦蜀王也則杜姓出唐杜氏蓋陸終氏之胤亦黄帝之後也○正義曰譜記普云蜀之先肇於人皇之際黄帝與子昌意娶蜀山氏女生帝俈立封其支庶於蜀歷虞夏商周衰先稱王者蠶叢國破子孫居姚巂等處

至今在漢西南五千里常來朝降輸獻於漢非以其先之有德澤流後世邪行道德豈可以忽乎哉人君王者舉而觀之漢大將軍霍子孟名光者亦黄帝後世也索隱曰按系本云霍國眞姓後周武王封弟叔處於霍是姬姓亦黄帝後也此可爲博聞遠見者言固難爲淺聞者說也何以言之古諸侯以國爲姓霍者國名也武王封弟叔處於霍後世晉獻公滅霍公後世爲

庶民往來居平陽平陽在河東河東晉地分爲魏國以詩言之亦可爲周世周起后稷后稷無父而生以三代世傳言之后稷有父名高辛高辛黃帝曾孫黃帝終始傳曰索隱曰蓋謂五行讖緯之說若今之童謠也漢興百有餘年有人不短不長出白燕之鄉正義本作燕正義曰一作白彘按霍光平陽人平陽今晉州霍邑本秦時霍伯國漢爲彘縣後漢改彘曰永安隋又改爲霍邑遍檢記傳無白燕之名疑白彘是鄉之名持天下之政時有嬰兒主索隱曰謂昭帝也卻行車索隱曰言霍光持政擅權遏帝令始卻行車使不前也霍將軍者本居平陽白燕臣爲郎時與方士考功正義曰謂年老爲方士最功也會旗亭下西京賦曰旗亭五里薛綜曰旗亭市樓也立旗於上故取名焉爲官

言豈不偉哉 索隱曰褚先生蓋腐儒也設主客引詩傳云契棄無父及據帝系皆帝嚳之子是也而末引蜀王霍光竟欲證何事而論之不經蕪穢正史輒云豈不偉哉一何誣也

索隱述贊曰高辛之胤大啓禎祥脩己吞薏石紐興王天命玄鳥簡狄生商姜嫄履跡祚流岐昌俱膺曆運互有興亡風餘周召刑措成康出彘之後諸侯日彊

三代世表第一　史記十三

十二諸侯年表第二　史記十四

索隱曰篇言十二實敘十三者賤夷狄不數吳又霸在後故也不數吳而敘之者闔閭霸盟上國故也

太史公讀春秋曆譜諜索隱曰案劉杳云三代系表旁行邪上並效周譜譜起周代藝文志有古帝王譜又自古為春秋學者有年曆譜諜之說故杜元凱作春秋長曆及公子譜蓋因於舊說故太史公得讀焉也至周厲王未嘗不廢書而歎也曰嗚呼師摯見之矣鄭玄曰師摯太師之名周道衰微鄭衛之音作正樂廢而失節魯太師摯識關雎之聲首理其亂也紂為象箸而箕子唏索隱曰鄒氏及劉氏著皆音直慮反即筯也今案箕子云為象箸必為玉杯則箸者是櫡也音治略反唏歎聲音許既反又音希希亦聲餘故記曰夫子曰嘻其甚也亦音餘周道缺詩人本之衽席關雎作仁義陵遲鹿鳴刺焉及至厲王以惡聞其過索隱曰惡音烏故反過音古臥反故國語云厲王止

謗道路以自是公卿懼誅而禍作厲王遂奔于彘 索隱曰彘地名在河東後爲永安縣也 亂自京師始而共和行政焉是後或力政彊乘弱興師不請天子然挾王室之義 索隱曰挾音協 以討伐爲會盟主政由五伯 索隱曰伯音霸五伯者齊桓公晉文公秦穆公宋襄公楚莊王也 諸侯恣行 索隱曰行音下孟反 淫侈不軌賊臣簒子滋起矣齊晉秦楚其在成周微甚封或百里或五十里晉阻三河齊負東海楚介江淮 索隱曰介音界言楚以江淮爲界一云介者夾也 秦因雍州之固四國迭興更爲伯主文武所褒大封皆威而服焉是以孔子明王道干七十餘君莫能用故西觀周室論

史記舊聞興於魯而次春秋上記隱下至哀之
獲麟約其辭文去其煩重（索隱曰去音羌呂反重音逐龍反言約史記修春秋
去其重複之文也）以制義法王道備人事浹七十子之徒
口受其傳指（索隱曰傳音逐宣反）為有所刺譏襃諱挹損之
文辭不可以書見也魯君子左丘明懼弟子人
人異端各安其意失其真故因孔子史記具論
其語成左氏春秋鐸椒為楚威王傅為王不能
盡觀春秋采取成敗卒四十章為鐸氏微（索隱曰鐸
椒所撰名鐸氏微者春秋有微婉之辭故也）趙孝成王時其相虞卿上采
春秋下觀近勢亦著八篇為虞氏春秋（正義曰按其文八篇

藝文志云十五篇虞卿撰呂不韋者秦莊襄王相亦上觀尚古刪拾春秋集六國時事以爲八覽六論十二紀爲呂氏春秋及如荀卿孟子公孫固韓非之徒各往往捃摭春秋之文以著書不可勝紀索隱曰荀況孟軻韓非皆著書自稱子宋有公孫固无所述此固蓋齊人韓固傳詩者也漢相張蒼歷譜五德索隱曰按張蒼著終始五德傳也上大夫董仲舒推春秋義頗著文焉索隱曰作春秋繁露是

太史公曰儒者斷其義馳說者騁其辭不務綜其終始歷人取其年月數家索隱曰數音踈具反謂陰陽術數之家也隆於神運徐廣曰一作通也譜諜獨記世謚其辭略欲一

觀諸要難。索隱曰觀音官難音奴丹反於是譜十二諸侯，自共和訖孔子，表見春秋、國語學者所譏盛衰大指著于篇，爲成學治古文者徐廣曰一云治國聞者也要删焉。索隱曰言表見春秋國語本爲成學之人攻文之士以欲覽其要故删爲此篇焉

周	
魯	真公濞 索隱曰系本作慎公摯鄒誕本
齊	武公壽 索隱曰太公五代孫獻公子也
晉	靖侯宜臼 索隱曰唐叔五代孫厲侯
秦	秦仲 索隱曰非子曾孫公伯之子宣王命
楚	熊勇 索隱曰楚芈姓鬻熊之後因氏熊[illegible]
宋	釐公 索隱曰微仲七代孫厲公
衛	釐侯 索隱曰康叔七代孫頃侯之子頃侯
陳	幽公寧 索隱曰胡公五代孫也
蔡	武侯 索隱曰蔡仲五代孫也
曹	夷伯 索隱曰名喜振鐸六代孫也
鄭	
燕	惠侯 索隱曰召公奭九世孫也
吳	

十二諸侯年表

庚申	
共和元年以宣王少大臣共和行政條廣	作慎
十五年一云十四年	公嗥 真公 伯禽 之玄 孫
十年	宋衷 曰武 公十 年宣 王大 臣共 行政 故號 曰共 和十 四年 宣王 即位
十八年	之子 宋衷 曰唐 叔巳 下五 代熊 年紀
四年	爲大 夫誅 西戎 也
七年	勇能 延之 子能 繹九 代孫
十八年	
十四年	賂周 始命 爲侯
十四年	
二十三年	
二十四年	
二十四年	

曰自共和元年歲在庚申訖敬王四十三年凡三百六十五年共和在春秋前一百一十九年。○索隱曰宣王少周召二公共相王室故曰共和宣王厲王老

			甲子	
子也				
二 厲王子居召公宮是為宣王	三	四	五	六
十六	十七	十八	十九	二十
十一	十二	十三	十四	十五
晉釐侯司徒元年	二	三	四	五
五	六	七	八	九
八	九	十	楚熊嚴元年	二
十九	二十	二十一	二十二	二十三
二十五	二十六	二十七	二十八	二十九
二十五	二十六	二十七	二十八	二十九
二十四	二十五	二十六	蔡夷侯元年	二
二十五	二十六	二十七	二十八	二十九
二十五	二十六	二十七	二十八	二十九

七	八	九	十	十一
二十一	二十二	二十三	二十四	二十五
十六	十七	十八	十九	二十
六	七	八	九	十
十	十一	十二	十三	十四
三	四	五	六	七
二十四	二十五	二十六	二十七	二十八
二十	二十一	二十二	二十三	二十四
二十	二十一	二十二	二十三	陳釐公孝元年
三	四	五	六	七
三十	曹幽伯彊元年	二	三	四
三十	三十一	三十二	三十三	三十四

十二	十三	十四　宣王即位，共和罷。索隱曰：二相還政，宣王稱元年也。
二十六	二十七	二十八
二十一	二十二	二十三
十一	十二	十三
十五	十六	十七
八	九	十
宋惠公覸元年。索隱曰：覸音閑，又音下板反。	二	三
二十五	二十六	二十七
二	三	四
八	九	十
五	六	七
三十五	三十六	三十七

甲 戊	
釐王 元年 釐王 子	二
二十 九	三十
二十 四	二十 五
十四	十五
十八	十九
楚熊 霜 元年	二
四	五
二十 八	二十 九
五	六
十一	十二
八	九
五十 八	燕釐侯莊元年索隱曰徐廣云一无莊字按燕失年紀及君名此言莊者衍字也

三	魯武公敖元年	二十六	十六	二十	三	六	三十	七	十三	曹戴伯鮮元年		三	
四	二	齊厲公無忌元年	十七	二十一	四	七	三十一	八	十四	二		三	
五	三	二	十八	二十二	五	八	三十二	九	十五	三		四	
六	四	三	晉獻公籍元年	二十三	六	九	三十三	十	十六	四		五	
七	五	四	二	秦莊公元年	楚熊徇元年	十	三十四	十一	十七	五		六	

	八	九	十
	六	七	八
	五	六	七
	三	四	五
索隱曰其名也案秦之先公並不記名恐非其名	二	三	四
元年	二	三	四
	十一	十二	十三
	三十五 五	三十六 六	三十七 七
	十二	十三	十四
	十八	十九	二十
	六	七	八
	七	八	九

甲申					
十一	十二	十三	十四	十五	十六
九	十	魯懿公戲元年	二	三	四
八	九	齊文公赤元年	二	三	四
六	七	八	九	十	十一
五	六	七	八	九	十
五	六	七	八	九	十
十四	十五	十六	十七	十八	十九
三十八	三十九	四十	四十一	四十二	衛武公和元年
十五	十六	十七	十八	十九	二十
二十一	二十二	二十三	二十四	二十五	二十六
九	十	十一	十二	十三	十四
十	十一	十二	十三	十四	十五

十七	十八
五	六
五	六
穆侯弗生元年 索隱曰按系家名費生或作濆生系本名弗生則生是穆公之名費濆弗不同爾	二
十一	十二
十二	十三
二十	二十一
二	三
二十一	二十二
二十七	二十八
十五	十六
十六	十七

		甲午	
十九	二十	二十一	二十二
七	八	九	魯孝公稱元年伯御立爲君稱爲諸公子云伯御武公孫
七	八	九	十
三	四取齊女爲夫人	五	六
十三	十四	十五	十六
十三	十四	十五	十六
二十二	二十三	二十四	二十五
四	五	六	七
二十三	二十四	二十五	二十六
蔡釐侯所事元年	二	三	四
十七	十八	十九	二十
			鄭桓公友元年始封周宣王母弟○索隱曰宣王二十
十八	十九	二十	二十一

	二十三	二十四	二十五
	二	三	四
	十一	十二	齊成公說元年索隱曰系家說作脫
	七以伐條生太子仇	八	九
	十七	十八	十九
	十七	十八	十九
	二十六	二十七	二十八
	八	九	十
	二十七	二十八	二十九
	五	六	七
	二十一	二十二	二十三
二年封之鄭立二十六年与幽王俱死犬戎	二	三	四
	二十二	二十三	二十四

二十六	二十七	二十八	二十九
五	六	七	八
二	三	四	五
十年以畝戰生仇弟成師二子名反君子譏之後亂	十一	十二	十三
二十	二十一	二十二	二十三
二十	二十一	二十二	楚熊鄂元年
三十九	三十	三十一宋惠公薨	宋戴公立元年
[illegible]	十二	十三	十四
三十	三十一	三十二	三十三
八	九	十	十一
二十四	二十五	二十六	二十七
五	六	七	八
二十五	二十六	二十七	二十八

	甲辰		
三十	三十一	三十二	三十三
九	十	十一 周宣王誅伯御立其弟稱是為孝公	十二
六	七	八	九
十四	十五	十六	十七
二十四	二十五	二十六	二十七
二	三	四	五
二	三	四	五
十五	十六	十七	十八
二十四	二十五	三十六	陳武公靈元年
十二	十三	十四	十五
二十八	二十九	三十	曹惠公伯雉元年索隱曰雉一作兕
九	十	十一	十二
二十九	三十	三十一	三十二

三十四	三十五	三十六	三十七	三十八
十三	十四	十五	十六	十七
齊莊公購元年	二	三	四	五
十八	十九	二十	二十一	二十二
二十八	二十九	三十	三十一	三十二
六	七	八	九	楚若敖元年 索隱曰熊儀也号若敖
六	七	八	九	十
十九	二十	二十一	二十二	二十三
二	三	四	五	六
十六	十七	十八	十九	二十
二	三	四	五	六
十三	十四	十五	十六	十七
三十三	三十四	三十五	三十六	燕頃侯元年

甲寅				
四十三	四十二	四十一	四十	三十九
二十二	二十一	二十	十九	十八
十	九	八	七	六
二十七 穆侯卒弟殤叔自立太	二十六	二十五	二十四	二十三
三十七	三十六	三十五	三十四	三十三
六	五	四	三	二
十五	十四	十三	十二	十一
二十八	二十七	二十六	二十五	二十四
十一	十	九	八	七
二十五	二十四	二十三	二十二	二十一
十一	十	九	八	七
二十二	二十一	二十	十九	十八
六	五	四	三	二

	四十四	四十五	四十六	幽王元年
	二十三	二十四	二十五	二十六
	十一	十二	十三	十四
子仇出奔	晉殤叔元年	二	三	四 仇攻殺殤叔立爲文侯
	三十八	三十九	四十	四十一
	七	八	九	十
	十六	十七	十八	十九
	二十九	三十	三十一	三十二
	十二	十三	十四	十五
	二十六	二十七	二十八	二十九
	十二	十三	十四	十五
	二十三	二十四	二十五	二十六
	七	八	九	十

			甲子
二 三川震	三 王取褒姒	四	五
二十七	二十八	二十九	三十
十五	十六	十七	十八
晉文侯仇元年	二	三	四
四十二	四十三	四十四	秦襄公元年
十一	十二	十三	十四
二十	二十一	二十二	二十三
三十三	三十四	三十五	三十六
陳夷公說元年	二	三	陳平公燮元年
三十	三十一	三十二	三十三
十六	十七	十八	十九
二十七	二十八	二十九	三十
十一	十二	十三	十四

六	七	八	九	十
三十一	三十二	三十三	三十四	三十五
十九	二十	二十一	二十二	二十三
五	六	七	八	九
二	三	四		六
十五	十六	十七	十八	十九
二十四	二十五	二十六	二十七	二十八
三十七	三十八	三十九	四十	四十一
二	三	四	五	六
三十四	三十五	三十六	三十七	三十八
二十	二十一	二十二	二十三	二十四
三十一	三十二	三十三	三十四	三十五
十五	十六	十七	十八	十九

十一幽王為犬戎所殺	平王元年東徙雒邑	二	三
三十六	三十七	三十八	魯惠公弗
二十四	二十五	二十六	二十七
十	十一	十二	十三
七始列為諸侯	八初立西畤祠白帝	九	十
二十	二十	二十二	二十三
二十九	三十	三十一	三十二
四十二	四十三	四十四	四十五
七	八	九	十
三十九	四十	四十一	四十一
二十五	二十六	二十七	二十八
三十六以幽王故為犬戎所殺	鄭武公元年索隱曰名滑突滑一作撫並音胡忽反	二	三
二十	二十一	二十二	二十三

	甲戌		
	四	五	六
湟元年 索隱曰系家作弗湟系本作弗皇	二	三	四
	二十八	二十九	三十
	十四	十五	十六
	十一	十二 伐戎至岐而死	秦文公元年
	二十四	二十五	二十六
	三十三	三十四	宋武公司空元年
	四十六	四十七	四十八
	十一	十二	十三
	四十三	四十四	四十五
	二十九	三十	三十一
	四	五	六
	二十四	燕哀侯元年	二

七	八	九
五	六	七
三十一	三十二	三十三
十七	十八	十九
二	三	四
二十七	楚霄敖元年 索隱曰按系家若敖子熊坎立是爲霄敖此作䨅敖恐是霄變爲䨅也劉伯莊亦相隨字而音更不分析	二
二	三	四
四十九	五十	五十一
十四	十五	十六
四十六	四十七	四十八
三十二	三十三	三十四
七	八	九
燕鄭侯元年	二	三

				甲申
十	十一	十二	十三	十四
八	九	十	十一	十二
三十四	三十五	三十六	三十七	三十八
二十	二十一	二十二	二十三	二十四
五	六	七	八	九
三	四	五	六	楚蚡冒元年 索隱曰
五	六	七	八	九
五十二	五十三	五十四	五十五	衛莊公
十七	十八	十九	二十	二十一
蔡共侯興元年	二	蔡戴侯元年	二	三
三十五	三十六	曹穆公元年	二	三
十 取田侯女武姜	十一	十二	十三	十四 生莊公寤生
四	五	六	七	八

	十五	十六	十七
	十三	十四	十五
	三十九	四十	卌一
	二十五	二十六	二十七
	十作鄜畤	十一	十二
鄭氏云蚡一作粉音憤冒音亡報反又音默	二	三	四
	十	十一	十二
楊元年	二	三	四
	二十二	二十三	陳文公圉元年生桓公鮑厲公他他母
	四	五	六
	曹桓公終生元年	二	三
	十五	十六	十七生大叔
	九	十	十一

	十八	十九	二十	二十一	二十二
一	十六	十七	十八	十九	二十
	四十二	四十三	四十四	四十五	四十六
	二十八	二十九	三十	三十一	三十二
	十三	十四	十五	十六	十七
	五	六	七	八	九
	十三	十四	十五	十六	十七
	五	六	七	八	九
蔡女	二	三	四	五	六
	七	八	九	十	蔡宣侯揩論元年
	四	五	六	七	八
段	十八	十九	二十	二十一	二十二
	十二	十三	十四	十五	十六

	甲午		
二十三	二十四	二十五	二十六
二十一	二十二	二十三	二十四
四十七	四十八	四十九	五十
三十三	三十四	三十五	晉昭侯元年封其季弟成師于曲沃曲沃大於国君子譏曰晉人乱自曲沃始矣
十八	十九作祠陳寶	二十	二十一
十	十一	十二	十三
十八生魯桓公母	宋宣公力元年	二	三
十	十一	十二	十三
七	八	九	十文公卒
二	三	四	五
九	十	十一	十二
二十三	二十四	二十五	二十六
十七	十八	十九	二十

十二諸侯年表

二十七	二十八	二十九	三十	三十一
二十五	二十六	二十七	二十八	二十九
五十一	五十二	五十三	五十四	五十五
二	三	四	五	六
二十二	二十三	二十四	二十五	二十六
十四	十五	十六	十七	武王立
四	五	六	七	八
十四	十五	十六	十七愛妾子州吁州吁好兵	十八
桓公元年	二	三	四	五
六	七	八	九	十
十三	十四	十五	十六	十七
二十七	母欲立段公不聽鄭莊公寤生元年祭仲生	二	三	四
二十一	二十二	二十三	二十四	二十五

		甲辰
三十二	三十三	三十四
三十	三十一	三十二
五十六	五十七	五十八
潘父殺昭侯納成師不克昭侯子立是為孝侯○索隱曰昭侯子文侯仇之子系家云晉大臣潘父殺昭侯迎曲沃栢叔晉人攻之立昭侯子平是為孝侯	二	三
二十七	二十八	二十九
二	三	四
九	十	十一
十九	二十一	二十二
六	七	八
十一	十二	十三
十八	十九	二十
五	六	七
二十六	二十七	二十八

三十五	三十六	三十七	三十八	三十九
三十三	三十四	三十五	三十六	三十七
五十九	六十	六十一	六十二	六十三
四	五	六	七	八
三十	三十一	三十二	三十三	三十四
五	六	七	八	九
十二	十三	十四	十五	十六
二十一	二十二	夫人无子桓公立衛桓公完元年	二弟州吁驕完黜之出奔	三
九	十	十一	十二	十三
十四	十五	十六	十七	十八
二十一	二十二	二十三	二十四	二十五
八	九	十	十一	十二
二十九	三十	三十一	三十二	三十三

四十	四十一	四十二	四十三
三十八	三十九	四十	四十一
六十四	齊釐公祿父元年	二 同母弟夷仲生公孫毋知也	三
九 曲沃桓叔成師卒子代立為莊伯	十	十一	十二
三十五	三十六	三十七	三十八
十	十一	十二	十三
十七	十八	十九 公卒命立弟和為穆公	宋穆公和元年
四	五	六	七
十四	十五	十六	十七
十九	二十	二十一	二十二
二十六	二十七	二十八	二十九
十三	十四	十五	十六
三十四	三十五	三十六	燕穆

	甲寅			
	四十四	四十五	四十六	四十七
	四十二	四十三	四十四	四十五
	四	五	六	七
	十三	十四	十五	十六 曲沃莊伯殺孝侯晉人立孝侯子郄爲鄂晉鄂侯郄
	三十九	四十	四十一	四十二
	十四	十五	十六	十七
	二	三	四	五
	八	九	十	十一
	十八	十九	二十	二十一
	二十三	二十四	二十五	二十六
	三十	三十一	三十二	三十三
	十七	十八	十九	二十
侯元年	二	三	四	五

四十八	四十九
四十六	魯隱公息姑元年母聲子徐廣曰春秋隱元年歲在己未索隱曰系家名息系本名息如也
八	九
元年曲沃彊於晉索隱曰有本郤作都者誤也郤邑郤其名	二
四十三	四十四
十八	十九
六	七
十二	十三
二十二	二十三
二十七	二十八
三十四	三十五
二十一	二十二段作亂奔
六	七

十二諸侯年表

五十	五十一	桓王元年
二	三 二月日蝕	四
十	十一	十二
三	四	五
四十五	四十六	四十七
二十	二十一	二十二
八	九 公屬孔父立殤公馮奔鄭	宋殤公與夷元年
十四	十五	十六 州吁弒公自立
二十四	二十五	二十六 衛石碏來告故執州吁
二十九	三十	三十一
三十六	三十七	三十八
二十三 公悔思母不見穿地相見	二十四 侵周取禾	二十五
八	九	十

甲子		
二使虢公伐晉之曲沃	三	四
五公觀魚于棠君子譏之	六鄭人來渝平	七
十三	十四	十五
六鄂侯卒曲沃莊伯復攻鄂晉立鄂侯子光爲哀侯	晉哀侯光元年	二莊伯卒子稱立爲武公
四十八	四十九	五十
二十三	二十四	二十五
二鄭伐我我伐鄭	三	四
衞宣公元年晉共立之討州吁	二	三
二十七	二十八	二十九
三十二	三十三	三十四
三十九	四十	四十一
二十六	二十七始朝王王不禮	二十八
十一	十二	十三

五	六	七
八 易許田君子譏之	九 三月大雨雹	十
十六	十七	十八
三	四	五
秦寧公元年	二	三
二十六	二十七	二十八
五	六	七 諸侯敗我我師與衛人伐鄭
四	五	六
三十	三十一	三十二
三十五	蔡桓侯封人元年	二
四十二	四十三	四十四
二十九 與魯璧易許田	三十	三十一
十四	十五	十六

八	九	十
十一 大夫翬請殺桓公求為相公不聽即殺公	魯桓公允元年。母宋武公女生手文為魯夫人。索隱曰允一作兀音五忽反徐廣云一作軌	二 宋賂以鼎入於太廟
十九	二十	二十一
六	七	八
四	五	六
二十九	三十	三十一
八	九	華督見孔父妻好悅之
七	八	九
三十三	三十四	三十五
三	四	五
四十五	四十六	四十七
三十二	三十三 以璧如魯易許田	三十四
十七	十八	燕宣

畧乍賂

			甲戌
	十二	十二	十三伐鄭
君子譏之	三翬迎女齊侯送女君子譏之	四	五
	二十二	二十三	二十四
	晉少子元年	二	三
	七	八	九
	三十二	三十三	三十四
華督殺孔父及殺殤公宋公馮元年華督爲相	二	三	四
	十	十一	十二
	三十六	三十七	三十八
	六	七	八
	四十八	四十九	五十
	三十五	三十六	三十七伐周傷王
侯元年	二	三	四

十四	十五	十六
六	七	八
二十五山戎伐我	二十六	二十七
曲沃武公殺小子因伐曲沃立晉哀侯弟湣爲晉侯晉侯湣元年索隱曰湣音旻	二	三
十	十一	十二
三十五侵隨隨爲善政得止	三十六	三十七伐隨弗拔但盟罷兵
五	六	七
十三	十四	十五
弟他殺太子免代立國乱再赴陳厲公他元年索隱曰他音徒何反陳大夫五父後立爲厲公	二生敬仲完	三周史卜完後世齊王
九	十	十一
五十一	五十二	五十三
三十八太子忽救齊齊將妻之	三十九	四十
五	六	七

十七	十八	十九	二十	二十一
九	十	十一	十二	十三
二十八	二十九	三十	三十一	三十二
四	五	六	七	八
秦出公元年	二	三	四	五
三十八	三十九	四十	四十一	四十二
八	九	十 執蔡仲	十一	十二
十六	十七	十八 太子伋弟壽爭死	十九	衛惠公朔元年
四	五	六	七 公淫蔡蔡殺公	陳莊公林元年
十二	十三	十四	十五	十六
五十四	五十五	曹莊公射姑元年	二	三
四十一	四十二	四十三	鄭厲公突元年	二
八	九	十	十一	十二

		甲申	○
	二十二	二十三	莊
	十四	十五 天王求車非礼	十六
毋知釐公令秩服如太子	三十三	齊襄公諸兒元年貶毋知秩服毋知怨	二
	九	十	十
	六 三公殺出公立其兄武公	秦武公元年彭至華山	二
	四十三	四十四	四十
	十三	十四	十五
	二	三 朔奔齊立黔牟年	衛黔
桓公子	二	三	四
	十七	十八	十九
	四	五	六
	三 諸侯伐我報宋故	四 蔡仲立忽公出居櫟	鄭昭
	十三	燕桓公元年	二

元年生子頹	二有兄弟	三
晉謀伐鄭	十七日蝕不書日官失之	十八公与夫人如齊齊侯通焉使彭生殺公於車上
	三	四殺魯柏公誅彭生
	二十	三十
	三	四
五	四十六	四十七
	十六	十七
元年	二	三
	五	六
	二十	蔡哀侯獻舞元年
	七	八
公元年忽母鄧女蔡仲取之	二渠弥殺昭公	鄭子亹元年齊殺子亹昭公弟
	二	四

四 周公欲殺王而立子克王誅周公克奔燕	五	六
魯莊公同元年	二	三
五	六	七
十四	十五	十六
五	六	七
四十八	四十九	五十
十八	十九	蔡哀公獻舞元年
四	五	六
七	陳宣公杵臼元年杵臼莊公弟	二
二	三	四
九	十	十一
鄭子嬰元年子亹之弟	二	三
五	六	七

			甲午
七	八	九	十
四	五与齊伐衛納惠公	六	七星隕如雨与
八伐紀去其都邑	九	十	十一
十七	十八	十九	二十
八	九	十	十一
五十一王伐隨夫人心動王卒軍中	楚文王貲元年始都郢	二伐申過鄧鄧人曰楚可取鄧侯不許	三
二	三	四	五
七	八	九	十齊立
三	四	五	六
五	六	七	八
十二	十三	十四	十五
四	五	七	七
燕莊公元年	二	三	四

	十一	十二	十三
雨皆	八 子糾來奔与管仲俱避毋知乱	九 魯欲与糾入後小白齊距魯使生致管仲	十 齊伐我爲糾故
	十二 毋知弑君自立	齊桓公小白元年春齊殺毋知	二
	二十一	二十二	二十三
	十二	十三	十四
	四	五 息夫人陳女過蔡蔡不礼惡之楚	六 伐蔡獲哀侯以歸
	六	七	八
惠公黔牟奔周	衛惠公朔復入十四年	十五	十六
	七	八	九
	九	十	十一 楚虜我侯
	十六	十七	十八
	八	九	十
	五	六	七

十四	十五	釐王元年	二
十一 臧文仲弔宋水	十二	十三 曹沫劫桓公反所亡地	十四
三	四	五 与魯人會柯	六
二十 四	二十一 五	二十 六	二十 七
二十五	二十六	二十七	十八
七	八	九	十
九 宋大水公自罪魯使臧文仲來弔	十 万殺君仇牧有義	宋桓公御說元年莊公子	二
十七	十八	十九	二十
十	十一	十二	十三
十二	十三	十四	十五
十九	二十	二十 一	二十 二
十一	十二	十三	十四
八	九	十	十一

		甲辰
三	四	五
十五	十六	十七
七 始霸會諸侯於鄄	八	九
二十八 曲沃武公滅晉侯湣以寶獻周周命武公爲晉君并其地	晉武公稱并晉已立二十八年不更元因其元年	二十九 武公卒子詭諸立爲獻公
十九	二十 葬雍初以人從死	秦德公元年武公弟
十一	十二 伐鄧滅之	十三
三	四	五
二十一	二十二	二十三
十四	十五	十六
十六	十七	十八
二十二	二十四	二十五
鄭厲公元年厲公亡後十歲復入	二 諸侯伐我	三
十二	十三	十四

惠王元年取陳后	二燕衛伐王
十八	十九
十	十一
晉獻公詭諸元年	二
二初作伏祠社磔狗邑四門	秦宣公
堵敖囏元年徐廣曰作動○索隱曰囏音艱系家作莊敖劉音牡此作堵敖劉氏云亦作杜堵杜声相近又與系充乖未詳其由也	二
六	七取衛
二十四	二十五
十七	十八
十九	二十
二十六	二十七
四	五
十五	十六伐王

王奔温立子頹	三	四誅頹惠王	五
	二十	二十一	二十二
	十二	十三	十四陳完自陳來奔田常始此也○正義曰齊桓公十四年陳厲公
	三	四	五伐驪戎得姬
元年	二	三	四作密畤
	三	四	五弟惲殺堵敖自立
[illegible]公弟	八	九	十
	二十六	二十七	二十八
	十九	二十	二十一厲公子完奔齊
	蔡穆侯肹元年	二	三
	二十八	二十九	三十
	六	七救周乱入王	厲文公捷元年
王奔温立子頹	十七鄭執我仲父	十八	十九

	六	七	八	九
二十一年周惠王之五年	二十三公如齊觀社	二十四	二十五	二十六
	十五	十六	十七	十八
	六	七	八尽殺故晉侯羣公子	九始城絳都之
	五	六	七	八
	楚成王惲元年	二	三	四
	十一	十二	十三	十四
	二十九	三十	三十一	衛懿公赤元年
	二十二	二十三	二十四	二十五
	四	五	六	七
	三十一	曹釐公夷元年	二	三
	二	三	四	五
	二十	二十一	二十二	二十三

甲寅			
十 賜齊侯命	十一	十二	十三
二十七	二十八	二十九	三十
十九	二十	二十一	二十二
十	十一	十二 太子申生居曲沃重耳居蒲城夷吾居屈驪姬故	十三
九	十	十一	十二
五	六	七	八
十五	十六	十七	十八
二	三	四	五
二十六	二十七	二十八	二十九
八	九	十	十一
四	五	六	七
六	七	八	九
二十四	二十五	二十六	二十七

十四	十五	十六
三十一	三十二 莊公弟叔牙鴆死子般卒季友奔陳立湣公	魯湣公開元年
二十三 伐山戎為燕也	二十四	二十五
十四	十五	十六 伐魏取霍始封趙夙耿畢万魏始此
秦成公元年	二	三
九	十	十一
十九	二十	二十一
六	七	八 翟伐我我公好鶴士不戰滅我国
廿	廿一	三十二
十二	十三	十四
八	九	曹昭公元年
十	十一	十二
二十八	廿九	三十

十七	十八	十九
二慶父殺湣公季友自陳立申爲釐公殺慶父	魯釐公申元年哀姜喪自齊至	二
二十六	二十七殺女弟魯莊公夫人淫故	二十
十七申生將軍君子知其廢	十八	十九
四	秦穆公任好元年	二
十二	十三	十四
二十二	二十三	二十
國怨惠公亂滅其後更立黔牟弟衛戴公元年	衛文公燬元年戴公弟也	二
三十三	三十四	三
十五	十六	十七
二	三	四
十三	十四	十五
三十一	三十二	三十

	甲子	
	二十	二十一
	三	四
八 爲衛築楚丘救戎狄伐	二十九 与蔡姬共舟湯公公怒歸蔡姬	三十 率諸侯伐蔡蔡潰遂
荀息以幣假道于虞以伐虢滅下陽	二十	二十一 申生以驪姬讒自殺
	三	四 迎婦於晉
	十五	十六 齊伐我至陘使屈完
四	二十五	二十六
齊桓公率諸侯爲我城楚丘	三	四
十五	三十六	三十七
	十八 以女故齊伐我	十九
	五	六
	十六	十七
三	燕襄公元年	二

	二十二	二十三	二十四
	五	六	七
伐楚責包茅貢	三十一	三十二率諸侯伐鄭	三十三
重耳奔蒲夷吾奔屈	二十二滅虞虢重耳奔狄	二十三夷吾奔梁	二十四
	五	六	七
	十七	十八伐許許公肉袒謝楚從之	十九
	二十七	二十八	二十九
	五	六	七
	三十八	三十九	四十
	二十	二十一	二十二
	七	八	九
	十八	十九	二十
	三	四	五

二十五 襄王立畏太叔徐廣曰皇甫謐云二十四年惠王崩	襄王元年諸侯立王
八	九 齊率我伐晉亂至高梁還
三十四	三十五 夏會諸侯于葵丘天子使宰孔
二十五 伐翟以重耳故	二十六 公卒立奚齊里克殺之及
八	九 夷吾使郤芮賂求入夷吾
二十	二十一
三十 公疾太子茲父讓兄目夷賢公不聽	三十一 公薨未葬齊桓會葵丘
八	九
四十一	四十二
二十三	二十四
曹共公元年	二
二十一	二十二
六	七

史記年表 十八

十二諸侯 下

史記年表

十二諸侯下

十八

三 戎伐我太叔帶召之欲誅叔帶叔帶奔齊	二	
十一	十	
三十七	三十六 使隰朋立晉惠公	賜胙命無拜
二	晉惠公夷吾元年誅里克倍秦約	卓子立夷吾
十一 救王伐戎戎去	十 丕鄭子豹亡來	
二十三 伐黃	二十二	
二	宋襄公茲父元年目夷相	
十一	十	
四十四	四十三	
二十六	二十五	
四	三	
二十四 有妾夢天與之蘭生穆公蘭	二十三	
九	八	

	甲戌
四	五
十二	十三
三十八 使管仲平戎于周欲以上卿禮讓受下卿	三十九 使仲孫請王言叔帶王怒
三	四 飢請粟秦與我
十二	十三 丕豹欲無與公不聽輸晉粟起雍至絳
二十四	二十五
三	四
十二	十三
四十五	陳穆公款元年
二十七	二十八
五	六
二十五	二十六
十	十一

六	七	八
十四	十五 五月日有食之不書史官失之	十六
四十五	四十一	四十二 王以戎寇告齊
五 秦飢請粟晉倍之	六 秦虜惠公復立之	七 重耳聞管仲死去翟
十四	十五 以盜食善馬士得破晉	十六 爲河東置官司
二十六 滅六英	二十七	二十八
五	六	七 隕五石六鷁退飛過
十四	十五	十六
二	三	四
二十九	蔡莊公甲午元年	二
七	八	九
二十七	二十八	二十九
十二	十三	十四

	九	十	十一	
	十七	十八	十九	
諸侯戍周	四十三	孝公昭元年	二	
	八	九	十	
	十七	十八	十九	滅梁梁好成不居民罷相驚故亡索
	二十九	三十	三十一	
	八	九	十	
	十七	十八	十九	
	五	六	七	
	三	四	五	
	十	十一	十二	
	三十	三十一	三十二	
	十五	十六	十七	

	十二	十三	十四 叔帶復歸於周
	二十	二十一	二十二
	三	四	五 歸王弟帶
	十一	十二	十三 太子圉質秦亡歸索隱曰圉晉惠公夷吾之子
隱曰好去聲罷音皮	二十	二十一	二十二
	三十二	三十三 執宋襄公復歸之	三十四
	十一	十二 召楚盟	十三 泓之戰楚敗之索隱曰[illegible]戰於泓
	二十	二十一	二十二
	八	九	十
	六	七	八
	十三	十四	十五
	三十三	三十四	三十五 君如楚宋
	十八	十九	二十

	甲申	
	十五	十六王奔氾氾鄭地也索隱曰
	二十三	二十四
	六伐宋以其不同盟	七
也音傈賀音致又如字	十四圉立爲懷公	晉文公元年誅子圉魏武子爲魏大夫趙衰爲
	二十三迎重耳於楚厚禮之妻之女重耳願歸	二十四以兵送重耳
	三十五重耳過厚禮之	三十六
水之上系家云十二年宋師大敗傷股	十四公疾死泓戰	宋成公王臣元
	二十三重耳從齊過無禮	二十四
	十一	十二
	九	十
	十六重耳過無禮僖負覊私善	十七
伐我	三十六重耳過無禮叔詹諫	三十七
	二十一	二十二

汜音凡又音似	十七 晉納王	十八	十九
	二十五	二十六	二十七
	八	九	十 孝公薨弟潘因
原大夫咎犯曰求霸莫如內王	二	三 宋服	四 救宋衛曹
	二十五 欲內王軍河上	二十六	二十七
	三十七	三十八	三十九 使子玉伐
年	二	三 倍楚親晉	四 楚伐我我告急
	二十五	衛成公鄭元年	二
	十三	十四	十五
	十一	十二	十三
	十八	十九	二十
	三十八	三十九	四十
	二十三	二十四	二十五

	二十王狩河陽	二十一
	二十八公如踐土會朝	二十九
衛子開方殺孝公子立潘	齊昭公潘元年會晉敗楚朝周王	二
衛恥	五侵曹伐衛取五鹿執曹伯諸侯敗楚而朝河陽周命賜公土地	六
	二十八會晉伐楚朝周	二十九
宋	四十晉敗子玉于城濮	四十一
於晉	五晉救我楚兵去	六
	三晉伐我取五鹿公出奔立公子瑕會晉朝復歸晉	四晉以衛與宋
	十六會晉伐楚朝周王	陳共公朔元年
	十四晉伐我執公復歸之	十五
	二十一晉伐我執公復歸之	二十二
	四十一	四十二
	二十六	二十七

			甲午
二十二	二十三	二十四	二十五
三十	三十一	三十二	三十三 僖公薨
三	四	五	六 狄侵
七 聽周歸衛成公與秦圍鄭	八	九 文公薨	晉襄公驩元年
三十 圍鄭有言即去	三十一	三十二 將襲鄭蹇叔曰不可	三十三 襲鄭晉敗
四十二	四十三	四十四	四十五
七	八	九	十
五 周入成公復衛	六	七	八
二	三	四	五
十六	十七	十八	十九
二十三	二十四	二十五	二十六
四十三 秦晉圍我以晉故	四十四	四十五 文公薨	鄭穆公蘭元年
二十八	二十九	三十	三十一

	二十六	二十七
	魯文公興元年	二
	七 伐衛衛伐我	八
破秦於崤	二	三 秦報我崤敗于汪
我崤	三十四 敗崤將亡歸公復其官	三十五 伐晉報崤敗我
	四十六 王欲殺太子立職太子恐與傅潘崇殺王王欲食熊蹯死不聽自立為王	楚穆王商臣元年以其太子宅賜
	十一	十二
	九 晉伐我我伐晉	十
	六	七
	十二	二十一
	二十七	二十八
弦高詐之	二	三
	三十二	三十三

	二十八	二十九	三十
	三 公如晉	四	五
	九	十	十一
	四 秦伐我取王官我不出	五 伐秦圍邧新城 索隱曰邧音阮	六 趙成子欒貞子霍伯臼季皆卒
于汪	三十六 以孟盟等伐晉晉不敢出	三十七 晉伐我圍阮新城	三十八
崇為相	二 晉伐我	三 滅江	四 滅六蓼
	十三	十四	十五
	十一	十二 公如晉	十三
	八	九	十
	二十二	二十三	二十四
	二十九	三十	三十一
	四	五	六
	三十四	三十五	三十六

	三十一	二十二
	六	七
	十二	十三
索隱曰成子名襄貞子名枝霍伯先且居也封之於霍曰季賢臣也四大夫皆此年卒	七 公卒趙盾爲太子少欲更立君恐誅遂立太子爲靈公	晉靈公夷
	三十九 繆公薨葬殉以人從死者百七十人君子譏之故不言卒	秦康公罃
	五	六
	十六	十七 公孫
	十四	十五
	十二	十二
	二十五	二十六
	三十二	三 十三
	七	八
	三十七	三十八

	三十三 襄王崩	頃王元年
	八 王使衛來求金以葬非禮	九
	十四	十五
皐元年 元年趙盾專政 索隱曰罃音乙耕反	二 秦伐我取武城報令狐之戰	三 楚率諸侯
	二	三
	七	八 伐陳
周殺成公	宋昭公杵臼元年 襄公之子 徐廣曰一云成公少子 索隱曰徐廣說是也	二
	十六	十七
	十三	十四
	廿七	二十八
	三十四	三十五
	九	十 楚伐
	三十九	四十

	甲辰	
	二	三
	十	十二敗長翟于鹹而歸得長翟
	十六	十七
救鄭	四伐秦拔少梁秦取我北徵索隱曰徵音澄蓋今之澄城也	五
	四晉伐我取少梁我伐晉取比徵	五
以其服晉	九	十
	三	四敗長翟長丘
	十八	十九
	十五	十六
	二十九	三十
	曹文公壽元年	二
我	十一	十二
	燕桓公元年	二

四	五傾臺崩	六公卿爭政故不赴
十二	十三	十四彗星入北斗周史曰十年齊君晉君
十八	十九	二十昭公卒弟商人殺大子自立是爲懿
六秦取我羈馬與秦戰河曲秦師遁	七得隨會	八趙盾以車八百乘納捷菑平王
六伐晉取羈馬怒與我大戰河曲	七晉詐得隨會	八
十一	十二	楚莊王侶元年
五	六	七
二十	二十一	二十二
十七	十八	陳靈公平國元年
三十一	三十二	三十三
三	四	五
十三	十四	十五
三	四	五

死 公 室 年

匡元年	二	三
十五 六月辛丑日蝕齊伐我	十六	十七 齊伐我
齊懿公商人元年	二 不得民心	三 伐魯
九 我入蔡	十	十一 率諸侯平宋
九	十	十一
二	三 滅庸	四
八	九 襄夫人使衛伯殺昭公弟鮑立	宋文公鮑元年 昭公
二十三	二十四	二十五
二	三	四
三十四 晉伐我莊侯薨	蔡文公申元年	二
六 齊入我郛	七	八
十六	十七	十八
六	七	八

	四	五
	十八 襄仲殺嫡立庶子爲宣公	魯宣公俀元年
	四 公刖邴歜父而奪閻職妻二人共殺公立悼公子惠公	齊惠公元元年
	十二	十三
	十二	秦共公和元年
	五	六 伐宋陳以
弟曾率諸侯平我	二	三 楚鄭伐我
	二十六	二十
	五	六
	三	四
	九	十
	十九	二十 與楚侵陳
	九	十

十二諸侯年表

	甲寅
	六 匡王崩
元年 魯立宣公不正公室卑	二
年 取魯濟西之田	二 王子成父敗長翟
救陳 宋伐鄭	十四 趙穿殺靈公趙盾使穿迎公子黑臀于周立之趙氏賜公族
元年	二
倍我 服晉故	七
以我 倍楚故也	四 華元以羊羹陷鄭
七	二十八
	七
	五
	十一
遂侵宋晉使趙盾伐我以倍晉故	二十一 與宋師戰獲華元
	十一

定王元年	二	三
三	四	五
三	四	五
晉成公黑臀元年伐鄭	二	三中行桓子荀林父救鄭伐陳
三	四	五
八伐陸渾至雒問鼎輕重	九若敖氏為亂滅之伐鄭	十
五贖華元亡歸圍曹	六	七
二十九	三十	三十一楚伐鄭與我平晉中行桓子距
八	九	十
六	七	八
十二宋圍我	十三	十四
二十二華元亡歸	鄭靈公夷元年公子歸生以黿故殺靈公	鄭襄公堅元年靈公
十二	十三	十四

	四	五	六	七
	六	七	八 十二月日蝕	九
	六	七	八	九
	四 與鄭侵陳	五	六 與魯伐秦獲秦諜殺之絳市六日而蘇	七 使栢子
	秦桓公元年	二	三 晉伐我獲諜	四
	十一	十二	十三 伐陳滅舒蓼	十四 伐鄭
	八	九	十	十一
楚救鄭侵我	三十二 與晉侵陳	三十三	三十四	三十五
	十一 晉衛侵我	十二	十三 楚伐我滅舒蓼	十四
	九	十	十一	十二
	十五	十六	十七	十八
庶弟楚伐晉來救	二	三	四	五 楚伐
	十五	十六	燕宣公元年	二

	八	九
	十 四月日蝕	十一
	十 公卒崔杼有寵高國奔衛	齊頃公無野元年
伐楚以諸侯師伐陳救鄭成公殺	景公據元年與宋伐鄭	二
	五	六
晉郤缺救鄭敗我	十五	十六 率諸侯誅陳夏徵舒立陳靈公子午
	十二	十三
	衛穆公遬元年齊高國來奔	二
	十五 夏徵舒以其母辱殺靈公	陳成公午元年靈公太子
	十三	十四
	十九	二十
我晉來救敗楚師	六 晉沐楚伐我	七
	三	四

甲子			
十	十一	十二	十三
十二	十三	十四	十五 初稅畝
二	三	四	五
三 救鄭為楚所敗河上	四	五 伐鄭	六 救宋執解揚有使節秦伐我
七	八	九	十 伐晉
十七 圍鄭鄭伯肉袒謝釋之	十八	十九 圍宋為殺使者	二十 圍宋五月華元告子反以誠楚罷
十四 伐陳	十五	十六 殺楚使者楚圍我	十七 華元告楚楚去
三	四	五	六
二	三	四	五
十五	十六	十七	十八
二十一	二十二	二十三 文公薨	曹宣公盧元年
八	九	十 晉伐我	十一 佐楚伐宋執解揚
五 楚圍我我卑辭以解	六	七	八

十四	十五	十六	十七
十六	十七 日蝕	十八 宣公薨	魯成公黑肱元年
六	七 晉使郤克來齊婦人笑之克怒歸去	八 晉伐敗我	九
七 隨會滅赤翟	八 使郤克使齊婦人笑之克怒歸	九 伐齊質子彊兵罷	十
十一	十二	十三	十四
二十一	二十二	二十三 莊王薨	楚共王審元年
十八	十九	二十	二十一
七	八	九	十
六	七	八	九
十九	二十 文侯薨	蔡景侯固元年	二
二	三	四	五
十二	十三	十四	十五
九	十	十一	十二

				甲戌
周		十八	十九	二十
魯	春齊取我隆	二 與晉伐齊齊歸我汶陽竊與楚盟	三 會晉宋衛曹伐楚鄭	四 公如晉晉不敬公欲倍晉
齊		十 晉郤克敗公於鞌虜逢丑父	十一 頃公如晉欲王晉晉不敢受	十二
晉		十一 與曹敗齊	十二 始置六卿率諸侯伐鄭	十三 魯公來不敬
秦		十五	十六	十七
楚		二 秋申公巫臣竊徵舒母奔晉以為邢大夫冬伐衛魯救齊	三	四 子反救鄭
宋		二十二	宋共公瑕元年	二
衛		十一 穆公薨與諸侯敗齊反侵地楚伐我	衛定公臧元年	二
陳		十	十一	十二
蔡		三	四 伐鄭	五
曹		六	七	八
鄭		十六	十七 晉率諸侯伐我	十八 晉欒書取
燕		十三	十四	十五
吳				

	二十一	簡王元年	二
晉合於楚	五	六	七
	十三	十四	十五
	十四梁山崩伯宗隱其人而用其言	十五使欒書救鄭遂侵蔡	十六以巫臣始通於
	十八	十九	二十
	五伐鄭倍我故也鄭悼公來訟	六	七伐鄭
	三	四	五
	三	四	五
	十三	十四	十五
	六	七晉侵我	八
	九	十	十一
我范襄公薨	鄭悼公費元年公如楚訟	二悼公薨楚伐我晉使欒書來救	鄭成公睔元年悼公弟也楚伐
	燕昭公元年	二	三
		吳壽夢元年	二巫臣來謀伐楚

十二諸侯年表

	三	四	五
	八	九	十公如晉送葬諱之
	十六	十七頃公薨	齊靈公環元年
長而謀楚	十七復趙武田邑侵蔡	十八執鄭成公伐鄭秦伐我	十九
	二十一	二十二伐晉	二十三
	八	九救鄭冬與晉成	十
	六	七	八
	六	七	八
	十六	十七	十八
	九晉欒伐我	十	十一
	十二	十三	十四
我索隱曰輸音古函反	二	三與楚盟公如晉執公伐我	四晉率諸侯伐我
	四	五	六
	三	四	五

			甲申
六	七	八	九
十一	十二	十三 會晉伐秦	十四
二	三	四 伐秦	五
晉襄公驩元年	二	三 伐秦至汪敗之獲其將成差	四
二十四 與晉侯夾河盟歸倍盟	二十五	二十六	二十七
十一	十二	十三	十四
九	十	十一 晉率我伐秦	十二
九	十	十一	十二 定公亹
十九	二十	二十一	二十二
十二	十三	十四	十五
十五	十六	十七 晉率我伐秦	曹成公負芻元年
五	六	七 伐秦	八
七	八	九	十
六	七	八	九

十	十一	十二	十三
十五 始與吳通會鍾離	十六 宣伯告晉欲殺季文子文子得以義脫	十七	十八 成公薨
六	七	八	九
五 三郤讒伯宗殺之伯宗好直諫	六 敗楚鄢陵	七	八 欒書中
秦景公元年	二	三	四
十五 許畏鄭請徙葉	十六 救鄭不利子反醉軍敗殺子反歸	十七	十八 為魚
十三 宋華元奔晉復還	宋平公成元年	二	三 楚伐
衛獻公衎元年	二	三	四
二十三	二十四	二十五	二十
十六	十七	十八	十九
二 曹執我公以歸	三	四	五
九	十 倍晉盟楚晉伐我楚來救	十一 昭公薨	十二 與楚
十一	十二	十三	燕武
十 與會鍾離	十一	十二	十三

	十四 簡王崩	靈王元年生有髭	二
	魯襄公午元年 圍宋彭城	二 會晉城虎牢	三
	十 我不救鄭晉伐我使太子光質於晉	十一	十二 伐吳
行偃殺厲公立襄公曾孫爲悼公	晉悼公元年 圍宋彭城	二 率諸侯伐鄭城虎牢	三 魏絳
	五	六	七
石伐宋彭城	十九 侵宋救鄭	二十	二十一 使子重伐吳至
彭城封魚石	四 楚侵我取犬丘晉誅魚石歸我彭城	五	六
	五 圍宋彭城	六	七
六	二十七	二十八	二十九 倍楚
	二十	二十一	二十二
	六	七	八
伐宋	十三 晉伐取我兵次洧上楚來救	十四 成公薨晉率諸侯伐我	鄭釐公惲
公元年	二	三	四
	十四	十五	十六

			甲午
	三	四	五
	四 公如晉	五 季文子卒	六
	十三	十四	十五
寧楊干	四 魏絳說和戎伐狄朝晉	五	六
	八	九	十
衛山使何忌侵陳	二十二 伐陳	二十三 伐陳	二十四
	七	八	九
	八	九	十
盟楚侵我	三十 楚伐我	二 成公薨 陳哀公弱元年	二
	三十三	二十四	二十五
	九	十	十一
元年	二	三	四
	五	六	七
楚伐我	十七	十八	十九

六	七	八
七	八 公如晉	九 與晉伐鄭會河上間公年十一可冠於衛
十 六	十 七	十 與晉伐鄭
七	八	九 率齊魯宋衛曹伐鄭秦伐我
十一	十二	十三 伐晉楚為我援
二十 五 圍陳	二十 六 伐鄭	二十 七 伐鄭師于武城為秦
十	十一	十二 晉率我伐鄭師
十一	十二	十三 晉率我伐鄭師曹䩒公卒 安
三 楚圍我為公亡歸	四	五
二十 六	二十 七 鄭侵我	二十 八 晉師伐我鄭
二十	三十	四十
五 子駟使賊夜殺釐公詐以病卒赴諸侯	鄭簡公喜元年釐公子	二 誅子駟晉率諸侯伐我我與盟楚怒伐我
八	九	十
十二	二十一	二十二

十二諸侯年表

[illegible]	十	十一
十楚鄭侵我西鄙	十一三桓分為三軍各將軍	十二公如晉
十九令太子光高厚會諸侯鍾離	二十	二十一
十率諸侯伐鄭荀罃伐秦	十一率諸侯伐鄭秦敗我櫟吾用魏絳九合諸侯	十二
十四晉伐我	十五我使庶長鮑伐晉救魏敗之櫟	十六
二十八使子囊救鄭	二十九鄭晉伐我	三十
十三鄭伐伐衛來救	十四楚伐我	十五
十四救宋	十五救鄭敗晉師櫟	十六
六	七	八
二十九	三十	三十一
十五	十六	十七
三晉率諸侯伐我楚來救子孔作亂子產攻之	四與楚伐宋晉率諸侯伐我秦來救	五
十一	十二	十三
二十三	二十四	二十五壽夢卒

十二	十三	十四
十三	十四 日蝕	十五 日蝕 齊伐我
二十二	二十三 衛獻公來奔	二十四 伐魯
十三	十四 率諸侯大夫伐秦敗棫林 索隱曰棫音域	十五 悼公薨
十七	十八 晉諸侯大夫伐我敗棫林	十九
三十一 吳伐我敗之 共王薨	楚康王招元年 共王太子出奔吳 索隱曰系本名招	二
十六	十七	十八
十七	十八 孫文子攻公公奔齊立定公弟狄	衛殤公狄元年 定公弟
九	十	十一
三十二	三十三	三十四
十八	十九	二十
六	七	八
十四	十五	十六
吳諸樊元年 楚敗我	二 季子讓位 楚伐我	三

甲辰		
十五	十六	十七
十六齊伐我地震齊復伐我北鄙	十七齊伐我北鄙	十八與晉伐齊
二十五伐魯	二十六伐魯	二十七晉圍臨淄晏嬰大破之
晉平公彪元年伐敗楚于湛坂索隱曰湛音沈湛林反地名也	二	三率魯宋衛鄭圍齊大破之
二十	二十一	二十二
三晉伐我敗湛坂	四	五伐鄭
十九	二十伐陳	二十一晉帥我伐齊
二	三伐曹	四
十二	十三宋伐我	十四
三十五	三十六	三十七
二十一	二十二伐衛	二十三成公薨
九	十	十一晉率我圍齊楚伐我
十七	十八	十九氏公薨
四	五	六

十八	十九	二十	二十
十九	二十 日蝕	二十一 公如晉日蝕	二十
二十八 廢光立子牙為太子光與崔杼殺牙自立晉衛伐我	齊莊公元年	二	三
四 與衛伐齊	五	六 魯襄公來殺羊舌虎	七
二十三	二十四	二十五	二十
六	七	八	九
二十二	二十三	二十四	二十
五 晉率我伐齊	六	七	八
十五	十六	十七	十
三十八	三十九	四十	四十
曹武公勝元年	二	三	四
十二 子產為卿	十三	十四	十五
燕文公元年	二	三	四
七	八	九	十

一	二十二	二十三	二十四
二 孔子生	二十三	二十四 侵齊 日再蝕	二十五
來奔晏嬰曰不如歸之 索隱曰音盈晉大夫也	四 欲遣欒逞入曲沃伐晉取朝歌	五 畏晉通楚晏子謀	六 晉伐我報
奔齊	八	九	十 伐齊
六	二十七	二十八	二十九
	十	十一 與齊通率陳蔡伐鄭救齊	十二 吳伐我以報舟
五	二十六	二十七	二十八
	九 齊伐我	十	十一
八	十九	二十 楚率我伐鄭	二十一
一	四十二	四十三 楚率我伐鄭	四十四
	五	六	七
	十六	十七 子產曰范宣子爲政我請伐陳	十八 伐陳入陳
	五	六	燕懿
	十一	十二	十三

	甲寅	
	二十五	二十六
齊伐我北鄙以報孝伯之師	二十六	二十七日蝕
朝歌崔杼以莊公通其妻殺之立其弟為景公	齊景公杵臼元年如晉請歸衛獻公	二慶封欲專誅崔氏杼自殺
至高唐報太行之役	十一誅衛殤公復入獻公	十二
公如晉盟不結	三十	三十一
師之役射殺吳王	十三率陳蔡伐鄭	十四
	二十九	三十
	十二	衛獻公衎後元年
鄭伐我	二十二楚率我伐鄭	二十三
	四十五	四十六
	八	九
	十九楚率陳蔡伐我	二十
公元年	二	三
諸樊伐楚迫巢門傷射以薨	吳餘祭元年	二

二十七	景王元年
二十八 公如楚葬康王	二十九 吳季子來觀周樂盡知樂所為
三 冬鮑高欒氏謀慶封發兵攻慶封慶封奔吳	四 吳季札來使與晏嬰歡
十三	十四 吳季札來曰晉政卒歸韓魏趙
三十二	三十三
十五 康王薨	楚熊郟敖元年
三十一	三十二
二	三
二十四	二十五
四十七	四十八
十	十一
二十一	二十二 季札謂子產曰政將歸子子以禮幸脫於戹矣
四 懿公薨	燕惠公元年 齊高止來奔
三 齊慶封來奔	四 守門閽殺餘祭季札使諸侯

二	三	四
三十	三十一 襄公薨昭公年十九有童心	晉昭公裯元年
五	六	七
十五	十六	十七 秦后子來奔
三十四	三十五	三十六 秦后子來奔晉
二	三 王季父圍為令尹	四 令尹圍殺郟敖自立
三十三	三十四	三十五
衛襄公惡元年	二	三
二十六	二十七	二十八
四十九 為太子取楚女公通焉太子殺公自立	蔡靈侯班元年	二
十二	十三	十四
二十三 諸公子爭寵相殺子產子成止之	二十四	二十五
二	三	四
五	六	七

晉卞書

	五	六	七
	二 公如晉至河晉謝還之	三 晏嬰使晉見叔向曰齊政歸田氏叔向曰晉公室卑	四 稱病不會楚
	八 齊田無宇送女	九	十
	十八 齊田無宇來送女	十九	二十
轅十乘	三十七	三十八	三十九
靈王	楚靈王圍元年共王子肘王	二	三 夏合諸侯宋地盟伐吳宋方誅
	三十六	三十七	三十八
	四	五	六 稱病不會
	二十九	三十	三十一
	三	四	五
	十五	十六	十七 稱病不
	二十六	二十七 夏如晉冬如楚	二十八 子產曰二國不
	五	六 公欲殺公卿立幸臣公卿誅幸臣公恐出奔齊	七
	八	九	十 楚誅慶封

	甲子		
	八	九	十
	五	六	七 季武子卒 [illegible]
	十一	十二 公如晉請伐燕入其君	十三 入燕君
	二十一 秦后子歸秦	二十二 齊景公來請伐燕入其君	二十三 入燕君
	四十 公率后子自晉歸	秦襄公元年	二
屢對爻韓我取五城	四 率諸侯伐吳	五 伐吳次乾谿	六 執芋尹亡人入
	三十九	四十	四十一
楚	十七	八	九 夫人姜氏無子
	三十二	三十三	三十四
	六	七	八
會楚	十八	十九	二十
會	二十九	三十	三十一
	八	九 齊伐我	燕悼公元年
	十一 楚率諸侯伐我	十二 楚伐我次乾谿	十三

	十一	十二	十三
—	八 公如楚楚召之賀章華臺	九	十 四月日蝕
	十四	十五	十六
	二十四	二十五	二十六 春有星出
	三	四	五
章華	七 就章華臺內亡人實之滅陳	八 弟棄疾將兵定陳	九
	四十二	四十三	四十四 平公薨
	衛靈公元年	二	三
	三十五 弟招作亂哀公自殺	陳惠公吳元年哀公孫也楚來定我	二
	九	十	十一
	二十一	二十二	二十三
	三十二	三十三	三十四
惠公歸至卒	二	三	四
	十四	十五	十六

	十四	十五	十六
	十一	十二朝晉至河晉謝之歸	十三
	十七	十八公如晉	十九
婺女十月公薨	晉昭公夷元年	二	三
	六	七	八
	十醉殺蔡侯使棄疾圍之棄疾居之為蔡侯	十一王伐舒以恐吳次乾谿民罷於役怨王	十二棄疾作亂
	宋元公佐元年	二	三
	四	五公如晉朝嗣君	六
	三	四	五楚平王復陳立
	十二靈侯如楚楚殺之使棄疾居之為蔡侯	蔡侯廬元年景侯子	二楚平王復我立景侯子
	二十四	二十五	二十六
	三十五	三十六公如晉	鄭定公
	五	六	七
	十七	吳餘昧元年	二

		甲戌	
	十七	十八 后太子卒	十九
	十四	十五 日蝕	十六 公如晉晉留之葬公恥之
	二十	二十一	二十二
	四	五	六 公卒六卿彊公室卑矣
	九	十	十一
靈王自殺復陳蔡	楚平王居元年共王子抱王	二 王為太子取秦女好自取之	三
	四	五	六
	七	八	九
惠公	六	七	八
盧徐廣曰一本景侯子盧	三	四	
			二
	二十七	曹平公須元年	四 火欲禳之子產曰不如修德
寧元年	二	三	
	燕共公元年	二	三
	三	四	吳僚元年

二十	二十一	二十二	二十三
十七 五月朔日蝕彗星見辰	十八	十九 地震	二十 齊景公與晏子狩入魯問
二十三	二十四	二十五	二十六 獵魯界因入魯
晉頃公去疾元年	二	三	四
十二	十三	十四	十五
四 與吳戰	五	六	七 誅伍奢尚太子建奔[illegible]
七	八 火	九	十 公毋信詐殺公子楚太子[illegible]
十	十一 火	十二	十三
九	十 火	十一	十二
六	七	八	九 平公薨靈公孫東國殺平[illegible]
三	四 平公薨	曹悼公午元年	二
五	六 火	七	八 楚太子建從宋來奔
四	五 共公薨	燕平公元年	二
二 與楚戰	三	四	五 伍員來奔

	二十四	二十五	敬王元年
釐	二十一公如晉至河晉謝之歸月蝕	二十二日蝕	二十三地震
	二十七	二十八	二十九
	五	六周室亂公平亂立敬王	七
	十六	十七	十八
吳	八蔡侯來奔	九	十吳伐敗我
亂之鄭	十一	十二	十三
	十四	十五	十六
	十三	十四	十五吳敗我兵取胡沈
侯子而自立	蔡悼侯東國元年奔楚	二	三
	三	四	五
	九	十	十一楚建作亂殺之
	三	四	五
	六	七	八公子光敗楚

	甲申	
二	三	四
二十四 鸛鵒來巢	二十五 公欲誅季氏三桓氏攻公公出居鄆索隱曰鄆音運	二十六 齊取我鄆以處公
三十	三十一	三十二 彗星見晏子曰田氏[illegible]
八	九	十 知櫟趙鞅內王於王
十九	二十	二十一
十一 吳卑梁人爭桑伐取我鍾離	十二	十三 欲立子西子西不肯秦女
十四	十五	宋景公頭曼元年索隱曰曼
十七	十八	十九
十六	十七	十八
蔡昭侯申元年悼侯弟	二	三
六	七	八
十二	十三	十四
六 公如晉請內王	七	八
九	十	十一

	五	六	七
	二十七	二十八 公如晉求入晉弗聽處之乾侯	二十九 公自乾侯如鄆齊侯曰主君公
公齊可長	三十三	三十四	三十五
	十一	十二 六卿誅公族分其邑各使其子爲大夫	十三
	二十二	二十三	二十四
子爲昭王	楚昭王珍元年誅無忌以說衆	二	三
音萬	二	三	四
	二十	二十一	二十二
	十九	二十	二十一
	四	五	六
	九	曹襄公元年徐廣曰一作聲	二
	十五	十六	鄭獻公蠆
	九	十	十一
	十二公子光使專諸殺僚光立	吳闔閭元年	二

士	十晉使諸侯爲我築城	九	八	
魯定	三十二公卒乾侯	三十一日蝕	三十	恥之復之乾侯
三十	三十八	三十七	三十六	
三	二率諸侯爲周築城	晉定公午元年	十四頃公薨	
二十	二十七	二十六	二十五	
七	六	五吳伐我六潛	四吳王公子來奔封以扞吳	
八	七	六	五	
二十	二十五	二十四	二十三	
二十	二十四	二十三	二十二	
十	九	八	七	
曹隱	五平公弟通殺襄公自立	四	三	
五	四	三	二	
十五	十四	十三	十二	
六	五	四伐楚六潛	三三公子奔楚	

		甲午	
	十二	十三	十四 與晉率諸侯侵
公宋元年昭公喪自乾侯至	二	三	四
九	四十	四十一	四十二
	四	五	六 周與我率
八	二十九	三十	三十一 楚包
吳敗我豫章蔡侯來朝索隱曰囊瓦楚大夫子常也子囊之孫	八	九 蔡昭侯留三歲得裘故歸	十 吳蔡伐我入郢昭王亡
	九	十	十一
六	二十七	二十八	二十九 與
五	二十六	二十七	二十八
朝楚以裘故留	十一	十二 與子常裘得歸如晉請伐楚	十三 與衛爭長衛侵我吳與
公元年	二	三	四
	六	七	八
	十六	十七	十八
楚伐我迎擊敗之取楚之居巢	七	八	九 與蔡伐楚入郢

楚	十五	十六 王子朝之徒作亂故王奔晉
	五 楊虎執季桓子與盟釋之 日蝕	六
	卌三	卌四
諸侯侵楚	七	八
胥請救	卅二	卅三
伍子胥鞭平王墓	十一 秦救至吳去昭王復入	十二 吳伐我番楚恐徙鄀 索隱曰鄀音若
	十二	十三
蔡爭長	卅	卅一
	陳懷公柳元年	二
我伐楚郢	十四	十五
	曹靖公路元年	二
	九	十 魯侵我
	十九	燕簡公元年
	十	十一 伐楚取番

十七 劉子迎王晉入王	十八	十九
七 齊伐我	八 陽虎欲伐三桓三桓攻陽虎虎奔陽	九 伐陽虎虎奔齊
四十五 侵衛伐魯	四十六 魯伐我我伐魯	四十七 囚陽虎虎奔晉
九 入周敬王	十 伐衛	十一 陽虎來奔
三十四	三十五	三十六 襄公薨
十三	十四 子西爲民泣民亦泣蔡昭侯恐	十五
十四	十五	十六 陽虎來奔
三十二 齊侵我	三十三 晉魯侵伐我	三十四
三	四 公如吳吳留之因死吳	陳湣公越元年
十六	十七	十八
三	四 靖公薨	曹伯陽元年
十一	十二	十三 獻公薨
二	三	四
十二	十三 陳懷公來留之死於吳	十四

二十	二十一	二十二
十 公會齊侯於夾谷孔子相齊歸我地索隱曰司馬彪郡國志夾谷在祝其縣西南	十一	十二 齊來歸女[illegible]
四十八	四十九	五十 [illegible]
十二	十三	十四
秦惠公元年彗星二見	二 生躁公懷公簡公	三
十六	十七	十八
十七	十八	十九
三十五	三十六	三十七
二	三	四
十九	二十	二十一
二	三 國人有夢衆君子立社宮謀亡曹振鐸待公孫請彊許之	四 衛伐我
鄭聲公勝元年鄭益弱	二	三
五	六	七
十五	十六	十七

	甲辰		
	二十三	二十四	二十五
受之孔子去魯 行	十三	十四	十五 定公薨 日蝕
	五十一	五十二	五十三
	十五 趙鞅伐范中行	十六	十七
	四	五	六
	十九	二十	二十一 滅相以吳敗我倍之
	二十	二十一	二十二 鄭伐我
伐曹	三十八 孔子來祿之如魯	三十九 太子蒯聵出奔	四十
	五	六 孔子來	七
	二十二	二十三	二十四
	五	六 公孫彊好射獻鴈君使爲司城夢者	七
	四	五 子產卒	六 伐宋
	八	九	十
	十八	十九 伐越敗我傷闔閭指以死	吳王夫差元年

二十六	二十七	二十八
魯哀公將元年	二	三 地震
五十四 伐晉	五十五 輸范中行氏粟	五十六
十八 趙鞅圍范中行朝歌齊伐我	十九 趙鞅圍范中行鄭來救敗我	二十
七	八	九
二十二 率諸侯圍蔡	二十三	二十四
二十三	二十四	二十五 孔子過宋
四十一 伐晉	四十二 靈公薨蒯聵子輒立晉納太子蒯聵于戚	衛公輒元年
八 吳伐我	九	十
二十五 楚伐我以吳怨故	二十六 畏楚私召吳人乞遷于州來州來近吳	二十七
八	九	十 宋伐我
七	八 敗范中行氏與趙鞅戰於鐵敗我師	九
十一	十二	燕獻公
二 伐越	三	四

	二十九	三十	三十一
	四	五	六
	五十七 乞救范氏	五十八 景公薨。立嬖姬子為太子	齊晏孺子元年 田乞詐立陽生，殺孺子
	二十一 趙鞅救邯鄲柏人有之	二十二 趙鞅敗范、中行，中行奔齊，伐衛	二十三
	十 惠公薨	秦悼公元年	二
	二十五	二十六	二十七 救陳，王死
相魋惡之	二十六	二十七	二十八 伐曹
	二	三 晉伐我，救范氏故	四
	十一	十二	十三 吳伐我，楚來救
	二十八 大夫共誅昭侯	蔡成侯朔元年	二
	十一	十二	十三 宋伐我
	十	十一	十二
元年	二	三	四
	五	六	七 伐陳

	甲寅	
三十二	三十三	三十四
七 公會吳王于繒吳徵百牢季康子使子貢謝之	八 吳爲邾伐我至城下盟而去齊取我三邑	九
齊悼公陽生元年	二 伐魯取三邑	三
二十四 侵衛	二十五	二十六
三	四	五
楚惠王章元年	二 子西召建子勝於吳爲白公	三 伐陳陳與吳故
二十九 侵鄭衛曹	三十 曹倍我我滅之	三十一 鄭圍我敗之于雍丘
五 晉侵我	六	七
十四	十五	十六 倍楚與吳成
三	四	五
十四 宋圍我鄭救我	十五 宋滅曹虜伯陽	
十三	十四	十五 圍宋敗我師雍丘伐我
五	六	七
八 魯會我繒	九	十

卅五	卅六	三十七
十 與吳伐齊	十一 齊伐我冉有言故迎孔子孔子歸	十二 與吳會橐皋用田賦 索隱曰橐音託皋音高縣名在壽春
四 吳魯伐我齊鮑子殺悼公齊人立其子壬為簡公	齊簡公元年魯與吳敗我	二
廿七 使趙鞅伐齊	廿八	廿九
六	七	八
四 伐鄭	五	六 白公勝數請子西伐鄭以父怨故
卅二 伐鄭	卅三	三十四
八 孔子自陳來	九 孔子歸魯	十 公如晉與吳會橐皋
十七	十八	十九
六	七	八
十六	十七	十八 宋伐我
八	九	十
十一 與魯伐齊救陳誅伍負	十二 與魯敗齊	十三 與魯會橐皋

三十八	三十九	四十
十三 與吳會黃池	十四 西狩獲麟衛出公來奔	十五 子服景伯使齊子貢爲介齊歸
三	四 田常殺簡公立其弟爲平公常相之專國權	齊平公驁元年景公孫也齊自是稱田氏
三十 與吳會黃池爭長	三十一	三十二
九	十	十一
七 伐陳	八	九
三十五 鄭敗我師	三十六	三十七 熒惑守心子韋曰善
十二	十二 父蒯聵入輒出亡	衛莊公蒯聵元年
三十	三十一	三十二
九	十	十一
十九	二十	二十一
十一 敗宋師	十二	十三
十四 與晉會黃池	十五	十六

	四十一	四十二
我侵地	十六 孔子卒	十七
曰鶩音五高反	二	三
	三十三	三十四
	十二	十三
	十 白公勝殺令尹子西攻惠王葉公攻白公白公自殺惠王復國	十一
	三十八	三十九
年	二	三 莊公辱戎州人戎州人與趙簡子攻莊公出奔
	二十三 楚滅陳殺湣公	二十四
	十二	十三
	二十二	二十三
	十四	十五
	十七	十八 楚敗我

簡[illegible]代劉[illegible]記正誤曰十二諸侯年表敬王四十一年孔子卒四十二年[illegible]敬王崩[illegible]子[illegible]元王立[illegible]
[illegible]元王立[illegible]八年[illegible]崩[illegible]子定王立[illegible]國年表[illegible]元年[illegible]
[illegible]日[illegible]十四年[illegible]獲麟[illegible]四十二年而敬王崩[illegible]子[illegible]元王[illegible]年春秋[illegible]
記世代年時事多舛錯故班固以文多抵牾[illegible]
[illegible]證引太史公[illegible]元王仁立[illegible]不相[illegible]不知誰[illegible]
三十九年春秋經終四十四年敬王崩子[illegible]元王立[illegible]元王[illegible]
同書[illegible]稽久矣是事多紛錯不違史記亦何怪焉

甲子

四十三 敬王崩徐廣曰歲在甲子

十八 二十七卒

四 二十五卒

二十 五 二十七卒立

十四 卒子厲公

十二 五十七卒

四十 六十四卒

衞君起元年石專逐起出輒復入 索隱曰傳音團或作專音敷

十四 十九卒

二十 四 三十八卒

十六 二十八卒

十九 二十二卒 索隱曰二十三年滅

索隱述贊曰太史表次抑有條理起自共和訖於孔子十二諸侯各編年紀興亡繼及盛衰臧否善惡不捐過善必揚美絕筆獲麟義取

同恥

十二諸侯年表第二　史記十四

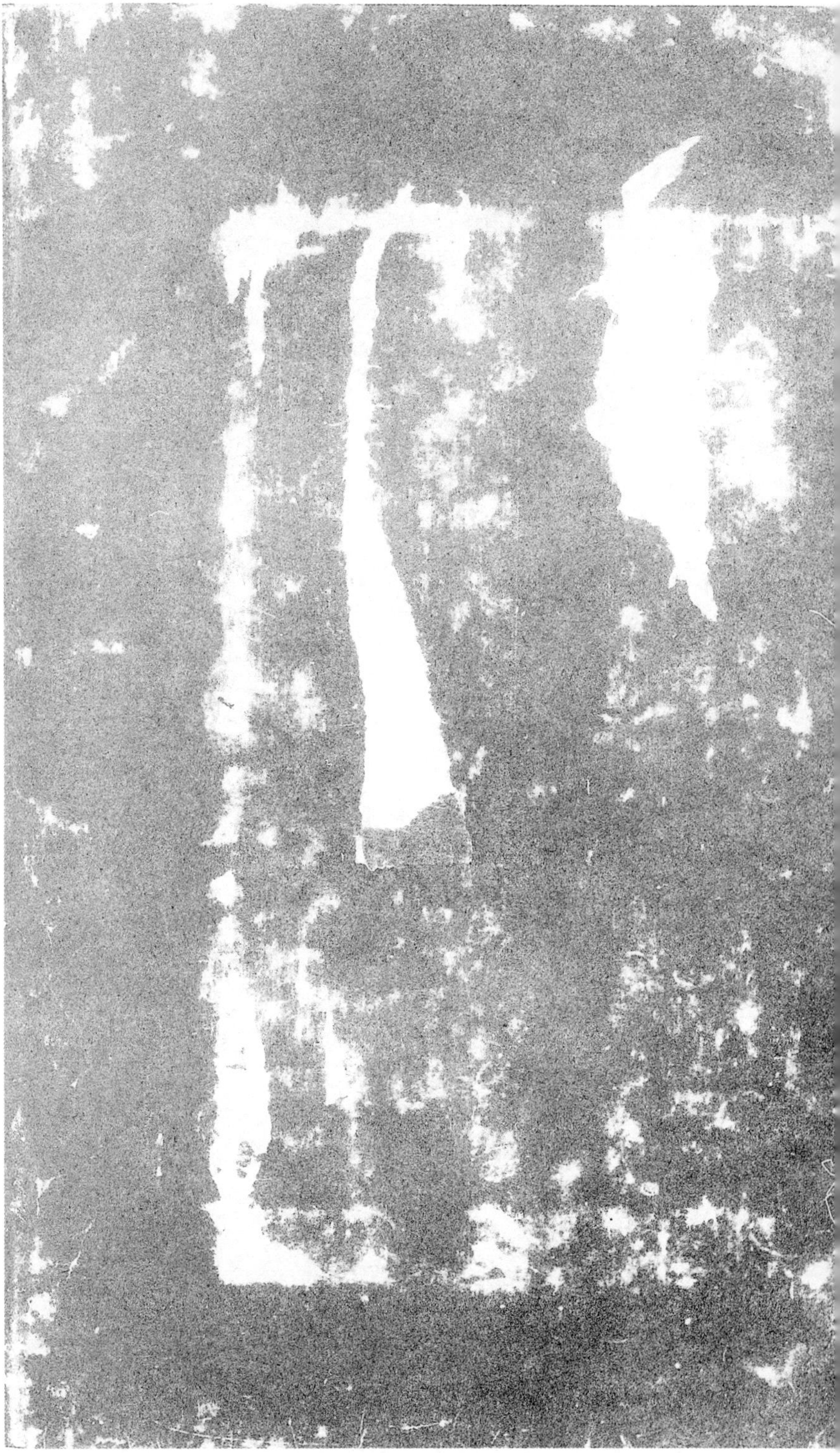

(漢)司馬遷 撰
(南朝宋)裴駰 集解
(唐)司馬貞 索隱
(唐)張守節 正義

宋本史記

第四册

國家圖書館出版社

第四册目録

漢
高祖

史記本紀　十二

史記評林 卷

漢書補

五

曰周学紀列第十一秦始皇五十一年滅国是歳漢高祖生於豊之沛天道之倚伏可畏哉史記始皇五十一年崩

曰秦始皇崩盡曰漢高祖生 曰周学紀列十二高帝紀群帝紀群臣曰帝起細微撥乱世反之正平定天下為漢太祖

功最高上尊号曰高皇帝此謚議之始也崔駰章帝謚議見太平御覧

邦之字注荀悅云高祖諱邦之字曰國惠帝諱盈之字曰滿文帝諱恒之字曰常…之字
非助語亦是謂曰之字謂臣下所避者改以相代也謂諱邦改國字以代之如左傳
過觀之何須觀盈為名也今以盈之恒之為名而以滿常為字者蓋非矣

高祖本紀第八　　史記八

高祖漢書音義曰諱邦張晏曰禮謚法無高以為功最高而為漢帝之太祖故特起名焉**沛豐邑中陽里人姓劉氏**李斐曰沛小沛也劉氏隨魏徙大梁移在豐居中陽里孟康曰後沛為郡而豐為縣○索隱曰按高祖劉累之後別食邑於范士會之裔留秦不反更為劉氏劉氏隨魏從大梁後居豐今言姓劉氏者是左傳天子建德因生以賜姓胙之土命之氏諸侯以字為謚因以為族說者以為天子賜姓命氏諸侯命族族者氏之別名也然則因生賜姓若舜生姚墟以為姚姓封之於虞即號有虞氏是也若其後子孫更不得賜姓即遂以虞為姓云姓虞氏今此云姓劉氏亦其義也故姓者所以統繫百代使不別也氏者所以別子孫之所出又系本篇言姓則在上言氏則在下故五帝本紀云禹姓姒氏契姓子氏弃姓姬氏是也按漢改泗水為沛郡治相城故註以沛為小沛也**字季**索隱曰按漢書名邦字季此單云字亦又可疑按漢高祖長兄名伯次名仲不見別名則季亦是名也故項岱云高祖小字季即位易名邦後因諱邦不諱季所以季布猶稱姓**父曰太公**索隱曰皇甫謐云名執嘉

私云握成圖感神霧文子各別握成門誤歟
太公不得其位豈有瑞雲
漢書礼樂志云后土冨媼
媼始歟

一云太上皇名煓與端同音。正義曰春秋握成圖云劉媼夢赤鳥如龍戲已生執嘉**母曰劉媼**曰幽州及漢中皆謂老嫗為媼孟康曰長老尊稱也左師謂太后曰媼媼愛燕后賢長安君禮樂志地神曰媼媼母別名也音烏老反。索隱曰韋昭云媼婦人長老之稱皇甫謐云媼蓋姓王氏又據春秋握成圖以為執嘉妻含始遊洛池生劉季詩含神霧亦云姓字皆非正史所出蓋無可取今近有人云母溫氏貞時打得班固泗水亭長古碑文其字分明作溫字云母溫氏貞與賈膺復徐彥伯魏奉古等執對反覆沉歎古人未聞聊記異見於何取實也孟康註地神曰媼者禮樂志云后土富媼張晏云坤為母故稱媼也。正義曰帝王世紀云漢昭靈后含始遊洛池有寶雞銜赤珠出刻曰英吞之生高祖時含神霧亦云含媼即昭靈后也陳留風俗傳云沛公起兵野戰喪皇妣於黃鄉天下平定使使者以梓宮招幽魂於是丹蛇在水自洒濯入梓宮其浴處有遺髮謚曰昭靈夫人漢儀註云高帝母起兵時死小黃城後於小黃立陵廟括地志云小黃故城在汴州陳留縣東北三十三里顏師古云皇甫謐等妄引讖記好奇騁博強為高祖父母名字皆非正史所說蓋無反焉寧有劉媼本姓實存史遷肯不詳載即理而言斷可知矣**其先劉媼嘗息大**

高祖紀

正義曰身娠同

澤之陂夢與神遇是時雷電晦冥太公往視則
見蛟龍於其上索隱曰按詩含神霧云赤龍感女媼劉季興又廣雅云有鱗曰蛟龍已而
有身遂產高祖高祖為人隆準而龍顏服虔曰準音拙應劭曰隆高也準頰權準也顏頟顙也齊人謂之顙汝南淮泗之間曰顏文穎曰準鼻也○索隱曰始皇蜂目長準蓋鼻高起文穎說是高祖感龍而生故其顏貌似龍長頸而高鼻美須髯左股有七十二
黑子正義曰河圖云帝劉季口角戴勝斗胸龜背龍股長七尺八寸合成圖云赤帝體為朱鳥其表龍顏多黑子按左陽也七十二黑子者赤帝七十二日之數也木火土金水各居一方一歲三百六十日四方分之各得九十日土居中央並索四季各十八日俱成七十二日故高祖七十二黑子者應火德七十二日之徵也有一本七十日者非也許北人呼為黶子吳楚謂之誌誌記也仁而愛人喜施正義喜許記反施尸豉反意豁
如也服虔曰豁達也常有大度不事家人生產作業

正義曰廷中吏泗水及沛縣之廷也狎輕狎也侮慢也謂沛縣之吏高祖皆輕慢也廷音停

正義曰王媼老王家母武負武家婦也魏大夫如耳之母也

數倍正義曰按言聖帝所至皆有福祐故酒售數倍及衆驚怪

試爲吏應劭曰試補吏爲泗水亭長正義曰秦法十里一亭十亭一鄉亭長主亭之吏高祖爲泗水亭長也國語有寓室即今之亭也亭長蓋今里長也民有訟諍吏留平辨得成其政括地志云泗水亭在徐州沛縣東一百步有高祖廟也廷中吏無所不狎侮好酒及色常從王媼武負貰酒韋昭曰貰賒也○索隱曰鄒誕貰音世與字林聲韻並同又音音時夜反廣雅云貰賒也說文云貰貸也臨淮有貰陽縣漢書功臣表貰陽侯劉纏而此紀作射陽則貰亦射也醉卧武負王媼見其上常有龍怪之高祖每酤留飲酒讎數倍如淳曰讎亦售○索隱曰樂彥云借讎爲售蓋古字少假借耳今亦依字讀蓋高祖大度既貰飲且讎其數倍價也及見怪歲竟此兩家常折券棄責索隱曰周禮小司寇云聽稱責以傅別鄭司農云傅別券書也蓋子云傅別謂大字書於札中而別之也然則古用簡札書故可折至歲終總弃之責也高祖常繇咸陽應劭曰繇役也○索隱曰韋昭云秦所都武帝更名

或作嘗

高祖紀

崔浩云若今之主簿也

渭城應劭云今長安也按關中記云孝公都咸陽今渭城是在渭北始皇都咸陽今城南大城是也名咸陽者山南曰陽水北亦曰陽其地在渭水之北又在九嵕諸山之南故曰咸陽**縱觀觀秦皇帝**正義曰自優云上音館下音官恣意故縱觀也**喟然太息曰嗟乎大丈夫當如此也單父人呂公**漢書音義曰單音善父音斧○索隱曰韋昭云單父縣名屬山陽崔浩云史失其名但舉姓而言公又按漢書舊儀云呂公汝南新蔡人又相經云魏人呂公名文字叔平也**善沛令避仇從之客因家沛焉沛中豪桀吏聞令有重客皆往賀蕭何為主吏**孟康曰主吏功曹也**主進**文穎曰主賦斂禮進謁之帥○索隱曰鄭氏云主賦斂禮錢也顏師古曰進者會禮之財字本作賮聲轉為進賮帶數見進義與此同**令諸大夫曰**正義曰大夫客之貴者總稱之**進不滿千錢坐之堂下高祖為亭長素易諸吏乃紿為謁曰**應劭曰紿欺也音殆○索隱曰

或本有上坐二字
正義曰詘謂不屈於人下
謂飲酒者半罷半在
謂之闌
文穎曰闌言希也

韋昭云紿詐也劉氏云紿欺負也何休云紿疑也謂高祖素狎易諸吏乃詐爲謁謂以札書姓名若今之通刺而兼載錢穀也賀錢萬實不持一錢謁入呂公大驚起迎之門呂公者好相人見高祖狀貌因重敬之引入坐蕭何曰劉季固多大言少成事高祖因狎侮諸客遂坐上坐正義上在果反下在卧反無所詘正義音丘忽反酒闌文穎曰闌言希也謂飲酒者半罷半在謂之闌呂公因目固留高祖正義曰文不敢對衆顯言故目動而留之高祖竟酒後呂公曰臣少好相人張晏曰古人相與語多自稱臣自卑下之道若今人相與語皆自稱僕相人多矣無如季相願季自愛臣有息女正義曰息生也謂所生之女也願爲季箕帚妾酒罷呂媼怒呂公曰公始常欲奇此女與貴人

沛令善公求之不與何自妄許與劉季呂公曰此非兒女子所知也卒與劉季呂公女乃呂后也生孝惠帝魯元公主服虔曰元長也食邑於魯韋昭曰元謚也○正義曰漢帝制女曰公主儀比諸侯姊妹曰長公主儀比諸侯王姑曰大長公主儀比諸侯王

高祖為亭長時常告歸之田服虔曰告音如嗥呼之嗥李斐曰休謁之名也吉曰告凶曰寧孟康曰古者名吏休假曰告告又音嚳漢律吏二千石有予告賜告予告者在官有功最法所當得者也賜告者病滿三月當免天子優賜復其告使得帶印紱將官屬歸家治疾也○索隱曰韋昭云告請歸乞假也音告語之告戰國策曰商君告歸延篤以為告歸今之歸寧也劉伯莊顏師古並音古篤服音如嗥呼之嗥按東觀漢記田邑傳云邑年三十歷卿大夫號歸罷厭事少所嗜欲尋號與嗥同古者當有此語今服虔雖據田邑號歸亦恐未為得然此告字當音誥語號聲相近故後告歸號歸遂變也

呂后與兩子居田中耨有一老父過請飲呂后

因餔之[正義曰必捕反以食飼人也父本請飲呂后因飼之國語云圍中童子無不餔]老父相呂后曰夫人天下貴人令相兩子見孝惠曰夫人所以貴者乃此男也相魯元亦皆貴老父已去高祖適從旁舍來呂后具言客有過相我子母皆大貴高祖問曰未遠乃追及問老父老父曰鄉者夫人嬰兒皆似君君相貴不可言高祖乃謝曰誠如父言不敢忘德及高祖貴遂不知老父處高祖為亭長乃以竹皮為冠令求盜之薛治之[應劭曰以竹始生皮作冠今鵲尾冠是也求盜者舊時亭有兩卒其一為亭父掌開閉掃除一為求盜掌逐捕盜賊薛魯國縣也有作冠師故往治之○索隱曰應劭云一名長冠側竹皮裹以縱前高七寸廣三寸如板文

高祖紀

蔡邕獨斷云長冠楚制也高祖以竹皮為之謂之劉氏冠司馬彪輿服志亦以劉氏冠為鵲尾冠應劭云舊亭卒名弩父陳楚謂之亭父或云亭部淮泗謂之求盜也時時冠之正義音館下同及貴常冠所謂劉氏冠正義曰音官顏師古云後號為劉氏冠其後詔曰爵非公乘以上不得冠劉氏冠即此也乃是也高祖以亭長為縣送徒酈山徒多道亡自度比至皆亡之正義度田洛反比必寐反到豐西澤中止飲夜乃解縱所送徒曰公等皆去吾亦從此逝矣徒中壯士願從者十餘人高祖被酒正義曰被加也夜徑澤中索隱曰舊音經按廣雅云徑小道音古定反言酒後放徒夜徑行澤中不敢由正路且從小徑令一人行前正義行音下孟反行前者還報曰前有大蛇當徑索隱曰鄭玄云步道曰徑願還高祖醉曰壯士行何畏乃前拔

劍擊斬蛇 索隱曰漢舊儀云斬蛇劍長七尺又高祖云吾以布衣提三尺劍取天下二文不同者蓋劍古今註當高祖爲亭長理應提三尺劍耳及貴當別得七尺寶劍故儀因言之○正義曰按其蛇大理須別求是劍斬之三尺劍者常佩之括地志云斬蛇溝源出徐州豐縣中平地故老云高祖斬蛇處至縣西五十里入泡水也 蛇遂分爲兩 索隱曰謂斬蛇分爲兩段 徑開行數里醉因臥後人來至蛇所有一老嫗夜哭人問何哭嫗曰人殺吾子故哭之人曰嫗子何爲見殺嫗曰吾子白帝子也化爲蛇當道今爲赤帝子斬之 應劭曰秦襄公自以居西戎主少昊之神作西畤祠白帝至獻公時櫟陽雨金以爲瑞又作畦畤祠白帝少昊金德也赤帝堯後謂漢也殺之者明漢當滅秦也秦自謂水漢初自謂土皆失之至光武乃改定○索隱曰按太康地理志云畤在櫟陽故城內其時若畦故曰畦畤畦音戶圭反應註云秦自謂水者按秦文公獲黑龍命河爲德水是也又按春秋合誠圖云水神哭子褒敗宋地

[illegible]

秦自謂水 秦以周爲火，滅火者水，故自号水。

漢初自謂土 張蒼以漢十月始至霸上，故因秦以十月爲歲首，推五德之運，以爲當水德之時也。當理如故。魯人公孫臣上書言漢土德之時，又爲土德。

高祖紀

光武乃改定 光武改爲火，秦称水不入五行之例，以爲閏位。光武推五德之運，周木德，木生火故也。

以爲高祖斬白蛇赤神母哭則北母水精也此皆謬説文註
云至光武乃改者謂改漢爲火德秦爲金德與雨金及赤帝
子之理合者也 故哭人乃以嫗爲不誠欲笞之 徐廣曰一作苦。索隱曰
說文云笞擊也漢書作苦謂欲困辱之 嫗因忽不見後人至高祖覺 索隱
曰包愷伯莊音古孝反 後人告高祖高祖乃心獨喜自負 應劭
曰負恃也。索隱曰晉灼云自恃斬蛇事 諸從者日益畏之秦始皇帝常
曰東南有天子氣於是因東游以厭之 索隱曰厭音一涉反
又一冉反廣雅云厭鎮也 高祖即自疑亡匿隱於芒碭山澤巖
石之間 徐廣曰芒今臨淮縣也碭縣在梁駰案應劭曰二縣之界有山澤之固故隱於其間也。正義曰括
地志云宋州碭山縣在州東一百五十里本漢碭陽縣也碭山在縣東
得之高祖怪問之 呂后曰季所居上常有雲氣 呂后與人俱求常

正義曰京房易兆候云何以知賢人隱顏師古曰四方常有大雲五色具而不雨其下有賢人隱矣故呂后望雲氣而得之

故從往常得季高祖心喜沛中子弟或聞之多欲附者矣秦二世元年徐廣曰高祖時年四十八○索隱曰應劭云始皇欲以一至萬示不相襲始者一故至子稱二世崔浩云二世始皇子胡亥又按善文稱隱士云嬴高爲二世煞十七兄而立今王則二世是第十八子也秋陳勝等起蘄至陳而王號爲張楚索隱曰蘄縣名屬沛音機又音祈諸郡縣皆多殺其長吏以應陳涉沛令恐欲以沛應涉掾主吏蕭何曹參索隱曰按漢書蕭曹傳參爲獄掾何爲主吏乃曰君爲秦吏今欲背之率沛子弟恐不聽願君召諸亡在外者可得數百人因劫衆索隱曰說文云以力脅之也衆不敢不聽乃令樊噲召

劉季之衆已數十百人矣（索隱曰漢書作數百人劉伯莊云數十人或至百人則是百人已下也）於是樊噲從劉季來沛令後悔恐其有變乃閉城城守欲誅蕭曹蕭曹恐踰城保劉季（韋昭曰以爲保鄣）劉季乃書帛射城上謂沛父老曰天下苦秦久矣今父老雖爲沛令守諸侯並起今屠沛（索隱曰屠謂破城多所誅殺故云屠）沛今共誅令擇子弟可立者立之以應諸侯則家室完不然父子俱屠無爲也父老乃率子弟共殺沛令開城門迎劉季欲以爲沛令劉季曰天下方擾諸侯並起今置將不善壹敗塗地（索隱曰言一朝破敗使肝腦塗地）吾非敢自

索隱云謂誅其種族、

注 五兵 鄭玄云一弓矢、二殳三矛四盾五戟也、又漢書音義云一弓弩、二戟盾三刀四甲、鋋五鼓

注 葛盧 正義曰管子曰葛盧之山 高祖紀

仲子曰葛盧之山發而出金蚩尤受之以作劍戟然則丈夫之欲也、

通鑑沛公胡注春秋之時楚僭王號縣大夫皆稱公如申公葉公魯陽公之類是也今立季為沛公用楚制也

自愛恐能薄正義曰能才能也高祖謙言己材能薄劣不能完全其衆能者獸形色似熊足似鹿為物堅中而強力人之有賢才者皆謂之能也、不能完父兄子弟此大事願更相推擇可者蕭曹等皆文吏自愛恐事不就後秦種族其家盡讓劉季諸父老皆曰平生所聞劉季諸珍怪當貴且卜筮之莫如劉季最吉於是劉季數讓衆莫敢為乃立季為沛公徐廣曰九月也駰案漢書音義曰舊楚僭稱王其縣宰為公陳涉為楚王沛公起應涉故從楚制稱曰公祠黃帝祭蚩尤於沛庭應劭曰左傳曰黃帝戰於阪泉以定天下蚩尤好五兵故祠祭之求福祥也瓚曰管仲云葛盧山發而出水金從之蚩尤受之以作劍戟○索隱曰按管子云葛盧之山發而出金今註引發作癸恐誤也而釁鼓應劭曰釁祭也殺牲以血塗鼓曰釁瓚曰案禮記及大戴禮有釁廟之禮皆無祭事○索隱曰說文云釁血祭也司

戲音許宜反

馬法曰血于鼙鼓者神戎器也顏師古曰殺牲以血祭者皆名為釁臣瓚以為皆無祭事非也又古人新成鍾鼎亦必釁之雅訓云釁呼為釁馬融註周禮灼龜之兆云謂其象似玉瓦原之釁罅是用名之此說皆非罅音火稼反**旗幟皆赤**索隱曰[illegible]云幟帛長丈五寸廣半幅字詁云幟標也字林又云熊旗五斿謂與士卒為期於其下故曰旗也幟或作識或作志㦤陳音試蕭該音熾**由所殺蛇白帝子殺者赤帝子故上赤於是少年豪吏如蕭曹樊噲等皆為收沛子弟二三千人攻胡陵方與**鄭德曰音房豫屬山陽郡○索隱曰鄧展曰胡陵縣名屬山陽章帝改曰胡陸**還守豐秦二世二年陳涉之將周章軍西至戲而還**索隱曰應劭云章字文陳人文穎云戲在新豐東二十里戲亭北孟康云水名也又述征記云戲水自驪山馮公谷北流歷戲亭東入渭按今其水東惟有戲驛存還謂為章邯所破而還邯音酣**燕趙齊魏皆自立為王**索隱曰按高紀二世二年八月武臣自立為趙王田儋自

通鑑第八泗川守
壯之胡三省注壯
者泗川守之名班
志戚縣屬東海郡
括地志沂州臨沂
縣有戚縣故城戚
如字如淳將毒翻
余以地理考之沛
郡之与東海相去
頗遠雖兵敗而走
未必能至東海之
戚班志沛郡有
廣戚縣章懷太
子賢曰廣戚故城
在今徐州沛縣
東恐是走至廣
戚之戚也師古曰

高祖紀

得者司馬之名貢父曰得殺之者得而殺之漢書多以獲爲得司馬當五六周之夏
卿春秋之時晉置三軍及新軍各有卿佐復置司馬以掌軍中刑戮之事後遂置左右又其
後也軍行有軍司馬假司馬下至部曲有候有司馬

立爲齊王韓廣自立爲燕王魏咎自立爲魏王**項氏起吳秦泗川監平**文穎曰泗川今沛郡也高祖更名沛秦時御史監郡若今刺史平名也○索隱曰如淳云秦并天下爲三十六郡置守尉監故此有監平下有守壯則平壯皆名也**將兵圍豐二日出與戰破之命雍齒守豐引兵之薛泗川守壯**如淳曰壯名也**敗於薛走至戚**如淳曰戚音將毒反○索隱曰晉灼云東海縣也鄭德包愷並如字讀李奇音千笠反○正義曰括地志云沂州臨沂縣有漢戚縣故城地理志云臨沂縣屬東海郡**沛公左司馬得泗川守壯殺之**索隱曰顏師古云得司馬之名非也按後云左司馬曹無傷自此已下更不見替易蓋是左司馬無傷得泗川守壯而殺之**沛公還軍亢父**鄭德曰亢音人相亢荅父音甫屬任城郡○索隱曰舊音剛劉伯莊包愷並同音苦浪反○正義曰音剛又苦浪反括地志云亢父縣也沛公屯軍於此也**至方與周市來攻方與未戰陳王使魏人周市略地周**

市使人謂雍齒曰豐故梁徙也文穎曰梁惠王孫假爲秦所滅轉東徙於豐故曰豐梁徙今魏地已定者數十城齒今下魏魏以齒爲侯守豐不下且屠豐雍齒雅不欲屬沛公服虔曰雅故也蘇林曰雅素也及魏招之即反爲魏守豐沛公引兵攻豐不能取沛公病還之沛沛公怨雍齒與豐子弟叛之聞東陽甯君秦嘉文穎曰秦嘉東陽郡人也爲甯縣君瓚曰陳勝傳曰廣陵人秦嘉然則嘉非東陽人也秦嘉初起兵於郯號曰大司馬又不爲甯縣君東陽甯君自一人秦嘉又自一人○索隱曰按下文直云東陽甯君又別言秦嘉明臣瓚之說爲得顏師古以甯是姓君者時人號之立景駒爲假王在留索隱曰韋昭云今彭城留縣○正義曰括地志云二人留城在徐州沛縣東南五十里即張良所封處乃往從之欲請兵以攻豐是時秦將

章邯從陳別將司馬𡰱如淳曰從陳涉將也涉在陳其將相別在他許皆稱陳𡰱章邯司馬○索隱曰謂章邯從陳別將將兵向他處而遣司馬𡰱將領兵士北定楚地孔文祥曰邯別遣𡰱屠相又一說云從謂追逐之言章邯討逐陳別將而司馬𡰱別將兵北定楚地此理亦通也將兵北定楚地屠相至碭索隱曰韋昭云相沛縣應劭云碭梁國蘇林音唐又音宕○正義曰括地志云故相地在徐州符離縣西北九十里碭在宋州東一百五十里東陽甯君沛公引兵西與戰蕭西索隱曰韋昭云蕭沛之縣名謂在蕭縣之西不利還收兵聚留引兵攻碭三日乃取碭因收碭兵得五六千人攻下邑拔之索隱曰范曄云得城爲拔韋昭云下邑縣名屬梁國也還軍豐聞項梁在薛正義曰今徐州滕縣故薛城也從騎百餘往見之徐廣曰三月項梁益沛公卒五千人五大夫將十人蘇林曰五大夫第九爵也

以五大夫爲將凡十人也沛公還引兵攻豐徐廣曰表云拔之雍齒奔魏從項
梁月餘項羽已拔襄城索隱曰韋昭云潁川縣○正義曰襄城許州縣還項
梁盡召別將居薛聞陳王定死因立楚後懷王
孫心爲楚王治盱台索隱曰韋昭云臨淮縣音吁夷○正義曰楚縣也項梁
號武信君居數月北攻亢父救東阿索隱曰韋昭云東郡之縣名○正義曰濟州縣也
破秦軍齊軍歸楚獨追北服虔曰師敗曰北使
沛公項羽別攻城陽屠之索隱曰地理志城陽屬濟陰軍濮陽
之東正義曰濮陽故城在濮州西八十六里本漢濮陽縣與秦軍戰破之秦軍
復振李奇曰振整也如淳曰振起也收敗卒自振迅而復起也守濮陽環水文穎曰決水以
自環守爲固也張晏曰依河水以自環繞作壘○正義曰按
二說皆通其濮陽縣北臨黃河言秦軍北阻黃河南鑿溝引

（黄河水環繞作壁壘爲固楚軍乃去）楚軍去而攻定陶（索隱曰地理志云濟陰縣）定陶未下沛公與項羽西略地至雍丘之下（索隱曰韋昭云故杞國今陳留縣）與秦軍戰大破之斬李由還攻外黄（索隱曰韋昭云上陳留縣○正義曰在雍丘東）外黄未下項梁再破秦軍有驕色宋義諫不聽（索隱曰荀悦漢紀云故楚令尹宋義當別有所出）秦益章邯兵夜銜枚擊項梁（周禮有銜枚氏鄭玄曰銜枚止言語囂讙也枚狀如箸橫銜之繣結於項者繣音獲）大破之定陶項梁死沛公與項羽方攻陳留聞項梁死引兵與呂將軍俱東呂臣軍彭城東項羽軍彭城西沛公軍碭章邯已破項梁軍則以爲楚地兵不足憂乃渡河北擊趙大破之當

是之時趙歇為王索隱曰歇蘇林音如字鄭德音遏絕之遏徐廣音烏轄反今依字讀秦將王離圍之鉅鹿城此所謂河北之軍也秦二世三年楚懷王見項梁軍破恐徙盱台都彭城并呂臣項羽軍自將之以沛公為碭郡長正義曰括地志云宋州本秦碭郡蘇林云長如郡守韋昭云秦名曰守是時改曰長封為武安侯將碭郡兵封項羽為長安侯號為魯公呂臣為司徒其父呂青為令尹索隱曰楚表青封信陽侯○正義曰應劭云天子曰師尹諸侯曰令尹時云六國近故置令尹臣瓚曰諸侯之卿唯楚稱令尹其餘國不稱時立楚之後故置官司皆如楚舊也趙數請救懷王乃以宋義為上將軍項羽為次將范增為末將北救趙令沛公西略地入關與諸將

約先入定關中者王之（索隱曰韋昭云函谷武關也又三輔舊事云西以散關爲限東以函谷爲界二關之中謂之關中）當是時秦兵彊常乘勝逐北諸將莫利先入關獨項羽怨秦破項梁軍奮（索隱曰韋昭云憤激也）願與沛公西入關懷王諸老將皆曰項羽爲人慓悍猾賊（索隱曰說文云慓疾也悍勇也亦云慓輕也音匹妙反漢書作禍賊也）項羽嘗攻襄城襄城無遺類（徐廣曰遺一作噍噍食也音在妙反駰案如淳曰類無復有活而噍食者也青州俗言無子遺爲無噍類）皆阬之諸所過無不殘滅且趙數進取（如淳曰趙謂陳勝也數進取多所攻取）前陳王（漢書音義曰陳勝也）項梁皆敗不如更遣長者扶義而西（正義曰遣長者扶持仁義而西）告諭秦父兄（告諭秦長少令降下也）秦父兄苦其主久矣今

誠得長者往，毋侵暴，宜可下。今項羽僄悍，今徐廣曰一無此字不可遣。獨沛公素寬大長者，可遣。卒不許項羽，而遣沛公西略地，收陳王、項梁散卒。乃道碭漢書音義曰道由碭也至成陽與杠里漢書音義曰二縣名○索隱曰成陽縣名在濟陰韋昭云在潁川非也服虔云杠里縣名如淳云秦軍所屯地名秦軍夾壁，破魏二軍。楚軍出兵擊王離，大破之。徐廣曰表云三年十月攻破東郡尉及王離軍於成武南沛公引兵西，遇彭越昌邑，正義曰地理志云昌邑縣屬山陽括地志云在曹州成武縣東北三十二里有梁丘故城是也因與俱攻秦軍，戰不利。還至栗，索隱曰韋昭云縣名屬沛也遇剛武侯，瓚曰楚懷王將也漢書音義曰功臣表云棘蒲剛侯陳武武一姓柴剛武侯宜爲剛侯柴武魏將也瓚曰功臣表柴武以將軍起薛別救東阿至霸上入漢中非懷王將也又非魏

道碭 師說云道依本注漢書音義道由碭也始皇本紀道上黨入之如索隱道從也然則有文通也

成陽 漢書依陽城

夾

今字或本無之

通鑑綱目沛公道碭至陽城與杠里胡注道碭謂自碭取道而西也此誤以班書之陽城史記作成陽韋昭注曰在潁川則是潁陽城也索隱曰在濟陰則是成陽也杠里孟康服虔等以為縣名而班志無之余按沛公之兵自碭而攻秦道成陽與杠里而後破東郡尉於成武成陽縣屬濟陰成武縣屬山陽濟陰唐為曹州成武屬焉若取道潁川之陽城當自此西趨洛陝安得復至成武耶書成陽為是杠里之地蓋在成陽成武之間杠音江

通鑑皇欣胡注皇姓也春秋鄭有大夫皇頡

將也例未稱謚○正義曰顏師古云史失其名姓唯識其爵號不知誰也不當改爲剛侯武蒲氏以爲懷王將又云魏將無據矣表六年三月對孟顏二人說是 奪其軍可四千餘人并之與魏將皇欣魏申徒武蒲之軍正義曰並魏將也欣字或作訢音許斤反蒲漢書作滿並通也并攻昌邑昌邑未拔西過高陽文穎曰聚邑名也屬陳留圉縣瓚曰陳留傳曰在雍丘西南 酈食其鄭德曰音歷異基 謂監門曰諸將過此者多吾視沛公大人長者乃求見說沛公沛公方踞牀使兩女子洗足酈生不拜長揖曰足下必欲誅無道秦不宜踞見長者於是沛公起攝衣謝之延上坐食其說沛公襲陳留漢書音義曰春秋傳曰輕行無鍾鼓曰襲得秦積粟乃以酈食其爲廣野君

漢書在三月南攻潁陽四月也

索隱曰韋昭云在山陽酈商為將將陳留兵與偕攻開封索隱曰韋昭云河南縣開封未拔西與秦將楊熊戰白馬索隱曰韋昭云東郡縣。正義曰括地志云白馬故城在滑州衛南縣西南二十四里戴延之西征記云白馬城故衛之曹邑又戰曲丘雨反遇牛凶反東大破之索隱曰徐廣云曲遇在中牟韋昭云志不載司馬彪郡國志中牟有曲遇聚也楊熊走之滎陽索隱曰韋昭云故衛地河南縣也二世使使者斬以徇徐廣曰四月南攻潁陽屠之因張良遂略韓地轘轅文穎曰河南新鄭南至潁川南皆韓地也以良累世相韓故因之瓚曰轘轅險道名在緱氏東南。索隱曰按十三州志云河南緱氏縣以山為名一云轘轅為九十二曲是險道也當是時趙別將司馬卬方欲渡河入關沛公乃北攻平陰地理志河南有平陰縣今河陰是也絕河津南戰雒陽東軍不利還至陽城正義曰今洛州夏禹所都收軍中馬騎與南陽守齮戰犨東地理志南陽有犨縣○索隱曰齮音蟻許慎以爲側齧也破之略南陽郡南陽守齮走保城守宛正義曰守音狩宛於元反括地志云南陽縣地城在宛大城之南隅其西南有二面皆故宛城沛公引兵過而西張良諫曰沛公雖欲急入關秦兵尚衆距險今不下宛宛從後擊彊秦在前此危道也於是沛公乃夜引兵從他道還更旗幟黎明圍宛城三帀索隱曰黎音犂黎猶比也謂比至天明也漢書作遲音值值待也謂待天明時皆言早意也楚漢春秋曰上南攻宛匿旌旗人銜枚馬束舌雞未鳴已圍宛城三帀南陽守欲自剄其舍人陳恢曰死未晚也乃踰城見沛公曰臣聞足下約先入咸陽者王之今足下

留守宛宛大郡之都也連城數十人民衆積蓄多吏人自以為降必死故皆堅守乘城[索隱曰李奇曰乘守也韋昭曰乘登也]今足下盡日止攻士死傷者必多引兵去宛宛必隨足下後足下前則失咸陽之約後又有彊宛之患為足下計莫若約降封其守因使止守引其甲卒與之西諸城未下者聞聲爭開門而待足下通行無所累沛公曰善[徐廣曰七月也]乃以宛守為殷侯[索隱曰韋昭曰在河内]封陳恢千戶引兵西無不下者至丹水[正義曰括地志云故丹城在鄧州内鄉縣西南百三十里南去丹水二百步汲冢紀年云后稷放帝子丹朱于丹水是也輿地志云秦為丹水縣也地理志云丹水縣屬弘農郡抱朴子云丹水出

冉魚先夏至十日夜伺之，魚浮水側，光照如火，網而取之，割其血以塗足，可以步行水上，長居川中不溺。高武侯鰓蘇林曰：鰓音魚鰓之鰓。韋昭曰：功臣表戚鰓也。襄侯王陵降西陵。韋昭曰：漢封王陵爲安國侯。初起兵時在南陽，南陽有穰縣，疑襄當爲穰，而無禾字，省耳。今邵本或作召字，此類多矣。瓚曰：時韓成封穰侯，江夏有襄，是所封。○索隱曰：按王陵封安國侯，是定天下爲丞相時封耳。此言襄侯，當如臣瓚解，蓋初封江夏之襄也。還攻胡陽。韋昭云南陽縣，一云陶。○索隱曰：遇番君別將梅鋗，與皆降析、酈。如淳曰：持益反。○索隱曰：鄒誕生音錫歷。蘇林如淳音擲。析屬弘農，酈屬南陽，出地理志。而左傳云析一名白羽，析今內鄉縣，酈今菊潭縣也。遣魏人甯昌使秦，使者未來。是時章邯已以軍降項羽於趙矣。初，項羽與宋義北救趙，及項羽殺宋義，代爲上將軍，諸將黥布皆屬，破秦將王離軍，降章邯，諸侯皆附。及趙

高祖紀

通鑑第九漢紀一胡三省注項羽之分天下王諸將也王沛公於巴蜀漢中曰漢王王怨欲攻羽蕭何諫曰語曰天漢其稱甚美於是就國及滅項羽有天下遂因始封國名而號曰漢

困學紀聞第六史史記曰越得歲而吳伐之必受其凶杜牧注孫子曰歲星四言星不四可有德嘉定中日官言五福太一臨吳分真德秀奏云云秦漢之際天下造次而見仁而不在五星之聚井晉之鄧艾以將相有人而不在歲星之臨吳

高已殺二世使人來欲約分王關中沛公以爲詐乃用張良計使酈生陸賈往說秦將啗以利因襲攻武關破之索隱曰左傳云趙司馬起營所以臨上雒謂晉人曰將通於少習杜預以爲商縣武關又太康地理志武關當冠軍縣西峣關在武關之西又與秦軍戰於藍田南益張疑兵旗幟諸所過毋得掠鹵應劭曰鹵與虜同秦人憙秦軍解因大破之又戰其北大破之乘勝遂破之

漢元年十月如淳曰張蒼傳云以高祖十月至霸上故因秦以十月爲歲首。正義曰沛公已未年七月至霸上項羽封十八諸侯沛公爲漢王後劉項五年戰鬬漢遂滅楚天下歸漢故却書初至霸上戰之沛公兵遂先諸侯至霸上正義曰故霸陵在雍州萬年縣東北二十五里漢霸陵文帝之陵邑也東南去霸陵十里地理志云霸陵故芷陽文帝更名三秦記云霸城秦穆公築為宮因名霸城漢於此置霸陵廟記云霸城漢文帝築沛公入關遂至霸上即此也

秦王子嬰素車白馬係頸以組封皇帝璽符節索隱曰韋昭云天子印稱璽又獨以玉符發兵將也節使者所擁也說文云符信也漢制以竹長六寸分而相合釋名云節為號令賞罰之節也又節毛上下相重取象竹節又漢官儀曰子嬰上始皇璽因服御之代代傳受號云漢傳國璽。正義曰按天子有六璽皇帝行璽皇帝之璽皇帝信璽天子行璽天子之璽天子信璽皇帝凡事皆用之璽令施行天子信璽以遷拜封王侯之璽以發兵皆以武都紫泥封青布素白素兩端無縫三秦記云紫泥水在今成州輿地志云漢封詔璽用紫泥則此水之泥也

降軹道旁索隱曰軹音只漢書宮殿疏云枳道亭東去霸水百步蘇林云在長安東十三里。正義曰軹音紙括地志云軹道在雍州萬年縣東北十六里苑中

諸將或言誅秦王索隱曰楚漢春秋曰樊噲請殺之

沛公曰始懷王遣我固以能寬容且人已服

高祖紀

通鑑秦王子嬰云云胡注應劭曰子嬰不敢襲帝號但稱王耳素車白馬喪人之服組者天子紱也係頸言欲自殺也師古曰此組謂綬也所以帶璽也組綬五翻今綬紛條是也應劭曰璽信也古者尊卑共之左傳襄公在楚季武子使公冶問璽書追而與之秦漢尊者以為信群下乃避之漢官儀曰子嬰上始皇璽因服御之代代傳受號漢傳國璽沈約曰高祖入關得秦始皇藍田玉璽螭虎紐文曰受天之命皇帝壽昌後代名傳國璽史記正義曰天子有六璽皇帝行璽皇帝之璽皇帝信璽天子行璽天子之璽天子信璽皇帝凡事皆用之璽令施行天子信璽以遷拜封諸侯天子之璽以發兵皆以武都紫泥封虞喜志林曰傳國璽自在六璽之外天子凡七璽符璽文曰信也韋昭曰符發兵符也師古曰符謂所合符以為契者也周禮地官之屬有掌節鄭玄注

……沛公以爲

……秦將……以利

因襲攻武關破之索隱曰左傳云晉司馬起豐析以臨上雒謂蠻人曰將通於少習杜預以爲商縣武關又太康地理志武關當冠軍縣西峣關在武關之西又與秦軍戰於藍田南益張疑兵旗幟諸所過毋得掠鹵鄒誕曰鹵與虜同秦人憙秦軍解因大破之又戰其北大破之乘勝遂破之

漢元年十月如淳曰張蒼傳云以高祖十月至霸上故因秦以十月爲歲首○正義曰沛公已未年七月至霸上項羽封十八諸侯沛公爲漢王後劉項五年戰鬭漢遂滅楚天下歸漢故却書初至霸上戰之沛公兵遂先諸侯至霸上正義曰故霸陵在雍州萬年縣東北二十五里漢霸陵文帝之陵邑

高祖紀

也東南去霸陵十里地理志云霸陵故芷陽文帝更名三秦記云霸城秦穆公築爲宮因名霸城漢於此置霸陵廟記云霸城漢文帝築沛公入關遂至霸上即此也

秦王子嬰素車白馬係頸以組封皇帝璽符節索隱曰韋昭云天子印稱璽又獨以玉符發兵將也節使者所擁也說文云符信也漢制以竹長六寸分而相合釋名云節爲號令賞罰之節也又節毛上下相重取象竹節又漢官儀曰子嬰上始皇璽因服御之代代傳受號云漢傳國璽○正義曰按天子有六璽皇帝行璽皇帝之璽皇帝信璽天子行璽天子之璽天子信璽皇帝信璽凡事皆用之璽令施行天子信璽以遷拜封王侯之璽以發兵皆以武都紫泥封青布素白素兩端無縫三秦記云紫泥水在今成州輿地志云漢封詔璽用紫泥則此水之泥也

降軹道旁索隱曰軹音只漢書宮殿疏云枳道亭東去霸城觀四里觀東去霸水百步蘇林云在長安東十三里○正義曰軹音紙括地志云軹道在雍州萬年縣東北十六里苑中

諸將或言誅秦王索隱曰楚漢春秋曰樊噲請殺之

沛公曰始懷王遣我固以能寬容且人已服

通鑑秦王子嬰云云胡注應劭曰子嬰不敢襲帝號但稱王耳素車白馬喪人之服組者天子黻也係頸者言欲自殺也師古曰此組謂綬也所以帶璽也組綬五彩今綬紛條是也應劭曰璽信也古者尊卑共之左傳襄公在楚季武子使公冶問璽書追而與之秦漢尊者以爲信群下乃避之漢官儀曰子嬰上始皇璽因服御之代代傳受號漢傳國璽沈約曰高祖入関得秦始皇藍田玉璽螭虎紐文曰受天之命皇帝壽昌後代名傳國璽史記正義曰天子有六璽皇帝行璽皇帝之璽皇帝信璽天子行璽天子之璽天子信璽皇帝信璽及古文皆用之璽令施行天子信璽以遷拜封諸侯發璽以發兵皆以武都紫泥封虞書蘇林曰傳国璽自在六璽之外天子凡七璽符説文曰信也韋昭曰符發兵符也師古曰符諸所合符以爲契者也周礼地官之屬有掌節鄭玄注

降殺之不祥乃以秦王屬吏（正義曰屬之以吏欲一又屬付也）遂西入咸陽欲止宮休舍（正義曰休息也言欲居止宮殿中而自息也）樊噲張良諫乃封秦重寶財物府庫還軍霸上召諸縣父老豪桀曰父老苦秦苛法久矣誹謗者族（索隱曰劉伯莊樂彥同音方未反）偶語者弃市（應劭曰秦禁民聚語偶對也瓚曰始皇本紀曰偶語經書者弃市。索隱曰按禮云刑人於市與衆弃之故今律謂絞刑爲弃也）吾與諸侯約先入關者王之吾當王關中與父老約法三章耳殺人者死傷人及盜抵罪（應劭曰抵至也又當也除秦酷政但至於罪也李斐曰傷人有曲直盜賊有多少罪名不可預定故凡言抵罪未知抵何罪也張晏曰秦法一人犯罪舉家及鄰伍坐之今但當其身坐合於康誥父子兄弟罪不相及也。索隱曰韋昭云抵當也謂使各當其罪今按秦法有三族之刑漢但約法三章耳殺人者）

通鑑先入關者王之
胡注王于況翻又如字

約法三章
正義曰約省也減也省減秦之煩法唯三章謂殺人傷人及盜

困学紀聞十二攷史 與父老約為司下云漢三章耳

困学紀聞十 漢高帝三章之約我藝祖陳橋之誓而後若將雨降民大悅意

唐高祖入京師約法十二條

胡注屬委付之於吏使監守之也

通鑑

死傷人及盜者使之抵罪餘並不論其辜以言省刑也則抵訓為至殺人以外唯傷人及盜使至罪名耳餘悉
除去秦法諸吏人皆案堵如故韋昭曰案次第堵牆堵也凡吾
所以來為父老除害非有所侵暴無恐且吾所
以還軍霸上待諸侯至而定約束耳乃使人與
秦吏行縣鄉邑告諭之秦人大喜爭持牛羊酒
食獻饗軍士沛公又讓不受曰倉粟多非乏不
欲費人人又益喜唯恐沛公不為秦王或說沛
公索隱曰楚漢春秋云解先生云遣守函谷無內項王而張良世家云鯫生說我言鯫小也小生即解生曰秦
富十倍天下地形彊今聞章邯降項羽項羽乃
號為雍王王關中今則來沛公恐不得有此可

高祖紀

困学紀聞十二 漢史曰興父老約為[illegible]下云法三章耳 唐高祖入京師約法十二[illegible]

困学紀聞十 漢高帝三章之約[illegible]

左節猶信也行者所執之信三禮義宗曰節長尺二寸秦漢以下改為旌幢之形[illegible]曰節

者使所擁也釋名云為號令賞罰之節也師古曰節以毛為之上下相重取象竹

節將命者持之以為信徐廣曰軹道在霸陵蘓林曰亭名也在長安東十三里漢宮

殿疏曰軹道亭東去霸城觀四里觀東去霸水百步括地志軹音紙軹道在雍

州萬年縣東北十六里苑中 [illegible]胡注[illegible]

通鑑先入關者王之

胡注王于況翻又如字

約法三章

正義曰約省也減也省減秦之煩法唯三章謂殺人傷人及盜

降及殺之不祥乃以秦王屬吏正義曰屬之欲一反屬付也遂西入咸陽欲止宮休舍正義曰休息也言欲居止宮殿中而自息也樊噲張良諫乃封秦重寶財物府庫還軍霸上召諸縣父老豪桀曰父老苦秦苛法久矣誹謗者族索隱曰劉伯莊樂彥同音方未反偶語者棄市應劭曰秦禁民聚語偶對也瓚曰始皇本紀曰偶語經書者棄市。索隱曰按禮云刑人於市與眾棄之故今律謂絞刑為棄市也吾與諸侯約先入關者王之吾當王關中與父老約法三章耳殺人者死傷人及盜抵罪應劭曰抵至也又當也除秦酷政但至於罪也李斐曰傷人有曲直盜賊有多少罪名不可預定故凡言抵罪未知抵何罪也張晏曰秦法一人犯罪舉家及隣伍坐之今但當其身坐合於康誥父子兄弟罪不相及也。索隱曰韋昭云抵當也謂使各當其罪今按秦法有三族之刑漢但約法三章耳殺人者

死傷人及盜者使之抵罪餘並不論其辜以言省刑
也則抵訓為至殺人以外唯傷人及盜使至罪名耳

餘悉除去秦法諸吏人皆案堵如故集解應劭曰案次第堵牆堵也凡吾所以來為父老除害非有所侵暴無恐且吾所以還軍霸上待諸侯至而定約束耳乃使人與秦吏行縣鄉邑告諭之秦人大喜爭持牛羊酒食獻饗軍士沛公又讓不受曰倉粟多非乏不欲費人人又益喜唯恐沛公不為秦王或說沛公索隱曰楚漢春秋云解先生云遣守函谷無內項王而張晏曰宗云鯫生說我言鯫小也小生即解生曰秦富十倍天下地形彊今聞章邯降項羽項羽乃號為雍王王關中今則來沛公恐不得有此可

高祖紀

人作民 通鑑作民

人人作民 通鑑作民

解先生之古文又見于項羽記 正義本十三丁

通鑑行縣鄉邑胡注秦制縣大率方百里十里一亭十亭一鄉所封食邑者亦謂之縣行下孟翻

六

急使兵守函谷關〔正義曰顔師古曰今桃林南有洪溜澗古函谷也其水北流入河西岸猶有舊關餘跡西征記云道形如函也其水山原壁立數十仞谷中容一車〕無内諸侯軍稍徵關中兵以自益距之沛公然其計從之十一月中項羽果率諸侯兵西欲入關關門閉聞沛公已定關中大怒使黥布等攻破函谷關十二月中遂至戲〔正義許宜反〕沛公左司馬曹無傷聞項王怒欲攻沛公使人言項羽曰沛公欲王關中令子嬰為相珍寶盡有之欲以求封〔正義曰曹無傷欲就項羽求封〕亞父勸項羽擊沛公〔索隱曰范增也項羽得范增號曰亞父亞言尊之亞於父猶管仲謂仲父父並音甫〕方饗士旦日合戰是時項羽兵四十萬號

通鑑秦民大失望
胡注秦民初見
沛公無所侵暴
而悅及見項羽殘
賊失其所望也

百萬沛公兵十萬號二十萬力不敵會項伯欲活張良夜往見良因以文諭項羽（正義曰項羽本紀云項伯曰沛公不先破關中公豈敢入乎今人有大功擊之不義也以文諭之）項羽乃止沛公從百餘騎驅之鴻門（索隱曰姚察云在新豐古城東未至戲水道南有斷原南北洞門是也）見謝項羽項羽曰此沛公左司馬曹無傷言之不然籍何以生此沛公以樊噲張良故得解歸歸立誅曹無傷項羽遂西屠燒咸陽秦宮室所過無不殘破秦人大失望然恐不敢不服耳項羽使人還報懷王懷王曰如約項羽怨懷王不肯令與沛公俱西入關而北救趙後天下約（正義曰懷王初

後

通鑑王巴蜀漢中云云胡注巴蜀漢中秦所置三郡地也班志南鄭縣屬漢中括地志南鄭縣今
梁州治所也世有手支子者蜀人也著蜀鑑曰南鄭有南郡漢中自漢中南鄭乃古褒國秦未
得蜀以前先取之漢中乃金洋均房等州六百里是也秦既得漢中乃分南鄭以隸之而置
郡焉南郡与漢中為一自此終春秋楚人巴人滅庸即今均房西州地班志漢中郡治西城今
金州上庸郡是也 ○通鑑頒三秦云云為塞王云云咸陽以東云云胡注韋昭云云史記正義云云塞先代翻櫟陽
縣為馮翊括地志漢七年分櫟陽城内為万年縣隋改為大興縣唐復萬年秦獻公所城櫟陽故
城在今雍州櫟陽縣東北二十五里項梁嘗有櫟陽逮請蘄獄掾曹咎書以抵欣而事得已所謂有
德於梁也櫟音藥

約先入咸陽者王之今羽北救趙故失約在後也乃曰懷王者吾家項梁所立耳非有功伐何以得主約本定天下諸將及籍也乃佯尊懷王爲義帝實不用其命正月正義曰崔浩云史官以正月紀四時故書正月也荀悅云先春後正月也顏師古云凡此諸月號皆太初正曆之後記事者追改之非當時本稱也以十月爲歲首即以十月爲正月今此正月當是謂之四月也他皆放此項羽自立爲西楚霸王王梁楚地九郡都彭城負約更立沛公爲漢王正義曰梁州本漢中郡以漢水爲名王巴蜀漢中徐廣曰三十一縣都南鄭三分關中立秦三將章邯爲雍王正義曰以岐州雍縣爲名都廢丘司馬欣爲塞王正義曰塞先代反韋昭云在長安東名桃林塞按桃林塞今華州潼關也顏師古云取河華之固爲阸塞耳非桃林都櫟陽索隱曰因君太上皇

改名曰萬年。董翳爲翟王，【正義曰文穎云本上郡，秦所置。項羽以董翳爲王，更名曰翟也。】都高奴。楚將瑕丘申陽爲河南王，【正義曰在黃河之南，故曰河南，即今河南府。】都洛陽。趙將司馬卬爲殷王，【正義曰以商帝盤庚國，郡中之地，改商爲殷。殷在相州安陽縣，即北蒙殷墟，南去朝歌百三十六里，故號殷王，都朝歌。】都朝歌。趙王歇徙王代。趙相張耳爲常山王，都襄國。當陽君黥布爲九江王，都六。【索隱曰韋昭云當陽，南郡縣名。地理志六縣屬六安國。】懷王柱國共敖爲臨江王，【正義曰孟康云本南郡，改爲臨江國，郢也。】都江陵。番君吳芮爲衡山王，都邾。【索隱曰太康地理志云楚滅邾，遷其人於江南，因名縣。】燕將臧荼爲燕王，都薊。故燕王韓廣徙王遼東。廣不聽，臧荼攻殺之無終。封成安君陳餘河間三

高祖紀

番音婆　邾音株　又音朱　薊音計

縣。居南皮，封梅鋗十萬戶。四月，兵罷戲下，正義一曰戲音麾許愼注淮南子云戲大旗也諸侯各就國。漢王之國，項王使卒三萬人從，楚與諸侯之慕從者數萬人，從杜南正義曰韋昭云杜今陵邑括地志云杜陵故城在雍州萬年縣東南十五里漢杜陵縣宣帝陵邑也北去宣帝陵五里廟記云故杜伯也入蝕中。李奇曰蝕音力在杜南如淳曰蝕入漢中道川谷名○索隱曰孟康音食王劭按說文作鎰器名也地形似器故名之去輒燒絕棧道，索隱曰按系家是用張良計也棧道閣道也音士諫反包愷音士版反崔浩云險絕之處傍鑿山巖而施版梁為閣以備諸侯盜兵襲之，亦示項羽無東意。至南鄭，諸將及士卒多道亡歸，士卒皆歌思東歸。韓信說漢王曰：徐廣曰韓王信非淮陰侯信也「項羽王諸將之有功者，而王獨居南鄭，是遷也〔蒼頡篇曰若有罪見遷徙〕軍吏士卒皆山東之人也日夜跂而望歸〔正義曰跂音丘豉反說文云跂舉踵也司馬彪云跂望也〕及其鋒而用之可以有大功天下已定人皆自寧不可復用不如決策東鄉爭權天下項羽出關使人徙義帝曰古之帝者地方千里必居上游〔正義音流〕乃使使徙義帝長沙郴縣趣義帝行〔正義趣音促〕群臣稍倍叛之乃陰令衡山王臨江王擊之殺義帝江南項羽怨田榮立齊將田都爲齊王田榮怒因自立爲齊王殺田都而反楚予彭越將軍印令反梁地楚令蕭公角擊彭越彭越大破之陳餘怨

孟康云蕭令也特令皆称公按角是令之名也

項羽之弗王己也，令夏說說田榮正義：上音悅，下音稅。請兵擊張耳。齊予陳餘兵，擊破常山王張耳，張耳亡歸漢。迎趙王歇於代，復立為趙王。趙王因立陳餘為代王。項羽大怒，北擊齊。八月，漢王用韓信之計，從故道地理志武都有故道縣。還，襲雍王章邯。邯迎擊漢陳倉正義曰：今岐州縣也。，雍兵敗，還走；止戰好畤孟康曰：畤音止。神靈之所在也。縣名，屬右扶風。，又復敗，走廢丘。漢王遂定雍地。東至咸陽，引兵圍雍王廢丘索隱曰：按荀悅漢紀又今樊嚮圍之。，而遣諸將略定隴西、北地、上郡。令將軍薛歐音惡后反、王吸出武關索隱曰：按表，歐以舍人從為將軍，封廣平侯；吸以中涓從為將軍，封清陽侯。，因王陵兵南陽如淳曰王陵亦聚黨數千人居南陽。正義曰括地志云王陵故城在商州上洛縣南三十一里荆州記云昔漢高祖入秦王陵起兵丹水以應之此城王陵所築因名也以迎太公呂后於

沛楚聞之發兵距之陽夏索隱曰韋昭云縣名屬淮陽後屬陳夏音更雅反

不得前令故吳令鄭昌為韓王距漢兵

二年漢王東略地塞王欣翟王翳河南王申陽

皆降韓王昌不聽使韓信擊破之於是置隴西

北地上郡渭南徐廣曰後曰京兆河上徐廣曰馮翊中地郡徐廣曰扶風

關外置河南郡徐廣曰十月漢王至陝更立韓太尉信為

韓王諸將以萬人若以一郡降者封萬戶繕治

河上塞晉灼曰晁錯傳秦時北攻胡築河上塞諸故秦苑囿園池皆令

高祖紀

史記本紀　十三

蘭學從開學中二重公之名大関東西宗之氏不著仁義之從如山川出雲之精雨夜降而不有其功執業之言

如鳳翔千仞脫燕爵之網而張羅者之逸民也

又得田之正月虜雍王弟章平大赦罪人漢王之出關至陝撫關外父老還張耳來見漢王厚遇之二月令除秦社稷更立漢社稷三月漢王從臨晉渡魏王豹將兵從下河内虜殷王置河内郡南渡平陰津至雒陽新城【正義曰括地志云洛州伊闕縣在州南七十里本漢新城也隋文帝改新城爲伊闕取伊闕山爲名也】三老董公遮說漢王【正義曰百官表云十里一亭亭有長十亭一鄉鄉有三老三老掌教化皆秦制也又樂産云橫道自言曰遮楚漢春秋云董公十二遂封爲成侯】以義帝死故漢王聞之袒而大哭【如淳曰袒亦如禮袒踊】遂爲義帝發喪臨三日發使者告諸侯曰天下共立義帝北面事之今項羽放殺義帝於

江南大逆無道寡人親爲發喪諸侯皆縞素悉發關內兵收三河士 韋昭曰河南河東河內 南浮江漢以下 正義曰南收三河士發關內兵從雍州入子午道至漢中歷漢水而下從務東行至徐州擊楚 願從諸侯王擊楚之殺義帝者是時項王北擊齊田榮與戰城陽田榮敗走平原 正義曰德州平原縣是 平原民殺之齊皆降楚楚因焚燒其城郭係虜其子女齊人叛之田榮弟橫立榮子廣爲齊王齊王反楚城陽項羽雖聞漢東既已連齊兵欲遂破之而擊漢漢王以故得劫五諸侯兵遂入彭城項羽聞之乃引兵去齊從魯 正義曰兗州曲阜也 出胡陵 正義曰地理志云胡陵在

山陽郡至蕭正義曰徐州蕭縣與漢大戰彭城靈壁東正義曰在徐州符離縣西北九十里睢水上大破漢軍多殺士卒睢水爲之不流乃取漢王父母妻子於沛置之軍中以爲質當是時諸侯見楚彊漢敗還皆去漢復爲楚塞王欣亡入楚呂后兄周呂侯爲漢將兵居下邑徐廣曰在梁漢王從之稍收士卒軍碭漢王乃西過梁地至虞徐廣曰在梁使謁者隨何之九江王布所曰公能令布舉兵叛楚項羽必留擊之得留數月吾取天下必矣隨何往說九江王布布果背楚楚使龍且往擊之漢王之敗彭城而西行使

正義曰睢音雖睢水故瀆首起汴取陳留縣東合通濟渠入泗

顏師古曰殺人既多壅塞此水

周呂名澤呂周封國名

通鑑靈璧注胡注臣瓚曰穀泗二水皆在沛郡彭城水經註睢水出陳留縣西蒗蕩渠東過沛郡相縣又逕彭城郡之靈璧東而東南流項羽敗漢王處也漢書又云東過穀泗服虔曰水名也在沛國相縣界又詳睢水逕穀熟而兩分而睢水爲蘄水故二水所在枝分通爲兼稱穀水之名蓋因地變然則穀水即睢水也睢水又東南至下相而入于泗謂之睢口泗水又東南過彭城縣東北南至下邳入淮孟康曰靈璧故小縣在彭城南史記正義曰靈璧在徐州符離縣西北九十里

乘 食升反

人求家室家室亦亡不相得敗後乃獨得孝惠六月立爲太子大赦罪人令太子守櫟陽諸侯子在關中者皆集櫟陽爲衛引水灌廢丘廢丘降章邯自殺更名廢丘爲槐里於是令祠官祀天地四方上帝山川以時祀之興關內卒乘塞本音義曰乘守也是時九江王布與龍且戰不勝與隨何閒行歸漢漢王稍收士卒與諸將及關中卒益出是以兵大振滎陽破楚京索閒

三年魏王豹謁歸視親疾至即絶河津反爲楚漢王使酈生說豹豹不聽漢王遣將軍韓信擊

大破之虜豹遂定魏地置三郡曰河東正義曰今蒲州也
太原正義曰今并州上黨正義曰今潞州漢王乃令張耳與韓信
遂東下井陘擊趙斬陳餘趙王歇其明年立張
耳爲趙王漢王軍滎陽南築甬道正義曰甬音勇韋昭云起土築
牆中間爲道應劭云恐敵抄輜重故築垣牆如街巷屬之河以取敖倉正義曰孟康云敖地
名在滎陽西北山上臨河有大倉太康地理志云秦建敖倉於成皋與項羽相距歲餘項
羽數侵奪漢甬道漢軍乏食遂圍漢王漢王請
和割滎陽以西者爲漢項王不聽漢王患之乃
用陳平之計予陳平金四萬斤以間疏楚君臣
於是項羽乃疑亞父亞父是時勸項羽遂下滎

陽及其見疑乃怒辭老願賜骸骨歸卒伍未至彭城而死漢軍絕食乃夜出女子東門二千餘人被甲楚因四面擊之將軍紀信乃乘王駕詐爲漢王誑楚楚皆呼萬歲之城東觀以故漢王得與數十騎出西門遁令御史大夫周苛魏豹樅公守滎陽諸將卒不能從者盡在城中周苛樅公相謂曰反國之王難與守城因殺魏豹廣曰案月表二年七月王出滎陽八月殺魏豹而又云四年三月周苛死四月魏豹死二者不同項羽殺紀信周苛樅公皆是三年中漢王之出滎陽入關收兵欲復東袁生說漢王曰漢與楚相距滎陽數歲漢常困願君王

出武關項羽必引兵南走王深壁令滎陽成皋間且得休使韓信等輯河北趙地連燕齊君王乃復走滎陽未晚也如此則楚所備者多力分漢得休復與之戰破楚必矣漢王從其計出軍宛葉間正義曰宛於元反葉式涉反宛鄧州縣也葉汝州縣水經注云本楚惠王封諸梁子兼號曰葉城公子高之故邑也與黥布行收兵項羽聞漢王在宛果引兵南漢堅壁不與戰是時彭越渡睢水與項聲薛公戰下邳彭越大破楚軍項羽乃引兵東擊彭越漢王亦引兵北軍成皋項羽已破走彭越聞漢王復軍成皋乃復引兵西拔滎陽誅周苛樅

公而虜韓王信遂圍成皋漢王跳徐廣曰音逃。索隱曰如淳云跳走也韋昭按劉澤傳跳驅至長安說文音徒調反通俗文云超踰為跳獨與滕公共車出成皋玉門徐廣曰項羽紀一云北門名玉門。索隱曰夏侯嬰為滕令故呼為滕公北渡河馳宿脩武自稱使者晨馳入張耳韓信壁而奪之軍乃使張耳北益收兵趙地使韓信東擊齊漢王得韓信軍則復振引兵臨河南鄉軍小脩武南韋昭曰在大脩武城東欲復戰郎中鄭忠乃說止漢王使高壘深塹勿與戰漢王聽其計使盧綰索隱蘇林曰綰音以繩綰結物之綰劉賈將卒二萬人騎數百渡白馬津索隱曰即黎陽津也南界東郡白馬縣入楚地與彭越復擊破楚軍燕郭

高祖紀

西索隱曰故南燕國也在東郡秦以爲縣遂復下梁地十餘城淮陰已
受命東未渡平原漢王使酈生往說齊王田廣
廣叛楚與漢和共擊項羽韓信用蒯通計遂襲
破齊齊王烹酈生東走高密項羽聞韓信已舉
河北兵破齊趙且欲擊楚則使龍且周蘭徐廣曰一作簡
往擊之韓信與戰騎將灌嬰擊之大破楚軍殺
龍且齊王廣奔彭越當此時彭越將兵居梁地
往來苦楚兵絕其糧食
四年項羽乃謂海春侯大司馬曹咎曰謹守成
皋若漢挑戰正義挑田了反下同愼勿與戰毋令得東而已

我十五日必定梁地復從將軍乃行擊陳留外黃睢陽下之漢果數挑楚軍楚軍不出使人辱之五六日大司馬怒度兵汜水（正義曰汜音祀在成皋故城東）士卒半渡漢擊之大破楚軍盡得楚國金玉貨賂大司馬咎長史欣皆自剄汜水上項羽至睢陽聞海春侯破乃引兵還漢軍方圍鍾離眛於滎陽東項羽至盡走險阻韓信已破齊使人言曰齊邊楚（文穎曰邊近也）權輕不為假王恐不能安齊漢王欲攻之留侯曰不如因而立之使自為守乃遣張良操印綬立韓信為齊王（徐廣曰二月）項羽聞龍

高祖紀

且軍破則恐使盱台人武涉往說韓信韓信不聽楚漢久相持未決丁壯苦軍旅老弱罷轉饟漢王項羽相與臨廣武之間而語項羽欲與漢王獨身挑戰漢王數項羽曰始與項羽俱受命懷王曰先入定關中者王之項羽負約王我於蜀漢罪一索隱曰負音佩也項羽矯殺卿子冠軍而自尊罪二徐廣曰卿一作慶○索隱曰韋昭云宋義之號如淳曰卿者卿大夫之尊子若子男之爵冠諸人之首也尊宋義故加此號項羽已救趙當還報而擅劫諸侯兵入關罪三懷王約入秦無暴掠項羽燒秦宮室掘始皇帝冢私收其財物罪四又彊殺秦降王子嬰

捫足 正義曰恐軍卒壞散故言中部足指

罪五。詐阬秦子弟新安二十萬，王其將，罪六。項羽皆王諸將善地，索隱曰謂章邯等而徙逐故主，索隱曰謂田氏趙歇韓廣之屬也令臣下爭叛逆，罪七。項羽出逐義帝彭城，自都之，奪韓王地，并王梁楚，多自予，罪八。項羽使人陰弒義帝江南，罪九。夫為人臣而弒其主，殺已降，為政不平，主約不信，天下所不容，大逆無道，罪十也。吾以義兵從諸侯誅殘賊，使刑餘罪人擊殺項羽，何苦乃與公挑戰！項羽大怒，伏弩射中漢王。漢王傷匈，乃捫足曰：「虜中吾指！」索隱曰捫摸也中匈而捫足者蓋以矢初中痛悶不知所在故爾或云匈而捫足權以安士卒之心也漢王病創卧，張良彊請漢王起行勞軍，以安士卒，毋令楚乘勝於漢。漢王出行軍，正義行寒孟反。病甚，因馳入成皋。索隱曰三輔故事曰楚漢相拒於京索閒六年身被大創十二矢石通中過者有四言漢王病創也病愈，西入關，至櫟陽，存問父老，置酒，梟故塞王欣頭櫟陽市。索隱曰梟縣首於木也欣自剄於汜水上今梟之於櫟陽者以舊都故梟以示之也留四日，復如軍，軍廣武。關中兵益出。當此時，彭越將兵居梁地，往來苦楚兵，絕其糧食。田橫往從之。項羽數擊彭越等，齊王信又進擊楚。項羽恐，乃與漢王約，中分天下，割鴻溝而西者為漢，鴻溝而東者為楚。索隱曰應劭云在滎陽東南二十里盖引河東南入淮泗也張華云一渠東流經浚儀是

始皇所鑿引河灌大梁謂之鴻溝一渠東至陽武南爲官渡水北征記云中牟臺下臨汴水是爲官渡水也項王

歸漢王父母妻子軍中皆呼萬歲乃歸而別去

項羽解而東歸漢王欲引而西歸用留侯陳平

計乃進兵追項羽至陽夏南止軍與齊王信建

成侯彭越期會而擊楚軍至固陵不會楚擊漢

軍大破之漢王復入壁深塹而守之用張良計

於是韓信彭越皆往及劉賈入楚地圍壽春正義曰今壽州漢王敗固陵晉灼曰即固始乃使使者召大司馬周

殷舉九江兵而迎之徐廣曰周殷以兵隨劉賈武王行屠城父正義曰父音甫今亳州縣

隨何劉賈齊梁諸侯皆大會垓下徐廣

五年高祖以下前漢書以爲下卷首

詔羽

兵

曰七月

立武王布爲淮南王

五年高祖與諸侯兵共擊楚軍與項羽決勝垓下淮陰侯將三十萬自當之孔將軍居左費將軍居右皇帝在後絳侯柴將軍在皇帝後項羽之卒可十萬淮陰先合不利却孔將軍費將軍縱（正義曰二人韓信將也縱放兵擊項羽也以縱爲絶句孔將軍蓼侯孔熙費將軍費侯陳賀也）楚兵不利淮陰侯復乘之（正義曰復扶富反乘猶登也進也）大敗垓下項羽卒聞漢軍之楚歌（索隱曰應劭云今雞鳴歌也顏游秦云楚歌猶吳謳也按高祖令戚夫人楚舞自爲楚歌是楚人之歌聲也）以爲漢盡得楚地項羽乃敗而走是以兵大敗使騎將灌嬰追殺項羽東城（徐廣

日十二月斬首八萬遂略定楚地魯為楚堅守不下

漢王引諸侯兵北示魯父老項羽頭魯乃降遂

以魯公號葬項羽穀城還至定陶馳入齊王壁

奪其軍正月諸侯及將相相與共請尊漢王為

皇帝漢王曰吾聞帝賢者有也空言虛語非所

守也吾不敢當帝位群臣皆曰大王起微細誅

暴逆平定四海有功者輒裂地而封為王侯大

王不尊號皆疑不信臣等以死守之漢王三讓

不得已曰諸君必以為便便國家甲午徐廣曰二月甲午乃

即皇帝位氾水之陽蔡邕曰上古天子稱皇其次稱帝其次稱王秦承三王之末為漢驅

除白以德兼三皇五帝故并以爲號漢高祖受命功德宜之因而不改○正義曰汜音敷劒反括地志云高祖即位壇在曹州濟陰縣界張晏曰汜水在濟陰界取其汜愛弘大而潤下皇帝曰義帝無後齊王韓信習楚風俗徙爲楚王都下邳正義曰音被悲反泗州下邳縣是楚王韓信之都立建成侯彭越爲梁王都定陶正義曰曹州濟陰縣城是梁王彭越之都故韓王信爲韓王都陽翟正義曰洛州陽翟縣是韓王信之都徙衡山王吳芮爲長沙王都臨湘正義曰括地志云潭州長沙縣本漢臨湘縣長沙王吳芮都之芮墓在長沙縣北四里番君之將梅鋗有功從入武關故德番君淮南王布燕王臧荼趙王敖皆如故天下大定高祖都雒陽諸侯皆臣屬故臨江王驩徐廣曰一作歡爲項羽叛漢令盧綰劉賈圍之

不下數月而降殺之雒陽五月兵皆罷歸家諸侯子在關中者復之十二歲其歸者復之六歲食之（正義食音寺）一歲高祖置酒雒陽南宮（正義曰括地志云南宮在雒州雒陽縣東北二十六里洛陽故城中輿地志云秦時已有南北宮）高祖曰列侯諸將無敢隱朕皆言其情吾所以有天下者何項氏之所以失天下者何高起王陵對曰（孟康曰姓高名起瓚曰漢帝年紀高帝時有信平侯臣陵都武侯臣起魏相丙吉奏事高帝時奏事有將軍臣陵臣起）陛下慢而侮人項羽仁而愛人然陛下使人攻城略地所降下者因以予之與天下同利也項羽妒賢嫉能有功者害之賢者疑之戰勝而不予人功得

古

地而不予人利此所以失天下也高祖曰公知其一未知其二夫運籌策帷帳之中決勝於千里之外吾不如子房鎮國家撫百姓給餽饟不絕糧道吾不如蕭何連百萬之軍戰必勝攻必取吾不如韓信此三者皆人傑也吾能用之此吾所以取天下也項羽有一范增而不能用此其所以爲我擒也高祖欲長都雒陽齊人劉敬說及留侯勸上入都關中高祖是日駕入都關中六月大赦天下十月燕王臧荼反攻下代地高祖自將擊之得燕王臧荼即立太尉盧綰爲

饟通鑑作餉胡注饟讀曰餉餽饋同

燕王使丞相噲將兵攻代其秋利幾反正義曰幾音機姓名也項羽之將爲陳縣令降漢高帝欲諸侯利幾恐故反高祖自將兵擊之利幾走利幾者項氏之將項氏敗利幾爲陳公不隨項羽亡降高祖高祖侯之潁川高祖至雒陽舉通侯籍召之如淳曰得在通侯之籍而利幾恐故反

六年高祖五日一朝太公如家人父子禮太公家令說太公曰天無二日土無二王今高祖雖子人主也太公雖父人臣也奈何令人主拜人臣如此則威重不行後高祖朝太公擁篲李奇曰爲恭也如今卒持帚者也迎門却行高祖大驚下扶太公太公

通鑑綱目[illegible]上同[illegible]開[illegible][illegible]上[illegible][illegible][illegible][illegible][illegible]故將王之[illegible][illegible][illegible]曰史記漢書高紀並此皆云使丞相噲將兵平代地樊噲傳從平韓王信乃遷左丞相是時未書丞相又代地[illegible]者噲傳亦[illegible]此事疑紀誤

正義曰崔浩曰擁抱掌[illegible][illegible]帚卒[illegible]之所執[illegible]篲[illegible]曲腰持篲帚[illegible]曲腰若擁篲帚

通鑑[illegible][illegible]王[illegible]將利幾反胡注利幾以陳令降上侯之潁川上至洛陽召之利幾恐而反[illegible]洛[illegible]利

[illegible]生也姓譜楚公子食采於利後以爲氏

高祖紀

故得賜金非善其令父敬己也

漢書作肯索隱誤

通鑑十一作宵肯

曰帝人主也奈何以我亂天下法於是高祖乃尊太公爲太上皇蔡邕曰不言帝非天子也○索隱曰按本紀秦始皇追尊莊襄王爲太上皇已有故事矣蓋太上者無上也皇者德大於帝故尊其父號太上皇也心善家令言賜金五百斤索隱曰顔氏按荀悅云故雖天子必有尊也無父猶設三老況其存乎家令之言過矣晉劉寶云善其發悟己心因得尊崇父號也十二月人有上變事告楚王信謀反上問左右左右爭欲擊之用陳平計乃僞遊雲夢韋昭曰在南郡華容縣會諸侯於陳楚王信迎即因執之是日大赦天下田肯賀索隱曰漢紀及漢書作宵劉顯云相傳作肯也因說高祖曰陛下得韓信又治秦中如淳曰時山東人謂關中爲秦中秦形勝之國張晏曰秦地帶山河得形勢之勝便者○索隱曰韋昭云地形險固故能勝人

十八

也帶河山之險縣隔千里持戟百萬秦得百二焉應劭曰山河之險與諸侯相縣隔地絶千里所以能禽諸侯者得天下之利百二也李斐曰河山之險內地勢高順流而下易故天下於秦縣隔千里持戟百萬秦得百二焉蘇林曰得百中之二焉秦地險固二萬人足當諸侯百萬人也○索隱曰服虔云謂函谷關去長安千里爲縣隔按文以何山險固形勝其勢如隔千里虞喜云百二者得百之二言諸侯持戟百萬秦地險固百倍於天下故云得百二焉言倍之也孟言秦兵當二百萬也齊得十二亦如之故爲東西秦言勢相敵但立文相避故云十二言餘諸侯十萬齊地形號亦倍於他國當二十萬人地勢便利其以下兵於諸侯譬猶居高屋之上建瓴水也如淳曰瓴盛水瓶也居高屋之上而翻瓴水言其向下之勢易也建音蹇晉灼曰許慎曰瓴甕似瓶者夫齊東有琅邪即墨之饒南有泰山之固西有濁河之限晉灼曰齊西有平原河水東北過高唐高唐即平原也孟津號黃河故曰濁河北有勃海之

廿二

六

王[illegible]康曰建[illegible]也[illegible]復也

閣鈔正義[illegible]應

李[illegible]之縣隔[illegible]

言有境[illegible]不[illegible]千里[illegible]

[illegible]外[illegible]秦之縣隔也

秦之外[illegible]次之

應李[illegible]百万[illegible]之二廿万[illegible]

高祖紀 胡注泰山在齊之南境齊負之為固 應李秦齊相敵[illegible]秦強而齊次之者与上說封秦今引[illegible]為異義歟

[illegible]上同

通鑑[illegible]晉灼云[illegible]孟津在河內去平原甚遠晉說失之[illegible]河流渾濁故謂之濁河也[illegible]地北至[illegible]有高樂高城陽信重合之地

集註崔云言齊在東秦見地險固富饒如秦故云東秦

通鑑十一卷春正月丙午分楚王信地爲二國以淮東五十三縣立從兄將軍劉賈爲荊王

利索隱曰崔浩云勃旁跌也旁跌出者横在濟北故齊都賦云海旁出爲勃名曰勃海郡地方二千里持戟百萬縣隔千里之外索隱曰以言齊境闊不啻千里故云千里之外齊得十二焉應劭曰齊得十之二故齊愍王稱東帝後復歸之卒爲秦所滅者利鈍之勢異也李斐曰齊有山河之限地方二千里是爲天下懸隔也設有持戟百萬之衆齊得十中之二焉百萬十分之二亦二十萬也但文相避耳故言東西秦其勢亦敵也蘇林曰十二得十中之二二十萬人當百萬言齊雖固不如秦二萬乃當百萬故此東西秦也非親子弟莫可使王齊矣高祖曰善賜黃金五百斤後十餘日封韓信爲淮陰侯分其地爲二國高祖曰將軍劉賈數有功以爲荊王索隱曰乃王吳地在淮東也姚察按虞喜云揔言吳別言荊者以山命國也今西南有荊山在陽羨界亦實封吳地而號荊王指取此義大康地理志陽羨縣本名荊谿王淮東弟交爲楚王王

淮西子肥爲齊王，王七十餘城，民能齊言者皆屬齊。漢書音義曰：此言時民流移，故使齊言者還齊也。○正義曰：按言齊之遠國，次秦中，故封子肥七十餘城。近齊城邑能齊言者，咸割屬齊。親子故大其都也。孟說恐非。乃論功，與諸列侯剖符行封。徙韓王信太原。索隱曰：信初都陽翟也。

七年，匈奴攻韓王信馬邑，正義曰：搜神記云：昔秦人築城於武周塞以備胡，城將成而崩者數矣。有馬馳走周旋反覆，父老異之，因依以築城，乃不崩，遂名馬邑。括地志云：朔州城，漢鴈門即馬邑縣城也。攻韓信於馬邑，即此城。信因與同謀反太原。白土徐廣曰：在上郡。曼丘臣、王黃立故趙將趙利爲王以反，高祖自往擊之。會天寒，士卒墮指者什二三，遂至平城。正義曰：括地志云：朔州定襄縣，本漢平城縣。縣東北三十里有白登山，山上有臺，名曰白登臺。漢書匈奴傳云：冒頓圍高帝於通鑑十二八年冬上擊韓王信餘寇於東垣胡注班志高帝十一年更名東垣曰真定武帝元鼎四年置真定國垣音袁 通鑑釋漢第一東垣史炤釋文曰高帝十一年更名真定國余按高帝十一年擊陳豨豨將趙利守東垣帝攻之卒罵帝帝怒拔東垣卒罵者斬之不罵者原之因改東垣曰真定是改東垣縣爲真定縣也至武帝元鼎四年始置真定國高帝焉得置真定國哉

白登七日即此也服虔云白登臺名去平城七里李穆叔趙記云平城東七里有土山高百餘尺方十餘里亦謂此也

匈奴圍我平城七日而後罷去令樊噲止定代地立兄劉仲爲代王二月高祖自平城過趙雒陽至長安長樂宮成丞相已下徙治長安

索隱曰漢儀註高祖六年更名咸陽曰長安三輔舊事渭城本咸陽地高帝爲新城七年屬長安也

八年高祖東擊韓王信餘反寇於東垣

地理志云東垣高帝更名曰眞定

蕭丞相營作未央宮

正義曰括地志云未央宮在雍州長安縣西北十里長安故城中顔師古云未央殿雖南嚮而當上書奏事謁見之徒皆詣北闕公車司亦在北焉是則以北闕爲正門而又有東門東闕至於西南兩面無門闕也蕭何初立未央宮以厭勝之術理宜然也按北闕爲正者蓋象秦作前殿渡渭水屬之咸陽以象天極閣道絕漢抵營室

立東闕北闕

關中記曰東有蒼龍闕北有玄武闕玄武所謂

通鑑卷十一二月上至長安蕭何治未央宮夏二上自櫟陽徙都長安胡注光雖以婁敬張良之言西都關中所都尚未成則猶居櫟陽今未央宮成始自櫟陽徙都長安

高祖紀

北闕也索隱曰東闕名蒼龍北闕名玄武無西南二闕者蓋蕭何以厭勝之法故不立說文云闕門觀也秦家舊宮皆在渭北而立東闕北闕蓋取其便前殿武庫太倉高祖還見宮闕壯甚怒謂蕭何曰天下匈匈苦戰數歲成敗未可知是何治宮室過度也蕭何曰天下方未定故可因遂就宮室且夫天子以四海爲家非壯麗無以重威且無令後世有以加也高祖乃說高祖之東垣過柏人正義曰括地志云柏人故城在邢州柏人縣西北十二里漢柏人屬趙國趙相貫高等謀弑高祖高祖心動因不留代王劉仲棄國亡自歸雒陽廢以爲合陽侯正義曰括地志云郃陽故城在同州河西縣三里魏文侯十七年攻秦至鄭而還築在郃水之陽也

九年趙相貫高等事發覺夷三族廢趙王敖爲宣平侯是歲徙貴族楚昭屈景懷齊田氏關中未央宮成高祖大朝諸侯羣臣置酒未央前殿高祖奉玉卮（應劭曰鄉飲酒禮器也受四升）起爲太上皇壽曰始大人常以臣無賴（晋灼曰許愼曰賴利也無利入於家也或曰江湖之閒謂小兒多詐狡猾爲無賴）不能治産業不如仲力今某之業所就孰與仲多殿上羣臣皆呼萬歲大笑爲樂

十年十月淮南王黥布梁王彭越燕王盧綰荆王劉賈楚王劉交齊王劉肥長沙王吳芮皆來朝長樂宮（正義曰括地志云秦櫟陽故宮在雍州櫟陽縣北三十五里秦獻公所造三輔黄圖云高祖都

正義曰括地志曰漢太上皇陵在雍州櫟陽縣北二十五里漢書云高帝十年太上皇崩葬万年陵也

（長安未有宮室居櫟陽宮也）春夏無事七月太上皇崩櫟陽宮楚王梁王皆來送葬（漢書云葬萬年）赦櫟陽囚更命酈邑曰新豐（正義作麗音力知反括地志云新豐故城在雍州新豐縣西南四里漢新豐宮也太上皇時悽愴不樂高祖竊因左右問故荅以平生所好皆屠販少年酤酒賣雞蹴踘以此為歡今皆無此故不樂高祖乃作新豐徙諸故人實之太上皇乃悅按前于麗邑築城寺徙其民實之未改其名太上皇崩後命曰新豐）八月趙相國陳豨（鄧展曰東海人名豬曰豨）反代地上曰豨嘗為吾使甚有信代地吾所急也故封豨為列侯（徐廣曰豨攻定臧荼有功封陽夏侯）以相國守代今乃與王黃等劫掠代地代地吏民非有罪也其赦代吏民九月上自東往擊之至邯鄲上喜曰豨不南據邯鄲而阻漳水吾

高祖紀

漢書文曰吾知豨之[illegible]矣顏曰与如也言能如之何也顧胤曰讀以知所以与之金也

通鑑注云馬邑不下攻殘之胡注殘謂多所殺戮

知其無能爲也聞豨將皆故賈人也上曰吾知所以與之乃多以金啗豨將豨將多降者十一年高祖在邯鄲誅豨等未畢豨將侯敞將萬餘人游行王黃軍曲逆索隱曰今中山蒲陰是張春渡河正義曰陳豨將也又劉伯莊云彼時聊城在黃河之東王莽時乾今滴河西北也今在博州西北深丘道里記云王莽元城人居近河側祖父墳墓爲水所衝引河入深川此王莽河因枯也擊聊城○徐廣曰在平原○正義曰括地志云故聊城在博州聊城縣西二十里春秋時齊之西界聊攝也戰國時亦爲齊地秦漢皆爲東郡之聊城也漢使將軍郭蒙與齊將擊大破之太尉周勃漢書百官表曰太尉秦官應劭曰自上安下曰尉武官悉以爲稱道太原入韋昭曰道猶從定代地至馬邑馬邑不下即攻殘之豨將趙利守東垣高祖

攻之不下月餘卒罵高祖高祖怒城降令出罵者斬之不罵者原之於是乃分趙山北立子恒以為代王都晉陽【如淳曰文紀言都中都又文帝過太原復晉陽中都二歲似遷都於中都也】春淮陰侯韓信謀反關中夷三族夏梁王彭越謀反廢遷蜀復欲反遂夷三族立子恢為梁王子友為淮陽王秋七月淮南王黥布反東并荊王劉賈地北渡淮楚王交走入薛高祖自往擊之立子長為淮南王

十二年十月高祖已擊布軍會甀【徐廣曰在蘄縣西　駰案漢書音義曰會音儈保邑名甀音直僞反　○索隱曰漢書甀作缶音保非也】布走令別將追之高

古

祖還歸過沛留置酒沛宮正義曰括地志云沛宮故地在徐州沛縣東南二十里一步悉召故人父老子弟縱酒發沛中兒得百二十人教之歌酒酣應劭曰不醒不醉曰酣一曰酣洽也高祖擊筑韋昭曰筑古樂有弦擊之不鼓○正義曰音竹應劭云狀似瑟而大頭安弦以竹擊之故名曰筑顏師古云今筑形似瑟而小細項自爲歌詩曰大風起兮雲飛揚威加海內兮歸故鄉安得猛士兮守四方令兒皆和習之高祖乃起舞慷慨傷懷泣數行下謂沛父兄曰游子悲故鄉吾雖都關中萬歲後吾魂魄猶樂思沛且朕自沛公以誅暴逆遂有天下其以沛風俗通義曰漢書註沛人語初發聲皆言其其者楚言也高祖始登帝位教令言其後以爲常耳爲朕湯沐邑復

注一步 通鑑胡注作一十步

胡注衍字 刪翻

其民世世無有所與。沛父兄諸母故人日樂飲極驩，道舊故爲笑樂。十餘日，高祖欲去，沛父兄固請留高祖。高祖曰：「吾人衆多，父兄不能給。」乃去。沛中空縣皆之邑西獻。如淳曰：獻牛酒。高祖復留止，張。張晏曰：張帷帳。○正義音張亮反。飲三日。沛父兄皆頓首曰：「沛幸得復，豐未復，唯陛下哀憐之。」高祖曰：「豐吾所生長，極不忘耳，吾特爲其以雍齒故反我爲魏。」沛父兄固請，乃并復豐，比沛。於是拜沛侯劉濞服虔曰：濞音帔。爲吳王。漢將別擊布軍洮水南北，徐廣曰：洮音道，在江淮間。皆大破之，追得斬布鄱陽。樊噲別將兵定代，

高祖紀

正義曰方言云端緒也

斬陳豨當城。索隱曰代之縣名。正義曰括地志云當城在朔州定襄縣界，土地十三州記云當城在高柳東八十里，縣當常山，故曰當城。十一月，高祖自布軍至長安。十二月，高祖曰：「秦始皇帝、楚隱王索隱曰世家作幽王，名擇，負芻之兄。陳涉、魏安釐王索隱曰史闕名。昭王之子，王假之祖。齊湣王索隱曰名地，宣王子，王建祖。趙悼襄王索隱曰名偃，孝成王冊之子，幽王遷之父。皆絕無後，予守冢各十家，秦皇帝二十家，魏公子無忌五家。」赦代地吏民為陳豨趙利所劫掠者，皆赦之。陳豨降將言豨反時，燕王盧綰使人之豨所，與陰謀。上使辟陽侯迎綰，正義曰審食其也。括地志云辟陽故城在冀州信都縣西二十五里，漢舊縣。綰稱病。辟陽侯歸，具言綰反有端矣。二月，使樊噲周

勃將兵擊燕王綰赦燕吏民與反者立皇子建
爲燕王高祖擊布時爲流矢所中行道病病甚
呂后迎良醫醫入見高祖問醫醫曰病可治於
是高祖嫚罵之曰吾以布衣提三尺劍取天下
此非天命乎命乃在天雖扁鵲何益遂不使治
病賜金五十斤罷之已而呂后問陛下百歲後
蕭相國即死令誰代之上曰曹參可問其次上
曰王陵可然陵少戇陳平可以助之陳平智有
餘然難以獨任周勃重厚少文然安劉氏者必
勃也可令爲太尉呂后復問其次上曰此後亦

非所知也盧綰與數千騎居塞下候伺幸上病愈自入謝四月甲辰高祖崩長樂宮皇甫謐曰高祖以秦昭王五十一年生至漢十二年年六十三四日不發喪呂后與審食其謀曰諸將與帝爲編戶民今北面爲臣此常怏怏今乃事少主非盡族是天下不安人或聞之語酈將軍漢書曰酈商酈將軍往見審食其曰吾聞帝已崩四日不發喪欲誅諸將誠如此天下危矣陳平灌嬰將十萬守滎陽樊噲周勃將二十萬定燕代此聞帝崩諸將皆誅必連兵還鄉以攻關中大臣內叛諸侯外反亡可翹足而待也審

食其入言之，乃以丁未發喪，大赦天下。盧綰聞高祖崩，遂亡入匈奴。丙寅，葬。[徐廣曰：五月。]己巳，立太子，[正義曰：丙寅葬後四日至己巳，即立太子爲帝。有本脫巳字者，妄引漢書云巳下者，非。]至太上皇廟。[正義曰：三輔黃圖云太上皇廟在長安城香室南，馮翊府北。括地志云漢太上皇廟在雍州長安縣西北長安故城中酒池之北，高帝廟北。高帝廟亦在故城中也。]羣臣皆曰："高祖起微細，撥亂世反之正，平定天下，爲漢太祖，功最高。"上尊號爲高皇帝。太子襲號爲皇帝，孝惠帝也。令郡國諸侯各立高祖廟，以歲時祠。及孝惠五年，思高祖之悲樂沛，以沛宮爲高祖原廟。[徐廣曰：光武紀曰上幸豐，祠高祖於原廟。駰案：謂原者，再也。先既已立廟，今又再立，故謂之原廟。]高祖所教歌兒百二十人，

高祖紀

吹樂 正義曰上人端爻下音無以前但有歌兒今加吹樂帝[illegible]

正義曰僿先代反[illegible] 青四僿猶細碎也 言周末世文細碎 鄙陋薄思之意[illegible]

汪僿 音西志反[illegible] 駰引史記音隱曰[illegible]

皆令爲吹樂後有缺輒補之高帝八男長庶齊悼惠王肥次孝惠呂后子次戚夫人子趙隱王如意次代王恒已立爲孝文帝薄太后子次梁王恢呂太后時徙爲趙共王次淮陽王友呂太后時徙爲趙幽王次淮南厲王長次燕王建

太史公曰夏之政忠忠之敝小人以野鄭玄曰忠質厚也野少禮節也故殷人承之以敬敬之敝小人以鬼鄭玄曰多威儀如事鬼神故周人承之以文文之敝小人以僿徐廣曰一作薄

駰案史記音隱曰僿音西志反鄭玄曰文尊卑之差也薄苟習文法無悃誠也○索隱曰鄭音先代反鄒本作薄音扶各反本一作僿而徐廣云一作薄是本亦不同也然此語本出禮表記作其民之敝利而巧文而不慚[illegible]敝也[illegible]又引[illegible]

為隸四種紀也 【承敝易變】正義曰夏之政忠忠之敝其末世敗壞多詐僞故殷變鬼神用人承殷為文文其末細碎薄陋文法世有網誡故秦人承周不改其敝反或酷法嚴刑故漢人承秦苛法約三章反其惡政使民不倦得天統矣故本史公引禮文為贊贊人焉美高祖始變易秦敝使万姓安寧

隱云僿音先志者蔽僿聲相近故以蔽為僿耳故救僿莫若以忠鄭玄曰復反始三王之道若循環終而復始周秦之間可謂文敝矣秦政不改反酷刑法豈不繆乎故漢興承敝易變使人不倦得天統矣朝以十月車服黃屋左纛葬長陵皇甫謐曰長陵山東西廣百二十步高十三丈在渭水北去長安城三十五里。正義曰括地志云長陵在雍州咸陽縣東三十里

索隱述贊曰高祖初起始自徒中言從泗上即號沛公嘯命豪傑奮發材雄彤雲鬱碭素靈告豐龍變星聚

人或作氏

高祖紀

蛇分徑空　項氏主命　負約棄功
王我巴蜀　實憤于東　三秦既北
五兵遂東　氾水即位　咸陽築宮
威加四海　還歌大風

高祖本紀第八　　史記八

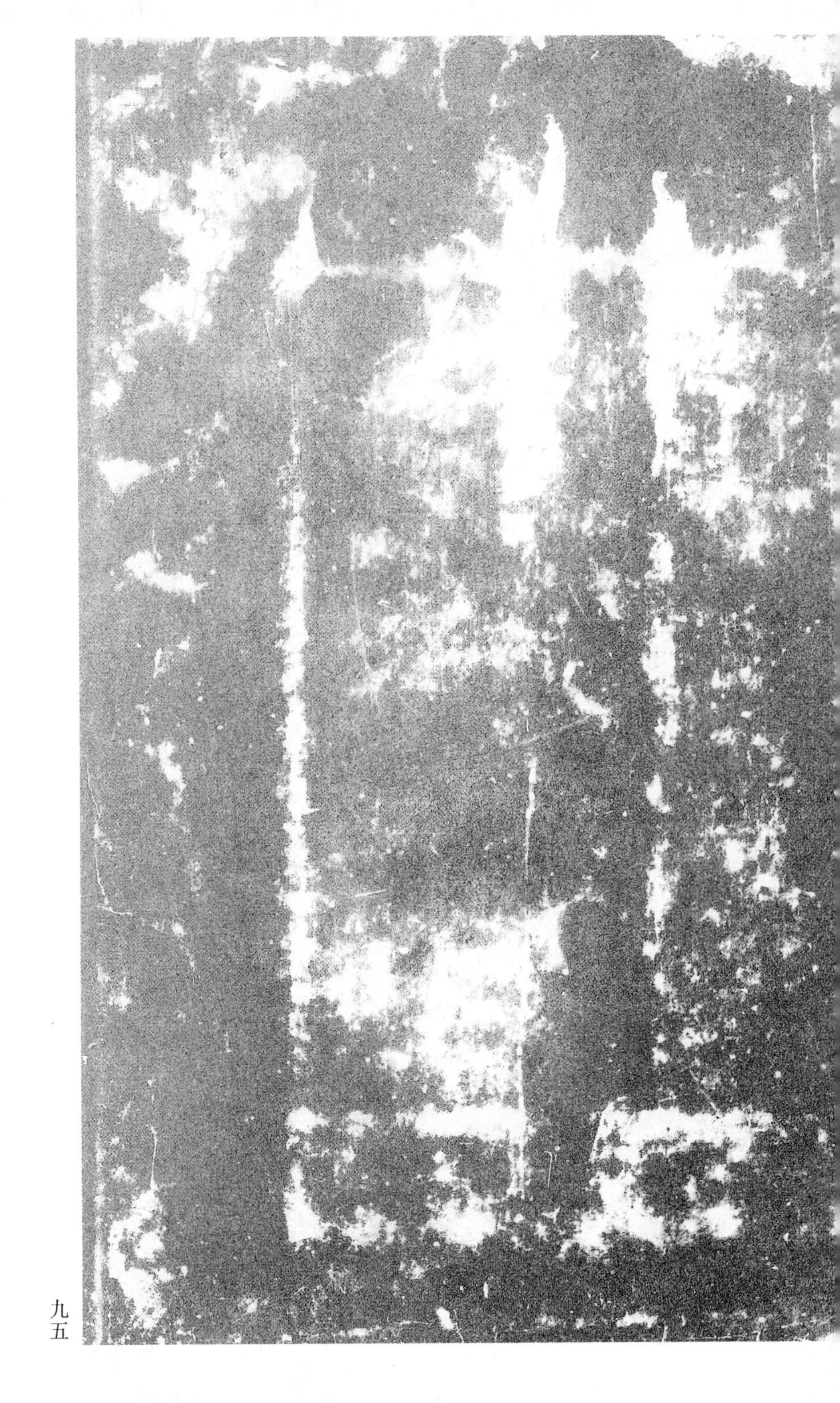

史記本紀　十四

呂太后

日通

錢（漢文帝紀）十六年夏四月上郊祀五帝于渭陽五帝之廟於是貴新垣平至上大夫賜累千金注（師古曰）上大夫漢官有太中大夫中大夫諫大夫爵十九級有大中五大夫為上大夫不見於表

劉貢父漢書第一下惠帝紀[illegible]紀[illegible]惠帝紀十二字高后紀蓋

溫公祖周[illegible]祖近矣

呂后本紀第九　史記九

索隱曰呂太后本以女主臨朝自孝惠崩後立少帝而始稱制正合附惠紀而論之不然或別爲呂后本紀豈得全沒孝惠而獨稱呂后本紀合依班氏分爲二紀焉

呂太后者徐廣曰呂后父呂公漢元年爲臨泗侯四年卒高后元年追謚曰呂宣王高祖微時妃也漢書音義曰諱雉○索隱曰字娥姁也生孝惠帝漢書音義曰諱盈女魯元太后及高祖爲漢王得定陶戚姬如淳曰姬音怡衆妾之總稱也漢官曰姬妾數百蘇林曰清河國有妃里而題門作姬瓚曰漢秩祿令及茂陵書姬內官也秩比二千石位次倢伃下在七子八子之上○索隱曰如淳音怡非也茂陵書亦云姬是內官是矣然官號及婦人通稱姬者姬周之姓所以左傳稱伯姬叔姬以言天子之宗女貴於他姓故遂以姬爲婦人美號故詩曰雖有姬姜不棄顦顇是也愛幸

生趙隱王如意孝惠爲人仁弱高祖以爲

我常欲廢太子立戚姬子如意如意類我戚姬幸常從上之關東日夜啼泣欲立其子代太子呂后年長常留守希見上益疏如意立為趙王後幾代太子者數矣（索隱曰幾音其紀反又音祈）賴大臣爭之及留侯策（索隱曰謂張良叔孫通等令太子卑詞安車以迎四皓也）太子得毋廢呂后為人剛毅佐高祖定天下所誅大臣多呂后力呂后兄二人皆為將長兄周呂侯（徐廣曰名澤高祖八年卒諡令武侯追諡曰悼武王）死事封其子呂台為酈侯（徐廣曰酈一作鄜。索隱曰酈鄜台並音怡蘇林音胎）子產為交侯（徐廣曰台弟也）次兄呂釋之為建成侯（徐廣曰惠帝二年卒諡康王）高祖十二年四月甲辰

通鑑十二、太后令永巷囚戚夫人髡鉗衣赭衣、令舂胡三省注赭衣因服之、以赤土染之、赭止也

崩長樂宮，太子襲號為帝。是時高祖八子：長男肥，孝惠兄也，異母，索隱曰母曰曹姬肥為齊王；餘皆孝惠弟，戚姬子如意為趙王，薄夫人子恒為代王，諸姬子子恢為梁王，子友為淮陽王，子長為淮南王，子建為燕王。高祖弟交為楚王，兄子濞為吳王。非劉氏功臣番君吳芮子臣為長沙王。呂后最怨戚夫人及其子趙王，迺令永巷如淳曰列女傳曰周宣姜后脫簪珥待罪永巷，後改為掖庭。○索隱曰永巷別宮名，有長巷，故名之也。韋昭云以為在掖門內故謂之掖庭也。囚戚夫人，而召趙王。使者三反，趙相建平侯周昌謂使者曰：「高帝屬臣趙王，趙王年少。竊聞太后

繼也

劉注屬之

怨戚夫人欲召趙王并誅之臣不敢遣王王且亦病不能奉詔呂后大怒迺使人召趙相趙相徵至長安迺使人復召趙王王來未到孝惠帝慈仁知太后怒自迎趙王霸上與入宮自挾與趙王起居飲食太后欲殺之不得間孝惠元年十二月帝晨出射趙王少不能蚤起太后聞其獨居使人持酖飲之（應劭曰酖鳥食蝮以其羽畫酒中飲之立死）犂明孝惠還（徐廣曰犂猶比也諸言犂明者將明之時）趙王已死於是迺徙淮陽王友爲趙王夏詔賜酈侯父追謚爲令武侯太后遂斷戚夫人手足去眼煇耳飲瘖藥

呂后紀

正義曰酖亦名運日又食野葛畫酒中飲之立死

通鑑將酖胡注廣志鴆鳥大如鵰毛黑喙長七八寸食蝮蛇雄名運日雌名陰諧以毛歷飲食則殺人

若成大曰鴆聞邕邕老朝天鏞及山深处有之形如鶚差大黑身赤目音如羯鼓唯食毒蛇遇蛇則鳴邕聲牽蛇入石穴則於穴外禹步作法有頃石碎啄蛇吞之山有鴆草木不生秋冬之間脫羽性時人以銀作爪拾取著銀瓶中否則手爛墮鴆矢着人立死集於石上亦裂此禽至死極毒所謂酖即鴆酒也陸佃埤雅曰鴆似鷹而大為黑喙長七八寸作銅色食蛇之入口輒爛屎溺着石之亦爛羽翮有毒以櫟酒飲殺人惟犀角可以解故有鴆處必有犀飲於梁翻

通鑑犂明胡注徐廣曰犂猶比也比至天明也諸言犂明者將明時也呂靜曰犂結也力奚翻程大昌以徐說非也犂黎古字通黎黑也黑與明相雜欲曉未曉之交也猶曰昧爽也昧暗也爽明也亦明暗相雜之遲明即未及乎明也厥明質明則已曉也康云力追切未知何據

怒 顏注閻古寃翻隱也

使居廁中，命曰人彘。居數日，迺召孝惠帝觀人彘。孝惠見問，迺知其戚夫人，迺大哭，因病，歲餘不能起。使人請太后曰：此非人所為。臣為太后子，終不能治天下。孝惠以此日飲為淫樂，不聽政，故有病也。二年，楚元王、齊悼惠王皆來朝。十月，孝惠與齊王燕飲太后前，孝惠以為齊王兄，置上坐，如家人之禮。太后怒，迺令酌兩卮酖，置前，令齊王起為壽。齊王起，孝惠亦起，取卮欲俱為壽。太后迺恐，自起泛孝惠卮。索隱曰：泛音捧，謂覆之也。齊王怪之，因不敢飲，詳醉去。問知其酖，齊王恐，自以為不得脫長安憂氛内史士（徐廣曰一作勳）說王曰太后獨有孝惠與魯元公主（如淳曰公羊傳曰天子嫁女於諸侯必使諸侯同姓者主之故謂之公主百官表列侯所食曰國皇后公主所食曰邑諸侯王女曰公主○蘇林曰公五等尊爵也春秋聽臣子以稱君父婦人稱主有主孟啗我之比故云公主贊曰天子之女雖食湯沐之邑不君其民○索隱曰啗音徒監反按之二十是謂里克妻即優施之語事見國語孟者且也言且啗我物我教汝婦事夫之道此即婦人稱主之意耳比音必二反）今王有七十餘城而公主迺食數城王誠以一郡上太后為公主湯沐邑太后必喜王必無憂於是齊王迺上城陽之郡尊公主為王太后（如淳曰張敖子偃為魯王故公主得為太后）呂后喜許之迺置酒齊邸（正義曰漢法諸侯各起邸第於京師也）樂飲罷歸齊王三年方築長安城四年就

正義曰公主非特為宣平侯夫人正以公主先是趙王敖后其子偃當為王今齊王未敢言偃為王故先請閒其母既未知偃之封号但言為王太后下云賜謚魯太后後以偃封魯曰故也、

呂后紀

通鑑十二惠帝三年六月發諸侯王列侯徒隸二萬人城長安胡注自元年始作長安城西北方今年春又發長安六百里内男女就役不碍優常之故發王侯徒隸

五年六年城就索隱曰漢宮闕疏四年築東面五年築北面漢舊儀城方六十三里經緯各十二里三輔舊事云城形似北斗也諸侯來會十月朝賀七年秋八月戊寅孝惠帝崩皇甫謐曰帝以秦始皇三十七年生崩時年二十三發喪太后哭泣不下留侯子張辟彊爲侍中應劭曰入侍天子故曰侍中年十五謂丞相曰太后獨有孝惠今崩哭不悲君知其解乎正義曰解紀賣反言哭解擅有所思也又音戶賣反解卸解也又紀買反謂解說也丞相曰何解辟彊曰帝毋壯子正義曰毋音無太后畏君等君今請拜呂台呂產呂祿爲將將兵居南北軍及諸呂皆入宮居中用事如此則太后心安君等幸得脫禍矣丞相迺如辟彊計太后說

其哭迺哀呂氏權由此起迺大赦天下九月辛
丑葬漢書云葬安陵皇覽曰山高三十二丈廣袤各百二十步居地六十畝皇甫謐曰去長陵十里去長安城三
十五里　太子即位為帝謁高廟元年號令一出太
后太后稱制議欲立諸呂為王問右丞相王陵
王陵曰高帝刑白馬盟曰非劉氏而王天下共
擊之今王呂氏非約也太后不說問左丞相陳
平絳侯周勃勃等對曰高帝定天下王子弟今
太后稱制王昆弟諸呂無所不可太后喜罷朝
王陵讓陳平絳侯曰始與高帝啑血盟索隱曰啑鄭音使接
反又云或作喢又音丁牒反
諸君不在邪今高帝崩太后女主

呂后紀

欲王呂氏諸君縱欲阿意背約何面目見高帝地下陳平絳侯曰於今面折廷爭臣不如君夫全社稷定劉氏之後君亦不如臣王陵無以應之十一月太后欲廢王陵乃拜爲帝太傅（應劭曰古官傅若覆也瓚曰大戴禮曰傅之德義）奪之相權王陵遂病免歸迺以左丞相平爲右丞相以辟陽侯審食其爲左丞相（索隱曰韋昭云辟陽信都之縣名）左丞相不治事令監宮中如郎中令食其故得幸太后常用事公卿皆因而决事迺追尊酈侯父爲悼武王欲以王諸呂爲漸四月太后欲侯諸呂迺先立高祖之功臣郎中

令無擇（徐廣曰[illegible]）爲博城侯（正義曰括地志云兖州博城縣城）魯元公主薨賜謚爲魯元太后子偃爲魯王魯王父宣平侯張敖也封齊悼惠王子章爲朱虛侯（索隱曰虛音墟琅邪縣也○正義曰括地志云朱虛故城在青州臨朐縣東六十里漢朱虛縣十三州志云丹朱遊故虛故云朱虛也虛猶丘也朱猶丹也）以呂祿女妻之齊丞相壽爲平定侯（徐廣曰姓齊）少府延爲梧侯（徐廣曰姓陽成也延以軍匠起作宮築城也）乃封呂種爲沛侯（徐廣曰釋之之子也○正義曰括地志云徐州沛縣古城也）呂平爲扶柳侯（徐廣曰呂后姊子也母字長姁○正義曰括地志云扶柳故城在冀州信都縣西三十里漢扶柳縣也有澤澤中多柳故曰扶柳）張買爲南宮侯（徐廣曰其父越人爲高祖騎將）太后欲王呂氏先立孝惠後宮子彊爲淮陽王（韋昭

呂后紀

曰今陳留郡子不疑爲常山王正義曰括地志云常山故城在恒州眞定縣南八里本漢東垣邑也子山爲襄成侯索隱曰按下文更名義又改名弘農漢書襄成侯咤云名弘蓋史省文耳按志襄城屬潁川子朝爲軹侯索隱曰韋昭云河内有軹縣音紙。正義曰括地志云故軹城在懷州終原縣東南十三里七國時魏邑子武爲壺關侯太后風大臣大臣請立酈侯呂台爲呂王正義曰初呂台爲呂王後呂產王梁更名梁曰呂太后許之建成康侯釋之卒嗣子有罪廢立其弟呂祿爲胡陵侯徐廣曰釋之少子正義曰縣名屬山陽章帝改曰胡陸續康侯後二年常山王薨以其弟襄成侯山爲常山王更名義十一月呂王台薨謚爲肅王太子嘉代立爲王三年無事[illegible]四年封呂嬃爲

通鑑十三高后二年冬十一月呂肅王台薨胡注考異曰史記本紀高后元年立孝惠子不疑爲恒山王呂台爲呂王二年恒山王薨十一月呂王台薨年表二人皆以元年薨漢書本紀[illegible]祿通爲王二年不疑薨年表元年不疑及呂台爲王二年皆薨蓋史記年表薨字應在二年誤書於元年耳今從二人皆以二年薨漢書本紀云產祿通爲王亦誤也

正義曰壺關上音胡

潞州城本漢壺關縣

通鑑大臣乃請立悼武王呂[illegible]子酈侯台爲呂王胡注[illegible]

常山通鑑作恒山

通鑑作[illegible]城

通鑑[illegible]大謁者張釋風大臣

呂后妹也

本紀功臣侯表

太子立爲帝即淮陽王彊也與述前事也 正義

臨光侯呂他爲俞侯[illegible]地[illegible]音俞[illegible]音輸○正義曰括地志云故鄃城在德州平原縣西南三十里本漢鄃縣呂他邑也呂更始爲贅其侯徐廣曰表云呂后弟子淮陽丞相呂勝爲贅其侯○索隱曰按表贅其在臨淮呂忿爲呂成侯正義曰括地志云故呂城在鄧州南陽縣西三十里呂尚先祖封及諸侯丞相五人徐廣曰中邑侯朱通山都侯王恬開松茲侯徐厲滕侯呂更始醴陵侯越宣平侯女爲孝惠皇后時無子詳爲有身取美人子名之正義曰劉伯莊云諸美人元幸呂氏懷身而入宮生子殺其母立所名子爲太子孝惠崩太子立爲帝帝壯或聞其母死非眞皇后子迺出言曰后安能殺吾母而名我我未壯壯即爲變太后聞而患之恐其爲亂迺幽之永巷中言帝病甚左

侯大

呂后紀

漢書高后紀三年夏江水漢水溢流民四千餘家秋星晝見 通鑑高后紀三年夏江水漢水溢流四千餘家秋星晝見伊水洛水溢流千六百餘家汝水溢流八百餘家 [illegible]

右莫得見太后曰凡有天下治爲萬民命

者蓋之如天容之如地上有懽心以安百

姓百姓欣然以事其上懽欣交通而天下治今

皇帝病久不已迺失惑惛亂不能繼嗣奉宗廟

祭祀不可屬天下其代之群臣皆頓首言皇太

后爲天下齊民計所以安宗廟社稷甚深群臣

頓首奉詔帝廢位太后幽殺之五月丙辰立常

山王義爲帝更名曰弘不稱元年者以太后稱

天下事也以軹侯朝爲常山王置太尉官絳侯

勃爲太尉五年八月淮陽王薨以弟壺關侯武

爲淮陽王六年十月太后曰呂王嘉居處驕恣廢之以肅王台弟呂産爲呂王夏赦天下封齊悼惠王子興居爲東牟侯索隱曰韋昭云東萊縣七年正月太后召趙王友友以諸呂女爲后弗愛愛他姬諸呂女妒怒去讒之於太后誣以罪過曰呂氏安得王太后百歲後吾必擊之太后怒以故召趙王趙王至置邸不見令衛圍守之弗與食其羣臣或竊饋輒捕論之趙王餓乃歌曰諸呂用事兮劉氏危迫脅王侯兮彊授我妃我妃既妒兮誣我以惡讒女亂國兮上曾不寤我無忠臣

兮何故弃國自決中野兮蒼天舉直徐廣曰舉一作與于嗟不可悔兮寧蚤自財為王而餓死兮誰者憐之呂氏絕理兮託天報仇丁丑趙王幽死以民禮葬之長安民冢次己丑日食晝晦太后惡之心不樂乃謂左右曰此為我也二月徙梁王恢為趙王呂王產徙為梁王梁王不之國為帝太傅立皇子平昌侯太為呂王更名梁曰呂呂曰濟川太后女弟呂須索隱曰韋昭云樊噲妻封林光侯有女為營陵侯劉澤妻澤為大將軍太后王諸呂恐即崩後劉將軍為害迺以劉澤為琅邪王以慰其心梁

王恢之徙王趙心懷不樂太后以呂產女爲趙王后王后從官皆諸呂擅權微伺趙王趙王不得自恣王有所愛姬王后使人酖殺之王乃爲歌詩四章令樂人歌之王悲六月即自殺太后聞之以爲王用婦人棄宗廟禮廢其嗣宣平侯張敖卒以子偃爲魯王敖賜謚爲魯元王秋太后使使告代王欲徙王趙代王謝願守代邊太傅產丞相平等言武信侯呂祿徐廣曰呂后兄子也前封胡陵侯蓋號曰武信上侯位次第一如淳曰功大者位在上功臣侯表有第一第二之次也請立爲趙王太后許之追尊祿父康侯爲趙昭王九月

呂后紀 平侯何尚魯元公主及惠帝之立立齊悼惠王獻城陽郡以奉魯元教之辛也因公主而賜謚曰魯元王

燕靈王建薨有美人子太后使人殺之無後國除八年十月立呂肅王子東平侯呂通爲燕王封通弟呂莊爲東平侯三月中呂后祓還正義曰祓音弗過軹道見物如蒼犬據徐廣曰據音戟高后掖忽弗反又音廢後同復見卜之云趙王如意爲祟高后遂病掖傷高后爲外孫魯元王偃年少蚤失父母孤弱迺封張敖前姬兩子侈爲新都侯壽爲樂昌侯徐廣曰今細陽之池陽鄉以輔魯元王偃及封中大謁者張釋爲建陵侯徐廣曰一云張釋卿駰案如淳曰百官表謁者掌賓贊受事灌嬰爲中謁者後常以奄人爲之諸官加中者多奄人也呂榮爲祝茲侯徐廣曰呂后昆弟子諸中宦者令丞皆

按陳平等論言邑

通鑑十三惠帝年侯胡注東平地名在河東

通鑑新都葢胡注班志新都屬南陽郡

通鑑葢爲樂昌侯胡注樂昌當作細陽之池陽鄉

班志細陽縣屬汝南郡

呂昌縣考異曰史記惠景間侯者表作信都

作張釋卿

通鑑十二惠帝二年冒頓爲書使遺高后辭極褻嫚高后大怒云云季布曰噲可斬也云云且夷狄譬如禽獸得其善言不足喜惡言不足怒也高后曰善令大謁者張釋報書胡注張釋漢書作釋卿

考異曰史記文帝本紀及惠景間侯者表漢書匈奴傳皆作澤史記呂后本紀八年中大謁者張釋漢書紀作釋卿恩澤侯表及周勃傳皆云張釋顔師古注曰劉敬傳云張擇今從史記呂后本紀漢書恩澤侯表周勃傳

通鑑十二有美人子胡注高祖初封盧綰於燕綰入匈奴乃立建爲燕王美人子美人所生之子也

通鑑胡注祓除也

謂祓除不祥

子孫侈封

爲關内侯食邑五百戸如淳曰列侯出關就國關内侯但爵其身有加異者與關内之邑食其租稅也風俗通義曰秦時六國未平將帥皆家關中稱關内侯七月中高后病甚迺令趙王吕祿爲上將軍軍北軍吕王産居南軍吕太后誡産祿曰高帝已定天下與大臣約曰非劉氏王者天下共擊之今吕氏王大臣弗平我即崩帝年少大臣恐爲變必據兵衛宫慎毋送喪毋爲人所制辛巳高后崩遺詔賜諸侯王各千金蔡邕曰皇子封爲王者其實古諸侯也加號稱王故謂之諸侯王王子封爲侯者謂之諸侯將相列侯郎吏皆以秩賜金大赦天下以吕王産爲相國以吕祿女爲帝后高后已葬皇甫謐曰

合葬長陵皇覽曰高帝呂后山各一所也以左丞相審食其為帝太傅朱
虛侯劉章有氣力東牟侯興居其弟也皆齊哀王
弟居長安當是時諸呂用事擅權欲為亂畏
高帝故大臣絳灌等未敢發朱虛侯婦呂祿女
陰知其謀恐見誅迺陰令人告其兄齊王欲令
發兵西誅諸呂而立朱虛侯欲從中與大臣為
應齊王欲發兵其相弗聽八月丙午齊王欲使
人誅相相召平迺反舉兵欲圍王王因殺其相
遂發兵東詐奪琅邪王兵并將之而西語在齊
王語中齊王迺遺諸侯王書曰高帝平定天下

王諸子弟悼惠王王齊悼惠王薨孝惠帝使留侯良立臣子襄為齊王孝惠崩高后用事春秋高聽諸呂擅廢帝更立又比殺三趙王索隱曰比音如字比猶頻也趙隱王如意趙幽王友趙王恢是三趙王也滅梁趙燕以王諸呂分齊為四忠臣進諫上惑亂弗聽今高后崩而帝春秋富未能治天下固恃大臣諸侯而諸呂又擅自尊官聚兵嚴威劫列侯忠臣矯制以令天下宗廟所以危寡人率兵入誅不當為王者漢聞之相國呂產等迺遣潁陰侯灌嬰將兵擊之灌嬰至滎陽迺謀曰諸呂權兵關中欲危劉氏而自立

猶與 正義曰與音預又作豫爾雅云猶如麂善登木 證曰又云猶…顏師古云猶獸名也性多疑慮常居山中忽聞有聲則恐有人且來害之每豫上樹久之無人然後敢下須臾又上如此非一故稱猶豫一曰隴西俗謂犬子為猶犬子隨人行每豫在前待人不得又來迎候故云猶豫又曰一二獸並是狐類或有疑事設曰顧野云豫從類矣

今我破齊還報此益呂氏之資也迺留屯滎陽使使諭齊王及諸侯與連和以待呂氏變共誅之齊王聞之迺還兵西界待約呂祿呂產欲發亂關中內憚絳侯朱虛等外畏齊楚兵又恐灌嬰畔之欲待灌嬰兵與齊合而發猶豫未決索隱曰猶鄒音以獸反與音預又作豫崔浩云猶猿類也卬鼻長尾性多疑又說文云猶獸多疑故比之也按狐性亦多疑度冰而聽水聲故云狐疑也今解者又引老子與兮若冬涉川猶兮若畏四鄰故以為猶與且按狐聽水而涉川則猶與是狐類不疑若畏四鄰則猶定是獸自不保同類故云畏四鄰也當是時濟川王太淮陽王武常山王朝名為少帝弟及魯元王呂后外孫皆年少未之國居長安趙王祿梁王

產各將兵居南北軍皆呂氏之人列侯羣臣莫自堅其命太尉絳侯勃不得入軍中主兵曲周侯酈商老病其子寄與呂祿善絳侯迺與丞相陳平謀使人劫酈商令其子寄往紿說呂祿曰高帝與呂后共定天下劉氏所立九王索隱曰吳楚齊淮南琅邪代常山王朝淮陽王武濟川王太是九王也呂氏立三王索隱曰梁王產趙王祿趙王通皆大臣之議事已布告諸侯諸侯皆以爲宜今太后崩帝少而足下佩趙王印不急之國守藩迺爲上將將兵留此爲大臣諸侯所疑足下何不歸將印以兵屬太尉請梁王歸相國印與大

通鑑九月庚申旦胡注考異曰史記本紀八月庚申旦上有八月丙午漢書高后紀亦云八月庚申今以長曆推之下八月蓋為九月

臣盟而之國齊兵必罷大臣得安足下高枕而
王千里此萬世之利也呂祿信然其計欲歸將
印以兵屬太尉使人報呂產及諸呂老人或以
為便或曰不便計猶豫未有所決呂祿信酈寄
時與出游獵過其姑呂嬃嬃大怒曰若為將而
棄軍呂氏今無處矣索隱曰棄師古以為言見誅滅無處所也迺悉出珠
玉寶器散堂下曰毋為他人守也左丞相食其
免八月庚申旦平陽侯窋行御史大夫事見相
國產計事郎中令賈壽使從齊來因數產曰王
不蚤之國今雖欲行尚可得邪具以灌嬰與齊

胡注而王于況翻

胡注嬃呂后之妹樊噲之妻祿姑也過工禾翻

史記正義曰窋竹律反曹參子也

胡注數所具翻

楚合從欲誅諸呂告產迺趣產急入宮平陽侯頗聞其語迺馳告丞相太尉太尉欲入北軍不得入襄平侯通（徐廣曰姓紀）尚符節（張晏曰紀信子也尚主也今符節令 ○索隱曰張晏云紀信子又韋昭云信被焚死不見有後按功臣表襄平侯紀通父成以將軍定三秦死事子侯則通非信子張說謬誤）迺令持節矯內太尉北軍太尉復令酈寄與典客劉揭（漢書百官表曰典客秦官也掌諸侯歸義蠻夷）先說呂祿曰帝使太尉守北軍欲足下之國急歸將印辭去不然禍且起呂祿以為酈兄（徐廣曰音況字也名寄）不欺己遂解印屬典客以兵授太尉太尉將之入軍門行令軍中曰為呂氏右襢為劉氏左襢軍中皆

通鑑注告衛尉胡注衛尉掌宮門衛屯兵平陽侯時為御史大夫蓋得丞相之令以告衛尉使毋納產也

左袒爲劉氏太尉行至將軍呂祿亦已解上將印去太尉遂將北軍然尚有南軍平陽侯聞之以呂產謀告丞相平丞相平乃召朱虛侯佐太尉太尉令朱虛侯監軍門令平陽侯告衛尉毋入相國產殿門呂產不知呂祿已去北軍乃入未央宮欲爲亂殿門弗得入裴徊往來平陽侯恐弗勝馳語太尉太尉尚恐不勝諸呂未敢訟言誅之徐廣曰訟一作公駰案韋昭曰訟猶公也○索隱曰韋昭以訟爲公徐廣亦云然蓋公爲得之公言猶明言也又解訟者云訟誦說也迺遣朱虛侯謂曰急入宮衛帝朱虛侯請卒太尉予卒千餘人入未央宮門遂見

胡注監古銜翻

訟漢書作公通鑑作公

胡注予讀與

呂后紀

產廷中日餔時遂擊產產走天風大起以故其從官亂莫敢鬬逐產殺之郎中府吏廁中如淳曰百官表郎中令掌宮殿門戶故其府在宮中後轉爲光祿勳也朱虛侯已殺產帝命謁者持節勞朱虛侯朱虛侯欲奪節信謁者不肯朱虛侯則從與載因節信馳走斬長樂衛尉呂更始還馳入北軍報太尉太尉起拜賀朱虛侯曰所患獨呂產今已誅天下定矣遂遣人分部悉捕諸呂男女無少長皆斬之辛酉捕斬呂祿而笞殺呂須使人誅燕王呂通而廢魯王偃壬戌以帝太傅食其復爲左丞相戊辰徙濟川王

遂從坐王國果胡注
呂產死誅放徙
太王恩

即長 正義曰長丁丈反
言少帝年少大即長用
事誅害吾等群屬
無種類

王梁立趙幽王子遂爲趙王遣朱虛侯章以誅
諸呂氏事告齊王令發兵灌嬰兵亦罷滎陽而
歸諸大臣相與陰謀曰少帝及梁淮陽常山王
皆非真孝惠子也呂后以計詐名他人子殺其
母養後宮令孝惠子之立以爲後及諸王以彊
呂氏今皆已夷滅諸呂而置所立即長用事吾
屬無類矣不如視諸王最賢者立之或言齊悼
惠王高帝長子今其適子爲齊王推本言之高
帝適長孫可立也大臣皆曰呂氏以外家惡而
幾危宗廟亂功臣今齊王母家駟駟鈞惡人也

鈞 [illegible]
駟鈞 [illegible]

即立齊王則復爲呂氏今欲立淮南王以爲少母家又惡迺曰代王方今高帝見子最長仁孝寬厚太后家薄氏謹良且立長故順以仁孝聞於天下便迺相與共陰使人召代王代王使人辭謝再反然後乘六乘傳（張晏曰備漢朝有變欲馳還也或曰傳車六乘）後九月（文穎曰即閏九月也時律曆廢不知閏謂之後九月也以十月爲歲首至九月則歲終後九月則閏月）晦日己酉至長安舍代邸大臣皆往謁奉天子璽上代王共尊立爲天子代王數讓群臣固請然後聽東牟侯興居曰誅呂氏吾無功請得除宮迺與太僕汝陰侯滕公入宮前謂少帝曰足下非

正義曰文白注云又本字附又徐廣曰音朴今與注作仆
掊芳明注掊芳
過翻者翻上藹曰敲
也

顧說山陵則山根車也
是瑞也天子乘似山峯形
似木根故為山根車又
飾黃金故曰金根車
五時副車五色車若
隨特乘也
屬車傳注師古曰端
門殿門之正門也

劉氏不當立乃顧麾左右執戟者掊兵罷去徐廣曰掊音仆有數人不肯去兵宦者令張澤諭告亦去兵滕公迺召乘輿車載少帝出蔡邕曰律曰敢盜乘輿服御物天子至尊不敢渫瀆言之故託於乘輿也乘猶載也輿猶車也天子以天下為家不以京師宮室為常處則當乘車輿以行天下故羣臣託乘輿以言之也故或謂之車駕少帝曰欲將我安之乎滕公曰出就舍舍少府迺奉天子法駕蔡邕曰天子有大駕小駕法駕法駕上乘金根車駕六馬有五時副車駕四馬侍中參乘屬車三十六乘迎代王於邸報曰宮謹除宮代王即夕入未央宮有謁者十人持戟衛端門曰天子在也足下何為者而入代王迺謂太尉太尉往諭謁者十人皆掊兵而去代王遂

入而聽政夜有司分部誅滅梁淮陽常山王及少帝於邸代王立爲天子二十三年崩謚爲孝文皇帝

太史公曰孝惠皇帝高后之時黎民得離戰國之苦君臣俱欲休息乎無爲故惠帝垂拱高后女主稱制政不出房戶天下晏然刑罰罕用罪人是希民務稼穡衣食滋殖

索隱述贊曰

高祖猶微　呂氏作妃　及正軒掖

尚私食其　志懷安忍　性狹猜疑

呂后紀

置鴆齊悼　殘彘戚姬　孝惠崩殞
其哭不悲　諸呂用事　天下示私
大臣葅醢　支孽芟夷　禍盈斯驗
蒼狗為蠱

[illegible]光

史肆阡伍伯單捌字
注貳阡壹伯伍拾肆字

呂后本紀第九　史記九

○通鑑：宦者令張釋云云。胡注：班表，宦者令屬少府。張釋即大謁者，封建陵侯者。釋本
宦者，故養是官。玄美言翻。○鑑：滕公乃下乘輿車云云。胡注：康曰：天子以天下為家，
不以京室為常處，則當乘車輿以行天下，故託乘輿以言之。余謂康說乘輿未合古義，取悖
但以所說乘輿車，不當以此解之。漢乘輿之制：輪朱班重牙，貳轂兩轄，金薄繆
龍，為輿倚較，文虎伏軾，龍首銜軛，左右吉陽筩，鸞雀立衡，櫜文畫輈，羽蓋華蚤，建大
旂十二斿，畫日月升龍，駕六馬，象鑣鏤錫，金鍐方釳，插翟尾，朱兼樊纓，赤罽易茸，金
就十有二，左纛以氂牛尾為之，在左騑馬軛上，大如斗，此即法駕。文帝已立，少帝安得
乘此出宮乎？沈約禮志云：魏晉御小出，多乘輿車。今之小輿。滕公職為太僕，輿車
年後，除宮亦無緣召乘輿金根以載少帝。意者此輿車蓋天子常所乘輿車，即魏晉
間小輿也。○鑑：少帝曰：欲將我安之乎？云云。胡注：漢官儀：天子鹵簿有大駕、法駕、小駕。大駕，公
卿奉引，大將軍驂乘，屬車八十一乘。法駕，公卿不在鹵簿中，惟京兆尹、執金吾、長安令奉引，
侍中驂乘，屬車三十六乘。蔡邕曰：法駕，乘金根車，駕六馬，有五時副車，駕四馬，侍中驂乘，
屬車三十六乘。沈約禮志：漢制，乘輿金根車，輪皆朱班，重轂兩轄，飛軨，轂外復有轂，施
轄，其外復設轄，銅貫其中。飛軨以赤油為之，廣八寸，長注地，繫軸頭，謂之飛軨。金薄繆龍，
為輿倚較，較在箱上，櫜文畫蕃，蕃，箱也。文虎伏軾，鸞雀立衡，櫜文畫輈，翠羽蓋黃裏，
所謂黃屋也。金華施橑末，建太常十二斿，畫日月升龍，駕六黑馬，施十二鸞，金為叉髦，插
以翟尾，又加左纛，所謂左纛輿也。路如周玉路之制。應劭漢官鹵簿圖：乘輿大駕，則御
鳳凰車，以金根為副。又五色安車、五色立車各五乘，建龍旗，駕四馬，施八鸞，餘如金根
之制，猶周五路也。金車各如方色，所謂五時副車。白馬者，朱其鬃鬣。安車者，坐乘。又有建華
蓋九重，甘泉鹵簿者，道車五乘，游車九乘，在乘輿車前。又有象車，最在前，試橋道。宋
明帝時，建安王休仁議曰：秦改周輅，制為金根，適以金薄周匝四面。漢、魏、二晉因循莫改。
○鑑：謁者十人云云。胡注：郎、謁者，皆執戟以宿衛宮殿門戶，所屬少帝之左右執戟者，系
中郎、郎中、謁者之官也。端門，未央宮前殿之正南門也。

史記本紀　十五

孝文皇帝

孝文皇帝

通鑑廿巻漢紀武帝元鼎二年匈奴西邊日逐王置僮僕都尉使領西域常居焉耆危須尉犂間 師古注 匈奴蓋以僮僕視西域諸國故以名官

帝王世紀云德合天地曰皇德合人神曰帝 謚法慈惠愛民曰文

通鑑第二十九 太宗孝文皇帝上

諱恒 荀悦云諱恒之字曰常 帝王世紀云高祖四年生於中都

孝文本紀第十　史記十

孝文皇帝〔漢書音義曰諱恒〕高祖中子也高祖十一年春已破陳豨軍定代地立爲代王都中都〔正義曰括地志云中都故城在汾州平遥縣西南十二里秦屬太原郡也〕太后薄氏子即位十七年高后八年七月高后崩九月諸呂呂産等欲爲亂以危劉氏大臣共誅之謀召立代王事在呂后語中丞相陳平太尉周勃等使人迎代王代王問左右郎中令張武等張武等議曰漢大臣皆故高帝時大將習兵多謀詐此其屬意非止此也特畏高帝呂太后威耳今已誅諸呂新啑

血京師（言也……索隱曰……）湯杜業皆言喋血無盟歃事廣雅云喋履履也謂履涉之此以迎大王爲名實不可信願大王稱疾毋往以觀其變中尉宋昌進曰（索隱曰東觀漢記宋楊傳宋義後有宋昌又會稽典録冒宋義孫也）羣臣之議皆非也夫秦失其政諸侯豪桀並起人人自以爲得之者以萬數然卒踐天子之位者劉氏也天下絶望一矣高帝封王子弟地犬牙相制（索隱曰言封子弟境土交接若犬之牙不正相當而相銜入也）此所謂盤石之宗也（索隱曰言其固如盤石此語見太公六韜）天下服其彊二矣漢興除秦苛政約法令施德惠人人自安難動搖三矣夫以呂太后之

嚴立諸呂爲三王擅權專制然而太尉以一節入北軍（索隱曰即紀通所矯帝之節）一呼士皆左袒爲劉氏叛諸呂卒以滅之此乃天授非人力也今大臣雖欲爲變百姓弗爲使其黨寧能專一邪方今內有朱虛東牟之親外畏吳楚淮南琅邪齊代之彊方今高帝子獨淮南王與大王大王又長賢聖仁孝聞於天下故大臣因天下之心而欲迎立大王大王勿疑也代王報太后計之猶與未定卜之龜卦兆得大橫（應劭曰以荊灼龜文正橫）占曰大橫庚庚余爲天王夏啓以光（服虔曰庚庚橫貌也李奇曰庚庚其繇文也張晏曰庚庚橫[illegible]無思）

不服虔更也言去諸侯而即帝位也先是五帝官天下老則禪賢至啓始傳父爵乃能光治先君之基業文帝亦襲父迹言似夏啓者也○索隱曰荀悅云大橫龜兆橫理也按庚猶更也言以諸侯更帝位也繇抽也所以抽出吉凶之情也杜預云繇兆辭也音胄漢書貢禹傳云五帝官天下三王家天下官以傳賢人家以傳子孫官猶公也謂不私也

代王曰寡人固已爲王矣又何王卜人曰所謂天王者乃天子於是代王乃遣太后弟薄昭往見絳侯絳侯等具爲昭言所以迎立王意薄昭還報曰信矣毋可疑者代王乃笑謂宋昌曰果如公言乃命宋昌參乘張武等六人乘傳詣長安至高陵休止

正義曰括地志云高陵故城在雍州高陵縣西南一里本名橫橋架渭水上三輔舊事云秦於渭南有興宮渭北有咸陽宮秦昭王欲通二宮之間造橫長橋三百八十步橋北京石水中舊有留神象此神曾與魯班

語班令其出留曰我皃醜卿善圖物容不出班於是拱手與語曰出頭見我留乃出首班以脚畫地忖留覺之便没水故置其象於水上唯有腎以上魏太祖馬見而驚命移下之而使宋昌先馳之長安觀變昌至渭橋蘇林曰在長安北三里○索隱曰三輔故事咸陽宮在渭北興樂宮在渭南秦昭王通兩宮之間作渭橋長三百八十步又關中記云石柱以北屬扶風石柱以南屬京兆也丞相以下皆迎宋昌還報代王馳至渭橋羣臣拜謁稱臣代王下車拜太尉勃進曰願請閒言索隱曰閒音閑言欲向空閒處語顏師古云閒容也猶言中閒請容暇之頃當有所陳不欲即公論也宋昌曰所言公公言之所言私王者不受私太尉乃跪上天子璽符代王謝曰至代邸而議之索隱曰說文云邸屬國舍遂馳入代邸羣臣從至丞相陳平太尉周勃大將軍

閒言 正義曰上記閒又閒隟也隟之閒私語也

古

陳武御史大夫張蒼宗正劉郢漢書百官表曰宗正秦官應劭曰周成王時彤伯入爲宗正朱虛侯劉章東牟侯劉興居典客劉揭皆再拜言曰子弘等皆非孝惠帝子不當奉宗廟臣謹請與陰安侯蘇林曰高帝兄伯妻羹頡侯信母丘嫂也列侯頃王后徐廣曰代頃王劉仲之妻。駰案蘇林曰仲子濞爲吳王故追謚爲頃王也如淳曰頃王后封陰安侯時呂須爲林光侯蕭何夫人亦爲鄼侯又宗室表此時無陰安知其爲頃王后也。索隱曰按蘇林徐廣韋昭以爲一人封號而樂彥如淳以頃王后別封陰安侯與漢祠令相會今以陰安是別人封爵非也頃王后是代頃王后文帝之伯母代王降爲郃陽侯故云列侯頃王后韋昭曰陰安屬魏郡也與琅邪王宗室大臣列侯吏二千石議曰大王高帝長子宜爲高帝嗣願大王即天子位代王曰奉高帝宗廟重事也

六

寡人不佞不足以稱宗廟願請楚王計宜者蘇林曰楚王名交高帝弟○索隱曰交高帝弟最尊言更請楚王計宜者故下云皆為宜也寡人不敢當羣臣皆伏固請代王西鄉讓者三南鄉讓者再如淳曰讓羣臣也或曰賓主位東西面君臣位南北面故西鄉坐三讓不受羣臣猶稱宜乃更迴坐示變即君位之漸也丞相平等皆曰臣伏計之大王奉高帝宗廟最宜稱雖天下諸侯萬民以為宜臣等為宗廟社稷計不敢忽願大王幸聽臣等臣謹奉天子璽符再拜上代王曰宗室將相王列侯以為莫宜寡人寡人不敢辭遂即天子位羣臣以禮次侍乃使太僕嬰與東牟侯興居清宮蔡邕曰舊典天子行幸所至必

通鑑衛將軍胡注班表前後左右將軍皆周末官秦因之不常置秦[illegible]漢儀漢興置大將軍驃騎將軍位次丞相車騎將軍衛將軍左右前後將軍皆金紫位次上卿案大將軍始於漢興驃騎將軍始於武帝前後左右將軍景武以後方定官衛將軍則將軍罷[illegible]

孝文紀

遣靜宮令先清[illegible]宮而後行索隱曰按漢儀云皇帝起居[illegible]清宮而後行奉天子法駕迎于代邸索隱曰漢官儀云天子鹵簿有大駕法駕小駕大駕公卿奉引大將軍參乘屬車八十一乘法駕公卿不在鹵簿中惟京兆尹執金吾長安令奉引侍中參乘屬車三十六乘皇帝即日夕入未央宮乃夜拜宋昌為衛將軍鎮撫南北軍以張武為郎中令行殿中還坐前殿於是夜下詔書曰間者諸呂用事擅權謀為大逆欲以危劉氏宗廟賴將相列侯宗室大臣誅之皆伏其辜朕初即位其赦天下賜民爵一級女子百戶牛酒蘇林曰男賜爵女子賜牛酒○索隱曰按封禪書云百戶牛一頭酒十石樂彥云婦人無夫或無子不霑爵故賜之酺五日文穎曰漢律三人已上無故羣飲罰金四兩今詔橫賜得令會聚飲食五日○索隱曰說文云酺王

鑑行殿中胡注行巡行案行也下更又[illegible]

橫賜正義[illegible]

者布德大飲酒也出錢爲醵出食爲醵又按趙武靈王滅中山醵五日是其所起遠也

孝文皇帝元年十月庚戌徙立故琅邪王澤爲燕王辛亥皇帝即阼正義曰主人階也謁高廟右丞相平正義曰此時尚右徙爲左丞相太尉勃爲右丞相大將軍灌嬰爲太尉諸呂所奪齊楚故地皆復與之壬子遣車騎將軍薄昭迎皇太后于代皇帝曰呂產自置爲相國呂祿爲上將軍擅矯遣灌將軍嬰將兵擊齊欲代劉氏嬰留滎陽弗擊與諸侯合謀以誅呂氏呂產欲爲不善丞相陳平與太尉周勃謀奪呂產等軍朱虛侯劉章首先捕呂

產等。太尉身率襄平侯通持節承詔入北軍。典客劉揭身奪趙王呂祿印。益封太尉勃萬戶，賜金五千斤。丞相陳平、灌將軍嬰邑各三千戶，金二千斤。朱虛侯劉章、襄平侯通、東牟侯劉興居邑各二千戶，金千斤。徐廣曰：十一月辛丑。封典客揭為陽信侯，索隱曰：韋昭云勃海縣。○正義曰：括地志云陽信故城在滄州無棣縣東南三十里，漢陽信縣。賜金千斤。十二月，上曰：「法者，治之正也，所以禁暴而率善人也。今犯法已論，而使毋罪之父母妻子同產坐之，及為收帑，朕甚不取。其議之。」有司皆曰：「民不能自治，故為法以禁之。相坐坐收，所以累其心使重犯法所從來遠矣如故便上曰朕聞法正則民愨罪當則民從且夫牧民而導之善者吏也其既不能導又以不正之法罪之是反害於民爲暴者也何以禁之朕未見其便其孰計之有司皆曰陛下加大惠德甚盛非臣等所及也請奉詔書除收帑諸相坐律令（應劭曰帑子也秦法一人有罪并坐其家室今除此律）正月有司言曰蚤建太子所以尊宗廟請立太子上曰朕既不德上帝神明未歆享天下人民未有嗛志（索隱曰嗛者不滿之意也未有嗛志言天下皆志不滿也漢書嗛作愜音苦叶反）今縱不能博求天下賢聖有德之人而

（隱 正義曰慊恨也未有恩意之志民也又讀曰愜言未有愜洽之志於民）

禪天下焉而曰豫建太子是重吾不德也謂天下何其安之〔索隱曰言何以謂於天下也其發聲也安者徐也言徐徐且待也〕有司曰豫建太子所以重宗廟社稷不忘天下也上曰楚王季父也春秋高閱天下之義理多矣〔如淳曰閱猶言多所更歷也〕明於國家之大體吳王於朕兄也惠仁以好德淮南王弟也秉德以陪朕〔文穎曰陪輔也〕豈爲不豫哉諸侯王宗室昆弟有功臣多賢及有德義者若舉有德以陪朕之不能終是社稷之靈天下之福也今不選舉焉而曰必子人其以朕爲忘賢有德者而專於子非所以憂天下也朕

甚不敢也有司皆固請曰古者殷周有國治安皆千餘歲古之有天下者莫不長焉用此道也立嗣
（索隱曰言古之有天下者無長於立子故云莫長焉用此道者用殷周立子之道故安治千有餘歲也）
必子所從來遠矣高帝親率士大夫始平天下建諸侯爲帝者太祖諸侯王及列侯始受國者皆亦爲其國祖子孫繼嗣世世弗絶天下之大義也故高帝設之以撫海内今釋宜建而更選於諸侯及宗室非高帝之志也更議不宜（索隱曰言不宜更別議）子某最長純厚慈仁請建以爲太子上乃許之因賜天下民當代父後者爵各一級（韋昭曰）

封將軍薄昭為軹侯。徐廣曰正月乙巳也

三月，有司請立皇后。薄太后曰：「諸侯皆同姓，立太子母為皇后。」索隱曰謂帝之子為諸侯王皆同姓姓生也言皆同母生故立太子母也皇后姓竇氏。上為立后故，賜天下鰥寡孤獨窮困及年八十已上孤兒九歲已下布帛米肉各有數。上從代來，初即位，施德惠天下，填撫諸侯四夷皆洽驩，乃循從代來功臣。上曰：「方大臣之誅諸呂迎朕，朕狐疑，皆止朕，唯中尉宋昌勸朕，朕以得保奉宗廟。已尊昌為衛將軍，其封昌為壯武侯。」徐廣曰四月辛亥封封三十四年景帝中四年奪侯國除○索隱曰韋昭云膠東縣○正義曰

帝以立子為後不欲獨饗其福故賜天下為父後者爵

孝文紀

刘曰古人以母之姊妹比於母故為從母〻兄弟比於父故云舅父非外祖也

括地志云壯武故城在萊州即墨縣西六十里古萊夷國有漢壯武縣故城

諸從朕六人官皆至九卿。正義曰漢置九卿一曰太常二曰光祿三曰衛尉四曰太僕五曰廷尉六曰大鴻臚七曰宗正八曰大司農九曰少府是為九卿也

上曰：列侯從高帝入蜀漢中者六十八人皆益封各三百戶，故吏二千石以上從高帝潁川守尊等十人食邑六百戶，淮陽守申徒嘉等十人五百戶，衛尉定等十人四百戶。封淮南王舅父趙兼為周陽侯，正義曰括地志云周陽故城在絳州聞喜縣東二十九里 齊王舅父駟鈞為清郭侯。如淳曰邑名六國時齊有清郭君清音靜○索隱曰按表駟鈞封鄔侯不同者蓋後徙封於鄔鄔屬[illegible]

秋，封故常山丞相蔡兼為樊侯。索隱曰[illegible]東平縣名○正義曰括地志云漢樊[illegible]在兗州瑕丘縣西南二十

右丞相周勃也

五里[illegible]縣 古樊國仲山甫所封 人或說右丞相曰君本誅諸呂

迎代王今又矜其功受上賞處尊位禍且及身

右丞相勃乃謝病免罷左丞相平專爲丞相 徐廣曰八月中

二年十月丞相平卒復以絳侯勃爲丞相上曰

朕聞古者諸侯建國千餘歲各守其地以時入

貢民不勞苦上下驩欣靡有遺德今列侯多居

長安邑遠吏卒給輸費苦而列侯亦無由教馴

其民 正義曰馴古訓字 其令列侯之國爲吏及詔所止者

遣太子 張晏曰爲吏謂以卿大夫爲兼官者詔所止特以恩愛見留者 十一月晦日有

[illegible] 孝文紀 [illegible]

食之正義曰按說文云日蝕則朔月蝕則望而云晦日蝕之恐脣錯誤十二月望日又

食徐廣曰此云望日又食案漢書及五行志無此日食文也一本作月食然史書不紀月食上曰朕聞

之天生烝民爲之置君以養治之人主不德布

政不均則天示之以菑以誡不治乃十一月晦

日有食之適見于天菑孰大焉朕獲保宗廟以

微眇之身託于兆民君王之上天下治亂在朕

一人唯二三執政猶吾股肱也朕下不能理育

羣生上以累三光之明其不德大矣令至其悉

思朕之過失及知見思之所不及匄以告朕及

舉賢良方正能直言極諫者以匡朕之不逮因

蹈籍 正義曰上音導謂蹈籍之義

孝文紀

各飭其任職務，省繇費以便民。朕既不能遠德，故憪然念外人之有非，漢書音義曰憪然猶介然也。非，非非也。索隱曰蘇林云憪寢視不安之貌，蓋近其意，餘說皆踈。音下板反。是以設備未息。今縱不能罷邊屯戍，而又飭兵厚衛，其罷衛將軍軍。太僕見馬遺財足，索隱曰遺猶留也。財字與纔同，言太僕見在之馬，今留纔足充事也。餘皆以給傳置。索隱曰按廣雅云置，驛也。續漢書云驛馬三十里一置，故樂彥亦云傳置一也。言乘傳者以傳次受名，乘置者以馬取匹。傳音丁戀反。如淳云律四馬高足爲傳置，四馬中足爲馳置，下足爲乘置，一馬二馬爲軺置，急乘一馬曰乘也。

正月，上曰：農，天下之本，其開籍田，應劭曰古者天子耕籍田千畝，爲天下先。籍者，帝王典籍之常。韋昭曰籍，借也，借民力以治之，以奉宗廟，且以勸率天下，使務農也。瓚曰景帝詔曰朕親耕，后親桑，爲天下先。本以躬親爲義，不得以假借爲稱也。籍，蹈籍也。朕親率耕，以給

食之十二月望日又

食正義曰按說文云日蝕則朔月蝕則望而云晦日蝕之恐曆錯誤徐廣曰此云望日又食案漢書及五行志無此日食文也一本作月食然史書不紀月食上曰朕聞

之天生蒸民爲之置君以養治之人主不德布

政不均則天示之以菑以誡不治乃十一月晦

日有食之適見于天菑孰大焉朕獲保宗廟以

微眇之身託于兆民君王之上天下治亂在朕

一人唯二三執政猶吾股肱也朕下不能理育

羣生上以累三光之明其不德大矣令至其悉

思朕之過失及知見思之所不及匄以告朕及

擧賢良方正能直言極諫者以匡朕之不逮因

蹈籍 正義曰上音導謂蹈籍之義

各飭其任職務省繇費以便民朕既不能遠德故憪然念外人之有非 漢書音義曰憪然猶介然也非音非非也。索隱曰蘇林云憪寢視不安之貌蓋近其意餘說皆踈音下板反 是以設備未息今縱不能罷邊屯戍而又飭兵厚衛其罷衛將軍軍太僕見馬遺財足 索隱曰遺猶留也財字與纔同言太僕見在之馬今留纔足充事也 餘皆以給傳置 索隱曰按廣雅云置驛也續漢書云驛馬三十里一置故樂彥亦云傳置一也言乘傳者以傳次受名乘置者以馬取匹傳音丁戀反如淳云律四馬高足爲傳置四馬中足爲馳置下足爲乘置一馬二馬爲軺置急乘一馬曰乘也 正月上曰農天下之本其開籍田 應劭曰古者天子耕籍田千畝爲天下先籍者帝王典籍之常韋昭曰籍借也借民力以治之以奉宗廟且以勸率天下使務農也瓚曰景帝詔曰朕親耕后親桑爲天下先本以躬親爲義不得以假借爲稱也籍蹈籍也 朕親率耕以給

孝文紀

師古曰辟彊言辟禦彊梁者亦猶辟兵辟非耳一說辟讀曰闢彊讀曰彊言開土地也

十五

宗廟粢盛（應劭曰黍稷曰粢在器中曰盛）二月有司請立皇子爲
諸侯王上曰趙幽王幽死朕甚憐之已立其長
子遂爲趙王遂弟辟彊及齊悼惠王子朱虛侯
章東牟侯興居有功可王乃立趙幽王少子辟
彊爲河間王以齊劇郡立朱虛侯爲城陽王立
東牟侯爲濟北王皇子武爲代王子參爲太原
王子揖爲梁王上曰古之治天下朝有進善之
旌（應劭曰旌幡也堯設之五達之道令民進善也如淳曰欲有進善者立於旌下言之）誹謗之木（服虔曰堯作之橋梁交午柱頭應劭曰橋梁邊板所以書政治之愆失也至秦去之今乃復施也師古曰按尸子云堯立誹謗之木誹音非亦音[illegible]政有闕失使書於木此堯時然也後[illegible]令[illegible]頭四柱木是鄭玄註禮

縱一横為以木貫表柱四出即今之華表崔浩以爲木貫柱四出名桓陳宋俗桓聲近和又云和表則華與和又相訛也

所以通治道而來諫者今法有誹謗妖言之罪是使衆臣不敢盡情而上無由聞過失也將何以來遠方之賢良其除之民或祝詛上以相約結而後相謾隱曰韋昭云謾相抵讕也說文云謾欺也謂初相約共行祝後相欺誑中道而止之也吏以爲大逆漢書音義曰民相結共祝詛上也謾者而後謾而止之不畢祝詛也。索其有他言而吏又以爲誹謗此細民之愚無知抵死朕甚不取自今以來有犯此者勿聽治九月初與郡國守相爲銅虎符竹使符應劭曰銅虎符第一至第五國家當發兵遣使者至郡合符符合乃聽受之竹使符皆以竹箭五枚長五寸鐫刻篆書第一至第五張晏曰符以代師古：辟彊言辟禦彊梁者，亦猶辟兵、辟非耳。一說辟讀曰闢，彊讀曰疆，言開土地也。

十五

宗廟粢盛。應劭曰：黍稷曰粢，在器中曰盛。三月，有司請立皇子為諸侯王。上曰：趙幽王幽死，朕甚憐之，已立其長子遂為趙王。遂弟辟彊及齊悼惠王子朱虛侯章、東牟侯興居有功，可王。乃立趙幽王少子辟彊為河間王，以齊劇郡立朱虛侯為城陽王，立東牟侯為濟北王，皇子武為代王，子參為太原王，子揖為梁王。上曰：古之治天下，朝有進善之旌，應劭曰：旌，幡也。堯設之五達之道，令民進善也。如淳曰：欲有進善者，立於旌下言之。誹謗之木，服虔曰：堯作之，橋梁交午柱頭。應劭曰：橋梁邊板，所以書政治之愆失也。至秦去之，今乃復施也。索隱曰：按尸子云堯立誹謗之木。誹音非，亦音[illegible][illegible][illegible][illegible]政有闕失，使書於木。此堯時然也，後代[illegible][illegible][illegible]今[illegible][illegible][illegible]梁頭四柱木是。鄭玄注禮

[illegible]幽王死見高后七年

爲木貫柱四出名曰華表近和又云和表則華與和又相訛也所以通治道而來諫者今法有誹謗妖言之罪是使衆臣不敢盡情而上無由聞過失也將何以來遠方之賢良其除之民或祝詛上以相約結而後相謾漢書音義曰民相結共祝詛上也謾者而後謾而止之不畢祝詛也。索隱曰韋昭云謾相抵闌也說文云謾欺也謂初相約共行祝後相欺誑中道而止之也吏以爲大逆其有他言而吏又以爲誹謗此細民之愚無知抵死朕甚不取自今以來有犯此者勿聽治九月初與郡國守相爲銅虎符竹使符應劭曰銅虎符第一至第五國家當發兵遣使者至郡合符符合乃聽受之竹使符皆以竹箭五枚長五寸鐫刻篆書第一至第五張晏曰符以代古之珪璋從簡易也。索隱曰漢舊儀銅虎符發兵長六寸竹使符出入徵發說文云符分而合之小顏云右留京師左與之古今註云銅虎符銀錯書之張晏云銅取其同心也

三年十月丁酉晦日有食之十一月上曰前日詔遣列侯之國或辭未行丞相朕之所重其爲朕率列侯之國絳侯勃免丞相就國以太尉頻陰侯嬰爲丞相罷太尉官屬丞相四月城陽王章薨淮南王長與從者魏敬殺辟陽侯審食其五月匈奴入北地居河南爲寇帝初幸甘泉蔡邕曰天子車駕所至民臣以爲僥倖故曰幸至見令長三老官屬親臨軒作樂賜食帛越巾刀佩帶民爵有級數或賜田租之半故因是謂之幸。索隱曰應劭云甘泉宮名在雲陽一名林光臣瓚云在甘泉山名林光離宮名又顏氏按邢承宗

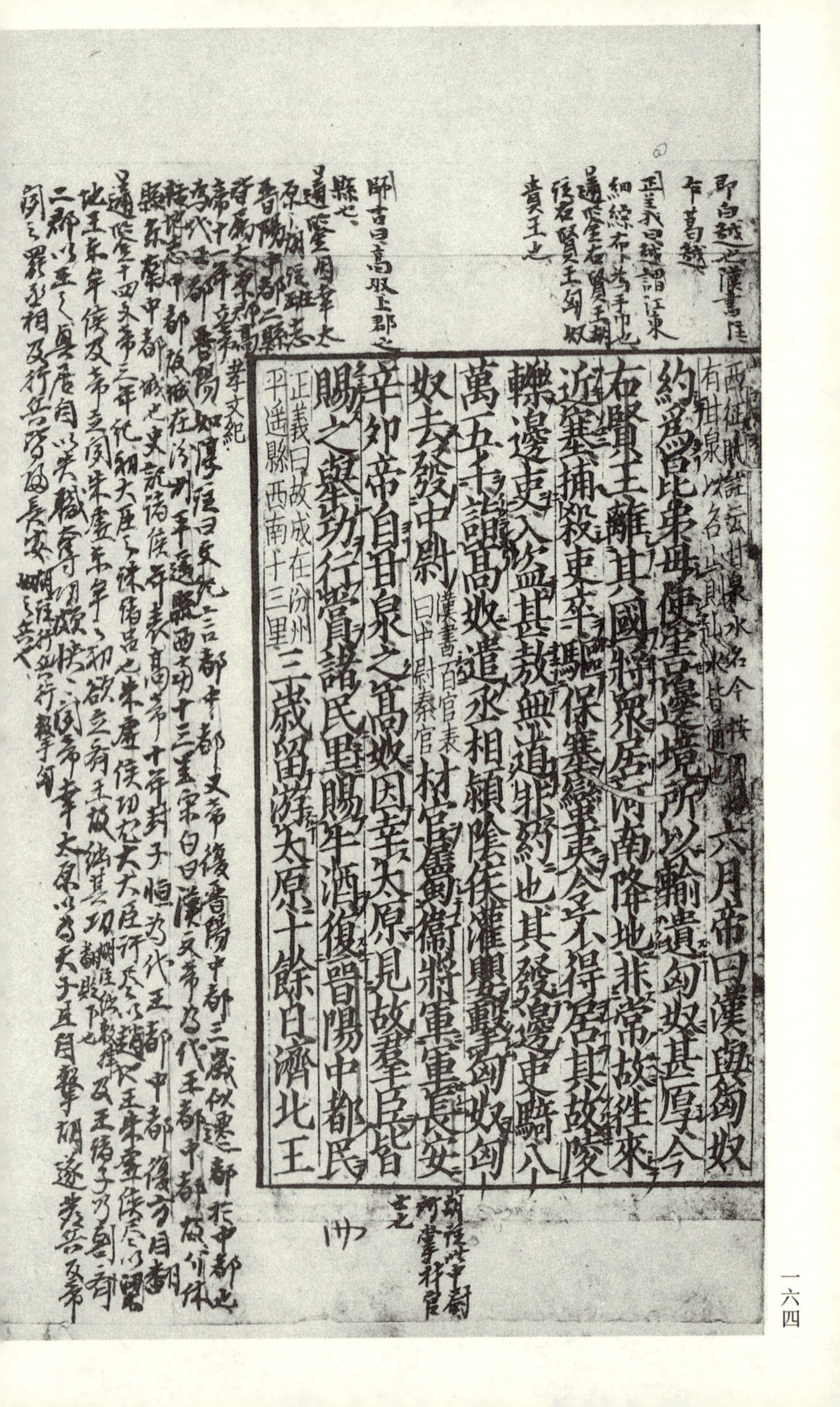

即白越也漢書注
布葛越

正義曰越謂江東細綫布可為手巾也

右賢王匈奴貴王也

師古曰高奴上郡之縣也

六月帝曰漢與匈奴（西征賦注云甘泉水名今按有甘泉以名山則水皆通也）約爲昆弟毋使害邊境所以輸遺匈奴甚厚今右賢王離其國將衆居河南降地非常故往來近塞捕殺吏卒驅保塞蠻夷令不得居其故陵轢邊吏入盜甚敖無道非約也其發邊吏騎八萬五千詣高奴遣丞相潁陰侯灌嬰擊匈奴匈奴去發中尉（漢書百官表曰中尉秦官）材官屬衛將軍軍長安辛卯帝自甘泉之高奴因幸太原見故羣臣皆賜之舉功行賞諸民里賜牛酒復晉陽中都民（正義曰故城在汾州平遥縣西南十三里）三歲留游太原十餘日濟北王

興居聞帝之代欲往擊胡乃反發兵欲襲滎陽於是詔罷丞相兵遣棘蒲侯陳武為大將軍將十萬往擊之祁侯賀（徐廣曰姓繒以文帝十一年卒謚曰敬。索隱曰漢書音義祁音遲賀姓繒繒古國夏同姓也。正義曰括地志云并州祁縣城晉大夫祁奚之邑）為將軍軍滎陽七月辛亥帝自太原至長安迺詔有司曰濟北王背德反上詿誤吏民為大逆濟北吏民兵未至先自定及以軍地邑降者皆赦之復官爵與王興居去來亦赦之（徐廣曰一作去來也駰案張晏曰雖始與興居反今降赦之）八月破濟北軍虜其王赦濟北諸吏民與王反者

六年有司言淮南王長廢先帝法不聽天子詔

居處毋度出入擬於天子擅爲法令與棘蒲侯
太子奇謀反遣人使閩越及匈奴發其兵欲以
危宗廟社稷羣臣議皆曰長當棄市帝不忍致
法於王赦其罪廢勿王羣臣請處王蜀嚴道邛
都徐廣曰漢書本或作邛字或直云邛都乃本是西南夷爾時未通嚴道有邛僰山。正義曰邛其恭反括地志云嚴道今爲縣即邛州所理縣也縣有蠻夷曰道故曰嚴道邛都縣本都國漢爲縣今嶲州也西南夷傳云滇池以北君長以十數邛都最大是也按羣臣請處淮南王長蜀之嚴道不爾更遠邛都西有邛僰山也。又云邛僰山在雅州滎經縣界滎經武德年間置本秦嚴地華陽國志云邛莋山故邛人筰人界也山巖峭峻曲回九折乃至上下有凝冰梭即五尊登者也今從九折西南行至嶲州山多雨少晴俗呼名爲漏天帝許之長未到處所
行病死上憐之後十六年追尊淮南王長謚爲

孝文紀

通鑑十五年齊太倉令淳于意有罪胡注太倉令齊王國官也按傳淳于出於姜姓州公之後逮繫長安胡注師古曰逮及也辭之所及則追捕之故謂之逮一曰逮者在道將送防御不絕若今之傳送囚

十一年冬十二月以下乃通鑑十五年孝文皇帝下也

十

逮徙 正義曰上音代謂追捕徙葉長安詔獄

厲王立其子三人為淮南王索隱曰名安阜陵侯也衡山王索隱曰名勃安陽侯也廬江王索隱曰名賜周陽侯也十三年夏上曰蓋聞天道禍自怨起而福繇德興百官之非宜由朕躬今祕祝之官移過于下應劭曰祕祝之官移過于下國家諱之故曰祕以彰吾之不德朕甚不取其除之五月齊太倉令淳于公有罪當刑索隱曰名意為齊太倉令故謂之倉公也詔獄逮徙繫長安太倉公無男有女五人太倉公將行會逮罵其女曰生子不生男有緩急非有益也其少女緹縈索隱曰緹音啼鄒氏音體也自傷泣乃隨其父至長安上書曰妾父為吏齊中皆

通鑑夫死者、、
胡注夫音扶復扶又翻下同師古曰屬聯也之欲翻
官婢　胡注漢制采養令曲宮婢

古

孝文紀

稱其廉平今坐法當刑妾傷夫死者不可復生刑者不可復屬雖復欲改過自新其道無由也妾願沒入為官婢贖父刑罪使得自新書奏天子天子憐悲其意乃下詔曰蓋聞有虞氏之時畫衣冠異章服以為僇

正義曰晉書刑法志云三皇設言而民不違五帝畫衣冠而民知禁犯黥者皁其巾犯劓者丹其服犯臏者墨其體犯宮者雜其屨大辟之罪殊刑之極布其衣裾而無領緣投之於市與衆棄之

而民不犯何則至治也今法有肉刑三

李奇曰約法三章無肉刑文帝則有肉刑孟康曰黥劓二左右趾合一凡三○索隱曰韋昭云斷趾黥劓之屬崔浩漢律序云文帝除肉刑而宮不易張斐注云以淫亂人族類故不易之也

而姦不止其咎安在非乃朕德薄而教不明歟吾甚自愧故夫馴道不

缾侯 正義上音[illegible]又[illegible] 地理志云缾屬琅琊郡

朝那塞 正義曰[illegible]塞 先代及括地志云朝那故城在原州百[illegible]

純而愚民陷焉詩曰愷悌君子民之父母今人有過教未施而刑加焉或欲改行為善而道毋由也朕甚憐之夫刑至斷支體刻肌膚終身不息何其楚痛而不德也豈稱為民父母之意哉其除肉刑上曰農天下之本務莫大焉今勤身從事而有租稅之賦是為本末者毋以異其（李奇曰本農也末賈也言農與賈俱出租無異也故除田租）其於勸農之道未備其除田之租稅

十四年冬匈奴謀入邊為寇攻朝那塞殺北地都尉卬（徐廣曰姓孫封其子單為缾侯[illegible]）上乃遣三將軍軍隴西

泉水縣西七十里漢朝那縣城也秦即蕭関今名隴山関漢文帝十四年匈奴入朝那塞者也按百泉水亦昔朝那縣之地

漢書注文穎曰要勒也皇太后祝祈言之言

赤 正義曰赤音呼格反

縣 正義曰下音玄

墠 漢書曰除地為墠 壇場 師古曰築土為壇除地為場 為壇場祭神之帛也

北地上郡中尉周舍爲衛將軍郎中令張武爲車騎將軍軍渭北車千乘騎卒十萬帝親自勞軍勒兵申教令賜軍吏卒帝欲自將擊匈奴羣臣諫皆不聽皇太后固要帝帝乃止如淳曰必不得自征也於是以東陽侯張相如爲大將軍成侯赤徐廣曰姓董也爲内史欒布爲將軍擊匈奴匈奴遁走春上曰朕獲執犧牲珪幣以事上帝宗廟十四年于今歷日縣長以不敏不明而久撫臨天下朕甚自愧其廣增諸祀墠場珪幣昔先王遠施不求其報望祀不祈其福右賢左戚韋昭曰右猶高左猶下也○索隱曰劉德

孝文紀

通鑑丁丑白皇太后固要之胡注舍人固要力止也要讀曰邀康力笑翻也

通鑑全編讀第一上月欲征匈奴云云皇太后固要上乃止演陵李釋文曰要力笑切

也約勒也此所謂固要云言力約止之也要讀如邀演陵李善

通鑑成侯董赤胡注成侯董赤高帝功臣董渫之子成侯國屬涿郡赤史記正義

音赫

（一云先賢後親也）先民後也至明之極也今吾聞祠官祝釐（如淳曰釐福也晉灼曰賈誼傳受釐坐宣室〇索隱曰音禧福也）皆歸福朕躬不為百姓朕甚愧之夫以朕不德而躬享獨美其福百姓不與焉是重吾不德也其令祠官致敬毋有所祈是時北平侯張蒼為丞相方明律歷魯人公孫臣上書陳終始傳五德事（索隱曰五行之德帝王相承傳易終而復始故云終始傳五德之事傳音轉也）言方今土德時土德應黃龍見當改正朔服色制度天子下其事與丞相議丞相推以為今水德始明正十月上黑事以為其言非是

十五年，黄龍見成紀。韋昭曰：成紀縣屬天水。天子乃復召魯

公孫臣，以爲博士，申明土德事。於是上乃下詔

曰：有異物之神見于成紀，無害於民，歲以有年。

朕親郊祀上帝諸神。禮官議，毋諱以勞朕。漢書音義

曰：言無所諱，勿以朕爲勞。有司禮官皆曰：古者天子夏躬親禮

祀上帝於郊，故曰郊。於是天子始幸雍，郊見五

帝，以孟夏四月答禮焉。趙人新垣平以望氣見，

因説上設立渭陽五廟。韋昭曰：在渭城。欲出周鼎，當有

玉英見。瑞應圖云：玉英，五常並修則見。

十六年，上親郊見渭陽五帝廟，亦以夏答禮而

尚赤

十七年得玉杯（應劭曰新垣平許令人獻之）刻曰人主延壽於是天子始更爲元年（索隱曰秦本紀惠文王十四年更爲元年又汲冢竹書魏惠王亦有後元當取法於此又按封禪書以新垣平候日再中故改元也）令天下大酺其歲新垣平事覺夷三族後二年上曰朕既不明不能遠德是以使方外之國或不寧息夫四荒之外不安其生（索隱曰按爾雅觚竹北戶西王母日下謂之四荒也）封畿之內勤勞不處二者之咎皆自於朕之德薄而不能遠達也間者累年匈奴並暴邊境多殺吏民邊臣兵吏又不能諭吾內志以重吾不德也夫久結難

連兵中外之國將何以自寧今朕夙興夜寐勤勞天下憂苦萬民為之怛惕不安未嘗一日忘於心故遣使者冠蓋相望結軼（音轍）於道（韋昭曰使車往還故轍如結也相如曰結軌還轅○索隱曰鄒氏軼音逸漢書作轍顔氏按司馬彪云結謂車轍回旋錯結也）以諭朕意於單于今單于反古之道計社稷之安便萬民之利親與朕俱棄細過偕之大道結兄弟之義以全天下元元之民（索隱曰戰國策云制海內子元元非兵不可高誘註云元元善也又按姚察云古者謂人云善人也因善為元故云黎元其言元元者非一人也顧野王云元元猶喁喁可憐愛貌未安其說聊記異也）和親已定始于今年後六年冬匈奴三萬人入上郡三萬人入雲中以中大夫令勉

徐廣曰衛尉改名也駰案漢書百官表景帝初改衛尉為中大夫令非此年也○索隱曰中大夫令是官號勉其名後此官改為光祿勳案其南以此稱中大夫令是史家追書耳顏之推以令是姓勉是名為中大夫據風俗通令姓令尹子文之後為車騎將軍，軍飛狐，如淳曰在代郡蘇林曰在上黨故楚相蘇意為將軍，軍句注，應劭曰山險名也鴈門陰館○索隱曰伏儼句音俱包愷音鉤也將軍張武屯北地，河內守周亞夫為將軍，居細柳，徐廣曰在長安西駰案如淳曰長安圖細柳倉在渭北近石徼張揖曰在昆明池南今有柳市是也○索隱曰按三輔故事細柳在直城門外阿旁宮西北維又匈奴傳云細柳在長安西如淳云在渭北非也宗正劉禮為將軍，居霸上，祝茲侯徐廣曰表作松茲侯姓徐名悍軍棘門，徐廣曰在渭北駰案孟康曰在長安北秦時宮門也如淳曰三輔黃圖棘門在橫門外以備胡。數月，胡人去，亦罷。天下旱，蝗。帝加惠：令諸侯毋入貢，弛山

正義曰胡公名廣後
漢太尉百官箴春
廣所著書名應
劭著官儀也

正義曰漢法一斤為
一金一金直一万錢也
百金直千貫

正義曰綈厚繒也

古

澤韋昭曰弛廢其常禁以利民減諸服御狗馬損郎吏員發倉
庾應劭曰水漕倉曰庾胡公曰在邑曰倉在野曰庾○索隱曰郭璞註三蒼云庾倉無屋也胡公名廣後漢太尉作漢官解詁也以振貧民民得賣爵索隱曰崔浩云富人欲爵貧人欲錢故聽買賣孝
文帝從代來即位二十三年宮室苑囿狗馬服
御無所增益有不便輒弛以利民嘗欲作露臺徐廣曰露一作靈○索隱曰顧氏按新豐南驪山上猶有臺之舊趾也召匠計之直百金
上曰百金中民十家之產吾奉先帝宮室常恐
羞之何以臺為上常衣綈衣如淳曰賈誼云身衣皁綈所幸慎
夫人令衣不得曳地幃帳不得文繡以示敦朴
為天下先治霸陵皆以瓦器不得以金銀銅錫

孝文紀

為飾不治墳欲為省毋煩民南越王尉佗自立為武帝然上召貴尉佗兄弟以德報之佗遂去帝稱臣與匈奴和親匈奴背約入盜然令邊備守不發兵深入惡煩苦百姓吳王詐病不朝就賜几杖羣臣如袁盎等稱說雖切常假借用之〔蘇林曰假音休假借音以物借人〕羣臣如張武等受賂遺金錢覺上乃發御府金錢賜之以愧其心弗下吏專務以德化民是以海內殷富興於禮義後七年六月己亥帝崩於未央宮〔徐廣曰年四十七〕遺詔曰朕聞蓋天下萬物之萌生靡不有死死者天地之理物

之自然者奚可甚哀當今之時世咸嘉生而惡
死厚葬以破業重服以傷生吾甚不取且朕既
不德無以佐百姓今崩又使重服以臨以離寒
暑之數哀人之父子傷長幼之志損其飲食絕
鬼神之祭祀以重吾不德也謂天下何朕獲保
宗廟以眇眇之身託于天下君王之上二十有
餘年矣賴天地之靈社稷之福方內安寧瓚曰方四方也內中也猶云中外也
靡有兵革徐廣曰一云方內安兵革息朕既不敏常
畏過行以羞先帝之遺德維年之久長懼于不
終今乃幸以天年得復供養于高廟朕之不明

不明與八漢書注晉灼曰若以朕不明晉曰嘉善朕〃倹約何哀念之有也師古曰如晉〃說非也與讀曰
音弋於反帝自言或者豈朕見〃不明乎以不可嘉為嘉耳然朕自謂得終天年供養高廟為可
嘉之事無所哀念也今俗語猶然其意可曉矣貢父曰與讀曰歟言得以天年供養于高廟我之
不明而當與歟是可嘉也其奚哀念乎又劉攽曰以朕之不明而得復供養於高廟正當嘉之耳
陸曰南陳也師說布字有又曰通先如字後如說
大紅正義曰顔師古云與喪制者文帝自率己意創而為之非有取於周礼也何謂以日易月乎三年之
喪其實二十七月豈有三十六月之文禫又無七月也顔氏說失之於前而近代学者因而備誦說未之思耳按文帝權制百官而輕重之服不當併言三十六日

與嘉之（如淳曰與發聲也得卒天年已善矣）其奚哀悲之有其令天下吏民令到出臨三日皆釋服毋禁取婦嫁女祠祀飲酒食肉者自當給喪事服臨者皆無踐（服虔曰踐翦也謂無斬衰也孟康曰踐跣也晉灼曰漢語作跣跣徒跣也索隱曰漢語是書名荀爽所作）絰帶無過三寸毋布車及兵器（應劭曰無以布衣車及兵器也不施輕車介士也）毋發民男女哭臨宮殿宮殿中當臨者皆以旦夕各十五舉聲禮畢罷非旦夕臨時禁毋得擅哭已下服大紅十五日小紅十四日纖七日釋服（服虔曰當言大功小功布也纖細布衣也應劭曰紅者中祥大祥以紅為領緣也纖者禫也凡三十六日而釋服。索隱曰已下謂柩已下於壙劉德云紅功也男功非一故以工力為字而女工唯在於絲故以糸工為字三十六日以日

霸陵 正義曰括地志云霸陵漢文帝陵在雍州万年縣東二十五里霸陵故芷陽也漢晉秦相云愍帝建興三年秦人發霸杜二陵獲珍寶繒帛以千万計帝問索綝曰漢陵中物何乃多耶對曰天子即位一年而為陵天下貢賦三分之一供宗廟一供賓客一充山陵武帝享年既久比崩茂陵不復容物赤眉賊不能減半今猶有朽帛委積珠玉尽此二陵是儉者也

孝文紀

易月也佗不在令中者皆以此令比率從事布告天下使明知朕意霸陵山川因其故應劭曰因山為藏不復起墳山下川流不遏絕也就其水名以為陵號。索隱曰霸是水名水徑於山亦曰霸山即芷陽地也毋有所改歸夫人以下至少使應劭曰夫人以下有美人良人八子七子長使少使凡七輩皆遣歸家重絕人類也令中尉亞夫為車騎將軍屬國悍徐廣曰姓徐駰案漢書百官表典屬國秦官掌蠻夷降者為將屯將軍李奇曰馮奉世為右將軍以將屯將軍為名此監主諸屯也郎中令武為復土將軍如淳曰主穿壙填瘞事者。索隱曰復音伏謂穿壙出土下棺已而填之即以為墳故云復土復反還也又音福發近縣見卒萬六千人發內史卒萬五千人索隱曰百官表云內史掌理京師之官景帝更名京兆尹藏郭穿復土屬將軍武乙巳漢書云乙巳葬皇甫謐曰霸陵

正義曰張武也

去長安七十里羣臣皆頓首上尊號曰孝文皇帝太子即位于高廟丁未襲號曰皇帝孝景皇帝元年十月制詔御史蓋聞古者祖有功而宗有德應劭曰始取天下者爲祖高帝稱高祖是也始治天下者爲宗文帝稱太宗是也制禮樂各有由聞歌者所以發德也舞者所以明功也高廟酎張晏曰正月旦作酒八月成名曰酎酎之言純也至武帝時因八月嘗酎會諸侯廟中出金助祭所謂酎金也奏武德文始五行之舞孟康曰武德高祖所作也文始舜舞也五行周舞也武德者其舞人執干戚文始舞執羽籥五行舞冠冕服法五行色見禮樂志。索隱曰應劭云禮樂志文始舞本舜韶舞高祖更名文始示不相襲五行之舞本周武舞秦始皇更名五行舞按今言奏武德文始五行之舞者其樂揔象武王樂言高祖以武定天下既示不相襲其作樂之始先奏文始以羽籥衣文繡居先次即奏五行五行即武舞執干戚而衣有五行之色也孝惠廟酎奏文始五行之舞。孝文皇帝臨天下，通關梁，不異遠方。張晏曰：孝文十二年除關不用傳，令遠近若一。除誹謗，去肉刑，賞賜長老，收恤孤獨，以育羣生。減嗜欲，不受獻，徐廣曰：減一作滅。不私其利也。罪人不帑，蘇林曰：刑不及妻子。不誅無罪。除肉刑，出美人，重絕人之世。朕既不敏，不能識。此皆上古之所不及，而孝文皇帝親行之。德厚侔天地，李奇曰：侔，齊等。利澤施四海，靡不獲福焉。明象乎日月，而廟樂不稱，朕甚懼焉。其為孝文皇帝廟為昭德之舞，文穎曰：景帝采高祖武德舞作昭德舞，舞之於文帝廟。見禮樂志。以明休德。然後祖宗之功德著於竹帛，施於萬世，永永無窮朕甚嘉之其與丞相列侯中二千石禮官具為禮儀奏丞相臣嘉等言陛下永思孝道立昭德之舞以明孝文皇帝之盛德皆臣嘉等愚所不及臣謹議世功莫大於高皇帝德莫盛於孝文皇帝高皇廟宜為帝者太祖之廟孝文皇帝廟宜為帝者太宗之廟天子宜世世獻祖宗之廟郡國諸侯宜各為孝文皇帝立太宗之廟諸侯王列侯使者侍祠天子歲獻祖宗之廟張晏曰王及列侯歲時遣使詣京師侍祠助祭也如淳曰若光武廟在章陵南陽太守稱使者往祭是也不使侯王祭者諸侯不得祖天子也凡臨祭祀宗廟皆為侍祭請著之竹帛宣布天下制曰可

太史公曰孔子言必世然後仁孔安國曰三十年曰世如有受命王者必三十年仁政乃成善人之治國百年亦可以勝殘去殺王肅曰勝殘暴之人使不爲惡去殺不用殺也誠哉是言漢興至孝文四十有餘載德至盛也廩廩鄉改正服封禪矣謙讓未成於今嗚呼豈不仁哉

索隱述贊曰

孝文在代　兆遇大横　宋昌建策

絳侯奉迎　南面而讓　天下歸誠

務農先籍　布德偃兵　除帑削謗

政簡刑清　綈衣率俗　露臺罷營

法寬張武ヲ　獄恤緹縈ヲ　霸陵如故ノ
千年頌聲アリ

史伍阡陸伯柒拾玖字
註肆阡肆伯柒拾伍字

孝文本紀第十　　史記十

史記本紀　十六

孝景帝

孝武帝

春[illegible]市

通鑑十五 景帝元年 初，文帝除肉刑（[illegible]文帝十三年），外有輕刑之名，内實殺人。斬右止者又當死；斬左止者笞五百，當劓者笞三百，率多死。是歲，下詔曰：「加笞與重罪無異（重罪蓋謂死刑 [illegible]十三年），幸而不死，不可為人（師古曰謂不能自存也）。其定律：笞五百曰三百，笞三百曰二百。」

係爲列侯恐有二名也

正義曰荀悅諱啓之字曰開

通鑑十五卷末漢紀孝景皇帝上也

通鑑十五景帝元年五月復收民田半租三十而税一謂孝文帝十二年賜民田租之半十三年除田之租税今復收半租

孝景本紀第十一　史記十一

孝景皇帝者漢書音義曰諱啓○正義曰謚法曰繇義而濟曰景孝文之中子也母竇太后孝文在代時前后有三男及竇太后得幸前后死及三子更死故孝景得立

元年四月乙卯赦天下乙巳賜民爵一級五月除田半租爲孝文立太宗廟令羣臣無朝賀匈奴入代與約和親

二年春封故相國蕭何孫係爲武陵侯徐廣曰漢書亦作係鄒誕生本作傒音奚又案漢書功臣表及蕭何傳皆云孫嘉疑其人有二名○索隱註同男子二十而得傅索隱曰音附荀悅云傅正卒也小顏云舊法二十三而傅今改也四月壬午孝文

漢書百官表云內史周官秦因之掌治京師景帝二年分置左內史右內史武帝太初元年右內史更名京兆左內史更名左馮翊主爵中尉更名右扶風是為三輔地理志云祋祤故城在雍州同官縣東漢祋祤縣城

太后崩索隱曰薄后也葬芷陽西曰少陵也廣川長沙王皆之國索隱曰廣川王彭祖長沙王發皆景帝子遣就國丞相申屠嘉卒八月以御史大夫開封侯陶青為丞相彗星出東北秋衡山雨雹正義曰雨于付反大者五寸深者二尺熒惑逆行守北辰月出北辰間歲星逆行天廷中置南陵及內史祋祤為縣徐廣曰地理志云文帝七年置驪案地理志百官表南陵縣文帝置也分內史為左右及祋祤為縣皆景帝二年不得皆如徐所云○索隱曰鄭誕生云祋音都會反又音丁活反祤音羽又音詡

三年正月乙巳赦天下長星出西方天火徐廣曰漢志無燔雒陽東宮大殿城室徐廣曰雒一作淮○索隱曰漢書作淮陽王宮災故從王於魯也吳王濞正義曰音披備反高祖兄仲子故漢高祖十二年封四十二年反年表云都吳其實在江

都地楚王戊正義曰高祖弟楚王交孫嗣二十一年都彭城趙王遂正義曰高祖孫幽王友子嗣二十六年及都邯鄲膠西王卬正義曰卬五郎反高祖孫齊悼惠王悼惠王子故昌侯十年反都密州高密縣濟南王辟光正義曰辟音壁高祖孫齊悼惠王子故扐侯立十一年反括地志云濟南故城在淄州長山縣西北二十里菑川王賢正義曰高祖孫齊悼故武城侯立十一年反都劇括地志云菑州縣也故劇城在青州壽光縣南三十一里故紀國膠東王雄渠正義曰高祖孫齊悼惠王子故白石侯五十一年反都即墨括地志云即墨故城在密州膠水縣東南六十里即膠東國反發兵西鄉天子為誅鼂錯遣袁盎諭告不止遂西圍梁正義曰梁孝王都睢陽今宋州上乃遣大將軍竇嬰太尉周亞夫將兵誅之六月乙亥赦亡軍及楚元王子蓺正義曰蓺魚曳反亦作藝音同與謀反者封大將軍竇嬰為

[illegible]其侯正義曰地理志云魏其屬琅邪立楚元王子平陸侯正義曰應劭云平陸西河縣劉禮爲楚王索隱曰韋昭云平陸西河縣禮即向之從曾祖王父也立皇子端爲膠西王子勝爲中山王徙濟北王志正義曰濟子禮反濟北國今濟州盧縣即濟北王所都爲菑川王淮陽王餘正義曰淮陽國今陳州爲魯王正義曰今兗州曲阜縣汝南王非正義曰汝南國今豫州爲江都王正義曰江都國今揚州也吳王濞所都反誅景帝改爲江都國封皇子非也齊王將盧正義曰齊國青州臨淄也將盧齊悼惠王之孫襄王之子年表云徐廣曰表云五年薨○索隱曰盧悼惠王孫齊王襄之子漢書作閭嘉劉澤之子燕王嘉皆薨

四年夏立太子立皇子徹爲膠東王六月甲戌赦天下後九月更以弋陽爲陽陵正義曰括地志云漢景帝陵也

在雍州咸陽縣東三十里按杜作壽陵也復置津關用傳出入應劭曰文帝十二年除關無用傳至此復置傳以七國新反備非常也張晏曰傳信也若今過所也如淳曰傳音檄傳而傳兩行書繒帛分持其一出入關合之乃得過謂之傳○索隱曰傳音丁戀反冬以趙國爲邯鄲郡地理志趙國景帝以為邯鄲郡

五年三月作陽陵索隱曰景帝豫作壽陵也按趙系家趙肅侯十五年起壽陵後代因之也渭橋五月募徙陽陵予錢二十萬江都大暴風從西方來壞城十二丈丁卯封長公主子蟜爲隆慮侯索隱曰音林閭避殤帝諱改之徙廣川王爲趙王

六年春封中尉趙綰爲建陵侯正義曰括地志云建陵故縣在沂州承縣江都丞相嘉徐廣曰姓程爲建平侯隴西太守渾

邢為平曲侯正義曰括地志云平曲縣故城在瀛州文安縣北七十里趙丞相嘉徐廣曰姓蘇為江陵侯故將軍布為鄃侯梁楚二王皆薨後九月伐馳道樹殖蘭池徐廣曰殖一作填○正義曰按馳道天子秦始皇作之

七年冬廢栗太子為臨江王正義曰臨江忠州縣雖王臨江而都江陵十二月晦日有食之春免徒隸作陽陵者丞相青免二月乙巳以太尉條侯正義曰條田彫反字亦作蓨音同周亞夫為丞相四月乙巳立膠東王太后為皇后索隱曰按系家太后槐里人父仲兄信封蓋侯后故金氏妻女弟姁兒也丁巳立膠東王為太子名徹

中元年封故御史大夫周苛孫平徐廣曰一作應。索隱曰苛周昌之兄爲繩侯故御史大夫周昌子左車爲安陽侯四月乙巳赦天下賜爵一級除禁錮地動衡山原都雨雹大者尺八寸

中二年二月匈奴入燕遂不和親三月召臨江王來即死中尉府中夏立皇子越爲廣川王子寄爲膠東王封四侯文穎曰楚相張尚太傅趙夷吾趙相建德內史王悍此四人名諫其王無使反不聽皆殺之故封其子。索隱曰韋昭云張尚子當趙夷吾子周建德子橫王悍子弃九月甲戌日食

中三年冬罷諸侯御史中丞春匈奴王二人率

其徒來降皆封為列侯正義曰漢書表云中三年封安陵侯子軍桓侯賜迺侯陸彊容城侯徐盧易侯僕黑范陽侯代翁侯邯鄲七人以匈奴王降皆封為列侯按紀言七人者是匈奴一王為首降立皇子方乘為清河王三月彗星出西北丞相周亞夫死以御史大夫桃侯劉舍為丞相四月地動九月戊戌晦日食軍東都門外按三輔黃圖東出北第一門曰宣平門外曰東都門○索隱註同

中四年三月置德陽宮瓚曰是景帝廟也帝自作之諱不言廟故言宮西京故事云景帝廟為德陽宮大蝗秋赦徒作陽陵者

中五年夏立皇子舜為常山王封十侯正義曰漢景間年表云亞谷侯盧他之隆慮侯陳蟜乘氏侯劉買桓邑侯劉明蓋侯王信按其五人是中元五年封餘檢不獲中元三年匈

通鑑注清河王胡注高帝置清河郡於齊趙之間今以為王國

通鑑立皇子舜胡注高帝置常山郡屬趙國呂后分為王國文帝併為趙國今復以王舜

孝景紀

奴王二人降封爲列侯惠景間表云匈奴王降爲侯者有七人疑其五人是什侯之數六月丁巳赦

天下賜爵一級天下大潦更命諸侯丞相曰相

秋地

中六年二月己卯行幸雍郊見五帝三月雨雹

四月梁孝王正義曰都睢陽今宋州城陽共王正義曰城陽今濮州雷澤縣古城陽

也共音恭謚法嚴敬故事曰恭汝南王皆薨立梁孝王子明爲濟

川王正義曰表云分梁置也子彭離爲濟東王正義曰表云分梁置也子定

爲山陽王正義曰地理志云景帝中六年別爲山陽國屬兖州子不識爲濟陰

王正義曰地理志云景帝中六年別爲濟陰國屬兖州案今曹州是也梁分爲五封四侯

更命廷尉爲大理將作少府爲將作大匠主爵

孝景紀

中尉為都尉漢書百官表曰主爵中尉秦官掌列侯長信詹事漢書百官表曰詹事秦官掌皇后太子家應劭曰詹省也給也瓚曰茂陵書詹事秩二千石為長信少府張晏曰以太后所居宮為名長信宮則曰長信少府長樂宮則曰長樂少府將行為大長秋漢書百官表曰將行秦官應劭曰長秋皇后卿大行為行人服虔曰天子死未有謚稱大行晉灼曰禮有大行小行主謚官故以比名之如淳曰不反之辭也瓚曰大行是官名掌九儀之制以賓諸侯。索隱曰鄭玄云命者五謂公侯伯子男爵者四孤卿大夫士是九也奉常為太常漢書百官表曰奉常秦官掌宗廟禮儀典客為大行索隱曰韋昭云大行官名秦時云典客景帝初改云大行後更名大鴻臚武帝因而不改故漢書景紀有大鴻臚百官表又云武帝改名大鴻臚臚附也以言其掌四夷賓客若皮臚之在外附於身也復有大行令故諸侯薨大鴻臚奏謚列侯薨則大行奏誄按大行令即鴻臚之屬官也治粟內史為大農漢書百官表曰治粟內史秦官掌穀貨也以大內為二千石韋昭曰大內京師府藏

通鑑中六年徙淮陽共王喜爲城陽王胡注共王喜文帝前四年嗣父章爵爲王八年徙王淮陽
四年後還城陽至是已兩世矣共謚曰恭

是五帝子兄孝武紀中二丁之有

正義云四侯未詳
日知錄四侯謂孝王子
明彭離定不識當考

文[illegible]表云[illegible]降爲侯者有七人疑其五人是十侯之數 六月丁巳赦天下賜爵一級天下大潦更命諸侯丞相曰相秋地動 中六年二月己卯行幸雍郊見五帝三月雨雹四月梁孝王正義曰都睢陽今宋州城陽共王正義曰城陽今濮州雷澤縣古城陽也共音恭謚法嚴敬故事曰恭汝南王皆薨立梁孝王子明爲濟川王正義曰表云分梁置也子彭離爲濟東王正義曰表云分梁置也子定爲山陽王正義曰地理志云景帝中六年別爲山陽國屬兖州子不識爲濟陰王正義曰地理志云景帝中六年別爲濟陰國屬兖州案今曹州是也梁分爲五封四侯更命廷尉爲大理將作少府爲將作大匠主爵

立長子買為梁王 故隱之

中尉為都尉漢書百官表曰主爵中尉秦官掌列侯長信詹事漢書百官表曰詹事秦官掌皇后太子家應劭曰詹省也給也瓚曰茂陵書詹事秩二千石為長信少府張晏曰以太后所居宮為名長信宮則曰長信少府長樂宮則曰長樂少府將行為大長秋漢書百官表曰將行秦官應劭曰長秋皇后卿大行為行人服虔曰天子死未有謚稱大行韋炤曰禮有大行小行主謚官故以此名之如淳曰不反之辭也瓚曰大行是官名掌九儀之制以賓諸侯。索隱曰鄭玄云命者五謂公侯伯子男爵者四孤卿大夫士是九也奉常為太常漢書百官表曰奉常秦官掌宗廟禮儀典客為大行索隱曰韋昭云大行官名秦時云典客景帝初改云大行後更名大鴻臚武帝因而不改故漢書景紀有大鴻臚百官表又云武帝改名大鴻臚臚附也以言其掌四夷賓客若皮臚之在外附於身也復有大行令故諸侯薨大鴻臚奏謚列侯薨則大行奏誄按大行令即鴻臚之屬官也治粟內史為大農漢書百官表曰治粟內史秦官掌穀貨也以大內為二千石韋昭曰大內京師府藏通鑑景帝中六年中尉郅都免後竟以危法中都乃殺胡注考異曰史記本紀後二年正月郅將軍擊匈奴蓋郅都死後宗室多犯法上乃召寧成為中尉成為西將在中六年則後二年所謂郅將軍者非郅都也疑別一人漢書紀云郅將軍事

置左右内官屬大内（索隱曰主天子之私財曰小内小内即屬大内也）七月辛亥日食八月匈奴入上郡

後元年冬更命中大夫爲衛尉（正義曰漢書百官表云衛尉秦官掌宫門衛屯兵景帝初更名中大夫令後元年復爲衛尉）三月丁酉赦天下賜爵一級中二千石諸侯相爵右庶長四月大酺五月丙戌（徐廣曰丙一作甲）地動其蚤食時復動上庸地動二十二日壞城垣七月乙巳日食丞相劉舍免八月壬辰以御史大夫綰爲丞相封爲建陵侯（索隱曰姓衞）

通鑑後元年夏大酺五日民得酤酒胡注中二年禁民酤酒今弛其禁酺音蒲上庸胡注班志上庸縣屬漢中郡

後二年正月地一日三動郅將軍（正義曰郅眞栗反郅都傳云郅）

馬舂 正義云舂式龍反 馬礁碓之比也 先時用馬今止之

正義曰造至也 禁天下費米穀恐食不至歲

古

讚曰帝年三二即位十六年壽四十八

孝景紀

奴刻木爲郅都形射不中擊匈奴酺五日令內史郡不得食馬粟沒入縣官令徒隸衣七緵布正義曰衣於既反緵祖工反緵八十縷也與布相似七升布用五百六十縷止馬舂索隱曰止人爲馬舂粟爲歲不登也爲歲不登禁天下食不造歲省列侯遣之國晉灼曰文紀遣列侯之國今又省之三月匈奴入鴈門十月租長陵田大旱衡山國河東雲中郡正義曰衡山國今衡州河東今蒲州雲中郡今勝州民疫

後三年十月日月皆食赤五日十二月晦靁徐廣曰一作雷字又作卜圖字實所未詳日如紫五星逆行守太微月貫天廷中索隱曰天庭即龍星右角也按石氏星傳曰龍在左角曰天田右角曰天廷正月甲寅皇太子冠甲子孝景皇帝崩皇甫謐曰帝以孝惠七年生年四十

疫 本大

古或作右

胡注冠 古 翻

通鑑五星逆行胡注晉天文志太微天子庭也五帝之座也十二諸侯府也其外蕃九卿也南蕃中二星間曰端門東曰左執法廷尉之象也西曰右執法御史大夫之象也左執法之東左掖門也右執法之西右掖門也東蕃四星南第一星曰上相其北東太陽門也第二星曰次相其北中華東門也第三星曰次將其北東太陰門也第四星曰上將所謂四輔也西蕃四星南第一星曰上將其北西太陽門也第二星曰次將其北中華西門也第三星曰次將其北西太陰門也第四星曰上相亦四輔也

通鑑武安侯胡注班志武安縣屬魏郡又據漢地志蚡封武安乃寧邑合河之鄉蚡序蚡

通鑑周陽侯胡注史記正義絳州聞喜縣東二十九里有周陽故城

漢書云三月癸酉帝葬陽陵皇甫謐云陽陵山方百二十步高十四丈去長安三十五里

古

八

遺詔賜諸侯王以下至民爲父後爵一級天下戶百錢出宮人歸其家復無所與太子即位是爲孝武皇帝漢書云二月癸酉帝葬陽陵皇甫謐曰陽陵山方百二十步高十四丈去長安四十五里三月封皇太后弟蚡蘇林曰蚡音鼢○索隱曰蚡音扶粉反按外戚世家皇太后母臧兒初嫁王氏生子信而寡更嫁長陵田氏生蚡及勝爲武安侯弟勝爲周陽侯置陽陵

太史公曰漢興孝文施大德天下懷安至孝景不復憂異姓而晁錯刻削諸侯遂使七國俱起合從而西鄉以諸侯太盛而錯爲之不以漸也及主父偃言之而諸侯以弱卒以安索隱曰主父偃上言令王

子下推恩之令，令諸侯各得分
邑其子弟，於是遂弱，卒以安也

安危之機，豈不以謀哉！

索隱述贊曰：景帝即位，因脩靜默。勉人於農，率下以德。制度斯創，禮法可則。一朝吳楚，乍起凶慝。提局成釁，拒輪致惑。鼂錯雖誅，梁城未克。條侯出將，追奔逐北。坐見梟剽，立翦牟賊。如何太尉，後卒下獄。惜哉明君，斯功不錄。

孝景本紀第十一　史記十一

前漢紀第十二武帝年十二月決廷尉獄防年三歲明帝年十二月鍾陵[illegible]史録田々[illegible]甚英明
略同前武帝[illegible]安楽不著[illegible]見不通曲利[illegible]議
前漢紀第十二武帝紀元朔三年詔曰夫刑罰所以防姦也内長文所以見愛也哉云古寫本無注漢書
作刑罰教[illegible]所以見愛也
紀孫[illegible]不載[illegible]

孝武本紀第十二 史記十二

太史公自序曰作今上本紀又其述事皆云今上今天子或有言孝武帝者悉後人所定也張晏曰武紀褚先生補作也褚先生名少孫漢博士也○今索隱曰按褚先生補史記合集武帝事以編年今止取封禪書補之信其才之薄也又張晏云褚先生潁川人仕元成間韋稜云褚顗家傳褚少孫梁相褚大弟之孫宣帝時爲博士寓居于沛事大儒王式故號爲先生續太史公書阮孝緒亦以爲然

孝武皇帝者漢書音義曰諱徹○正義曰謚法云克定禍亂曰武孝景中子也索隱曰按景十三王傳廣川王已上皆是武帝兄自河間王德以至廣川凡有八人則帝第九也母曰王太后孝景四年以皇子爲膠東王孝景七年栗太子廢爲臨江王以膠東王爲太子孝景十六年崩太子即位爲孝武皇帝張晏曰武帝以景帝元年生七歲爲太子爲太

子十歲而景帝崩時年十六矣孝武皇帝初即位尤敬鬼神之祀元年漢興已六十餘歲矣徐廣曰六十七年歲在辛丑天下乂安薦紳之屬索隱曰薦音搢搢挺也言挺笏於紳帶之閒事出禮內則今作薦者古字假借耳漢書作縉紳臣瓚云縉赤白色非也○正義曰乂音魚廢反皆望天子封禪改正度也而上鄉儒術招賢良趙綰王臧等以文學爲公卿欲議古立明堂城南以朝諸侯索隱曰城南長安城南門外也關中記云明堂在長安城門外杜門之西草巡狩封禪改歷服色事未就會竇太后治黃老言不好儒術使人微得趙綰等姦利事徐廣曰纖微伺察之召案綰臧綰臧自殺正義曰漢書云孝武帝二年御史大夫趙綰坐請毋奏事太皇太后及郎中令王臧皆下獄自殺應劭云王臧儒者欲立明堂辟

乂魚廢切

薦本作縉

鄉本作嚮

剏

伺

明堂正義曰括地志云漢明堂在雍州長安縣西北七里長安故城中

孝武紀

關中記云明堂在長安城南門外門之西

陽館周曰明堂漢書明堂武帝造王奉修令文

通典黃帝之明堂明庭王者之堂所以正四時出教化自秦滅先王之礼其制不存

通鑑十八元光二年冬十月上行幸雍祠五畤

竇太后素好黄老術非薄五經因欲絶奏事太后太后怒故令殺諸所興爲者皆廢後六年竇太后崩其明年上徵文學之士公孫弘等明年上初至雍郊見五畤正義曰時音止括地志云漢五帝時在岐州雍縣南孟康云時者神靈之所止或曰以雍州雍縣南孟康云時者神靈上帝也按五時者鄜時密時吳陽時北時先是文公作鄜時祭白帝秦宣公作密時祭青帝秦靈公作吳陽上時下時祭赤帝漢高祖作北時祭黑帝是五時也後常三歲一郊是時上求神君正義曰漢武帝故事云起柏梁臺以處神君長陵女子也先是嫁爲人妻生一男數歲死女子悼痛之歲中亦死而靈宛若祠之遂聞言宛若爲生民人多往請福說家人小事有驗平原君亦事之至後子孫尊貴及上即位太后延於宮中祭之聞其言不見其人至是神君求出乃營柏梁臺舍之初霍去病微時自禱神君及見其形自修飾欲與去病交接去病不肯謂神君曰吾以神君精潔故齋戒祈福今欲婬此非也自絶不復往神君慙之乃去也舍之上林中蹏氏觀徐廣曰蹏音啼○索

正義曰宛若先後之字也

正義曰周礼云顓頊氏有子曰黎為祝融火為竈神

絶封 正義曰功臣表云頭子脩景帝九年有罪絶至中五年頭子明復封至元朔五年國除

孝武紀

隱曰鄒誕生音斷乳音[illegible]名也神君者長陵女子以子死悲哀故見神於先後宛若孟康曰產乳而死兄弟妻相謂先後宛若○索隱曰鄒誕生音先後並去聲即今妯娌也孟康以兄弟妻相謂也韋昭云先後猶娣姒宛音冤宛若祠之其室民多往祠平原君往祠徐廣曰武帝外祖母也駰案蔡邕曰異姓婦人以恩澤封者曰君儀比長公主○索隱曰徐衛云武帝外祖母則臧兒也其後子孫以尊顯及武帝即位則厚禮置祠之內中聞其言不見其人云是時而李少君亦以祠竈穀道卻老方見上李奇曰食穀道引或曰辟穀不食之道○索隱曰如淳云祠竈可以致福按禮竈者老婦之祭盛於盆尊於瓶說文周禮以竈祠祝融淮南子炎帝作火官死為今之竈神司馬彪註莊子云浩竈神也如美女衣赤李弘範音浩上尊之少君者故深澤侯徐廣曰姓趙景帝時絕封入以主方徐廣曰進納於天子

通鑑十八少君者故深澤侯舍人胡注高祖功臣有深澤齊侯趙將夜[illegible]帝三年孫脩嗣侯七年有罪耐為司寇少君當是為脩舍人班志涿郡有南深澤縣

通鑑辨誤第一

通鑑十二漢高帝中六年上行幸雍郊五畤 史炤釋文曰畤音止封土積高之所秦有西畤鄜畤武畤好畤密畤皆在右扶風所以祭天地五帝余按史記封禪書秦襄公始居西垂自以爲主少皞之神作西畤祠白帝此時在唐秦州上邽縣界襄公之後文公東獵汧渭之閒卜居之而吉文公夢黃蛇自天下屬地其口止於鄜衍作鄜畤其地後爲鄜縣唐之鄜州是也雍旁有故吳陽武畤雍東有好畤皆廢無祠鄜畤後七十八年秦德公既立卜居雍雍之諸祠自此興德公卒後宣公作密畤於渭南祭青帝又其後秦靈公作吳陽上畤祭黃帝作下畤祭炎帝又其後秦獻公自以爲得金瑞故作畦畤櫟陽而祀白帝是爲四畤高帝入關問故秦時上帝祠何帝也對曰四帝有白青黃赤帝之祠高帝曰吾聞天有五帝而有四何也莫知其說於是高帝曰吾知之矣乃待我而具五也乃立黑帝祠命曰北畤東觀之後宣公作密畤祠青帝靈公作上畤祠黃帝作下畤祠炎帝五帝往而至文帝始郊見雍五畤祠四畤皆在雍不能對故高帝立黑帝祠不親往至文帝始郊見雍五畤祠索隱曰據秦舊祠而言秦襄公始列爲諸侯而作西畤居汧渭之閒皆在雍也至德公卜居雍而後宣公作密畤祠青帝靈公作上畤下畤獻公作畦畤於櫟陽時亦不在雍也自秦德公居雍而諸祠始興於雍後人以雍有五帝時史炤以爲西畤鄜畤吳陽上畤下畤遂合白青黃赤四帝之祠而祠於雍高帝又立黑帝祠故雍有五畤史炤以爲西畤鄜畤密畤皆在右扶風若史言之扶風五畤猶曰在史而爲之說史言幸雍郊五畤則雍乃扶風之一縣豈可包扶風一郡之大界言之邪況西畤在隴西郡上邽縣鄜畤在馮翊鄜縣既不可以爲皆在扶風而廢之武畤好畤皆廢無祠不在五時之數史炤之說失之遠矣一百春晉穆帝升平二年秦王堅祠五畤史炤釋文之誤與此同

人小事有驗平原君亦事之至後子孫尊貴及上即位太后延於宮中祭之聞其言不見其人至是神君求出乃營柏梁臺舍之初霍去病微時自禱神君及見其形自修飾欲與去病去病不肯謂神君曰吾以神君精絜故齋戒祈福今欲淫此非也自絕不復往神君慚之乃去也

資治通鑑 觀 徐廣曰號音啼

正義曰宛若人名先後之字也

正義曰周礼云顓頊氏有子曰黎為祝融以為竈神

絕封 正義曰功臣表云趙[illegible]子脩景帝九年有罪絕至中五年趙[illegible]子明復封至元朔五年國除

通鑑十八少君者故深澤侯舍人胡注高祖功臣有深澤侯趙將夜景帝三年孫脩嗣坐七年有罪耐為司寇少君蓋其時舍人班志涿郡有南深澤縣

孝武紀

隱曰鄒誕生音斯又音[illegible]名也神君者長陵女子以子死悲哀故見神於先後宛若孟康曰產乳而死兄弟妻相謂先後宛若○索隱曰鄒誕生音先後並去聲即今之妯娌也孟康以兄弟妻相謂也韋昭云先姒後娣宛音冤宛若祠之其室民多往祠平原君往祠徐廣曰武帝外祖母也駰案蔡邕曰異姓婦人以恩澤封者曰君儀比長公主○索隱曰徐廣云武帝外祖母則是臧兒也其後子孫以尊顯及武帝即位則厚禮置祠之內中聞其言不見其人云是時李少君亦以祠竈穀道卻老方見上曰食穀道引或曰辟穀不食之道○索隱曰如淳云祠竈可以致福按禮竈者老婦之祭盛於盆尊於瓶說文周禮以竈祠祝融淮南子炎帝作火官死為今之竈神司馬彪註莊子云髻竈神也如美女衣赤髻音結上尊之少君者故深澤侯徐廣曰姓趙景帝時絕封入以主方徐廣曰進納於天子

二一四

而主方一云侯人主方駰案如淳曰侯家人主方藥者也匿其年及所生長常自

謂七十能使物卻老如淳曰物鬼物也瓚曰物藥物也其游以方徧

諸侯無妻子人聞其能使物及不死更饋遺之

常餘金錢帛衣食人皆以爲不治產業而饒給

又不知其何所人愈信爭事之少君資好方善

爲巧發奇中如淳曰時時發言有所中也嘗從武安侯飲索隱曰服

虔云田蚡也韋昭云武安屬魏郡坐中有年九十餘老人少君乃

言與其大父游射處老人爲兒時從其大父行

識其處一坐盡驚少君見上上有故銅器問少

君少君曰此器齊桓公十年陳於柏寢服虔曰地名有臺也

贊曰晏子書柏寢臺名也。○正義曰括地志云柏寢臺在青州千乘縣東北二十一里韓子云景公與晏子遊於少海登柏寢之臺而望其國公曰美哉堂乎後代孰將有此晏子云其田氏乎公曰寡人有國而田氏家奈何對曰奪之則近賢遠不肖治其煩亂輕其刑罰服窮乏恤孤寡行恩惠崇節儉雖十田氏其如何堂即此也已而案其刻果齊桓公器一宫盡駭以少君為神數百歲人也少君言於上曰祠竈則致物致物而丹砂可化為黃金黃金成以為飲食器則益壽益壽而海中蓬萊僊者可見見之以封禪則不死黃帝是也臣嘗游海上見安期生索隱曰服虔云古之真人。○正義曰列仙傳云安期生瑯耶阜鄉亭人也賣藥海邊秦始皇請語三夜賜金數千萬出於阜鄉亭皆置去留書以赤玉舃一量為報曰後千歲求我於蓬萊山下食巨棗大如瓜安期生僊者通蓬萊

正義曰作臣安期生食巨棗大如瓜

孝武紀

安期生 本有 或云巨作臣 又云巨亦並

錢注念祥 史記

通鑑亳人謬忌奏祠太一方胡注如淳曰亳亦薄也晉灼曰亳縣屬濟陰郡予按班志亳屬山陽郡

亳作薄謬姓也音靡幼翻又繆同戰國時趙有宦者令繆賢太一者天之尊神天文志

中合則見，不合則隱。於是天子始親祠竈，而遣方士入海求蓬萊安期生之屬，而事化丹沙諸藥齊為黃金矣。索隱曰：齊音分劑之劑。居久之，李少君病死。正義曰：漢書起居云：李少君將去，武帝夢與共登嵩高山，半道有使乘龍時從雲中云太一請少君。帝謂左右將舍我去矣。數月而少君病死。又發棺看，唯衣冠在也。天子以為化去不死也，而使黃錘韋昭曰：人姓名。史寬舒受其方。漢書音義曰：二人皆方士。○正義曰：錘音直僞反。姓史名寬舒。求蓬萊安期生莫能得，而海上燕齊怪迂之方士多相效，更言神事矣。亳人薄誘忌徐廣曰：一云亳人謬忌也。○索隱曰：亳，山陽縣名。姓謬名忌，居亳，故下稱薄忌。此文則衍薄字，亦謬又誤作誘也。奏祠泰一方，曰：天神貴者泰一，索隱曰：按樂汁徵圖云：紫微宮北極天一……

解祠 正義曰解紀買反又紀賣反祭神曰解言黃帝欲絶其類梟鏡故令祭百物之祠後世每春解祠黃帝用一梟鳥又一破鏡獸以解黃帝絶惡之類故言解祠黃帝

孝武紀

太一宋均以為天一太一北極之別名春秋緯云紫極之別名又云紫宮天皇曜魄寶之所理也 泰一佐曰五帝 正義曰五帝五天帝也國語云蒼帝靈威仰赤帝赤熛怒白帝白招矩黑帝叶光紀黃帝含樞紐尚書帝命驗云蒼帝名靈威仰赤帝名文祖黃帝名神斗白帝名顯紀黑帝名玄矩佐者謂配祭也 古者天子以春秋祭泰一東南郊用太牢具七日 徐廣曰一云日一太牢具七日 為壇開八通之鬼道於是天子令太祝立其祠長安東南郊常奉祠如忌方其後人有上書言古者天子三年一用太牢具祠神三一天一地一泰一天子許之令太祝領祠之忌泰一壇上如其方後人復有上書言古者天子常以春秋解祠祠黃帝用一梟破鏡 孟康曰梟鳥名食母破鏡獸名食父

梟 一名伯勞之鳥伏養其子長大食母而飛

通鑑胡注五帝祠東方蒼帝靈威仰南方赤帝赤熛怒西方白帝白招矩北方黑帝叶光紀中央黃帝含樞紐也一說蒼帝名靈符赤帝名文祖白帝名顯記黑帝名玄矩黃帝名神斗

黄帝欲絕其類使百物祠皆用之破鏡如貙而虎眼或云直用破鏡如淳曰漢使東郡送梟五月五日爲梟羹以賜百官以惡鳥故食之冥羊用羊祠服虔曰神明也馬行正義曰神名也用一青牡馬泰一皐山山君地長正義曰丁丈反三並神名用牛武夷君正義曰神名用乾魚陰陽使者以一牛漢書音義曰陰陽之神也令祠官領之如其方而祠於忌泰一壇旁其後天子苑有白鹿以其皮爲幣索隱曰按食貨志幣以白鹿皮方尺緣以續以薦璧得以黄金一斤代之又漢律皮幣率鹿皮方尺直金一斤以發瑞應造白金焉正義曰白金三品武帝所鑄也如淳曰雜鑄銀鈎馬白金也平準書云造銀錫爲白金以爲天用莫如龍地用莫如馬人用莫如龜故白白金三品其一曰重八兩圓之其文龍名曰白選直三千二曰重差小方之其文馬直五百三曰復小隋之其文龜直三百錢譜云白金第一其形圓如錢肉好圓文爲一龍白銀第二其形方小長肉好亦小長好上下文爲二馬白銀第

三其形似龜肉好小是文爲龜甲也其明年郊雍獲一角獸若麃然韋昭曰楚人謂麋爲麃○索隱曰麃音庖交反按韋昭云體若麕而一角春秋所謂有麕而角是也楚人謂麋爲麃又周書王會云麃者若鹿爾雅云麐大鹿也牛尾一角郭璞云漢武獲一角獸若麃謂之麟是也有司曰陛下肅祇郊祀上帝報享錫一角獸蓋麟云正義曰漢書終軍傳云從上雍獲白麟一角戴肉設武備而不爲害所以爲仁於是以薦五時時加一牛以燎正義曰力召反焚也賜諸侯白金以風符應合于天地晉灼曰符瑞也瓚曰風示諸侯以此符瑞之應於是濟北王以爲天子且封禪乃上書獻泰山及其旁邑天子受之更以他縣償之常山王有辠遷天子封其弟於真定以續先王祀而以常山爲郡然後五嶽皆在

天子之郡其明年齊人少翁正義曰漢武故事云少翁年二百歲色如童子以鬼神方見上上有所幸王夫人徐廣曰齊懷王閎之母也駰案桓譚新論云武帝有所愛幸姬王夫人窈窕好容質性嫽佞○正義曰漢書作李夫人夫人卒少翁以方術蓋夜致王夫人及竈鬼之貌云天子自帷中望見焉於是乃拜少翁為文成將軍賞賜甚多以客禮禮之文成言曰上即欲與神通宮室被服不象神神物不至乃作畫雲氣車及各以勝日漢書音義曰如火勝金則用丙與丁日不用庚辛駕車辟惡鬼又作甘泉宮中為臺室畫天地泰一諸神而置祭具以致天神居歲餘其方益衰神不至乃為帛書以

飯牛正義曰飯房晚反書絹帛上為怪言詐以飼牛詳弗知也言此牛腹中有奇殺而視之得書書言甚怪天子疑之有識其手書問之人果為書於是誅文成將軍正義曰漢武故事云文成誅月餘日使者藉貨關東還逢之於澧亭還見言之上乃疑發其棺無所見唯有竹筒一枚捕驗間無蹤跡也而隱之其後則又作栢梁銅柱承露僊人掌之屬矣蘇林曰仙人以手掌擎盤承甘露也○索隱曰服虔云用梁栢頭按今字皆作柏三輔故事云臺高二十丈用香栢為殿梁香聞十里中建章宮承露盤高三十丈大七圍以銅為之上有仙人掌承露和玉屑飲之故張衡賦曰立脩莖之仙掌承雲表之清露是也文成死明年天子病鼎湖甚韋昭曰在湖縣韋昭曰地名近宜春○索隱曰湖縣名屬京兆後屬弘農昔黃帝採首陽山銅鑄鼎於湖曰鼎湖即今之湖城縣也韋昭以為近宜春亦甚疏巫醫無所不致至不愈游水發根

通鑑二十一病良已置酒壽宮胡注帝置壽宮以奉神君 勿經置字下有酒字壽神
卷二字

正義曰良善也已止也
止也病善止也
曰

服虔曰游水縣名發根人名姓晉灼曰地理志游水水名在臨淮淮浦也○索隱曰顏師古以游水姓發根名蓋或因水爲姓或曰發爾根也乃言曰上郡有巫病而鬼下之上召置祠之甘泉及病使人問神君韋昭曰即病巫之神神君言曰天子毋憂病病少愈強與我會甘泉於是病愈遂幸甘泉病良已孟康曰良已蓋已愈也大赦天下置壽宮神君服虔曰立此便宮也瓚曰宮奉神之宮也楚辭曰蹇將憺兮壽宮神君最貴者大夫其佐曰大禁司命之屬皆從之非可得見聞其音與人言等時去時來來則風肅然也居室帷中時晝言然常以夜天子祓然後入漢書音義曰祭祓自祓除然後入因巫爲主人關飲食所以言行下李奇曰神

書本作畫

年號以建元為始

所欲言上輒為下之又置壽宮北宮正義曰括地志云壽宮北宮皆在雍州長安縣西北三十里長安故城中漢書云武帝寫壽宮以處神君張羽旗設供具以禮神君神君所言上使人受書其言命之曰書法漢書音義曰或云策畫書之法也。正義曰書音獲按畫工之法其所語世俗之所知也毋絕殊者而天子獨喜其事祕世莫知也其後三年有司言元宜以天瑞命不宜以一二數蘇林曰得黃龍鳳皇諸瑞以名年。正義曰孝景以前即位以一二數年至其終武帝即位初有年號改元以建元為始一元曰建元二元以長星曰元光三元以郊得一角獸曰元狩云徐廣曰案諸紀元光後有元朔元朔後得元狩其明年冬天子郊雍議曰今上帝朕親郊而后土毋祀則禮不答也

通鑑書作畫

太史公正義曰按二家之說皆非也如淳云漢儀注太史公武帝置位在丞相上天下計書先上太史副上丞相序事如古春秋瓚曰百官表無太史公茂陵中書司馬談以太史令 自敘傳云生談爲太史公仕於建元元封之間又云太史公既掌天官不治民有子曰遷又云太史公遭李陵之禍又云余述黃帝以來至太初而訖凡百三十篇

四科明司馬遷

父子皆爲太史公

太史公乃司馬遷

自題

有司與太史公（韋昭曰說者以談爲太史公失之矣史記稱遷爲太史公者是外孫楊惲所稱○索隱曰姚察按司馬遷傳亦以談爲太史公非惲所加又按虞喜志林云古者主天官皆上公自周至漢其職轉卑然朝會坐位猶居公上尊天之道其官屬仍以舊名尊而稱公公名當起於此故如淳云太史公位在丞相上天下郡國計書先上太史公副上丞相其義是也而桓譚新論以爲太史公造書書成示東方朔朔爲平定因署其下太史公者皆東方朔所加之也楊惲繼此而稱耳）祠官寬舒等議天地牲角繭栗今陛下親祀后土后土宜於澤中圜丘爲五壇壇一黃犢太牢具已祠盡瘞而從祠衣上黃於是天子遂東始立后土祠汾陰脽上（徐廣曰元鼎四年時也駰案蘇林曰脽音誰如淳曰河之東岸特堆堀長四五里廣二里餘高十餘丈汾陰縣在脽之上后土祠在縣西汾在脽之北西流與河合也○索隱曰漢書舊儀作葵上者蓋河東人呼誰與葵同故耳）如寬舒等議上

記本作祠

之本有

上本作立

脽高本

周子南君解在周本紀

漢書惠帝紀云宦官尚食比郎中 應劭曰尚主也舊有五尚尚冠尚帳尚衣尚席尚浴 如淳曰主天子物曰尚主文書曰尚書

孝武紀

親望拜如上帝禮畢天子遂至滎陽而還過雒陽下詔曰三代邈絕遠矣難存其以三十里地封周後爲周子南君以奉先王祀焉是歲天子始巡郡縣侵尋於泰山矣索隱曰侵尋即浸淫也故郭璞云遂往之意也小顏云浸淫漸染之義蓋尋淫聲相近假借用耳師古叔父游秦亦解漢書故稱師古爲小顏也其春樂成侯徐廣曰姓丁名義後與欒大俱誅也○索隱曰韋昭云河間縣按郊祀志樂成侯登而徐廣據表云姓丁名義未詳耳上書言欒大欒大膠東宮人服虔曰王家人故嘗與文成將軍同師已而爲膠東王尚方而樂成侯姊爲康王后孟康曰膠東王后也毋子康王死他姬子立爲王而康后有淫行與王不相中得相危以法

通鑑仁元目錄四年樂成侯丁義薦方士欒大云云胡注義高祖功臣丁禮之曾孫班志樂成侯國屬南陽郡考異曰漢書郊祀志作樂成侯登按史記漢書功臣表爲丁義今從史記漢書功臣表

康后聞文成已死而欲自媚於上乃遣欒大因樂成侯求見言方天子既誅文成後悔恨其早死惜其方不盡及見欒大大悅大爲人長美言多方略而敢爲大言處之不疑大言曰臣嘗往來海中見安期羨門之屬（索隱曰韋昭云羨門古仙人漢書云名子高）顧以爲臣賤不信臣又以爲康王諸侯耳不足予方臣數言康王康王又不用臣臣之師曰黃金可成而河決可塞不死之藥可得僊人可致也臣恐效文成則方士皆掩口惡敢言方哉上曰文成食馬肝死耳子誠能脩其方我何愛乎大

曰臣師非有求人人者求之陛下必欲致之則貴其使者令有親屬以客禮待之勿卑使各佩其信印乃可使通言於神人神人尚肯邪不邪致尊其使然後可致也於是上使先驗小方鬬旗旗正義曰音其又本或作棊說文云棋博棊也高誘註淮南子云取雞血與針磨擣之以和磁石用塗棊頭曝乾之置局上即相抵不上也自相觸擊是時上方憂河決而黃金不就正義曰鍊丹砂鈆錫爲黃金不就乃拜大爲五利將軍居月餘得四金印佩天士將軍地士將軍大通將軍天道將軍印制詔御史昔禹疏九江決四瀆間者河溢皐陸隄繇不息正義曰顏師古云皐水旁地也廣平曰陸言水大汎

溢自皋及陸而築作堤
繇役甚多不暇休息 朕臨天下二十有八年天若

遺朕士而大通焉韋昭曰言欒大能通天意故封樂通○索隱曰樂通在臨淮高平縣乾稱蜚龍鴻漸于般漢書音義曰般水涯堆也漸進也武帝云得欒大如鴻進於般一舉千里得道若飛龍在天意庶幾與焉其以二千戶封地士將軍大為樂通侯韋昭曰樂通臨淮高平也賜列侯甲第漢書音義曰有甲乙第次故曰第僮千人乘輿斥車馬漢書音義曰或云斥不用也韋昭曰當在服御○索隱曰孟康云斥不用之俾馬是也帷帳器物以充其家又以衛長公主妻之孟康曰衛太子妹如淳曰衛太子姊也檃邑曰帝女曰公主公主儀比諸侯姊妹曰長公主儀比諸侯王駰案此帝女也而云長公主未詳齎金萬斤更名其邑曰當利公主地理志云東萊有當利縣天子親如五利之第使者存問

正義曰般作盤

正義曰劉伯莊云衛后女三人以最長嫁欒大也非天子姊妹也漢書外戚云衛子夫生三女元朔三年生男據此則是太子之姊

所給連屬於道。自大主（徐廣曰：武帝姑也。駰案：韋昭曰：竇太后之女也。）將相以下，皆置酒其家，獻遺之。於是天子又刻玉印曰「天道將軍」，使使衣羽衣，夜立白茅上，五利將軍亦衣羽衣，立白茅上受印，以示弗臣也。而佩「天道」者，且為天子道天神也。於是五利常夜祠其家，欲以下神。神未至而百鬼集矣，然頗能使之。其後治裝行，東入海，求其師云。不見數月，佩六印，貴振天下，而海上燕齊之間，莫不搤捥（服虔曰：滿手曰搤捥。瓚曰：搤，執持也。）而自言有禁方，能神僊矣。其夏六月中，汾陰巫錦（應劭曰：錦，巫名。）為民祠魏脽后土營旁（應劭

孝武紀

掊 正義曰丨音白侯反師古曰丨謂手抱土也

款識 劉伯莊曰自古諸鼎皆有銘記識其文此鼎折独无款識也

劉伯莊云此時天子向甘泉宮有泰時

曰魏故魏國也脽若丘之類見地如鉤狀掊視得鼎索隱曰說文掊抱也音步溝反鼎大異於衆鼎文鏤無款識韋昭曰款刻也○索隱曰識猶表識怪之言吏吏告河東太守勝勝以聞天子使使驗問巫錦得鼎無姦詐乃以禮祠迎鼎至甘泉從行上薦之如淳曰以鼎從行上甘泉將薦之於天也至中山徐廣曰河渠書鑿涇水自中山西○索隱曰此山在馮翊谷口縣西近九嵏山土人呼爲中山河渠書韓使水工鄭國說秦鑿涇水自中山西即此山也晏溫如淳曰三輔謂日出清濟爲晏晏而溫也○索隱曰許慎註淮南云晏無雲也有黃雲蓋焉有麃過上自射之因以祭云至長安徐廣曰上言從行薦之或曰祭鼎乎公卿大夫皆議請尊寶鼎天子曰間者河溢歲數不登故巡祭后土祈爲百姓育穀今

正義曰漢書郊祀志云聞昔太帝興神鼎一一者統天地万物所繫終也黃帝作寶鼎三象天地人禹收九牧之金鑄鼎九皆嘗鬺上帝鬼神

年豐廡未有報，鼎曷爲出哉？有司皆曰：聞昔太帝興神鼎一，索隱曰：師古以太帝即太昊伏犧氏，以文在黃帝之前故也。一者一統，天地萬物所繫終也。黃帝作寶鼎三，象天地人也。禹收九牧之金，鑄九鼎，皆嘗鬺亨。徐廣曰：亨，煑也。鬺音觴。皆嘗以亨牲牢而祭祀也。○索隱曰：言鼎所以亨牲而饗嘗也。鬺字又作腸，音殤。漢書郊祀志云鼎空足曰鬲，以象三德。鬲音歷，謂足中不實者名之也。上帝鬼神。服虔曰：以祭祀上帝。或曰：嘗亨酌也。遭聖則興，正義曰：遭，逢也。鼎雖淪泗水，逢聖興起，故出汾陰，西至甘泉也。遷于夏商。周德衰，宋之社亡，正義曰：社，主民也。社以石爲之。宋社即亳社也。周武王伐紂，乃立亳社以爲監戒，覆上棧下，使通天地陰陽之氣。周禮喪國將危民，故宋之社爲亡云殁復也。鼎乃淪伏而不見。頌云自堂徂基，正義曰：此以下至胡考之休，是周頌絲衣之詩。自堂從內往外，基，門內塾也。鄭玄云門側之堂謂之塾。經

孝武紀

古

正義曰驁五高反虞娛歡樂也驁遨遊也考壽也言祭祀豐潔黍兕觥其觩旨酒思柔不虞娛樂驁何盛考壽之休美詩不吳毛傳云虞譁也姚氏按何承夫云虞當為吳

一口大言也驁音傲立到反今並不用此二音本作虞字是太史公變之也

禮經使士升堂視壺濯及籩豆之屬降往於孰牲自羊徂牛充包乃舉鼎告絜禮之次也 **自羊徂牛**正義曰自堂往塾先視羊後及牛也毛萇云先小後大也 **鼐鼎及鼒**韋昭曰爾雅云鼎絕大謂之鼐圜弇上謂之鼒 **不虞不驁胡考之休**索隱曰毛詩傳云吳譁也姚氏案何承天云此虞當為吳音洪霸反說文以吳一口大言也此作虞者與吳聲相近故假借也或者許文借此虞為驩娛字也 **今鼎至甘泉光潤龍變承休無疆合茲中山有黃白雲降**韋昭曰與中山所見黃雲之氣合也 **蓋若獸為符**服虔曰雲若獸在車蓋也晉灼曰蓋辭也或曰符謂瑞應也 **路弓乘矢**韋昭曰路大也四矢為乘 **集獲壇下報祠**

報祠正義曰報祠祠祖禰及神之也

大饗徐廣曰一云大報享祠也 **惟受命而帝者心知其意**服虔曰高祖受命知之也宜見鼎於其廟 **而合德焉鼎宜見於祖禰藏於帝廷以合明應制曰可入海求蓬萊者**正義曰蓬萊

正義曰顏師古言鼎至甘泉之後光潤變見若龍之神能遠明小大兼承休福無窮竟也有黃白雲之降為初至中山之時相合也合德謂合其神靈天地人合德也

師說上者主上也
貞以雍地形高
故云上也筆是
衍耳

海中三神山也言蓬萊不遠而不能至者殆不見其氣上乃遣望氣佐候其氣云其秋上雍且郊索隱曰以雍地形高故云上或曰五帝泰一之佐也宜立泰一而上親郊之上疑未定齊人公孫卿曰今年得寶鼎其冬辛巳朔旦冬至與黃帝時等卿有札書曰黃帝得寶鼎宛侯問於鬼臾區漢書音義曰區黃帝時人○索隱曰鄭玄云黃帝佐也[illegible]曰黃帝時諸侯本作申區者非藝文志作鬼容區也區對曰黃帝得寶鼎神策是歲己酉朔旦冬至得天之紀終而復始於是黃帝迎日推策後率二十歲正義曰率音律又音類又所律反三音並通後皆放此也得朔旦冬至凡二十推三百八十年

支已決矣正義曰以謝公孫卿言寶鼎事支已決知矣不須上此書
正義曰漢書郊祀志云支封禪書並作申公功錯誤

黃帝僊登于天卿因所忠欲奏之所忠視其書不經疑其妄書謝曰寶鼎事已決矣尚何以爲卿因嬖人奏之上大說召問卿對曰受此書申功封禪書功字作公申公已死上曰申功何人也卿曰申功齊人也與安期生通受黃帝言無書獨有此鼎書曰漢興復當黃帝之時漢之聖者在高祖之孫且曾孫也寶鼎出而與神通封禪封禪七十二王正義曰河圖云王者封太山禪梁父易姓登崇有七十七君也唯黃帝得上泰山封申功曰漢主亦當上封上封則能僊登天矣黃帝時萬諸侯而神靈之封居七千應劭曰黃帝時諸侯

正義曰首山一名雷首山亦名中條山名歷山亦名蒲山亦名襄山亦名甘棗山亦名猪頭山泰室嵩高泰山岱宗

非其道將仙道以為非也一云唯在邪淫故言非其道

會封禪者七千人李奇曰說仙道得封者七千國張晏曰神靈之封謂山川之守 天下名山八而三在蠻夷五在中國中國華山首山太室泰山東萊此五山黃帝之所常遊與神會黃帝且戰且學僊患百姓非其道乃斷斬非鬼神者百餘歲然後得與神通黃帝郊雍上帝宿三月鬼臾區號大鴻死葬雍故鴻冢是也蘇林曰今雍有鴻冢 其後黃帝接萬靈明廷明廷者甘泉也所謂寒門者谷口也徐廣曰寒一作塞漢書音義曰黃帝仙於寒門也○索隱曰服虔云寒門黃帝所僊之處小顏云谷口中山之谷口漢時為縣今呼為冶谷去甘泉八十里盛夏凜然故曰寒門 黃帝采首山銅鑄鼎於荊山下韋昭曰地理志首山屬河東蒲阪荊山在馮翊懷德縣 鼎既成有龍

正義曰以邪淫祀乃斷斬之

小或作山

孝武紀

垂胡頿下迎黄帝索隱曰顏師古云胡謂頷下垂肉也頿其毛也故童謡曰何當爲君鼓龍胡是也黄帝上騎羣臣後宮從上龍七十餘人龍

乃上去餘小臣不得上乃悉持龍頿龍頿拔墮正義曰徒果反黄帝之弓百姓仰望黄帝既上天乃抱其

弓與龍胡頿號正義曰户高反下同故後世因名其處曰鼎

湖正義曰括地志云湖水原出虢州湖城縣南三十五里夸父山北流入河即鼎湖也其弓曰烏號

於是天子曰嗟乎吾誠得如黄帝吾視去妻子

如脫躧耳乃拜卿爲郎東使候神於太室上遂

郊雍至隴西西登空桐正義曰空桐山在原州平高縣西一百里幸甘泉

令祠官寛舒等具泰一祠壇壇放薄忌泰一壇

醴 本礼

犛 本作狸

漢書郊祀志上為腏師古曰腏字與餟同云云食讀曰飤

水而洎 正義曰又以水合肉汁肉鹿中也晉灼曰此說合牲燎之也

壇三垓徐廣曰垓次也駰案李奇曰垓重也三重壇也○索隱曰鄒氏云垓一作陔言壇階三重五帝壇環居其下各如其方黃帝西南除八通鬼道服虔曰坤位在未黃帝從土位泰一所用如雍一畤物而加醴棗脯之屬殺一犛牛以為俎豆牢具而五帝獨有俎豆韋昭曰無犛牛醴之屬醴進索隱曰師古云具俎豆酒醴而進之一曰進謂雜物之具所以加禮也其下四方地為餟食索隱曰餟音竹芮反謂聯續而祭之漢志作腏古字亦通說文云餟祭酹也○正義曰劉伯莊云謂繞壇設諸神祭座相連綴也君羣神從者及北斗云已祠胙餘皆燎之其牛色白鹿居其中彘在鹿中水而洎之徐廣曰洎音居器反肉汁也駰案晉灼曰此說合牲物燎之也○正義曰劉伯莊云以太羹和祭食燎之按以鹿內牛中以彘內鹿中水亦洒也祭日以牛祭月以羊彘特

孝武紀

通鑑注元鼎五年上又幸雍……泰一祠壇所用祠具如雍一畤而有加焉……有五畤今祠太一所用如雍一畤之祠具也有加者加醴棗脯之屬

餟 漢書作腏 通鑑作醊

索隱曰特一牲也言若牛若羊若豕止一特也泰一祝宰則衣紫及繡五帝各如其色日赤月白十一月辛巳朔旦冬至昧爽天子始郊拜泰一朝朝日夕夕月應劭曰天子春朝日秋夕月拜日東門之外朝日以朝夕月以夕○瓚曰漢儀郊泰一時皇帝平旦出竹宮東向揖日其夕西向揖月使用郊日不用春秋也則揖而見泰一如雍禮其贊饗曰天始以寶鼎神策授皇帝朔而又朔終而復始皇帝敬拜見焉而衣上黃其祠列火滿壇壇旁亨炊具有司云祠上有光焉公卿言皇帝始郊見泰一雲陽正義曰括地志云漢雲陽宮在雍州雲陽縣北八十一里有通天臺即黃帝以來祭天圜丘之處武帝以五月避暑八月乃還也有司奉瑄玉孟康曰璧大六寸謂之瑄○索隱曰瑄音宣嘉

明應 正義曰下云

諡文 師古曰明著神光及黃氣之祥應也

正義曰晉灼云牡荊節間不相當者月暈刻之爲太一鋒者萬畢術云以南山牡荊指鳥自墜

顏師古曰言以牡荊爲幡竿也

○畫幡者畫日月斗及星也 孝武紀

牲爲饗。正義曰：漢書儀云祭天養牛五歲至二千斤。是夜有美光，及晝，黃氣上屬天。太史公、祠官寬舒等曰：「神靈之休，祐福兆祥，宜因此地光域徐廣曰：地一作夜。立泰畤壇以明應。」令太祝領祀及臘閒祠。三歲天子一郊見。其秋，爲伐南越，告禱泰一。以牡徐廣曰：一作牡。荊畫幡如淳曰：荊之無子者，皆以祭齋之道也。韋昭曰：牡荊，節閒不相當者。韋昭曰：以牡荊爲柄者也。日月北斗登龍，以象天一三星，爲泰一鋒，徐廣曰：天官書曰天極星明者，泰一常居也；斗口三星曰天一。駰案：晉灼曰：畫一星在後，三星在前，爲太一鋒也。名曰靈旗。正義曰：李奇云畫旗樹泰一壇上，名靈旗，畫日月北斗登龍等。爲兵禱，正義曰：爲，于僞反。則太史奉以指所伐國。正義曰：韋昭云牡，剛也；荊，強。按用牡荊指伐國，取其剛爲稱，故畫北斗指之。而五利將

通鑑二十 太史令談祠官寬舒等 胡注 班表太史令屬太常 劉昭志秩六百石 掌天時星曆 凡國祭祀喪娶之事 談即司馬談也 祠官掌祠祀之官 寬舒史逸其姓

牡本作壯

顔師古曰不讎無驗

年公作春

言本ナ

軍使不敢入海之泰山祠上使人微隨驗實無所見五利妄言見其師其方盡多不讎上乃誅五利正義曰漢武故事云東方朔言欒大無狀上發怒乃斬之其冬公孫卿候神河南見僊人跡緱氏城上有物若雉往來城上天子親幸緱氏城視跡問卿得毋效文成五利乎卿曰僊者非有求人主人主求之其道非少寬假神不來言神事事如迂誕正義曰迂音于誕音但迂遠也誕大也積以歲乃可致於是郡國各除道繕治宮觀名山神祠所以望幸矣其年既滅南越上有嬖臣李延年以好音見上善之下公卿議曰民閒祠尚

者本ナ

毋或作無

有鼓舞之樂今郊祠而無樂豈稱乎公卿曰古者祀天地皆有樂而神祇可得而禮或曰泰帝使素女（索隱曰亦謂太昊 ○正義曰泰帝謂太昊伏羲氏）鼓五十弦瑟悲帝禁不止故破其瑟爲二十五弦於是塞南越禱祠泰一后土始用樂舞益召歌兒作二十五弦（徐廣曰琴瑟也）及箜篌瑟自此起（徐廣曰應劭云武帝令樂人侯調始造箜篌）其來年冬上議曰古者先振兵澤旅（徐廣曰古釋字作澤）然後封禪乃遂北巡朔方勒兵十餘萬還祭黃帝冢橋山澤兵須如（韋昭曰地名也）上曰吾聞黃帝不死今有冢何也或對曰黃帝已僊上天羣臣葬其衣冠既

草封禪儀 正義曰伍緝之征記曰漢武封壇廣丈三尺高丈尺下有玉簶書以金銀爲鏤封以璽衛宏曰漢官封禪儀云建武二年登泰山就武帝封處累其石發壇上方石四置玉牒書封石此中復蓋封石檢以金爲繩以石爲泥南方北方二十三檢東方西方各二檢太常建武三十三年登封太山燎祭畢出更衣即皇帝於壇南北群臣從者以次陳後尚書令奉玉檢壇上面南立太常曰請封皇帝升北面尚書令奉檢進南面跪太常曰請封皇帝親封畢退復位大行治跪禮發上石尚書令藏玉牒已禮西復壇者尚書令封親檢畢太常跪曰請拜群臣皆稱万歲太常跪曰事畢皇帝復下道

風俗通云封者立石一丈二尺刻二尺刻之云事天以禮立身以義事父以孝成民以仁四守之内莫不為孝郡縣四垂咸來

至甘泉爲且（正義曰爲于僞反將僞封禪也）用事泰山（正義曰道書福地記云泰山高四千九百丈二尺周廻二千里）先類祠泰一自得寶鼎上與公卿諸生議封禪（正義曰白虎通云王者易姓而起天下太平功成封禪以告太平禪梁父之趾廣厚也刻石紀號著己之功績天以高爲尊地以厚爲德故增泰山之高以放天禪梁甫之趾以報地封者附廣之禪者將以功相傳授之）封禪用希曠絶莫知其儀禮而羣儒采封禪尚書周官王制之望祀射牛事（蘇林曰當祭廟射其牲以除不祥瓚曰射牛示親殺也○索隱曰天子射牛示親殺也事見國語）齊人丁公年九十餘曰封者合不死之名也秦皇帝不得上封陛下必欲上稍上即無風雨遂上封矣上於是乃令諸儒習射牛草封禪儀（索隱曰見應劭漢官儀也）數年至且

上

貢職亡無經下民蓋息無求不得壇廣丈十二丈高三尺階二等以於壇上是增高也刻石紀號著己功績也下禪祀地去其之殺象增廣也國語天子有支宗廣以自射牲示親殺也九皇正義曰按說同耳張言人皇九首如今人呼牛九頭以上古質故言九首也

行天子既聞公孫卿及方士之言黃帝以上封禪皆致怪物與神通欲放黃帝以嘗接神僊人蓬萊士高世比德於九皇張晏曰三皇之前有人皇九首韋昭曰上古人皇者九人也而頗采儒術以文之羣儒既以不能辯明封禪事又牽拘於詩書古文而不敢騁上為封祠器示羣儒羣儒或曰不與古同徐偃又曰太常諸生行禮不如魯善周霸屬圖封事服虔曰屬會也會諸儒圖封事於是上絀偃霸而盡罷諸儒弗用三月遂東幸緱氏禮登中嶽文穎曰嵩高山也在潁川陽城縣太室韋昭曰嵩高山有太室少室之山山有石室故以名之從官在山下聞若有言萬歲云

孝武紀

有 本ナ　以 本作己　匈 本ナ

正義曰韋昭云
高嵩高有太室
嵩高總名也
嵩高山記云山
高二千八百丈
周迴七十五里

十二

正義曰漢儀注云有稱萬歲司十萬人聲問上上不言問下下不言於是以三百戶封太室奉祠命曰崇高邑正義曰顏師古云以崇奉嵩高山故謂之崇高也東上泰山山之草木葉未生乃令人上石立之泰山巔上遂東巡海上行禮祠八神文穎曰武帝登泰山祭太一并祭名山於泰壇西南開除八通鬼道故言八神也一曰八方之神○索隱曰韋昭云八神謂天地陰陽日月星辰主四時之屬今按郊祀志一曰天主祠天齊二曰地主祠太山梁父三曰兵主祠蚩尤四曰陰主祠三山五曰陽主祠之罘六曰月主祠之萊山七曰日主祠盛山八曰四時主祠琅邪齊人之上疏言神怪奇方者以萬數然無驗者乃益發船令言海中神山者數千人求蓬萊神人公孫卿持節常先行候名山至東萊言夜見一人長數丈

泰本ナ
巔本作山巔

張晏曰天子爲天下父故曰巨公也

大以爲 正義曰大謂崇大其言也

就之則不見見其跡甚大類禽獸云羣臣有言見一老父牽狗言吾欲見巨公漢書音義曰巨公謂武帝已忽不見上既見大跡未信及羣臣有言老父則大以爲僊人也宿留海上與方士傳車及間使求僊人以千數四月還至奉高上念諸儒及方士言封禪人人殊不經難施行天子至梁父禮祠地主乙卯令侍中儒者皮弁薦紳射牛行事封泰山下東方如郊祠泰一之禮封廣丈二尺高九尺其下則有玉牒書書祕禮畢天子獨與侍中奉車子侯漢書百官表曰奉車都尉掌乘輿車武帝初置韋昭曰子侯霍去病之子也上

宿 正義音秀

孝武紀

正義曰霍嬗子侯去病子也

正義曰括地志云辰州盧溪縣西南三百五十里有苞茅山武陵記云山際出苞茅有刺而三脊因名苞茅山是也

泰山亦有封其事皆禁明日下陰道丙辰禪泰山下阯東北肅然山如祭后土禮天子皆親拜見衣上黃而盡用樂焉江淮閒一茅三脊孟康曰所謂靈茅也爲神藉五色土益雜封縱遠方奇獸蜚禽及白雉諸物頗以加祠兕旄牛犀象之屬弗用皆至泰山然後去封禪祠其夜若有光晝有白雲起封中天子從封禪還坐明堂漢書音義曰天子初封泰山山東北阯古時有明堂處則此所坐者明年秋乃作明堂羣臣更上壽於是制詔御史朕以眇眇之身承至尊兢兢焉懼弗任維德菲薄不明于禮樂脩祀泰一若有象景光屑如

藉 蘇林曰藉音夜反

有望瓚曰聞呼萬歲者三依依震於怪物欲止不敢遂登封泰山至於梁父而后禪肅然服虔曰肅然山名在梁父自新嘉與士大夫更始賜民百戶牛一酒十石加年八十孤寡布帛二匹復博奉高蛇丘鄭玄曰蛇音移歷城毋出今年租稅其赦天下如乙卯赦令行所過毋有復作事在二年前皆勿聽治又下詔曰古者天子五載一巡狩用事泰山諸侯有朝宿地其令諸侯各治邸泰山下正義曰諸侯各於太山朝宿地起第住擬天子用事太山天子既已封禪泰山無風雨菑而方士更言蓬萊諸神山若將可得於是上欣然庶幾

正義曰秦九原郡城在勝州楡林縣西界漢武帝元朔二年更名五原郡

正義曰姚察云三月幸緱氏五月乃至甘泉此則八旬中而周万八千里其不然乎按武紀正月是

索集義云封禪書填星作旗星而今書作其星与今本異若唯瓠旗之可為通今不用

壽星 正義曰壽星南極老人星者人

遇之乃復東至海上望冀遇蓬萊焉奉車子侯暴病一日死上乃遂去並海上北至碣石巡自遼西歷北邊至九原五月返至甘泉漢書音義曰周萬八千里也有司言寶鼎出為元鼎以今年為元封元年其秋有星茀于東井韋昭曰秦分野也後衛太子兵亂○茀音佩後十餘日有星茀于三能韋昭曰三能三公後連坐誅之望氣王朔言候獨見其星出如瓠索隱曰郊祀志填星出如瓠故顏師古以德星即填星今按此紀唯止言德星則德星歲星也歲星所在有福故曰德星食頃復入焉有司言曰陛下建漢家封禪天其報德星云其來年冬郊雍五帝還拜祝祠泰一贊饗曰德星昭衍厥維休祥壽星

乃本作止

碣本作碣

能 六台 正義曰土來反

瓠本作瓜

古

仍出，索隱曰壽星，南極老人星也，見則天下理安，故言之也。淵耀光明，信星昭見。索隱曰信星，鎮星也。信屬土，土曰鎮星。漢志忘爲得之。皇帝敬拜泰徐廣曰一無此字祝之饗。其春，公孫卿言見神人東萊山，若云「見天子」。天子於是幸緱氏城，拜卿爲中大夫。遂至東萊，宿留之索隱曰音秀。留宿，留遲待之意。若依字讀，則言宿而留，亦是有所待，並通也。數日，毋所見，見大人跡。復遣方士求神怪采芝藥以千數。是歲旱。於是天子既出毋名，乃禱萬里沙應劭曰萬里沙，神祠也，在東萊曲城。孟康曰沙徑三百餘里。過祠泰山。鄧展曰泰山自東復有小泰山。瓚曰即今之泰山。還至瓠子，服虔曰瓠子，隄名也，在鄄城以南，濮陽以北。廣百步，深五丈所。瓚曰所決河名。○索隱註同。自臨塞決河，索隱曰按河渠書，武帝自臨塞決河，將軍已下皆負薪填之。留

漢紀元封二年冬十月上行幸雍祠五畤還祝祠泰一拜德星此古曰拜而祠之祝辭

水上也封禪書天子封泰山又至甘泉有司言寶鼎出為元鼎以今年為元封

元年此則元日將年號亦如建元元光等後來追改之耳

正義曰秦九原郡城在勝州榆林縣西界漢武帝元朔二年更名五原郡

正義曰姚察云三月幸緱氏五月乃至甘泉此則八旬中而周万八千里其不然乎按武紀正月是

索集義之封禪書填星作鎮星而今書作其星與今本異若唯徵其之又可為通今不用

壽曰星 正義曰壽星南極老人星也見者人

遇之乃復東至海上望冀遇蓬萊焉奉車子侯暴病一日死上乃遂去並海上北至碣石巡自遼西歷北邊至九原五月返至甘泉漢書音義曰周萬八千里也有司言寶鼎出為元鼎以今年為元封元年其秋有星茀于東井韋昭曰秦分野也後衛太子兵亂○茀音佩後十餘日有星茀于三能韋昭曰三能三公後連坐誅之望氣王朔言候獨見其星出如瓠索隱曰郊祀志填星出如瓠故顏師古以德星即鎮星今按此紀唯止言德星則德星歲星也歲星所在有福故曰德星食頃復入焉有司言曰陛下建漢家封禪天其報德星云其來年冬郊雍五帝還拜祝祠泰一贊饗曰德星昭衍厥維休祥壽星

止本作止

碣本作碣

能 六台 正義曰三能音台

瓠本作瓜

古

二五一

主之壽命延長之應當以秋分候之南郊見則國家安樂所以長年故謂之壽星

信星鎮星中主土爲信爲君之年爲天子福祿之精順時而見所見之分其下穀自登有不耕而食不蠶而衣故知和平遠近安樂之應

[illegible]

武紀

寒或作塞

[illegible]

伤出[索隱曰壽星南極老人星也見則天下理安故言之也]淵耀光明信星昭見[索隱曰信星鎮星也信屬土土曰鎮星漢志爲得之]皇帝敬拜泰[徐廣曰一無此字]況之饗 其春公孫卿言見神人東萊山若云見天子 天子於是幸緱氏城拜卿爲中大夫 遂至東萊宿留之[索隱曰音秀溜宿留遲待之意若依字讀則言宿而留亦是有所待並通也]數日毋所見見大人跡 復遣方士求神怪采芝藥以千數 是歲旱 於是天子既出毋名乃禱萬里沙[應劭曰萬里沙神祠也在東萊曲城 孟康曰沙徑三百餘里 瓚曰即今之泰山]過祠泰山[鄧展曰泰山自東復有小泰山]還至瓠子[服虔曰瓠子隄名 蘇林曰在甄城以南濮陽以北廣百步深五丈所 瓚曰所決河名○索隱註同]自臨塞決河[索隱曰按河渠書武帝自臨塞決河將軍已下皆負薪填之]留

祠 祝祠泰一 正義曰漢書郊祀志亦況字作祝下云贊饗曰則祝辭也 況字誤 音祝 集註曰本祝令主者酒也 自東本作東自

[illegible]
禱所占撲雞殺之拔兩股骨淨洗線束之以竹梃插束處使兩骨相背於梃之端執
竹再禱左骨為儂儂我也右骨為人人所占之事也視兩骨之側所有細竅以細竹梃長寸餘者遍
偏插之斜直偏正各隨竅之自然以定吉凶法有十八變大抵直而正或近骨者多吉曲而斜或遠
骨者多凶亦有用雞卵卜者握卵以卜書墨於殼記其四維煮熟橫截視當墨處辨殼
中白之厚薄以定儂人吉凶

正義曰東海王繇
号為東甌王也
鼠卜 正義曰鼠卜
者左邊安吉刂用
竹筴長四寸黑㘴
塗通黑並安刁
等布粳米七粒置
刂右邊安凶刂用
數塗通曰安置
如前畫米呪曰某
姑今十畫又著吉
命門外卷仍屎屎
凶門下

二白沈祠而去（索隱曰按沈白馬祭河決於是作瓠子歌見河渠書）使二卿將卒
塞決河河徙二渠復禹之故跡焉是時既滅南
越越人勇之（韋昭曰越地又名也）乃言越人俗信鬼而其祠
皆見鬼數有效昔東甌王敬鬼壽至百六十歲
後世謾怠故衰耗乃令越巫立越祝祠安臺無
壇亦祠天神上帝百鬼而以雞卜（漢書音義曰持雞用卜如鼠卜○正
義曰雞卜法用雞一狗一生祝願訖即殺雞狗煮熟又祭獨取雞兩眼骨上自有孔裂似人物形則吉不足則凶今嶺南猶行此法也）上信之越祠雞卜始用焉公孫卿曰僊人
可見而上往常遽以故不見今陛下可為觀如
緱氏城（韋昭曰如緱氏比也）置脯棗神人宜可致且僊人好

卜
通鑑胡注
俗用
上本作神
祝本作祀
從

作益延壽觀 正義……

正義曰漢書無莖字疑衍字

括地志云通天臺在雍州雲陽西北八十里武帝以五月避暑八月乃還

顏師古曰為塞河及造通天臺而有神光之應故赦天下

通鑑元封二年六月甘泉房中產芝九莖……氣和則芝草生瑞命說王者慈仁則芝草生

樓居於是上令長安則作蜚廉桂觀 應劭曰飛廉神禽能致風氣者也晉灼曰身如鹿頭如雀有角而蛇尾文如豹文也 甘泉則作益延壽觀使卿持節設具而候神人乃作通天莖臺 徐廣曰在甘泉○索隱曰漢書作通天臺於甘泉宮按漢書舊儀臺高五十丈云長安二百里望見長安城 置祠具其下將招來神僊之屬於是甘泉更置前殿始廣諸宮室 索隱曰姚氏按揚雄云甘泉本因秦離宮既奢泰武帝復增通天高光迎風宮外近則有洪厓旁皇儲胥弩阹遠則石關封巒枝鵲露寒棠梨師得遊觀屈奇瑰偉又有高華溫德宣相曾城宮白虎走狗天梯瑤臺仙人弩思觀皆壯麗也 夏有芝生殿防內中 徐廣曰元封二年也○索隱曰按生芝九莖作芝房歌 天子為塞河興通天臺若有光云 李奇曰為此作事而有光應瓚曰作通天臺也 乃下詔曰甘泉防生芝九莖 應劭曰芝芝草也其葉相連如淳曰

正義曰括地志云回中宮在岐州雍縣西三十里按武帝雍五時遂通回日回中道往巡回中宮也

瑞應圖云王者敬事耆老不失舊故則芝草生赦天下毋有復作其明年伐朝鮮夏旱公孫卿曰黃帝時封則天旱乾封正義曰乾音干蘇林云天旱欲使封土乾燥也顏師古云三歲不雨暴所封之土令乾鄭玄云但祭不立尸爲乾封三年上乃下詔曰天旱意乾封乎蘇林曰天旱欲使封土乾燥如淳曰但祭不立尸爲乾封其令天下尊祠靈星焉正義曰靈星即龍星也張晏云龍星左角曰天田則農祥也見而祭之其明年上郊雍通回中道巡之徐廣曰在扶風汧縣春至鳴澤服虔曰鳴澤澤名也在涿郡遒縣北界從西河歸其明年冬上巡南郡徐廣曰元封五年至江陵而東登禮灊之天柱山號曰南嶽應劭曰潛縣屬廬江南嶽霍山也文穎曰天柱山在潛縣南有祠浮江自尋陽出樅陽地理志廬江有樅陽縣過彭蠡祀其名山川

北至琅邪並海上四月中至奉高脩封焉初天子封泰山泰山東北阯古時有明堂處處險不敞上欲治明堂奉高旁未曉其制度濟南人公玉帶上黃帝時明堂圖索隱曰玉或音肅公玉姓帶名姚氏案風俗通齊湣王臣有公玉冉其後也音語録反三輔決録云杜陵有玉氏音肅說文以爲從玉音畜牧之畜今讀公玉與決録音同然二姓單複有異單姓者音肅後漢司徒玉況是其後也明堂圖中有一殿四面無壁以茅蓋通水圜宮垣爲複道上有樓從西南入命曰昆侖索隱曰玉帶明堂圖中爲複道有樓從西南入名其道曰昆侖言其似崑崙山之五城十二樓故名之也天子從之入以拜祠上帝焉於是上令奉高作明堂汶上徐廣曰在元封二年秋如帶圖及五年脩封

孝武紀

祝 況 敚 丹

潛 正義

通鑑元封二年秋作明堂於汶上註班志泰山郡萊蕪縣禹貢汶水出西南入濟桑欽所言又曰琅邪郡朱虛縣東泰山汶水所出東至安丘入濰有五帝祠師古曰前言汶水出萊蕪入濟此又云出朱虛入濰將桑欽所言有異或者有二汶水乎郊祀志明堂在泰山縣西南四里又禹貢浮于汶達于濟此明堂當在濟之汶上琅邪之汶入于濰乃淄入于海其地僻遠非立明堂知汶音問

二或作三

本統本作本紀

正義曰筴數也言得十一月甲子朔旦冬至日祀上帝明堂是天授古昔上皇創曆泰元神筴之數為首故周而復始

則祠泰一五帝於明堂上坐令高皇帝祠坐對之祠后土於下房以二十太牢天子從昆侖道入始拜明堂如郊禮禮畢燎堂下而上又上泰山有秘祠其顛而泰山下祠五帝各如其方黃帝并赤帝而有司侍祠焉泰山上舉火下悉應之其後二歲十一月甲子朔旦冬至推歷者以本統天子親至泰山以十一月甲子朔旦冬至日祠上帝明堂（徐廣曰常五年一脩耳今適二年故但祀明堂）每脩封禪其贊饗曰天增授皇帝泰元神筴（索隱曰按贊饗食之辭言天授皇帝泰元神筴周而復始又按黃帝得寶鼎神筴則太元者古昔之皇帝所曆之號故此云太元神筴者周而復始也）周而復

始皇帝敬拜泰山東至海上考入海及方士求神者莫驗然益遣冀遇之十一月乙酉(徐廣曰十二月十二日也)柏梁烖十二月甲午朔上親禪高里(伏儼曰山名在泰山下)祠后土臨渤海將以望祠蓬萊之屬冀至殊庭焉(漢書音義曰蓬萊庭○索隱曰冀漢書作幾幾近也冀望也並通服虔曰蓬萊中仙人殊庭者異也言入仙人異域也)上還以柏梁烖故朝受計甘泉(正義曰顧胤云柏梁被燒故受計獻之物於甘泉也顔師古云受郡國計簿也)公孫卿曰黄帝就青靈臺十二日燒(徐廣曰日一作月)黄帝乃治明庭明庭甘泉也方士多言古帝王有都甘泉者其後天子又朝諸侯甘泉甘泉作諸侯邸勇之乃曰越俗有火烖

二或作三

本統 或作本紀

正義曰筴數也言得十一月甲子朔旦冬至日祀上帝明堂是天授古昔上皇劒曆泰元神筴之數為首故周而復始

之祠后土於下房以二十太牢天子從崑崙道入始拜明堂如郊禮禮畢燎堂下而上又上泰山有祕祠其顛而泰山下祠五帝各如其方黃帝并赤帝而有司侍祠焉泰山上舉火下悉應之其後二歲十一月甲子朔旦冬至推歷者以本統天子親至泰山以十一月甲子朔旦冬至日祠上帝明堂徐廣曰常五年一脩耳今適二年故但祀明堂每脩封禪其贊饗曰天增授皇帝泰元神筴索隱曰按贊饗食之辭言天授皇帝泰元神筴周而復始又按黃帝得寶鼎神筴則太元者古昔黃帝劒曆之號故此云太元神筴者周而復始也周而復

通鑑二十一 太初元年 胡注 [illegible] 以正月 冬十月上行幸泰山十一月甲子朔旦冬至

[illegible]

始皇帝敬拜泰山東至海上考入海及方士求神者莫驗然益遣冀遇之十一月乙酉徐廣曰二十二日也栢梁烖十二月甲午朔上親禪高里伏儼曰山名在泰山下祠后土臨勃海將以望祠蓬萊之屬冀至殊庭焉漢書音義曰蓬萊庭○索隱曰冀漢書作幾幾近也冀望也並通服虔曰蓬萊中仙人殊庭者異也言入仙人異域也上還以栢梁烖故朝受計甘泉正義曰顧胤云栢梁被燒故受記獻之物於甘泉也顏師古云受郡國計簿也公孫卿曰黃帝就青靈臺十二日燒徐廣曰日一作月黃帝乃治明庭明庭甘泉也方士多言古帝王有都甘泉者其後天子又朝諸侯甘泉甘泉作諸侯邸勇之乃曰越俗有火烖

方本十

集註云臺梁亦名方丈臺梁誤也

以本作已

古

丈

復起屋必以大用勝服之於是作建章宮正義曰括地志曰建章宮在雍州長安縣西二十里長安故城西度爲千門萬戶前殿度高未央其東則鳳闕高二十餘丈索隱曰三輔黃圖云武帝營建章起鳳闕高二十五丈關中記一名別風闕以言別四方之風西京賦曰閶闔之內別風嶕嶢是也三輔故事云北有圜闕高二十大上有銅鳳凰故曰鳳闕也其西則唐中數十里虎圈索隱曰如淳云詩云中唐有甓鄭玄曰唐堂庭也爾雅以廟中路謂之唐西京賦曰前開唐中弥望曠是也○正義曰圈其遠反括地志云虎圈天在長安城中西偏也其北治大池漸臺正義曰顏師古云漸浸也臺在池中爲水所浸故曰臺按王莽死此臺也高二十餘丈名曰泰液正義曰臣瓚云泰液言象陰陽津液以作池也池中有蓬萊方丈瀛洲壺梁象海中神山龜魚之屬索隱曰三輔故事云殿北海池北岸有石魚長二丈廣五尺西岸有石龜二枚各長六尺其

古

南有玉堂璧門大鳥之屬索隱曰漢武故事玉堂基與未央前殿等去地十二丈乃立神明臺索隱曰漢宮闕疏云神明臺高五十丈上有九室常置九天道士百人井幹樓度五十餘丈輦道相屬焉索隱曰關中記宮北有井幹臺高五十丈積木為樓言築累萬木轉相交加如井幹司馬彪註莊子云井幹井欄也又崔譔云井以四邊為幹猶築墻之有楨榦文諸本多作幹一本作榦音韓說文云榦井橋夏漢改曆以正月為歲首而色上黃官名徐廣曰一無名字更印章以五字張晏曰漢據土德土數五故用五為印文也若丞相曰丞相之印章諸卿及守相印文不足五字者以之足也因為太初元年是歲西伐大宛蝗大起丁夫人韋昭曰丁姓夫人名也雒陽虞初等以方祠詛匈奴大宛焉其明年有司言雍五時無牢熟具芬芳不備乃命祠官進時犢

本作五月嘗駒

俞曰本ナ

明年二字点之可疑

牢具五色食所勝孟康曰若火勝金則祠赤帝以白牲而以木耦馬代駒焉索隱曰一音偶孟康云寓寄龍形於木又姚氏云寓同假也以言假木龍馬一駟非寄寓龍馬形於木也獨五帝用駒行親郊用駒及諸名山川用駒者悉以木耦馬代行過乃用駒他禮如故其明年東巡海上考神僊之屬未有驗者方士有言黃帝時爲五城十二樓應劭曰崑崙縣圃五城十二樓僊人之所常居也以候神人於執期漢書音義曰執期地名也命曰迎年正義曰顔師古云迎年若言祈年上許作之如方名曰明年上親禮祠上帝衣上黃焉公玉帶曰黃帝時雖封泰山然風后封鉅應劭曰封鉅黃帝師岐伯正義曰張揖云岐伯黃帝太醫屬令黃帝封東泰山禪凡山合

右

正義曰石閭山在兗州博城縣西南二十五里 …… 勒日石閭山在太山正南

詞其作祠具

符然後不死焉（徐廣曰在琅邪朱虛界 汶水所出凡山亦在朱虛）天子既令設祠具至東泰山東泰山卑小不稱其聲乃令祠官禮之而不封禪焉其後令帶奉祠候神物夏遂還泰山修五年之禮如前而加禪祠石閭石閭者在泰山下阯南方方士多言此僊人之閭也故上親禪焉其後五年復至泰山修封（徐廣曰天漢三年 李陵以天漢二年敗也）還過祭常山今天子所興祠泰一后土三年親郊祠建漢家封禪五年一修封薄忌泰一及三一冥羊馬行赤星五寬舒之祠官（李奇曰祀名也 索隱曰赤星即上靈星祠也靈星龍左角赤故曰赤星五者太一也三一也冥羊也馬行也赤星也凡

常山 正義曰即恒州山也 括地志云在定州恒陽西北百四十里 爾雅云恒山為北岳 道書福地記云恒山高三千二百丈上方二十里有太玄之泉神草種可度俗

孝武紀

登　色

六祠正義曰謂后土蕢上五為六祠也后土在汾陰脽寬舒領祠故別言凡六祠

（五㳟今祠官寬舒領之）以歲時致禮凡六祠（索隱曰五者之外有正太一后土祠故云六也）皆太祝領之至如八神諸神明年凡山他名祠行過則祠去則已方士所興祠各自主其人終則已祠官弗主他祠皆如其故今上封禪其後十二歲而還徧於五嶽四瀆矣而方士之候祠神人入海求蓬萊終無有驗而公孫卿之候神者猶以大人跡為解無其效天子益怠厭方士之怪迂語矣然終羈縻弗絕冀遇其真自此之後方士言祠神者彌眾然其效可睹矣（徐廣曰猶

太史公曰余從巡祭天地諸神名山川而封禪
焉入壽宮侍祠神語究觀方士祠官之言於是
退而論次自古以來用事於鬼神者具見其表
裏後有君子得以覽焉至若俎豆珪幣之詳獻
酬之禮則有司存焉

索隱述贊曰

孝武纂極　四海承平　志尚奢麗
尤敬神明　壇開八道　接通五城
朝親五利　夕拜文成　祭非祀典
巡乖卜征　登嵩勤岱　望景傳聲

迎年祀日　改曆定正　疲耗中土
事彼邊兵　日不暇給　人無聊生
俯觀嬴政　幾欲齊衡

史陸阡伍伯肆拾貳字
註陸阡玖伯[illegible]壹字

孝武本紀第十二　　史記十二

（漢）司馬遷 撰
（南朝宋）裴駰 集解
（唐）司馬貞 索隱
（唐）張守節 正義

宋本史記

第三册

國家圖書館出版社

宋史講義

第三册目録

史記本紀　九

秦
始皇帝

一

史 本紀 第六
中
秦始皇帝

秦始皇本紀第六　史記六

秦始皇帝者秦莊襄王子也索隱曰莊襄王者孝文王之中子昭襄王之孫也名子楚按戰國策本名子異後爲華陽夫人嗣夫人楚人因改名子楚也莊襄王爲秦質子於趙正義曰質音致國彊欲待弱之來相事故遣子及貴臣爲質如上音國弱懼其侵伐令子及貴臣往爲質音直實反又二國敵亦爲交質音致左傳云周鄭交質王子狐爲質於鄭鄭公子忽爲質於周是也見呂不韋姬悅而取之索隱曰按不韋傳云不韋陽翟大賈也其姬邯鄲豪家女善歌舞有娠而獻於子楚生始皇以秦昭王四十八年正月生於邯鄲及生名爲政姓趙氏徐廣曰一作正宋忠云以正月旦生故名正○索隱曰系本作政又生於趙故曰趙政一曰秦與趙同祖以趙城爲榮故姓趙氏○正義曰正音政周正建子之正也始皇以正月旦生於趙因爲政後以始皇諱故音征年十三歲莊襄王死政代立爲

秦王當是之時秦地已并巴蜀漢中越宛有郢

置南郡矣北收上郡以東有河東太原上黨郡

東至滎陽滅二周置三川郡呂不韋為相封十

萬戶號曰文信侯招致賓客游士欲以并天下

李斯為舍人文穎曰主廄內小吏官名或曰侍從賓客謂之舍人也蒙驁王齮徐廣曰一作齕○索隱曰蒙驁齊人蒙武之父蒙恬之祖王齮即王騎昭王二十九年代大夫陵伐趙者○正義曰齮魚綺反劉伯莊云音綺後同

麃公等為將軍應劭曰麃秦邑○索隱曰麃公蓋麃邑公史失其姓名○正義曰麃彼苗反蓋秦之縣邑大夫稱公若楚制王年少初即位委國事

大臣晉陽反

元年將軍蒙驁擊定之

秦始皇帝紀

秦始皇本紀第六　史記六

秦始皇帝者，秦莊襄王子也。索隱曰莊襄王者孝文王之中子昭襄王之孫也名子楚按戰國策本名子異後爲華陽夫人嗣夫人楚人因改名子楚也 莊襄王爲秦質子於趙，正義曰質音致國彊欲待弱之來相事故遣子及貴臣爲質如上音國弱懼其侵伐令子及貴臣往爲質音直實反又二國敵亦爲交質音致左傳云周鄭交質王子狐爲質於鄭鄭公子忽爲質於周是也 見呂不韋姬，悅而取之，索隱曰按不韋傳云不韋陽翟大賈也其姬邯鄲豪家女善歌舞有娠而獻於子楚 生始皇。以秦昭王四十八年正月生於邯鄲。及生，名爲政，姓趙氏。徐廣曰一作正宋忠云以正月旦生故名正。索隱曰系本作政又生於趙故曰趙政一曰秦與趙同祖以趙城爲榮故姓趙氏。正義曰正音政周正建子之正也始皇以正月旦生於趙因爲政後以始皇諱故音征 年十三歲，莊襄王死，政代立爲

宛 於袁反又於遠反

秦王當是之時秦地已并巴蜀漢中越宛有郢置南郡矣北收上郡以東有河東太原上黨郡東至滎陽滅二周置三川郡呂不韋為相封十萬戶號曰文信侯招致賓客游士欲以并天下李斯為舍人文穎曰主廄內小吏官名或曰侍從賓客謂之舍人也蒙驁王齮徐廣曰一作齕。○索隱曰蒙驁齊人蒙武之父蒙恬之祖王齮即王騎昭王二十九年代大夫陵伐趙者。○正義曰齮魚綺反劉伯莊云音綺後同麃公等為將軍應劭曰麃秦邑。○索隱曰麃公蓋麃邑公史失其姓名。○正義曰麃彼苗反蓋秦之縣邑大夫稱公若楚制王年少初即位委國事大臣晉陽反元年將軍蒙驁擊定之

秦始皇帝紀

驁 五高反 又五到反

通鑑胡注 驁 五到翻

始即之年乃即位明年也

二年，麃公將卒攻卷，正義曰：將，子匠反。卒，子忽反。卷，丘員反。斬首三萬。

三年，蒙驁攻韓，取十三城。王齮死。十月，將軍蒙驁攻魏氏暘、有詭。徐廣曰：暘音場。○索隱曰：音暢。魏之邑名。歲大饑。

四年，拔暘、有詭。三月，軍罷。秦質子歸自趙，趙太子出歸國。十月庚寅，蝗蟲從東方來，蔽天。天下疫。百姓內粟千石，拜爵一級。

五年，將軍驁攻魏，定酸棗、地理志陳留有酸棗縣。○正義曰：括地志云酸棗故城在滑州酸棗縣北十五里，古酸棗縣南。燕、虛、長平、徐廣曰：一作千。駰案：地理志汝南有長平縣也。○索隱曰：二邑名。春秋桓十二年會于虛，又戰國策曰拔燕、酸棗、虛、桃人，桃人亦魏邑。虛地今闕，蓋與諸縣相近。按今東郡燕縣東三十里有故桃城，則亦非遠。○正義曰：燕，烏田反。括地志云南燕城古燕國也，滑州胙城縣是也。姚虛在濮州雷澤

縣東十二里孝經援神契云帝舜生於姚墟即東郡也長平故城在陳州宛丘縣西六十六里雍丘山陽

城地理志陳留有雍丘縣河內有山陽縣。正義曰雍於用反汴州縣皆拔之取二十城

初置東郡冬雷

六年韓魏趙衛楚共擊秦取壽陵正義曰徐廣云在常山按本趙邑也秦出兵五國兵罷拔衛迫東郡其君角率其支屬徙居野王阻其山以保魏之河內

七年彗星先出東方見北方五月見西方正義曰彗音似歲反見並音行練反孝經內記云彗出北斗兵大起彗在三台臣害君彗在太微君害臣彗在天獄諸侯作亂所指其處大惡彗在日旁子欲殺父將軍驁死以攻龍孤慶都徐廣曰慶一作鹿。正義曰括地志云定州恒陽縣西南四十里有白龍水又有挾龍山又定州唐縣東北五十四里有孤山蓋都山也帝王紀云

秦始皇帝紀

望堯母慶都所居。張晏云：堯山在北，堯母慶都山在南，相去五十里。北登堯山，南望慶都山也。注水經云：望都縣東有山，不連陵，名之曰孤。孤、都聲相近，疑即都山。孤山及望都故城三處相近。還兵攻汲。彗星復見。正義：復，扶富反。見，行見反。西方十六日。夏太后死。索隱曰：莊襄王所生母。正義曰：子楚母也。

八年，王弟長安君成蟜正義曰：蟜，音紀兆反。成蟜若長安君名也。號為長安君。將軍擊趙，反正義曰：將，如字。將猶領也。又子匠反。死屯留，正義曰：括地志云屯留故城在潞州長子縣東北三十里，漢屯留，吁國也。軍吏皆斬死，遷其民於臨洮。正義曰：臨洮水，故名臨洮。洮州在隴右，去京千五百五十一里。言屯留之民被成蟜略衆共反，故遷之於臨洮郡。將軍壁死。正義曰：壁，邊覓反。言成蟜自殺壁壘之內。卒屯留蒲鶮反，戮其屍。徐廣曰：鶮，一作鶮。屯留、蒲鶮皆地名也。壁於此地時，士卒死者皆戮其屍。索隱曰：臨洮在隴西。高誘云：屯留，上黨之縣名謂成蟜爲將軍而反秦兵擊之而蟜壁於屯留而死屯留蒲鶮二邑之反卒雖死猶皆戮其屍鶮古鶴字。正義曰卒子忽反鶮音高注同蒲鶮皆地名**河魚大上**索隱曰謂河水溢魚大上平地亦言遭水害也即漢書五行志劉向所謂豕蟲之孽明年嫪毐誅魚陰類小人象。正義曰始皇八年黄河之魚西上入渭渭水也漢書五行志云魚者陰類臣民之象也十七年滅韓二十六年盡并天下自滅韓至并天下盡十年矣周本紀云十年數之紀也天下之所棄不過其紀明關東後屬秦其象類先見也**輕車重馬東就食**徐廣曰一無此重字。索隱曰言河魚大上秦人皆輕車重馬並就食於東言往河旁食魚也一云河魚大上爲災人遂東就食皆輕車重馬而去**嫪毐**正義上郎虬反下酷改反**封爲長信侯予之山陽地**正義曰予音與括地志云山陽故城在懷州修武縣西北太行山東南**令毐居之**索隱曰嫪姓毐字按漢書嫪氏出邯鄲王劭云賈侍中說秦始皇母予嫪毐淫坐誅故世人罵淫曰嫪毐也**宮室車馬衣服苑囿馳獵恣毐事無小大皆決於毐又以河**

秦始皇帝紀

輕車重馬

一本作輕車馬

嫪毐 通鑑胡注 師古曰嫪居虯翻毐 許慎郎到翻康 盧遂切毐烏改翻

嫪毐作樛 師說云良家說云我扶一君云之舍人一也

賢陽說云我扶一君云一舍人一爲下通

師說我扶之君一舍人一臣家用此說

西徐廣曰河一作汾太原郡更爲毒國
九年彗星見或竟天攻魏垣蒲陽正義垣作洹垣音袁括地志云
故垣城漢縣治本魏王垣也在絳州垣縣西北二十里蒲邑
故城在隰州縣北四十五里在蒲水之北故言蒲陽即晉公
子重耳所居邑也四月上宿雍蔡邕曰上者尊位所在也裴駰云司馬遷記事當言帝則依違
但言上不敢媟言尊尊之意也己酉王冠帶劍徐廣曰年二十二○正義冠音灌禮記云年
二十而冠按年二十一也長信侯毐作亂而覺矯王御璽蔡邕曰御
者進也凡衣服加於身飲食入於口妃妾接於寢皆曰御御
之親愛者曰幸璽者印信也天子璽白玉螭虎鈕古者尊卑
共之月令曰固封璽左傳曰季武子璽書追而与之此諸侯
大夫印稱璽也衛宏曰秦以前民皆以金玉爲印龍虎鈕唯
其所好秦以來天子獨以印稱璽又獨以玉羣臣莫敢用○
正義曰崔浩云李斯磨和璧作之漢諸帝世傳服之謂傳國
璽韋曜吳書云璽方四寸上勾交五龍文曰受命于天既壽
永昌漢舊云文曰昊天之命皇帝壽昌按二文不同漢書元

居傳璽王莽令王舜逼太后取璽王太后怒投地其角小缺吳志云孫堅入洛埽除漢陵廟軍於甄官井得璽後歸魏晉懷帝永嘉五年六月帝蒙塵平陽璽入前趙劉聰至東晉成帝咸和四年石勒滅前趙得璽穆帝永和八年石勒爲慕容俊滅濮陽太守戴施入鄴得璽使何融送晉傳宋宋傳南齊南齊傳梁梁傳至天正二年侯景破梁至廣陵北齊將辛術定廣陵得璽送北齊至周建德六年正月平北齊璽入周周傳隋隋傳唐也　及太后璽以發縣卒正義子忽反下同　及衛卒官騎戎翟君公舍人將欲攻蘄年宮爲亂地理志蘄年宮在雍。正義曰蘄巨衣反括地志云蘄年宮在岐州城西故城內　王知之令相國昌平君昌文君發卒攻毐索隱曰昌平君楚之公子立以爲相後徙於郢項燕立爲荊王史失其名昌文君亦不知也　戰咸陽正義曰括地志云咸陽故城亦名渭城在雍州北五里今咸陽縣東十五里秦孝公已下並都此城始皇鑄金人十二於咸陽即此也　斬首數百皆拜爵及宦者皆在戰中亦拜爵一級毒等敗走即令國中有生得毒賜錢百萬殺之五十萬盡得毒等衛尉竭漢書百官表曰衛尉秦官內史肆佐弋竭漢書百官表曰秦時少府有佐弋漢武帝改爲佽飛掌弋射者。正義弋音翊中大夫令齊等正義曰令力政反中大夫令秦官也齊名也二十人皆梟首縣首於木上曰梟。正義曰梟古堯反懸首於木上曰梟車裂以徇滅其宗正義曰說苑云秦始皇太后不謹幸郎嫪毒始皇取毒四支車裂之取兩弟撲殺之取太后遷之咸陽宮下令曰以太后事諫者戮而殺之蒺藜其脊諫而死者二十七人茅焦乃上說曰齊客茅焦願以太后事諫皇帝曰走告若不見闕下積死人耶使者問焦焦曰陛下車裂假父有嫉妬之心囊撲兩弟有不慈之名遷母咸陽有不孝之行蒺藜諫士有桀紂之治天下聞之盡瓦解無向秦者王乃自迎太后歸咸陽立茅焦爲傅又爵之上卿括地志云茅焦滄州人也及其舍人輕者爲鬼薪應劭曰取薪給宗廟爲鬼薪也如淳曰律說鬼薪作三歲。正義曰言毒舍人罪重者已刑戮師說董份曰四月寒也凍而有死者五行志云此歲寒民有凍死項羽傳又依此等文為讀集注寒字絕句也野及良大夫案洪範五行傳云始皇之時四月寒凍又從死日始皇之時夏凍冬雷 良大夫說凍字絕句

師說置酒延齊雖義也但文選 置酒如淮泗也

輕者罰徒役三歲及奪爵遷蜀四千餘家家房陵正義曰括地志云房陵即今房州房陵縣古楚漢中郡地也是巴蜀之境地理志云房陵縣屬漢中郡在益州部接東南一千三百一十里也四月寒凍有死者正義曰四月建巳之月孟夏寒凍而史書之故尚書洪範云急常寒若孔注云君行急則常寒順之民有死者以秦法酷急則天應之楊端和攻衍氏索隱曰端和秦將衍氏魏邑○正義曰衍羊善反在鄭州彗星見西方又見北方從斗以南八十日

十年徐廣曰甲子相國呂不韋坐嫪毐免桓齮爲將軍齊趙來置酒齊人茅焦說秦王曰秦方以天下爲事而大王有遷母太后之名恐諸侯聞之由此倍秦也秦王乃迎太后於雍而入咸陽說苑

尉 如字又音鬱 繚 力弔反 翕 許及反 [illegible]

曰始皇帝立茅焦爲傅又爵之上卿太后大喜曰天下亢直使敗復成安秦社稷使妾母子復得相見者茅君之力也復居甘泉宮徐廣曰表云咸陽南宮也大索逐客李斯上書說乃止逐客令李斯因說秦王請先取韓以恐他國於是使斯下韓韓王患之與韓非謀弱秦大梁人尉繚來說秦王曰以秦之彊諸侯譬如郡縣之君臣但恐諸侯合從翕而出不意此乃智伯夫差湣王之所以亡也願大王毋愛財物賂其豪臣以亂其謀不過亡三十萬金則諸侯可盡秦王從其計見尉繚亢禮衣服食飲與繚同繚曰秦王爲人蜂準徐廣曰蜂一作隆○正義曰蜂[illegible]準章允反蜂蠆也高鼻也文穎曰

準鼻也長目摯鳥膺（正義曰摯鳥鶻膺突向前其性悍勇）豺聲少恩而虎狼心居約易出人下（正義曰易以豉反言始皇居儉約之時易以謙卑）得志亦輕食人（正義曰言始皇得天下之志亦輕易而啖食於人）我布衣然見我常身自下我誠使秦王得志於天下天下皆為虜矣不可與久游乃亡去秦王覺固止以為秦國尉（正義曰若漢太尉大將軍之比也）卒用其計策而李斯用事

十一年王翦桓齮楊端和攻鄴取九城王翦攻閼與橑楊（徐廣曰橑音老在并州。正義曰漢表在清河十三州志云橑陽上黨西北百八十里也）皆并為一軍翦將十八日軍歸斗食以下（漢書百官表曰百石以下有斗食佐史之秩。正義曰一曰得斗粟爲料皆歸斗食以下无功佐史什中推擇二人令從軍耳什推二人從軍索隱曰言王翦爲將軍中取鄴安陽桓齮將

十二年文信侯不韋死竊葬索隱曰按不韋飲鴆死其賓客數千人竊共葬於洛陽北芒山其舍人臨者晉人也逐出之正義曰臨力禁反臨哭也若是三晉之人逐出令歸也秦人六百石以上奪爵遷正義曰上音時掌反若是秦人哭臨者奪其官爵迁移於房陵五百石以下不臨遷勿奪爵正義曰若是秦人不哭臨不韋者不奪官爵亦迁移於房陵自今以來操國事不道如嫪毐不韋者籍其門視此徐廣曰門一作文。索隱曰謂籍没其一門皆爲徒隷後並視此爲常。正義曰籍録其子孫禁不得仕宦秋復嫪毐舍人遷蜀者當是之時天下大旱六月至八月乃雨

十三年桓齮攻趙平陽正義曰括地志云平陽故城在相州臨漳縣西二十五里又云平陽戰國時屬韓後屬趙殺趙將扈輒正義曰扈音戶輒張獵反趙之將軍斬首十萬王之河南正月彗星見東方十月桓齮攻趙

十四年攻趙軍於平陽取宜安正義曰括地志云宜安故城在常州藁城縣西南二十五里也破之殺其將軍桓齮定平陽武城正義曰即貝州武成縣外城是也七國時趙邑韓非使秦秦用李斯謀留非非死雲陽正義曰括地志云雲陽城在雍州雲陽縣西八十里秦始皇甘泉宮在焉韓王請為臣

十五年大興兵一軍至鄴一軍至太原取狼孟

（地理志太原有狼孟縣）地動

十六年九月發卒受地韓南陽假守（正義曰假格雅反守音狩）騰初令男子書年魏獻地於秦秦置麗邑（正義曰麗力知反括地志云雍州新豐縣本周時驪戎邑左傳云晉獻公伐驪戎杜注云在京兆新豐縣其後秦滅之以爲邑）

十七年內史騰攻韓得韓王安盡納其地（正義曰韓王安之九年秦盡滅之）以其地爲郡命曰潁川地動華陽太后卒民大飢

十八年（徐廣曰巴郡出大人長二十五丈六尺）大興兵攻趙王翦將上地（正義曰上郡上縣今綏州等是也）下井陘（服虔曰山名在常山今爲縣音刑）端和將河內羌瘣伐趙端和圍邯鄲城

十九年王翦羌瘣正義胡罪反盡定取趙地東陽得趙王索隱曰趙王遷也○正義曰趙幽繆王遷八年秦取趙地至平陽平陽在貝州歷亭縣界遷王於房陵引兵欲攻燕屯中山秦王之邯鄲諸嘗與王生趙時母家有仇怨皆阬之秦王還從太原上郡歸始皇帝母太后崩趙公子嘉率其宗數百人之代自立爲代王東與燕合兵軍上谷大飢

二十年燕太子丹患秦兵至國恐使荊軻刺秦王秦王覺之體解正義紅買反軻以徇而使王翦辛勝攻燕燕代發兵擊秦軍秦軍破燕易水之西

二十一年王賁正義音奔攻薊乃益發卒詣王翦軍

秦始皇帝紀

遂破燕太子軍，取燕薊城，得太子丹之首。燕王東收遼東而王之。正義王，于放反 王翦謝病老歸。新鄭反。昌平君徙於郢。大雨雪，正義雨，于遇反 深二尺五寸。

二十二年，王賁攻魏，引河溝灌大梁，大梁城壞，其王請降，索隱曰魏王假也 盡取其地。

二十三年，秦王復召王翦，彊起之，使將擊荊。正義曰秦號楚爲荊，以莊襄王名子楚，諱之，故言荊也 取陳以南至平輿，地理志汝南有平輿縣。○正義曰輿音餘。平輿，豫州縣也。楚淮北之地盡入於秦 虜荊王。索隱曰荊王負芻也。楚稱荊者，以避莊襄王諱，故稱荊 秦王游至郢陳。荊將項燕立昌平君爲荊王，反秦於淮南。徐廣曰淮一作江。○正義曰昌平也楚淮北之地盡入於秦

二十四年王翦蒙武攻荆破荆軍昌平君死項燕遂自殺

二十五年大興兵使王賁將攻燕遼東得燕王喜（正義曰燕王喜之王十三年燕亡）還攻代虜代王嘉王翦遂定荆江南地（正義曰言王翦遂平定楚及江南地降越君置爲會稽郡）降越君（正義曰降胡江反楚威王已滅其餘自稱君長今降秦）置會稽郡五月天下大酺（服虔曰酺音蒲文穎曰酺周礼族師掌春秋祭酺爲人物災害之神蘇林曰陳留俗三月上巳水上飲食爲酺。正義曰天下歡樂大飲酒也秦既平韓趙魏燕楚五國故天下大酺也）

二十六年齊王建與其相后勝（正義音升齊相姓名）發兵守其西界不通秦秦使將軍王賁從燕南攻齊得

漢書高紀師古曰
異日猶往日

齊王建索隱曰六國皆滅也十七年得韓王安十九年得趙王遷二十二年魏王假降二十三年虜荊王負芻二十五年得燕王喜二十六年得齊王建。○正義曰齊王建之三十四年齊國亡秦初并天下令丞正義曰令力政反乃今之赦令赦書相御史曰異日韓王納地效璽正義曰效猶至見請爲藩臣已而倍約與趙魏合從畔秦故興兵誅之虜其王寡人以爲善庶幾息兵革趙王使其相李牧來約盟故歸其質子正義曰質音致已而倍盟反我太原故興兵誅之得其王趙公子嘉乃自立爲代王故舉兵擊滅之魏王始約服入秦已而與韓趙謀襲秦秦兵吏誅遂破之荊王獻青陽以西漢書鄒陽傳曰越水長沙還舟青陽張晏曰青陽地名蘇

林曰青陽長沙縣是也

已而畔約擊我南郡故發兵誅得其王遂定其荊地燕王昏亂其太子丹乃陰令荊軻為賊兵吏誅滅其國齊王用后勝計絕秦使欲為亂兵吏誅虜其王平齊地寡人以眇眇之身興兵誅暴亂賴宗廟之靈六王咸伏其辜天下大定今名號不更無以稱成功傳後世其議帝號丞相綰御史大夫劫漢書百官表曰御史大夫秦官應劭曰侍御史之率故稱大夫也○索隱曰綰姓王劫姓馮廷尉斯等漢書百官表曰廷尉秦官應劭曰聽獄必質諸朝廷與衆共之兵獄同制故稱廷尉皆曰昔者五帝地方千里其外侯服夷服諸侯或朝或否天子不能制今陛下蔡邕

秦始皇帝紀

呂通鑑令爲制胡注帝者之言一曰制書二曰詔書制書者制度之命也如漢曰詔告也自秦漢以上唯天子得稱之

曰陛階也所由升堂也天子必有近臣立於陛側以戒不虞謂之陛下者羣臣與天子言不敢指斥故呼在陛下者與之言因卑達尊之意也上書亦如之**興義兵誅殘賊平定天下海內為郡縣**正義曰郡人所羣聚也**法令由一統自上古以來未嘗有五帝所不及臣等謹與博士議曰**漢書百官表曰博士秦官掌通古今**古有天皇有地皇有泰皇**索隱曰按天皇地皇之下即云泰皇當人皇也而封禪書云昔者太帝使素女鼓瑟而悲蓋三皇已前稱泰皇一云泰皇太昊也**泰皇最貴臣等昧死上尊號王為泰皇命為制令為詔**蔡邕曰制書帝者制度之命也其文曰制詔詔書詔誥也○正義曰令力政反制詔三代無文秦始有之**天子自稱曰朕**蔡邕曰朕我也古者上下共稱之貴賤不嫌則可以同號之義也皐陶與舜言朕言惠可底行○屈原曰朕皇考至秦然後天子獨以為稱漢因而不改**王曰去泰著皇**正義曰去音丘呂反

胡注太上皇者極尊之稱也始皇自號曰始皇帝故追尊莊襄王為太上皇自隆為帝以尊太公此後不後為追號

除謚法胡注周公作謚法緣行之美惡以立謚如堯舜屬之君雖孝子慈孫百世不能改也今秦除之畏後人如已以惡謚也謚律志義

秦始皇帝紀

采上古帝位號號曰皇帝他如議制曰可
蔡邕曰群臣有所奏請尚書令奏之下有司曰制天子荅之曰可

追尊莊襄王爲太上皇
漢高祖尊父曰太上皇亦放此也

制曰朕聞太古有號毋謚中古有號死而以行爲謚如此則子議父臣議君也甚無謂朕弗取焉自今已來除謚法
謚法周公所作

朕爲始皇帝後世以計數
正義色主反

二世三世至于萬世傳之無窮始皇推終始五德之傳
鄭玄曰音亭傳○索隱曰音張戀反傳次也謂五行之德始終相次也漢書郊祀志曰齊人鄒子之徒論著終始五德之運始皇采用

以爲周得火德秦代周德從所不勝
正義曰勝申證反秦以周爲火德能滅火者水也故稱從其所不勝於秦

方今水德之始
索隱曰封禪書曰秦文公獲黑龍以爲水瑞秦皇因

通鑑何彥盛之守鄒衍論著終始五德之運胡注所謂終始五德之運者伏羲以木德王木生火故神農以火德王火生土故黃帝以土德王土生金故少昊以金德王金生水故顓頊以水德王水生木故帝嚳又以木德王木又生火故帝堯以火德王火又生土故帝舜以土德王土又生金故夏以金德王金又生水故商以水德王水又生木故周以木德王此五德之終而復始也鄒衍以為周得火德蓋以火流王屋為周受命之符且服色尚赤故也就衍之說以為終始秦當以土為行今始皇以水勝火自以水為行所謂推五勝也漢初以土為行蓋亦祖衍之說也

通鑑七秦始改年朝賀胡注改元何斯夏以建寅之月爲歲首殷以建丑之月爲歲首周以建子之月爲歲首今始皇以建亥之月爲歲首其改年也自此紀年皆以十月爲歲首朝賀以十月朔以水爲行故色尚黑水成數六故以六爲紀

自謂爲水德也改年始朝賀正義曰周以建子之月爲正秦以建亥之月爲正故其年始用十月而朝賀皆自十月朔衣服旄旌節旗正義曰旌音精旄音毛旗音其周禮云析羽爲旌熊虎爲旗旄節者編毛爲之以象竹節漢書云蘇武執節在匈奴牧羊節毛盡落是也韋昭云節者山國用人節澤國用龍節皆以金爲之道路以旌節門關用符節都鄙用管節皆用竹爲之皆上黑正義曰以水德屬北方故上黑數以六爲紀符法冠皆六寸而輿六尺六尺爲步乘六馬張晏曰水北方黑終數六故以六寸爲符六尺爲步瓚曰水數六故以六爲名譙周曰步以人足爲數非獨秦制然○索隱曰管子司馬法皆云六尺爲步譙周以爲步以人足非獨秦制又按禮記王制曰古者八尺爲步今以周尺六尺四寸爲步步之尺數亦不同更名河曰德水以爲水德之始剛毅戾深事皆決於法刻削毋仁恩和義然後合五德之數索隱曰水主陰陰刑殺故急法刻削以合五德之數於

胡注海岱表王齊故以楚之為荊索隱曰丞相綰姓王曰通鑑下云議胡注下遐嫁翻元自上而下之下皆同音胡注班書百官表廷尉秦官應劭曰聽獄必質諸朝廷與衆共之兵獄同制故稱廷尉師古曰廷平也治獄貴平故以為號

是急法久者不赦丞相綰等言諸侯初破燕齊荊地遠不為(正義于僞反)置王毋以塡之請立諸子唯上幸許始皇下其議於羣臣羣臣皆以為便廷尉李斯議曰周文武所封子弟同姓甚衆然後屬疏遠相攻擊如仇讎諸侯更相誅伐周天子弗能禁止今海內賴陛下神靈一統皆為郡縣諸子功臣以公賦稅重賞賜之甚足易制天下無異意(正義易音以職反)則安寧之術也置諸侯不便始皇曰天下共苦戰鬭不休以有侯王賴宗廟天下初定又復立國是樹兵也而求其寧息豈不

通鑑易制胡注易以豉翻史記正義音以職翻非之

自謂爲水德也改年始朝賀正義曰周以建子之月爲正秦以建亥之月爲正故其年始用十月而朝賀皆自十月朔衣服旄旌節旗正義曰旌音精旄音毛旗音其周禮云析羽爲旌熊虎爲旗旄節者編毛爲之以象竹節漢書云蘇武執節在匈奴牧羊節毛盡落是也韋昭云節者山國用人節澤國用龍節皆以金爲之道路以旌節門關用符節都鄙用管節皆用竹爲之皆上黑正義曰以水德屬北方故上黑數以六爲紀符法冠皆六寸而輿六尺六尺爲步乘六馬張晏曰水北方黑終數六故以六寸爲符六尺爲步瓚曰水數六故以六爲名譙周曰步以人足爲數非獨秦制然○索隱曰管子司馬法皆云六尺爲步譙周以爲步以人足非獨秦制又按禮記王制曰古者八尺爲步今以周尺六尺四寸爲步步之尺數亦不同更名河曰德水以爲水德之始剛毅戾深事皆決於法刻削毋仁恩和義然後合五德之數索隱曰水主陰陰刑殺故急法刻削以合五德之數於

是急法久者不赦丞相綰等言諸侯初破燕齊荆地遠不為正義于偽反置王毋以填之請立諸子唯上幸許始皇下其議於羣臣羣臣皆以為便廷尉李斯議曰周文武所封子弟同姓甚衆然後屬疏遠相攻擊如仇讎諸侯更相誅伐周天子弗能禁止今海内頼陛下神靈一統皆為郡縣諸子功臣以公賦稅重賞賜之甚足易制天下無異意正義易音以職反則安寧之術也置諸侯不便始皇曰天下共苦戰鬭不休以有侯王頼宗廟天下初定又復立國是樹兵也而求其寧息豈不

秦始皇帝紀

胡三省通鑑釋文辯誤第一郡置守尉監條陵本釋文曰監居銜切余謂守尉監皆秦分三十六郡所置官名此監當從去聲若監郡之監則監字從平聲耳記王制天子使其大夫爲三監監於方伯之國陸德明釋文監古暫翻監於古銜翻可以見矣

通鑑始皇三十一年使黔首自實田胡注孔叢子曰黔黑也孔氏以黑巾覆頭故謂之黔首胡注鍾鐻之屬同音巨鐻者所以懸鍾橫曰筍植曰虡

餘式下十

難哉廷尉議是分天下以爲三十六郡三十六郡者三川河東南陽南郡九江鄣郡會稽潁川碭郡泗水薛郡東郡琅邪齊郡上谷漁陽右北平遼西遼東代郡鉅鹿邯鄲上黨太原雲中九原鴈門上郡隴西北地漢中巴郡蜀郡黔中長沙凡三十五與內史爲三十六郡○正義曰風俗通云周制天子方千里分爲百縣縣有四郡故左傳云上大夫受縣下大夫受郡秦始皇初置三十六郡以監縣也郡置守尉監漢書百官表曰秦郡守掌治其郡有丞尉掌佐守典武職甲卒監御史掌監郡更名民曰黔首應劭曰黔亦黎黑也大酺收天下兵應劭曰古者以銅爲兵聚之咸陽銷以爲鍾鐻徐廣曰音巨金人十二重各千石正義曰漢書五行志云二十六年有大人長五丈足履六尺皆夷狄服凡十二人見于臨洮故銷兵器鑄而象之謝承後漢書云銅人翁仲其名也三輔舊事云聚天下兵器鑄銅人十二各重二十四萬斤漢世在長樂宮門魏志董卓傳云推破銅人十及銅鐻以鑄小錢關中記云董卓壞銅人餘二枚徙淸門裏魏明帝欲將詣洛載到霸城重不可致後石季龍徙之

秦始皇帝紀

鄭符堅又徙入長安而銷之英雄記云昔大人見臨洮而銅人鑄至董卓而銅人毀也置廷宮中。法度衡石丈尺車同軌書同文字地東至海暨朝鮮正義曰暨其記反朝音潮鮮音仙海謂渤海南至揚蘇台等州之東海也暨及也東北朝鮮國括地志云高驪治平壤城本漢樂浪郡王險城即古朝鮮也西至臨洮羌中正義曰洮吐高反括地志云臨洮郡即今洮州亦古西羌之地在京西千五百五十一里羌中從臨洮西南芳州扶松府以西並古諸羌地也南至北鄉戶吳都賦曰開北戶以向日劉逵曰日南之北戶猶日北之南戶也北據河為塞並陰山至遼東地理志西河有陰山縣○[illegible]先代反並白浪反謂靈夏勝等州之北黃河陰山在朔州北塞外從河傍陰山東至遼東築長城為北界徙天下豪富於咸陽十二萬戶諸廟及章臺上林皆在渭南秦每破諸侯寫放其宮室作之咸陽北阪上徐廣曰在長安西北

咸陽本

漢武時別名渭城。正義曰今咸陽縣北阪上**南臨渭自雍門**徐廣曰在高陵縣。正義曰今岐州雍縣東**以東至涇渭殿屋複道周閣相屬**正義曰複音福屬之欲反廟記云北至九嵕甘泉南至長楊五柞東至河西至汧渭之交東西八百里離宮別館相望屬地木衣綈繡土被朱紫宮人不徙窮年忘歸猶不能遍也**所得諸侯美人鍾鼓以充入之**正義曰三輔舊事云始皇表河以爲秦東門表汧以爲秦西門表中外殿觀百四十五後宮列女萬餘人氣上衝于天

二十七年始皇巡隴西正義曰隴西今隴右**北地**正義曰今寧州也**出雞頭山**正義曰括地志云雞頭山在成州上祿縣東北二十里在京西南九百六十里酈元云蓋大隴山異名也後漢書隗囂傳云王孟塞雞頭即此也按原州高縣西百里亦有笄頭山在京西北八百里黃帝雞山之所**過回中焉**應劭曰回中在安定高平孟康曰回中在北地。正義曰括地志云回中宮在雍州西四十里言始皇欲西巡隴西之北從咸陽向西北出寧州西南行至成州出雞頭山東還過岐州回中宮**作信宮渭**

南已更命信宮爲極廟象天極索隱曰爲宮廟象天極故曰極廟天官書曰中宮曰天極是也自極廟道通酈山作甘泉前殿築甬道應劭曰築垣牆如街巷○正義曰築音竹甬音勇應劭云謂於馳道外築牆天子於中行外人不見自咸陽屬之是歲賜爵一級治馳道應劭曰馳道天子道也道若今之中道然漢書賈山傳曰秦爲馳道於天下東窮燕齊南極吳楚江湖之上濱海之觀畢至道廣五十步三丈而樹厚築其外隱以金椎樹以青松

二十八年始皇東行郡縣上鄒嶧山韋昭曰鄒魯縣山在其北○正義曰上時掌反鄒側留反嶧音亦國系云邾嶧山亦名鄒山在兗州鄒縣南二十二里魯穆公改邾作鄒其山遂從邑變山北去黃河三百餘里立石與魯諸儒生議刻石頌秦德議封禪正義曰晉太康地記云爲壇於太山以祭示增高也爲墠於梁父以祭地示增廣也祭尚玄酒而俎

通鑑第七始皇東行郡縣上鄒嶧山立石頌功業於是召集魯儒生七十人至泰山下議封禪諸儒或曰古者封禪為蒲車惡傷山之土石草木埽地而祭席用葅稭議各乖異始皇以其難施用由此絀儒生胡注括地志泰山在兗州博城縣西北三十里一曰岱宗服虔曰封者增山之高禪廣地也張晏曰天高不可及於泰山上立封禪以祭之冀近神靈也項威曰封泰山告太平於中和之氣於天祭土為封謂負土於泰山為壇而祭也除地為墠後改墠為禪晉太康地記云白虎通曰王者易姓而起必升封於泰山之上者何因高告高順其類故升封者增高也下禪梁父之基以廣厚也刻石紀號者著己之功迹以自勸也增泰山之高以報天附梁父之基以報地焉烏路龍師古曰蒲車以蒲裹輪葅稭班去葅稭如淳曰葅讀如租稭讀曰戛音皆葅藉也師古曰茅藉也葅本作葅假借用應劭曰稭稾本去皮以為席總與黠同黠退也

魚墠皆廣長十二丈壇高三尺階三等而樹石太山之上高二丈一尺廣三尺秦之刻石云文**望祭山川之事乃遂上泰山**正義曰太山一曰岱宗東嶽也在兗州博城縣西北三十里山海經云泰山其上多玉其下多石郭璞云從泰山下至山頭百四十八里三百步道書福地記云泰山高四千九百丈二尺周迴二千里多芝草玉石長津甘泉仙人室又有地獄六口鬼神之府從西上下有洞天周迴三千里鬼神考謫之府**立石封祠祀**服虔曰增天之高歸功於天張晏曰天高不可及於泰山上立封禪而祭之冀近神靈也瓚曰積土為封謂負土於泰山上為壇而祭之**下風雨暴至休於樹下因封其樹為五大夫**正義封作復音福**禪梁父**服虔曰禪闡廣土地也瓚曰古者聖王封泰山禪亭亭或梁父皆太山下小山除地為墠祭於梁父後改墠曰禪○正義曰父音甫在兗州泗水縣北八十里**刻所立石其辭曰皇帝臨位作制明法臣下脩飭**索隱曰此泰山刻石銘其詞每三句為韻凡十二韻下之罘碣石會稽三銘皆然○正義飭音敕**二十有六**

年初并天下罔不賓服親巡遠方黎民登茲泰山周覽東極從臣思迹正義從財用反本原事業祗誦功德正義祗音脂治道運行諸產得宜皆有法式大義休明垂于後世順承勿革皇帝躬聖既平天下不懈於治夙興夜寐建設長利正義長直良反專隆教誨訓經宣達遠近畢理咸承聖志貴賤分明男女禮順慎遵職事昭隔內外徐廣曰隔一作融靡不清淨施于後嗣化及無窮遵奉遺詔永承重戒於是乃並勃海以東正義並白浪反勃作渤蒲忽反過黃腄地理志東萊有黃縣腄縣

○正義曰腄逐瑞反字或作陲括地志云黃縣故城在萊州黃縣東南二十五里古萊子國也牟平縣城在黃縣南百三

十里十三州志云牟平縣古腄縣也窮成山登之罘地理志之罘山在腄縣○正義曰罘音浮括地志云在萊州文登縣東北百八十里成山在文登縣西北百九十里窮猶登極也封禪書云八神五曰陽主祠之罘七曰日主祠成山成山斗入海又云之罘山在海中文登縣古腄縣也立石頌秦德焉而去南登琅邪正義曰今兖州東沂州密州即古琅邪也大樂之留三月乃徙黔首三萬戶琅邪臺下地理志云越王勾踐嘗治琅邪縣起臺館○索隱曰山海經郎耶臺在渤海間蓋海畔有山形如臺在琅邪故曰郎耶臺○正義曰括地志云密州諸城縣東南百七十里有琅耶臺越王勾踐觀臺也臺西北十里有琅耶故吳春秋云越王勾踐二十五年徙都琅耶立觀臺以望東海遂號令秦晉齊楚以尊輔周室歃血盟即勾踐起臺處括地志云琅耶山在密州諸城縣東南百四十里始皇立層臺於山上謂之琅耶臺孤立衆山之上秦王樂之留三月立石山上頌秦德也復十二歲正義曰復音福復三萬戶徙臺下者今琅耶臺作琅邪臺立石刻頌秦德明得意曰索隱曰二

句為韻維二十六年皇帝作始端平法度萬物之紀以明人事合同父子聖智仁義顯白道理東撫東土以省卒士正義省山井反卒子忽反事已大畢乃臨于海皇帝之功勸勞本事上農除末黔首是富普天之下摶心揖志索隱曰摶古專字左傳云如琴瑟之摶壹揖音集器械一量正義曰內成曰器甲冑弧弩之屬外成曰械戈矛弓戟之屬壹量者同度量同書文字日月所照舟輿所載皆終其命莫不得意應時動事是維皇帝匡飭異俗陵水經地正義陵作淩猶歷也經界也憂恤黔首朝夕不懈除疑定法咸知所辟正義音避方伯分職諸治經易正義曰易音以鼓反言方伯分職治所理常在平易舉錯必當

劉向傳注師古曰械者器之總名也陵水刘曰陵橋梁也為橋梁陸曰陵絕度也経地爲経界也師說舊注爲経地氏說経池経紀疆界也至陵考也良此說経程不入也今案此二說其義不異也今從先說也

秦始皇帝紀

誅本作去

不用本作以銷

刻以夏者夏二字希音耶反字字相叶

莫不如畫正義曰畫音戶卦反謂政理齊整分明若畫無邪惡皇帝之明臨察四方尊卑貴賤不踰次行正義音胡郎反姦邪不容皆務貞良細大盡力莫敢怠荒遠邇辟隱正義辟匹亦反專務肅莊端直敦忠事業有常皇帝之德存定四極誅亂除害興利致福節事以時諸產繁殖黔首安寧不用兵革正義協韻音棘六親相保終無寇賊驩欣奉教盡知法式六合之內皇帝之土西涉流沙正義解見夏紀南盡北戶東有東海北過大夏索隱曰協韻音戶下無不臣者音諸澤及牛馬並音姥○正義曰杜預云大夏太原晉陽縣按在今并州遷實沈於大夏主參即此地人迹所至無不臣者功蓋五帝澤及牛馬莫不受德

專通作近本

各安其宇維秦王兼有天下立名爲皇帝乃撫東土至于琅邪列侯〔張晏曰列侯者見序例〕武城侯王離列侯通武侯王賁倫侯建〔索隱曰爵卑於列侯無封邑者倫類也亦列侯之類〕成侯趙亥倫侯昌武侯成倫侯武信侯馮毋擇丞相隗林〔索隱曰隗姓林名有本作狀者非顏之推云隋開皇初京師穿地得鑄秤權有銘云始皇時量器丞相隗狀王綰二人列名其作狀貌之字時令校寫親所按驗王劭亦云然斯遠古之詔也。正義曰隗音五罪反〕丞相王綰卿李斯卿王戊五大夫趙嬰五大夫楊樛〔正義音居虬反〕從與〔正義曰上才用反下預言王離以下十人從始皇咸與始皇議功德於海上立石於琅邪臺下十人名字並刻頌〕議於海上〔正義曰此頌前後序兩句爲韻此三句爲韻〕曰古之帝者地不過千里〔正義曰過音戈千里謂王畿〕諸侯各守其封域或朝或否相侵暴亂殘伐不止猶刻金石以自爲紀古之五帝三王知教不同法度不明假威鬼神（正義曰言五帝三王假借鬼神之威以欺服遠方之民若萇弘之比也）以欺遠方實不稱名（正義稱尺證反）故不久長其身未殁諸侯倍叛法令不行今皇帝并一海内以爲郡縣天下和平昭明宗廟體道行德尊號大成羣臣相與誦皇帝功德刻于金石以爲表經既已齊人徐市等上書言海中有三神山名曰蓬萊方丈瀛洲（正義曰漢書郊祀志云此三神山者其傳在渤海中去人不遠蓋曾有至者諸仙人及不死之藥皆在焉其物禽獸盡白而黄金白銀爲宫闕未至望之如雲及至三神山乃居水下臨之患且至風輒引船而去終莫能至云世主莫不甘

僊人居之請得齋戒與童男女求之於是遣徐市發童男女數千人入海求僊人（正義曰括地志云亶洲在東海中秦始皇使徐福將童男女入海求仙人止在一作玉此洲共數萬家至今洲上人有至會稽市易者吳人外國圖云亶州去琅耶萬里）始皇還過彭城（正義曰彭城徐州所理縣也州東外城古之彭國也搜神記云陸終弟三子曰籛鏗封於彭爲商伯外傳云殷末滅彭祖氏）齋戒禱祠欲出周鼎泗水使千人沒水求之弗得乃西南渡淮水之衡山（正義曰括地志云衡山一名岣嶁山在衡州湘潭縣西四十一里岣音苟嶁音樓）南郡（正義曰今荊州也言欲向衡山即西北過南郡入武關至咸陽）浮江至湘山祠（正義曰括地志云黃陵廟在岳州湘陰縣北五十七里舜二妃之神二妃冢在湘陰北一百六十里青草山上盛弘之荊州記云青草湖南有青草山湖因山名焉列女傳云舜陟方死於蒼梧二妃死於江湘之間因葬焉按湘山者乃青草山山近湘水廟在山南故言

湘山祠逢大風幾不得渡上問博士曰湘君何神博士對曰聞之堯女舜之妻而葬此索隱曰列女傳亦以湘君爲堯女按楚詞九歌有湘君湘夫人夫人是堯女則湘君當是舜今此文以湘君爲堯女是總而言之於是始皇大怒使刑徒三千人皆伐湘山樹赭其山正義赭音者上自南郡由武關歸應劭曰武關秦南關通南陽文穎曰武關在析西百七十里弘農界○正義曰括地志云故武關在商州商洛縣東九十里春秋時少習也杜預云少習商縣武關也

二十九年始皇東游至陽武博狼沙中地理志河南陽武縣有博狼沙○正義狼音浪爲盜所驚求弗得乃令天下大索十日登之罘刻石其辭曰索隱曰三句爲韻維二十九年時在中春正義曰中音仲若者帝王巡狩常以仲月陽和方起皇帝東游巡

登之罘臨照于海從臣嘉觀（正義從才用反觀音館）原念休
烈追誦本始大聖作治建定法度顯著綱紀外
教諸侯光施文惠明以義理六國回辟（正義必亦反）貪
戾無厭（正義於廉反）虐殺不已皇帝哀衆遂發討師奮
揚武德義誅信行威燀旁達（徐廣曰燀充善反）莫不賓服
烹滅彊暴振救黔首周定四極普施明法經緯
天下永爲儀則大矣哉宇縣之中（宇宇宙縣赤縣）承順
聖意（索隱曰協韻音憶）羣臣誦功請刻于石表垂于常式
其東觀曰維二十九年皇帝春游覽省遠方逮
于海隅遂登之罘昭臨朝陽觀望廣麗從臣咸

念原道至明聖法初興清理疆內外誅暴彊武

威旁暢振動四極禽滅六王闡并天下菑害絶

息永偃戎兵皇帝明德經理宇內視聽不怠索隱

曰怠協旗疑韻怠音銅綦反故國語范蠡曰得時不怠時不再來亦以怠與臺爲韻作立大義昭

設備器咸有章旗職臣遵分各知所行事無嫌

疑黔首改化遠邇同度臨古絶尤常職旣定後

嗣循業長承聖治羣臣嘉德祗誦聖烈請刻之

罘旋遂之琅邪道上黨入索隱曰道猶從也

三十年無事

三十一年徐廣曰使黔首自實田也十二月更名臘曰嘉平太原

眞人茅盈內紀曰始皇三十一年九月庚子盈曾祖父濛乃於華山之中乘雲駕龍白日升天先是其邑謡歌曰神仙得者茅初成駕龍上升入泰淸時下玄洲戲赤城繼世而往在我盈帝若學之臘嘉平始皇聞謡歌而問其故父老具對此仙人之謡歌勸帝求長生之術於是始皇欣然乃有尋仙之志因改臘曰嘉平。索隱曰廣雅曰夏曰清祀殷曰嘉平周曰大蜡亦曰臘秦更曰嘉平蓋應歌謡之詞而改從殷號也道書茅濛字初成今此云茅濛初成者爲神仙之道其意失也蓋由裴氏所引不明或後人增益濛字遂令七言之詞有衍爾

賜黔首里六石米二羊始皇爲微行咸陽張晏曰若微賤之所爲故曰微行也**與武士四人俱夜出逢盜蘭池**地理志渭城縣有蘭池宮。正義曰括地志云蘭池陂即古之蘭池在咸陽縣界秦記云始皇都長安引渭水爲池築爲蓬瀛刻石爲鯨長二百丈逢盜之處也**見窘武士擊殺盜關中大索二十日米石千六百**

三十二年始皇之碣石使燕人盧生求羨門韋昭

呉遜鑑始皇之碣石 胡注 班志大揭石山在右北平郡驪成縣西南 文穎曰碣石在遼西郡

參寥 碣音桀

（曰古仙人）高誓（正義曰亦古仙人）刻碣石門（徐廣曰一作盟）壞城郭決通隄防其辭曰（正義曰此一頌三句為韻）遂興師旅誅戮無道為逆滅息武殄暴逆文復無罪（徐廣曰復一作憂。正義曰復音福言秦以武力能殄息暴逆以文訓道令無罪失故復除之）庶心咸服惠論功勞賞及牛馬恩肥土域皇帝奮威德并諸侯初一泰平墮壞城郭（正義曰墮音許規反壞音怪墮毀也壞坼也言始皇毀坼關東諸侯舊城郭也夫自顏曰壞音戶怪反）決通川防夷去險阻地勢既定黎庶無繇（正義音遥）天下咸撫男樂其疇女修其業事各有序惠被諸產久並來田（徐廣曰久一作分）莫不安所羣臣誦烈請刻此石垂著儀矩因使韓終侯公石生求仙人不死之藥始皇巡北邊從上郡入燕人盧生使正義音所吏反入海還以鬼神事因奏録圖書曰亡秦者胡也鄭玄曰胡胡亥秦二世名也秦見圖書不知此爲人名反備北胡始皇乃使將軍蒙恬發兵三十萬人北擊胡略取河南地正義曰今靈夏勝等州秦略取之

三十三年發諸嘗逋亡人贅壻瓚曰贅謂居窮有子使就其婦家爲贅壻賈人略取陸梁地正義曰嶺南之人多處山陸其性強梁故曰陸梁爲桂林韋昭曰今鬱林是也。索隱曰謂南方之人其性陸梁故曰陸梁象郡韋昭曰今日南南海正義曰即廣州南海縣以適遣戍徐廣曰五十萬人守五嶺。正義曰適音直革反戍守也廣州記云五嶺者大庾始安臨賀揭楊桂陽輿地志云一曰臺嶺亦名塞上今名大庾二曰騎田三曰都龐四曰萌諸五曰越嶺

通鑑考證通典贅人贅壻賈誼曰秦人家貧子壯則出贅師古曰謂之贅壻言其不
當出在妻家猶人身之有肬贅也轉貸販易者為商坐市販賣者為賈數之餘翻○略取南越陸梁
地胡注索隱云班表漢高帝功臣有陸量侯須毋詔以為列諸侯自置吏令長受令長沙王如
淳曰陸量秦始皇本紀所謂陸梁地也

西北斥逐匈奴。自榆中徐廣曰在金城並河以東服虔曰並音傍傍依也屬之陰山徐廣曰在五原北○正義曰屬之欲廣接五原今勝州也以為三十四縣。城河上為塞。又使蒙恬渡河取高闕、正義曰山名在五原北兩山相對若闕甚高故言高闕陶山、北假中，晉灼曰王莽傳云五原北假膏壤殖穀北假地名也○索隱曰高闕山名北假地名近五原○正義曰酈元注水經云黃河逕河目縣故城西縣在北假中北假地名按河目縣屬勝州名河北漢書地理志云屬五原縣築亭障以逐戎人。徙謫，實之初縣。索隱曰徙有罪而謫之以實初縣即上自榆中屬陰山以為三十四縣是也故漢七科謫亦因於秦禁不得祠。明星出西方。徐廣曰皇甫謐云彗星見三十四年，適治獄吏不直者，築長城及南越地。正義曰謂戍五嶺是南方越地始皇置酒咸陽宮，博士七十人前

或本城下地誤也所者上文云長城

本無城字

方本ナ

屬六燭反

爲壽僕射（正義音夜）周青臣（漢書百官表曰僕射秦官古者重武官有主射以督課之應劭曰僕主也）進頌曰他時秦地不過千里賴陛下神靈明聖平定海內放逐蠻夷日月所照莫不賓服以諸侯爲郡縣人人自安樂無戰爭之患傳之萬世自上古不及陛下威德始皇悅博士齊人淳于越進曰臣聞殷周之王千餘歲封子弟功臣自爲枝輔今陛下有海內而子弟爲匹夫卒有田常六卿之臣無輔拂（正義拂蒲筆反）何以相救哉事不師古而能長久者非所聞也今青臣又面諛以重陛下之過非忠臣始皇下其議丞相李

拂江本作弼

秦始皇帝紀

斯曰五帝不相復三代不相襲各以治非其相反時變異也今陛下創大業建萬世之功固非愚儒所知且越言乃三代之事何足法也異時諸侯並爭厚招游學今天下已定法令出一百姓當家則力農工士則學習法令辟禁（正義令力姓反辟音）今諸生不師今而學古以非當世惑亂黔首丞相臣斯昧死言古者天下散亂莫之能一是以諸侯並作語皆道古以害今飾虛言以亂實人善其所私學（徐廣曰私一作知）以非上之所建立今皇帝并有天下別黑白而定一尊私學而相與非

法教人聞令下則各以其學議之入則心非出則巷議夸主〔正義夸口瓜反〕以爲名異取以爲高率羣下以造謗如此弗禁則主勢降乎上黨與成乎下禁之便臣請史官非秦記皆燒之非博士官所職天下敢有藏詩書百家語者悉詣守尉雜燒之有敢偶語詩書者弃市〔應劭曰禁民聚語畏其謗己。正義曰偶對也〕以古非今者族吏見知不舉者與同罪令下三十日不燒黥爲城旦〔如淳曰律說論決爲髡鉗輸邊築長城晝日伺寇虜夜暮築長城城旦四歲也〕所不去者醫藥卜筮種樹之書若欲有學法令〔徐廣曰一無法令二字〕以吏爲師制曰可三十五年除道道九原（地理志五原郡有九原縣）抵雲陽（徐廣曰表云道九原通甘泉）塹山堙谷直通之於是始皇以爲咸陽人多先王之宮廷小吾聞周文王都豐武王都鎬豐鎬之閒帝王之都也乃營作朝宮渭南上林苑中先作前殿阿房（正義曰房白郎反括地志云秦阿房宮亦曰阿城在雍州長安縣西北一十四里按宮在上林苑中雍州郭城西南面即阿房宮城東面也顏師古云阿近也以其去咸陽近且號阿房）東西五百步南北五十丈上可以坐萬人下可以建五丈旗（索隱曰此以其形名宮也言其宮四阿旁廣也故云下可建五丈之旗也阿房後爲宮名○正義曰三輔舊事云阿房宮東西三里南北五百步庭中可受萬人又鑄銅人十二於宮前阿房宮以慈石爲門阿房宮之北闕門也）周馳爲閣道自殿下直抵南山表南

山之顛以爲闕爲復道自阿房渡渭屬之咸陽以象天極閣道絶漢抵營室也索隱曰謂爲複道渡渭屬咸陽象天文閣道絶漢抵營室也天官書曰天極紫宮後十七星絶漢抵營室曰閣道阿房宮未成成欲更擇令名名之作宮阿房故天下謂之阿房宮隱宮正義曰餘刑見於市朝宮刑一百日隱於蔭室養之乃可故曰隱宮下蠶室是徒刑者七十餘萬人乃分作阿房宮或作麗山發北山石槨乃寫蜀荆地材皆至關中計宮三百關外四百餘於是立石東海上朐界中以爲秦東門因徙三萬家麗邑正義麗音離五萬家雲陽皆復不事十歲盧生說始皇曰臣等求芝奇藥仙者常

弗遇類物有害之者方中人主時爲微行以辟惡鬼惡鬼辟眞人至人主所居而人臣知之則害於神眞人者入水不濡入火不爇正義而悅反陵雲氣與天地久長今上治天下未能恬惔願上所居宮毋令人知然後不死之藥殆可得也於是始皇曰吾慕眞人自謂眞人不稱朕乃令咸陽之旁二百里内宮觀二百七十復道甬道相連帷帳鍾鼓美人充之各案署不移徙行所幸有言其處者罪死始皇帝幸梁山宮徐廣曰在好時○正義曰括地志云俗名望宮山在雍州好時縣西十二里北去梁山九里秦始皇起從山上見丞相車騎衆弗善即此山也從山

上見丞相車騎衆弗善也中人或告丞相丞相後損車騎始皇怒曰此中人泄吾語案問莫服當是時詔捕諸時在旁者皆殺之自是後莫知行之所在聽事羣臣受決事悉於咸陽宮侯生（說苑曰韓客侯生也）盧生相與謀曰始皇爲人天性剛戾自用起諸侯并天下意得欲從以爲自古莫及已專任獄吏獄吏得親幸博士雖七十人特備員弗用丞相諸大臣皆受成事倚辦於上上樂以刑殺爲威（正義樂五孝反）天下畏罪持祿莫敢盡忠上不聞過而日驕下懾伏謾欺以取容秦法不得兼

師說於上ミ衆上不閲元三字者皆上下ミ上也下云決於上ミ至今上唯上等元四字者是ミ上ミ上也　良氏說七上ノ秦始皇帝紀字者ミ上ミ上也　江說　大抵甚先之

陸曰此特用簡牘旅也衡石稱量為每日之程限衡稱衡也

呈本作程

師說匡一作問言徒以姦利而告者日聞雜於朝也簡為問雜之間也

方徐廣曰一云并力。正義曰言秦施法不得兼方者令民之有方伎不得兼兩齊試不驗輒賜死言法酷不驗輒死然候星氣者至三百人皆良士畏忌諱諛不敢端言其過天下之事無小大皆決於上上至以衡石量書石百二十斤。正義曰衡秤衡也言表牋奏請秤取一石日夜有程期不滿不休息日夜有呈不中呈正義中竹仲反不得休息貪於權勢至如此未可為求僊藥於是乃亡去始皇聞亡乃大怒曰吾前收天下書不中用者盡去之悉召文學方術士甚衆欲以興太平方士欲練以求奇藥徐廣曰一云欲以練求今聞韓衆正義音終去不報徐市等費以巨萬計終不得藥徒姦利相告日聞徐廣

端正也

作間盧生等吾尊賜之甚厚今乃誹謗我以重吾不德也諸生在咸陽者吾使人廉問或爲訞言以亂黔首於是使御史悉案問諸生諸生傳相告引乃自除犯禁者四百六十餘人皆阬之咸陽使天下知之以懲後益發謫徙邊徐廣曰表云徙於北河榆中耐徙三處拜爵一級始皇長子扶蘇諫曰天下初定遠方黔首未集諸生皆誦法孔子今上皆重法繩之臣恐天下不安唯上察之始皇怒使扶蘇北監蒙恬於上郡正義曰括地志云上郡故城在綏州上縣東南五十里秦之上郡城也

三十六年熒惑守心有墜星下東郡至地爲石

徐廣曰表云石晝隕黔首或刻其石曰始皇帝死而地分始皇聞之遣御史逐問莫服盡取石旁居人誅之因燔銷其石始皇不樂使博士爲仙真人詩及行所游天下傳令正義曰傳逐戀反令力呈反樂人謌弦之秋使者從關東夜過華陰平舒道正義曰括地志云平舒故城在華州華陰縣西北六里水經注云渭水又東經平舒北城枕渭濱半破淪水南面通㵎昔秦之將亡也江神送璧於華陰平舒道即其處也有人持璧遮使者曰爲吾遺滈池君服虔曰水神也張晏曰武王居鎬鎬池君則武王也武王伐商故神云始皇荒淫若紂矣今亦可伐也孟康曰長安西南有滈池。索隱曰按服虔云水神是也江神以璧遺滈池之神告始皇之將終也且秦水德王故其君將亡水神先自相告也。正義曰遺庾季反滈胡老反括地志云滈水源出雍州長安縣西北滈池酈元注水經云滈水承滈池北流入渭今按滈池水流入來通渠盖釁[illegible]誤矣張晏云武王居鎬鎬池君則武王也伐商故神云始皇荒淫若紂矣今武王可伐矣因言曰今年祖龍死蘇林曰祖始也龍人君象謂始皇也服虔曰龍人之先象也言王亦人之先也應劭曰祖人之先龍君之像使者問其故因忽不見置其璧去使者奉璧具以聞始皇默然良久曰山鬼固不過知一歲事也退言曰祖龍者人之先也使御府視璧乃二十八年行渡江所沈璧也於是始皇卜之卦得游徙吉遷北河榆中三萬家正義曰謂北河勝州也榆中即今勝州榆林縣也言徙三萬家以應卜卦游徙吉也拜爵一級

三十七年十月癸丑始皇出游左丞相斯從右丞相去疾守少子胡亥愛慕請從上許之十一

史記本紀
十

中

通鑑艿藉柯胡注藉
秦音鄯柯音歌
莊蹻字胡三省通鑑
註作誤字 柯下河
師古海為正本梅渚
地名海渚者成濱之
意也

月行至雲夢望祀虞舜於九疑山。正義曰括地志云九疑山在永州唐興縣東南一百里皇覽冢墓記云舜冢在零陵郡營浦縣九疑山言始皇至雲夢望祭虞舜於九疑山也浮江下觀籍柯渡海渚正義曰括地志云舒州周安縣東按舒州在江中疑海字謨即此州也過丹陽正義曰括地志云丹陽郡故在潤州江寧縣東南五里秦兼并天下以為鄣郡也至錢唐正義曰錢唐今杭州縣臨浙江晉灼曰江水至會稽山陰為浙江音折水波惡乃西百二十里從狹中渡徐廣曰蓋在餘杭也顧夷曰餘杭者秦始皇至會稽經此立為縣上會稽祭大禹正義曰上音上掌反越州會稽山上有夏禹穴及廟望于南海而立石刻頌秦德索隱曰三句為韻凡二十四韻其文曰正義曰此二頌三句為韻其碑見在會稽山上其文及書皆李斯其字四寸畫如小指圓鐫今文字整頓是小篆字皇帝休烈平一宇內德惠脩長索隱曰脩亦長也重言耳王劭按張徽所錄會稽南山秦

海殽下梅
陽本下楊
通鑑作陽
毯通鑑作
陵

始皇碑文脩作攸 三十有七年親巡天下周覽遠方遂登會稽宣省習俗黔首齋莊羣臣誦功本原事迹追首高明索隱曰今檢會稽刻石文首字作道雅符人情也秦聖臨國始定刑名顯陳舊章正義作彰音章碑文作盡章也初平法式審別職任以立恒常六王專倍貪戾慠猛率衆自彊正義曰碑文作率衆邦彊暴虐恣行正義寒彭反負力而驕數動甲兵正義數音朔陰通間使正義曰間紀莧反又如字使所吏反以事合從正義合音閤從子容反行為辟方正義行下孟反辟匹亦反內飾詐謀索隱曰刻石文謀作詐外來侵邊遂起禍殃義威誅之殄熄徐廣曰音息○正義殄田典反暴悖正義暴蒲白報反悖音背亂賊滅亡聖德廣密六合之中

通鑑第七卷註元虞舜葬於九疑山胡三省注古者天子巡狩至此山川之神皆以秩望祭之酈道元曰營水出營陽郡泠道縣南山西流逕九疑山下蟠基蒼梧之野峰秀數郡之間羅巖九舉各導一溪岫壑負阻異嶺同勢游者疑焉故曰九疑括地志九疑山在永州唐興縣東南百里亦云山九峯相似故名元作山曰九疑山在永州方四千里西州洛近一隅九域志曰九疑在道州舜陵在女英峯下九疑之第六峯也太史公曰舜南狩崩於蒼梧之野歸葬於江南九疑山海經曰舜之所葬在今道州零陵界則蒼梧九疑爲一處也合爲言之者誤也

通鑑除浙江胡註所謂水波惡然則今之由錢唐渡西陵者是也西陵中渡則今富陽分水之間

秦昔翻柯考歎

註陰字胡三省通鑑註作陰字誤 柯作河

師頏海爲正本梅渚地名海渚者成濱之意也

……州唐興縣東南一百里皇覽冢墓記云舜冢在零陵郡營浦縣九疑山言始皇至雲夢望祭虞舜於九疑山也 浮江下觀籍柯渡海渚 正義曰括地志云舒州周安縣東按舒州在江中疑海字誤即此州也 過丹陽 正義曰括地志云丹陽郡故在潤州江寧縣東南五里秦兼并天下以爲鄣郡也 至錢唐 正義曰錢唐今杭州縣 臨浙江 晉灼曰江水至會稽山陰爲浙江音折 水波惡乃西百二十里從狹中渡 徐廣曰蓋在餘杭也顧夷曰餘杭者秦始皇至會稽經此立爲縣 上會稽祭大禹 正義曰上音上掌反越州會稽山上有夏禹穴及廟 望于南海而立石刻頌秦德 索隱曰三句爲韻凡二十四韻 其文曰 正義曰此二頌三句爲韻其碑見在會稽山上其文及書皆李斯其字四寸畫如小指圓鐫今文字整頓是小篆字 皇帝休烈平一宇內德惠脩長 索隱曰脩亦長也重其……劭按張徽所錄會稽南山秦……

海 敦下梅

陽 本下楊 通鑑下陽

蔡 通鑑作

陸

始皇碑文脩作攸三十有七年親巡天下周覽遠方遂登會稽宣省習俗黔首齋莊羣臣誦功本原事迹追首高明索隱曰今檢會稽刻石文首字作道雅符人情也秦聖臨國始定刑名顯陳舊章正義作彰音章碑文作畫章也初平法式審別職任以立恒常六王專倍貪戾慠猛率衆自彊正義曰碑文作率衆邦彊暴虐恣行正義寒彭反負力而驕數動甲兵正義數音朔陰通閒使正義曰閒紀莧反又如字使所吏反以事合從正義合音閤從子容反行為辟方正義行下孟反辟匹亦反內飾詐謀索隱曰刻石文謀作詐外來侵邊遂起禍殃義威誅之殄熄徐廣曰音息正義殄田典反暴悖正義暴白報反悖音背亂賊滅亡聖德廣密六合之中

守本作首 首猶向也 江沅如首 猶勑首也 陸本道追論明之 德也道言德也

奇側皆反 秦下秦 正義曰行平聲

秦始皇帝紀

陸曰脩飾寡夫有節義者也

陸曰寄豭謂寄於婦家也左傳曰盍歸吾艾豭也

令協韻平也訓善也集注考令也

被澤無疆皇帝并宇兼聽萬事遠近畢清運理羣物考驗事實各載其名貴賤並通善否陳前靡有隱情飾省宣義徐廣曰省一作非。正義曰飾音式省山景反飾謂文飾也省過也有子而嫁正義曰謂夫死有子棄之而嫁倍死不貞防隔內外禁止淫泆男女絜誠夫爲寄豭索隱曰豭牡猪也言夫淫他室若寄豭之猪也豭音加殺之無罪男秉義程妻爲逃嫁正義曰謂棄夫而逃嫁於人子不得母正義曰言妻棄夫逃嫁子乃失母咸化廉清大治濯俗天下承風蒙被休經皆遵度軌和安敦勉莫不順令正義力呈反黔首脩絜人樂同則正義樂音岳嘉保太平後敬奉法常治無極輿舟不傾從臣誦烈正義曰從

並下旁 刻曰浪反元
旁緣邊而行上云
如並緣海畔行也
刻曰鮫及大魚畫為
吾

音才用反刻美也 從諸臣咸誦美請刻此石光垂休銘還過

吳從江乘渡 [illegible]正義曰乘音時升反[illegible]縣北六十里本秦舊縣也渡[illegible]渭京兆也 並海上北至琅邪方士徐市等入海求

神藥數歲不得費多恐譴乃詐曰蓬萊藥可得

然常為大鮫魚所苦 正義鮫音交 苦音若故反 故不得至願請

善射與俱見則以連弩射之始皇夢與海神戰

如人狀問占夢博士曰水神不可見以大魚蛟

龍為候今上禱祠備謹而有此惡神當除去而

善神可致乃令入海者齎捕巨魚具而自以連

弩候大魚出射之自琅邪北至榮成山 正義曰即山也在萊

本無備之二字
有愼字
巨下鉅本

秦始皇帝紀

○通鑑七卷轀涼車胡注文穎曰轀輬車如今喪轜車也孟康曰如衣車有窗牖閉之則溫開之則涼故名如淳曰轀輬車其車廣大有羽飾沈約宋書禮志曰漢制大行載轀輬車四輪其飾如金根加施組連璧交路四角金龍飾衡璧垂五采飾羽流蘇前後雲氣畫帷裳檐又畫曲轓長與車等太僕御駕六白駱馬以黑藥灼其身為虎文史記正義曰棺音館又古玩翻轀音溫涼一作輬音同

州

弗見至之罘見巨魚射殺一魚遂並海西至

平原津而病徐廣曰渡河而西○正義曰今德州平原縣南六十里有張公故城城東有水津焉後名張公渡恐此平原郡古津也漢書公孫弘平津侯亦近此蓋平津即此津始皇渡此津而疾始皇惡言

死羣臣莫敢言死事上病益甚乃為璽書賜公

子扶蘇曰與喪會咸陽而葬書已封在中車府

令趙高徐廣曰主乘輿路車行符璽事所未授使者七月丙

寅始皇崩於沙丘平臺徐廣曰年五十沙丘去長安二千餘里趙有沙丘宮在鉅鹿武靈王之死處○正義曰括地志云沙丘臺在邢州平鄉縣東北二十里又云平鄉縣東北四十里按始皇崩在沙丘之宮平臺之中邢州去京一千六百五十里丞相斯為上崩在外正義為于僞反恐

諸公子及天下有變乃祕之不發喪棺載轀涼

車中〔正義[illegible]〕故幸宦者參乘所至上食百官
奏事如故〔[illegible]反〕宦者輒從轀涼車中可其奏事獨子
胡亥趙高及所幸宦者五六人知上死趙高故
嘗教胡亥書及獄律令法事胡亥私幸之高乃
與公子胡亥丞相斯陰謀破去始皇所封書〔正義去丘
呂反〕賜公子扶蘇者而更詐為丞相斯受始皇
遺詔沙丘立子胡亥為太子更為書賜公子扶
蘇蒙恬數以罪〔正義數音色具反〕其賜死語具在李斯傳
中行遂從井陘〔徐廣曰在常山〕抵九原〔正義曰抵丁禮反抵至也從沙丘至勝州二千
里〕會暑上轀車臭乃詔從官令車載一石鮑魚

盧曰以草苑包鮑取其臭以氣相亂

秦始皇帝紀

傳作李本　從或作至

通鑑第七一石鮑魚胡注孟康曰百二十斤曰石班書貨殖傳鯫鮑千鈞師古注曰鯫膊魚也即今之鮑魚也而說者乃讀鮑為鮑魚之鮑失義遠矣鄭康成以鮑於煏室乾之亦非也煏室乾之即鮑耳蓋今巴荆人所呼鰎魚者是也秦始皇載鮑亂臭者則是鮑魚耳而煏室乾者本不臭也鮑白卯翻鯫音輒鰎於業翻鰎五回翻煏蒲北翻鰎居偃翻之不著鹽而乾者也鮑今

通鑑平原津胡注平原縣秦屬齊郡漢分置平原郡史記正義云余按公孫弘傳封勃海高城縣之平津鄉則平津非平原津也班志篤馬河至平原東北入海此蓋津

通鑑機相灌輸胡注康注引劉伯莊云機相灌輸以防穿近者予按文勢自機弩至輒射之文意已具水銀為百川江河大海之意作如是觀文意甚順射而亦翻史記正義灌音館輸音戍機相灌輸是

劉氏曰棺音官又古患反師說云官是棺柩之官也言以棺置棺柩而載車又古患反是棺斂之義也言棺斂而載於轀車也

平原津而病。徐廣曰渡河而西。○正義曰今德州平原縣南六十里有張公故城城東有水津焉後名張公渡恐此平原郡古津也漢書公孫弘平津侯亦近此蓋平津即此津始皇渡此津而疾 始皇惡言

死，羣臣莫敢言死事。上病益甚，乃為璽書賜公

子扶蘇曰：與喪會咸陽而葬。書已封，在中車府

令趙高伏儼曰主乘輿路車行符璽事所，未授使者。七月丙

寅，始皇崩於沙丘平臺。徐廣曰年五十沙丘去長安二千餘里趙有沙丘宮在鉅鹿武靈王之死處。○正義曰括地志云沙丘臺在邢州平鄉縣東北二十里又云平鄉縣東北四十里按始皇崩在沙丘之宮平臺之中邢州去京一千六百五十里

丞相斯為上崩在外，正義為于僞反恐

諸公子及天下有變，乃秘之，不發喪。棺載轀涼

胡注惡烏路切

上 行奉

轀音溫

車中[illegible]故幸宦者參乘所至上食百官
奏事如故[illegible]宦者輒從輼涼車中可其奏事獨子
胡亥趙高及所幸宦者五六人知上死趙高故
嘗教胡亥書及獄律令法事胡亥私幸之高乃
與公子胡亥丞相斯陰謀破去始皇所封書[illegible]
〔去丘呂反〕賜公子扶蘇者而更詐為丞相斯受始皇
遺詔沙丘立子胡亥為太子更為書賜公子扶
蘇蒙恬數以罪〔正義數音色具反〕其賜死語具在李斯傳
中行遂從井陘〔徐廣曰在常山〕抵九原〔正義曰抵丁禮反抵至也從沙丘至勝州三千〕
會暑上輼車臭乃詔從官令車載一石鮑魚

盧曰以草苞包鮑取其臭氣相亂

秦始皇帝紀

傳作李本

從或作至

通鑑第七一石鮑魚胡注孟康曰百二十斤曰石班書貨殖傳鮿鮑千鈞師古注曰鮿膊魚也即今之鮑魚也而說者乃讀鮑為鮠魚之鮠失義遠矣鄭康成以鮑於煏室乾之亦非也煏室乾之即鮿耳蓋今巴荊人所呼鰎魚者是也秦始皇載鮑亂臭者則是鮑魚耳而煏室乾者本不臭也鮑白卯翻鮿音輒鮠五回翻煏蒲北翻鰎居偃翻 之不著鹽而乾者也鮑今

胡三省通鑑辯誤機相灌輸史記釋文曰機弩括也相息亮切群經音辯相訓共言機共灌輸也
余按說文主發謂之機弩之有機亦主於發故謂之機此所謂機相灌輸耳
不可徑以弩括爲釋若以此釋上文機弩可也（上文云令匠作機弩矢有所穿近者輒射之）釋機相灌輸則非也相音息亮
切者猶貝相之相之視之相也若相灌輸之相讀當從平聲始讀從去聲義何所取又引群經音
辯相訓共則亦當從平聲決無讀從息亮切之理
通鑑第七綱三泉胡注師古曰三重之泉言至水也余謂錮者冶銅錮塞之也三泉亦取
九泉之數言之 曰從爲滿之胡注謂從府庫之物以實陵中藏才浪翻

通鑑胡注直道即三十五年蒙恬所除者

從藏 舊刑部及江相本之從府庫也從庫府之珍怪物也賀家之從言以奇器珍怪之物從入冢移之中充滿也師說舊爲長加賀爲次

正義鰓白如反以亂其臭。行從直道至咸陽，發喪。太子胡亥襲位，爲二世皇帝。九月，葬始皇酈山。始皇初即位，穿治酈山，及并天下，天下徒送詣七十餘萬人，穿三泉，下銅徐廣曰一作錮錮鑄塞○正義曰顏師古云三重之泉言至水也而致槨，宮觀百官奇器珍怪徙臧滿之。正義曰言家內作宮觀及百官位次奇器珍怪徙滿冢中臧才浪反令匠作機弩矢，有所穿近者輒射之。以水銀爲百川江河大海，機相灌輸，正義灌音館輸音戍上具天文，下具地理。以人魚膏爲燭，徐廣曰人魚似鮎四脚○正義曰廣志云鯢魚聲如小兒啼有四足形如鱧可以治牛出伊水異物志云人魚似人形長尺餘不堪

藏

六

（[illegible]中則火不滅）度不滅者久之（正義度音[illegible]）二世曰先帝後宮非有子者出焉不宜皆令從死死者甚衆葬既已下或言工匠為機藏皆知之藏重即泄大事畢已藏閉中羨（正義曰羨音延下同謂冢中神道）下外羨門盡閉工匠藏者無復出者樹草木以象山（皇覽曰墳高五十餘丈周迴五里餘○正義曰關中記云始皇陵在驪山泉本北流障使東西流有上無石取大石於渭山諸山括地志云秦始皇陵在雍州新豐縣西南十里）

二世皇帝元年年二十一（徐廣曰表云十月戊寅大赦罪人）趙高為郎中令（漢書百官表曰秦官掌宮殿門戶）任用事二世下詔增始皇寢廟犧牲及山川百祀之禮令羣臣議尊始皇

周学紀曰秦莊襄王元年滅東周三年始皇立而相翳之秦亦滅二世元年廢衛君角諸侯之楚者五國二年為秦之所以滅人之國乃所以自滅也

廟羣臣皆頓首言曰古者天子七廟諸侯五大夫三雖萬世世不軼毀（正義軼徒結反）今始皇爲極廟四海之內皆獻貢職增犧牲禮咸備毋以加先王廟或在西雍（正義曰於用反西雍在咸陽西今岐州雍縣故城是也又一云西雍雍西縣也）或在咸陽天子儀當獨奉酌祠始皇廟自襄公已下軼毀所置凡七廟羣臣以禮進祠以尊始皇廟爲帝者祖廟皇帝復自稱朕二世與趙高謀曰朕年少初即位黔首未集附先帝巡行郡縣以示彊威服海內今晏然不巡行即見弱毋以臣畜天下春二世東行郡縣李斯從到碣石並

禮 下 祀本

行 胡孟反

畜 許六反

海南至會稽而盡刻始皇所立刻石石旁著正義丁略反大臣從者名以章先帝成功盛德焉皇帝曰金石刻盡始皇帝所為也今襲號而金石刻辭不稱正義尺證反始皇帝其於久遠也正義曰二世言始皇滅六國威振古今自五帝三王未及既已襲位而見金石盡刻其頌不稱始皇成功盛德甚遠矣如後嗣為之者不稱成功盛德丞相臣斯臣去疾徐廣曰姓馮○正義去兵呂反御史大夫臣德昧死言臣請具刻詔書刻石因明白矣臣昧死請制曰可遂至遼東而還於是二世乃遵用趙高申法令乃陰與趙高謀曰大臣不服官吏尚彊及諸公子必與我爭為之柰

刘曰逮謂連及捕也

三

何高曰臣固願言而未敢也先帝之大臣皆天下累世名貴人也積功勞世以相傳久矣今高素小賤陛下幸稱舉令在上位管中事大臣鞅鞅特以貌從臣其心實不服今上出不因此時案郡縣守尉有罪者誅之上以振威天下下以除去上生平所不可者今時不師文而決於武力願陛下遂從時毋疑即羣臣不及謀明主收舉餘民賤者貴之貧者富之遠者近之則上下集而國安矣二世曰善乃行誅大臣及諸公子以罪過連逮少近官三郎徐廣曰逮訓及也謂連及俱被捕故云連逮少小也

六

近侍之臣。三署謂中郎、外郎、散郎。○正義曰：漢書百官表云：有議郎、中郎、散郎，又有左右三將，謂郎中、車郎、戶郎。無

得立者，而六公子戮死於杜。公子將閭昆弟三人囚於內宮，議其罪獨後。二世使使令將閭曰：公子不臣，罪當死，吏致法焉。將閭曰：闕廷之禮，吾未嘗敢不從賓贊也；廊廟之位，吾未嘗敢失節也；受命應對，吾未嘗敢失辭也。何謂不臣？願聞罪而死。使者曰：臣不得與謀，奉書從事。將閭乃仰天大呼天者三，曰：天乎！吾無罪！昆弟三人皆流涕拔劍自殺。宗室振恐。羣臣諫者以為誹謗，大吏持祿取容，黔首振恐。四月，二世還至咸

陽曰先帝爲咸陽朝廷小故營阿房宮爲室堂未就會上崩罷其作者復土 正義曰謂出土爲陵既成還復其土故言復土 酈山酈山事大畢今釋阿房宮弗就則是章先帝舉事過也復作阿房宮外撫四夷如始皇計盡徵其材士 正義曰謂材官蹶張之士 五萬人爲屯衛咸陽令教射狗馬禽獸 正義曰謂材士及狗馬 當食者多度不足下調 正義度田洛反下行嫁反調田弔反謂下令調斂也 郡縣轉輸菽粟芻槀皆令自齎糧食咸陽三百里內不得食其穀用法益刻深七月戍卒陳勝 音升 等反故荊地爲張楚 李奇曰張大楚國也 勝自立爲楚王居陳遣諸將徇地山

復音伏

度 徒各反

東郡縣少年苦秦吏皆殺其守尉令丞反以應
陳涉相立爲侯王合從西鄉名爲伐秦不可勝
數也謁者【漢書百官表曰謁者秦官掌賓贊受事】使東方來以反者聞
二世二世怒下吏後使者至上問對曰羣盜郡
守尉方逐捕今盡得不足憂上悅武臣自立爲
趙王魏咎爲魏王田儋【服虔曰音負擔】爲齊王沛公起沛
項梁舉兵會稽郡
二年冬陳涉所遣周章等將西至戲【應劭曰戲弘農湖西界孟
康曰水名今戲亭是也蘇林曰邑名在新豐東南三十里
正義曰戲音許宜反括地志云戲水源出雍州新豐縣西南
驪山水經注云戲水出驪山馮公谷東北流
今新豐縣東北十一里戲水當官道即至處】兵數十萬

世大驚與羣臣謀曰柰何少府章邯曰漢書百官表曰少府秦官應劭曰掌山澤陂池之稅名曰禁錢以給私養自別為藏少者小也故稱少府。正義胡甘反盜已至衆彊今發近縣不及矣酈山徒多請赦之授兵以擊之二世乃大赦天下使章邯將擊破周章軍而走遂殺章曹陽晉灼曰亭名在弘農東十三里魏武帝改曰好陽。正義曰括地志云曹陽故亭一名好陽亭在陝州桃林縣東南十四里即章邯殺周文處二世益遣長史司馬欣董翳佐章邯擊盜殺陳勝城父正義曰父音甫括地志云城父亳州所理縣破項梁定陶正義曰今曹州定陶縣滅魏咎臨濟正義曰今齊州縣楚地盜名將已死章邯乃北渡河擊趙王歇等於鉅鹿正義曰括地志云邢州平鄉縣城本鉅鹿[illegible]國趙王歇即此城趙高說二

曰下 焉 本　遂下 遂 本　乃 陶音[illegible]　濟 子禮反　歇 虛謁反

昔先帝臨制天下久故羣臣不敢為非進邪説今陛下富於春秋初即位柰何與公卿廷決事事即有誤示羣臣短也天子稱朕固不聞聲索隱曰言天子常處禁中臣下屬望纔有兆朕耳不見其形也於是二世常居禁中蔡邕曰禁中者門戶有禁非侍御者不得入故曰禁中與高決諸事其後公卿希得朝見盜賊益多而關中卒發東擊盜者毋已右丞相去疾左丞相斯將軍馮劫進諫曰關東羣盜並起秦發兵誅擊所殺亡甚衆然猶不止盜多皆以戍漕轉作事苦賦稅大也請且止阿房宮作者減省正義上色反四邊戍轉二世曰吾聞之

韓子曰堯舜采椽不刮索隱曰采木名刮音括茅茨不翦飯
土塯徐廣曰古靜曰飯器謂之簋。索隱曰如字一音鏤不作簋啜土形如淳曰土形飯器之屬瓦
器也。索隱曰飯器以瓦爲之雖監門之養正義以讓反不觳於此索隱曰謂
監門之卒養即卒也有廝養卒觳音學謂盡也又古學反。
正義曰又苦角反爾雅云觳盡也言堯舜采椽不刮茅茨不
翦飯土塯啜土形雖監守門之
人供養亦不盡此之踈陋也禹鑿龍門通大夏正義
曰括地志云大夏今并州晉陽及汾絳等州是昔高辛氏子
實沈居之西近河言禹鑿龍門河水道得大通并州之地不
壅溢也決河亭水正義曰亭平也又一云決亭壅之水放之海身自持築
臿正義曰臿音初洽反築牆杵也臿鍬也爾雅云斛謂之臿脛毋毛臣虜之勞不烈
於此矣正義曰烈美也言臣虜之勞猶不美於此矣又烈酷也禹鑿龍門通大夏道決開河洪水放之海身
持鍬杵使膝脛無毛賤臣奴虜凡所爲貴有天下者
之勞不[illegible]烈於此[illegible]苦矣

愚三[illegible]之至
明濛叟姚叙文曰
重直龍切以後同余按
二世之言曰凡所爲
貴有天下者得肆
意極欲主重明法
也是以肆意極
欲与王重明法者
二事主重者謂君
臣之勢上之所主
者重則下之勢輕
重音直隴翻直
龍切非

得肆意極欲主重（正義音[illegible]擲反）明法下不敢爲非以制
御海内矣夫虞夏之主貴爲天子親處窮苦之
實以徇百姓尚何於法朕尊萬乘毋其實吾欲
造千乘之駕萬乘之屬充吾號名且先帝起諸
侯兼天下天下已定外攘四夷以安邊境（正義音竟）
作宮室以章得意而君觀先帝功業有緒今朕
即位二年之閒羣盜並起君不能禁又欲罷先
帝之所爲是上毋以報先帝次不爲朕盡忠力
（正義我爲于僞反）何以在位下去疾斯劫吏案責他罪去疾
劫曰將相不辱自殺斯卒囚（正義曰卒子律反囚在由反謂禁錮反）就

秦始皇帝紀

五刑

三年章邯等將其卒圍鉅鹿楚上將軍項羽將楚卒往救鉅鹿冬趙高爲丞相竟案李斯殺之夏章邯等戰數却二世使人讓邯邯恐使長史欣請事趙高弗見又弗信欣恐亡去高使人捕追不及欣見邯曰趙高用事於中將軍有功亦誅無功亦誅項羽急擊秦軍虜王離邯等遂以兵降諸侯八月己亥（徐廣曰一作卯）趙高欲爲亂恐羣臣不聽乃先設驗持鹿獻於二世曰馬也二世笑曰丞相誤邪謂鹿爲馬問左右左右或默或言

數郡 李下郡數 或本无郡字 今案史記无數郡二字

大氐 刘云墨也大略云畔秦也 刘上畔同

馬以阿順趙高或言鹿者高因陰中諸言鹿者以法後羣臣皆畏高高前數言關東盜毋能爲也及項羽虜秦將王離等鉅鹿下而前章邯等軍數却上書請益助燕趙齊楚韓魏皆立爲王自關以東大氐正義曰丁禮反氐猶歸也盡畔秦吏應諸侯諸侯咸率其衆西鄉沛公將數萬人已屠武關使人私於高高恐二世怒誅及其身乃謝病不朝見二世夢白虎齧其左驂馬殺之心不樂怪問占夢卜曰涇水爲祟正義雖遂反二世乃齋於望夷宮張晏曰望夷宮在長陵西北長平觀道東故亭處是也臨涇水作之以望北夷。正義曰括地志云秦望夷宮在雍州咸

秦始皇帝紀

六

祟 盧曰鬼物爲曰祟

祟 思醉反

胡注 祟雖遂翻 人禍也鬼属也

胡三省通鑑辨誤卷一云二世夢白虎齧其左驂馬殺之釋文曰三馬爲驂 海陵余按王肅云古者一轅之車夏后氏駕兩馬謂之麗殷益以一騑謂之驂周人又益以一騑謂之駟自時厥後更轅曰服兩旁曰驂詩所謂兩服上襄兩驂鴈行者也史言左驂則必有右驂不當引三馬爲驂以釋左驂

通鑑八卷注占夢官名有占夢中士二人掌其歲時觀天地之會辨陰陽之氣以日月星辰占六夢之吉凶一曰正夢二曰噩夢三曰思夢四曰寤夢五曰喜夢六曰懼夢

陽縣東南八里張晏云臨涇水作之望北夷欲祠涇沉四白馬使使責讓高以盜賊事高懼乃陰與其壻咸陽令閻樂其弟趙成謀曰上不聽諫今事急欲歸禍於吾宗吾欲易置上更立公子嬰子嬰仁儉百姓皆載其言使郎中令為內應徐廣曰一云郎中令趙成詐為有大賊令樂召吏發卒追劫樂母置高舍遣樂將吏卒千餘人至望夷宮殿門縛衛令僕射曰賊入此何不止衛令曰周廬設卒甚謹西京賦曰徼道外周千廬內附薛綜曰士傅宮外向為廬舍晝則巡行非常夜則警備不虞安得賊敢入宮樂遂斬衛令直將吏入行射郎宦者大驚或走或格格

者輒死死者數十人郎中令與樂俱入射上幄坐幃二世怒召左右左右皆惶擾不鬬旁有宦者一人侍不敢去二世入内謂曰公何不蚤告我乃至於此宦者曰臣不敢言故得全使臣蚤言皆已誅安得至今閻樂前即二世數曰足下驕恣（蔡邕曰羣臣士庶相與言曰殿下閤下足下侍者執事皆謙類）誅殺無道天下共畔足下足下其自爲計二世曰丞相可得見否樂曰不可二世曰吾願得一郡爲王弗許又曰願爲萬戸侯弗許曰願與妻子爲黔首比諸公子閻樂曰臣受命於丞相爲天下誅足下足

通鑑宜春苑中
胡注宜春苑在杜
縣南隱[illegible]宜春
觀於此
通鑑當[illegible]見壹
玉璽胡注玉璽
即以卞和玉所刻
[illegible]國璽至見[illegible]通
鑑

下雖多言臣不敢報麾其兵進二世自殺閻樂
歸報趙高趙高乃悉召諸大臣公子告以誅二
世之狀曰秦故王國始皇君天下故稱帝今六
國復自立秦地益小乃以空名爲帝不可宜爲
王如故便立二世之兄子公子嬰爲秦王以黔
首葬二世杜南宜春苑中令子嬰齋當廟見受
王璽齋五日子嬰與其子二人謀曰丞相高殺
二世望夷宮恐羣臣誅之乃詳以義立我我聞
趙高乃與楚約滅秦宗室而王關中今使我齋
見廟此欲因廟中殺我我稱病不行丞相必自

便 蝢戰反

[illegible]人請子嬰數輩子嬰不行高果自往曰宗廟重事王柰何不行子嬰遂刺殺高於齋宮三族高家以徇咸陽子嬰為秦王四十六日楚將沛公破秦軍入武關遂至霸上應劭曰霸水上地名在長安東三十里古者滋水秦穆公更名霸水使人約降子嬰子嬰即係頸以組白馬素車應劭曰組者天子黻也係頸者言欲自殺也素車白馬喪人之服也奉天子璽符降軹道旁徐廣曰在霸陵駰案蘇林曰亭名在長安東十三里沛公遂入咸陽封宮室府庫還軍霸上居月餘諸侯兵至項籍為從長索隱曰謂合關東為從長也殺子嬰及秦諸公子宗族遂屠咸陽燒其宮室虜其子女收

秦始皇帝紀

[illegible]為軹余按漢書註徐廣曰軹道在霸陵蘇林曰在長安東十三里漢宮殿疏曰軹道亭東去霸城觀五里東去霸水百步烏得以車軹為說邪

其珍寶貨財諸侯共分之滅秦之後各分其地
爲三名曰雍王塞王翟王號曰三秦項羽爲西
楚霸王主命分天下王諸侯秦竟滅矣後五年
天下定於漢
太史公曰秦之先伯翳嘗有勳於唐虞之際受
土賜姓及殷夏之間微散至周之衰秦興邑于
西垂自繆公以來稍蠶食諸侯竟成始皇始皇
自以爲功過五帝地廣三王而羞與之侔善哉
乎賈生推言之也曰秦并兼諸侯山東三十餘
郡繕津關據險塞修甲兵而守之然陳涉以戍

鉏仕魚反 梃音廷
漢書諸侯表集 剝木去皮以為杖 梃亦白梃也 義

射食亦反

要市 劉云猶以秦軍要項羽以求王 如市賣買求利也

卒散亂之眾數百奮臂大呼不用弓戟之兵鉏櫌白梃徐廣曰櫌田器。○索隱曰徐以櫌爲田器非也孟康以櫌爲鉏柄蓋得其近也望屋而食索隱曰言其兵飢乏食天下不裹根而行橫行天下索隱曰謂輕前敵不部伍旅進也舞陽侯曰橫行匈奴中也秦人阻險不守關梁不闔長戟不刺彊弩不射楚師深入戰於鴻門曾無藩籬之艱於是山東大擾諸侯並起豪俊相立鶡冠子曰德萬人者謂之俊德千人者謂之豪德百人者謂之英。○索隱曰謂武臣田儋魏豹之屬秦使章邯將而東征章邯因以三軍之眾要市於外索隱曰此評失也章邯之降由趙高用事不信任軍將一則恐誅二則楚兵既盛王離見虜遂降耳非三軍要市於外以求封明矣以謀其上羣臣之不信可見於此矣子嬰立遂不寤藉

艱居閑反

藉子夜反

秦始皇本紀

使子嬰有庸主之材僅得中佐山東雖亂秦之
地可全而有宗廟之祀未當絶也秦地被山帶
河以爲固四塞之國也自繆公以來至於秦王
二十餘君常爲諸侯雄豈世世賢哉其勢居然
也且天下嘗同心并力而攻秦矣當此之世賢
智並列良將行其師賢相通其謀然困於阻險
而不能進秦乃延入戰而爲之開關百萬之徒
逃北而遂壞豈勇力智慧不足哉形不利勢不
便也秦小邑并大城守險塞而軍高壘
毋戰閉關據阨荷戟而守之諸侯起於匹夫以

大國 善六國也
江從秦也

爲秦其實利之也彼見秦阽之難犯也必退
師安土息民以待其敝 索隱曰賈誼書民安作案 收弱扶罷以
令大國之君不患不得意於海内貴爲天子富
有天下而身爲禽者其救敗非也秦王足己不
問遂過而不變二世受之因而不改暴虐以重
禍子嬰孤立無親危弱無輔三主惑而終身不
悟亡不亦宜乎當此時也世非無深慮知化之
士也然所以不敢盡忠拂過者秦俗多忌諱之
禁忠言未卒於口而身爲戮沒矣故使天下之

令 作全本
重 逐用反
拂 音弼

士傾耳而聽重足而立拑口而不言是以三主失道忠臣不敢諫智士不敢謀天下已亂姦不上聞豈不哀哉先王知雍蔽之傷國也故置公卿大夫士以飾法設刑而天下治其彊也禁暴誅亂而天下服其弱也五伯征而諸侯從其削也內守外附而社稷存故秦之盛也繁法嚴刑而天下振及其衰也百姓怨望而海內畔矣故周五索隱曰賈誼書五作王序得其道而千餘歲不絕秦本末並失故不長久由此觀之安危之統相去遠矣野諺曰前事之不忘後事之師也是以君子

陳涉世家有此意

過秦論上篇

右

[illegible]觀之上古驗之當世參以人事察盛衰之理審權勢之宜去就有序變化有時故曠日長久而社稷安矣秦孝公據殽函之固擁雍州之地君臣固守而窺周室有席卷天下索隱曰按春秋緯曰諸侯冰散席卷也包舉宇內囊括四海之意張晏曰括括囊也言其能包含天下○索隱註同并吞八荒之心當是時商君佐之索隱曰商君衛公孫鞅仕秦為左庶長遂為秦制法孝公致霸封之於商號商君內立法度務耕織修守戰之備外連衡而鬬諸侯索隱曰戰國策曰蘇秦亦為秦連衡高誘曰合關東從道之秦故曰連衡也於是秦人拱手而取西河之外孝公既沒惠王武王蒙故業因遺冊南兼漢中西舉

秦始皇帝紀

江平出

叁之七 含反

刘云衡胡反今案旁義误也何启上不邊衡闕諸侯音故肓反後同

巴蜀東割膏腴之地收要害之郡諸侯恐懼會盟而謀弱秦不愛珍器重寶肥美之地以致天下之士合從締交漢書音義曰締結也相與爲一當是時齊有孟嘗趙有平原楚有春申魏有信陵此四君者皆明知而忠信寬厚而愛人尊賢重士約從離衡索隱曰言孟嘗等四君皆爲其國共相約結爲從以離散秦之横并韓魏燕楚齊趙宋衛中山之衆於是六國之士索隱曰六國者韓魏趙燕楚齊是也與秦爲七雄又六國與宋衛中山爲從九國其三國蓋微又云所有甯越徐尚蘇秦杜赫之屬爲之謀徐廣曰[illegible]越[illegible]也[illegible]或自別有此人不必[illegible]曰甯越趙人賈誼作甯越徐尚宋人[illegible]蘇秦[illegible]杜赫[illegible]以[illegible]周人也齊明周最

最音聚

叩關 世家作仰關
在下仰音仰同理
秦地形高故並仰
關門而攻秦

古

陳軫昭滑樓緩翟景蘇厲樂毅之徒通其意（索隱曰戰國策齊明東周臣後仕秦楚及韓周最周之公子亦仕秦陳軫夏人亦仕秦昭滑楚人樓緩魏文侯之弟所謂樓子也蘇厲秦之弟仕齊樂毅本齊臣入燕燕昭王以客禮待之以爲亞卿翟景未詳也）吳起孫臏帶佗兒良王廖田忌廉頗趙奢之朋制其兵（索隱曰吳起衛人事魏文侯爲將孫臏孫武之後也春秋曰王廖貴先兒良貴後二人皆天下之豪士田忌齊將也廉頗趙奢皆趙之將也）常以十倍之地百萬之衆叩關而攻秦秦人開關延敵九國之師逡巡遁逃而不敢進秦無亡矢遺鏃之費而天下諸侯已困矣於是從散約解爭割地而奉秦秦有餘力而制其敝追亡逐北伏尸百萬流血漂鹵（徐廣曰鹵楯也）因利乘便宰

軫 之忍反

常下嘗

奉下賂本

彎弓 本作貫弓 貫衛上弦也 烏環反

黔首 本作百姓

古

割天下分裂河山彊國請服弱國入朝延及孝文王莊襄王享國日淺國家無事及至秦王續六世之餘烈（張晏曰孝公惠文王武王昭王孝文王莊襄王）振長策而御宇內吞二周而亡諸侯履至尊而制六合執棰拊（徐廣曰拊拍也音府一作搞朴○索隱曰賈本論作槁朴）以鞭笞天下威振四海南取百越之地（韋昭曰越有百邑）以為桂林象郡百越之君俛首係頸委命下吏乃使蒙恬北築長城而守藩籬卻匈奴七百餘里胡人不敢南下而牧馬士不敢彎弓而報怨於是廢先王之道焚百家之言以愚黔首墮名城（應劭曰壞堅城恐人復阻以害已也）殺豪家

棰音垂 拊音撫

後收天下之兵聚之咸陽銷鋒鑄鐻以爲金人十二以弱黔首之民然後斬華爲城徐廣曰斬一作踐駰案服虔曰斷華山爲城○索隱曰踐亦出賈本論又崔浩云踐登也因河爲津據億丈之城臨不測之谿以爲固良將勁弩守要害之處信臣精卒陳利兵而誰何如淳曰何猶問也○索隱曰崔浩云何或爲呵漢舊儀宿衛郎官分五夜誰呵呵夜行者誰也何呵字同天下以定秦王之心自以爲關中之固金城千里索隱曰金城言其貨且堅也韓子曰雖有金城湯池漢書張良亦曰關中所謂金城千里天府之國子孫帝王萬世之業也秦王既沒餘威振於殊俗陳涉甕牖繩樞之子服虔曰以繩係戶樞也孟康曰以甕爲窗也甿隸之人如淳曰甿古氓字氓民也而遷徙之徒才能

古

倔本作倪 什伯一作阡陌 倔其勿反陳勝世家 ……云如字師 說伏起也 先出倪起什佰之中 後出倔起什佰之中

鎩陳涉世家音殺

不及中人非有仲尼墨翟之賢陶朱猗頓之富躡足行伍之間而倔起什伯之中漢書音義曰首出十長百長之中如淳曰時皆辟屈在十百之中率罷散之卒將數百之衆而轉攻秦斬木爲兵揭竿爲旗天下雲集響應贏糧而景從山東豪俊遂並起而亡秦族矣且夫天下非小弱也雍州之地殽函之固自若也韋昭曰殽謂二殽函函谷關也陳涉之位非尊於齊楚燕趙韓魏宋衛中山之君鉏耰棘矜服虔曰以鉏柄及棘作矛槿也如淳曰耰椎塊椎也非銛於句戟長鎩也徐廣曰鎩一作鋋駰案如淳曰長刃矛也又曰鋋刃下有鐵横上鉤曲句鎩音所拜反適戍之衆非抗於九國之師深謀遠慮行軍用[illegible]

應音……

耰音憂一作櫌

矜其巾反

銛音琰

抗苦浪反

兵之道非及鄉時之士也然而成敗異變功業相反也試使山東之國與陳涉度長絜大漢書音義曰絜束之絜比權量力則不可同年而語矣然秦以區區之地千乘之權招八州而朝同列百有餘年矣然後以六合爲家殽函爲宮一夫作難而七廟墮身死人手爲天下笑者何也仁義不施而攻守之勢異也秦并海內兼諸侯南面稱帝徐廣曰一本有此篇無前者秦孝公已下而又以秦并兼諸侯山東三十餘郡繼此末也○索隱曰按賈誼過秦論以孝公已下爲上篇秦兼并諸侯山東三十餘郡爲下篇鄒誕生云太史公刪賈誼過秦篇著此論當其義而省其辭褚先生增續既已混殽而世俗小智不唯刪省之盲合寫本論於此不同也今頗亦不可分別以養四海天下

漢書五行志曰京房易傳曰天子弱諸侯力政謂師古曰政亦征也言專以武力征討也一說諸侯之政當以德禮今王室微弱文教行不遂乃以力爲政相伐也

古

之士斐然鄉風若是者何也曰近古之無王者
久矣周室卑微五霸既歿令不行於天下是以
諸侯力政彊侵弱衆暴寡兵革不休士民罷敝
今秦南面而王天下是上有天子也既元元之
民冀得安其性命莫不虛心而仰上當此之時
守威定功安危之本在於此矣秦王懷貪鄙之
心行自奮之智不信功臣不親士民廢王道立
私權禁文書而酷刑法先詐力而後仁義以暴
虐爲天下始夫并兼者高詐力安定者貴順權
此言取與守不同術也秦離戰國而王天下其

霸作伯本

焚本

道不易其政不改是其所以取之守之者異也孤獨而有之故其亡可立而待借使秦王計上世之事並殷周之迹以制御其政後雖有淫驕之主而未有傾危之患也故三王之建天下名號顯美功業長久今秦二世立天下莫不引領而觀其政夫寒者利裋褐

徐廣曰一作短小襦也音豎○索隱曰趙岐曰褐以毛毳織之若馬衣或以褐編衣也裋一音豎蓋謂褐布豎裁爲勞役之衣短而且狹故謂之短褐亦曰豎褐

而飢者甘糟糠天下之嗸嗸新主之資也此言勞民之易爲仁也鄉使二世有庸主之行而任忠賢臣主一心而憂海內之患縞素而正先帝之過

汙烏故反 汙穢

狡音狡 猾胡八反

裂地分民以封功臣之後建國立君以禮天下
虛囹圄而免刑戮除去收帑汙穢之罪使各反
其鄉里發倉廩散財幣以振孤獨窮困之士輕
賦少事以佐百姓之急約法省刑以持其後使
天下之人皆得自新更節修行各慎其身塞萬
民之望而以威德與天下天下集矣即四海之
內皆讙然各自安樂其處唯恐有變雖有狡猾
之民無離上之心則不軌之臣無以飾其智而
暴亂之姦止矣二世不行此術而重之以無道
壞宗廟與民徐廣曰一無此五字更始作阿房宮繁刑嚴

囹音零 圄魚呂反

讙音歡

誅吏治刻深賞罰不當賦斂無度天下多事吏
弗能紀百姓困窮而主弗收恤然後姦僞並起
而上下相遁蒙罪者衆刑戮相望於道而天下
苦之自君卿以下至于衆庶人懷自危之心親
處窮苦之實咸不安其位故易動也是以陳涉
不用湯武之賢不藉公侯之尊奮臂於大澤而
天下嚮應者其民危也故先王見始終之變知
存亡之機是以牧民之道務在安之而已天下
雖有逆行之臣必無嚮應之助矣故曰安民可
與行義而危民易與爲非此之謂也貴爲天下

富有天下身不免於戮殺者正傾非也是二世之過也襄公立享國十二年初爲西畤葬西垂索隱曰此已下重序列秦之先君立年及葬處皆當據秦紀爲說與正史小有不同今取異說重列於後襄公秦仲孫誰公子救周周始命爲諸侯初爲西畤祠白帝立十二年葬西土生文公文公立居西垂宮五十年死葬西垂索隱曰作鄜畤又作陳寶祠生靜公靜公不饗國而死生憲公憲公享國十二年居西新邑死葬衙地理志馮翊有衙縣索隱曰寧公滅蕩社居新邑葬衙本紀憲公徙居平陽葬西山生武公德公出子出子饗國六年居西陵索隱曰一云居西陂葬衙本紀不云庶長弗忌威累參父三人率賊賊出子鄙衍葬衙武公立武公饗國二十年居平陽封宮

徐廣曰一云居平封宮葬宣陽聚東南索隱曰一云葬平陽初以人從死三庶長伏其罪德公立德公享國二年居雍大鄭宮生宣公成公繆公葬陽初伏以御蠱索隱曰二年初伏本紀此已下居葬絶不言始也宣公享國十二年居陽宮葬陽索隱曰四年作密時初志閏月成公享國四年居雍之宮葬陽徐廣曰之一作走齊伐山戎孤竹繆公享國三十九年天子致霸葬雍繆公學著人索隱曰著音貯又音宁著即宁也門屛之間曰宁謂學於宁門之人故詩云俟我於著乎而是也生康公康公享國十二年居雍高寢葬竘社生共公共公享國五年居雍高寢葬康公南生桓公桓公享國二十七年居雍太寢

秦始皇帝紀

康本作景〻景樂作
師說曰城雍者地名也
言葬悼公於僖公西
之地名城雍
良大夫曰葬於僖〻
之西也又城於雍也
汪說依之為下通
師說云城雍於字倒
不安〻葬〻中城

葬義里丘北。生景公。索隱曰一作僖公系本云名后伯車景公享國四
十年。居雍高寢，葬丘里南。正義曰丘一作二也生畢公。徐廣曰春
秋作哀公畢公享國三十六年。正義作三十七年葬車里北。生
夷公。夷公不享國，死，葬左宮。生惠公。正義曰十年葬車里元年
孔子行魯相事惠公享國十年，葬車里康景。生悼公。悼公
享國十五年。正義曰雍本紀作十四年葬僖公西。城雍。生剌龔公。正義
曰一作利龔公。索隱曰一作厲共公剌龔公享國三十四年，葬入
里。徐廣曰一作人生躁公。索隱曰又作懆公。○正義曰十四年居受寢葬悼公南也懷公。正義
曰四年葬櫟圉氏其十年彗星見。躁公享國十四年，居受
寢，葬悼公南。其元年彗星見。徐廣曰年表[illegible]星晝見懷公從

畢作瑝一本
高作宣本
剌作頼本
公

晉來享國四年葬櫟圉生靈公諸臣圍懷公懷公自殺肅靈公昭子子也徐廣曰懷公生昭子昭子生靈公○索隱曰紀年及系本無肅字立十年表同紀十二年居涇陽享國十年葬悼公西生簡公簡公從晉來享國十五年葬僖公西索隱曰按本紀簡公名悼子即刺龔公之子懷公弟也且紀及系本皆以爲然今此文云靈公季也立十六年葬僖公西生惠公其七年百姓初帶劍惠公享國十三年葬陵圉索隱曰王劭按紀年云簡公後次敬公敬公立十三年乃至惠公辭即難憑時參異說生出公出公享國二年索隱曰系本謂少主出公自殺葬雍獻公享國二十三年徐廣曰靈公子○索隱曰系本稱元獻公立二十二年表同紀二十四年葬嚻圉生孝公孝公享國二十四年索隱曰本紀十二年葬弟圉生

櫟一音藥一音歷

十二諸侯年表作二十三年

弟作芧本

惠文王其十三年始都咸陽正義曰本紀云十二年作咸陽築冀闕是十三年始都之惠文王享國二十七年索隱曰十九而立葬公陵正義曰括地志云秦惠文王陵在雍州咸陽縣西北一十四里生悼武王悼武王享國四年葬永陵徐廣曰皇甫謐曰葬畢今安陵西畢陌○索隱曰系本作武烈王十九而立立三年本紀四年○正義曰括地志云秦悼武王陵在雍州咸陽縣西十里俗名周武王陵非也昭襄王享國五十六年葬茝陽索隱曰十九年而立葬芷陵也○正義曰括地志云秦莊襄王陵在雍州新豐縣西南三十五里俗亦謂爲子楚始皇陵在北故亦謂爲見子陵生孝文王孝文王享國一年葬壽陵生莊襄王莊襄王享國三年葬茝陽生始皇帝呂不韋相獻公立七年初行爲市十年爲戶籍相伍孝公立十六年時桃李

惠文王生十九年而立立二年初行錢有新生嬰兒曰秦且王悼武王生十九年而立立三年渭水赤三日昭襄王生十九年而立立四年初為田開阡陌孝文王生五十三年而立莊襄王生三十二年而立立二年取太原地莊襄王元年大赦脩先王功臣施德厚骨肉布惠於民東周與諸侯謀秦秦使相國不韋誅之盡入其國秦不絕其祀以陽人地賜周君奉其祭祀始皇饗國三十七年葬酈邑正義酈力知反生二世皇帝始皇生十三年而立二世皇帝享國三年葬

酈乍麗本

陸曰此後之漢明帝特
制也周曆已移運數
介也仁本代母謂周木
德漢火德火爲木子
仁心不忍相代於之
秦當其中直當也
伍行列也

宜春正義曰括地志云秦故胡亥陵在雍州萬年縣南三十四里上文葬以黔首也趙高爲丞相安武侯二世生十二年而立徐廣曰本紀云二十一 四本右秦襄公至二世六百一十歲正義曰秦本紀自襄公至二世五百七十六年矣年表自襄公至二世五百六十一年三説並不同未知孰是孝明皇帝正義曰班固典引云後漢明帝永平十七年詔問班固太史遷贊語中寧有非耶班固上表陳秦過失及賈誼言荅之十七年十月十五日乙丑日索隱曰此已下是漢孝明帝訪班固評賈馬贊中論秦二世亡天下之得失後人因取其説附之此末周歷已移正義曰周初卜世三十卜年七百以五德得其道故王至三十十歲至八百六十七歷數既過秦并天下是周曆已移也仁不代母秦直其位索隱曰周曆已移周亡也仁不代母謂周得木德木生火周爲漢母也言曆運之隨仁恩之情子不代母而王謂火不代木言漢不合即代周也秦首其閏位而時在木火之間也此論者之辭也正義曰始皇以爲周火德秦代周從所不勝爲水德之

曰本

位 陸作伍本

決云距至也師說如字不用決集注引緯以為距駭之義也

始也按劉[illegible]運水生木木生火火生土

土土生金金生水所生出者為子帝王之次子代母

秦稱水是母代子故言若有德之君相代不母承其

子直措值言秦并天下稱帝其秦德值帝王之位

呂政

殘虐然以諸侯十三

始皇初爲秦王年十三也○索隱曰呂政者始皇名政是呂不韋

姬有娠獻莊襄王而生始皇故云呂政

并兼天下極情縱欲養育宗親

三十七年兵無所不加制作政令施於後王

正義曰謂置郡縣壞井田開阡陌不立侯王始爲伏臘又置丞相太尉御史大夫奉常郎中令僕射廷尉典客宗正少府中尉將作詹事水衡都尉監守縣令丞等皆施於後王至于隋唐矣

蓋得聖人之威河神授圖

正義曰蓋者疑辭也言始皇之威能吞并天下稱帝疑得聖人之威靈河神之圖錄

據狼狐蹈參伐佐攻驅除

正義曰狼音郎狼狐主弓矢星天官書云參伐主斬艾事言秦據蹈狼狐參伐之氣驅滅天下

距之

正義上音巨之至也

稱始皇始皇既歿胡亥極愚酈

蹈下蹈本

參所金反

六

卅

師云集引孔衍園云
拒也陛至也唯上之下
通 師說如字驅除
意也決云不用此說
師說良家安家同
東如字一說東之之爲
居
偷安 師說良家即
以爲盜藉秦傳刻氏
曰偷者苟且而無久
計也又說蒼頡篇
偷者也

山未畢復作阿房以遂前業云凡所爲貴有天
下者肆意極欲大臣至欲罷先君所爲誅斯去
疾任用趙高痛哉言乎人頭畜鳴正義曰畜許又反言胡亥人身
有頭面口能言語不辨好惡若六畜之鳴不威不伐惡正義曰此五字爲一句也不篤不
虛亡正義曰言胡亥藉帝王之威器殘酷暴虐滋長惡慇既深篤以至滅亡豈其虛哉距之不得
留殘虐以促期雖居形便之國猶不得存子嬰
度次得嗣冠玉冠佩華紱正義音拂車黃屋蔡邕曰黃
屋者蓋以黃爲裏從百司正義從才用反謁七廟小人乘非位莫不
怳忽失守偷安日日獨能長念卻慮父子作權
近取於戶牖之間竟誅猾臣爲正義爲于僞反君討賊高

死之後賓婚未得盡相見及食未及下咽酒未及濡脣楚兵已屠關中真人翔霸上素車嬰組奉其符璽以歸帝者鄭伯茅旌鸞刀嚴王退舍〇公羊傳曰楚莊王伐鄭鄭伯肉袒左執茅旌右執鸞刀以逆莊王莊王退舍七里何休曰茅旌鸞刀祭祀宗廟所用也執宗廟器者示以宗廟命食自歸〇正義旌音精嚴音莊河決不可復壅魚爛不可復全索隱曰宋均曰言如魚之爛從內而出賈誼司馬遷曰向使嬰有庸主之才僅得中佐山東雖亂秦之地可全而有宗廟之祀未當絕也秦之積衰天下土崩瓦解正義曰言秦國敗壞若屋宇崩頹衆瓦解散也雖有周旦之材無所復陳其巧而以責一日之孤正義曰日音馹一日之孤謂子嬰誤哉俗傳

秦始皇起罪惡胡亥極得其理矣復責小子正義曰亦謂子嬰云秦地可全所謂不通時變者也紀季以酅音攜春秋不名春秋曰紀季以酅入于齊公羊傳曰何以不名賢之也謂設五廟以存姑姊妹也○正義曰酅音戶圭反括地志云安平城在青州臨淄縣東十九里古紀之酅邑帝王紀云周之紀國姜姓也紀侯譖齊哀公於周懿王王烹之外傳曰紀侯入為周士竹書云齊襄公滅紀郱鄑郚又括地志云郱城在青州臨朐縣東二十里鄑城在北海縣東北七十里郚城在密州安丘縣界郱音駢鄑音訾按秦始起罪惡胡亥極得其理國既崩絕賢于比干尚不能存救庸主子嬰焉能救秦之敗以賈誼史遷不通時變不如紀季之深識也季紀侯少弟不書名故曰紀季吾讀秦紀至於子嬰車裂趙高未嘗不健其決憐其志嬰死生之義備矣徐廣曰班固典引曰永平十七年詔問臣固太史遷贊語中寧有非耶臣對此贊賈誼過秦篇言子嬰[illegible]佐秦未絕也此言非是[illegible]

索隱述贊曰 六國陵替 二周淪亡
并一天下 號爲始皇 阿房雲構
金狄成行 南遊勤石 東瞰浮梁
滈池見遺 沙丘告喪 二世矯制
趙高是與 詐因指鹿 災生噬虎
子嬰見推 恩報君父 下乏中佐
上乃庸主 欲振頹綱 云誰克補

史壹萬叁阡壹伯柒拾捌字
注壹萬叁阡伍伯柒拾伍字

秦始皇本紀第六　史記六

史記本紀　十一

項羽

項羽本紀第七　史記七

索隱曰項羽掘起爭雄一朝假號西楚竟未踐天子之位而身首別離斯亦不可稱本紀宜降爲世家

項籍者下相人也 地理志臨淮有下相縣○索隱曰縣名屬臨淮案應劭云相水名出沛國沛國有相縣其水下流又因置縣故名下相也○正義曰括地志云相故城在泗州宿豫縣西北七十里秦縣項胡講反籍秦昔反 字羽 索隱曰按序傳籍字子羽也 初起時年二十四其季父項梁 索隱云崔浩云伯仲叔季兄弟之次故叔云叔父季云季父 梁父即楚將項燕 正義曰燕烏賢反 爲秦將王翦所戮者也 始皇本紀云項燕自殺○索隱曰此云爲王翦所殺與楚漢春秋同而始皇本紀云項燕自殺不同者蓋燕爲王翦所圍逼而自殺故不同也 項氏世世爲楚將封於項 索隱曰地理志項城縣屬汝南○正義曰括地志云今陳州項城縣城即古項子國 故姓項氏項籍少時學書不成去學劍又

不成項梁怒之籍曰書足以記名姓而已劍一人敵不足學學萬人敵於是項梁乃教籍兵法籍大喜略知其意又不肯竟學項梁嘗有櫟陽逮索隱曰按逮訓及謂有罪相連及爲櫟陽縣所逮録也故漢史制獄有逮捕○正義曰櫟音藥逮音代乃請蘄蘇林曰蘄音機縣屬沛國獄掾曹咎書抵櫟陽獄掾司馬欣以故事得已應劭曰項梁曾坐事傳繫櫟陽獄從蘄獄掾曹咎取書與司馬欣抵歸已止也韋昭曰抵至也謂梁嘗被櫟陽縣逮捕梁乃請蘄獄掾曹咎書至櫟陽獄掾司馬欣事故得止息也○索隱曰服虔云抵歸也劉伯莊云抵相憑託也項梁殺人與籍避仇於吳中吳中賢士大夫皆出項梁下每吳中有大繇役及喪項梁常爲主辦陰以兵法部勒賓客及子弟以是知

其能秦始皇帝游會稽渡浙江索隱曰韋昭云浙江在今錢塘浙音折晋灼音逝非也蓋其流曲折莊子所謂制河即其水也制折聲相近梁與籍俱觀籍曰彼可取而代也梁掩其口曰毋妄言族矣梁以此奇籍籍長八尺餘力能扛鼎韋昭曰扛舉也○索隱曰說文云扛橫關對舉也音江才氣過人雖吳中子弟皆已憚籍矣秦二世元年七月陳涉等起大澤中索隱曰徐氏云在沛郡蘄縣其九月會稽守徐廣曰爾時未言太守○正義曰守音狩漢書云景帝中二年七月更郡守為太守通謂梁曰楚漢春秋曰會稽假守殷通○正義曰按言假者兼攝之也江西皆反此亦天亡秦之時也吾聞先即制人後則為人所制索隱曰謂先舉兵能制得人後則為人所制故荀子曰制人之與為人制也相去遠矣吾欲發

兵使公及桓楚正義曰張晏云項羽殺宋義時桓楚爲羽使懷王將是時桓楚亡在澤中梁曰桓楚亡人莫知其處獨籍知之耳梁乃出誡籍持劒居外待梁復入與守坐曰請召籍使受命召桓楚守曰諾梁召籍入須臾梁眴籍曰可行矣於是籍遂拔劒斬守頭項梁持守頭佩其印綬門下大驚擾亂籍所擊殺數十百人索隱曰此不定數也自百已下或至八十九十故云數十百一府中皆慴伏索隱曰說文云慴言失氣也音之涉反莫敢起梁乃召故所知豪吏諭以所爲起大事遂舉吳中兵使人收下縣得精兵八千人梁部署吳中豪傑爲校尉候司馬有

通鑑籍為裨將
徇下縣籍是時
年二十四

一人不得用其言於梁梁曰前時某喪使公主
其事不能辦以此不任用公衆乃皆伏於是梁
為會稽守籍為裨將徇下縣李奇曰徇略也如淳曰徇音撫徇之徇徇其人
民
廣陵人召平於是為陳王徇廣陵正義曰揚州未能
下正義曰下胡嫁反以兵威服之曰下聞陳王敗走秦兵又且至乃渡
江矯陳王命正義曰矯紀兆反召平從廣陵渡京口江至吳詐陳王命拜梁拜梁為楚
王上柱國徐廣曰二世之二年正月也駰案應劭曰上柱國上卿官若今相國也曰江東
已定急引兵西擊秦項梁乃以八千人渡江而
西聞陳嬰已下東陽晉灼曰東陽縣本屬臨淮郡漢明帝分屬下邳後復分屬廣陵
○索隱曰下音如字按以兵威服之曰下胡嫁反彼自歸伏
曰下如字讀他皆放此東陽縣名屬廣陵○正義曰括地志

東陽故城在楚州盱眙縣東七十里秦東陽縣城也在淮水南使使與連和俱西陳嬰者故東陽令史晉灼曰漢儀注曰令吏曰令史丞吏曰丞使○正義曰楚漢春秋云東陽獄史陳嬰居縣中素信謹稱爲長者東陽少年殺其令相聚數千人欲置長無適用乃請陳嬰嬰謝不能遂彊立嬰爲長縣中從者得二萬人少年欲立嬰便爲王異軍蒼頭特起應劭曰蒼頭特起言與衆異也蒼頭謂士卒皁巾若赤眉青領以相別也如淳曰魏君兵卒之號也戰國策魏有蒼頭二十萬○索隱曰晉灼曰殊異其軍爲蒼頭謂著青帽如淳云特起猶言新起也按爲蒼頭軍特起欲立陳嬰爲王嬰母不許嬰稱王言天下方亂未知瞻烏所止陳嬰母謂嬰曰自我爲汝家婦未嘗聞汝先古之有貴者今暴得大名不祥不如有所屬事

成猶得封侯事敗易以亡非世所指名也張晏曰陳嬰母
潘旌人墓在潘旌。索隱曰潘旌是邑聚之名後爲縣屬臨淮嬰乃不敢爲王謂其軍
吏曰項氏世世將家有名於楚今欲舉大事將
非其人不可我倚名族亡秦必矣於是衆從其
言以兵屬項梁項梁渡淮黥布蒲將軍服虔曰英布起
於蒲地因以爲號如淳曰言當陽君蒲將軍皆屬項羽此自
更有蒲將軍。索隱曰按布姓英咎繇之後後以罪被黥故
改姓黥以應相者之言韋昭云蒲姓也其英布與蒲將軍二
人共以兵屬項梁也故服虔以爲英布起蒲非也按黥布初
起於江湖之間亦以兵屬焉凡六七萬人軍下邳正義曰被悲反下邳
泗水縣也應劭云邳在薛徙此
故曰下邳按有上邳故曰下邳當是時秦嘉陳涉世家曰秦嘉廣
陵人已立景駒爲楚王文穎曰景駒楚族景氏駒名軍彭城東正義

曰括地志云徐州彭城縣古相國也言秦嘉軍於此城之東欲距項梁項梁謂軍吏曰陳王先首事戰不利未聞所在今秦嘉倍陳王而立景駒逆無道乃進兵擊秦嘉秦嘉軍敗走追之至胡陵鄧展曰今胡陸屬山陽漢章帝改曰胡陵嘉還戰一日嘉死軍降景駒走死梁地項梁已并秦嘉軍胡陵將引軍而西章邯軍至栗徐廣曰縣名在沛項梁使別將朱雞石餘樊君與戰餘樊君死朱雞石軍敗亡走胡陵項梁乃引兵入薛正義曰括地志云故薛城古薛侯國也在徐州滕國縣界黄帝之所封左傳曰定公元年薛宰云薛之祖奚仲居薛爲夏車正後爲孟嘗君田文封邑也誅雞石項梁前使項羽別攻襄城正義曰許州襄城縣襄城堅

守不下。已拔，皆阬之。還報項梁。項梁聞陳王定死，召諸別將會薛計事。此時沛公亦起沛，往焉。

居鄛人范增，索隱曰晉灼音勦絕之勦。地理志居鄛縣在廬江郡。音巢，是故巢國，夏桀所奔。荀悅漢紀云范增阜陵人。年七十，素居家，好奇計，往說項梁曰：「陳勝敗固當。正義曰顧著作云固宜當，當猶應敗也。當音如字。夫秦滅六國，楚最無罪。自懷王入秦不反，楚人憐之至今，故楚南公曰徐廣曰楚人也，善言陰陽。駰案文穎曰南方老人也。○正義曰虞喜志林云南公者道士，識廢興之數，知亡秦者必於楚。漢書藝文志云南公十三篇，六國時人，在陰陽家流。『楚雖三戶，亡秦必楚』也。瓚曰楚人怨秦，雖三戶猶足以亡秦也。○索隱曰臣瓚與蘇林解同，韋昭以為三戶，楚三大姓昭屈景也。二說皆非。按左氏以畀楚師于三戶，杜預注云今丹水縣北三戶亭，則是地名不疑。○正義曰按服虔云三戶，漳水津也。孟康云津峽名也，在鄴西三十里。括地志云濁漳水又東經葛公亭北經三戶峽爲三戶津在相州滏陽縣界然則南公辨陰陽識廢興之數知秦亡必於三戶故出此言後項羽果度三戶津破章邯軍降章邯秦遂亡是南公之善識今陳勝首事不立楚後而自立其勢不長今君起江東楚蠭起之將如淳曰蠭起猶言蠭午也衆蠭飛起交橫若午言其多也○索隱曰凡物交橫爲午言蜂之起交橫屯聚也故劉向傳注云蜂午雜沓也鄭玄云一縱一橫爲午皆爭附君者以君世世楚將爲能復立楚之後也正義爲于僞反於是項梁然其言乃求楚懷王孫心民間爲人牧羊立以爲楚懷王徐廣曰此時二世之二年六月從民所望也應劭曰以祖謚爲號者順民望陳嬰爲楚上柱國封五縣與懷王都盱台鄭玄曰音眗怡○正義曰盱况于反眙以之反盱眙今楚州臨淮水懷王都之項梁自號爲武信君居數月引兵攻亢父正義曰亢音剛又若浪反父音甫括地志云亢父故城在兗州任城縣南五十一里與齊田榮司馬龍且正義曰子余反軍救東阿正義曰括地志云東阿故城在濟州東阿縣西南二十五里漢東阿縣城秦時齊之阿也大破秦軍於東阿田榮即引兵歸逐其王假假亡走楚假相田角亡走趙角弟田閒故齊將居趙不敢歸田榮立田儋子巿為齊王項梁已破東阿下軍遂追秦軍數使使趣正義曰下使色吏反趣音促齊兵欲與俱西田榮曰楚殺田假趙殺田角田閒乃發兵項梁曰田假為與國之王如淳曰相與交善為與國黨與也○索隱曰高誘註戰國策云與國同福之國也窮來從我不忍殺之趙亦不殺田角田閒

以市於齊張晏曰若市買相貿易以利也梁救榮難猶不用命梁急殺假等榮未必多出兵不如依春秋寄公待以禮也又可以貿易也利以除已害遂背德可輔假以伐齊故曰市貿易也晉灼曰假故齊王建之弟欲令楚殺之以爲已利而楚保全不殺以買其計故曰市也。索隱曰韋昭云市利於齊也劉氏亦云市猶要也留田假而不殺欲以要脅田榮也齊遂不肯發兵助楚項梁使沛公及項羽別攻城陽正義曰括地志云濮州雷澤縣本漢郕陽在州東九十一里地理志云城陽屬濟陰郡古郕伯國姬姓之國史記周武王封季弟載于郕其後遷於城之陽故曰城陽屠之西破秦軍濮陽東正義曰括地志云濮陽縣在濮州西八十六里濮縣也古昆吾之國按攻城陽屠之西破秦軍濮陽縣也軍即此縣東秦兵收入濮陽沛公項羽乃攻定陶正義曰定陶曹州城也從濮陽南攻定陶定陶未下去西略地至雝丘正義曰雍丘今汴州縣也地理志云古杞國武王封禹後於杞號東婁公二十一世簡公爲楚所滅即此城也大破秦軍斬李由（應劭曰由李斯子也）還攻外黃（正義曰括地志云故周城外黃之地在雍丘縣東張晏曰魏郡有內黃縣故加外臣瓚曰縣有黃溝故名）外黃未下項梁起東阿西北至定陶再破秦軍項羽等又斬李由益輕秦有驕色宋義乃諫項梁曰戰勝而將驕卒惰者敗今卒少惰矣秦兵日益臣爲君畏之項梁弗聽乃使宋義使於齊道遇齊使者高陵君顯（張晏曰顯名也高陵縣名○索隱曰晉灼云高陵屬琅邪）曰公將見武信君乎曰然曰臣論武信君軍必敗公徐行即免死疾行則及禍秦果悉起兵益章邯擊楚軍大破之定陶項梁死沛公項羽去外黃攻陳留陳留堅守不

能下沛公項羽相與謀曰今項梁軍破士卒恐乃與呂臣軍俱引兵而東呂臣軍彭城東項羽軍彭城西沛公軍碭應劭曰碭屬梁國蘇林曰碭音唐○正義曰括地志云宋州碭山縣本漢碭縣也在宋州東百五十里章邯已破項梁軍則以爲楚地兵不足憂乃渡河擊趙大破之當此時趙歇爲王陳餘爲將張耳爲相皆走入鉅鹿城章邯令王離涉間圍鉅鹿張晏曰涉姓間名秦將也章邯軍其南築甬道而輸之粟應劭曰恐敵抄輜重故築牆垣如街巷也陳餘爲將將卒數萬人而軍鉅鹿之北此所謂河北之軍也楚兵已破於定陶懷王恐從盱台之彭城并項羽

呂臣軍自將之以呂臣爲司徒以其父呂青爲令尹（應劭曰天子曰師尹諸侯曰令尹時去六國尚近故置令尹瓚曰諸侯之卿唯楚稱令尹時立楚之後故置官司皆如楚舊）以沛公爲碭郡長（蘇林曰長如郡守也）封爲武安侯將碭郡兵初宋義所遇齊使者高陵君顯在楚軍見楚王曰宋義論武信君之軍必敗居數日軍果敗兵未戰而先見敗徵此可謂知兵矣王召宋義與計事而大說之因置以爲上將軍項羽爲魯公爲次將范增爲末將救趙諸別將皆屬宋義號爲卿（徐廣曰一作慶）子冠軍（文穎曰卿子時人相褒尊之辭猶言公子也上將故言冠軍張晏曰若霍去病功冠三軍因封爲冠軍侯至今爲縣名）行至安陽留四

十六日不進索隱曰傅寬傳云從攻安陽扛里則安陽與扛里俱在河南顏師古以爲今相州安陽縣按此兵猶未渡河不應即至相州安陽今檢後魏書地形志云己氏有安陽城改己氏爲楚丘今宋州楚丘西北四十里有安陽故城是也○正義曰括地志云安陽縣相州所理縣七國時魏寧新中邑秦昭王拔魏寧新中更名安陽張耳傳云章邯軍鉅鹿南築甬道河餉王離項羽數絕邯甬道王離軍乏食項羽悉引兵渡河遂破章邯圍鉅鹿下又云渡河湛船持三日糧按從滑州白馬津齎三日糧不至邢州明此渡河相州漳河也宋義遣其子襄相齊送之至無鹽即今鄆州之東宿城是也若依顏監說在相州安陽宋義送子不可棄軍渡河南向齊西南入魯界飲酒高會非入齊之義雖知送子曲由宋州安陽理順然向鉅鹿甚遠不能數絕章邯甬道及持三日糧至也均之二理安陽送子至無鹽爲長濟河絕甬道持三日糧寧有遲留史家多不委曲說之也 **項羽曰吾聞秦軍圍趙王鉅鹿疾引兵渡河楚擊其外趙應其內破秦軍必矣宋義曰不然夫搏牛之䖟不可以破蟣蝨**

通鑑狠如羊胡注三語皆指項羽也

古

如淳曰用力多而不可以破蟣蝨猶言欲以大力伐秦而不可以救趙也○索隱曰張晏云搏音博韋昭云蝱大在外蝨小在內故顏師古言以手擊牛可以殺其上蝱而不能破其內蝨喻方欲滅秦不可與章邯即戰也鄒氏言蝱之搏牛本不擬破其上之蟣蝨以言志在大不在小也 今秦攻趙戰勝則兵罷我承其敝不勝則我引兵鼓行而西必舉秦矣故不如先鬬秦趙夫被堅執銳義不如公坐而運策公不如義因下令軍中曰猛如虎很如羊正義很何懇反貪如狼彊不可使者皆斬之乃遣其子宋襄相齊身送之至無鹽索隱曰按地理志東平郡之縣在今鄆州之東飲酒高會韋昭曰此日召尊爵故云高會○索隱曰服虔云大會也天寒大雨士卒凍飢項羽曰將戮力而攻秦久留不行今歲饑民貧士

卒食芋菽【徐廣曰芋一作半半五升器也駰案瓚曰士卒食蔬菜以菽雜半之○索隱曰芋蹲鴟也菽豆也臣瓚義亦通漢書作半菽王劭曰言半量器名容半升也】軍無見糧【正義曰胡練反顏監云無見在之糧】乃飲酒高會不引兵渡河因趙食與趙并力攻秦乃曰承其敝夫以秦之彊攻新造之趙其勢必舉趙趙舉而秦彊何敝之承且國兵新破王坐不安席埽境內而專屬於將軍國家安危在此一舉今不恤士卒而徇其私【索隱曰謂使其子相齊是徇其私情】【崔浩云徇營也】非社稷之臣項羽晨朝上將軍宋義即其帳中斬宋義頭出令軍中曰宋義與齊謀反楚楚王陰令羽誅之當是時諸將皆慴服莫敢枝

梧如淳曰梧音悟枝梧猶枝捍也瓚曰小柱爲枝邪柱爲梧今屋梧邪柱是也○正義曰枝音之移反梧音悟皆曰首立楚者將軍家也今將軍誅亂乃相與共立羽爲假上將軍正義曰未得懷王命也假攝也使人追宋義子及之齊殺之使桓楚報命於懷王懷王因使項羽爲上將軍徐廣曰二世三年十一月當陽君蒲將軍皆屬項羽項羽已殺卿子冠軍威震楚國名聞諸侯乃遣當陽君蒲將軍將卒二萬渡河正義曰漳水救鉅鹿戰少利陳餘復請兵項羽乃悉引兵渡河皆沈船破釜甑燒廬舍持三日糧以示士卒必死無一還心於是至則圍王離與秦軍遇九戰絕

其甬道大破之殺蘇角（文穎曰秦將也）虜王離涉閒不降楚自燒殺當是時楚兵冠諸侯諸侯軍救鉅鹿下者十餘壁莫敢縱兵及楚擊秦諸將皆從壁上觀楚戰士無不一以當十楚兵呼聲動天諸侯軍無不人人惴恐（漢書音義曰惴音章瑞反）於是已破秦軍項羽召見諸侯將入轅門（張晏曰軍行以車爲陳轅相向爲門故曰轅門）無不膝行而前莫敢仰視項羽由是始爲諸侯上將軍諸侯皆屬焉章邯軍棘原（張晏曰在漳南 晉灼曰地名在鉅鹿南）項羽軍漳南（正義曰括地志云濁漳水一名漳水今俗名柳河在邢州平鄉縣南注水經云漳水一名大漳水兼有浸水之目也）相持未戰秦軍數却二世使人

項羽紀

胡三省通鑑釋文辯誤 項羽軍漳南 史炤釋文曰漳南漳水之南山海經曰漳水出荊山余按山海經曰漳水出荊山南注于沮水此左傳所謂江漢沮漳楚之望也項羽軍漳南與章邯相持在唐相州滏陽縣界下文項羽使蒲將軍引兵度三戶軍漳南服虔註曰三戶漳水津也孟康註曰在鄴西南三十里此豈荊山之漳水哉九十七卷晉康帝建元二年趙王虎投王波父子之尸于漳水海陵釋文之誤與此正同詳辯于後

讓章邯章邯恐使長史欣請事至咸陽留司馬門（凡言司馬門者宮垣之内兵衛所在四面皆有司馬主武事摠言之外門爲司馬門也○索隱曰按天子門有兵欄曰司馬門也）三日趙高不見有不信之心長史欣恐還走其軍不敢出（正義曰走音奏）故道趙高果使人追之不及欣至軍報曰趙高用事於中下無可爲者今戰能勝高必疾妬吾功戰不能勝不免於死願將軍孰計之陳餘亦遺章邯書曰白起爲秦將南征鄢郢北阬馬服（索隱曰韋昭云趙奢子括也代號馬服崔浩云馬服趙官名言服武事）攻城略地不可勝計而竟賜死蒙恬爲秦將北逐戎人開榆中地數千里（索隱曰服虔云金城縣所治蘇林曰在上郡崔

崔云蒙恬樹榆為塞也　呉虞陽周縣竟斬陽周。孟康曰縣屬上郡○正義曰括地志云寧州羅川縣在州東南七十何者功多秦不能盡封因以法誅之今將軍為秦將三歲矣所亡失以十萬數而諸侯並起滋益多彼趙高素諛日久今事急亦恐二世誅之故欲以法誅將軍以塞責使人更代將軍以脫其禍夫將軍居外久多內郤有功亦誅無功亦誅且天之亡秦無愚智皆知之今將軍內不能直諫外為亡國將孤特獨立而欲常存豈不哀哉將軍何不還兵與諸侯為從索隱曰此諸侯謂關東諸侯也何以知然文穎曰關東為從關西為橫高誘曰關東地形從長蘇秦相六國號為合從關西地形橫長張儀相秦壞

通鑑八章邯狐疑
胡注狐性多疑每
渡河聽冰且聽且
度故以爲人之懷
疑不決者
通鑑汙水上胡注
水經注汙水出武
安山東南逕汙
城北入漳鄴國
志鄴縣有汙城
師古曰汙水在鄴
西 史記正義
云云余按此以亭

關東從使與秦合縱號曰連橫約共攻秦分王其地南面稱孤此孰與身伏鈇質索隱曰公羊傳云加之鈇質何休云要斬之罪崔浩云質斬人椹也又郭注三蒼云質莝椹也妻子爲僇乎章邯狐疑陰使候始成張晏曰候軍候○索隱曰候軍候官名始成其名使項羽欲約約未成項羽使蒲將軍日夜引兵度三戶服虔曰漳水津也張晏曰三戶地名在梁淇西南孟康曰津陜名也在鄴西三十里○索隱曰水經注云漳水東經三戶峽爲三戶津也淇當爲湛案晉八王故事云王俊伐鄴前至梁湛孟康云在鄴西四十里又鬪騶十三州志云鄴北五十里梁期故縣也字又不同軍漳南與秦戰再破之項羽悉引兵擊秦軍汙水上徐廣曰在鄴西○索隱曰汙音于郡國志鄴縣有汙城酈元云汙水出武安山東南經汙城北入漳○正義曰括地志云汙水源出懷州河內縣北大行山又云故邗城在河內縣西北二十七里古邗國地也左傳云邗晉應韓武之穆也大破之

胡云鈇音夫
又砥之文謂
孰與

章邯使人見項羽欲約項羽召軍吏謀曰糧少欲聽其約軍吏皆曰善項羽乃與期洹水南殷虚上徐廣曰二世三年七月也駰案應劭曰洹水在湯陰界殷墟故殷都也瓚曰洹水在今安陽縣北去朝歌殷都一百五十里然則此殷虛非朝歌也汲冢古文曰盤庚遷于此汲冢曰殷虛南去鄴三十里是舊殷乎然則朝歌非盤庚所遷者○索隱曰按釋例云洹水出汲郡林慮縣東北至長樂入清水是也汲冢古文云盤庚自奄遷于北冢曰殷虛南去鄴州三十里是殷虛南舊地名號北冢也已盟章邯見項羽而流涕為言趙高項羽乃立章邯為雍王置楚軍中使長史欣為上將軍將秦軍為前行正義曰胡郎反到新安正義曰括地志云新安故城在洛州澠池縣東一十二里漢新安縣城也即坑秦卒處諸侯吏卒異時故繇使屯戍過秦中秦中吏卒遇之多無

狀及秦軍降諸侯諸侯吏卒乘勝多奴虜使之輕折辱秦吏卒秦吏卒多竊言曰章將軍等詐吾屬降諸侯今能入關破秦大善即不能諸侯虜吾屬而東秦必盡誅吾父母妻子諸將微聞其計以告項羽項羽乃召黥布蒲將軍計曰秦吏卒尚衆其心不服至關中不聽事必危不如擊殺之而獨與章邯長史欣都尉翳入秦於是楚軍夜擊阬秦卒二十餘萬人新安城南徐廣曰漢元年十一月行略定秦地函谷關文頴曰時關在弘農縣衡山嶺今移在河南穀城縣○索隱曰顏師古云今桃林縣南有洪溜澗水即古之函關按山形如函故稱函關○正義曰括地志云函谷關在

陝州桃林縣西南十二里秦函谷關也圖記云西去長安四百餘里路在谷中故以爲名有兵守關不得入又聞沛公已破咸陽項羽大怒使當陽君等擊關項羽遂入至于戲西沛公軍霸上未得與項羽相見沛公左司馬曹無傷使人言於項羽曰沛公欲王關中使子嬰爲相珍寶盡有之項羽大怒曰旦日饗士卒爲擊破沛公軍當是時項羽兵四十萬在新豐鴻門孟康曰在新豐東十七里舊大道北下阪口名也沛公兵十萬在霸上范增說項羽曰沛公居山東時貪於財貨好美姬今入關財物無所取婦女無所幸此其志不在小吾令人望其氣

呂通鑑新豐鴻門胡注云新豐縣本秦驪邑高祖七年方置史以後事縣名書之應劭曰太上皇思東歸於是高祖改築城市街里以象豐徙豐民以實之故號新豐孟康曰鴻門在新豐東十七里舊大道下阪口名也姚察云在新豐古城東未至戲水道南有斷原南北洞門是也水經注

項羽紀

今新豐古城東有阪長二里餘塹原通道南北洞開有同門狀謂之鴻門孟康之言在新豐東十七里無之蓋指縣治而言非謂城也自新豐古城西至霸城五十里霸城西十里則霸水又西二十里則長安城

呂通鑑天子氣也胡注云周禮眡祲氏掌十煇之法以觀妖祥辨吉凶即後世所謂望氣者也晉天文志天子氣內赤外黃四方所發之處當有王者若天子欲有游往處其地亦先發此氣或如城門隱隱在氣霧中或氣象青衣人無手在日西或如龍馬或雜色鬱鬱衝天者皆帝王之氣

皆爲龍虎成五采此天子氣也急擊勿失楚左尹項伯者項羽季父也（索隱曰名纏字伯後封射陽侯）素善留侯張良張良是時從沛公項伯乃夜馳之沛公軍私見張良具告以事欲呼張良與俱去曰毋從俱死也張良曰臣爲韓王送沛公（正義曰爲于僞反）沛公今事有急亡去不義不可不語良乃入具告沛公沛公大驚曰爲之柰何張良曰誰爲大王爲此計者曰鯫生（徐廣曰鯫音士垢反魚名駰案服虔曰鯫音淺鯫小人貌也蘇林曰楚漢春秋鯫姓也）說我曰距關毋內諸侯秦地可盡王也故聽之良曰料大王士卒足以當項王乎沛公默然

曰固不如也且爲之奈何張良曰請往謂項伯
言沛公不敢背項王也沛公曰君安與項伯有
故張良曰秦時與臣游項伯殺人臣活之今事
有急故幸來告良沛公曰孰與君少長良曰長
於臣沛公曰君爲我呼入吾得兄事之張良出
要項伯項伯即入見沛公沛公奉卮酒爲壽約
爲婚姻曰吾入關秋豪不敢有所近籍吏民封
府庫而待將軍所以遣將守關者備他盜之出
入與非常也日夜望將軍至豈敢反乎願伯具
言臣之不敢倍德也項伯許諾謂沛公曰旦日

不可不蚤自來謝項王沛公曰諾於是項伯復
夜去至軍中具以沛公言報項王因言曰沛公
不先破關中公豈敢入乎今人有大功而擊之
不義也不如因善遇之項王許諾沛公旦日從
百餘騎來見項王至鴻門謝曰臣與將軍戮力
而攻秦將軍戰河北臣戰河南然不自意能先
入關破秦得復見將軍於此今者有小人之言
令將軍與臣有郤項王曰此沛公左司馬曹無
傷言之不然籍何以生此項王即日因留沛公
與飲項王項伯東嚮坐亞父南嚮坐亞父者范

增也（如淳曰亞次也尊敬之次父猶管仲爲仲父）沛公北嚮坐，張良西嚮侍。范增數目項王，舉所佩玉玦以示之者三，項王默然不應。范增起，出召項莊（正義曰項羽從弟），謂曰：「君王爲人不忍，若入前爲壽，壽畢，請以劍舞，因擊沛公於坐，殺之。不者，若屬皆且爲所虜。」莊則入爲壽。壽畢，曰：「君王與沛公飲，軍中無以爲樂，請以劍舞。」項王曰：「諾。」項莊拔劍起舞，項伯亦拔劍起舞，常以身翼蔽沛公，莊不得擊。於是張良至軍門，見樊噲。樊噲曰：「今日之事何如？」良曰：「甚急。今日項莊拔劍舞，其意常在沛公也。」噲曰：「此迫矣臣請入與之同命噲即帶劍擁盾入軍門正義曰擁紆拱反盾食允反交戟之衛士欲止不內樊噲側其盾以撞正義直江反衛士仆地噲遂入披帷西嚮立瞋目視項王正義瞋昌真反頭髮上指目眥盡裂正義眥自賜反項王按劍而跽曰索隱曰其紀反謂長跪客何為者張良曰沛公之參乘樊噲者也項王曰壯士賜之卮酒則與斗卮酒噲拜謝起立而飲之項王曰賜之彘肩則與一生彘肩樊噲覆其盾於地加彘肩上拔劍切而啗之索隱曰音徒濫反凡以食餧人則去聲自食則上聲項王曰壯士能復飲乎樊噲曰臣死且不避卮酒安足辭夫

秦王有虎狼之心殺人如不能舉刑人如恐不勝
天下皆叛之懷王與諸將約曰先破秦入咸
陽者王之今沛公先破秦入咸陽毫毛不敢有
所近封閉宮室還軍霸上以待大王來故遣將
守關者備他盜出入與非常也勞苦而功高如
此未有封侯之賞而聽細說欲誅有功之人此
亡秦之續耳竊爲大王不取也項王未有以應
曰坐樊噲從良坐坐須臾沛公起如廁因招樊
噲出沛公已出項王使都尉徐廣曰一本無都字陳平召沛
公沛公曰今者出未辭也爲之柰何樊噲曰大

行不顧細謹大禮不辭小讓如今人方爲刀俎
我爲魚肉何辭爲於是遂去乃令張良留謝良
問曰大王來何操曰我持白璧一雙欲獻項王
玉斗一雙欲與亞父會其怒不敢獻公爲我獻
之張良曰謹諾當是時項王軍在鴻門下沛公
軍在霸上相去四十里沛公則置車騎脫身獨
騎與樊噲夏侯嬰靳彊紀信等（索隱曰漢書作紀通通紀成之子）
四人持劍盾步走從酈山下道芷陽閒行沛公
謂張良曰從此道至吾軍不過二十里耳度我
至軍中公乃入沛公已去閒至軍中張良入謝

曰沛公不勝桮杓不能辭謹使臣良奉白璧一
雙再拜獻大王足下玉斗一雙再拜奉大將軍
足下項王曰沛公安在良曰聞大王有意督過
之脫身獨去已至軍矣如淳曰脫身逃還其軍項王則受璧
置之坐上亞父受玉斗置之地拔劍撞而破之
曰唉徐廣曰唉烏來反○索隱曰音虛其反皆歎恨發聲之辭豎子不足與謀奪
項王天下者必沛公也吾屬今為之虜矣沛公
至軍立誅殺曹無傷居數日項羽引兵西屠咸
陽殺秦降王子嬰燒秦宮室火三月不滅收其
貨寶婦女而東人或說項王曰關中阻山河四

塞徐廣曰東函谷南武關西散關北蕭關地肥饒可都以霸項王見秦宮室皆以燒殘破又心懷思欲東歸曰富貴不歸故鄉如衣繡夜行誰知之者說者曰人言楚人沐猴而冠耳果然張晏曰沐猴獼猴也○索隱曰言獼猴不任久著冠帶以喻楚人性躁暴果然言果如人言也項王聞之亨說者楚漢春秋楊子法言云說者是蔡生漢書云是韓生項王使人致命懷王懷王曰如約乃尊懷王爲義帝項王欲自王先王諸將相謂曰天下初發難時服虔曰兵初起時○正義難乃憚反假立諸侯後以伐秦然身被堅執銳首事暴露於野正義暴蒲北反三年滅秦定天下者皆將相諸君與籍之力也義帝雖無

故當分其地而王之諸將皆曰善乃分天下立諸將爲侯王項王范增疑沛公之有天下業已講解蘇林曰講和也○索隱曰服虔云解折伏也說文云講和解也漢書作媾解蘇林云媾和也是媾之與講俱訓和也業事也言雖有疑心然事已和解也又惡負約恐諸侯叛之乃陰謀曰巴蜀道險秦之遷人皆居蜀乃曰巴蜀亦關中地也故立沛公爲漢王徐廣曰以正月立王巴蜀漢中都南鄭正義曰括地志云南梁州所理縣也而三分關中王秦降將以距塞漢王項王乃立章邯爲雍王王咸陽以西都廢丘索隱曰孟康曰縣名今槐里是也韋昭曰周時名太丘懿王所都秦欲廢之故曰廢丘○正義曰括地志云犬丘故城一名廢丘古城在雍州始平縣東南十里地理志云漢高二年引水灌廢丘章邯

自殺更廢丘曰槐里長史欣者故為櫟陽獄掾嘗有德於項梁都尉董翳者本勸章邯降楚故立司馬欣為塞王韋昭曰在長安東名桃林塞王咸陽以東至河都櫟陽蘇林曰櫟音藥。○正義曰括地志云櫟陽故城一名萬年城在雍州櫟陽東北二十五里秦獻公之城櫟陽即此也立董翳為翟王王上郡都高奴文穎曰上郡秦所置項羽以董翳為翟王更名為翟○索隱曰按今鄜州有高奴城○正義曰括地志云延州州城即漢高奴縣徙魏王豹為西魏王王河東都平陽瑕丘徐廣曰一云瑕丘入公也申陽者服虔曰瑕丘縣屬山陽申姓陽名文穎曰姓瑕丘字申陽瓚曰瑕丘入公申陽是瑕丘縣名張耳嬖臣也先下河南郡迎楚河上故立申陽為河南王都雒陽正義曰括地志云洛陽故城在洛州洛陽縣東北二十六里周公所築即成周城也輿地志云成周之地秦莊襄王以爲洛陽縣三川守理之後漢都洛陽改爲雒漢以火德忌水故去洛旁水而加隹隹於行次爲土土水之忌也水得土而流土得水而柔故除隹以加水

韓王成因故都都陽翟。正義曰括地志云陽翟洛州縣也左傳云鄭伯突入于櫟杜預云櫟鄭別都今河南陽翟縣是也地理志云陽翟縣是屬潁川郡夏禹之國

趙將司馬卬定河內數有功故立卬爲殷王王河內都朝歌。徙趙王歇爲代王。趙相張耳素賢又從入關故立耳爲常山王王趙地都襄國。正義曰括地志云邢州城本漢襄國縣秦置三十六郡於此置信都縣屬鉅鹿郡項羽改曰襄國立張耳爲常山王理信都地理志云故邢侯國也帝王世紀云邢侯爲紂三公以忠諫被誅史記云周武王封周公旦之子爲邢侯左傳云凡蔣邢茅胙周公之胤也

當陽君黥布爲楚將常冠軍故立布爲九江王都六。正義曰括地志云故六城在壽州安豐縣南百三十二里本六國偃姓皐繇之

胡三省通鑑釋文 立吳芮為衡山王 都邾 邾 史炤釋文曰古邾子國即邾縣屬江夏 余按古邾國漢魯國鄒縣 邾縣屬江夏 楚滅邾 徙其君於此 亦古邾子國也

後所封也鯨布亦皐繇之後後居六國鄱君吳芮韋昭曰鄱音蒲河反初吳芮為鄱令故號曰鄱君今鄱陽縣是也 正義鄱作番音婆率百越佐諸侯又從入關故立芮為衡山王都邾文穎曰邾音朱縣名屬江夏 正義曰說文云音誅括地志云故邾城在黃州黃岡縣東南二十里本春秋時邾國邾子曹姓俠居至魯隱公徙蘄音機義帝柱國共敖正義共音恭將兵擊南郡功多因立敖為臨江王漢書音義曰本南郡改為臨江國都江陵正義曰江陵荆州縣史記江陵故郢都也徙燕王韓廣為遼東王徐廣曰都無終燕將臧荼從楚救趙因從入關故立荼為燕王都薊徙齊王田巿為膠東王徐廣曰都即墨 正義曰括地志云即墨故城在萊州膠水縣南六十里古齊地本漢舊縣膠音交在膠水之東齊將田都從共救趙因從入關故立都為齊王都臨

菑索隱曰按高紀及田儋傳云臨濟此言臨菑誤○正義曰菑側其反括地志云青州臨菑縣地即古臨菑地也一名齊城古營丘之地所封齊之都也少昊時有爽鳩氏虞夏時有季萴殷時有逢伯陵殷末有薄姑氏爲諸侯國此地後太公封方五百里故秦所滅齊王建孫田安項羽方渡河救趙田安下濟北數城引其兵降項羽故立安爲濟北王都博陽正義曰在濟北田榮者數負項梁又不肯將兵從楚擊秦以故不封成安君正義曰地理志云成安縣在潁川郡屬豫州陳餘棄將印去不從入關然素聞其賢有功於趙聞其在南皮正義曰括地志云故南皮城在滄州南皮縣北四里本漢皮縣城即陳餘所封也故因環封三縣漢書音義曰繞南皮三縣以封之番君將梅鋗韋昭曰呼玄反功多故封十萬戶侯項王自立爲

西楚霸王正義曰貨殖傳云淮南北沛郡汝南郡爲西楚也彭城以東東海吳廣陵爲東楚也衡山九江江南豫章長沙爲南楚孟康云舊名江陵爲南楚吳爲東楚彭城爲西楚王九郡都彭城孟康曰舊名江陵爲南楚吳爲東楚彭城爲西楚○正義曰彭城徐州縣漢之元年四月諸侯罷戲下各就國索隱曰戲音羲水名也言下者如許下洛下然也按上文云項羽入至戲西鴻門沛公還軍霸上是羽初停軍於戲水下今言諸侯罷戲下是各受封邑號令說自戲下各就國何須假借文字以爲旌麾之下乎顏師古劉伯莊之說皆非項王出之國使人徙義帝曰古之帝者地方千里必居上游文穎曰居水之上流也游或作流乃使使徙義帝長沙郴縣如淳曰郴音綝趣義帝行其群臣稍稍背叛之乃陰令衡山臨江王擊殺之江中文穎曰郴縣有義帝冢歲時常祠不絕韓王成無軍功項王不使之國

與俱至彭城廢以爲侯已又殺之臧荼之國因逐韓廣之遼東廣弗聽荼擊殺廣無終并王其地田榮聞項羽徙齊王巿膠東而立齊將田都爲齊王乃大怒不肯遣齊王之膠東因以齊反迎擊田都田都走楚齊王巿畏項王乃亡之膠東就國田榮怒追擊殺之即墨榮因自立爲齊王而西擊殺濟北王田安并王三齊漢書音義曰齊與濟北膠東。正義曰三齊記云右即墨中弘淄左平陸謂之三齊榮與彭越將軍印令反梁地陳餘陰使張同夏說說齊王田榮曰項羽爲天下宰不平今盡王故王於醜地而王其羣

臣諸將善地逐其故主趙王乃北居代餘以爲
不可聞大王起兵且不聽不義願大王資餘兵
請以擊常山以復趙王請以國爲扞蔽齊王許
之因遣兵之趙陳餘悉發三縣兵與齊并力擊
常山大破之張耳走歸漢陳餘迎故趙王歇於
代反之趙趙王因立陳餘爲代王是時漢還定
三秦項羽聞漢王皆已并關中且東齊趙叛之
大怒乃以故吳令鄭昌爲韓王以距漢令蕭公
角等（蘇林曰官號也或曰蕭令也時令皆稱公）擊彭越彭越敗蕭公角
等漢使張良徇韓乃遺項王書曰漢王失職欲

得關中如約即止不敢東又以齊梁反書遺項羽曰齊欲與趙并滅楚楚以此故無西意而北擊齊徵兵九江王布布稱疾不往使將將數千人行項王由此怨布也漢之二年冬項羽遂北至城陽田榮亦將兵會戰田榮不勝走至平原平原民殺之遂北燒夷齊城郭室屋皆阬田榮降卒係虜其老弱婦女徇齊至北海多所殘滅齊人相聚而叛之於是田榮弟田橫收齊亡卒得數萬人反城陽項王因留連戰未能下春漢王部（徐廣曰一作劫○索隱曰按漢書作劫字）五諸侯兵（徐廣曰塞翟魏殷河南駰案應劭曰

雍翟塞殷韓也韋昭曰塞翟殷韓魏雍時已敗也○索隱曰按徐廣韋昭皆數翟塞及殷韓等顧師古不數三秦謂常山河南韓魏殷顧胤意略同乃以陳餘兵爲五未知孰是鄙意按韓王鄭昌拒漢漢使韓信擊破之則是韓兵不下而已破散也韓不在此數五諸侯者塞翟河南魏殷也○正義按師古曰諸家之說皆非張良遺羽書曰漢欲得關中如約即止不敢復東謂出關之東也今羽聞漢東之時漢固已得三秦矣五諸侯者謂常山河南韓魏殷也此年十月常山王張耳降河南王申陽降韓王鄭昌降魏王豹降虜殷王卬皆漢東之後故知謂此爲五諸侯時雖未得常山之地功臣年表云張耳棄國與大臣歸漢則當亦有士卒爾時雍王猶在廢丘被圍即非五諸侯之數也尋此紀文昭然可曉前賢注釋並失指趣高紀及漢書皆言劫五諸侯兵凡兵初降士卒未有自指麾故須劫略而行又云發關中兵收三河士發謂差點發也收謂刼略收斂也韋昭云河南河東河內申陽都雒陽韓王成都陽翟皆河南也魏豹都平陽河東也司馬卬都朝歌張耳都襄國河內也此三河士則五諸侯兵也史著雍塞翟則成八諸侯矣重明顔公之說是故韓信傳云漢二年出關收魏河南韓殷王皆降是

凡五十六萬人東伐楚項王聞之

十七

通鑑胡三省辯漢注吳焰釋文曰睢水在梁國睢陽本同沛陵余按水經注睢水出陳留縣西蒗蕩渠而東北流又東北過睢陽縣南又東北過相縣南又逕彭城之靈壁東而東南流項羽敗漢王項羽紀東也以此考之睢水固過睢陽而楚追敗漢軍乃在靈壁東之睢水上不在睢陽也二百五十一卷唐懿宗咸通九年睢水註誤與此同

即令諸將擊齊而自以精兵三萬人南從魯出胡陵正義按括地志云徐州魯兗州曲阜縣也地理志云湖陵在山陽縣屬蜀也四月漢皆已入彭城收其貨寶美人日置酒高會項王乃西從蕭正義曰括地志云徐州蕭縣古蕭叔之國春秋時爲宋附庸帝王世紀云周封子姓之別爲附庸也晨擊漢軍而東至彭城日中大破漢軍張晏曰一日之中也或曰旦擊之至日中大破漢軍皆走相隨入穀泗水瓚曰二水皆在沛郡彭城殺漢卒十餘萬人漢卒皆南走山正義走音奏楚又追擊至靈壁東徐廣曰在彭城○索隱曰孟康曰故小縣在彭城南○正義曰括地志云靈壁故城在徐州符離縣西北九十里睢水上徐廣曰睢水於彭城入泗水○正義曰睢音雖括地志云睢水首受浚儀縣莨蕩水東經取慮入泗過郡西行千二百六十里漢軍卻爲楚所擠服虔曰擠

胡注擠子詣翻又子奚翻

（音濟民之濟　瓚曰排擠也）多殺漢卒十餘萬人皆入睢水睢水為之不流（正義為于偽反）圍漢王三匝於是大風從西北而起折木發屋揚沙石窈冥晝晦（徐廣曰窈幼亦作窅字）逢迎楚軍楚軍大亂壞散而漢王乃得與數十騎遁去欲過沛收家室而西楚亦使人追之沛取漢王家家皆亡不與漢王相見漢王道逢得孝惠魯元（服虔曰元長也食邑於魯韋昭曰元謚也）乃載行楚騎追漢王漢王急推墮孝惠魯元車下滕公常下收載之如是者三曰雖急不可以驅奈何棄之於是遂得脫求太公呂后不相遇審食其（瓚曰其音基○索隱曰食音異按鄒誕）

通鑑亦通 胡注 將間行以避楚軍 如通也間音莧翻 乃反遇楚軍 通鑑項王常置軍中為質 胡云質音致

三人同名其音合並同以六國時衛有司馬食其並慕其名 從太公呂后間行 如淳曰間出間步微行皆同義也 求漢王反遇楚軍楚軍遂與歸報項王項王常置軍中是時呂后兄周呂侯 徐廣曰名澤○正義曰蘇林云以姓名侯也晉灼云外戚表周呂令武侯澤也呂縣名封於呂以為國顏師古云周呂封名令武其謚也蘇云以姓名侯非也 為漢將兵居下邑 徐廣曰在梁○正義曰括地志云宋州碭山縣本下邑縣也在宋州東一百五十里按今下邑在宋州東一百一十里 漢王間往從之稍稍收其士卒至滎陽諸敗軍皆會蕭何亦發關中老弱未傅悉詣滎陽 服虔曰傅音附孟康曰古者二十而傅三年耕有一年儲故二十三年而後役之如淳曰律年二十三傅之疇官各從其父疇內學之高不滿六尺二寸以下為罷癃漢儀註民年二十三為正一歲為衛士一歲為材官騎士習射御騎馳戰陣又曰年五十六衰老乃得免為庶民就田里今老弱未嘗傅者皆發

胡云傅讀曰附

之末二十三爲弱過五十六爲老食貨志曰月爲更卒已復
爲正一歲屯戍一歲力役三十倍於古者。索隱曰按姚氏
云古者更卒不過一月踐更五月而休又顏云五當爲三言
一歲之中三月居更三日戍邊總九十三日古者役人歲不
過三日此所謂一歲力役三十倍於古也斯說得之復大振楚起於彭城常乘
勝遂北與漢戰滎陽南京索間漢敗楚應劭曰京縣名
屬河南有索亭晉灼曰索音柵。正義曰括地志云京縣城
在鄭州滎陽縣東南二十里鄭之京邑也晉太康地志云鄭
太叔段所居邑滎陽縣即大索城杜預云成皐東有大索城
又有小索故城在滎陽縣北四里京相璠地名云京縣有大
索亭小索亭大小氏兄弟居之故有小大之號按楚與漢戰滎陽南京索間即此三城耳楚以故不能
過滎陽而西項王之救彭城追漢王至滎陽田
横亦得收齊立田榮子廣爲齊王漢王之敗彭
城諸侯皆復與楚而背漢漢軍滎陽築甬道屬

之河以取敖倉粟贊曰敖地名在滎陽西北山臨河有大倉。正義曰括地志云敖倉在鄭州滎陽縣西十五里縣門之東北臨汴水南帶三皇山秦時置倉於敖山名敖倉云漢之三年項王數侵奪漢甬道漢王食乏恐請和割滎陽以西爲漢項王欲聽之歷陽正義曰括地志云和州歷陽縣本漢舊縣也淮南子云歷陽之都一夕而爲湖漢帝時歷陽淪爲歷湖侯范增曰漢易與耳今釋弗取後必悔之項王乃與范增急圍滎陽漢王患之乃用陳平計閒項王項王使者來爲太牢具舉欲進之見使者詳驚愕曰吾以爲亞父使者乃反項王使者更持去以惡食食正義曰上如字下音寺項王使者使者歸報項王項王乃疑范增與漢有私稍奪之權范增大怒曰天下事大定矣君王自為之願賜骸骨歸卒伍項王許之行未至彭城疽發背而死皇覽曰亞父冢在廬江居巢縣郭東居巢廷中有亞父井吏民皆祭亞父於居巢廷上長吏初視事皆祭然後從政後更造祠於郭東至今祠之○正義曰疽七餘反崔浩云疽附骨癰也括地志云髑髏山在廬州巢縣東北五里昔范增居北山之陽後佐項羽漢將紀信說漢王曰事已急矣請為王誑楚為王王可以間出於是漢王夜出女子滎陽東門被甲二千人楚兵四面擊之紀信乘黃屋車傅左正義曰李斐云天子車以黃繒為蓋裏纛李斐曰纛毛羽幢也在乘輿車衡左方上注之蔡邕曰以犛牛尾為之如斗或在騑頭或在衡上也曰城中食盡漢王降楚軍皆呼萬歲漢王亦與數十

項羽紀

騎從城西門出走成皐正義曰括地志云成皐故縣在洛州汜水縣西南二里

項王見紀信問漢王安在信曰漢王已出矣項

王燒殺紀信漢王使御史大夫周苛樅公樅音七從反

魏豹守滎陽周苛樅公謀曰反國之王難與守

城乃共殺魏豹楚下滎陽城生得周苛項王謂

周苛曰為我將我以公為上將軍封三萬戶周

苛罵曰若不趣降漢漢今虜若若非漢敵也項

王怒亨周苛并殺樅公漢王之出滎陽南走宛

葉得九江王布行收兵復入保成皐漢之四年

項王進兵圍成皐漢王逃晉灼曰獨出意○索隱曰音徒凋反漢書作跳字

獨與滕公出成皐北門徐廣曰北門名玉門渡河走脩武從張耳韓信軍諸將稍稍得出成皐從漢王楚遂拔成皐欲西漢使兵距之鞏令其不得西是時彭越渡河擊楚東阿殺楚將軍薛公項王乃自東擊彭越漢王得淮陰侯兵欲渡河南鄭忠說漢王乃止壁河內使劉賈將兵佐彭越燒楚積聚正義積上積賜反項王東擊破之走彭越漢王則引兵渡河復取成皐軍廣武就敖倉食項王已定東海來西與漢俱臨廣武而軍孟康曰於滎陽築兩城相對爲廣武在敖倉西三皇山上○正義曰括地志云東廣武西廣武在鄭州滎陽縣西二十里戴延之西征記云三皇山上有二城東曰東

廣武西曰西廣武各在一山頭相去百步汴水從廣澗中東南流今涸無水城各有三面在敖倉西郭緣生述征記云一澗橫絕上過名曰廣武相對皆立城塹遂號東西廣武

相守數月當此時彭越數反梁地絕楚糧食項王患之爲高俎置太公其上

如淳曰高俎几之上李奇曰軍中巢櫓方面人謂之俎也○索隱曰俎亦机之類故夏侯湛新論爲机机猶俎也比太公於牲肉故置之俎上姚察按左氏楚子登巢車以望晉軍杜預謂車上櫓也故李氏云軍中巢櫓又引時人亦謂此爲俎也○正義曰括地志云東廣武城有高壇即是項羽坐太公俎上者今名項羽堆亦呼爲太公亭顏師古云俎者所以薦肉示欲烹之故置俎上

告漢王曰今不急下吾烹太公漢王曰吾與項羽俱北面受命懷王曰約爲兄弟吾翁即若翁必欲烹而翁則幸分我一桮羹項王怒欲殺之項伯曰天下事未可知且爲天

項羽紀

下者不顧家雖殺之無益秖益禍耳項王從之楚漢久相持未決丁壯苦軍旅老弱罷轉漕項王謂漢王曰天下匈匈數歲者徒以吾兩人耳願與漢王挑戰李奇曰挑身獨戰不復須衆也挑音茶了反瓚曰挑戰擿撓敵求戰古謂之致師決雌雄毋徒苦天下之民父子為也漢王笑謝曰吾寧鬭智不能鬭力項王令壯士出挑戰漢有善騎射者樓煩應劭曰樓煩胡也今樓煩縣楚挑戰三合樓煩輒射殺之項王大怒乃自被甲持戟挑戰樓煩欲射之項王瞋目叱之樓煩目不敢視手不敢發遂走還入壁不敢復出漢王使人間問

之乃項王也漢王大驚於是項王乃即漢王相與臨廣武間而語漢王數之項王怒欲一戰漢王不聽項王伏弩射中漢王漢王傷走入成皋項王聞淮陰侯已舉河北破齊趙且欲擊楚乃使龍且（韋昭曰音子閭反）往擊之淮陰侯與戰騎將灌嬰擊之大破楚軍殺龍且韓信因自立爲齊王項王聞龍且軍破則恐使盱台人武涉往說淮陰侯淮陰侯弗聽是時彭越復反下梁地絕楚糧項王乃謂海春侯大司馬曹咎等曰謹守成皋則漢欲挑戰慎勿與戰毋令得東而已我十五

日必誅彭越定梁地復從將軍乃東行擊陳留正義曰括地志云陳留汴州縣也在州東五十里本漢陳留郡及陳留縣之地孟康云留鄭邑也後爲陳所并故曰陳留臣瓚又按宋有留彭城留是也此留屬陳故曰陳留外黃外黃不下數日已降項王怒悉令男子年十五已上詣城東欲阬之外黃令舍人兒年十三蘇林曰令之舍人兒也瓚曰編兒者以其幼弱故係其父春秋傳曰仍叔之子是也往説項王曰彭越彊劫正義彊其兩反外黃外黃恐故且降待大王大王至又皆阬之百姓豈有歸心從此以東梁地十餘城皆恐莫肯下矣項王然其言乃赦外黃當阬者東至睢陽正義曰括地志云宋州外城本漢睢陽縣也地理志云睢陽縣故宋國也聞之皆爭下項王漢

果數挑楚軍戰，楚軍不出。使人辱之，五六日，大司馬怒，渡兵汜水。張晏曰汜水在濟陰界如淳曰汜音祀左傳曰鄙在鄭地汜瓚曰高祖攻曹咎成臯渡汜水而戰今成臯城東汜水是也。索隱曰按今此水見名汜水音似張晏云在濟陰亦未全失按古濟水當此截河而南又東流溢為滎澤然水南曰陰此亦在濟之陰非彼濟陰郡耳臣瓚之說是。正義曰括地志云汜水源出洛州汜水縣東南三十二里方山山海經云浮戲之山汜水出焉士卒半渡，漢擊之，大破楚軍，盡得楚國貨賂。大司馬咎、長史翳、塞王欣皆自剄汜水上。鄭玄曰剄音經鼎反以刀割頸為剄大司馬咎者，故蘄獄掾，長史欣亦故櫟陽獄吏，兩人嘗有德於項梁，是以項王信任之。當是時，項王在睢陽，聞海春侯軍敗，則引兵還。漢軍方圍鍾離眛，漢書音義

曰昧音末於滎陽東項王至漢軍畏楚盡走險阻是

時漢兵盛食多項王兵罷食絕漢遣陸賈說項

王請太公項王弗聽漢王復使侯公往說項王

項王乃與漢約中分天下割鴻溝以西者為漢

文穎曰於滎陽下引河東南為鴻溝以通宋鄭陳蔡曹衛與濟汝淮泗會於楚即今官渡水也○正義曰應劭云在滎陽東二十里張華云大梁城在浚儀縣此縣西北渠水東經此城南又北屈分為二渠其一渠東南流始皇鑿引河水以灌大梁謂之鴻溝楚漢會此處也其一渠東經陽武縣南為官渡水按張華此說是鴻溝而東者

為楚項王許之即歸漢王父母妻子軍皆呼萬

歲漢王乃封侯公為平國君正義曰楚漢春秋云上欲封之乃肯見曰此天下之辯士所居傾國故號曰平國君按[illegible]歸太公呂后能和平郡國匿弗肯復見曰此

下辯士所居傾國故號爲平國君項王已約乃引兵解而東歸漢欲西歸張良陳平說曰漢有天下太半（韋昭曰凡數三分有二爲太半一爲少半）而諸侯皆附之楚兵罷食盡此天亡楚之時也不如因其機而遂取之今釋弗擊此所謂養虎自遺患也（正義遺唯季反）漢王聽之漢五年漢王乃追項王至陽夏（如淳曰夏音賈○正義曰括地志云陳州太康縣本漢陽夏縣也續漢書郡國志云陽夏縣屬陳國按太康縣城夏后太康所築隋改陽夏爲太康）南止軍與淮陰侯韓信建成侯彭越期會而擊楚軍至固陵（徐廣曰在陽夏駰案晉灼曰即固始也○正義曰括地志云固陵縣名也在陳州宛丘縣西北四十二里）而信越之兵不會楚擊漢軍大破之

漢王復入壁深塹而自守謂張子房曰諸侯不從約爲之柰何對曰楚兵且破信越未有分地李奇曰信越等未有益地之分也韋昭曰信等雖名爲王未爲所畫經界其不至固宜君王能與共分天下今可立致也即不能事未可知也君王能自陳以東傅海正義曰傅音附著也陳即陳州古陳國都也自陳著海井齊舊地盡與齊王韓信也盡與韓信睢陽以北至穀城正義曰括地志云穀城故在濟州東阿縣東二十六里睢陽宋州也自宋州以北至濟州穀城際黄河盡與相國彭越以與彭越使各自爲戰正義爲于僞反則楚易敗也漢王曰善於是乃發使者告韓信彭越曰并力擊楚楚破自陳以東傅海與齊王睢陽以北至穀城與

項羽紀

彭越相國使者至韓信彭越皆報曰請今進兵韓信乃從齊往劉賈軍從壽春並行屠城父如淳曰並行並擊之。正義曰父音甫壽州壽春縣也城父亳州縣也屠謂多刑殺也劉賈入圍壽州引兵過淮北屠殺亳州城父而東北至垓下至垓下徐廣曰在沛之洨縣洨下交切駰案應劭曰垓音該李奇曰沛洨縣聚邑名也。索隱曰張揖三蒼注云垓堤名在沛郡。正義曰按垓下是高岡絶巖今猶高三四丈其聚邑及堤在垓之側因取名焉今在亳州眞源縣東十里與老君相接洨音戶交反大司馬周殷叛楚以舒屠六如淳曰以舒之衆屠破六縣。正義曰括地志云舒今廬江則故舒城是也故六城在壽州安豐南百三十二里偃姓咎繇之後按周殷叛楚兼舉九江郡之兵隨劉賈而至垓下舉九江兵正義曰九江郡壽州也楚考烈王二十二年自陳徙壽春號之郢至王負芻為秦將王翦所滅於此置九江郡應劭云自廬江尋陽分為北江隨劉賈彭越皆會垓下詣項王項王軍壁垓下兵少食盡漢軍及諸侯兵圍之數重夜聞漢軍四面皆楚歌應劭曰楚歌者謂雞鳴歌也漢已略得其地故楚歌者多雞鳴時歌也○正義曰顔師古云楚人之歌也猶言吳謳越吟若雞鳴爲歌之名於理則可不得云雞鳴時也高祖戚夫人楚舞自爲楚歌豈亦雞鳴時乎按顔說是也項王乃大驚曰漢皆已得楚乎是何楚人之多也項王則夜起飲帳中有美人名虞徐廣曰一云姓虞氏○正義曰括地志云虞姬墓在濠州定遠縣東六十里長老傳云項羽美人冢也常幸從駿馬名騅正義曰音隹顧野王云青白色也釋畜云蒼白雜毛騅也常騎之於是項王乃悲歌慷慨自爲詩曰力拔山兮氣蓋世時不利兮騅不逝騅不逝兮可柰何虞兮虞兮柰若何歌數闋美人和之正義曰和音胡卧反楚漢春秋云歌曰漢兵已略地四方

楚歌聲大王意氣盡賤妾何聊生項王泣數行下正義數色庚反行色郎反左右皆泣莫能仰視於是項王乃上馬騎正義曰其倚反凡單乘曰騎後同麾下正義麾亦作戲同乎危反壯士騎從者八百餘人直夜潰圍南出馳走平明漢軍乃覺之令騎將灌嬰以五千騎追之項王渡淮騎能屬者正義屬音燭百餘人耳項王至陰陵徐廣曰在淮南○正義曰括地志云陰陵縣故城在濠州定遠縣西北六十里地理志云陰陵縣屬九江郡迷失道問一田父田父紿曰左文穎曰紿欺也欺令左去左乃陷大澤中以故漢追及之項王乃復引兵而東至東城漢書音義曰縣名屬臨淮○正義曰括地志云東城縣故城在濠州定遠縣東南五十里地理志云東城縣屬九江郡乃有二十八騎漢騎

項羽紀

胡三省通鑑釋文辯誤第四 隊四鄉 史炤釋文曰隊音遂 余按此乃群隊之隊 音徒對翻 鄉讀曰嚮 言項王分其從騎爲四隊四嚮以禦漢軍 文意甚明 漢書王莽傳置六鄉六隊 顏師古曰隊音遂 蓋因奉效周禮之鄉遂之制而爲之音 若引以音群隊之隊則誤矣

古

追者數千人項王自度不得脫謂其騎曰吾起兵至今八歲矣身七十餘戰所當者破所擊者服未嘗敗北遂霸有天下然今卒困於此正義曰卒子律反此天之亡我非戰之罪也今日固決死願爲諸君快戰必三勝之爲諸君潰圍斬將刈旗令諸君知天亡我非戰之罪也乃分其騎以爲四隊四嚮漢軍圍之數重項王謂其騎曰吾爲公取彼一將令四面騎馳下期山東爲三處正義曰期遇山東分爲三處漢軍不知項羽處括地志云九頭山在滁州全椒縣西北九十六里江表傳云項羽敗至烏江漢兵追羽至此一日九戰因名於是項王大呼正義曰火故反馳下漢軍皆披

胡注度徒洛翻

胡云卒子恤翻

靡。正義曰：上撫彼反。靡言精體低垂。遂斬漢一將。是時赤泉侯爲騎將，追項王，項王瞋目而叱之，赤泉侯人馬俱驚，辟易數里。正義曰：言人馬俱驚開張易舊處，乃至數里。與其騎會爲三處。漢軍不知項王所在，乃分軍爲三，復圍之。項王乃馳，復斬漢一都尉，殺數十百人，復聚其騎，亡其兩騎耳。乃謂其騎曰：「何如？」騎皆伏曰：「如大王言。」於是項王乃欲東渡烏江。瓚曰：在牛渚。○索隱曰：按晉初屬臨淮。○正義曰：括地志云烏江亭即和州烏江縣是也。晉初爲縣。江水經云水又北左傳蒲津口，漢書所謂烏江亭長檥船以待項羽，即此也。烏江亭長檥船待，徐廣曰：檥音儀，一音俄。駰案：應劭曰檥，正也。孟康曰檥音蟻，附也，附船着岸也。如淳曰：南方人謂整船向岸曰檥。○索隱曰：檥字諸家各以意解爾。鄒誕本作樣，船以尚反，劉氏亦有此音謂項王曰江東雖小地方千里衆數十萬人亦足王也願大王急渡今獨臣有船漢軍至無以渡項王笑曰天之亡我我何渡爲且籍與江東子弟八千人渡江而西今無一人還縱江東父兄憐而王我我何面目見之縱彼不言籍獨不愧於心乎乃謂亭長曰吾知公長者吾騎正義曰音奇此馬五歲所當無敵嘗一日行千里不忍殺之以賜公乃令騎皆下馬步行持短兵接戰獨籍所殺漢軍數百人項王身亦被十餘創顧見漢騎司馬呂馬童曰若非吾故人乎馬

童面之張晏曰以故人故難視斫之故背之如淳曰面不正視也指王翳曰如淳曰指示王翳此項王也項王乃曰吾聞漢購我頭千金邑萬戶正義曰漢以一斤金為千金當一萬錢也吾為若德徐廣曰亦可是功德之德乃自刎而死○正義曰為于偽反言呂馬童與項羽先是故人舊有恩德於羽一云德行也王翳取其頭餘騎相蹂踐爭項王相殺者數十人最其後郎中騎楊喜騎司馬呂馬童郎中呂勝楊武各得其一體五人共會其體皆是故分其地為五封呂馬童為中水侯索隱曰按晉書地道記其中水縣屬河間○正義曰地理志云中水縣屬涿郡應劭云在易渡二水之中故曰中水封王翳為杜衍侯索隱曰按地理志縣在南陽按表作王翳也○正義曰括地志云杜衍侯故縣在鄧州南陽縣西八里封楊喜

鄆按宋白曰宋州穀熟縣古穀城也隋於此置穀熟縣又改爲穀陽縣

爲赤泉侯索隱曰南陽有丹水縣疑赤泉後改按漢書表及後漢作憙音火志反封楊武爲吳防侯索隱曰地理志縣名屬汝南故房子國○正義曰吳防豫州縣括地志云吳房縣本漢舊縣孟康云吳王闔廬弟夫㮣奔楚楚封於此爲堂谿氏本房子國以封吳故曰吳房封呂勝爲涅陽侯徐廣曰五人後各皆謚壯侯○索隱曰地理志南陽縣名○正義曰涅年結反括地志云涅陽故地城在鄧州穰縣東北六十里本漢舊縣也應劭云在涅水之陽項王已死徐廣曰漢五年之十二月也項王以始皇十五年巳巳歲生死時年三十一楚地皆降漢獨魯不下漢乃引天下兵欲屠之爲其守禮義爲主死節乃持項王頭視魯魯父兄乃降始楚懷王初封項籍爲魯公及其死魯最後下故以魯公禮葬項王穀城皇覽曰項羽冢在東郡穀城東去縣十五里○正義曰括地志云項羽墓在濟州東阿東縣二十七里穀城西三里述征

童面之張晏曰以故人故難視斫之故背之如淳曰面不正視也指王翳曰如淳曰指示王翳此項王也項王乃曰吾聞漢購我頭千金正義曰漢以一斤金爲千金當一萬錢也邑萬戶吾爲汝德徐廣曰亦可是功德之德○正義曰爲于僞反言呂馬童與項羽先是故人舊有恩德於羽一云德行也乃自刎而死王翳取其頭餘騎相蹂踐爭項王相殺者數十人最其後郎中騎楊喜騎司馬呂馬童郎中呂勝楊武各得其一體五人共會其體皆是分其地爲五封呂馬童爲中水侯索隱曰按晉書地道記其中水縣屬河間○正義曰地理志云中水縣屬涿郡應劭云在易滱二水之中故曰中水封王翳爲杜衍侯索隱曰按地理志縣在南陽按表作王翳也○正義曰括地志云杜衍侯故縣在鄧州南陽縣西八里封楊喜

胡注宋白曰宋州穀熟縣古穀城隸也漢於此置蒙縣又改爲穀陽縣

爲赤泉侯。索隱曰：南陽有丹水縣，疑赤泉後改。按漢書表及後漢作憙，音火志反。封楊武爲吳防侯。索隱曰：地理志縣名，屬汝南，故房子國。○正義曰：吳防豫州縣。括地志云吳房縣本漢舊縣，孟康云吳王闔廬弟夫概奔楚，楚封於此，爲棠谿氏。本房子國，以封吳，故曰吳房。封呂勝爲涅陽侯。徐廣曰：五人後卒皆諡壯侯。○索隱曰：地理志南陽縣名○正義曰：涅，年結反。括地志云涅陽故地城在鄧州穰縣東北六十里，本漢舊縣也。應劭云在涅水之陽。項王已死，徐廣曰：漢五年之十二月也。項王以始皇十五年己巳歲生，死時年三十一。楚地皆降漢，獨魯不下。漢乃引天下兵欲屠之，爲其守禮義，爲主死節，乃持項王頭視魯，魯父兄乃降。始，楚懷王初封項籍爲魯公，及其死，魯最後下，故以魯公禮葬項王穀城。皇覽曰：項羽冢在東郡穀城東，去縣十五里。○正義曰：括地志云項羽墓在濟州東阿東縣二十七里，穀城西三里。述征羽墓在穀城西北三里半許毀壞有碣石項王之墓漢王為發哀泣之而去諸項氏枝屬漢王皆不誅乃封項伯為射陽侯正義曰射音食夜反括地志云楚州山陽本漢射陽縣地志云在射水之陽故曰射陽桃侯徐廣曰名襄其子舍為丞相。○正義曰括地志云故城在滑州胙城縣東四十里漢書云高祖十二年封劉襄為桃侯也平皋侯徐廣曰名佗。○正義曰括地志云平皋故城在懷州武德縣東二十里漢平皋縣按佗音徒何反玄武侯徐廣曰諸侯表中不見皆項氏賜姓劉氏

太史公曰吾聞之周生曰文穎曰周時賢者。○正義曰孔文祥云周生漢時儒者姓周也按太史公云吾聞之周生則是漢人與太史公耳目相接明矣舜目蓋重瞳子尸子曰舜兩眸子是謂重瞳又聞項羽亦重瞳子羽豈其苗裔邪何興之暴也夫秦失其政陳涉首難豪傑蠭起

項羽紀

相與並爭不可勝數然羽非有尺寸乘勢起隴畝之中三年遂將五諸侯滅秦此時山東六國而齊趙韓魏燕五國並起從伐秦故云五諸侯分裂天下而封王侯政由羽出號為霸王位雖不終近古以來未嘗有也及羽背關懷楚正義曰顏師古云背關背約不王高祖於關中懷楚謂思東歸而都彭城放逐義帝而自立怨王侯叛己難矣自矜功伐奮其私智而不師古謂霸王之業欲以力征經營天下五年卒亡其國正義曰卒音子律反五年謂高帝元年至五年殺項羽東城身死東城尚不覺寤而不自責過矣乃引天亡我非用兵之罪也豈不謬哉

索隱述贊曰　亡秦鹿走　僞楚狐鳴

雲鬱沛谷　劍挺吳城　勳開魯甸

勢合碭兵　卿子無罪　亞父推誠

始救趙歇　終誅子嬰　違約王漢

背關懷楚　常遷上游　臣迫故主

靈壁大振　成皋久拒　戰非無功

天實不與　嗟彼蓋代　卒爲凶豎

史計九千零九十四字

汪計九千三百二十四字

項羽本紀第七　史記七

（漢）司馬遷　撰
（南朝宋）裴駰　集解
（唐）司馬貞　索隱
（唐）張守節　正義

宋本史記

第二册

國家圖書館出版社

第二册目録

史記本紀　四

夏

蜀字紀聞考十三禮儀宗引爲度比包王逸注離騷引稱大傳此所太史公所錄爲本紀者歟

至海百八十一刀
劍録陶弘景撰夏禹
字高密以庚
戌八年鑄一劍

夏本紀第二　　史記二

夏禹 謚法曰受禪成功曰禹。正義曰夏者帝禹封國號也帝王紀云禹受封爲夏伯在豫州外方之南今河南陽翟是也 名曰文命 索隱曰尚書云文命敷于四海孔安國云外布文德教命不云是禹名太史公皆以放勳重華文命爲名孔又云虞氏舜名則堯舜禹湯皆名矣蓋古質帝王之號皆以名後代因其行追而爲謚其實禹是名故張晏云少昊已前天下之號象其德顓頊已來天下之號因其名又按系本鯀取有辛氏女謂之女志是生高密宋衷云高密禹所封國。正義曰帝王紀云父鯀妻脩己見流星貫昴夢接意感又吞神珠薏苡胷坼而生禹名文命字密身九尺二寸長本西夷人也大戴禮云高陽之孫鯀之子曰文命揚雄蜀王本紀云禹本汶山郡廣柔縣人也生於石紐括地志云茂州汶川縣石紐山在縣西七十三里華陽國志云今夷人共營其地方百里不敢居牧至今猶不敢放六畜按廣柔隋改曰汶川 禹之父曰鯀鯀之父曰帝顓頊 索隱曰皇甫謐云鯀帝顓頊之子字熙又連山易云鯀封於崇故國語謂之崇伯鯀系本亦以鯀爲顓頊子漢書律曆志則云顓頊五五代而生鯀按鯀既仕堯與舜代系殊懸舜即顓頊六代孫則鯀非是顓頊之子蓋班氏之言近得其實顓頊之父曰昌意昌意之父曰黃帝禹者黃帝之玄孫而帝顓頊之孫也禹之曾大父昌意及父鯀皆不得在帝位爲人臣當帝堯之時鴻水滔天索隱曰一作洪鴻大也以鳥大曰鴻小曰鴈故近代文字大義者皆作鴻也浩浩懷山襄陵下民其憂堯求能治水者羣臣四嶽皆曰鯀可堯曰鯀爲人負命毀族不可四嶽曰等之未有賢於鯀者願帝試之於是堯聽四嶽用鯀治水九年而水不息功用不成於是帝堯乃求人更得舜舜登用攝行天子之政巡狩行視鯀之治

水無狀索隱曰言無功狀乃殛鯀於羽山以死正義曰殛音紀力反鯀之羽山化爲黃熊入于羽淵熊音乃來反下三點爲三足也束皙發蒙紀云鼈三足曰熊天下皆以舜之誅爲是於是舜舉鯀子禹而使續鯀之業堯崩帝舜問四嶽曰有能成美堯之事者使居官皆曰伯禹爲司空可成美堯之功舜曰嗟然命禹女平水土維是勉之禹拜稽首讓於契后稷皐陶舜曰女其往視爾事矣禹爲人敏給克勤其德不違其仁可親其言可信聲爲律索隱曰言禹聲音應鍾律身爲度王肅曰以身爲法度○索隱曰按今巫猶稱禹步稱以出徐廣曰一作士○索隱曰按大戴禮見作士又一解云上聲與身爲律度則權衡亦出於其身故云稱以出亹亹穆穆

爲綱紀禹乃遂與益后稷奉帝命命諸侯下姓興人徒以傅土行山表木尚書傅字作敷馬融曰敷分也。○索隱曰大戴禮作傅土故此紀依之傅即付也謂付功屬役之事謂令人分布理九州之土地也表木謂刊木立爲表記尚書作隨山刊木定高山大川馬融曰定其差秩祀禮所視也駰案尚書大傳曰高山大川五嶽四瀆之屬禹傷先人父鯀功之不成受誅乃勞身焦思居外十三年過家門不敢入薄衣食致孝于鬼神馬融曰祭祀豐絜卑宮室致費於溝淢包氏曰方里爲井井間有溝溝廣深四尺十里爲成成間有淢淢廣深八尺陸行乘車水行乘舡泥行乘橇徐廣曰他書或作蕝駰案孟康曰橇形如箕擿行泥上如淳曰橇音茅蕝之蕝謂以板置其泥上以通行路也。○正義曰按橇形如舡而短小兩頭微起人曲一脚泥上擿進用拾泥上之物今杭州溫州海邊有之也山行乘檋徐廣曰攆一作橋音丘遥反駰案如淳曰攆車謂以鐵如錐頭長半寸施之履下以上山不蹉跌也又音紀録反。正義曰按上山前齒短後齒長下山前齒長後齒短也攆音與上同也 左準繩右規矩 王肅曰左右言常用也。索隠曰左所運用甚爲人之準繩右所舉動必應規矩也 載四時 王肅曰所以行不違四時之宜也 以開九州通九道陂九澤度九山 令益予衆庶稻可種卑濕 命后稷予衆庶難得之食 食少調有餘相給以均諸侯 禹乃行相地宜所有以貢及山川之便利 禹行自冀州始 冀州既載 孔安國曰堯所都也先施貢賦役載於書也鄭玄曰兩河間曰冀州。正義曰按理水及貢賦從帝都爲始也黄河自勝州東直南至華陰即東至懷州南又東北至平州碣石山入海也東河之西西河之東南河之北皆冀州也 壺口 治梁及岐 鄭玄曰地理志壺口在北屈東北梁山在左馮翊夏陽岐山在右扶風美陽。正義曰括地志

鎮

[illegible]山在[illegible]州[illegible]西五十里冀州境也梁山在[illegible]州韓城縣東南十九里[illegible]岐山在岐州岐山縣東北十里二山雍州境也孔安國從東循山理水而西也 **既修太原至于嶽陽** 孔安國曰太原今爲郡名太嶽在太原西南山南曰陽。索隱曰嶽太嶽即冀州之愼霍太山也按地理志霍太山在河東彘縣東凡如此例不引書者皆地理志文也。正義曰括地志云霍山在沁州沁原縣西七八十里 **覃懷致功** 孔安國曰覃懷近河地名鄭玄曰懷縣屬河內。索隱曰按河內有懷縣今驗地無名覃者蓋覃懷二字或當時共爲一地之名 **至于衡漳** 孔安國曰漳水橫流。索隱曰案孔註以衡爲橫非王肅云衡漳二水名地理志淸漳水出上黨沾縣東北至阜城縣入河濁漳水出上黨長子縣東至鄴入淸漳也。正義曰括地志云故懷城在懷州武陟縣西十一里衡漳水在瀛州東北百二十五里平舒縣界也 **其土白壤** 孔安國曰土無塊曰壤 **賦上上錯** 孔安國曰上上第一錯雜也雜出第二之賦 **田中中** 孔安國曰九州之中爲第五 **常衛既從大陸既爲** 鄭玄曰地理志恒水出恒山衛水在靈壽大陸澤在鉅鹿。索

衡音橫

夏紀

師說曾家說云裴以爲鄭說明鳥夷孔說明皮服則不用鳥夷之說江家說云此說非也裴氏存二家之說故[illegible]先鳥夷後鳥夷即文通今案菅家說是也云云

鄭玄曰鳥夷東北之民賦食鳥獸者也尚貢[illegible]義云搏食鳥獸云云 孔安國云服其皮明水害除集注文曰海曲謂之島居島之夷還服其皮島貢正義孔意讀鳥曰島島是海中之山九章算術云海島邈絶量也傳言海曲謂之島謂其海曲有山夷居其上此居島之夷常服衣獸皮為遭洪水衣食不足今還服其皮以明水害除

進注師古曰東北之夷搏取鳥獸食其肉衣其皮也設居海曲被服容止皆象鳥

也

隱曰此文改恒山恒水皆作常避漢文帝諱故也常水出常山上曲陽縣東入滱水衛水出常山靈壽縣東入滹沱

鳥夷皮服，鄭玄曰鳥夷東北之民賦食鳥獸者孔安國曰服其皮明水害除。正義曰括地志云靺鞨國古肅愼也在京東北萬里已下東及北各抵大海其國南有白山鳥獸草木皆白其人處山林間土氣極寒常爲穴居以深爲貴至接九梯養豕食肉衣其皮冬以豬膏塗身厚數分以禦風寒貴臭穢不潔作廁於中圜之而居多勇力善射弓長四尺如弩矢用楛長一尺八寸青石爲鏃葬則交木作槨殺豬積槨上富者至數百貧者數十以爲死人之糧以土上覆之以繩繫於槨頭出土上以酒灌酹繩腐而止無四時祭祀也

夾右碣石，孔安國曰碣石海畔之山也

入于海。徐廣曰海一作河。索隱曰地理志云碣石山在北平驪城縣西南太康地理志云樂浪遂城縣有碣石山長城所起又水經云在遼西臨渝縣南水中蓋碣石山有二此云夾右碣石入于海當非北平之碣石

濟河維沇州，鄭玄曰言沇州之界在此兩水之間

九河既道，馬融曰九河名徒駭太史馬頰覆釜胡蘇簡絜鉤盤鬲津

雷夏既澤，雍沮會同，鄭玄曰雍水沮水相觸而合入此澤中也

鳥 如字又音嶋

沇 欲軟反亦作兗

草繇木條下一厥
草惟繇厥木惟
條李 繇又作繇

理志曰雷澤在濟陰城陽。索隱曰爾雅云水自河出爲雍　山。正義曰括地志云雷夏澤在濮州雷澤縣郭外西北雍沮二水在雷澤西北平地也

桑土既蠶於是民得下丘居土孔安國曰大水去民下丘居平土就桑蠶其土黑墳孔安國曰色黑而墳起草繇木條孔安國曰繇茂條長也田中下孔安國曰第六賦貞作十有三年乃同鄭玄曰貞正也治此州正作不休十三年乃有賦與八州同言功難也其賦中下其貢漆絲其篚織文孔安國曰地宜漆林又宜桑蠶織文錦綺之屬盛之筐篚而貢焉浮於濟漯通於河鄭玄曰地理志云漯水出東郡東武陽。索隱曰濟水出河東垣縣王屋山東其流經濟陰故應劭云濟水出平原隂縣東漯水出東郡東武陽縣北至千乘縣而入于海海岱維青州鄭玄曰東自海西至岱東嶽曰岱山。正義曰按舜分青州爲營州遼西及遼東嵎夷既略馬融曰嵎夷地名用功少曰略。索隱曰孔安國云東表之地稱嵎夷按今文尚書及帝命驗並作禺鐵在遼西鐵古夷字也濰淄既

條繇也
厥李
漯吐荅反
嵎本作堣音隅

牧 カラコトヲスヘクナス ホクスヘクナス ホクスルコトヲス カフヘクナス カラコトヲス ツサムヘクナス

道。鄭玄曰地理志濰水出琅邪。淄水出泰山萊蕪縣原山。正義曰括地志云密州莒縣山濰水所出淄州淄川縣東北七十里原山淄水所出俗傳云禹理水功畢土石黑數里之中波若漆故謂之淄水也 其土白墳海濱廣潟 徐廣曰一作澤又作斥 厥田斥鹵 鄭玄曰斥謂地鹹鹵。索隱曰鹵音魯說文云鹵鹹地東方謂之斥西方謂之鹵 田上下賦中上 孔安國曰田第三賦第四 厥貢鹽絺海物維錯 孔安國曰絺細葛錯雜非一種鄭玄曰海物海魚也魚種類尤雜 岱畎絲枲鈆松怪石 孔安國曰畎谷也怪異好石似玉者岱山之谷出此五物皆貢之 萊夷為牧 孔安國曰萊夷地名可以牧放。索隱曰按左傳云萊人劫孔子孔子稱夷不亂華又云齊侯伐萊服虔以為東萊黃縣是今按地理志黃縣有萊山恐即此地之夷 其篚酓絲 孔安國曰酓桑蠶絲中為琴瑟弦。索隱曰爾雅云酓山桑是蠶食酓之絲也 浮於汶通於濟 鄭玄曰地理志汶水出泰山萊蕪縣原山西南入泲 海岱及淮維徐州 孔安國曰東至海北至岱南及淮 淮沂其治

既 酓上厭本 淮音懷 沂魚機反

夏紀

蒙羽其蓺鄭玄曰地理志沂水出泰山蓋縣蒙羽二山名孔安國曰二水已治二山可以種蓺。索隱曰水經云淮水出南陽平氏縣胎簪山東北過桐柏山沂水出泰山蓋縣艾山南過下邳縣入泗蒙山在泰山蒙陰縣西羽山在東海祝其縣南殛鯀之地大野既都鄭玄曰大野在山陽鉅野北名鉅野澤孔安國曰水所停曰都東原底平鄭玄曰東原地名今東平郡即東原。索隱曰張華博物志云兗州東平郡即尚書之東原也。正義曰廣平曰原徐州在東故曰東原水去已致平復言可耕種也其土赤埴墳徐廣曰埴黏土也草木漸包孔安國曰漸長進包叢生也其田上中賦中中孔安國曰田第二賦第五貢維土五色鄭玄曰土五色者所以爲太社之封。正義曰韓詩外傳云天子社廣五丈東方青南方赤西方白北方黑上冒以黃土將封諸侯各取方土苴以白茅以爲社也太康地記云城陽姑幕有五色土封諸侯錫之茅土用爲社此土即禹貢徐州土也今屬密州莒縣也羽畎夏翟孔安國曰夏狄狄雉名也羽中旌旄羽山之谷有之嶧陽孤桐孔安國曰嶧山之陽特生桐中琴瑟鄭玄曰地理志嶧山

在下邳。正義曰括地志云嶧山在兖州鄒縣南二十二里鄒山記云鄒山古之嶧山言絡繹相連屬也今猶多桐樹按今獨生桐尚徵一偏似琴瑟

泗濱浮磬孔安國曰泗水涯水中見石可以爲磬鄭玄曰泗水出濟陰乘氏也。正義曰括地志云泗水至彭城吕梁出石磬

淮夷蠙珠臮魚孔安國曰淮夷二水出蠙珠及美魚鄭玄曰淮夷淮水之上民也。索隱曰按尚書云徂兹淮夷徐戎並興今徐州言淮夷則鄭解爲得蠙一作玭蒲步玄反臮古暨字臮與也言夷人所居淮水之處有此蠙珠與魚也又作濱濱畔也

其篚玄纖縞鄭玄曰纖細也祭服之材尚細。正義曰玄黑纖細縞白繒以細繒染爲黑色

浮于淮泗正義曰括地志云泗水源在兖州泗水縣東陪尾山其源有四道因以爲名

通于河淮海維揚州孔安國曰北據淮南距海

彭蠡既都陽鳥所居鄭玄曰地理志彭蠡澤在豫章彭澤西孔安國曰隨陽之鳥鴻鴈之屬冬月居此澤也。索隱曰都古文尚書作豬孔安國云水所停曰豬鄭玄云南方謂都爲豬則是水聚會之義。正義曰彭蠡音禮括地志云彭蠡湖在江州潯陽縣東南五十二里

三江既入索隱曰韋

昭云三江謂松江錢塘江浦陽江今按地理志有南江中江北江是爲三江其南江從會稽吳縣南東入海中江從丹陽蕪湖東北至會稽陽羨縣東入海北江從會稽毗陵縣北東入海故下文東爲中江又東爲北江孔安國云有北有中南可知也

震澤致定

孔安國曰震澤吳南太湖名言三江已入致定爲震澤。索隱曰震一作振地理志云會稽吳縣故周太伯所封國具區在其西古文以爲震澤又左傳稱笠澤亦謂國此也。正義曰澤在蘇州西四十五里三江若在蘇州東南三十里名三江口一江西南上七十里至太湖名曰松江古笠澤江一江東南上七十里自蜆湖名曰上江亦曰東江一江東北下三百餘里入海名曰下江亦曰婁江於其分處號曰三江口顧夷吳地記云松江東北行七十里得三江口東北入海爲婁江東南入海爲東江并松江爲三江是也言理三江入海非入震澤也按太湖西南湖州諸溪從天目山下西北宣州諸山有溪並下太湖太湖東北流名至三江口入海其湖無通彭蠡湖及太湖處並阻山陸諸儒及地志等解三江既入皆非也周禮職方氏云揚州藪曰具區川曰三江按五湖三江者韋昭注非也其源俱不通太湖引解三江既入失之遠矣五湖者菱湖游湖莫湖貢湖胥湖皆太湖東岸五灣爲五湖蓋古時應別今並相連菱湖在莫里山東周廻三十餘里西口闊二里其口南則莫里山北則徐侯山西與莫湖連莫湖在莫里山西及北北與胥湖連胥湖在胥山西南與莫湖連各周廻五六十里西連太湖游湖在北二十里在長山東湖西口闊二里其口東南岸樹里山西北岸長山湖周廻五六十里貢湖在長山西其口闊四五里口東南長山山南即山陽村西北連常州無錫縣老岸湖周廻一百九十里已上湖身向東北長七十餘里兩湖西亦連太湖河渠書云於吳則通渠三江五湖貨殖傳云夫吳有三江五湖之利又太史公自叙傳云登姑蘇望五湖是也

竹箭既布 孔安國曰水去布生 **其草惟夭其木惟喬** 少長曰夭喬高也 **其土塗泥** 馬融曰漸洳也 **田下下賦下上上雜** 孔安國曰田第九賦第七雜出第六 **貢金三品** 孔安國曰金銀銅鄭玄曰銅三色也 **瑤琨竹箭** 孔安國曰瑤琨皆美玉也 **齒革羽毛** 孔安國曰齒犀皮鳥羽旄牛尾也。正義曰周禮考工記云犀甲七屬兕甲六屬鄭云犀似水牛猪頭大腹庳脚椭角好食棘也亦有一角者按西南夷常貢旄牛尾為旌旗之飾經書通謂之旄故尚書云右秉白旄詩云建旐設旄皆此牛尾也 **島夷卉服**

寰國曰南海島夷草服葛越○正義曰括地志云百濟國西南渤海中有大島十五所皆邑落有人居屬百濟又倭國武皇后改曰日本國在百濟南隔海依島而居凡百餘小國此皆揚州之東島夷也按東南之夷草服葛越焦竹之屬越即苧祁也

其篚織貝孔安國曰織細繒也貝水物也鄭玄曰貝錦名也詩云成是貝錦凡織者先染其絲織之即成矣

其包橘柚錫貢孔安國曰小曰橘大曰柚錫命乃貢言不常也鄭玄曰有錫則貢之或時乏則不貢錫所以柔金也

均江海通淮泗鄭玄曰均讀曰沿沿順水行也

荊及衡陽維荊州孔安國曰北據荊山南及衡山之陽

江漢朝宗于海孔安國曰二水經此州而入海有似於朝百川以海爲宗宗尊也○正義曰括地志云江水源出岷州南岷山南流至益州即東南流入蜀至瀘州東流經三硤過荊州與漢水合孫卿子云江水其源可以濫觴也又云漢水源出梁州金牛縣東二十八里嶓冢山

九江甚中孔安國曰江於此州界分爲九道甚得地勢之中鄭玄曰地理志九江在潯陽南皆東合爲大江○索隱曰按潯陽記九江者烏江蚌江烏白江嘉靡江沙江畎江廩江隄江菌江又張湏九江圖所載有三

里五畎烏土白蚌九江之名不同**沱潛已道**孔安國曰沱江別名潛水名鄭玄曰水出江爲沱漢爲潛○索隱曰潛亦作灊沱出蜀郡郫縣西東入江潛出漢中安陽縣西北入漢故爾雅云水自江出爲沱漢出爲潛○正義曰括地志云繁江水受郫江禹貢曰岷山導江東別爲沱源出益州新繁縣潛水一名復水今名龍門水源出利州綿谷縣東龍門山大石穴下也**雲夢土爲治**孔安國曰雲夢之澤在江南其中有平土丘水去可爲耕作畎畝之治○索隱曰夢一作瞢鄒誕生又音蒙按雲土夢本二澤名蓋人以二澤相近或合稱雲夢耳知者據左傳云昭王寢於雲中又楚子鄭伯田于江南之夢則是二澤各別也韋昭曰雲夢土今爲縣屬江夏南郡華容今按地理志云江夏有雲杜縣是**其土塗泥田下中賦上下**孔安國曰田第八賦第三**貢羽旄齒革金三品杶榦栝柏**鄭玄曰四木名孔安國曰榦柘也柏葉松身曰栝**礪砥砮丹**孔安國曰砥細於礪皆磨石也砮石中矢鏃丹朱類也**維箘簬楛**徐廣曰一作箘簬楛[illegible]中[illegible]也[illegible]箭者矢鏃也或以箭足[illegible]釋箘簬[illegible]鄭玄曰箘簬[illegible]也**三國致**

沱音陀 潛音潛 雲土夢本 杶丑倫反 栝古活反 風聆

貢其名馬融曰言箘簵楛三國所致貢其名善也包匭菁茅鄭玄曰匭纏結也菁茅茅有毛刺者給宗廟縮酒重之故包裹又纏結也。正義曰括地志云辰州盧溪縣西南三百五十里有包茅山武陽記云山際出包茅有刺而三脊因名苞茅山其篚玄纁璣組孔安國曰此州染玄纁色善故貢之璣珠類生於水中組綬類也九江入賜大龜孔安國曰尺二寸曰大龜出於九江水中龜不常用賜命而納之浮於江沱涔於漢踰于雒至於南河荊河惟豫州孔安國曰西南至荊山地距河水。正義曰括地志云荊山在襄州荊山縣西八十里韓子云卞和得玉璞於楚之荊山即此也何洛州北河也伊雒瀍澗既入於河孔安國曰伊出陸渾山洛出上洛山澗出澠池山瀍出河南北山四水合流而入河。索隱曰伊水出弘農盧氏縣東洛水出弘農上洛縣冢領山瀍水出河南穀城縣瀆亭北澗水出弘農新安縣東皆入于河。正義曰括地志云伊水出虢州盧氏縣東巒山東北流入洛洛水出商州洛南縣冢嶺山東流經洛州郭內又各合伊水瀍水出洛州新安縣東南流至洛州郭內南入洛澗水源出洛州新安縣東白石山東北與穀水合流經洛州郭內東流入洛也**滎播既都**孔安國曰滎澤名波水已成遏都。索隱曰古文尚書作滎波此及今文並云滎播播是水播溢之義滎是澤名故左傳云狄及衛戰於滎澤鄭玄云今塞為平地滎陽人猶謂其處為滎播**道荷澤被明都**孔安國曰荷澤在胡陵明都澤名在荷東北水流洪覆被之。索隱曰荷澤在濟陰定陶縣東明都音孟豬孟豬澤在梁國睢陽縣東北爾雅左傳謂之諸今文亦為然雅周禮稱望諸皆此地之一名。正義曰括地志云荷澤在曹州濟陰縣東北九十里定陶城東今名龍池亦名九卿陂**其土壤下土墳壚**孔安國曰壚疏也馬融曰豫州地有三等下者墳壚地也**田中上賦雜上中**孔安國曰田第四賦第二又雜出第一**貢漆絲絺紵其篚纖絮**孔安國曰細綿也**錫貢磬錯**孔安國曰治玉石曰錯治磬錯也**浮於雒達於河華陽黑水惟梁州**孔安國曰東據華山之南[illegible]黑水[illegible]正義曰括地志云黑水源出梁州城固縣西北太山**汶嶓既藝**鄭玄曰地理志岷山

都 チヨト十文 ト二十文

衆 戸銘反

播 本作潘 波音

明 音孟武

作盟

雎 本ナ

一本貢字上有其字

達 作通 通本

徐廣曰蜀郡湔氐道嶓冢山在漢陽西○索隱曰汶一作㟭又作㟭汶山封禪書一云瀆在蜀郡湔氐道西徼江水所出嶓冢山在隴西西縣漢水所出也○正義曰括地志云岷山在岷州溢昌縣南一里連綿至蜀二千里皆名岷山嶓冢山在梁州金牛縣東二十八里嶓音子𢧐反汶氏音丁奚反

沱涔既道 孔安國曰沱潛發源此州入荊州

蔡蒙旅平 孔安國曰蔡蒙二山名祭山曰旅平言治功畢也鄭玄曰地理志蔡蒙在漢嘉縣○索隱曰此非徐州之蒙在蜀郡青衣縣青衣後改為漢嘉蔡山不知所在也○正義曰括地志云蒙山在雅州嚴道縣南十里

和夷底績 馬融曰和夷地名也

其土青驪 孔安國曰色青黑也

田下上賦下中三錯 孔安國曰田第七賦第八雜出第七第九三等

貢璆鐵銀鏤砮磬 孔安國曰璆玉名鄭玄曰黃金之美者謂之鏐鏤剛鐵可以刻鏤也

熊羆狐狸織皮 孔安國曰貢四獸之皮也織皮今罽也

西傾因桓是來 馬融曰治西傾山因桓水是來言無餘道也鄭玄曰地理志西傾山在隴西臨洮○索隱曰西傾在隴西臨洮縣西南桓水出蜀郡岷山西南行羌中入海也○正義曰括地志云

西傾山今嵹臺山在洮州臨潭縣西南三百三十六里**浮于潛踰于沔**孔安國曰漢上水爲沔鄭玄曰或謂漢爲沔**入于渭亂于河**孔安國曰正絶流曰亂**黑水西河**

惟雍州孔安國曰西距黑水東據河龍門之河在冀州西。索隱曰地理志益州滇池有黑水祠鄭玄引地說云三危山黑水出其南山海經黑水出崑崙墟西北隅也**弱水既西**孔安國曰導之西流至於合黎鄭玄曰衆水皆東此獨西流也。索隱曰水經云弱水出張掖刪丹縣西北至酒泉會水縣入合黎山腹山海經云弱水出崑崙墟西南隅也**涇屬渭汭**孔安國曰屬逮也水北曰汭言治涇水入於渭也鄭玄曰地理志涇水出安定涇陽。索隱曰渭水出首陽縣鳥鼠同穴山說文云水相入曰汭。正義曰括地志云涇水源出原州百泉縣西南笄頭山涇谷渭水源出渭原縣西七十六里鳥鼠山今名青雀山渭有三源並出鳥鼠山東流入河按言理涇水及至渭水又理漆沮亦從渭流復理灃水亦同入渭者也**漆沮既從**正義曰括地志云漆水源出岐州普閏縣東南岐漆山漆渠東入渭沮水一名川水源出雍州富平縣東入櫟陽縣南漢高帝於櫟陽置萬年縣十三州地理志云萬年縣南有涇渭北有小河即沮水也詩云古公去邠渡漆沮即此二水**灃水所同**灃音豐孔安國曰漆沮之水已從入渭灃水所同於渭也。索隱曰漆沮二水漆水出右扶風漆縣西沮水地理志無文而水經以滻水出北地直路縣東過馮翊祋栩縣入洛說文亦以漆沮各是一水名孔安國獨以為一又云是洛水灃水出右扶風鄠縣南東北過上林苑。正義曰括地志云雍州鄠縣終南山灃水出焉**荊岐已旅**孔安國曰荊在岐東非荊州之荊也。正義曰括地志云荊山在雍州富平縣今名掘陵原岐山在岐州岐山縣東北十里尚書正義云洪水時祭祀禮廢已旅祭言理水功畢也按雍州荊山即黃帝及禹鑄鼎地也襄州荊山縣西荊山即卞和得玉璞者**終南敦物至于鳥鼠**孔安國曰三山名言相望也鄭玄曰地理志終南敦物皆在右扶風武功也。索隱曰按左傳中南山杜預以為終南山地理志云太一山古文以為終南華山古文以為敦物皆在扶風武功縣東。正義曰括地志云終南山一名中南山一名太一山一名南山一名橘山一名楚山一名秦山一名周南山一名地肺山在雍州萬年縣南五十里**原隰底績至于都野**鄭玄曰地理志都野在武威名曰休居澤。正義曰原隰幽州地也按原平高地也隰低下地也言從渭州致功西北至源州都野沙州三危山也括地志云都野澤在涼州姑臧縣東北二百八十里

三危既度索隱曰鄭玄引河圖及地說云三危山在鳥鼠西南與岷山相連度劉伯莊音田各反尚書作宅

三苗大序孔安國曰西裔之山已可居三苗之族大有次序禹之功也

其土黃壤田上上賦中下孔安國曰田第一賦第六人功少

貢璆琳琅玕孔安國曰璆琳皆玉名琅玕石名而似珠者

浮於積石至於龍門西河孔安國曰積石山在金城西南河所經也龍門山在河東之西界。索隱曰積石在金城河關縣西南龍門山在左馮翊夏陽縣西北。正義曰括地志云積石山今名小積山在河州枹罕縣西七里河州在京西一千四百七十二里龍門山在同州韓城縣北五十里李奇云禹鑿通河水處廣八十步三秦記云龍門水懸船而行兩旁有山水陸不通龜魚集龍門下數千不得上上則爲龍故云暴鰓點額龍門下按河在冀州西故云西河也禹發源河水小積石山浮河東北下歷靈勝北

會于渭汭正義曰水經[illegible]又[illegible][illegible]皆[illegible]列城也[illegible]又南

至障陽關求從西往之地**織皮昆侖析支渠搜西戎即序**孔安國曰織皮毛布此四國在荒服之外流沙之内羌髳之屬皆就次序之美禹之功及戎狄也。索隱曰鄭玄以爲衣皮之人居昆侖析支渠搜三山皆在西戎王肅曰昆侖在臨羌西析支在河關西戎在西域王肅以爲地名而不言渠搜今按地理志金城臨羌縣有昆侖祠敦煌廣至縣有昆侖障朔方有渠搜縣**道九山**索隱曰汧壺口砥柱太行西傾熊耳嶓冢內方岐是九山也古分爲三條故地理志有北條之荆山馬融以汧爲北條西傾爲中條嶓冢爲南條鄭玄分四列汧爲陰列西傾次陰列嶓冢爲陽列岐山次陽列**汧及岐至于荆山**鄭玄曰地理志汧在右扶風也。索隱曰汧一作岍按有汧水故其字或從山或從水猶岐山然也地理志云吳山在右扶風美陽縣西荆山在左馮翊懷德縣南也。正義曰括地志云汧山在隴州汧源縣西六十里其山東隣岐岫西接隴岡汧水出焉岐山在岐州**踰于河壺口雷首**索隱曰雷首山在河東蒲坂縣東南**至于太嶽**孔安國曰三山在冀州太嶽在上黨西也。索隱曰即霍太山也已見上。正義曰括地志云壺口在慈州吉昌縣西南雷首山在蒲州河東縣太嶽霍山也在汾州汾源縣**砥柱析城至于王屋**孔安國曰此三山在冀州之南河之北。索隱曰析城山在河東濩澤縣西南王屋山在河東垣縣東北水經云砥柱山在河東太陽縣南河水中也。正義曰括地志云底柱山俗名三門山陝石縣東北五十里黃河之中孔安國云底柱山名河水分流包山而過山見水中若柱然也括地志云析城山在澤州西南七十里注水經云析城山甚高峻上平坦有二水東濁西清左右不生草木括地志云王屋山在懷州王屋縣北十里古今地名云山方七百里山高萬仞本冀州之河陽山也**太行常山至于碣石入于海**孔安國曰此二山連延東北接碣石而入於滄海。索隱曰太行山在河內山陽縣西北常山恒山是也在常山郡上曲陽縣西北。正義曰括地志云太行山在懷州河內縣北二十五里有羊腸坂恒山在定州恒陽縣西北百四十里道書福地記云恒山高三千三百丈上方二十里有大玄之泉神草十九種可度俗**西傾朱圉鳥鼠至于太華**鄭玄曰地理志云朱圉在漢陽南太華山在弘農華陰縣南。孔安國曰鳥鼠山渭水所出在隴西之西。索隱曰圉一作圄[illegible]圉山在天水[illegible][illegible]南[illegible]鼠山在隴西首陽縣西南太華即敦物山**熊耳外方桐栢至于負尾**鄭玄曰地理志熊耳在盧氏東外方在潁川嵩高山桐栢山在南陽平氏東南陪尾在江夏安陸東北若橫尾者。索隱曰熊耳山在弘農盧氏縣東伊水所出外方山即潁川嵩高縣嵩高山古文尚書亦以爲外方山桐栢山一名大復山在南陽平氏縣東南陪尾山在江夏安陸縣東北地理志謂之橫尾山負音陪也。正義曰括地志云華山在華州華陰縣界八里熊耳山在虢州盧氏縣南五十里嵩高山亦名太室山亦名外方山在洛州城陽縣北二十三里也桐栢山在唐州東南五十里淮水出焉橫尾山古陪尾山也在安州安陸縣北六十里**道嶓冢至于荊山**鄭玄曰地理志荊山在南郡臨沮。正義曰括地志云嶓冢山在梁州荊山在襄州荊山縣西八十里也又云荊山縣本漢臨沮縣地也沮水即漢水也按縣孫叔敖激沮水爲雲夢澤是也**內方至于大別**鄭玄曰地理志內方在竟陵名立章山大別在盧江安豐縣。索隱曰內方山在竟陵縣東北大別山在大國安豐縣今土人謂之甑山。正義曰括地志云章山在荊州長林縣東北六十里今漢水附章山之東與經史符會按大別山今沙洲在山上漢江經其左今俗猶云甑山注云在安豐非漢所經也汶山之陽至于衡山索隱曰在長沙湘南縣東南廣雅云岣嶁謂之衡山。正義曰括地志云岷山在茂州汶川縣衡山在衡州湘潭縣西四十一里過九江

至于敷淺原徐廣曰淺一作滅駰案國語曰敷淺原一名博陽山在豫章道九川索隱曰弱黑河瀁江沇雒渭洛爲九川

弱水至於合黎鄭玄曰地理志弱水出張掖孔安國曰合黎水名在流沙東。索隱曰水經云合黎山在酒泉會水縣東北鄭玄引地說亦以爲然孔安國云水名當是其山弱水故所記各不同。正義曰括地志云蘭門山一名合黎一名窮名山在甘州刪丹縣西南七里淮南子云弱水源出窮名山又云合黎一名羌谷水一名鮮水一名覆表水今名副投河亦名張掖河南自吐谷渾界流入甘州張掖縣今按合黎水出臨松山東而北流歷張掖故城下又北流經張掖縣二十三里又北流經合黎山折而北流經流沙磧之西入居延海行千五百里合黎山張掖縣西北二百里也

餘波入於流沙孔安國曰弱水餘波西溢入流沙鄭玄曰地理志流沙居延西北名居延澤地記曰弱水西流入合黎山腹餘波入于流沙通於南海[illegible]縣玉肅皆

岣

黎 力兮反

窮 石欣

[illegible]合黎[illegible]是地名。索隱曰地理志張掖居延縣西北有居延澤古文以為流沙廣志流沙在玉門關外有居延澤居延城又山海經云流沙出鍾山西南行昆侖墟入海按是地兼有水故一云地名一云水名馬鄭不同抑有由也

道黑水至于三危入于南海鄭玄曰地理志益州滇池有黑水祠而不記此山水所在地記曰三危山在鳥鼠之西南孔安國曰黑水自北而南經三危過沙州入南海也。正義曰括地志云黑水源出伊吾縣北百二十里又南流二十里而絕三危山在沙州燉煌縣東南四十里按南海即揚州東大海岷江下至揚州東入海也其黑水源在伊州從伊州東南三千餘里至鄯州鄯州東南四百餘里至河州入黃河河州有小積石山即禹貢浮於積石至於龍門者然黃河源從西南下出大昆侖東北隅東北流經于闐入鹽澤即東南潛行入吐谷渾界大積石山又東北流至小積石山又東北流來處極遠無流其黑水當洪水時合從黃河而行何得入于南海夫此甚遠阻隔南山隴山岷山之屬當是洪水浩浩處西戎不深致功古文故有疏略

道河積石索隱曰爾雅云河出昆侖墟其色白漢書西域傳云河有兩源一出葱嶺一出于闐于闐河北流與葱嶺河合東注蒲昌海一名鹽澤其水停冬夏

不曾減其南出積石爲中國河見河源發昆侖禹導河自積石而加功也至于龍門南至華陰孔安國曰至華陰山北而東行。正義曰華陰縣在華山北本魏之陰晉縣秦惠文王更名寧秦漢高帝改曰華陰東至砥柱孔安國曰砥柱山名河水分流包山而過山見水中若柱然也在西虢之界。正義曰砥柱山俗名三門山禹鑿此山三道河水故曰三門也又東至于盟津孔安國曰在洛北。索隱曰盟古孟字孟津在河陰十三州記云河陽縣在於河上即孟津是也。正義曰杜預云盟河內郡河陽縣南孟津也在洛陽城北都道所湊古今爲津武王度之近代呼爲武濟括地志云盟津周武王伐紂與八百諸侯會盟津亦曰孟津又曰富平津水經云小平津今云河陽津是也東過雒汭至于大邳孔安國曰洛汭洛入河處山再成曰邳。索隱曰爾雅云山一成曰邳或以爲成皋山是。正義曰李巡云山再重曰英一重曰邳括地志云大邳山今名黎陽東山又曰青壇山在衛州黎陽南七里張揖云今城皋非也北過降水至于大陸鄭玄曰地理志降水在信都南孔安國曰大陸澤名。索隱曰地理志絳水字從糸出信都國[illegible]漳河水並流

入海大陸在鉅鹿郡爾雅云晉有大陸郭璞以爲此澤也。正義曰括地志云降水源出潞州屯留縣西南方東北流冀州入海

北播爲九河，同爲逆河，入于海。鄭玄曰下尾合名曰逆河言相逆受也。正義曰播布也河至冀州分布爲九河下至滄州更同合爲一大河名曰逆河而夾右碣石入於勃海也

嶓冢道瀁，東流爲漢，鄭玄曰地理志瀁水出隴西氐道至武都爲漢至江夏謂之夏水。索隱曰水經云瀁水出隴西氐道縣嶓冢山東至武都沮縣爲漢水地理志云至江夏謂之夏水山海經亦以漢出嶓冢山故孔安國云泉始出山爲瀁水東南流爲沔水至漢中東行爲漢水。正義曰括地志云嶓冢山水始出山沮洳故曰沮水東南爲瀁水又爲沔水至漢中爲漢水至均州爲滄浪水始欲出大江爲夏口又爲沔口漢江一名沔江也

又東爲蒼浪之水，孔安國曰別流也在荊州。索隱曰馬融鄭玄皆以滄浪爲夏水即漢河之別流也漁父謌曰滄浪之水清兮可以濯吾纓是此水也。正義曰括地志云均州武當縣有滄浪水庾仲雍漢水記云武當縣西四十里漢水中有洲名滄浪洲也地記云水出荊山東南流爲滄浪水

過三澨，入于大

迆以是反　匯音會

別孔安國曰三澨水名鄭玄曰在江夏竟陵之界○索隱曰水經云三澨地名在南郡鄀縣北孔安國鄭玄以爲水名今竟陵有三參水俗云是三澨水參音去聲南入于江東匯澤爲彭蠡孔安國曰匯回也水東回爲彭蠡大澤東爲北江入于海孔安國曰自彭蠡江分爲三道入震澤遂爲北江而入海汶山道江東別爲沱又東至于醴孔安國曰醴水名馬融王肅皆以醴爲水名鄭玄曰醴陵名也大阜曰陵長沙有醴陵縣○索隱曰按騷人所歌濯余佩於醴浦明醴是水孔安國馬融解得其實又虞喜志林以醴是江沅之別流而醴字作澧也過九江至于東陵孔安國曰東陵地名東迆北會于匯孔安國曰迆溢也東溢分流都共北會彭蠡東爲中江入于海孔安國曰有北有中南可知也○正義曰括地志云禹貢三江俱會於彭蠡合爲一江入于海道沇水東爲濟入于河泆爲滎鄭玄曰地理志沇水出河東東垣王屋山東至河内武德入河泆爲滎孔安國曰濟在温西北滎澤在敖倉東南○索隱曰水經云自河東垣縣王屋山

東流爲沇水至溫縣西北爲濟水。正義曰括地志云沇水出懷州王屋縣北十里王屋山頂崖下石泉停不流其深不測至縣西北二里平地其源重發而東南流爲汜水水經云汜東至溫縣西北爲泲水又南當鞏之南北入于河釋名云濟者濟也下濟子細反按濟水入河而南截度河南**東出**岸溢滎澤在鄭州滎澤縣西北四里今無水成平地

陶丘北孔安國曰陶丘丘再成者也鄭玄曰地理志陶丘在濟陰定陶西北。正義曰括地志云陶丘在濮州鄄城西南二十四里又云在曹州城中徐才宗國都記云此城中高丘即古之陶丘**又東至于荷**孔安國曰荷澤之水**又東北會于汶**正義曰汶音問地理志云汶水出泰山郡萊蕪縣原山西南入沛**又東北入于海道淮自桐柏**正義曰地理志云桐柏山在南陽平氏縣東南淮水所出按在唐州東五十餘里**東會于泗沂東入于海**孔安國曰與沂泗二水合入海也**道渭自鳥鼠同穴**孔安國曰鳥鼠共爲雌雄同穴處此山遂名曰鳥鼠渭水出焉。正義曰括地志云鳥鼠山今名青雀山在渭州渭源縣西七十六里山海經云鳥鼠同穴之山渭水出

鼵扶廢反本下鼵
廣韻鼵徒忽反鵽尙究牟

焉郭璞注云今在隴西首陽縣西南山有鳥鼠同穴鳥名鵌鼠名鼵如人家鼠而短尾鵌似鵽而小黃黑色穴入地三四尺鼠在內鳥在外鵌音余鼵扶廢反鵽音丁刮反似雉也**東會于灃**正義曰灃音豐括地志云雍州鄠縣終南山灃水出焉北入渭也**又東北至于涇**正義曰括地志云涇水出原州百泉縣西南笄頭山涇谷東南流入渭也**東過漆沮入于河**孔安國曰漆沮二水名亦曰洛水出馮翊北**道雒自熊耳**孔安國曰在宜陽之西○正義曰括地志云洛水出商州洛南縣西冢嶺山東北流入河熊耳山在虢州盧氏縣南五十里洛所經**東北會于澗瀍**孔安國曰會於河南城南○正義曰括地志云澗水出洛州新安縣東白石山之陰地理志云瀍水出河南穀城縣替亭北東南入於洛**又東會于伊**孔安國曰會於雒陽之南**東北入于河**孔安國曰合於鞏之東也**於是九州攸同四奧既居**孔安國曰四方之宅已可居也**九山栞旅**孔安國曰九州名山已槎木通道而旅祭也**九川滌原**孔安國曰九州之川已滌除無壅塞也**九澤**

原作源本

既陂孔安國曰九州之澤皆已陂障無決溢也四海會同六府甚修孔安國曰六府金木水火土穀衆土交正致慎財賦鄭玄曰衆土美惡及高下得其正矣亦致其貢篚慎奉其財物之稅皆法定制而入之也咸則三壤成賦鄭玄曰三壤上中下各三等也中國賜土姓祇台德先不距朕行鄭玄曰中即九州也天子建其國諸侯祚之土賜之姓命之氏其敬悅天子之德既先又不距違我天子政教所行令天子之國以外五百里甸服孔安國曰爲天子之服治田去王城面五百里內百里賦納總孔安國曰甸內近王城者禾稾曰總供食國之馬也○索隱曰說文云總聚束草也二百里納銍孔安國曰所銍刈謂禾穗○索隱曰說文云銍穫禾短鐮也三百里納秸服孔安國曰秸稾也服稾役○索隱曰禮郊特牲云蒲越稾秸之美則秸是稾之類也四百里粟五百里米孔安國曰所納精者少麤者多甸服外五百里侯服孔安國曰侯候也斥候而服事也

百里采馬融曰采事也各受王事者二百里任國孔安國曰任王事者三百里諸侯孔安國曰三百里同爲王者斥候故合三爲一名侯服外五百里綏服孔安國曰綏安也服王者政教三百里揆文教孔安國曰揆度也度王者文教而行之三百里皆同二百里奮武衞孔安國曰文教之外二百里奮武衞天子所以安之綏服外五百里要服孔安國曰要束以文教也三百里夷孔安國曰守平常之教事王者而已二百里蔡馬融曰蔡法也受王者刑法而已要服外五百里荒服馬融曰政教荒忽因其故俗而治之三百里蠻馬融曰蠻慢也禮簡怠慢來不距去不禁二百里流馬融曰流行無城郭常居東漸于海西被于流沙朔南曁鄭玄曰朔北方也聲教訖于四海於是帝錫禹玄圭以告成功于天下孔安國曰帝堯也玄水也以禹理水功成故錫玄圭以表顯之自此已上並尚書禹貢文

天下於是太平治皋陶作士（正義曰士若大理卿也）以理民帝舜朝禹伯夷皋陶相與語帝前皋陶述其謀曰信其道德謀明輔和禹曰然如何皋陶曰於（正義曰音烏歎美之辭）慎其身修（正義曰以修爲絶句）思長（孔安國曰慎修其身思爲長久之道）敦序九族衆明高翼近可遠在已（鄭玄曰次序九族而親之以衆明作羽翼之臣此政由近可以及遠也）禹拜美言曰然皋陶曰於在知人在安民禹曰吁皆若是惟帝其難之（孔安國曰言帝堯亦以爲難）知人則智能官人能安民則惠黎民懷之能知能惠何憂乎驩兜何遷乎有苗何畏乎巧言善色佞人（鄭玄曰禹爲父隱故言不及鯀）皋陶曰然於亦行

有九德亦言其有德乃言曰始事事孔安國曰言其人有德必言其所行事因事以爲驗寛而栗孔安國曰性寛弘而能莊栗柔而立孔安國曰和柔而能立事愿而共孔安國曰愨愿而恭敬治而敬擾而毅徐廣曰擾一作柔馴案孔安國曰擾順也致果爲毅直而溫簡而廉剛而實彊而義章其有常吉哉孔安國曰章明也吉善也日宣三德蚤夜翊明有家孔安國曰三德九德之中有其三也卿大夫稱家明行之可以爲卿大夫日嚴振敬六德亮采有國孔安國曰嚴敬也行六德以信治政事可爲諸侯也馬融曰亮信采事也翕受普施九德咸事俊乂在官孔安國曰翕合也能合受三六之德而用之以布施政教使九德之人皆用事謂天子也如此則俊德理能之士並皆在官也百吏肅謹毋教邪淫奇謀非其人居其官是謂亂天事索隱曰此取尚書皋陶謨爲文斷絶

殊無次序即班固所謂疏略抵梧是也今亦不能深考天討有罪五刑五用哉孔安國曰言用五刑必當吾言底可行乎禹曰女言致可績行皐陶曰余未有知思贊道哉正義曰皐陶云我未有所知思之審贊於古道耳謙辭也已上並尚書皐陶謨文略其經不全備也帝舜謂禹曰汝亦昌言禹拜曰於予何言予思日孳孳皐陶難禹曰何謂孳孳禹曰鴻水滔天浩浩懷山襄陵下民皆服於水予陸行乘車水行乘舟泥行乘橇山行乘檋行山栞木正義曰行寒孟反栞口寒反與益予衆庶稻鮮食孔安國曰鳥獸新殺曰鮮○索隱曰予音與上與謂同與之與下予謂施予之予此禹言其與益施予衆庶之稻糧以決九川致四海浚畎澮鄭玄曰畎澮田間溝也致之川與稷予

衆庶難得之食食以調有餘補不足徙居衆民乃定萬國爲治皋陶曰然此而美也禹曰於帝愼乃在位安爾止鄭玄曰安汝之所止無妄動動則擾民輔德天下大應淸意以昭待上帝命天其重命用休鄭玄曰天將重汝以美應謂符瑞也帝曰吁臣哉臣哉臣作朕股肱耳目予欲左右有民女輔之馬融曰我欲左右助民汝當翼成我也余欲觀古人之象日月星辰作文繡服色女明之予欲聞六律五聲八音來始滑以出入五言女聽尚書滑字作曶音忽鄭玄曰曶者臣見君所秉書思對命者也君亦有焉以出內政敎於五官。索隱曰古文尚書作在治忽今文作采政忽先儒各隨字解之今此云來始滑於義無所通蓋來采字相近滑忽聲相亂始又與治相似因誤爲來始滑今依今

文皆采政忽三字劉伯莊云聽諸侯能爲政及忽怠者是也五言謂仁義禮智信五德之言鄭玄以爲出納政教五官非也

予即辟女匡拂予女無面諛退而謗予敬四輔臣尚書大傳曰古者天子必有四鄰前曰疑後曰丞左曰輔右曰弼諸衆讒嬖臣君徐廣曰臣一作五吾○索隱曰諸衆讒嬖臣爲一句君字宜屬下文德誠施皆清矣禹曰然帝即不時布同善惡則毋功孔安國曰帝用臣不是則賢愚並位優劣同流故也帝曰正義曰此二字及下禹曰尚書並無太史公有四字帝及禹相荅極爲次序當應別見書毋若丹朱傲維慢游是好毋水舟行朋淫于家鄭玄曰朋淫淫門內用絕其世予不能順是禹曰予辛壬娶塗山癸甲生啓孔安國曰塗山國名辛日娶妻至于甲四日復往治水○索隱曰杜預云塗山在壽春東北皇甫謐云今九江當塗有禹廟則塗山在江南也系本曰塗山氏女名女媧是禹娶塗山氏號女媧也又按

尚書云娶于塗山辛壬癸甲啓呱呱而泣予弗子今此云辛壬娶塗山癸甲生啓蓋今文尚書脱漏太史公取爲言亦不稽其本意豈有辛壬娶妻經二日生子不經之甚**予不子**正義曰此五字爲一句禹辛日娶至甲四日往理水及生啓不入門我不得名子以故能成水土之功又一云過門不入不得有子愛之心帝繫云禹娶塗山氏之子謂之女嬌是生啓也**以故能成水土功輔成五服至于五千里州十二師外薄四海**正義曰爾雅云九夷八狄七戎六蠻謂之四海釋名云海晦也按夷蠻晦昧無知故云四海也**咸建五長**孔安國曰薄迫言至海也諸侯五國立賢者一人爲方伯謂之五長以相統治**各道有功苗頑不即功**孔安國曰三苗頑凶不得就官善惡分別**帝其念哉帝曰道吾德乃女功序之也皐陶於是敬禹之德令民皆則禹不如言刑從之**索隱曰謂不用命之則亦以刑罰而從之**舜德大明於是夔行樂**正義曰若今太常卿也

祖考至羣后相讓鳥獸翔舞簫韶九成鳳皇來儀〔孔安國曰簫韶舜樂名備樂九奏而致鳳皇也〕百獸率舞百官信諧帝用此作歌曰陟天之命維時維幾〔孔安國曰奉正天命以臨民惟在順時惟在隤微〕乃歌曰股肱喜哉元首起哉百工熙哉〔孔安國曰股肱之臣喜樂盡忠君之治功乃起百官之業乃廣〕皋陶拜手稽首揚言曰念哉〔鄭玄曰使羣臣念帝之戒〕率為興事慎乃憲敬哉〔孔安國曰率臣下為起治之事當慎汝法度敬其職〕乃更為歌曰元首明哉股肱良哉庶事康哉舜又歌曰元首叢脞哉股肱惰哉萬事墮哉〔孔安國曰叢脞細碎無大略也君如此則臣懈惰萬事墮廢也〕帝拜曰然往欽哉於是天下皆宗禹之明度數聲樂〔徐廣曰舜本紀

夏紀

云禹乃興九韶之樂為山川神主帝舜薦禹於天為嗣十七年劉熙曰若此則舜格于文祖三年之後攝禹使得祭祀與而帝舜崩三年喪畢禹辭辟舜之子商均於陽城劉熙曰今潁川陽城是也天下諸侯皆去商均而朝禹禹於是遂即天子位皇甫謐曰都平陽或在安邑或在晉陽南面朝天下國號曰夏后姓姒氏禮緯曰祖以吞薏苡生帝禹立而舉皋陶薦之且授政焉而皋陶卒正義曰帝王紀云皋陶生於曲阜曲阜偃地故帝因之而以賜姓曰偃堯禪舜命之作士舜禪禹禹即帝位以咎陶賢薦之於天將有禪之意未及禪會皋陶卒括地志云咎繇墓在壽州安豐縣南一百三十里故六城東東都陂內大冢也封皋陶之後於英六徐廣曰史記皆作英字而以英布是此苗裔○索隱曰地理志云六安國六縣咎繇後偃姓所封國英地闕不知所在以為黥布是其後也○正義曰英蓋蓼也括地志云光州

固始縣本春秋時蓼國偃姓皋陶之後也左傳云子燮滅蓼太康地志云蓼國先在南陽故縣今豫州郾縣界故胡城是後徙於此括地志云故六城在壽州安豐縣南一百三十二里春秋文五年秋楚成大心滅之或在許皇覽曰皋陶冢在廬江六縣。索隱曰許在潁川。正義曰括地志云許故城在許州許昌縣南三十里本漢許縣故許國也

而后舉益任之政十年帝禹東巡狩至于會稽而崩皇甫謐曰年百歲也以天下授益三年之喪畢益讓帝禹之子啓而辟居箕山之陽孟子曰陽字一作陰劉熙曰崇高之北。正義曰按陰即陽城也括地志云陽城縣在箕山北十三里又恐箕字誤本是嵩高字而字相似其陽城縣在嵩山南二十三里則爲嵩山之陽也禹子啓賢天下屬意焉及禹崩雖授益益之佐禹日淺天下未洽故諸侯皆去益而朝啓曰吾君帝禹之子也於是啓遂即天子之位

勦 資小反 绝也 劳也

是爲夏后帝啓夏后帝啓禹之子其母塗山氏之女也有扈氏不服 地理志曰扶風鄠縣是扈國。○正義曰括地志云雍州南鄠縣本夏之扈國也地理志云鄠縣古扈國有戶亭、訓纂云戶扈鄠三字一也古今字不同耳 啓伐之大戰於甘 馬融曰甘有扈氏南郊地名。○索隱曰夏啓所伐鄠南有甘亭 將戰作甘誓乃召六卿申之 孔安國曰天子六軍其將皆命卿也 啓曰嗟六事之人 孔安國曰各有軍事故曰六事 予誓告女有扈氏威侮五行怠棄三正 鄭玄曰五行四時盛德所行之政也威侮暴逆之三正天地人之正道 天用勦絶其命 孔安國曰勦截也 今予維共行天之罰 孔安國曰共奉也 左不攻于左右不攻于右女不共命 鄭玄曰左車左右車右 御非其馬之政女不共命 孔安國曰御以正馬爲政也三者有失皆不奉我命也 用命賞

政 下 攻

○周本紀云云夏本紀太康崩弟仲康立仲康崩子相立相崩子少康立左傳正義曰太康失邦及少康紹國尚有百載乃滅有窮本紀言羿浞之事是遂說之踈

夏紀

于祖（孔安國曰天子親征必載遷廟之祖主行有功則賞祖主前示不專也）不用命僇于社（孔安國曰又載社主謂之社事奔北則僇之社主前社主陰陰主殺也）予則帑僇汝（孔安國曰非但止身辱及汝子言恥累之）遂滅有扈氏天下咸朝夏后帝啓崩（徐廣曰皇甫謐曰夏啓元年甲辰十年癸丑崩）子帝太康立帝太康失國（孔安國曰盤于遊田不恤民事爲羿所逐不得反國）昆弟五人（索隱曰皇甫謐云號五觀也）須于洛汭作五子之歌（孔安國曰太康五弟與其母待太康于洛水之北怨其不反故作歌）太康崩弟中康立是爲帝中康帝中康時羲和湎淫廢時亂日（孔安國曰羲氏和氏掌天地四時之官太康之後沈湎于酒發天時）胤往征之作胤征（孔安國曰胤國之君受王命往征之鄭玄曰胤臣名亂甲乙也）中康崩子帝相立帝相崩子帝少康立（索隱曰左傳魏

僇音六　汝作女本　之本無　相思亮反

羿在左傳襄四年，又在哀元年傳

莊子曰昔有夏之衰也后羿自鉏遷于窮石因夏民而代夏
政恃其射也不修人事而信用伯明氏之讒子寒浞浞殺羿
烹之以食其子子不忍食殺于窮門浞因羿室生澆及豷使
澆滅斟灌氏及斟尋氏而相爲澆所滅后緡歸于有仍生少
康有夏之臣靡自有鬲收二國之燼以滅浞而立少康少康
滅澆于過后杼滅豷于戈有窮遂亡然則帝相自被篡殺中
間經羿浞二氏蓋三數十年而此紀總不言之首云帝相崩
子少康立疎略之甚○正義曰帝王紀云帝羿有窮氏未聞
其姓何先帝嚳以上世掌射正至嚳賜以彤弓素矢封之於
鉏爲帝司射歷虞夏羿學射於吉甫其臂長故以善射聞及
夏之衰自鉏遷于窮石因夏民以代夏篡帝相徙于商丘依
同姓諸侯斟尋羿恃其善射不脩民事淫于田獸棄其良臣
武羅伯姻熊髡尨圉而信寒浞寒浞伯明氏之讒子伯明后
以讒棄之而羿以爲己相寒浞殺羿於桃梧而烹之以食其
子其子不忍食之死于窮門浞遂代夏立爲帝寒浞襲有窮
之號因羿之室生奡及豷奡多力能陸地行舟使奡帥師滅
斟灌斟尋殺夏帝相封奡於過封豷於戈恃其詐力不恤事
初奡之殺帝相也妃仍氏女曰后緡歸有仍生少康初夏之
貴臣曰靡事羿羿死逃於有鬲氏收斟尋二國餘燼殺寒浞
立少康滅奡于過后杼滅豷于戈有窮遂亡也按帝相被篡

歷羿浞二世四十年而此紀不說亦馬遷之疏略也澆音五告反豷音許器反括地志云故鉏城在滑州衛城縣東十里晉地記云河南有窮谷蓋本有窮氏所遷也括地志云商丘今宋州也斟灌故城在青州壽光縣東五十四里斟尋故城今青州北海縣是也故過鄉亭在萊州掖縣西北二十里本過國地故鬲城在洛州密縣界杜預云國名今平原鬲縣也戈在宋鄭之間也寒國在北海平壽縣東寒亭也伯明其君也臣瓚云斟尋在河南蓋後遷北海也汲冢古文云太康居斟尋羿亦居之桀又居之尚書云太康失邦兄弟五人須于洛汭此即太康居之為近洛也又吳起對魏武侯曰夏桀之居左河濟右太華伊闕在其南羊腸在其北又周書度邑篇云武王問太公吾將因有夏之居即河南是也括地志云故鄩城在洛州鞏縣西南五十八里蓋桀所居也陽翟縣又是禹所封為夏伯

帝少康崩子帝予立索隱曰予音佇系本云季佇作甲者也左傳曰杼滅豷于戈國語云杼能帥禹者也帝予崩子帝槐立索隱曰槐音回系本作帝芬帝槐崩子帝芒立索隱曰音亡鄒誕生又音荒也帝芒崩子帝泄立帝泄崩子帝不降立索隱

曰系本作帝降 帝不降崩弟帝扃立帝扃崩子帝廑立 索隱
曰音覲鄒誕生又音勤 帝廑崩立帝不降之子孔甲是爲帝
孔甲帝孔甲立好方鬼神事淫亂夏后氏德衰
諸侯畔之天降龍二有雌雄孔甲不能食 正義音寺
未得豢龍氏 賈逵曰豢養也穀食曰豢 陶唐既衰其後有劉累
服虔曰后劉累系之爲諸侯者夏后賜之姓。正義曰括地志云劉累故城在洛州緱氏縣南五十五里乃劉累之故地
也 學擾龍 應劭曰擾音柔擾馴也能順養得其嗜欲 于豢龍氏以事孔甲
孔甲賜之姓曰御龍氏 服虔曰御亦養 受豕韋之後 徐廣
曰受一作更騶案系本賈逵曰劉累之後至商不絕以代豕韋之後祝融之後封於豕韋殷武丁滅之以劉累之後代之。索
隱曰按系本豕韋防姓 龍一雌死以食夏后夏后使求懼而

遷去（賈逵曰夏后既饗而又使求致龍劉累不能得而懼也傳言遷于魯縣）孔甲崩子帝皐立帝皐崩（左傳曰皐墓在殽南陵）子帝發立帝發崩子帝履癸立是爲桀（索隱曰桀名也按系本帝皐生發及桀此以發生桀皇甫謐同也）帝桀之時（謚法賊人多殺曰桀）自孔甲以來而諸侯多畔夏桀不務德而武傷百姓百姓弗堪迺召湯而囚之夏臺（索隱曰獄名夏曰均臺皇甫謐云地在陽翟是也）已而釋之湯修德諸侯皆歸湯湯遂率兵以伐夏桀桀走鳴條（孔安國曰地在安邑之西鄭玄曰南夷地名）遂放而死（徐廣曰從禹至桀十七君十四世騶案汲冢紀年曰有王與無王用歲四百七十一年矣。正義曰括地志云廬州巢縣有巢湖即尚書成湯伐桀放於南巢者也淮南子云湯敗桀於歷山與末喜同舟浮江奔南巢之山而死國語云滿於巢湖又云夏桀伐有施施人以妹喜女焉女音女慮反）桀謂人曰吾悔不遂殺湯於夏臺使至此湯乃踐天子位代夏朝天下湯封夏之後正義曰括地志云夏亭故城在汝州郟城縣東北五十四里蓋夏后所到也至周封於杞也正義曰括地志云汴州雍丘縣古杞國城也周武王封禹後號東樓公也

太史公曰禹為姒姓其後分封用國為姓故有夏后氏有扈氏有男氏斟尋氏彤城氏褒氏費氏徐廣曰一云斟氏尋氏○索隱曰系本男作南尋作鄩費作弗而不云彤城及褒案周有彤伯蓋彤城氏之後張敖地理記云濟南平壽縣其地即古斟尋國又下云斟戈氏按左傳系本皆云斟灌氏杞氏繒氏辛氏冥氏斟氏戈氏孔子正夏時學者多傳夏小正云禮運稱孔子曰我欲觀夏道是故之杞而不足徵也吾得夏時焉鄭玄曰得夏四時之書其存者有小正○索

自虞夏時貢賦備矣或言禹會隱曰小正大戴記篇名正征二音諸侯江南計功而崩因葬焉命曰會稽會稽者會計也皇覽曰禹冢在山陰縣會稽山上會稽山本名苗山在縣南去縣七里越傳曰禹到大越上苗山大會計爵有德封有功因而更名苗山曰會稽因病死葬葦棺穿壙深七尺上無漏泄下無邸水壇高三尺土堦三等周方一畝呂氏春秋曰禹葬會稽不煩人徒墨子曰禹葬會稽衣衾三領桐棺三寸地理志云山上有禹井禹祠相傳以爲下有羣鳥耘田也。索隱曰邸至也音丁礼反葦棺者以葦爲棺謂蘧篨而斂非也禹雖儉約豈萬乘之主而臣子乃以蘧篨裹尸乎墨子言桐棺三寸差近人情。正義曰括地志云禹陵在越州會稽縣南十三里廟在縣東南十一里

索隱述贊曰

堯遭洪水　黎人阻飢　禹勤溝洫

手足胼胝　言乘四載　動履四時

娶妻有日　過門不私　九土旣理
玄圭錫玆　帝啓嗣立　有扈違命
五子作歌　太康失政　羿浞斯侮
夏室不競　降于孔甲　擾龍乖性
嗟彼鳴條　其終不令

史記參阡貳伯玖拾玖字

註壹萬肆阡參伯玖拾肆字

夏本紀第二　史記二

史記本紀　五

殷

史記評林 [illegible]

殘

上

殷本紀第三　　史記三

殷契索隱曰契始封商其後裔盤庚遷殷殷在鄴南遂爲天下號契是殷家始祖故言殷契。正義曰括地志云相州安陽本盤庚所都即北冢殷墟南去朝歌城百四十六里竹書紀年云盤庚字也北冢曰殷墟南去鄴四十里是舊都城西南三十里有洹水南岸三里有安陽城西有城名殷墟所謂北冢者也今按洹水在相州北四里安陽城即相州外城也母曰簡狄索隱曰舊本作易狄音同又作逿吐歷反有娀氏之女淮南子曰有娀在不周之北。正義曰按記云桀敗於有娀之墟有娀當在蒲州也爲帝嚳次妃三人行浴見玄鳥墮其卵簡狄取吞之因孕生契索隱曰譙周云契生堯代舜始舉之必非嚳子以其父微故不著名其母娀氏女與宗婦三人浴于川玄鳥遺卵簡狄吞之則簡狄非帝嚳次妃明也契長而佐禹治水有功帝舜乃命契曰百姓不親五品不訓汝爲司徒而敬敷五敷五教在寬封於商鄭玄曰商國在太華之陽皇甫謐曰今上洛商是也。索隱曰堯封契於商即詩商頌云有娀方將帝立子生商是也。正義曰括地志云商州東八十里商洛縣本商邑古之商國帝嚳之子卨所封也賜姓子氏禮緯曰祖以玄鳥生子也。正義曰括地志云故子城在渭州華城縣東北八十里蓋子姓之別邑契興於唐虞大禹之際功業著於百姓百姓以平契卒子昭明立昭明卒子相土立宋衷曰相土就契封於商春秋左氏傳曰閼伯居商丘相土因之。索隱曰相土佐夏功著於商詩頌曰相土烈烈海外有截是也左傳曰昔陶唐氏火正閼伯居商丘相土因之是始封商也。正義曰括地志云宋州城古閼伯之墟即商丘也又云羿所封之地相土卒子昌若立昌若卒子曹圉立索隱曰系本作作粮圉也曹圉卒正義曰圉音語出本草子冥立宋衷曰冥為司空勤其官事死於水中殷人郊之。索隱曰禮曰冥勤其官而水死殷人祖契而郊冥也冥卒子振立索隱曰系

本作核

振卒子微立索隱曰皇甫謐云微字上甲其母以甲日生故也商家生子以日爲名蓋自微始譙周以爲死稱廟主曰甲也微卒子報丁立報丁卒子報乙立報乙卒子報丙立報丙卒子主壬立主壬卒子主癸立主癸卒子天乙立是爲成湯張晏曰禹湯皆字也二王去唐虞之文從高陽之質故夏殷之王皆以名爲號謚法曰除虐去殘曰湯。索隱曰湯名履書曰予小子履是也又稱天乙者譙周云夏殷之禮生稱王死稱廟主皆以帝名配之天亦帝也殷人尊湯故曰天乙從契至湯凡十四代故國語曰玄王勤商十四代興玄王契也

成湯自契至湯八遷孔安國曰十四世凡八徙國都湯始居亳皇甫謐曰梁國穀熟爲南亳即湯都也。正義曰括地志云宋州穀熟縣西南三十五里南亳故城即南亳湯都也宋州北五十里大蒙城爲景亳湯所盟地因景山爲名河南偃師爲西亳帝嚳及湯所都盤庚亦徙都之從先王居孔安國曰契父帝嚳都亳湯自商丘遷焉故曰從先王居。正義曰按亳偃師

城也商丘宋州也湯即位都南亳後從西亳也括地志云亳

邑故城在洛州偃師縣西十四里本帝嚳之墟商湯之都也

作帝誥 索隱曰一作告上云從先王居故作帝告 孔安國以為作誥告先王言已來居亳也 湯征

諸侯 孔安國曰為夏方伯得專征伐 葛伯不祀湯始伐之 孟子曰湯居亳與葛

伯為鄰地理志曰葛今梁國寧陵之葛鄉 湯曰予有言人視水見形視民

知治不伊尹曰明哉言能聽道乃進君國子民

為善者皆在王官勉哉勉哉湯曰汝不能敬命

予大罰殛之無有攸赦作湯征伊尹名阿衡 索

隱

曰孫子兵書伊尹名摯孔安國亦曰伊摯然解者以阿衡為官名按阿倚也衡平也言依倚而取平書曰惟嗣王弗惠于

阿衡亦曰保衡皆伊尹之官號非名也皇甫謐云伊尹力牧之後生於空桑又呂氏春秋云有侁氏女採得嬰兒于空桑

後居伊水命曰伊尹尹正也謂湯使之正天下 阿衡欲干湯而無由乃為有

莘氏媵臣列女傳曰湯妃有莘氏之女。正義曰括地志云古莘國在汴州陳留縣東五里故莘城是也陳留風俗傳云陳留外黄有莘昌亭本宋地莘氏邑也媵翊剩反爾雅云媵將送也負鼎俎以滋味說湯致于王道或曰伊尹處士湯使人聘迎之五反然後肯往從湯言素王及九主之事劉向別録曰九主者有法君專君授君勞君等君寄君破君國君三歲社君凡九品圖畫其形。索隱曰按素王者太素上皇其道質素故稱素王九主者三皇五帝及夏禹也或曰九主謂九皇也然按註劉向所稱九主載之七録名稱甚奇不知所憑據耳法君謂用法嚴急之君若秦孝公及始皇等也勞君謂勤勞天下若禹稷等也等君者平也謂定等威均祿賞若高祖封功臣侯雍齒也授君謂人君不能自理而政歸其臣若燕王噲授子之禹授益之比也專君謂專己獨斷不任賢臣若漢宣之比也破君謂輕敵致寇國滅君死若楚伐吳濞等是也寄君謂人困於下主驕於上離析可待故孟軻謂之寄君也國君國當爲固字之誤耳固謂完城郭利甲兵而不修德若三苗智伯之類也三歲社君謂在繦褓而主社

穰君周成王漢昭平等是也又註本九主謂法君勞君等君專君授君破君國君以三歲社君爲九恐非湯舉

任以國政伊尹去湯適夏既醜有夏復歸于亳

入自北門遇女鳩女房作女鳩女房孔安國曰鳩房二人湯之

賢臣也二篇皆所以醜夏而還之意也湯出見野張網四面祝曰自天

下四方皆入吾網湯曰嘻盡之矣乃去其三面

祝曰欲左左欲右右不用命乃入吾網諸侯聞

之曰湯德至矣及禽獸當是時夏桀爲虐政淫

荒而諸侯昆吾氏爲亂正義曰帝嚳時陸終之長於夏亥臺子昆吾氏之後也世本

云昆吾者衛氏是湯乃興師率諸侯伊尹從湯湯自把鉞

以伐昆吾遂伐桀湯曰格女衆庶來女悉聽朕

十二

割政夏

嗇割政

割政 一本无夏字

言匪台小子[馬融曰台我也]敢行舉亂有夏多罪予維聞女衆言夏氏有罪予畏上帝不敢不正[孔安國曰不敢不正桀之罪而誅之]今夏多罪天命殛之今女有衆女曰我君不恤我衆舍我嗇事而割政[孔安國曰奪民農功而為割剝之政]女其曰有罪其奈何夏王率止衆力率奪夏國[孔安國曰桀之君臣相率遏止衆力使不得事農相率割剝夏之邑居]有衆率怠不和[馬融曰衆民相率怠惰不和同]曰是日何時喪予與女皆亡[尚書大傳曰桀云天之有日猶吾之有民日有亡哉日亡吾亦亡矣]夏德若茲今朕必往爾尚及予一人致天之罰予其大理女[尚書理字作賚鄭玄曰賚賜也]女毋不信朕不食言[索隱曰左傳云食言多矣能無肥乎是謂妄言為食言]女不從

誓言予則帑僇女，無有攸赦。」以告令師，作湯誓。於是湯曰「吾甚武」，號曰武王。[詩云武王載旆，有虔秉鉞。毛傳曰武王湯也]桀敗於有娀之虛，桀奔於鳴條，[正義曰括地志云高涯原在蒲州安邑縣北三十里南坂口，即古鳴條陌也。鳴條戰地在安邑西]夏師敗績。湯遂伐三㚇，俘厥寶玉，[孔安國曰三㚇國名，桀走保之，今定陶也。俘，取也。○正義曰括地志云曹州濟陰縣即古定陶也，東有三㚇亭是也]義伯、仲伯作典寶。[孔安國曰二臣作典寶一篇，言國之常寶也]湯既勝夏，欲遷其社，不可，[孔安國曰欲變置社稷，而後世無及句龍者，故不可而止]作夏社。[孔安國曰言夏社不可遷之義]伊尹報。[徐廣曰一云伊尹報政]於是諸侯必服，湯乃踐天子位，平定海內。湯歸至于泰卷陶，[徐廣曰一無此陶字。孔安國曰地名，湯自三㚇而還。○索隱曰鄒誕生卷作餉，又作泂，則卷當為坰]

師說𠪨猶古也或本作古
集經說以字絕句
賀師說極字絕句

與尚書同非衍字也其下陶字是衍耳何以知然解尚書者以大坰今定陶是也舊本或傍記其地名後人轉寫遂衍斯字也○正義陶古銘反

中𤺸作誥孔安國曰仲虺湯左相奚仲之後○索隱曰仲虺二音𤺸作虺音如字尚書又作虺也

既絀夏命孔安國曰絀其王命還亳作湯誥維三月王自至於東郊告諸侯羣后毋不有功於民勤力迺事予乃大罰殛女毋予怨曰古禹皋陶久勞于外其有功乎民民乃有安東爲江北爲濟西爲河南爲淮四瀆已脩萬民乃有居后稷降播農殖百穀三公咸有功于民故后有立徐廣曰一作土○索隱曰謂禹皋陶有功於人建立其後故云有立昔蚩尤與其大夫作亂百姓帝乃弗予音與有狀索隱曰帝天也謂蚩尤作亂上天乃不佑之是爲弗與有狀言其罪

亳作薄本
古作故本
乃本迺本

大而有形狀故黃帝滅之**先王言不可不勉**索隱曰先王指黃帝帝堯帝舜等言禹咎繇以久勞于外故後有立及蚩尤作亂天不佑之乃致黃帝滅之皆是先王賞有功誅有罪言今汝不可不勉此湯誡其臣**曰不道毋之在國**徐廣曰之一作政。索隱曰不道猶無道也又誡諸侯云汝爲不道我則無令汝之在國**女毋我怨以令諸侯伊尹作咸有一德**王肅曰言君臣皆有一德。索隱曰按尚書伊尹作咸有一德在太甲時太史公記之於斯謂成湯之日其言又失次序**咎單作明居**馬融曰咎單湯司空也明居民之法也**湯乃改正朔易服色上白朝會以晝湯崩**皇覽曰湯冢在己方陰亳縣北東郭去州三里冢四方方各十步高七尺上平處平地漢哀帝建平元年大司空御史長卿案行水災因行湯冢劉向曰殷湯无葬處皇甫謐曰即位十七年而踐天子位爲天子十三年年百歲而崩。索隱曰長卿諸本多作劫姓按風俗通有御氏爲漢司空御史其名長卿明劫非也亦有劫弥不得爲御史。正義曰括地志云薄城北郭東三里平地有湯冢按在蒙即北薄也又云洛州偃師

六

殷紀

命作令本 單音善 易本无 方陰作濟陰

縣東六里有湯冢近桐宮蓋此是也　太子太丁未立而卒於是廼立太丁之弟外丙是爲帝外丙帝外丙即位三年崩立外丙之弟中壬正義曰仲壬二音　是爲帝中壬帝中壬即位四年崩伊尹廼立太丁之子太甲正義曰尚書孔子序云成湯既沒太甲元年不言有外丙仲壬而太史公採世本有外丙仲壬二書不同當是信則傳信疑則傳疑　太甲成湯適長孫也是爲帝太甲帝太甲元年伊尹作伊訓作肆命作徂后鄭玄曰肆命者陳政教所當爲也徂后者言湯之法度也　帝太甲既立三年不明暴虐不遵湯法亂德於是伊尹放之於桐宮孔安國曰湯葬地鄭玄曰地名也有王離宮焉○正義曰晉太康地記云尸鄉南有亳坂東有城太甲所放處也按尸鄉在洛州偃師縣西南五里也　三年伊尹

攝行政當國以朝諸侯帝太甲居桐宮三年悔過自責反善於是伊尹迺迎帝太甲而授之政帝太甲修德諸侯咸歸殷百姓以寧伊尹嘉之迺作太甲訓三篇襃帝太甲稱太宗太宗崩子沃丁立帝沃丁之時伊尹卒既葬伊尹於亳皇覽曰伊尹冢在濟陰己氏平利鄉亳近己氏○正義曰括地志云伊尹墓在洛州偃師縣西北八里又云宋州楚丘縣西北十五里有伊尹墓恐非也帝王世紀伊尹名摯爲湯相號阿衡年百歲卒大霧三日沃丁以天子禮葬之咎單遂訓伊尹事作沃丁沃丁崩弟太庚立是爲帝太庚帝太庚崩子帝小甲立徐廣曰世表云帝小甲太庚弟也帝小甲崩弟雍己立是爲帝雍己殷道衰諸侯或

不至。帝雍己崩，弟太戊立，是爲帝太戊。帝太戊立伊陟爲相。陟，伊尹之子。亳有祥桑穀共生於朝，一暮大拱。孔安國曰：祥，妖怪也。二木合生，不恭之罰。鄭玄曰：兩手搤之曰拱。○索隱曰：此云一暮大拱，尚書大傳作七日大拱，與此不同。帝太戊懼，問伊陟。伊陟曰：臣聞妖不勝德，帝之政其有闕與？帝其修德。太戊從之，而祥桑枯死而去。索隱曰：劉伯莊云言枯死而消去不見。○以爲由帝修德而祆祥遂去。伊陟贊言于巫咸。孔安國曰：贊，告也。巫咸，臣名也。○正義曰：按巫咸及子賢冢皆在蘇州常熟縣西海虞山上，蓋二子本吳人也。巫咸治王家有成，作咸艾，馬融曰：艾，治也。作太戊。帝太戊贊伊陟于廟，言弗臣，伊陟讓，作原命。馬融曰：原，臣名也。命原以禹湯之道我所修也。殷復興，諸侯歸之，故稱中

殷紀

宗中宗崩子帝仲丁立帝仲丁遷于隞孔安國曰地名皇甫謐曰或云河南敖倉是。索隱曰隞亦作囂並音敖字。正義曰括地志云滎陽故城在鄭州滎澤縣西南十七里殷時敖地

河亶甲居相孔安國曰地名在河北。正義曰括地志云故殷城在相州内黄縣東南十三里即河亶甲所築都之故名殷城也

祖乙遷于邢索隱曰邢音耿近代本亦作耿今河東皮氏縣有耿鄉。正義曰括地志云絳州龍門縣東南十二里耿城故耿國也

帝仲丁崩弟外壬立是爲帝外壬仲丁書闕不具索隱曰蓋太史公知舊有仲丁書今已遺闕不具也

帝外壬崩弟河亶甲立是爲帝河亶甲河亶甲時殷復衰河亶甲崩子帝祖乙立帝祖乙立殷復興巫賢任職祖乙崩子帝祖辛立帝祖辛崩弟沃甲立是爲帝沃甲索隱曰系本作開甲也帝沃甲

隞 五高反

崩立沃甲兄祖辛之子祖丁是爲帝祖丁帝祖丁崩立弟沃甲之子南庚是爲帝南庚帝南庚崩立帝祖丁之子陽甲是爲帝陽甲帝陽甲之時殷衰自中丁以來廢適而更立諸弟子弟子或爭相代立比九世亂於是諸侯莫朝帝陽甲崩弟盤庚立是爲帝盤庚帝盤庚之時殷已都河北盤庚渡河南復居成湯之故居迺五遷無定處（孔安國曰自湯至盤庚凡五遷都○正義曰湯自南亳遷西亳仲丁遷敖河亶甲居相祖乙居耿盤庚渡河南居西亳是五遷也）殷民咨胥皆怨不欲徙（孔安國曰胥相也民不欲徙皆咨嗟憂愁相與怨其上也）盤庚乃告諭諸侯大臣曰昔高后成

湯與爾之先祖俱定天下法則可修舍而弗勉何以成德乃遂涉河南治亳鄭玄曰治於亳之殷地商家自此徙而改號曰殷亳皇甫謐曰今偃師是也行湯之政然後百姓由寧殷道復興諸侯來朝以其遵成湯之德也帝盤庚崩弟小辛立是為帝小辛帝小辛立殷復衰百姓思盤庚迺作盤庚三篇索隱曰尚書盤庚將治亳殷民咨胥怨作盤庚此以盤庚崩弟小辛立百姓思之乃作盤庚由不見古文也帝小辛崩弟小乙立是為帝小乙帝小乙崩子帝武丁立帝武丁即位思復興殷而未得其佐三年不言政事決定於冢宰鄭玄曰冢宰天官卿貳王事者以觀國風武丁夜夢得聖人名曰說

殷紀

以夢所見視羣臣百吏皆非也於是迺使百工營求之野得說於傅險中徐廣曰尸子云傅巖在北海之洲○索隱曰舊本作險亦作巖也○正義曰地理志云傅險即傅說版築之處所隱之處窟名聖人窟在今陝州河北縣北七里即虞國虢國之界又有傅說祠注水經云沙澗水北虞山南經傅巖傳說隱室前俗名聖人窟是時說爲胥靡築於傅險孔安國曰傅氏之巖在虞虢之界通道所經有澗水壞道常使胥靡刑人築護此道說賢而隱代胥靡築之以供食也見於武丁武丁曰是也得而與之語果聖人舉以爲相殷國大治故遂以傅險姓之號曰傅說帝武丁祭成湯明日有飛雉登鼎耳而呴正義曰音構呴雉鳴也詩云雉之朝呴武丁懼祖己曰孔安國曰賢臣名王勿憂先修政事祖己乃訓王曰唯天監下典

厥義孔安國曰言天視下民以義爲常也降年有永有不永非天夭民中絶其命民有不若德不聽罪天既附命正厥德孔安國曰不順德言無義也不服罪不改修也天以信命正其德謂其有永有不永○索隱曰附依尚書音孚乃曰其奈何嗚呼王嗣敬民罔非天繼常祀毋禮于弃道孔安國曰王者主民當敬民事無非天時天所常祀也祭祀有常不當特豐於近也○索隱曰祭祀有常無爲豐殺之禮於是以弃常道武丁修政行德天下咸驩殷道復興帝武丁崩子帝祖庚立祖己嘉武丁之以祥雉爲德立其廟爲高宗遂作高宗肜日及訓孔安國曰祭之明日又祭殷曰肜周曰繹帝祖庚崩弟祖甲立是爲帝甲帝甲淫亂殷復衰索隱曰國語曰帝甲亂之七代而隕是也帝甲

崩子帝廩辛立索隱曰漢書古今人表及帝王代紀皆作馮辛帝廩辛崩弟
庚丁立是爲帝庚丁帝庚丁崩子帝武乙立殷
復去亳徙河北帝武乙無道爲偶人索隱曰偶音寓亦如字
正義曰偶五苟反偶對以土木爲人對象於人形也謂之天神與之博令人爲
行正義爲于僞反行胡孟反天神不勝乃僇辱之爲革囊盛血
仰而射之命曰射天武乙獵於河渭之閒暴雷
武乙震死子帝太丁立帝太丁崩子帝乙立帝
乙立殷益衰帝乙長子曰微子啓索隱曰微國號爵爲子啓名也
孔子家語云微或作魏讀從微音鄒本亦然也啓母賤不得嗣索隱曰此以啓
與紂異母而鄭玄稱爲同母依呂氏春秋言母當生啓時猶未正立及生紂時始正爲妃故啓大而庶紂小而嫡少子辛

辛母正后辛爲嗣帝乙崩子辛立是爲帝辛天下爲之紂〔謚法曰殘義損善曰紂〕帝紂資辨捷疾聞見甚敏材力過人手格猛獸〔正義曰帝王世紀云紂倒曳九牛撫梁易柱也〕知足以距諫言足以飾非矜人臣以能高天下以聲以爲皆出己之下好酒淫樂嬖於婦人愛妲己〔皇甫謚曰有蘇氏美女○索隱曰國語有種氏女妲字己姓也〕妲己之言是從於是使師涓作新淫聲北里之舞靡靡之樂厚賦稅以實鹿臺之錢〔如淳曰新序曰鹿臺其大三里高千尺瓚曰鹿臺臺名今在朝歌城中○正義曰括地志云鹿臺在衛縣西南二十二里〕而盈鉅橋之粟〔服虔曰鉅橋倉名許愼曰鉅鹿水之大橋有漕粟也○索隱曰鄒誕生云鉅大橋器名也紂厚賦稅故因器而大其名〕益收狗馬奇物

鋟案陌鉄烙注荀子紂爲炮烙之刑言烙又案鉄烙歷各切燒也廣韻燒灼也紂作炮烙之刑

充仞宮室益廣沙丘苑臺爾雅曰迤邐沙丘也地理志曰在鉅鹿東北七十里○正義曰括地志云沙丘臺在邢州平鄉東北二十里竹書紀年云自盤庚徙都至紂之滅七百七十三年更不徙都紂時稍大其邑南距朝歌北據邯鄲及沙丘皆爲離宮別館多取野獸蜚鳥置其中慢於鬼神大㝡樂戲於沙丘徐廣曰㝡一作聚以酒爲池縣肉正義曰括地志云酒池在衛州衛縣西二十三里太公六韜云紂爲酒池迴船糟丘而牛飲者三千餘人爲輩爲林正義縣戶眠反使男女倮正義胡瓦反相逐其閒爲長夜之飲百姓怨望而諸侯有畔者於是紂乃重辟刑有炮烙之法列女傳曰膏銅柱下加之炭令有罪者行焉輒墮炭中妲己笑名曰炮烙之刑○索隱曰鄒誕生烙一音閣又云見蟻布銅斗足廢而死於是爲銅烙炊炭其下使罪人步其上與列女傳少異以西伯昌九侯徐廣曰一作鬼侯鄴縣有九侯城○索隱曰九亦依字讀鄒誕生音仇也○正義曰括地

縣作懸本

辟刑作刑

辟本

志云相州滏陽縣西南五十里有九侯城亦名鬼侯城蓋殷時九侯城也鄂侯徐廣曰一作邘音于野王縣有邘城爲三公九侯有好女入之紂九侯女不憙淫徐廣曰一云無不憙淫紂怒殺之而醢九侯鄂侯爭之彊辨之疾并脯鄂侯西伯昌聞之竊嘆崇侯虎知之以告紂紂囚西伯羑里地理志曰可內陽陰有羑里城西伯所拘處韋昭曰音酉○正義曰牖一作羑音酉羑城在相州湯陰縣北九里紂囚西伯城也帝王世紀云囚文王文王之長子曰伯邑考質於殷爲紂御紂烹爲羹賜文王曰聖人當不食其子羹文王食之紂曰誰謂西伯聖者食其子羹尚不知也西伯之臣閎夭之徒求美女奇物善馬以獻紂紂乃赦西伯西伯出而獻洛西之地正義曰洛水一名漆沮水在同州洛西之地謂洛西文丹方等州也以請除炮烙之刑紂乃許之賜弓

西伯 音覇
政 作正本

矢斧鉞使得征伐為西伯而用費中為政正義曰費音扶味反中音仲費姓仲名也費中善諛好利殷人弗親紂又用惡來索隱曰秦之祖蜚廉子惡來善毀讒諸侯以此益疏西伯歸乃陰修德行善諸侯多叛紂而往歸西伯西伯滋大紂由是稍失權重王子比干諫弗聽商容賢者百姓愛之紂廢之及西伯伐飢國滅之徐廣曰飢一作阢又作耆紂之臣祖伊孔安國曰祖己後賢臣也聞之而咎周孔安國曰咎惡也恐奔告紂曰天既訖我殷命假人元龜徐廣曰元一作卜無敢知吉馬融曰元龜大龜也長尺二寸孔安國曰至人以人事觀殷大龜以神靈考之皆無知吉者非先王不相我後人孔安國曰相助也維王淫

假 音格

虐用自絶故天弃我不有安食不虞知天性不迪率典（鄭玄曰王暴虐於民使不得安食逆亂陰陽不度天性傲很明德不修教法者）今我民罔不欲喪曰天曷不降威大命胡不至今王其奈何紂曰我生不有命在天乎祖伊反曰紂不可諫矣西伯既卒周武王之東伐至盟津諸侯叛殷會周者八百諸侯皆曰紂可伐矣武王曰爾未知天命乃復歸紂愈淫亂不止微子數諫不聽乃與太師少師謀遂去比干曰為人臣者不得不以死爭迺強諫紂紂怒曰吾聞聖人心有七竅剖比干觀其心（正義曰括地志云比干見微子去箕子狂乃歎曰主過不

諫紂本无紂

殷紀

困學紀聞十一殷本紀曰微子數諫紂不聽乃與太師少師謀遂去比干強諫而死箕子佯狂為奴而後太師少師挾其祭樂器以奔于周武王乘此東伐劉氏度曰以書考之太師即箕子也少師即比干也若已殺比干囚箕子則不復有太師少師奔周者又何人也宋世家以箕子不忍彰君之惡乃佯狂為奴比干見箕子諫不聽乃直諫而死微子曰義可以去矣於是太師勸微子遂行又武王伐商微子乃持其祭器造于軍門肉袒面縛以降于周今以論語考之微子則先去箕子奴次之比干死又次之聖人之言固有次第且微子已行矣則武王伐商之際何反歸于國以自取面縛之辱也蔡氏沈曰按左傳微子適周乃在克商之後所謂去者特去其位而逃遯於外耳

邢父子之父音甫鄭
史記邢父母之父自
人多字父亦名皆云
甫 釋文知字
傳云受紂之音相
乱馬云受讀曰紂或
壹樑人之言故号
為壹受也

諫非忠也畏死不言非勇也過則諫不用則死忠之至也進諫不去者三日紂問何以自持比干曰修善行仁以義自持紂怒曰吾聞聖人心有竅信諸遂殺比干刳視其心也箕子懼乃詳狂為奴紂又囚之殷之大師少師乃持其祭樂器奔周周武王於是遂率諸侯伐紂紂亦發兵距之牧野鄭玄曰牧野紂南郊地名也。正義曰括地志云今衛州城即殷牧野之地周武王伐紂築也甲子日紂兵敗紂走入登鹿臺徐廣曰鹿一作廩衣其寶玉衣赴火而死正義曰周書云紂取天智玉琰五環身以自焚周武王遂斬紂頭縣之白旗殺妲己釋箕子之囚封紂比干之墓表商容之閭索隱曰皇甫謐云商容與殷人觀周軍之入則以為人名鄭玄云商家樂官知禮容所以禮署稱容臺封子武庚祿父以續殷祀譙周曰殷凡三十一世六百餘年汲冢紀年曰

紂

白旗下大白之旗

殷紀

湯滅夏以至于受二十九王用歲四百九十六年也令修行盤庚之政殷民大

說於是周武王爲天子其後世貶帝號號爲王

索隱曰按夏殷天子亦皆稱帝代以德薄不及五帝始貶帝號號之爲王故本紀皆帝而後總曰三王也而封

殷後爲諸侯屬周正義曰即武庚祿父也周武王崩武庚與

管叔蔡叔作亂成王命周公誅之而立微子於

宋以續殷後焉

太史公曰余以頌次契之事自成湯以來采於

書詩契爲子姓其後分封以國爲姓有殷氏來

氏宋氏空桐氏稚氏索隱曰按系本子姓無北殷氏索隱曰系本作髦氏

又有時氏蕭氏黎氏然北殷氏蓋秦寧公所伐亳王湯之後也目夷氏孔子曰殷路車

爲善而色尚白。索隱曰論語孔子曰乘殷之路禮記曰殷人尚白太史公爲贊不取成文遂作此語踈也

索隱述贊曰

簡狄吞乙　是爲殷祖　玄王啓商
伊尹負俎　上開三面　下獻九主
旋師泰卷　繼相臣扈　遷囂圮耿
不常厥土　武乙無道　禍因射天
帝辛淫亂　拒諫賊賢　九侯見醢
炮烙興焉　黄鉞斯杖　白旗是懸
哀哉瓊室　殷祀用遷

史貳阡玖伯陸拾伍字
註肆阡伍伯壹拾貳字

殷本紀第三　史記三

殷紀

史記本紀

六

周

六

周本紀第四　史記四

周后稷正義曰因太王所居周原因號曰周地理志云右扶風縣岐山西北中水鄉周太王所邑括地志云故周城一名美陽城在雍州武功縣西北二十五里即太王城也名棄其母有邰氏女正義曰邰天來反亦作斄同說文云邰炎帝之後姜姓封邰周棄外家曰姜原韓詩章句曰姜姓原字或曰姜原諡號也姜原為帝嚳元妃索隱曰譙周以為棄帝嚳之冑其父亦不著與此紀異也姜原出野見巨人跡心忻然說欲踐之踐之而身動如孕者居期而生子以為不祥棄之隘巷索隱曰已下皆詩大雅生民篇所云誕寘之隘巷牛羊腓字之誕寘之平林會伐平林誕寘之寒冰鳥覆翼之是其事也馬牛過者皆辟不踐徙置之林中適會山林多人遷之而棄渠中冰上飛鳥以其翼覆薦之

姜原以爲神遂收養長之初欲弃之因名曰弃（正義曰古史考云弃帝嚳之胄其父亦不著與此文稍異也）弃爲兒時屹如巨人之志其游戲好種樹麻菽麻菽美及爲成人遂好耕農相地之宜宜穀者稼穡焉（正義曰種曰稼斂曰穡）民皆法則之帝堯聞之舉弃爲農師天下得其利有功帝舜曰弃黎民始飢（徐廣曰今文尚書云祖飢故此作始飢祖始也）爾后稷播時百穀封弃於邰（徐廣曰今斄鄉在扶風○索隱曰即詩生民曰有邰家室是也邰即斄古今字異耳○正義曰括地志云故斄城一名武功城在雍州縣西南二十二里古邰國后稷所封也有后稷及姜嫄祠毛萇云邰姜嫄國也后稷所生堯見天因邰而生后稷故因封於邰也）號曰后稷別姓姬氏（禮緯曰祖以履大跡而生）后稷之興在陶唐虞夏之際

周紀

古

周本紀第四　史記四

周后稷正義曰因太王所居周原因號曰周地理志云右扶風縣岐山西北中水鄉周太王所邑括地志云故周城一名美陽城在雍州武功縣西北二十五里即太王城也名弃其母有邰氏女正義曰邰天來反亦作斄同説文云邰炎帝之後姜姓封邰周棄外家曰姜原韓詩章句曰姜姓原字或曰姜原謚號也姜原爲帝嚳元妃索隱曰譙周以爲弃帝嚳之胄其父亦不著與此紀異也姜原出野見巨人跡心忻然説欲踐之踐之而身動如孕者居期而生子以爲不祥弃之隘巷索隱曰巳下皆詩大雅生民篇所云誕寘之隘巷牛羊腓字之誕寘之平林會伐平林誕寘之寒冰鳥覆翼之是其事也馬牛過者皆辟不踐徙置之林中適會山林多人遷之而弃渠中冰上飛鳥以其翼覆薦之

姜原以爲神遂收養長之初欲弃之因名曰弃正義曰古史考云弃帝嚳之胄其父亦不著與此文稍異也弃爲兒時屹如巨人之志其游戲好種樹麻菽麻菽美及爲成人遂好耕農相地之宜宜穀者稼穡焉正義曰種曰稼斂曰穡民皆法則之帝堯聞之舉弃爲農師天下得其利有功帝舜曰弃黎民始飢徐廣曰今文尚書云祖飢故此作始飢祖始也爾后稷播時百穀封弃於邰徐廣曰今斄鄉在扶風。索隱曰即詩生民曰有邰家室是也邰即斄古今字異耳。正義曰括地志云故斄城一名武功城在雍州縣西南二十二里古邰國后稷所封也有后稷及姜嫄祠毛萇云邰姜嫄國也后稷所生堯見天因邰而生后稷故因封於邰也號曰后稷別姓姬氏禮緯曰祖以履大跡而生后稷之興在陶唐虞夏之際

困學紀聞十一周本紀不窋末年夏氏政亂去稷不務不窋以失其官而奔戎狄之間周語云不窋自竄
于戎狄之間韋昭云不窋去夏而遷於豳詩正義案公劉之篇公劉避亂適豳公劉者不窋之孫

皆有令德后稷卒山海經大荒經曰黑水青水之間有廣都之野后稷葬焉皇甫謐曰冢去中國三萬里也子不窋立索隱曰帝王世紀云后稷納姞氏生不窋而譙周按國語云世后稷以服事虞夏言世稷官是失其代數也若不窋親弃之子至文王千餘歲唯十四代亦不合事情。正義曰括地志云不窋故城在慶州弘化縣南三里即不窋在戎狄所居之城也毛詩䟽云虞及夏殷共有千二百歲每世在位皆八十年乃可充其數耳命之短長古今一也而使十五世君在位皆八十許載子必將老始生不近人情之甚以理而推實難據信也不窋末年夏后氏政衰去稷不務韋昭曰夏太康失國廢稷之官不復務農。索隱曰國語曰弃稷不務此云去稷者是太史公恐弃是后稷之名故變文云去也言夏政衰不窋去稷官不復務農者也不窋以失其官而奔戎狄之間不窋卒子鞠立鞠卒子公劉立公劉雖在戎狄之間復修后稷之業務耕種行地宜自漆沮度渭取材用正義

窋竹律反 鞠九六反

曰公劉從漆縣漆水南渡渭水至南山取材木爲用也括地志云豳州新平縣即漢漆縣也漆水在岐州普閏縣東岐山漆水東入渭行者有資居者有畜積民賴其慶百姓懷之多徙而保歸焉周道之興自此後故詩人歌樂思其德索隱曰即詩大雅篤公劉是也公劉卒子慶節立國於豳徐廣曰新平漆縣之東北有豳亭。索隱曰豳即邠也古今字異耳。正義曰括地志云豳州新平縣即漢漆縣詩豳國公劉所邑之地也慶節卒子皇僕立皇僕卒子差弗立差弗卒子毀隃立音踰世本作揄。索隱曰世本作僞揄毀隃卒子公非立索隱曰世本云公非辟方皇甫謐云公非字辟方也公非卒子高圉立宋忠曰高圉能率稷者也周人報之。索隱曰世本云高圉侯侔高圉卒子亞圉立系本云亞圉雲都皇甫謐云雲都亞圉字。索隱曰漢書古今表曰雲都亞圉弟按如此說則辟方侯侔亦皆二人之名實未

能詳

亞圉卒子公叔祖類立索隱曰世本云太公組紺諸盩三代世表稱叔類凡四名皇甫謐云公祖一名組紺諸盩字叔類號曰太公也公叔祖類卒子古公亶父立古公亶父復修后稷公劉之業積德行義國人皆戴之薰育戎狄攻之欲得財物予之已復攻欲得地與民民皆怒欲戰古公曰有民立君將以利之今戎狄所為攻戰以吾地與民民之在我與其在彼何異民欲以我故戰殺人父子而君之予不忍為乃與私屬遂去豳渡漆沮徐廣曰水在杜陽岐山杜陽縣在扶風踰梁山正義曰括地志云梁山在雍州好畤縣西北十八里鄭玄云岐山西南然則梁山橫長其東當陽西北臨河其西當岐山東北自豳適周當踰之矣止於岐下徐廣曰山

困学紀聞十一古公有長子曰太伯次曰虞仲太姜生季歷左傳以爲如史記之文似季與太伯別母遷言謬太伯虞仲辟季歷適荊蠻若有適庶不須相辟知其皆同母也

在扶風美陽西北其南有周原皇甫謐云邑於周地故始改國曰周豳人舉國扶老攜弱盡復歸古公於岐下及他旁國聞古公仁亦多歸之於是古公乃貶戎狄之俗而營築城郭室屋而邑別居之徐廣曰分別而爲邑落也作五官有司禮記曰天子之五官曰司徒司馬司空司士司寇典司五眾鄭玄曰此殷時制民皆歌樂之頌其德索隱曰即詩頌云后稷之孫實維太王居岐之陽實始翦商是也古公有長子曰太伯次曰虞仲太姜正義曰國語云齊許申呂四國皆姜姓也四岳之後太姜之家太姜太王之妃王季之母生少子季歷季歷娶太任列女傳曰太姜有台氏之女太任摯任氏之中女○正義曰國語云摯時二國任姓奚仲仲虺之後太任之家太任王季之妃文王母也皆賢婦人正義曰列女傳云太姜太王娶以爲妃生太伯仲雍王季太姜有色而貞順率導諸子至於成童靡有過失太王謀事必於太姜遷

從父興太任王季娶以為妃太任之性端壹誠莊維德之行及其有身目不視惡色耳不聽淫聲口不出敖言能以胎教子而生文王此皆有賢行也生昌有聖瑞正義曰尚書帝命驗云季秋之月甲子赤爵銜丹書入于豐止于昌戶其書云敬勝怠者吉怠勝敬者滅義勝欲者從欲勝義者凶凡事不強則不枉不敬則不正枉者發滅敬者萬世以仁得之以仁守之其量百世以不仁得之以仁守之其量十世以不仁得之不仁守之不及其世此蓋聖瑞

古公曰我世當有興者其在昌乎長子太伯虞仲知古公欲立季歷以傳昌乃二人亡如荊蠻正義曰太伯奔吳所居城在蘇州北五十里常州無錫縣界梅里村其城及冢見存而云亡荊蠻者楚滅越其地屬楚秦滅楚其地屬秦秦諱楚改曰荊故通號吳越之地為荊及北人書史加云蠻勢之然也文身斷髮應劭曰常在水中故斷其髮文其身以象龍子故不見傷害以讓季歷古公卒季歷立是為公季公季修古公遺道篤於行義諸侯

順之公季卒皇甫謐曰葬鄠縣之南山子昌立是為西伯西伯
曰文王正義曰帝王世紀云文王龍顏虎肩身長十尺有四乳雒書靈準聽云蒼帝姬昌日角鳥鼻高長八尺
二寸聖智慈理也遵后稷公劉之業則古公公季之法篤
仁敬老慈少禮下賢者日中不暇食以待士士
以此多歸之伯夷叔齊在孤竹應劭曰在遼西令支。正義括地
志云孤竹故城在平州盧龍縣南十二里殷時諸侯竹國也姓點氏也聞西伯善養老盍
往歸之太顛閎夭散宜生鬻子辛甲大夫之徒
皆往歸之劉向別録曰鬻子名熊封於楚辛甲故殷之臣事紂蓋七十五諫而不聽去至周召公與語賢之告文王文王親自迎之以為公卿封長子長子今上黨所治縣是也崇侯虎譖西伯於
殷紂曰西伯積善累德諸侯皆嚮之將不利於

周紀

帝紂乃囚西伯於羑里閎夭之徒患之乃求有莘氏美女正義曰括地志云古莘國城在同州河西縣南二十里世本云莘姒姓夏禹之後即散宜生等求有莘美女獻紂者驪戎之文馬正義曰括地志云驪戎故城在雍州新豐縣東南十六里殷周時驪戎國城也按駿馬赤鬣縞身目如黄金文王以獻紂也有熊九駟正義曰括地志云鄭州新鄭縣本有熊氏之墟也按九駟三十六匹馬也他奇怪物因殷嬖臣費仲索隱曰一物謂而獻之紂紂大説曰此一物足以釋西伯莘氏之美女也以殷紂淫昏好色故知然況其多乎乃赦西伯賜之弓矢斧鉞使西伯得征伐曰譖西伯者崇侯虎也西伯乃獻洛西之地以請紂去炮烙之刑紂許之西伯陰行善諸侯皆來決平於是虞芮之人地理

虞在河東大陽縣芮在馮翊臨晉縣。○正義曰括地志云故虞城在陝州河北縣東北五十里虞山之上古虞國也故芮城縣西二十里古芮國也晉太康地記云虞西百四十里有芮城括地志云又閒原在河北縣西六十五里詩云虞芮質厥成毛萇云虞芮之君相與爭田久而不平乃相謂曰西伯仁人盍往質焉乃相與朝周二國君相謂曰我等小人不可履君子之庭乃相讓所爭地以爲閒原至今尚在注引地理志芮在臨晉者誤然閒原在河東復與虞芮相接臨晉在河西同州非臨晉芮城明矣

有獄不能決乃如周入界耕者皆讓畔民俗皆讓長虞芮之人未見西伯皆慚相謂曰吾所爭周人所恥何往爲秖取辱耳遂還俱讓而去諸侯聞之曰西伯蓋受命之君明年伐犬戎

山海經曰有人人面獸身名曰犬戎。○正義曰又云黃帝生苗龍苗龍生融吾融吾生幷明幷明生白犬白犬有二是爲犬戎說文云赤狄本犬種故字從犬又後漢書云犬戎槃瓠之後也今長沙武陵之郡太半是也又

耆國殷本紀作飢國刘音祈𨚵作黎〻安國曰黎邑在王圻之諸侯也

毛詩䟽云犬戎昆夷是也 明年伐密須 應劭曰密須氏姞姓之國瓚曰安定陰密縣是○正義曰括地志云陰密故城在涇州鶉觚縣西其東接縣城即古密國杜預云姞姓國在安定陰密縣也 明年敗耆國 徐廣曰一作𨚵○正義曰即黎國也鄒誕生云本或作黎孔安國云黎在上黨東北括地志云故黎城黎侯國也在路州黎城縣東北十八里尚書云西伯既戡黎是也 𨚵之祖伊聞之懼以告帝紂紂曰不有天命乎是何能為明年伐邘 徐廣曰邘城在野王縣西北音于○正義曰括地志云故邘城在懷州河內縣西北二十七里古邘國城也左傳云邘晉應韓武王之穆也 明年伐崇侯虎 正義曰皇甫謐云夏鯀封崇夏商周皆有崇國崇國蓋在豐鎬之間詩云既伐于崇作邑于豐是國之地也 而作豐邑 徐廣曰豐在京兆鄠縣東有靈臺鎬在上林昆明北有鎬池去豐二十五里皆在長安南數十里○正義曰括地志云周豐宮周文王宮池在雍州鄠縣東三十五里鎬在雍州西南三十二里 自岐下而徙都豐明年西伯崩 徐廣曰文王九

十七年而崩 正義曰括地志云周文王墓
在雍州萬年縣西南二十八里原上也 太子發立是爲
武王 西伯蓋即位五十年其囚羑里蓋益易之
八卦爲六十四卦 正義曰乾鑿度云垂黃策者羲益卦
演德者文成命者孔也易正義云伏
羲制卦文王卦辭周公爻辭孔子十翼也按太史公言蓋者乃
疑辭也文王著演易之功作周紀方贊其美不敢專定重易
故稱蓋也 詩人道西伯蓋受命之年稱王而斷虞芮
之訟 正義曰二國相讓後諸侯歸西伯者四十餘國咸尊
西伯爲王蓋此年受命之年稱王也帝王世紀云文
王即位四十二年歲在鶉火文王更爲受命之元年始稱王
矣又毛詩云文王九十七而終終時受命九年則受命之元
年年八十九也 後十年而崩 正義曰十當爲
九其說在後 謚爲文王 正義曰謚法經
緯天地曰文 改法度制正朔矣追尊古公爲太王公季
爲王季 正義曰易緯云文王受命改正朔有王號於天下
鄭玄信而用之言文王稱王已改正朔布王號矣

按天無二日土無二王豈翦紂尚存而周稱王哉若文王自稱王改正朔則是功業成矣武王何復得云大勳未集欲卒父業也禮記大傳云牧之野武成大事而退追王太王亶父王季歷文王昌據此文乃是追王爲王何得文王自稱王改正朔也

蓋王瑞自太王興

正義曰古公在邠被戎狄攻戰奪民太王曰民之在我與彼何異殺人父子而君之予不忍爲遂遠去邠止於岐下邠人舉國盡歸古公他國聞古公仁亦多歸之乃貶戎狄之俗爲室屋邑落而分別居之季歷又生昌有聖瑞蓋是王瑞自太王時而興起也然自西伯盡即位五十年以下至太王興在西伯崩後重述其事爲經傳不同不可全棄乃略而書之引次其下事必可疑故數言蓋也

武王即位

正義曰謚法克定禍亂曰武春秋元命包云武王駢齒是謂剛強也

太公望爲師周公旦爲輔召公畢公之徒左右王師修文王緒業九年武王上祭于畢

馬融曰畢文王墓地名也。索隱曰按文云上祭于畢則畢天星之名畢星主兵故師出而祭畢星也。正義曰上音時掌反尚書武成篇云我文考文王誕膺天命以撫方夏惟九年大統未集大誓篇序云惟十有一年武王伐紂太誓篇云惟十有三年春大會于孟津大戴禮云文王十五而生武王則武王少文王十四歲矣禮記文王世子云文王九十七而終武王九十三而終按文王崩時武王已八十三矣八十四即位至九十三崩武王即位適滿十年言十三年伐紂者續文王受命年欲明其卒父業故也金縢篇云惟克商二年王有疾不愈按文王受命九年而崩十一年武王服闋觀兵孟津十三年克紂十五年有疾周公請命王有瘳後四年而崩則武王年九十三矣而太史公云九年王觀兵十一年伐紂則以爲武王即位年數與尚書違其疏矣

東觀兵至于盟津 徐廣曰譙周云史記武王十一年東觀兵十三年克紂 爲文王木主載以車中軍武王自稱太子發言奉文王以伐不敢自專乃告司馬司徒司空諸節 馬融曰諸受符節有司也 齊栗信哉予無知以先祖有德臣小子受先功 徐廣曰一云予小子受先公功 畢立賞罰以定其功遂興師師尚父號曰

立或作力

齊世家注云師之尚之父故曰師尚父

鄭玄曰號令之軍法重者總爾衆庶與爾舟楫後至者斬武王渡河中流白魚躍入王舟中馬融曰魚者介鱗之物兵象也白者殷家之正色言殷之兵衆與周之象也。索隱曰此已下至火復王屋爲烏皆見周書及今文泰誓武王俯取以祭既渡有火自上復于下至于王屋流爲烏其色赤其聲魄云馬融曰王屋王所居屋流行也魄然安定意也鄭玄曰書説云烏有孝名武王卒父大業故烏瑞臻赤者周之正色也。索隱曰按今文泰誓流爲鵰鵰摯鳥也馬融云明武王能伐紂鄭玄云烏是孝鳥言武王能終父業亦各隨文而解也是時諸侯不期而會盟津者八百諸侯諸侯皆曰紂可伐矣武王曰女未知天命未可也乃還師歸居二年聞紂昬亂暴虐滋甚殺王子比干囚箕子太師疵少師彊抱其樂

六

器而奔周於是武王徧告諸侯曰殷有重罪不可以不畢伐〔徐廣曰一作滅〕乃遵文王遂率戎車三百乘虎賁三千人〔孔安國曰虎賁勇士稱也若虎賁言其猛也〕甲士四萬五千人以東伐紂十一年十二月戊午師畢渡盟津〔正義曰畢盡也盡從河南渡河北〕諸侯咸會曰孳孳無怠武王乃作太誓告于衆庶今殷王紂乃用其婦人之言自絕于天毀壞其三正〔馬融曰動逆天地人也。正義曰按三正三統也周以建子為天統殷以建丑為地統夏以建寅為人統也〕離逷其王父母弟〔鄭玄曰王父母弟祖父母之族必言母弟舉親者言之也〕乃斷棄其先祖之樂乃為淫聲用變亂正聲怡說婦人〔徐廣曰怡一作辭〕故今予發維

共行天罰勉哉夫子 鄭玄曰夫子丈夫之稱 不可再不可三

二月 徐廣曰一作正此建丑之月殷之正月周之二月也 甲子昧爽 孔安國曰昧冥也爽明早旦也 武王朝至于商郊牧野乃誓 孔安國曰癸亥夜陳甲子朝誓之○正義曰括地志云衞州城故老云周武王伐紂至於商郊牧野乃築此城酈元注水經云自朝歌南至淸水土地平衍據皐跨澤悉牧野也括地志又云紂都朝歌在衞州東北七十三里朝歌故城是也本妹邑殷王武丁始都之帝王世紀云帝乙復濟河北徙朝歌其子紂仍都焉 武王左杖黃鉞右秉白旄 孔安國曰鉞以黃金飾斧左手杖鉞示無事於誅右手把旄示有事於教令 以麾曰遠矣西土之人 孔安國曰勞苦之 武王曰嗟我有國冢君 馬融曰冢大也 司徒司馬司空亞旅師氏 孔安國曰亞次旅衆大夫也其位次卿師氏大夫官以兵守門 千夫長百夫長 孔安國曰師率卒率 及庸蜀羌髳微纑彭濮人

孔安國曰八國皆蠻夷戎狄羌在西蜀叟髳微在巴蜀纑彭在西北庸濮在江漢之南馬融曰武王所率將來伐紂也○正義曰髳音矛括地志云房州竹山縣及金州古盧國也益州及巴利等州皆古蜀國隴右岷洮叢等州以西羌也姚府以南古髳國之地戎府之南古微盧彭三國之地濮在楚西南有髳州微濮州瀘府彭州焉武王率西南夷諸州伐紂也

稱爾戈孔安國曰稱舉也比爾干立爾矛其誓曰古人有言牝雞無晨牝雞之晨惟家之索孔安國曰索盡也盼婦人知外事雌代雄鳴則家盡也今殷王紂維婦人言是用自棄其先祖肆祀不答鄭玄曰肆祭名答問也昏棄其家國遺其王父母弟不用乃維四方之多罪逋逃是崇是長是信是使孔安國曰言紂棄其賢臣而尊長逃亡罪人信用之也俾暴虐于百姓以姦軌于商國今予發維共行天之罰

二下三

無 母乎

人 本无

家國 本无

逃 音桃

周紀

今日之事不過六步七步乃止齊焉孔安國曰今日戰事不過六步七步乃止相齊言當旅進一心也夫子勉哉不過於四伐五伐六伐七伐乃止齊焉孔安國曰伐謂擊刺也少則四五多則六七以為例也勉哉夫子尚桓桓鄭玄曰威武帝如虎如羆如豺如離徐廣曰此訓與螭同于商郊不御克犇以役西土鄭玄曰御禦彊禦謂彊暴也克殺也不得暴殺紂師之犇走者當以為周之役也勉哉夫子爾所不勉其于爾身有戮鄭玄曰所言且也誓已諸侯兵會者車四千乘陳師牧野帝紂聞武王來亦發兵七十萬人距武王武王使師尚父與百夫致師周禮環人掌致師鄭玄曰致師者致其必戰之志也古者將戰先使勇力之士犯敵焉春秋傳曰楚許伯御樂伯攝叔為右以致晉師許伯曰吾聞致師者御靡旌摩壘而還

于或作干

戮下疑本

春秋傳宣十二年

樂伯曰吾聞致師者左射以菆代御執轡御下摘馬掉鞅而還攝叔曰吾聞致師者右入壘折馘執俘而還皆行其所聞而復以大卒馳帝紂師徐廣曰帝一作商○正義曰大卒謂戎車三百五十乘士卒二萬六千二百五十人有虎賁三千人紂師雖衆皆無戰之心心欲武王亟入紂師皆倒兵以戰以開武王武王馳之紂兵皆崩畔紂紂走反入登于鹿臺之上蒙衣其珠玉正義曰衣音於既反周書云甲子夕紂取天智玉琰五環身以自焚注天智玉之善者縫環其身自厚也凡焚四千玉也庶玉則銷天智玉不銷紂身不盡也自燔于火而死武王持大白旗以麾諸侯諸侯畢拜武王武王乃揖諸侯正義曰武王率諸侯伐天子天子曰死諸侯畢賀故武王揖諸侯言先拊循之心也諸侯畢從武王至商國正義曰謂至朝歌商國百姓咸待於郊於是武

王使羣臣告語商百姓曰上天降休商人皆再拜稽首武王亦荅拜（索隱曰武王雖以臣伐君頗有慙德不應荅商人之拜太史公失辭耳尋上文諸侯畢拜賀武王武王尚且報揖無容遂下拜商人）遂入至紂死所武王自射之三發而後下車以輕劒擊之（正義曰周書作輕呂擊之輕呂劒名也）以黃鉞斬紂頭縣大白之旗已而至紂之嬖妾二女二女皆經自殺武王又射三發擊以劒斬以玄鉞（司馬法曰夏執玄鉞宋均曰玄鉞用鐵不磨礪）縣其頭小白之旗武王已乃出復軍其明日除道修社及商紂宮及期自夫荷罕旗以先驅（蔡邕獨斷曰前驅有九旒雲罕東京賦曰雲罕九旒薛綜曰旒旗名）武王弟叔振鐸奉陳常車周公旦把大

周紀

鉞畢公把小鉞以夾武王散宜生太顛閎夭皆執劍以衛武王既入立于社南大卒之左右畢從毛叔鄭奉明水周禮曰司烜氏以鑑取明水於月鄭玄曰鑑鏡屬也取月之水欲得陰陽之絜氣陳明水以為玄酒○索隱曰明明水也舊本皆無水字今本有水字若惟云奉明其義未見不知是明何物也烜音毀衛康叔封布茲徐廣曰茲者籍席之名諸侯病曰負茲○索隱曰茲一作芏公明草也言茲舉成器言芏見絜草也召公奭贊采正義曰贊佐也采幣帛也師尚父牽牲尹佚筴祝曰正義曰尹佚讀筴書祝文以祭社也殷之末孫季紂正義曰周書作末孫受德受德紂字也殄廢先王明德侮蔑神祇不祀昏暴商邑百姓其章顯聞于天皇上帝於是武王再拜稽首曰膺更監本作受大命革殷受天明命武

王又再拜稽首乃出封商紂子祿父殷之餘民武王爲殷初定未集乃使其弟管叔鮮蔡叔度相祿父治殷正義曰地理志云河内殷之舊都周既滅殷分其畿内爲三國詩邶鄘衛是邶以封紂子武庚鄘管叔尹之衛蔡叔尹之以監殷民謂之三監帝王世紀云自殷都以東爲衛管叔監之殷都以西爲鄘蔡叔監之都以北爲邶霍叔監之是爲三監按二説各異未詳也已而命召公釋箕子之囚徐廣曰釋一作原命畢公釋百姓之囚表商容之閭命南宫括散鹿臺之財發鉅橋之粟以振貧弱萌隸命南宫括史佚展九鼎保玉徐廣曰保一作寶命閎夭封比干之墓正義曰封謂益其土及畫疆界括地志云比干墓在衛州汲縣北十里二百五十步命宗祝享祠于軍乃罷兵西歸行狩記政事作武

成孔安國曰武功成也封諸侯班賜宗彝作分殷之器物鄭玄

云宗彝宗廟樽也作分器著王之命毀受物 武王追思先聖王乃襃封神農之後於焦地理志弘農陝縣有焦城故焦國也黃帝之後於祝正義曰左傳云祝其實夾谷杜預云夾谷即祝其也服虔云東海郡祝其縣也帝堯之後於薊正義地理志燕國有薊縣帝舜之後於陳正義曰括地志云陳州宛丘縣在陳城中即古陳國也帝舜後遏父爲周武王陶正武王賴其器用封其子嬀滿於陳都宛丘之側大禹之後於杞正義曰括地志云汴州雍丘縣古杞國地理志云古杞國理此城周武王封禹後於杞號東樓公二十一代爲楚所滅於是封功臣謀士而師尚父爲首封封尚父於營丘曰齊爾雅曰水出其前而左曰營丘郭璞曰今齊之營丘淄水過其南及東○正義曰水經注今臨菑城中有丘云古縣丘之地呂望所封齊之都也營丘在縣北百步外城中輿地志云秦立爲縣城臨淄水故曰臨淄也封弟

周公旦於曲阜曰魯應劭曰曲阜在魯城中委曲長七八里。正義曰帝王世紀云炎帝自陳營都於魯曲阜黃帝自窮桑登帝位後徙曲阜少昊邑于窮桑以登帝位都曲阜顓頊始都窮桑徙商丘窮桑在魯北或云窮桑即曲阜也又爲大庭氏之故國又是商奄之地皇甫謐云黃帝生於壽丘在魯城東門之北居軒轅之丘於山海經云此地窮桑之際西射之南是也括地志云兖州曲阜縣外城即周公旦子伯禽所築古魯城也封召公奭於燕正義曰封帝堯之後於薊封召公奭於燕觀其文稍似重也水經注云薊則西北隅有薊丘因取名焉括地志云燕山幽州漁陽縣東南六十里國都城記云周武王封召公奭於燕地在燕山之野故國取名焉按周封以五等之爵薊燕二國俱武王立因燕山薊丘爲名其地足自立國薊微燕盛乃并薊居之薊名遂絕焉今幽州薊縣古燕國也封弟叔鮮於管正義曰括地志云鄭州管城縣外城古管國城也周武王弟叔所封弟叔度於蔡正義曰括地志云豫州北七十里上蔡縣古蔡國武王封弟叔度於蔡是也縣東十里有蔡岡因名也餘各以次受封武王徵九牧之君登豳之

於一本无

封

蔡音在

[illegible]商邑正義曰括地志云豳州三水縣西十里有豳原豳原周先公劉所都之地也豳城在此原上因公爲名按蓋武王登此城望商邑武王至于周自夜不寐正義曰周鎬京也武王伐紂還至鎬京憂未定天之保安故自夜不得寐也周公旦即王所曰曷爲不寐王曰告女維天不饗殷自發未生於今六十年麋鹿在牧徐廣曰此事出周書及隨巢子云夷羊在牧牧郊也夷羊怪物也蜚鴻滿野索隱曰按高誘曰蜚鴻蠛蠓也言飛蟲蔽田滿野故爲災非是鴻鴈也隨巢子作飛拾飛拾蟲也○正義曰蜚音飛古飛字也於今猶當今於今六十年從帝乙十年至伐紂年也麋鹿在牧喻讒佞小人在朝位也飛鴻滿野喻忠賢君子見放棄也言紂父帝乙立後殷國益衰至伐紂六十年間讒佞小人在於朝位忠賢君子放遷於野故詩云鴻鴈于飛肅肅其羽之子于征劬勞于野毛萇云之子侯伯卿士也鄭玄云鴻鴈知避陰陽寒暑喻民知去無道就有道天不享殷乃今有成索隱曰言上天不歆享殷家故見災異我周今乃有成王業者也

維天建殷其登名民三百六十夫不顯亦不賓滅徐廣曰一云不顧亦不賓滅一又云不顧亦不恤也○索隱曰言天初建殷國亦登進名賢之人三百六十夫既無非大賢未能興化致理故殷家不大光昭亦不即擯滅以至于今也亦見周書及隨巢子頗復脫錯而劉氏音以六爲古其字義亦無所通徐廣云一本作不顧亦不賓盖是學者以周書及隨巢不同遂音改易耳隨巢子曰天鬼不顧亦不賓滅天鬼即天神也以至今我未定天保何暇寐王曰定天保依天室悉求夫惡貶從殷王受索隱曰言今悉求取夫惡人不知天命不順周家者咸貶責之與紂同罪故曰貶從殷王受日夜勞來我西土徐廣曰一云肯來○索隱曰八字連作一句讀我維顯服及德方明正義曰服事也武王答周公云定知天之安保我位得依天之宮室退除殷紂之惡日夜勞民又安定我之西土我維明於事及我之德教施四方明行之乃可至於寢寐也自此已上武王答周公問之故先書自洛汭延于伊汭

[illegible]其有夏之居徐廣曰夏居河南初在陽城後居陽翟。索隱曰言自洛汭及伊汭其地平易無險固是有夏之舊居。正義曰括地志云自禹至太康與唐虞皆不易都城然則居陽城爲禹避商均時非之都也帝王世紀云禹封夏伯今河南陽翟是及冢古文云太康居斟尋羿亦居之桀又居之括地志云故鄩城在洛州鞏縣西南五十八里也我南望三塗北望嶽鄙顧詹有河徐廣曰周書度邑曰武王問太公曰吾將因有夏之居也南望過于三塗北詹望于有河。索隱曰杜預曰三塗在陸渾南嶽蓋河北太行山鄙都鄙謂近嶽之邑度邑周書篇名度音徒各反。正義曰括地志云太行恒山連延東北接碣石接嶽山言北望太行恒山之邊鄙都邑也又晉州霍山一名太岳在洛而北山在洛東北二說皆通粵詹雒伊毋遠天室正義曰粵者審愼之辭也言審愼瞻雒伊二水之陽無遠離此爲天室也營周居于雒邑而後去正義曰括地志云故王城一名河南城本郟鄏周公新築在洛州河南縣北九里苑內東北隅自平王以下十二王皆都此城至敬王乃遷都成周至赧王又居王城也帝王世紀云王城西

有郟鄏陌左傳云成王定鼎於郟鄏京相璠地名云郟山名鄏邑名縱馬於華山之陽正義曰華山在華陰縣南八里山南曰陽也放牛於桃林之虛孔安國曰桃林在華山東○正義曰括地志云桃林在陝州桃林縣西山海經云夸父之山其北有林焉名曰桃林廣圓三百里中多馬湖水出焉北流入河也偃干戈振兵釋旅公羊傳曰入曰振旅示天下不復用也武王已克殷後二年問箕子殷所以亡箕子不忍言殷惡以存徐廣曰一作前亡國宜告索隱曰六字連一句讀○正義曰箕子殷人不忍言殷惡以周國之所言告武王爲洪範九類武王以類問天道武王亦醜故問以天道武王病天下未集羣公懼穆卜孔安國曰穆敬也周公乃祓齋正義曰祓音廢又音拂齋側皆反祓謂除不祥求福也自爲質正義曰音[illegible]自以贄幣告三[illegible]請代武王武王[illegible]瘳也欲代武王武王有瘳後

或有殺字

[illegible]武王克殷二年天下未寧而崩皇甫謐曰武王定位元年歲在乙酉六年庚寅崩駰案皇覽曰文王武王周公冢皆在京兆長安鎬聚東社中也○正義曰括地志云武王墓在雍州萬年縣西南二十八里畢原上也

太子誦代立是為成王成王少周初定天下周公恐諸侯畔周公乃攝行政當國管叔蔡叔羣弟疑周公與武庚作亂畔周周公奉成王命伐誅武庚管叔放蔡叔以微子開代殷後國於宋正義曰今宋州也頗收殷餘民以封武王少弟封為衞康叔正義曰尚書洛誥云我卜瀍水東亦惟洛食以居邶鄘衞之衆又多士篇序云成周既成遷殷頑民按是為東周古洛陽城也括地志云洛陽故城在洛州洛陽縣東北二十六里周公所築即成周城也輿地志云以周地在王城東故曰東周敬王避子朝亂自洛邑東居此以其迫阨不受王都故壞翟泉而廣之按武王滅殷國為邶鄘衞三

二年或本… 呼說不讀

監尹之武庚作亂周公滅之徙三監之民於成周頗收其餘衆以封康叔爲衞侯即今衞州是也孔安國云以三監之民國康叔爲衞侯周公懲其數叛故使賢母弟主之也晉唐叔得嘉穀鄭玄曰二苗同爲一穗獻之成王成王以歸周公于兵所徐廣曰歸一作餽周公受禾東土魯天子之命徐廣曰尚書序云旅天子之命初管蔡畔周周公討之三年而畢定故初作大誥次作微子之命孔安國曰封命之書次歸禾次嘉禾次康誥酒誥梓材孔安國曰告康叔以爲政之道亦如梓人之治材也其事在周公之篇周公行政七年成王長周公反政成王北面就羣臣之位成王在豐使召公復營洛邑如武王之意周公復卜申視卒營築居九鼎焉曰此天下之

中四方入貢道里均作召誥洛誥成王既遷殷遺民周公以王命告作多士無佚召公為保周公為師東伐淮夷踐奄[鄭玄曰奄國在淮夷之北○正義曰奄音於險反括地志云泗水徐城縣北三十里古徐國即淮夷也兗州曲阜縣奄至鄉奄國之地也]遷其君薄姑[馬融曰齊地○正義曰括地志云薄姑故城在青州博昌縣東北六十里薄姑氏諸侯封於此周滅之也]成王自奄歸在宗周[正義曰伐奄歸鎬京也]作多方[孔安國曰告衆方天下諸侯]既絀殷命襲淮夷歸在豐作周官[孔安國曰言周家設官分職用人之法○古文尚書序周官書篇名]興正禮樂度制於是改而民和睦頌聲興[何休曰頌聲者太平歌頌之聲帝王之高致也]成王既伐東夷息慎來賀王賜榮伯作賄息慎之命[孔安國曰賄賜也馬融曰榮伯

周同姓畿內諸侯爲卿大夫也

成王將崩，懼太子釗之不任，正義曰釗音招又古堯反任而針反乃命召公、畢公率諸侯以相太子而立之。成王既崩，二公率諸侯以太子釗見於先王廟，申告以文王、武王之所以爲王業之不易，務在節儉，毋多欲，以篤信臨之，作顧命。鄭玄曰臨終出命故謂之顧顧將去之意也太子釗遂立，是爲康王。康王即位，徧告諸侯，宣告以文武之業以申之，作康誥。故成康之際，天下安寧，刑錯四十餘年不用。應劭曰錯置也民不犯法無所置刑康王命作策畢公分居里，成周郊，孔安國曰分別民之居里異其善惡也成定東周郊境使有保護也作畢命。康王卒，子昭王瑕立昭王之時王道微缺昭王南巡狩不返卒於江上（正義曰帝王世紀云昭王德衰南征濟于漢船人惡之以膠船進王王御船至中流膠液船解王及祭公俱沒于水中而崩其右辛游靡長臂且多力游振得王周人諱之）其卒不赴告諱之也

立昭王子滿是爲穆王穆王即位春秋已五十矣王道衰微穆王閔文武之道缺乃命伯臩（孔安國曰伯臩名也）申誡（徐廣曰一作部）太僕（應劭曰太僕周穆王所置蓋太御衆僕之長中大夫也）國之政作臩命（正義曰尚書序云穆王令伯臩爲大僕正應劭云太僕周穆王所置蓋大御衆僕之長中大夫也）復寧穆王將征犬戎（徐廣曰犬一作畎）祭公謀父諫（韋昭曰祭畿內之國周公之後爲王卿士謀父字也○正義曰括地志云故祭城在鄭州管城縣東北十五里鄭大夫祭仲邑也釋例云祭城在河南上有敖倉周公後所封也）曰不可先王耀德不觀

兵。夫兵戢而時動，動則威；觀則玩，玩則無震。韋昭曰：震，懼也。是故周文公之頌曰：韋昭曰：文公，周公旦之謚。載戢干戈，載櫜弓矢。唐固曰：櫜，韜也。我求懿德，肆于時夏，允王保之。韋昭曰：言武王常求美德，故陳其功於是夏而歌之，信哉武王能保此時夏之美。樂章大者曰夏。先王之於民也，茂正其德而厚其性，阜其財求而利其器用，明利害之鄉，韋昭曰：鄉，方也。以文修之，使務利而辟害，懷德而畏威，故能保世以滋大。昔我先王世后稷，韋昭曰：謂弃與不窋也。唐固曰：父子相繼曰世。以服事虞夏。及夏之衰也，正義曰：謂太康也。弃稷不務，正義曰：言太康弃廢稷官。我先王不窋用失其官，而自竄於戎狄之間，不敢怠業，時序其德遵修其緒（徐廣曰遵一作選）修其訓典朝夕恪勤守以敦篤奉以忠信奕世載德不忝前人（正義曰前人謂后稷也言不窋亦世載德不忝后稷及文王武王無不務農事）至于文王武王昭前之光明而加之以慈和事神保民無不欣喜商王帝辛大惡于民庶民不忍訢載武王以致戎于商牧（正義曰紂近郊地名牧野）是故先王非務武也勤恤民隱而除其害也夫先王之制邦內甸服邦外侯服侯衛賓服（韋昭曰此總言之也侯侯圻衛衛圻也）夷蠻要服戎翟荒服甸服者祭（韋昭曰供日祭）侯服者祀（韋昭曰供月祀）賓服者享（韋昭曰供時享）要服者貢（韋昭曰供歲貢）荒服者王（韋昭曰王王事天子也詩

(曰莫敢不來王)日祭月祀時享歲貢終王先王之順祀也(徐廣曰外傳云先王之訓)有不祭則修意(韋昭曰先修志意以自責也畿內近知王意也)有不祀則修言(韋昭曰言號令也)有不享則修文(韋昭曰文典法也)有不貢則修名(韋昭曰名謂尊卑職貢之名號也)有不王則修德(韋昭曰遠人不服則修文德以來之)序成而有不至則修刑(韋昭曰序成謂上五者次序已成有不至則有刑罰也)於是有刑不祭伐不祀征不享讓不貢告不王於是有刑罰之辟有攻伐之兵有征討之備有威讓之命有文告之辭布令陳辭而有不至則增修於德無勤民於遠是以近無不聽遠無不服今自大畢伯士之終也(徐廣曰犬戎之君)犬

戎氏以其職來王[正義曰賈逵云大畢伯士犬戎氏之二君也白狼白鹿犬戎之職貢也按大畢伯士終後犬戎氏常以其職來王]天子曰[正義曰祭公謀王之意故云天子曰]予必以不享征之且觀之兵無乃廢先王之訓而王幾頓乎[正義曰幾音祈]吾聞犬戎樹敦[徐廣曰樹一作㯓駰案韋昭曰樹立也言犬戎立性敦篤也]率舊德而守終純固其有以禦我矣王遂征之得四白狼四白鹿以歸自是荒服者不至諸侯有不睦者甫侯言於王作修刑辟[鄭玄曰書說云周穆王以甫侯爲相]王曰吁來有國有土告汝祥刑[孔安國曰告汝善用刑之道也]在今爾安百姓何擇非其人[王肅曰訓以安百姓之道當何所選擇乎非當選擇賢人乎]何敬非其刑何居非其宜與[孔安國曰]

周紀

當何所敬非唯五刑乎當何所居非唯及世輕重所宜也兩造具備徐廣曰造一作遭師聽五辭孔安國曰兩謂囚證造至也兩至具備則衆獄官聽其入五刑辭○正義曰漢書刑法志云五聽一曰辭聽二曰色聽三曰氣聽四曰耳聽五曰目聽周禮云辭不直則言繁目不直則視眊耳不直則對荅惑色不直則貌赧氣不直則數喘也五辭簡信正於五刑孔安國曰五辭簡核信有罪驗則正之於五刑矣五刑不簡正於五罰孔安國曰不簡核謂不應五刑當正五罰出金贖罪也五罰不服正於五過孔安國曰不服不應罰也正於五過從赦免之五過之疵官獄內獄閱實其罪孔安國曰使與罰名相當○索隱曰按呂刑云惟反惟內惟貨惟來今此似闕少或縱省文惟鈞其過馬融曰以此五過出入人罪與犯法者等五刑之疑有赦五罰之疑有赦其審克之孔安國曰刑疑赦從罰罰疑赦從免其當清察能得其理也簡信有衆惟訊有稽孔安國曰簡核誠信有合衆心惟察其貌有所

[illegible]合重之至也○索隱曰謂依尚書音貌也無簡不疑共嚴天威孔安國曰無簡核誠信不聽治其獄當嚴敬天威無輕用刑黥辟疑赦其罰百率徐廣曰率即鍰也音刷孔安國曰六兩曰鍰鍰黃鐵也○索隱曰鍰黃鐵鋝亦六兩斆馬融曰鋝量名與呂刑鍰同舊本率亦作選閱實其罪劓辟疑赦其罰倍灑徐廣曰一作五倍曰蓰孔安國曰倍百為二百鍰也○索隱曰灑音矣蓰音所解反閱實其罪臏辟疑赦其罰倍差馬融曰倍二百為四百鍰也差者又加四百之三分一凡五百三十三三分一也○正義曰倍中之差二百法三分一合三百三十三鍰二兩也宮刑其罰五百臏刑既輕其數豈加故知孔馬之說非也閱實其罪宮辟疑赦其罰五百徐廣曰一作六率閱實其罪大辟疑赦其罰千率閱實其罪墨罰之屬千劓罰之屬千臏罰之屬五百宮罰之屬三百大辟之罰其屬

周紀

二百五刑之屬三千命曰甫刑穆王立五十五年崩子共王繄扈立（索隱曰世本作伊扈）共王游於涇上密康公從（韋昭曰康公密國之君姬姓也○正義曰括地志云陰密故城在涇州鶉觚縣西東接縣城故密國也）有三女奔之其母曰必致之王（列女傳曰康公母姓隗氏）夫獸三為羣人三為衆女三為粲王田不取羣（正義曰曹大家云羣衆粲皆多之名也田獵得三獸王不盡收以其害深也）公行不下衆（正義曰曹大家云公諸侯也公之所與衆人共議也）王御不參一族（韋昭云御妻官也參三也一族一父子也故取姪娣以備三不參一族之女也）夫粲美之物也衆以美物歸女而何德以堪之王猶不堪況爾之小醜乎小醜備物終必亡康公不獻一年共王滅密共王崩子

囏 音干 又音艱

戴 書云成也 又利生物也

周紀

懿王囏立 索隱曰世本作堅 懿王之時王室遂衰詩人作刺 索隱曰宋忠曰懿王自鎬徙都犬丘一曰廢丘今槐里是也時王室衰始作詩也 懿王崩共王弟辟方立是爲孝王孝王崩諸侯復立懿王太子燮是爲夷王 正義曰紀年云三年致諸侯翦齊哀公鼎帝王世紀云十六年崩也 夷王崩子厲王胡立厲王即位三十年好利近榮夷公大夫芮良夫 正義曰芮伯也 諫厲王曰王室其將卑乎夫榮公好專利而不知大難夫利百物之所生也天地之所載也而有專之其害多矣天地百物皆將取焉何可專也所怒甚多而不備大難以是教王王其能久乎夫王人者將導利而布

時作立 本

王 作夫 本

史記本紀　七

周

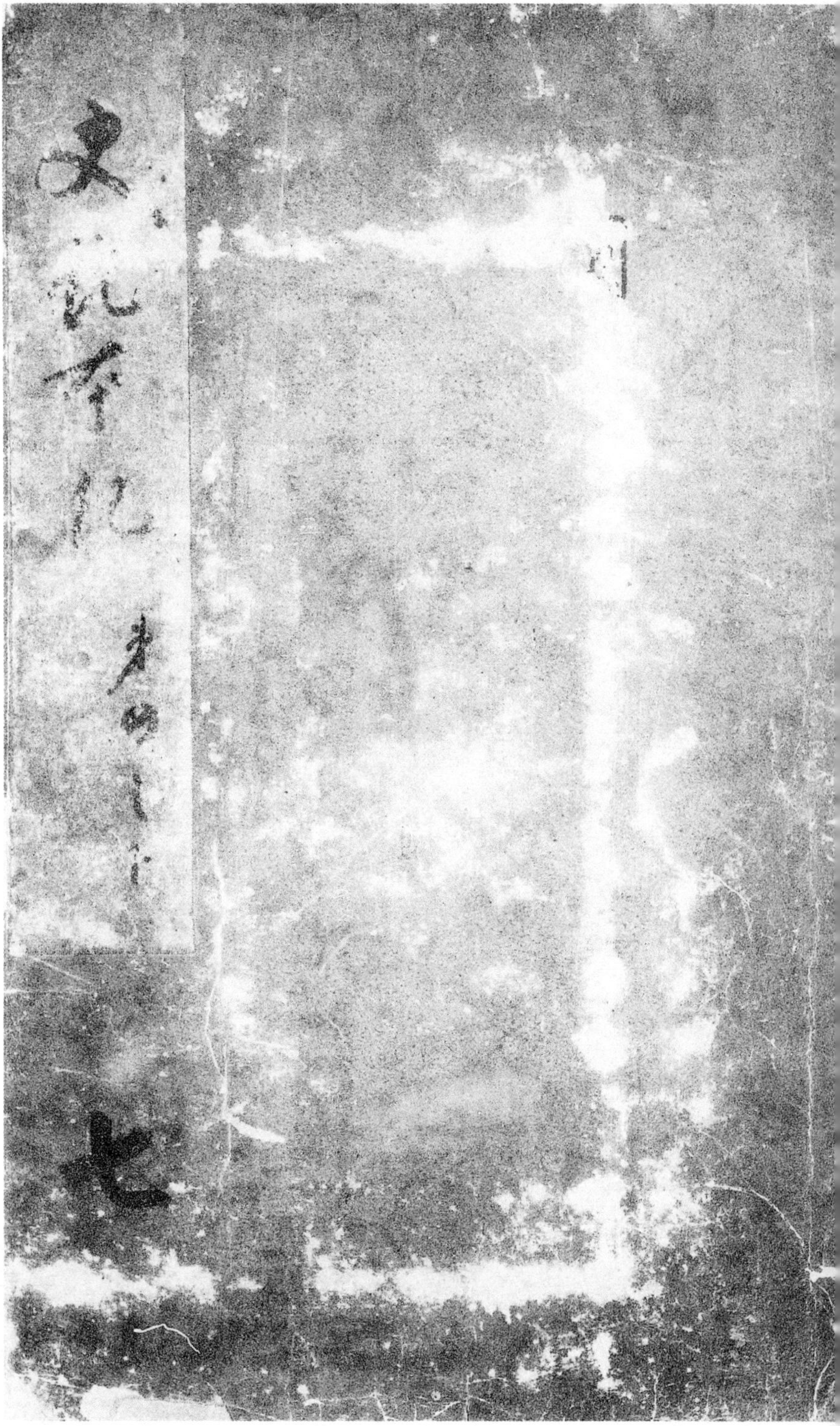
七

之上下者也使神人百物無不得極韋昭曰極中也猶曰怵惕懼怨之來也故頌曰思文后稷克配彼天立我烝民莫匪爾極大雅曰陳錫載周唐固曰言文王布錫施利以載成周道也是不布利而懼難乎故能載周以至于今王學專利其可乎匹夫專利猶謂之盜王而行之其歸鮮矣榮公若用周必敗也厲王不聽卒以榮公爲卿士用事王行暴虐侈傲國人謗王召公諫曰韋昭曰召公召康公之後穆公虎爲王卿士也民不堪命矣王怒得衞巫韋昭曰衞國之巫也使監謗者正義曰監音口銜反監察也以巫人神靈有謗毀必察也以告則殺之其謗鮮矣諸侯不朝三十四

古

年王益嚴國人莫敢言道路以目韋昭曰不敢發言以目相眄而已厲
王喜告召公曰吾能弭謗矣乃不敢言召公曰
是鄣之也防民之口甚於防水水壅而潰傷人
必多民亦如之是故為水者決之使導為民者
宣之使言故天子聽政使公卿至於列士獻詩
正義曰上詩風刺瞽獻典韋昭曰典樂典史獻書正義曰史太史也上書諫師箴
正義曰音針師樂大師也上箴戒之文瞍賦韋昭曰無眸子曰瞍賦公卿列士所獻詩也矇誦
韋昭曰有眸子而無見曰矇周禮矇主絃歌諷誦箴諫之語也百工諫庶人傳語韋昭曰庶
人卑賤見時得失不得言傳以語王○正義曰傳音逐緣反庶人微賤見時得失不得上言乃在街巷相傳語近臣
盡規近臣驂僕之屬親戚補察正義曰言親戚補王過失及察是非也瞽史教

周紀

誨瞽樂太師史太史也耆艾脩之韋昭曰耆艾師傅也脩理瞽史之教以聞於王而後王斟酌焉是以事行而不悖民之有口也猶土之有山川也財用於是乎出猶其有原隰衍沃也唐固曰下平曰衍有溉曰沃衣食於是乎生口之宣言也善敗於是乎興行善而備敗所以產財用衣食者也夫民慮之於心而宣之於口成而行之若壅其口其與能幾何王不聽於是國莫敢出言三年乃相與畔襲厲王厲王出奔於彘韋昭曰彘晉地漢為縣屬河東今曰永安。正義曰括地志云晉州霍邑縣本漢彘縣後改彘曰永安從鄗城[illegible]晉州也厲王太子靜匿召公之家國人聞之乃圍之召公曰昔吾驟諫王王不從以及此難也今殺王太子王其以我爲讎而懟怒乎夫事君者險而不讎懟韋昭曰雖危險之中怨而不怒況事王乎乃以其子代王太子太子竟得脫召公周公二相行政號曰共和索隱曰共音如字若汲冢紀年則云共伯干王位共音恭共國伯爵言共伯攝王政故云干王位也。正義曰共音巨用反韋昭云彘之亂公卿相與和而脩政事號曰共和也魯連子云衛州共城縣本周共伯之國也共伯名和好行仁義諸侯賢之周厲王無道國人作難王犇于彘諸侯奉和以行天子事號曰共和元年十四年厲王死於彘共伯使諸侯奉王子靖爲宣王而共伯復歸國于衛也世家云釐侯十三年周厲王出犇于彘共和行政焉二十八年周宣王立四十二年釐侯卒太子共伯餘立爲君恭伯弟和襲攻恭伯於墓上恭伯入釐侯羨自殺衛人因葬釐侯旁謚曰恭伯而立和爲衛侯是爲武公按此文共伯不得立而和立爲武公武公之立在共伯卒後年歲又不相當年表亦同明紀年及魯連子非也

共和

十四年厲王死于彘太子靜長於召公家二相乃共立之爲王是爲宣王宣王即位二相輔之脩政法文武成康之遺風諸侯復宗周十二年魯武公來朝宣王不脩籍於千畝 正義曰應劭云古者天子耕籍田千畝爲天下先瓚曰籍蹈籍也按宣王不脩親耕之禮也 虢文公諫曰 賈逵曰文公文王母弟虢仲之後爲王卿士也韋昭曰文公虢叔之後西虢也宣王都鎬在畿內也正義曰括地志云虢故城在岐州陳倉縣東西十里又云千畝原在晉州岳陽縣北九十里也 不可 索隱曰國語曰虢文公諫云夫人之大事在農上帝之粢盛於是乎出事之繁庶於是乎生人之給於是乎取事具載國語 王弗聽三十九年戰于千畝 索隱曰地名也在西河介休縣 王師敗績于姜氏之戎 韋昭曰西戎別種四嶽之後也 宣王既亡南國之師乃料民於太

原韋昭曰敗於姜戎時所亡也南國漢江之間料數也唐固曰南國南陽也仲山甫正義曰毛萇云仲山甫樊穆仲也括地志云漢樊縣城在兗州瑕丘縣西南三十五里古樊國仲山甫所封也諫曰民不可料也宣王不聽卒料民四十六年宣王崩曰周春秋云宣王殺杜伯而無辜後三年宣王會諸侯田于圃日中杜伯起於道左衣朱衣冠操朱弓矢射宣王中心折脊而死國語云杜伯射王於鄗子幽王宮涅立徐廣曰一作生幽王二年西周三川皆震徐廣曰涇渭洛也駰案韋昭曰西周鎬京地震動故三川亦動正義曰按涇渭二水在雍州北洛水一名漆沮在雍州東北南流入渭此時以正城爲東周鎬京爲西周伯陽甫曰周將亡矣韋昭曰伯陽甫周大夫也唐固曰伯陽父周柱下史老子也夫天地之氣不失其序若過其序民亂之也韋昭曰過失也言民不敢斥王者也陽伏而不能出陰迫而不能蒸韋昭曰烝升也陽氣在下陰氣迫之使不能升

也於是有地震今三川實震是陽失其所而鎮陰也(韋昭曰爲陰所鎮笮也)陽失而在陰(韋昭曰在陰下也)原必塞原塞國必亡夫水土演而民用也(韋昭曰水土氣通爲演猶潤也演則生物民得用之)土無所演民乏財用不亡何待昔伊洛竭而夏亡(韋昭曰禹都陽城伊洛所近也)河竭而商亡(韋昭曰商人都衛河水所經也)今周德若二代之季矣其川原又塞塞必竭夫國必依山川山崩川竭亡之徵也川竭必山崩(韋昭曰水泉不潤枯朽而崩也)若國亡不過十年數之紀也(韋昭曰數起於一終於十十則更故曰紀也)天之所棄不過其紀是歲也三川竭岐山崩三年幽王嬖愛褒姒(索隱曰褒國名夏同姓姓姒氏)

原下源本

姒音子

周紀

禮婦人稱國及姓其女是龍漦妖子爲人所收褒人納之于王故曰褒姒 正義曰括地志云褒國故城在梁州褒城縣東二百步古褒國也 褒姒生子伯服幽王欲廢太子太子母申侯女而爲后後幽王得褒姒愛之欲廢申后并去太子宜臼以褒姒爲后以伯服爲太子周太史伯陽讀史記曰 正義曰諸國皆有史以記事故曰史記 周亡矣昔自夏后氏之衰也有二神龍止於夏帝庭而言曰余褒之二君 虞翻曰龍自號褒之二先君也 夏帝卜殺之與去之與止之莫吉卜請其漦而藏之乃吉 韋昭曰漦龍所吐沫沫龍之精氣也 於是布幣而策告之 韋昭曰以簡策之書告龍而請其漦也 龍亡而漦在櫝而去之 韋昭曰櫝匱也 夏亡傳此器殷

云又傳此器周比三代莫敢發之至厲王之末虞翻曰末年王流彘之歲發而觀之漦流于庭不可除厲王使婦人裸而譟之韋昭曰譟讙呼也唐固曰羣呼曰譟漦化爲玄黿以入王後宮索隱曰亦作蚖音元玄蚖蜇蜴也後宮之童妾既齔而遭之韋昭曰毀齒曰齔女七歲而毀齒也既笄而孕正義曰笄音雞禮記云女子許嫁而笄鄭玄云笄今簪無夫而生子懼而棄之宣王之時童女謠曰檿弧箕服實亡周國韋昭曰山桑曰檿弧弓也箕木名服矢房也於是宣王聞之有夫婦賣是器者宣王使執而戮之逃於道而見鄉者後宮童妾所棄妖子徐廣曰妖一作夭夭幼少也出於路者正義曰夫婦賣檿弧者宣王欲執戮之遂逃於路遇此妖子哀而收之聞其

夜啼哀而收之夫婦遂亡犇於褒褒人有罪請入童妾所弃女子者於王（正義曰國語云周幽王伐有褒褒人以褒姒女焉與虢石甫比也）以贖罪弃女子出於褒是爲褒姒當幽王三年王之後宮見而愛之生子伯服竟廢申后及太子以褒姒爲后伯服爲太子（索隱曰左傳所謂攜王奸命是也）太史伯陽曰禍成矣無可奈何褒姒不好笑幽王欲其笑萬方故不笑幽王爲烽燧（正義曰晝燧遂二音）（日燃烽以望火煙夜舉燧以望火光也烽土魯也燧炬火也皆山上安之有寇舉之）大鼓有寇至則舉烽火諸侯悉至至而無寇褒姒乃大笑幽王說之爲數舉烽火其後不信諸侯益亦不至幽

周紀

王以虢石父爲卿用事國人皆怨石父爲人佞
巧徐廣曰佞一作諂善諛好利王用之又廢申后去太子
也申侯怒與繒正義曰自陵反國語云繒姒姓夏禹後括地志云繒縣在沂州承縣古侯國
西夷犬戎攻幽王索隱曰繒國名夏同姓幽王舉烽火徵
兵兵莫至遂殺幽王驪山下索隱曰在新豐縣南故驪戎國也舊音黎徐廣
音力知反○正義曰括地志云驪山在雍州新豐縣南十六里土地記云驪山即藍田山按驪山之陽即藍田山汲冢紀年曰自武王滅殷以至幽王凡二百五十七年也○正義曰虜
襃姒盡取周賂而去按汲冢書晉咸和五年汲郡汲縣發魏襄王冢得古書冊七十五卷於是諸侯乃即申侯
而共立故幽王太子宜臼是爲平王以奉周祀
平王立東遷于雒邑正義曰即王城也平王以前號東都至敬王以後及戰國爲西周也

當此之時秦襄公以兵送平王平王封襄公以爲諸侯賜之岐以西地從武王盡幽王凡十二世 或有此字 一字明說不用之

辟戎寇平王之時周室衰微諸侯彊并弱齊楚秦晉始大政由方伯周禮曰九命作伯鄭衆云長諸侯爲方伯四十九年魯隱公即位五十一年平王崩太子洩父正義音甫蚤死立其子林是爲桓王桓王平王孫也桓王三年鄭莊公朝桓王不禮索隱曰在魯隱公六年五年鄭怨與魯易許田許田天子之用事太山田也索隱曰左傳鄭伯以璧假許田卒易祊祊是鄭祀太山之田許是魯朝京師之湯沐邑有周公廟鄭以其近故易取之此云許田天子用事太山田誤○正義曰杜預云成王營王城有遷都之志故賜周公許田以爲魯國朝宿之邑後世因而立周公別廟焉鄭桓公友周宣王之母弟封鄭有助祭泰山湯沐邑在祊鄭以天子不能復巡狩故欲以祊易許田各從本國所近之宜也恐魯以周公別廟爲疑故云已廢太山之祀而欲爲魯祀周公遜辭以有求也括地志云許田許州許昌縣南四十里有魯

城周公廟在城中祊田在沂州費縣東南按宛鄭大夫 八年魯殺隱公正義曰子翬公子翬殺隱公也 立桓公十三年伐鄭索隱曰在魯桓五年鄭射傷桓王 桓王去歸索隱曰左傳繻葛之役祝聃射王中肩是也 二十三年桓王崩子莊王佗立莊王四年周公黑肩欲殺莊王而立王子克賈逵曰莊王弟子儀也 辛伯告王賈逵曰辛伯周大夫也 王殺周公索隱曰左傳云初子儀有寵於桓王桓王屬諸周公辛伯諫曰並后疋嫡兩政偶國亂之本也周公不從故及於難然周公阿先王旨自取誅夷辛伯正君臣之義卒安王業二卿優劣緘可識也 王子克奔燕正義曰杜預云南燕姞姓也 十五年莊王崩子釐王正義曰釐音僖謚作毋涼也 胡齊立釐王三年齊桓公始霸五年釐王崩子惠王閬立索隱曰世本名毋涼 惠王二年初莊王嬖姬姚

周紀

正義曰杜預云燕姞姓也生子穨索隱曰莊王子釐王子穨惠王之叔父也穨有寵及惠王即位奪其大臣園以為囿左傳曰大臣蒍國也故大夫邊伯等五人作亂左傳曰五人者蒍國邊伯詹父子禽祝跪也謀召燕衛師正義曰南燕滑州胙城衛宣州衞南也伐惠王惠王犇溫正義曰左傳云蘇忿生十二邑桓王奪蘇子十二邑與鄭故蘇子同王大夫伐惠王溫十二邑之一也杜預云河內溫縣也已居鄭之櫟服虔曰櫟鄭大都○正義曰杜預云櫟今河南陽翟縣也立釐王弟穨為王樂及徧舞賈逵曰徧舞皆舞六代之樂也鄭虢君怒四年鄭與虢君伐殺王穨正義曰賈逵云鄭厲公突虢公林父也復入惠王惠王十年賜齊桓公為伯二十五年惠王崩子襄王鄭立襄王母早死後母曰惠后左傳曰陳嬀歸于京師實惠后也○正義曰按陳國舜後

嬀姓也惠后生叔帶索隱曰惠王子襄王弟封於甘故左傳稱甘昭公○正義曰惠王子襄王弟封之於甘括地志云故甘城在洛州河南縣西南二十五里左傳云甘昭公王子叔帶也洛陽記云河南縣西南二十五里有水出焉北流入洛山上有甘城即甘公菜邑也有寵於惠王襄王畏之三年叔帶與戎翟謀伐襄王襄王欲誅叔帶叔帶犇齊齊桓公使管仲平戎于周使隰朋平戎于晉服虔曰戎伐周晉伐戎救周故和之也王以上卿禮管仲管仲辭曰臣賤有司也有天子之二守國高在杜預曰國子高子天子所命爲齊守臣皆上卿也若節春秋來承王命何以禮焉賈逵曰節時也王肅曰春秋聘享之節也陪臣敢辭服虔曰陪重也諸侯之臣於天子故曰陪臣王曰舅氏余嘉乃勳賈逵曰舅氏伯舅之使也○正義曰武王娶太公女爲后故呼舅氏遠言之[illegible]善[illegible]

於惠王 本元

周 下 王 本

勳之功毋逆朕命管仲卒受下卿之禮而還正義曰杜預云管仲不敢以職自高卒受本位之禮也九年齊桓公卒十二年叔帶復歸于周王召之左傳曰十三年鄭伐滑賈逵曰滑姬姓之國案左傳曰滑人叛鄭而聽服於衞也○正義曰杜預云滑國都河南緱氏縣為秦所滅時屬鄭晉後屬周事在魯釐公二十年括地志云緱氏故城本費城也在洛州緱氏縣南東二十五里也王使游孫伯服請滑賈逵曰二子周大夫鄭人囚之鄭文公怨惠王之入不與厲公爵服虔曰惠王以后之鞶鑑與鄭厲公而獨與虢公玉爵○正義曰左傳云莊公二十一年王巡虢狩虢公為王宮于玤王與之酒泉鄭伯之享王也王以后之鞶鑑與之虢公請器王與之爵鄭伯由是始惡於王也杜預云后鞶帶而以鏡為飾也爵飲酒器也玤虢地酒泉周邑又怨襄王之與衛滑服虔曰滑小國近鄭世世服從而更違叛鄭師伐之聽命後自怨於王王以與衛故囚伯服王怒將以翟伐鄭富

辰諫[服虔曰富辰周大夫]曰凡我周之東徙晉鄭焉依子穨之亂又鄭之由定今以小怨弃之王不聽十五年王降翟師以伐鄭王德翟人將以其女為后富辰諫曰平桓莊惠皆受鄭勞王弃親親翟不可從王不聽十六年王絀翟后翟人來誅殺譚伯[唐固曰譚伯周大夫原伯毛伯也○索隱曰按國語亦云殺譚伯亦左傳太叔之難獲周公忌父原伯毛伯唐固據傳文讀譚為原然春秋有譚何妨此時亦仕王朝須獲被殺國語既云殺譚伯故太史公依之不從左傳說也]富辰曰吾數諫不從如是不出王以我為懟乎乃以其屬死之初惠后欲立王子帶故以黨開翟人翟人遂入周襄王出奔鄭[正義曰公羊傳云王者無外此其言出何不能乎母]

鄭居王于氾杜預曰鄭南氾也在襄城縣南。正義曰氾音凡括地志云故氾城在許州襄城
縣一里左傳云天王出居於鄭處於氾是子帶立爲王取襄王所絀翟后
與居溫正義曰括地志云故溫城在懷州溫縣西三十里漢晉爲縣本周司寇蘇忿生之邑左傳云周與鄭
人蘇忿生十二邑溫其一也地理志云溫縣故國已姓蘇忿生所封也十七年襄王告急
于晉晉文公納王而誅叔帶襄王乃賜晉文公
珪鬯弓矢爲伯以河内地與晉正義曰賈逵云晉有功賞之以地楊樊溫
原攢茅之田也二十年晉文公召襄王襄王會之河陽踐
土賈逵曰河陽晉之溫也踐土鄭地名在河內。正義曰括地志云故王宮在鄭州滎澤縣西北十五里王宮城中左
傳云晉文公敗楚於城濮至於衛雍作王宮於踐土也按王城則所作在踐土城內東北隅有踐土臺東去衛雍三
十餘里也諸侯畢朝書諱曰天王狩于河陽左傳曰仲尼曰以臣

召君不可以訓故書曰狩二十四年晉文公卒三十一年秦穆公卒三十二年襄王崩子頃王壬臣立頃王六年崩子匡王班立匡王六年崩弟瑜立是爲定王定王元年楚莊王伐陸渾之戎地理志陸渾縣屬弘農郡○正義曰渾音魂杜預云允姓之戎居陸渾在秦西北二國誘而徙伊川遂從戎號今洛州陸渾縣取其號也後漢書云陸渾戎自瓜州遷於伊川左傳云初平王之東遷也辛有適伊川見被髮而祭於野者曰不及百年此其戎乎其禮先亡矣按至僖公二十二年秋秦晉遷陸渾之戎於伊川計至辛有言適百年也括地志云故麻城謂之蠻中在汝州梁縣界左傳單浮餘圍蠻氏杜預云城在河南新城東南伊洛之戎陸渾蠻氏城也俗以爲麻蠻聲相近故耳按新城今伊闕縣是也次洛使人問九鼎王使王孫滿讓設以辭賈逵曰王孫滿周大夫也楚兵乃去十年楚莊王圍鄭鄭伯降已而

旧記曰賀陽大夫説曰左傳云太子壽然則聖者是非太子之名景王之后及之太子並有聖德故早卒耳今案决云聖太子之名實以陸氏為先

周紀

□十六年楚莊王卒二十一年定王崩子簡王夷立簡王十三年晉殺其君厲公迎子周於周立為悼公十四年簡王崩子靈王泄心立靈王二十四年齊崔杼弒其君莊公二十七年靈王崩皇覽曰靈王冢在河南城西南柏亭西周山上蓋以靈王生而有髭而神故謚靈王其冢民祀之不絕子景王貴立索隱曰名貴按國語景王二十一年鑄大錢及無射單穆公及泠州鳩各設辭以諫今此不言亦其略耳景王十八年后太子聖而蚤卒二十年景王愛子朝賈逵曰景王之長庶子欲立之正義曰左傳云子朝用成周之寶珪沈於河津人得諸河上杜預云禱河求福也珪自水出也按河神不敢受故會崩皇覽曰景王冢在洛陽太倉中秦封呂不韋洛陽十萬戶故大其城并圍景王冢也子丐之黨與爭立國人立長

公 故 之是 故 五

丐 音蓋 又作匄

案年表敬王四年當魯昭公廿六年案左傳此年無諸侯城周事魯昭公廿二年當敬王十年其年傳曰冬十一月晉魏舒韓不信如京師合于諸侯之大夫于翟泉盟且令城周是當敬王十年曰晉使諸侯爲我城云云然則十年字尤有可之欲然而亦史記本而也

子猛爲王子朝攻殺猛猛爲悼王晉人攻子朝而立丐是爲敬王賈逵曰敬王猛母弟敬王元年晉人入敬王子朝自立敬王不得入居澤賈逵曰澤邑周地也四年晉率諸侯入敬王于周子朝爲臣春秋曰子朝奔楚皇覽曰子朝冢在南陽西鄂縣今西鄂晁氏自謂子晁後也諸侯城周十六年子朝之徒復作亂敬王犇于晉十七年晉定公遂入敬王于周三十九年齊田常殺其君簡公四十一年楚滅陳孔子卒四十二年敬王崩徐廣曰皇甫謐曰敬王四十四年元已卯崩壬戌也子元王仁立徐廣曰世本一云貞王介也元王八年崩子定王介立徐廣曰世本一云元王赤也皇甫謐曰元王十一年……三晉滅智伯二十八年崩三子爭立立……

十二年……後人勘加

二下　三本

索隱曰世本云元王赤皇甫謐云貞定王者據二文則是元有兩名一名仁一名赤也史記則元王爲定王又定王即貞王也依世本則元王是貞王子必有一誤然此定當爲貞字誤耳豈周家有兩定王代數又非遠乎皇甫謐見此疑而不決遂彌縫史記世本之錯謬因謂爲貞定王未爲得也 定王十六年三晉滅智伯分有其地二十八年定王崩 徐廣曰皇甫謐曰貞定王十年元癸亥崩壬申 長子去疾立是爲哀王哀王立三月弟叔襲殺哀王而自立是爲思王思王立五月少弟嵬攻殺思王而自立是爲考王此三王皆定王之子考王十五年崩 徐廣曰皇甫謐曰考哲王元辛丑崩乙卯 子威烈王午立考王封其弟于河南 正義曰帝王世紀云考哲王封弟揭於河南續周公之官是爲西周桓公按自敬王遷都成周號東周也桓公都王城號西周桓公 是爲桓公以續周

公之官職桓公卒子威公代立威公卒子惠公代立乃封其少子於鞏徐廣曰惠公之子也○正義曰鞏音拱郭緣生述征記鞏縣周地鞏伯邑史記周顯王二年西周惠公封少子班於鞏以奉王室爲東周惠公也子武公爲秦所滅以奉王號東周惠公索隱曰考王封其弟于河南爲桓公卒子威公立卒子惠公立長子曰西周公又封少子於鞏仍襲父號曰東周惠公於是有東西二周也按世本西周桓公名揭居河南東周惠公名班居洛陽是也

威烈王二十三年九鼎震命韓魏趙爲諸侯二十四年崩徐廣曰皇甫謐曰元丙辰崩己卯駰案宋忠曰威烈王葬洛陽城中東北隅也子安王驕立是歲盜殺楚聲王安王立二十六年崩皇甫謐曰安王元庚辰崩乙巳也子烈王喜立烈王二年周太史儋索隱曰老子列傳曰儋即老子耳又曰非也驗其年代是別人也正義曰幽王時有伯陽甫唐固曰伯陽甫老子也按幽

元年至孔子卒三百餘年孔子卒後一百二十九年儋見秦獻公然老子當孔子時唐固說非也**見秦獻公曰**正義曰秦本紀云獻公十一年見也後十五年周顯王致文武胙於秦孝公是復合時也**始周與秦國合而別別五百載復合**應劭曰周孝王封伯翳之後爲侯伯與周別五百載至昭王時西周君臣自歸受罪獻其邑三十六城合也韋昭曰周封秦爲始別謂秦仲也五百歲謂從秦仲至孝公彊大顯王致伯與之親合也○索隱曰按周封非子爲附庸邑之秦號曰秦嬴是始合也及秦襄公始列爲諸侯是別之也自秦列爲諸侯至昭王五十二年西周君臣獻邑三十六城以入於秦凡五百一十六年是合也云五百舉其大數**合十七歲而霸王者出焉**徐廣曰從此後十七年而秦昭王立駰案韋昭曰武王昭王皆伯至始皇而王天下○索隱曰霸王謂始皇也自周以邑入秦至始皇初立政由太后嫪毐至九年誅毐正十七年○正義曰周始與秦國合者謂周秦俱黃帝之後至非子未別封是合也而別者謂非子末年周封非子爲附庸邑秦後二十九君至秦孝公二年五伯載周顯王致文武胙於秦孝公復與之親是復合也合十七歲而霸王者出謂從秦

孝公三年至十九年周顯王致胙於秦孝公是霸也孝公子惠王稱王是王者出也然五百載者非子生秦侯已下二十八君至孝公二年都合四百八十六年兼非子邑秦之後十四年則成五百載十年烈王崩弟扁立【正義扁邊曲反】是為顯王顯王五年賀秦獻公獻公稱伯九年致文武胙於秦孝公【胙膰肉也左傳曰王使宰孔賜齊侯胙曰天子有事于文武】二十五年秦會諸侯於周二十六年周致伯於秦孝公三十三年賀秦惠王三十五年致文武胙於秦惠王四十四年秦惠王稱王【正義曰秦本紀云惠王十三年與韓魏趙並稱王】其後諸侯皆為王【索隱曰謂韓魏齊趙也】四十八年顯王崩子慎靚王定立慎靚王立六年崩子赧王延立【索隱曰皇甫謐云名誕赧非諡諡法無赧正以微弱竊鈇逃債赧然慙愧】

故號曰赧王又按尚書中候以赧爲然鄭玄云然讀曰赧王邵按古音人扇反今音奴板反爾雅面慙曰赧王赧時東西周分治索隱曰西周河南也東周鞏也王赧微弱西周與東分主政理各居一都故曰東西周按高誘曰西周王城今河南東周成周故洛陽之地王赧從都西周正義曰敬王從王城東從成周十世至王赧從成周西從王城西周武公居焉西周武公徐廣曰惠公之長子○索隱曰按戰國策作東周武公之共太子死有五庶子母適立司馬翦正義曰翦音子踐反楚臣也謂楚王曰不如以地資公子咎爲請太子左成曰正義曰楚臣也不可周不聽是公之知困而交疏於周也正義曰言以地資公子咎請爲太子周若不許是楚於周交益疎不如請周君孰欲立以微告翦正義曰楚命翦適周諷周君欲立誰以微言告於翦翦令楚賀之以地周果立咎爲太子也此以上至西周武公是楚令周立公子咎爲太子也翦請令

楚賀之以地果立公子咎爲太子八年秦攻宜陽正義曰括地志云故韓城一名宜陽城在洛州福昌縣東十四里即韓宜陽縣城也楚救之而楚以周爲秦故將伐之索隱曰宜陽韓地秦攻而楚救之周爲韓出兵而楚疑周爲秦因加兵伐周蘇代爲周說楚王曰何以周爲秦之禍也索隱曰蘇代爲周說楚王何以道周爲秦周實不爲秦今王責周道爲秦周懼楚必入秦是爲禍也言周之爲秦甚於楚者欲令周入秦也故謂周秦也索隱曰周秦相近秦欲并周而外睦於周故當時諸侯咸謂周秦周知其不可解必入於秦此爲秦取周之精者也正義曰解音紀買反代言周君若知楚疑親秦其計定不可解免周必親於秦也是爲秦取周精妙之計爲王計者周於秦因善之不於秦亦言善之以疏之於秦正義曰代言爲王計者周親或

因而善之周不親亦言善之楚若善周周必歸於秦也周絕於秦必入於郢矣正義曰郢楚都也楚既親周秦必絕周親楚矣以上至八年蘇代説楚合周秦借道兩周之間正義曰上借音精夕反下音子夜反將以伐韓周恐借之畏於韓不借畏於秦史厭正義烏減反又於點反謂周君索隱曰周君西周武公也時王赧微弱不主盟會寄居西周耳曰何不令人謂韓徐廣曰一作何雁勁曰氏姓註云以何姓爲韓後公叔曰秦之敢絕周而伐韓者信東周也公何不與周地發質使之楚正義曰質音竹利反使音所吏反質使令入公子及重臣等往楚爲質使秦疑楚又得不信周也質平敵不相負也秦必疑楚不信周是韓不伐也又謂秦曰韓彊與周地將以疑周於秦也周不敢不受秦必無辭而令周不受正義曰又

秦

謂秦曰韓強與周地今秦疑周親則周不敢不受秦必無巧辭而令周不敢不受韓地也是受地於韓

而聽於秦索隱曰此史厭說韓令與周地使質於楚令秦疑楚不信周得不假道伐韓而猶聽命於秦

秦召西周君西周君惡往故令人謂韓王索隱曰按戰國策一云或人爲周君謂魏王

曰秦召西周君將以使攻王之南

陽也王何不出兵於南陽周君將以爲辭於秦

索隱曰高誘註戰國策曰以魏兵在河南爲辭周君不往朝秦也周君不入秦秦必不

敢踰河而攻南陽矣正義曰南陽今懷州也杜預云在晉山南以上至秦召西周君是西

周君說韓令出兵向南謀秦也東周與西周戰韓救西周或爲東

周說韓王曰正義曰爲音于僞反及或人爲東周說下令按兵無出則周德韓矣西周故

天子之國多名器重寶王案兵毋出可以德東

周正義曰韓救兵不出伐東周而東周甚媿韓之恩德也而西周之寶必可以盡矣正義曰韓出兵助西周雖不攻東周西周媿其佐助寶器必盡歸於韓以上至東周與西周戰是或人說韓令無救西周也

王赧謂成君楚圍雍氏徐廣曰陽翟雍氏城也戰國策曰韓兵入西周西周令成君辯說秦求救當是說此事而脫誤也○索隱曰知徐此說自合當改而註結之不合與楚圍雍氏連註○正義曰雍音於恭反括地志云故雍城在洛州陽翟縣東北二十五里故老云黃帝雍作杵臼所封也按其地時屬韓也

韓徵甲與粟於東周東周君恐召蘇代而告之代曰君何患於是臣能使韓毋徵甲與粟於周又能為君得高都徐廣曰今河南新城縣高都城也○索隱曰高誘云高都韓邑今屬上黨也○正義曰括地志云高都故城一名郜都城在洛州伊闕縣北三十五里周君曰子苟能請以國聽子代見韓相國曰漢書百官表曰相國秦官駰謂韓亦有相國然

病ヤミタリ ヤメルナリ ヤミタルナラン

與下爲本

得下与

則諸國共攻秦也〇索隱曰相國公仲侈也楚圍雍氏期三月也今五月不能拔是楚病也正義曰謂楚兵敝苦弱也今相國乃徵甲與粟於周是告楚病也韓相國曰善使者已行矣索隱曰已止也代曰何不與周高都韓相國大怒曰吾毋徵甲與粟於周亦已多矣正義曰言辛甚也何故與周高都也代曰與周高都是周折而入於韓也秦聞之必大怒忿周即不通周使是以弊高都得完周也曷為不與相國曰善果與周高都正義曰以上云王赦周雍氏是蘇代為東周說韓令不徵甲而得高都三十四年蘇厲謂周君曰秦破韓魏扑師武徐廣曰扑一作仆戰國策曰秦敗魏將犀武軍於伊闕北取趙藺

而ノ

是本ニ

去 江說サケル 蓋說サル
發 劉如字 鄒氏音廢
搤 音厄 鄒烏擇反

去柳葉 サケルコト 昔官 サル 劉氏 サケタルコト

周紀

離石者[illegible]地理志曰西河有趙藺離石二縣 力刃反括地志云離石縣今石州所理縣也藺近離石也皆趙二邑皆白起也是善用兵又有天命今又將兵出塞攻梁正義曰謂伊闕塞也在洛州南十九里伊闕山今名鍾山酈元注水經云兩山相對望之若闕伊水歷其間故謂之伊闕按今謂之龍門禹鑿以通水也梁破則周危矣君何不令人說白起乎曰楚有養由基者善射者也去柳葉百步而射之百發而百中之左右觀者數千人皆曰善射有一夫立其旁曰善可教射矣養由基怒釋弓搤劍曰客安能教我射乎客曰非吾能教子支左詘右也索隱曰按列女傳曰左手如拒右手如附枝右手發之左手不知此射之道也又越絕書曰左手如附太山右手如抱嬰兒夫去柳葉百步而

中 芯仲反

射之，百發而百中之。不以善息，索隱曰：言不以其善而且停息。息，止也。少焉氣衰力倦，弓撥矢鉤，一發不中者，百發盡息。索隱曰：息猶弃，言并弃前射也。今破韓、魏，扑師武，北取趙藺、離石者，公之功多矣。今又將兵出塞，過兩周，倍韓，攻梁，一舉不得，前功盡弃。公不如稱病而無出。正義曰：以上至三十四年，是蘇厲爲周說白起無伐梁也。

四十二年，秦破華陽約。徐廣曰：一作厄。○正義曰：司馬彪云華陽亭名，在密縣。秦昭王三十三年，秦背魏約，使客卿胡傷擊魏將芒卯華陽，破之。六國年表云白起擊魏華陽，芒卯走。括地志云故華陽城在鄭州管城縣南四十里。是按馬犯見秦破魏華陽，[illegible]周厄，故謂請梁城周也。馬犯謂周君曰：請令梁城周。索隱曰：華陽，地名。司馬彪曰華陽亭名，在密縣。秦昭王三十三年，秦背魏約，使客卿胡傷擊魏將芒卯華陽，破之。是馬犯見秦破魏[illegible]

請梁城周而誤詭計也乃謂梁王曰周王病若死則犯必死矣正義曰馬犯周臣也乃說梁王曰秦破魏華陽之軍去周甚近周王憂懼國破猶身之重病若死則犯必死也犯請以九鼎自入於王王受九鼎而圖犯索隱曰圖謀也犯謂梁王我方入鼎於王王當謀救援已也梁王曰善遂與之卒言戍周正義曰戍守也周雖未入九鼎於梁而梁信馬犯矯言遂與之卒今守周因謂秦王曰正義曰梁兵非戍周也將欲伐周而取九鼎寶器王若不信試出師於境以觀梁主之變也梁非戍周也將伐周也王試出兵境以觀之秦果出兵又謂梁王曰正義曰馬犯說秦得秦出兵於境又重歸說梁王也周王病甚矣犯請後可而復之索隱曰按戰國策甚作瘉犯請後可而復之者言王病愈所圖不遂請得在後有可之時以鼎入梁也○正義曰復音扶富反復重也秦既破華陽軍今又出兵境上是周國疾秦久矣犯前請卒伐周諸侯皆心疑梁取周

病甚師說戰國策愈義相合也

戍

周紀

後可更重請謚卒守周乎令王使卒之周諸侯皆生心後舉事且不信不若令卒爲周城以匿事端索隱曰梁實外遣卒戍周和合秦舉兵欲侵周梁不救周是本無善周之事止是欲周危而取九鼎故諸侯皆心不信梁矣故不如匿事端使卒爲周城以隱匿疑伐周之事○正義曰既諸侯生心不如令卒使爲築城周端絕諸侯不信之心梁王遂使城周解諸侯之疑也梁王曰善遂使城周正義曰以上至四十二年是馬犯說梁王爲周築城也四十五年周君之秦客謂周最索隱曰最音詞喻反周之公子也曰公不若譽秦王之孝因以應爲太后養地徐廣曰地理志云潁川父城縣應鄉是也○索隱曰戰國策作原原周地太后秦昭王母宣太后芊氏也○正義曰括地志云故應城殷時應國在城父縣應城此時屬周太后秦昭王母宣太后芊氏秦王必喜是公有秦交交善周君必以爲公功交惡勸周君

入秦者必有罪矣（正義曰客謂周最曰周君與秦交善是最之功也與秦交惡勸周君入秦者周最今必得罪周君之罪也以上四十五年是周客説周最令周君正應入秦得交善而無罪也）秦攻周而周最謂秦王曰為王計者不攻周攻周實不足以利聲畏天下天下以聲畏秦必東合於齊兵獘於周合天下於齊則秦不王矣天下欲獘秦勸王攻周秦與天下獘則令不行矣（正義曰令音力政反秦欲攻周最説秦曰周天子之國雖有重器名寶土地狹少不足利秦國王若攻之乃有攻天子之聲而令天下以攻天子之聲畏秦使諸侯歸於齊秦兵獘於周則秦不王矣是天下欲獘秦故勸王攻周令秦受天下獘而令教命不行於諸侯矣以上秦攻周是周最説秦也）五十八年三晉距秦周令其相國之秦以秦之輕也還其行（正義曰以秦輕易周相故相國於是反歸周也）客

謂相國曰秦之輕重未可知也正義曰言秦之輕相國重相國亦未可知秦欲知三國之情公不如急見秦王曰請爲王聽東方之變秦王必重公重公是秦重周周以取秦也齊重則固有周聚徐廣曰一作最最亦古之聚字○正義曰按周聚事齊乃和於齊周故得齊重今相國又得秦重是相國收秦周聚收齊周常不失大國之交也以收齊是周常不失重國之交也秦信周發兵攻三晉正義曰三晉韓魏趙也以上至五十八年皆是客說周相國令從三國之情得秦重也五十九年秦取韓陽城負黍徐廣曰陽城有負黍聚○正義曰括地志一云陽城洛州縣也負黍亭在陽城縣西南三十五里故周邑左傳云鄭伐周負黍是也今屬韓國也西周恐倍秦與諸侯約從索隱文穎曰關東爲從關西爲橫孟康曰南北爲從東西爲橫瓚曰以利合曰從以威勢相脅曰橫○正義曰按諸[illegible]

[illegible]關東地南北長爲從[illegible]其居[illegible]之關西地東西廣爲橫秦獨居之將天下銳師出伊闕攻秦正義曰西周以秦取韓陽城[illegible]恐[illegible]倍秦之約共諸侯連從領天下銳師從[illegible]南出伊闕攻秦軍令不得通陽城令秦無得通陽城秦昭王怒使將軍摎漢書百官表曰前後左右將軍皆周末官也○正義摎音糾虯反攻西周西周君犇秦正義曰謂西周武公頓首受罪盡獻其邑三十六口三萬索隱曰秦昭王之五十一年秦受其獻歸其君於周周君王赧卒宋忠曰謚曰西周武公○索隱曰非也徐以西周武公是惠公之長子此周君即西周武公也蓋此時武公與王赧皆卒故連言也○正義曰劉伯莊云赧是慙恥之甚輕微危弱寄住東西足爲慙赧故號之曰赧帝王世紀云名誕雖居天子之位號爲諸侯之所役逼與家人無異名負責於民無以得歸乃上臺避之故周人名其臺曰逃責臺周民遂東亡秦取九鼎寶器而遷西周公於𢞱狐徐廣

無作獲下

西又下

周学從閔十一周赧王卒于乙巳赧卒丙午秦遷西周公而東周君猶存也壬子秦滅東周君而周遂不祀作史者當自

周紀

丙午至壬子繫于周統于七國上乃以春秋存陳之義大書宗周赧後即繫之秦宗未安[illegible]來當綱目以七國知楚之漢並書之又云七國齊魏趙韓皆大夫[illegible][illegible]乃[illegible]秦爲呂[illegible][illegible][illegible]國[illegible]公之[illegible][illegible][illegible][illegible][illegible][illegible]太子[illegible]乃[illegible][illegible][illegible]其[illegible][illegible][illegible][illegible][illegible]

曰畢音俾畢狐聚與陽人聚相近在洛陽南百五十里梁新城之間○索隱曰西周蓋武公之太子文公也武公卒而立爲秦所遷而東周亦不知其名號戰國策雖有周文君亦不知滅時定當何主蓋周室衰微略無紀録故太史公雖考衆書以卒其事然二國代系甚不分明○正義曰括地志云汝州外古梁城即畢狐聚也陽人故城即陽人聚也在汝州梁縣西南十五里新城今洛州伊闕縣也按畢狐陽人傍在三城之間

後七歲秦莊襄王滅東周徐廣曰周比亡之時凡七縣河南洛陽穀城平陰偃師鞏緱氏○正義曰括地志云故穀城在洛州河南縣西北十八里苑中河陰縣城本漢平陰縣在洛州洛陽縣東北五十里十三州志云在平津大河之南也魏文帝改曰河陰東西周皆入于秦周既不祀皇甫謐曰周凡三十七王八百六十七年○索隱曰既盡也周自此盡滅無主祭祀○正義曰按王赧卒後天下無主三十五年七雄並爭至秦始皇立天下一統十五年海内咸歸於漢矣

太史公曰學者皆稱周伐紂居洛邑綜其實不

然武王營之成王使召公卜居居九鼎焉而周復都豐鎬至犬戎敗幽王周乃東徙于洛邑所謂周公葬我畢畢在鎬東南杜中（徐廣曰一作社）秦滅周漢興九十有餘載天子將封太山東巡狩至河南求周苗裔封其後嘉三十里地號曰周子南君（集解瓚曰汲冢古文謂衛將軍文子爲子南彌牟其後有子南勁朝于魏後惠成王如衛命子南爲侯秦并六國衛最爲後疑嘉是衛後故氏子南而稱君也○正義曰括地志云周承休城一名汜雀塢在汝州梁縣東北二十六里帝王世紀云漢武帝元鼎四年東巡河洛思周德乃封姬嘉三千戶地方三十里爲周子南君以奉周祀元鼎三年嘉弟昭進爵爲承休侯在此城也平帝元始四年進爲鄭公光武建武二年封姬觀爲衛公顏師古云子南其封邑之號故總言周子南君按自嘉以下皆姓姬氏著在史傳贊言子南爲氏恐非）比列侯以奉其先祭祀

周紀

徐廣曰自周亡乙巳至元鼎四年戊辰一百四十四年漢之九十四年也漢武元鼎四年封周後也

索隱述贊曰

后稷居邰　太王作周　丹開雀錄
火降烏流　三分既有　八百不謀
蒼兕誓衆　白魚入舟　太師抱樂
箕子拘囚　成康之日　政簡刑措
南巡不還　西服莫附　共和之後
王室多故　檿弧興謠　龍漦作蠹
頹帶荏禍　實傾周祚

史計捌阡肆伯捌拾玖字

註壹萬伍阡玖伯陸拾玖字

周本紀第四　史記四

史記本紀　八

秦

通鑑第六秦紀一胡三省注陸德明曰秦隴西谷名也在雍州鳥鼠山之東北云云

秦本紀第五　史記五

索隱曰秦雖嬴政之祖本西戎附庸之君豈以諸侯之邦而與五帝三王同稱本紀斯必不可可降為秦世家

秦之先帝顓頊之苗裔正義曰黃帝之孫號高陽氏孫曰女脩女脩織玄鳥隕卵女脩吞之生子大業索隱曰女脩顓頊之裔女吞乙子而生大業其父不著而秦趙以母族而祖顓頊非生人之義也按左傳郯國少昊之後而嬴姓蓋其族也則秦趙宜祖少昊氏○正義曰列女傳云陶子生五歲而佐禹曹大家注云陶子者皐陶之子伯益也按此即知大業是皐陶大業取少典之子曰女華女華生大費索隱曰扶味反一音祕尋費後以為氏則扶味反為得此即秦趙之祖嬴姓之先一名伯翳尚書謂之伯益系本漢書謂之伯益是也尋檢史記上下諸文伯翳與伯益是一人不疑而陳杞系家即敘伯翳與伯益為二未知太史公疑而未決邪抑亦謬[illegible]

與禹平水土已成帝錫玄圭禹受曰非予能成亦大費爲輔帝舜曰咨爾費贊禹功其賜爾皁游索隱曰游音旒謂賜以皁色旌旆之旒色與玄王色副言其天功成也然其事亦當有所出爾後嗣將大出索隱曰出猶生也言爾後嗣繁昌將大生出子孫也故左傳亦云晉公子姬出也乃妻之姚姓之玉女徐廣曰皇甫謐云賜之玄王妻以姚姓之女也大費拜受佐舜調馴鳥獸鳥獸多馴服是爲柏翳舜賜姓嬴氏大費生子二人一曰大廉實鳥俗氏二曰若木實費氏索隱曰以仲衍鳥身人言故爲鳥俗氏俗一作洛若木以王父字爲費氏也其玄孫曰費昌子孫或在中國或在夷狄索隱曰殷紂時費仲即昌之後也費昌當夏桀之時去夏歸商爲湯御以敗

秦紀

桀於鳴條。大廉玄孫曰孟戲、中衍，索隱曰舊解以孟戲仲衍是一人，今以孟仲分字，當是二人名也鳥身人言。正義曰身體是鳥而能人言。又云口及手足似鳥也帝太戊聞而卜之使御，吉，遂致使御而妻之。自太戊以下，中衍之後，遂世有功，正義曰謂費昌及仲衍以佐殷國，故嬴姓多顯，遂為諸侯。其玄孫曰中潏，徐廣曰一作滑。○正義曰中音仲。潏音決。宋忠注世本云仲滑生飛廉在西戎，保西垂。生蜚廉。蜚廉生惡來。惡來有力，晏子春秋曰手裂虎兕蜚廉善走，父子俱以材力事殷紂。周武王之伐紂，并殺惡來。是時蜚廉為紂石北方，徐廣曰皇甫謐云作石槨於北方。○索隱曰石下無字，則不成文，意亦無所見，必是史記本脫。皇甫謐尚得其說，雖引之，而意亦不云是脫何字，專質之甚也。○正義曰爲爲反劉伯莊云霍太山紂都之北也霍太山在晉州霍邑縣按在衛州朝歌之西方也 還無所報爲壇霍太山 地理志霍太山在河東彘縣 而報得石棺 正義曰紂既崩無所歸 索隱報故爲壇就霍太山而祭紂報云作得石槨 銘曰帝令處父不與殷亂 索隱曰處父蜚廉別號 賜爾石棺以華氏死遂葬於霍太山 皇甫謐云去彘縣十五里有冢常祠之○索隱曰言處父至忠國滅君死而不忘臣節故天賜石棺以光華其族事蓋非實譙周深所不信 蜚廉復有子曰季勝 正義音升 季勝生孟增孟增幸於周成王是爲宅皋狼 正義曰地理志云西河郡皋狼縣也按孟增居皋狼而生衡父 皋狼生衡父衡父生造父造父以善御幸於周繆王得驥溫驪 徐廣曰溫一作盜駰案郭璞云爲馬細頸驪黑色○索隱曰溫音盜徐廣亦作盜鄒誕生本作駣音陶劉氏音義云盜驪騧也竊淺青色八駿既因色爲名騧驪爲得之也 驊

驥郭璞曰色如華而赤今名馬驃赤者爲棗騮騮馬赤也騄耳之駟郭璞曰紀年云北唐之君來見以一驪馬是生綠耳八駿皆因其毛色以爲名號駰案穆天子傳穆王有八駿之乘此紀不具者也。索隱曰按穆王傳曰赤驥盜驪白義渠黃驊騮騟輪騄耳山子。正義騄音錄西巡狩樂而忘歸郭璞紀年云穆王十七年西征於崑崙丘見西王母。正義曰括地志云崑崙山在肅州酒泉縣南八十里六國春秋云前涼張駿酒泉守馬岌上言酒泉南山即崑崙之丘也周穆王見西王母樂而忘歸即謂此有石室王母堂珠璣樓鏤飾煥若神宮按肅州在京西北二千九百六十里即小崑崙也非河源出處者徐偃王作亂地理志曰臨淮有徐縣云故徐國尸子曰徐偃王有筋而無骨駰謂號偃由此。正義曰括地志云大徐城在泗州徐城縣北三十里古徐國也博物志云徐君宮人有娠而生卵以爲不祥棄於水濱洲孤獨母有大犬鵠蒼銜所棄卵以歸覆煖之乃成小兒生偃故宮人聞之更取養之及長襲爲徐君後鵠蒼臨死生角而九尾化爲黃龍也鵠蒼或名后蒼括地志又云徐城在越州鄮縣東南入海二百里夏侯志云翁洲上有徐偃王城傳云昔周穆王巡狩諸侯共尊偃王穆王聞之令造父御乘騕褭之

馳日行千里自還討之或云命楚王帥師伐之偃王乃於此處立城以終造父爲繆王御長

驅歸周以救亂正義曰古史考云徐偃王與楚文王同時去周穆王遠矣且王者行有周衛豈

得救亂而獨長驅日行千里乎並言此事非實按年表穆王元年去楚文王元年三百一十八年矣繆王以

趙城封造父徐廣曰趙城在河東永安縣○正義曰括地志云趙城今晉州趙城縣是本彘縣地後改

曰永安即造父之邑也造父族由此爲趙氏自蜚廉生季勝

已下五世至造父別居趙趙衰其後也惡來革

者蜚廉子也早死有子曰女防女防生旁皇旁

皐生太几太几生大駱大駱生非子以造父之

寵皆蒙趙城姓趙氏非子居犬丘徐廣曰今槐里也○正義曰括

地志云犬丘故城一名槐里亦曰廢丘在雍州始平縣東南十里地理志云扶風槐里縣周曰犬丘懿王都之秦更名廢

丘高祖三年更名槐里也好馬及畜正義好火到反畜許救反善養息之犬丘人言之周孝王孝王召使主馬于汧渭之閒正義曰汧音牽言於二水之間在隴州以東馬大蕃息孝王欲以為大駱適嗣申侯之女為大駱妻生子成為適申侯乃言孝王曰昔我先酈山之女正義曰申侯之先娶於酈山為戎胥軒妻正義曰胥軒仲衍曾孫也生中潏以親故歸周保西垂西垂以其故和睦今我復與大駱妻生適子成申駱重婚西戎皆服所以為王正義曰言申駱重婚重直龍反西戎皆從所以得為王王卿孝王王其圖之於是孝王曰昔伯翳為舜主畜畜多息故有土賜姓嬴今其後世亦為朕息

馬。朕其分土爲附庸。邑之秦。徐廣曰今天水隴西縣秦亭也。正義曰括地志云秦州清水縣本名秦嬴姓邑十三州志云秦亭秦谷是也周太史儋云始周與秦國合而別故天子邑之秦使復續嬴氏祀號曰秦嬴亦不廢申侯之女子爲駱適者以和西戎秦嬴生秦侯秦侯立十年卒生公伯公伯立三年卒生秦仲秦仲立三年周厲王無道諸侯或叛之西戎反王室滅犬丘大駱之族周宣王即位徐廣曰秦仲之十八年也乃以秦仲爲大夫誅西戎西戎殺秦仲秦仲立二十三年死於戎毛詩序曰秦仲始大有車馬禮樂侍御之好也有子五人其長者曰莊公周宣王乃召莊公昆弟五人與兵七千人使伐

秦紀

西戎破之於是復予秦仲後及其先大駱地犬丘并有之為西垂大夫正義曰注水經云秦莊公伐西戎破之周宣與大駱犬丘之地為西垂大夫括地志云秦州上邽縣西南九十里漢隴西郡縣是也莊公居其故西犬丘生子三人其長男世父世父曰戎殺我大父仲我非殺戎王則不敢入邑遂將擊戎讓其弟襄公襄公為太子莊公立四十四年卒太子襄公代立襄公元年以女弟繆嬴為豐王妻襄公二年正義曰括地志云故汧城在隴州汧源縣是南三里帝王世紀云秦襄公二年徙都汧即此城戎圍犬丘世父世父擊之為戎人所虜歲餘復歸世父七年春周幽王用褒姒廢太子立褒姒子為適

數欺諸侯諸侯叛之西戎犬戎與申侯伐周殺幽王酈山下而秦襄公將兵救周戰甚力有功周避犬戎難東徙雒邑（正義曰周平王徙居王城雒邑云我卜澗水東瀍水西者也）襄公以兵送周平王平王封襄公爲諸侯賜之岐以西之地曰戎無道侵奪我岐豐之地秦能攻逐戎即有其地與誓封爵之襄公於是始國與諸侯通使聘享之禮乃用駵駒（徐廣曰赤馬黑髦曰駵）黃牛羝羊各三祠上帝西畤（徐廣曰年表云立西畤祠白帝○索隱曰襄公始列爲諸侯自以居西西畤縣名故作西畤祠白帝畤止也言神靈之所依止也亦音市謂爲壇以祭天也）十二年伐戎而至岐卒生文公文公元年居西垂宮

正義曰即上西縣是也三年文公以兵七百人東獵四年至汧渭之會曰昔周邑我先秦嬴於此後卒獲為諸侯乃卜居之占曰吉正義曰括地志云郿縣故城在岐州郿縣東北十五里毛萇云郿地名也秦文公東獵汧渭之會卜居之乃營邑焉即此城也即營邑之十年初為鄜畤徐廣曰鄜縣屬馮翊○索隱曰音敷亦縣名於鄜地作時故曰鄜時故封禪書曰秦文公夢黃蛇自天而下屬之地其口止於鄜衍史敦以為神故立時也○正義曰括地志云三時原在岐州雍縣南二十里封禪書云秦文公作鄜時襄公作西時靈公作吳陽上時並此原上因名也用三牢十三年初有史以紀事民多化者十六年文公以兵伐戎戎敗走於是文公遂收周餘民有之地至岐岐以東獻之周十九年得陳寶索隱曰按漢書郊祀志云文公獲若石云于陳倉北坂城祠之其神來若雄雉

其聲殷殷云野雞夜鳴以一牢祠之號曰陳寶又臣瓚云陳倉縣有寶夫人祠歲與葉君神會也蘇林云質如石似肝云語辭。正義曰括地志云寶雞神在岐州陳倉縣東二十里故陳倉城中晉太康地志云秦文公時陳倉人獵得獸若彘不知名牽以獻之逢二童子童子曰此名爲媦常在地中食死人腦即欲殺之拍捶其首媦亦語曰二童子名陳寶得雄者王得雌者霸陳倉人乃逐二童子化爲雉雌上陳倉北阪爲石秦祠之搜神記云其雄者飛至南陽其後光武起於南陽皆如其言也

二十年法初有三族之罪張晏曰父母兄弟妻子也如淳曰父族母族妻族也

二十七年伐南山大梓豐大特徐廣曰今武都故道有怒特祠圖大牛上生樹本有牛從木中出後見於豐水之中。正義曰括地志云大梓樹在岐州陳倉縣南十里倉山上錄異傳云秦文公時雍南山有大梓樹文公伐之輙有大風雨樹生合不斷時有一人病夜往山中聞有鬼語樹神曰秦若使人被髮以朱絲繞樹伐汝汝得不困耶樹神無言明日病人語聞公如其言伐樹斷中有一青牛出走入豐水中其後牛出豐水中使騎擊之不勝有騎墮地復上髮解牛畏之入不出故置髦頭漢魏晉因之武都郡立怒特祠是大梓牛神也按

今俗畫靑牛障是四十八年文公太子卒賜謚爲竫公徐廣曰文公之四十四年魯隱之元年竫公之長子爲太子是文公孫也五十年文公卒葬西山徐廣曰皇甫謐云葬於西山在今隴西之西縣竫公子立是爲寧公徐廣曰一作曼寧公二年公徙居平陽徐廣曰郿之平陽亭○正義曰帝王世紀云秦寧公都平陽按岐山縣有陽平鄉鄉內有平陽聚括地志云平陽故城在岐州岐山縣西四十六里秦寧公徙都之處遣兵伐蕩社徐廣曰蕩音湯社一作杜○索隱曰西戎之君號曰亳王蓋成湯之胤其邑曰湯社徐廣云一作湯杜言湯邑在杜縣之界故曰湯杜也○正義曰括地志云雍州三原縣有湯陵又有湯臺在始平縣西北八里按其國蓋在三原始平之界矣三年與亳戰亳王奔戎遂滅蕩社皇甫謐云亳王號湯西夷之國也四年魯公子翬正義曰音暉即羽父也弑其君隱公十二年伐蕩氏取之寧

公生十歲立立十二年卒葬西山正義曰括地志云秦寧公墓在
岐州陳倉縣西北三十七里秦陵山帝王世紀云秦寧公葬西山大麓故號秦陵山也按文公亦葬西山蓋秦陵山也
生子三人長男武公為太子武公弟德公同母
魯姬子正義曰德公母號魯姬子生出子寧公卒大庶長弗忌
威壘正義音刀追反三父廢太子而立出子為君出子
六年三父等復共令人賊殺出子出子生五歲
立立六年卒三父等乃復立故太子武公武公
元年伐彭戲氏正義曰戲音許宜反戎號也蓋同州彭衙故城是也至于華山
下正義曰即華嶽之下也居平陽封宮正義曰宮名在岐州平陽城內也三年
誅三父等而夷三族以其殺出子也鄭高渠眯

殺其君昭公[索隱曰春秋魯桓公十七年左傳作高渠彌也]十年伐邽冀戎初縣之[地理志隴西有上邽縣應劭曰即邽戎邑也冀縣屬天水郡]十一年初縣杜鄭[地理志京兆有鄭縣杜縣也○正義曰括地志云下杜故城在雍州長安縣東南九里古杜伯國華州鄭縣也毛詩譜云鄭國者周畿內之地宣王封其弟於咸林之地是爲鄭桓公按秦得皆縣之]滅小虢[班固曰西虢在雍州○正義曰虢音古伯反括地志云故虢城在岐州陳倉縣東四十里次西十餘里又有城亦名虢城輿地志云此虢文王母弟虢叔所封是曰西虢按此虢滅時陝州之虢猶謂之小虢又云小虢羌之別種]十三年齊人管至父連稱等殺其君襄公而立公孫無知晉滅霍魏耿[索隱曰春秋魯閔公元年左傳云晉滅耿滅魏滅霍又曰賜趙夙耿賜畢萬魏杜預註曰平陽皮氏縣東南有耿鄉永安縣東北有霍太山三國皆姬姓○正義曰括地志云霍晉州霍邑縣又春秋時霍伯國韋昭云霍姬姓也括地志云故耿城今名耿倉城在絳州龍門縣東南十二里故耿國也都城記云耿嬴姓國也]齊雍

廩正義曰雍於宮反廩力甚反是雍林邑人姓名也殺無知管至父等而立
齊桓公齊晉為彊國十九年晉曲沃始為晉侯
索隱曰晉穆侯少子成師居曲沃號曲沃桓叔至武公稱滅晉侯緡始為晉君也齊桓公伯於鄄
正義伯音霸二十年武公卒葬雍平陽初以人從死從
死者六十六人有子一人名曰白白不立封平
陽正義曰即雍平陽也平陽時屬雍並在岐州解在上也立其弟德公德公元年
初居雍城徐廣曰今縣在扶風大鄭宮正義曰括地志云岐州雍縣南七里故雍城秦德公
大鄭公城也以犧三百牢祠鄜畤卜居雍後子孫飲馬
於河正義曰卜居雍之後國益廣大後代子孫得東飲馬於龍門之河梁伯芮伯來朝
索隱曰梁嬴姓芮姬姓梁國馮翊夏陽芮國馮翊臨晉○正義曰括地志云南芮鄉故城在同州朝邑縣南三十里又有

北內城皆古芮伯國鄭玄云周同姓之國在畿內爲王御士者在傳云桓公三年芮伯萬之母芮姜惡芮伯之多寵人故逐之出居魏今按州芮城縣界有芮國城蓋是邪末虞芮爭田之芮國是也

二年初伏孟康曰六月伏日初也周時無至此乃有之○正義曰六月三伏之節起秦德公爲之故云初伏伏者隱伏避盛暑也曆忌釋云伏者何以金氣伏藏之日也四時代謝皆以相生立春木代水水生木立夏火代木木生火立冬水代金金生水立秋以金代火

故至庚日必伏庚者金故曰伏也**以狗禦蠱**徐廣曰年表云初作伏祠社磔狗邑四門也○正義曰蠱者熱毒惡氣爲傷害人故磔狗以禦之年表云初作伏祠社磔狗邑四門按磔禳也狗陽畜也以狗張磔於郭四門禳却熱毒氣也左傳云皿蟲爲蠱顧野王云穀皆積變爲飛蠱也

德公生三十三歲而立立二年卒生子三人長子宣公中子成公少子穆公長子宣公立宣公元年衛燕伐周正義曰衛惠公都即今衛州也燕南燕也周天王也括地志云滑州故城古南燕國也杜預云南燕姞姓之國黃帝之後**出惠王**

立王子頹三年鄭伯虢叔正義曰括地志云洛州氾水縣古東虢國亦鄭之制邑漢之成皐亦周穆王虎牢城左傳云宮之奇曰虢仲虢叔王季之穆也殺子頹而入惠王四年作密畤正義曰括地志云漢有五畤在岐州雍縣南則鄜畤吳陽上畤下畤密畤北畤秦文公夢黃蛇自天而下屬地其口止於鄜衍作畤郊祭白帝曰鄜畤秦宣公作密畤於渭南祭青帝秦靈公作吳陽上畤祭黃帝作下畤亦祠黃帝漢高帝曰天有五帝今四何也待我而具五遂立黑帝曰北畤是也與晉戰河陽勝之十二年宣公卒生子九人莫立立其弟成公成公元年梁伯正義曰括地志云同州韓城縣南二十二里少梁故城古少梁國都城記云梁伯國嬴姓之後與秦同祖秦穆公二十二年滅之芮伯來朝三年相公伐山戎次于孤竹正義曰括地志云孤竹故城在平州盧龍縣十二里殷時諸侯竹國也成公立四年卒子七人莫立立其弟繆公索隱曰秦自宣公已上皆

古

史失其名今按曲本古史考得繆公名任好 繆公任好元年自將伐茅津

正義曰劉伯莊云戎號也括地志云茅津及茅城在陝州河北縣西二十里注水經云茅亭茅戎號 勝之四

年迎婦於晉晉太子申生姊也其歲齊桓公伐

楚至邵陵五年晉獻公滅虞虢虜虞君與其大

夫百里傒以璧馬賂於虞故也既虜百里傒以

爲秦繆公夫人媵於秦百里傒亡秦走宛 地理志南

陽有宛縣○正義曰宛於元反今鄧州縣 楚鄙人執之繆公聞百里傒賢

欲重贖之恐楚人不與乃使人謂楚曰吾媵臣

百里傒在焉請以五羖羊皮贖之楚人遂許與

之當是時百里傒年已七十餘繆公釋其囚與

語國事謝曰臣亡國之臣何足問繆公曰虞君不用子故亡非子罪也固問語三日繆公大說授之國政號曰五羖大夫百里傒讓曰臣不及臣友蹇叔蹇叔賢而世莫知臣常游困於齊而乞食銍人（徐廣曰銍一作銍○正義曰銍音珍栗反銍地名在沛縣）蹇叔收臣臣因而欲事齊君無知蹇叔止臣臣得脫齊難遂之周周王子頹好牛臣以養牛干之及頹欲用臣蹇叔止臣臣去得不誅事虞君蹇叔止臣臣知虞君不用臣臣誠私利祿爵且留再用其言得脫一不用及虞君難是以知其賢於是繆公

使人厚賂迎蹇叔以爲上大夫秋繆公自將伐晉戰於河曲徐廣曰一作西駰案公羊傳曰河千里而一曲也服虔曰河曲晉地杜預曰河曲在蒲坂南○正義曰按河曲在華陰縣界也晉驪姬作亂太子申生死新城正義曰韋昭云曲沃新爲太子城括地志云絳州曲沃縣有曲沃故城土人以爲晉曲沃新城重耳夷吾出犇正義曰重耳奔翟夷吾奔少梁也九年齊桓公會諸侯於葵丘正義曰括地志云葵丘在曹州考城縣東南一里一百五十步郭内即栢公會處又青州臨淄縣有葵丘即傳連稱管至父所戍處晉獻公卒立驪姬子奚齊其臣里克殺奚齊荀息立卓子徐廣曰一作倬克又殺卓子及荀息夷吾使人請秦求入晉於是繆公許之使百里傒將兵送夷吾夷吾謂曰誠得立請割晉之河西八城

正義曰謂同華等州地與秦及至已立而使丕鄭謝秦背約

不與河西城而殺里克丕鄭聞之恐因與繆公

謀曰晉人不欲夷吾實欲重耳今背秦約而殺

里克皆呂甥郤芮之計也願君以利急召呂郤

呂郤至則更入重耳便繆公許之使人與丕鄭

歸召呂郤呂郤等疑丕鄭有間乃言夷吾殺丕

鄭丕鄭子丕豹奔秦說繆公曰晉君無道百姓

不親可伐也繆公曰百姓苟不便何故能誅其

大臣能誅其大臣此其調也正義曰調音徒聊反言能誅大臣丕鄭云是夷吾於百姓調和也劉伯莊音徒弔反按調選也邪臣誅忠臣用是夷吾能調選兩通也不聽而陰用

秦紀

豹十二年齊管仲隰朋死晉旱來請粟丕豹說繆公勿與因其饑而伐之繆公問公孫支（服虔曰秦大夫公孫子桑）支曰饑穰更事耳不可不與問百里傒傒曰夷吾得罪於君其百姓何罪於是用百里傒公孫支言卒與之粟以船漕車轉自雍相望至絳（賈逵曰雍秦國都絳晉國都也）十四年秦饑請粟於晉晉君謀之羣臣虢射曰（正義射音石也）因其饑伐之可有大功晉君從之十五年興兵將攻秦繆公發兵使丕豹將自往擊之九月壬戌與晉惠公夷吾合戰於韓地（正義曰左傳云僖公十五年秦晉戰于韓原秦獲晉侯以歸括地志云韓原在同州韓城縣西南十

古

八里十六國春秋云魏顆夢父結草抗秦將杜回亦在韓原晉君棄其軍與秦爭利還而馬騺正義曰騺馬音致又竹利反國語云晉師潰戎馬濘而止韋昭云濘深泥也繆公與麾下馳追之不能得晉君反為晉軍所圍晉擊繆公繆公傷於是岐下食善馬者三百人馳冒晉軍晉軍解圍遂脫繆公而反生得晉君初繆公亡善馬岐下野人共得而食之者三百餘人正義曰括地志云野人塢在岐州雍縣東北二十里按野人盜馬食處因名焉吏逐得欲法之繆公曰君子不以畜產害人吾聞食善馬肉不飲酒傷人乃皆賜酒而赦之三百人者聞秦擊晉皆求從從而見繆公窘亦皆推鋒爭死以

赦乍被本

報食馬之德。於是繆公虜晉君以歸，令於國齊宿，吾將以晉君祠上帝。周天子聞之曰：晉我同姓，爲請晉君。夷吾姊亦爲繆公夫人，夫人聞之，乃衰絰跣曰：妾兄弟不能相救，以辱君命。繆公曰：我得晉君以爲功，今天子爲請，夫人是憂。乃與晉君盟，許歸之，更舍上舍，而饋之七牢。賈逵曰：諸侯雍餼七牢，牛一羊一豕一爲一牢也。十一月，歸晉君夷吾。夷吾獻其河西地，使太子圉爲質於秦。秦妻子圉以宗女。是時秦地東至河。正義曰：晉河西八城入秦，秦東境至河，即龍門河也。十八年，齊桓公卒。二十年，秦滅梁、芮。正義曰：梁、芮國皆在同州，秦得其地，故滅二國。

君二十二年晉公子圉聞晉君病曰梁我母家也（正義曰子圉母梁伯之女也）而秦滅之我兄弟多即君百歲後秦必留我而晉輕亦更立他子子圉乃亡歸晉二十三年晉惠公卒子圉立為君秦怨圉亡去乃迎晉公子重耳於楚而妻以故子圉妻重耳初謝後乃受繆公益禮厚遇之二十四年春秦使人告晉大臣欲入重耳晉許之於是使人送重耳二月重耳立為晉君是為文公文公使人殺子圉子圉是為懷公其秋周襄王弟帶以翟伐王王出居鄭（正義曰王居于氾邑也）二十五年周王使

秦紀

人告難於晉秦秦繆公將兵助晉文公入襄王殺王弟帶二十八年晉文公敗楚於城濮（正義曰衛地也濮州）三十年繆公助晉文公圍鄭（正義曰左傳僖公三十年晉侯秦伯圍鄭杜預云文公過鄭鄭不禮之）鄭使人言繆公曰亡鄭厚晉於晉而得矣而秦未有利晉之彊秦之憂也繆公乃罷兵歸晉亦罷三十二年冬晉文公卒鄭人有賣鄭於秦曰我主其城門鄭可襲也繆公問蹇叔百里傒對曰徑數國千里而襲人希有得利者且人賣鄭庸知我國人不有以我情告鄭者乎不可繆公曰子不知也吾已決矣遂發兵

難 乃旦反　襄王ノ襄字 本ニ無　晉二本　傒 作 縷本

使百里傒子孟明視蹇叔子西乞術及白乙丙
將兵行日百里傒蹇叔二人哭之繆公聞怒曰
孤發兵而子沮哭吾軍何也【正義曰沮自呂反沮毀也左傳云蹇叔哭之曰孟子吾見師之出不見其入也】二老曰臣非敢沮君軍軍行臣【監本作吾】子與往【正義與音預】臣老遲還恐不相見故哭耳二
老退謂其子曰汝軍即敗必於殽阨矣【正義曰殽音故交反阨音厄春秋云魯僖公三十三年晉人及姜戎敗秦師于殽括地志云三殽山又名嶔岑山在洛州永寧縣西北二十里即古之殽道也】
三十二年春秦兵遂東更晉地過周北門
周王孫滿曰秦師無禮【正義曰左傳云秦師過周北門左右免胄而下超乘者三百乘王孫滿尚幼觀之言於王曰秦師輕而無禮必敗杜預云王城北門也謂過天子門不卷甲束兵超乘示勇也】不

敗何待兵至滑正義曰滑為八反括地志云緱氏故城在洛州緱氏縣東二十五里滑伯國也韋昭云姬姓小國也鄭販賣賈人正義曰賣麥卦反賈音古左傳作商人也弦高人姓名持十二牛將賣之周見秦兵恐死虜因獻其牛曰聞大國將誅鄭鄭君謹修守御備使臣以牛十二勞軍士秦三將軍相謂曰將襲鄭鄭今已覺之往無及已滅滑滑晉之邊邑也當是時晉文公喪尚未葬太子襄公怒曰秦侮我孤因喪破我滑遂墨衰絰發兵遮秦兵於殽擊之大破秦軍無一人得脫者虜秦三將以歸文公夫人秦女也服虔曰繆公女為秦三囚將請曰繆公之怨此

修下脩本　謂下語不　邊三不　晉本

三人入於骨髓願令此三人歸令我君得自快烹之晉君許之歸秦三將三將至繆公素服郊迎嚮三人哭曰孤以不用百里傒蹇叔言以辱三子三子何罪乎子其悉心雪恥毋怠遂復三人官秩如故愈益厚之三十四年楚太子商臣弑其父成王代立繆公於是復使孟明視等將兵伐晉戰于彭衙[杜預曰馮翊郃陽縣西北有衙城。正義曰括地志云彭衙故城在同州白水縣東北六十里]秦不利引兵歸戎王使由余[正義曰戎人姓名]於秦由余其先晉人也亡入戎能晉言聞繆公賢故使由余觀秦秦繆公示以宮室積聚由余曰使鬼爲之則勞神矣使人爲之亦苦民矣繆公怪之問曰中國以詩書禮樂法度爲政然尚時亂今戎夷無此何以爲治不亦難乎由余笑曰此乃中國所以亂也夫自上聖黄帝作爲禮樂法度身以先之僅以小治及其後世日以驕淫阻法度之威以責督於下下罷極〔正義罷音皮〕則以仁義怨望於上上下交争怨而相篡弑至於滅宗皆以此類也夫戎夷不然上含淳德以遇其下下懐忠信以事其上一國之政猶一身之治不知所以治此眞聖人之治也於是繆公退而問

內史廖曰漢書百官表曰內史周官也孤聞鄰國有聖人敵國之憂也今由余賢寡人之害將奈之何內史廖曰戎王處辟匿未聞中國之聲君試遺其女樂以奪其志徐廣曰奪一作徇爲由余請以疏其間留而莫遣以失其期戎王怪之必疑由余君臣有間乃可虜也且戎王好樂必怠於政繆公曰善因與由余曲席而坐正義曰按琳在穆公左右相連而坐謂之曲席也傳器而食問其地形與其兵勢盡詧而後令內史廖以女樂二八遺戎王戎王受而說之終年不還於是秦乃歸由余由余數諫不聽繆公又數使人間

要由余。由余遂去降秦。繆公以客禮禮之，問伐戎之形。[正義曰：韓國云秦穆公都地方三百里，并國十四，辟地千里，隴西、北地郡是也。]三十六年，繆公復益厚孟明等，使將兵伐晉，渡河焚船，大敗晉人，取王官及鄗，[徐廣曰：左傳作郊。騆案：服虔曰此晉地，不能有。○正義曰：鄗音郊。左傳作郊。杜預云書取，言易也。括地志云王官故城在同州澄城縣西北九十里。又云南郊故城在縣北十七里，又有北郊故城，又有西郊古城。左傳云文公三年，秦伯伐晉，濟河焚舟，取王官及郊也。括地志云蒲州猗氏縣南二里又有王官故城，亦秦伯取者。上文公秦東地至河，蓋猗氏王官是也。]以報殽之役。晉人皆城守不敢出。於是繆公乃自茅津[徐廣曰：在太陽。○正義曰：括地志云茅津在陝州河北縣，太陽縣也。]渡河，[正義曰：自茅津南度河也。]封殽中尸，[賈逵曰：封識之。○正義曰：左傳云秦伯伐晉，濟河焚舟，晉人不出，遂自茅津濟，封殽尸而還。杜預云封，埋藏也。]爲發喪，哭之三日乃誓於軍曰嗟士卒聽無譁余誓告汝古之人謀黃髮番番（正義曰音婆字當作皤皤白頭皃言髮白而更黃故云黃髮番番以申思謂蹇叔百里奚也）則無所過以申思不用蹇叔百里傒之謀故作此誓令後世以記余過君子聞之皆為垂涕曰嗟乎秦繆公之與人周也（服虔曰周備也）卒得孟明之慶三十七年秦用由余謀伐戎王益國十二開地千里遂霸西戎天子使召公過賀繆公以金鼓三十九年繆公卒葬雍（皇覽曰秦繆公冢在橐泉宮祈年觀下○正義曰廟記云橐泉宮秦孝公造祈年觀德公起蓋在雍州城內括地志云秦穆公冢在岐州雍縣東南二里）從死者百七十七人秦之良臣子輿氏三人

秦紀

過音戈

正義曰毛萇云良善也三人善臣也左傳云子車氏之三子杜預云子車秦大夫也名曰奄息仲行鍼虎亦在從死之中正義曰行音胡郎反鍼音其廉反應劭云秦穆公與羣臣飲酒酣公曰生共此樂死共此哀於是奄息仲行鍼虎許諾及公薨皆從死黃鳥詩所爲作也杜預云以人葬爲殉也括地志云三良冢在岐州雍縣一里故城內秦人哀之爲作歌黃鳥之詩君子曰秦繆公廣地益國東服彊晉西霸戎夷然不爲諸侯盟主亦宜哉死而弃民收其良臣而從死且先王崩尚猶遺德垂法況奪之善人良臣百姓所哀者乎是以知秦不能復東征也穆公子四十人其太子罃代立是爲康公康公元年往歲繆公之卒晉襄公亦卒襄公之弟名雍秦

出也正義曰雍毋秦女故言出秦也在秦晉趙盾欲立之使隨會

正義曰韓昭云晉正卿士蔿之孫成伯之子季武子也食菜於隨范故曰隨會或曰范會季范子字也來迎

雍秦以兵送至令狐杜預曰在河東○正義曰令音零括地志云令狐故城在蒲州猗氏縣界十五里也晉立襄公子而反擊秦師秦師敗隨會

來奔七年秦伐晉於武城正義曰括地志云故武城一名武平城在華州鄭縣東北十三里也報令狐之役四年晉伐秦取少梁正義曰前入秦後歸晉今秦又取之六年秦伐晉取羈馬服虔曰晉邑也戰於河曲

大敗晉軍晉人患隨會在秦為亂乃使魏讎餘服虔曰晉之魏邑大夫○正義曰讎音受又作犨音同詳反正義詳音羊合謀會詐而

得會會遂歸晉康公立十二年卒子共公立索隱

曰名假十代至靈公又並失名共公二年晉趙穿弑其君靈公三年楚莊王彊北兵至雒問周鼎共公立五年卒子桓公立桓公三年晉敗我一將十年楚莊王服鄭北敗晉兵於河上當是之時楚霸爲會盟合諸侯二十四年晉厲公初立與秦桓公夾河而盟歸而秦倍盟與翟合謀擊晉二十六年晉率諸侯伐秦秦軍敗走追至涇而還桓公立二十七年卒子景公立徐廣曰世本云景公名后伯車也○索隱曰景公已下名又錯亂始皇本紀作哀公景公四年晉欒書弑其君厲公十五年救鄭敗晉兵於櫟杜預曰晉地也○正義曰櫟音歷括地志云洛州陽翟縣古櫟邑也是時

晉悼公爲盟主十八年晉悼公彊數會諸侯率以伐秦敗秦軍秦軍走晉兵追之遂渡涇至棫林而還（徐廣曰棫音域 駰案杜預曰秦地也）二十七年景公如晉與平公盟已而背之三十六年楚公子圍弑其君而自立是爲靈王景公母弟后子鍼（正義音鉗）有寵景公母弟富或譖之恐誅乃奔晉車重千乘晉平公曰后子富如此何以自亡對曰秦公無道畏誅欲待其後世乃歸三十九年楚靈王彊會諸侯於申（正義曰在鄧州南陽縣三十里）爲盟主殺齊慶封景公立四十年卒子哀公立（索隱曰始皇本紀作畢公）后子復來歸

秦哀公八年楚公子棄疾弑靈王而自立是爲平王十一年楚平王來求秦女爲太子建妻至國女好而自娶之十五年楚平王欲誅建建亡正義曰太子建亡之鄭鄭殺之伍子胥奔吳晉公室卑而六卿彊欲內相攻是以久秦晉不相攻三十一年吳王闔閭與伍子胥伐楚楚王亡奔隨吳遂入郢楚大夫申包胥來告急正義曰包胥姓公孫封於申故號申包胥左傳云申包胥如秦乞師曰吳爲封豕長蛇以荐食上國虐始於楚寡君失守社稷越在草莽使下臣告急曰夷德無厭若鄰於君疆埸之患也逮吳之未定君其取分焉若楚之遂亡君之土也若以君靈撫之世以事君七日不食日夜哭泣正義曰左傳云申包胥對秦伯曰寡君越在草莽未獲所伏下臣何敢即安立依於庭牆而哭日夜不絶聲勺飲不

不食七日秦哀公爲賦無衣九頓首而坐秦師乃出於是秦乃發五百乘救楚正義曰左傳魯定公五年秦子蒲子虎帥車五百乘以救楚敗吳師於軍祥敗吳師吳師歸楚昭王乃得復入郢哀公立三十六年卒太子夷公夷公蚤死不得立立夷公子是爲惠公惠公元年孔子行魯相事五年晉卿中行范氏反晉晉使智氏趙簡子攻之范中行氏亡奔齊惠公立十年卒子悼公立悼公二年齊臣田乞弒其君孺子立其兄陽生爲悼公六年吳敗齊師齊人弒悼公立其子簡公九年晉定公與吳王夫差盟爭長於黃池卒先吳徐廣曰外傳云吳王先歃吳彊陵

中國。十二年，齊田常弒簡公，立其弟平公，常相之。十三年，楚滅陳。秦悼公立。十四年，卒，子厲共公立。孔子以悼公十二年卒。厲共公二年，蜀人來賂。十六年，塹河旁。以兵二萬伐大荔，取其王城。徐廣曰今之臨晉也臨晉有王城○正義曰荔音戾括地志云同州東二十里朝邑縣東三十步故王城大荔近王城邑二十一年，初縣頻陽。地理志馮翊有頻陽縣○正義曰括地志云頻陽故城在雍州同官縣界古頻陽縣城也晉取武成。二十四年，晉亂，殺智伯，分其國與趙、韓、魏。二十五年，智開與邑人來奔。徐廣曰一本二十六年城南鄭也○正義曰開智伯子伯被趙襄子等滅其國其子與從屬來奔奔秦三十三年，伐義渠，虜其王。應劭曰義渠北地也○正義曰括地志云寧慶二州春秋及戰國時為義渠戎

（國之地也）二十四年，日食。厲共公卒，子躁公立。躁公二年，南鄭反。（正義曰：南鄭，今梁州所理縣也。春秋及戰國時其地屬於楚也。）十三年，義渠來伐，至渭南。十四年，躁公卒，立其弟懷公。（索隱曰：厲共公子也。生昭太子，未立而卒，太子之子是爲靈公。）懷公四年，庶長鼂（正義曰：長，丁丈反。鼂，竹遙反。鼂，人名也。劉伯莊音潮。）與大臣圍懷公，懷公自殺。懷公太子曰昭子，蚤死，大臣乃立太子昭子之子，是爲靈公。（索隱曰：生獻公也。）靈公，懷公孫也。靈公六年，晉城少梁，秦擊之。十三年，城籍姑。（正義曰：括地志云籍姑故城在同州韓城縣北三十五里。）靈公卒，子獻公不得立（索隱曰：獻公名師隰。），立靈公季父悼子，是爲簡公。簡公，昭之弟而懷公子也。（索隱曰：簡公懷公弟靈公季父也子惠公立始皇本紀云靈公生簡公誤也又紀年云簡公九年卒次敬公立十二年卒乃立惠公○正義曰劉伯莊云簡公是昭子之弟懷公之子厲公之孫今史記爲簡公是厲公子諸本寫之誤簡公六年令吏初帶劍正義曰春秋官吏各得帶劒塹洛城重泉地理志重泉縣屬馮翊○正義曰重直龍反括地志云重泉故城在同州蒲城縣東南四十五里也十六年卒徐廣曰表云十五年也子惠公立惠公十二年子出子生十三年伐蜀取南鄭惠公卒出子立出子二年庶長改迎靈公之子獻公于河西而立之正義曰西者秦州西縣秦之舊地時獻公在西縣故迎立之殺出子及其母沈之淵旁秦以往者數易君君臣乖亂故晉復彊奪秦河西地正義曰奪前所上八城也獻公元年徐廣曰丁酉止從死二年城櫟陽

徐廣曰從都之今萬年是也○正義曰括地志云櫟陽故城一名萬年城在雍州東北百二十里櫟陽漢七年分櫟陽城内爲萬年縣隋文帝開皇三年遷都於龍首川今京城也改萬年爲大興縣至唐武德元年又改曰萬年置在州東七里

四年正月庚寅孝公生十一年周太史儋見獻公曰周故與秦國合而别别五百歲復合合七十七歲而霸王出十六年桃冬花十八年雨金櫟陽正義曰言雨金於秦國都明金瑞見也二十一年與晉戰於石門正義曰括地志云堯門山俗名石門在雍州三原縣西北三十三里上有路其狀若門故老云堯鑿山爲門因名之武德年中於此山南置石門縣貞觀年中改爲雲陽縣斬首六萬天子賀以黼黻周禮曰白與黑謂之黼黑與青謂之黻二十三年與魏晉戰少梁虜其將公孫痤正義在戈反二十四年獻公卒徐廣曰表云二十三年

子孝公立。索隱曰名渠梁 年已二十一歲矣。孝公元年，徐廣曰庚申也 河山以東彊國六，與齊威、楚宣、魏惠、燕悼、韓哀、趙成侯並。淮泗之間正義曰並白浪反謂淮泗二水 小國十餘。楚、魏與秦接界。正義曰楚北及魏西與秦相接北自梁州漢中郡南有巴渝過江南有黔中巫郡也魏西界與秦相接南自華州鄭縣西北過渭水濱洛水東岸向北有上郡鄜州之地皆築長城以界秦境洛漆沮水也 魏築長城，自鄭濱洛以北，有上郡。楚自漢中，南有巴、黔中。周室微，諸侯力政，爭相併。秦僻在雍州，不與中國諸侯之會盟，夷翟遇之。孝公於是布惠，振孤寡，招戰士，明功賞。下令國中曰：「昔我繆公自岐雍之間，修德行武，東平晉亂，以

河爲竟【正義曰即龍門河也】西霸戎翟廣地千里天子致伯
諸侯畢賀爲後世開業甚光美會往者厲躁簡
公出子之不寧國家內憂未遑外事三晉攻奪
我先君河西地諸侯卑秦醜莫大焉獻公即位
鎮撫邊境徙治櫟陽且欲東伐復穆公之故地
脩穆公之政令寡人思念先君之意常痛於心
賓客羣臣有能出奇計彊秦者吾且尊官與之
分土於是乃出兵東圍陝城西斬戎之獂王【地理
志天水有獂道縣應劭曰獂戎邑音桓】衛鞅聞是令下西入秦因景監
【正義曰監申暫反閹人也】求見孝公二年天子致胙三年衛鞅

說孝公變法脩刑，内務耕稼，外勸戰死之賞罰，孝公善之。甘龍、杜摯等弗然，相與爭之。卒用鞅法，百姓苦之；居三年，百姓便之。乃拜鞅爲左庶長。其事在商君語中。七年，與魏惠王會杜平。正義曰在同州澄城縣界也 八年，與魏戰元里，正義曰祁城在同州澄城縣界 有功。十年，衛鞅爲大良造，將兵圍魏安邑，降之。地理志曰河東有安邑縣。○正義曰括地志云安邑故城在絳州夏縣東北十五里，本夏之都。 十二年，作爲咸陽，正義曰括地志云咸陽故城亦名渭城，在雍州咸陽縣東十五里，京城北四十五里，即秦孝公徙都之者，今咸陽縣古之杜郵，白起死處。 築冀闕，正義曰劉伯莊云冀猶記事，闕即象魏也。 秦徙都之。并諸小鄉聚，正義曰萬二千五百家爲鄉，聚猶村落之類也。 集爲大縣，縣一令漢書百官表曰縣令長皆秦官萬戸以上爲令秩千石至六百石減萬戸爲長秩五百石至三百石皆有丞尉 四十一縣爲田開阡陌索隱曰風俗通曰南北曰阡東西曰陌河東以東西爲阡南北爲陌東地渡洛十四年初爲賦徐廣曰制貢賦之法也○索隱曰譙周云初爲軍賦也十九年天子致伯正義曰伯音霸又如字孝公十九年天子始封爵爲霸即太史儋云合七十七歲而霸王出之年故天子致伯抑譚新論云夫上古稱三皇五帝而次有三王五伯此天下君之冠首也故言三皇以道理而五帝用德化三王由仁義五伯以權智其說之曰無制令刑罰謂之皇有制令而無刑罰謂之帝賞善誅惡諸侯朝事謂之王興兵約盟以信義矯世謂之伯二十年諸侯畢賀秦使公子少官率師會諸侯逢澤徐廣曰開封東北有逢澤○正義曰括地志云逢澤亦名逢池在汴州浚儀縣東南十四里朝天子二十一年齊敗魏馬陵正義曰虞喜志林云濮州甄城縣東北六十餘里有馬陵澗谷深可以置伏按龐涓敗即此也二十二年

衛鞅擊魏虜魏公子卬封鞅爲列侯號商君正義曰商州商洛縣在州東八十九里鞅所封也契所封地二十四年與晉戰鴈門索隱曰紀年云與魏戰岸門此云鴈門恐聲誤也又下云敗韓岸門蓋一地也尋秦與韓魏戰不當遠至鴈門也〇正義曰括地志云岸門在許州長社縣西北二十八里今名西武亭虜其將魏錯正義七故反孝公卒子惠文君立索隱曰名駟是歲誅衛鞅鞅之初爲秦施法正義曰爲于爲反法不行太子犯禁鞅曰法之不行自於貴戚君必欲行法先於太子太子不可黥黥其傅師於是法大用秦人治及孝公卒太子立宗室多怨鞅鞅亡因以爲反而卒車裂以徇秦國漢書曰商君爲法於秦戰斬一首賜爵一級欲爲官者五千石其爵名一爲公士二上造三簪褭四

傳师不作师傅

不更五大夫六公大夫七官大夫八公乘九五大夫十左庶長十一右庶長十二左更十三中更十四右更十五少上造
十六大上造十七駟車庶長十八大庶長十九關內侯二十徹侯 惠文君元年楚韓趙
蜀人來朝二年天子賀三年王冠正義曰冠音館禮記云年二十
行冠禮也四年天子致文武胙齊魏爲王索隱曰齊威王魏惠王五
年陰晉人犀首正義曰犀音西地理志云華陰縣故陰晉秦惠王五年更名寧秦高祖八年更
名華陰爲大良造犀首官名姓公孫名衍○索隱曰官名若虎牙之類姓公孫名衍魏人也六年
魏納陰晉陰晉更名寧秦徐廣曰今之華陰也七年公子卬
與魏戰虜其將龍賈斬首八萬八年魏納河西
地九年渡河取汾陰皮氏地理志云二縣屬河東○正義曰渡河東取之括地
志云汾陰故城俗名殷湯城在蒲州汾陰縣北也皮氏在絳州龍門縣西一里八十步即古皮氏城也 與魏

王會應〔正義曰應乙陵反括地志云故應城因應山爲名古之應國在汝州魯山縣東三十里左傳云邢晉應韓武之穆也〕圍焦降之〔正義曰括地志云焦城在陝州城內東北百步因焦水爲名周同姓所封左傳云虞虢焦滑霍陽韓魏皆姬姓也杜預云八國皆爲晉所滅按武王剋商封神農之後於焦而後封姬姓也〕十年張儀相秦魏納上郡十五縣〔正義曰今鄜綏等州也魏前納陰晉次納同丹二州今納上郡而盡河西濱洛之地矣〕十一年縣義渠〔正義曰地理志云北地郡義渠道秦縣也括地志云寧原慶三州秦北地郡戰國及春秋時爲義渠戎國之地周先公劉不窋居之古西戎也〕歸魏焦曲沃〔正義曰括地志云曲沃在陝州縣西南三十二里因曲沃水爲名按焦曲沃二城相近本魏地適屬秦今還魏故言歸也〕義渠君爲臣更名少梁曰夏陽十二年初臘〔正義曰臘盧盍反十二月臘日也秦惠文王始效中國爲之故云初臘臘獵禽獸以歲終祭先祖因立此日也風俗通云禮傳云夏曰嘉平殷曰清祀周曰蜡漢改曰臘禮曰天子大蜡八伊耆氏始爲蜡蜡者索也歲十二月合聚

萬物而索饗之十三年四月戊午魏君為王韓亦為王正義曰魏襄王韓宣惠王也使張儀伐取陝出其人與魏十四年更為元年二年張儀與齊楚大臣會齧桑三年韓魏太子來朝張儀相魏五年王游至北河徐廣曰戎地在河上○正義曰按王游觀北河至靈夏州之黃河也七年樂池正義曰樂音岳池徒何反裴氏音池也相秦韓趙魏燕齊帥匈奴共攻秦秦使庶長疾與戰脩魚虜其將申差正義曰脩魚韓邑也年表云秦敗我脩魚得韓將軍申差敗趙公子渴韓太子奐斬首八萬二千八年張儀復相秦九年司馬錯伐蜀滅之索隱曰蜀西南夷舊有君長故昌意娶蜀山氏女也其後有杜宇自立為王號曰望帝蜀王元年秦惠本紀曰張儀伐蜀蜀王開戰不勝為儀

秦紀

所滅之也伐取趙中都西陽地理志太原有中都縣。正義曰括地志云中都故縣在汾州平遥縣西十二里即西都也西陽即中陽也在汾州隰城縣南十里地理志云西都中陽屬西河郡此云伐取趙中都西陽趙世家云秦取我西都及中陽年表云秦惠文王後元九年取趙中都西陽安邑趙武靈王十年秦取中都安陽本紀世家年表其縣名異年歲寔同所伐唯一處故具録之以示後學十年韓太子蒼來質伐取韓石章正義曰韓地名也伐敗趙將泥徐廣曰將一作莊。正義曰趙將名也伐取義渠二十五城十一年樗里疾攻魏焦降之敗韓岸門斬首萬其將犀首走公子通封於蜀徐廣曰是歲王㲃元年。索隱曰華陽國志曰㲃王元年秦惠王封子通國爲蜀侯以陳莊爲相徐廣所云亦據國志而言之燕君讓其臣子之十二年王與梁王會臨晉庶長疾攻趙虜趙將莊張儀相楚十三年庶長章擊楚於丹陽，虜其將屈匄，斬首八萬；又攻楚漢中，取地六百里，置漢中郡。楚圍雍氏，秦使庶長疾助韓而東攻齊，到滿（正義曰：滿或作蒲，秦將姓名也）助魏攻燕。十四年，伐楚，取召陵。丹、犂臣，蜀（正義曰：二戎號也，臣伏於蜀。蜀相殺蜀侯，丹、犂二國降秦。在蜀西南桃府管內，本西南夷，戰國時蜀滇國，唐初置犂州、丹州也）相壯（徐廣曰：一作狀）殺蜀侯來降。惠王卒，子武王立（索隱曰：名蕩）。韓、魏、齊、楚、越（徐廣曰：一作趙）皆賓從。武王元年，與魏惠王會臨晉（徐廣曰：表云哀王。○正義曰：按魏惠王卒已二十五年矣）。誅蜀相壯。張儀、魏章皆東出之魏。伐義渠、丹、犂。二年，初置丞相（應劭曰：丞者承也，相助也），樗里疾、甘茂為左右丞相。張儀死於魏。三年與韓襄王會臨晉外正義曰外謂臨晉城外外字一作水南公揭卒樗里疾相韓武王謂甘茂曰寡人欲容車通三川窺周室死不恨矣其秋使甘茂庶長封伐宜陽正義曰在河南府福昌縣東十四里故韓城是也此韓之大郡伐取之三川路乃通也四年拔宜陽斬首六萬涉河城武遂徐廣曰韓邑也○正義曰按此邑本屬韓近平陽韓世家云貞子居平陽九世至景侯徙鄭楚世家云而韓猶服事秦者以先王墓在平陽而秦之武遂去之七十里故知近平陽魏太子來朝武王有力好戲力士任鄙烏獲孟說皆至大官王與孟說舉鼎絶臏徐廣曰一作脈○正義曰臏音頻忍反絶斷也臏脛骨也八月武王死皇覽曰秦武王冢在扶風安陵縣西北畢陌中大冢是也人以爲周文王冢非也周文王冢在杜中○正義曰括地志云秦悼武王陵在雍州咸陽縣西北十五里也

族。孟說。武王取魏女爲后。無子。立異母弟。是爲昭襄王。索隱曰名則。一名稷。武王弟。昭襄母楚人。姓羋氏。號宣太后。武王死時。昭襄王爲質於燕。燕人送歸。得立。昭襄王元年。嚴君疾爲相。正義曰蓋封蜀郡嚴道縣。因號嚴君。疾名也甘茂出之魏。二年。彗星見。正義曰彗似歲反。又先到反庶長壯與大臣諸侯公子爲逆。皆誅。及惠文后皆不得良死。徐廣曰迎婦於楚者悼武王后出歸魏。三年。王冠。與楚王會黃棘。正義曰棘紀力反。蓋在房襄二州也與楚上庸。地理志漢中有上庸縣。○正義曰括地志云上庸今房州竹邑縣及金州是也四年。取蒲坂。正義曰括地志云蒲坂故城在蒲州河東縣南二里。即堯舜所都也彗星見。五年。魏王來朝應亭。徐廣曰魏世家二云會臨晉○正義雁音乙陵反復與魏蒲坂六年蜀侯煇反索隱曰煇音暉華陽國志曰秦封王子煇為蜀侯蜀侯祭歸胙於王後母疾之加毒以進王大怒使司馬錯賜煇劍此煇不同也司馬錯定蜀庶長奐伐楚斬首二萬涇陽君質於齊索隱曰名市日食晝晦七年拔新城正義曰楚世家云懷王二十九年秦復伐楚大破楚軍楚軍死二萬殺我將軍景缺年表云秦敗我襄城殺景缺括地志云許州襄城縣即古新城縣也按世家年表則新字誤作襄字樗里子卒八年使將軍芊戎攻楚取新市晉帝記曰江夏有新市縣齊使章子魏使公孫喜韓使暴鳶共攻楚方城取唐眛索隱曰暴鳶韓將姓名趙破中山其君亡竟死齊魏公子勁韓公子長為諸侯索隱曰別封之邑比之諸侯猶商君趙長安君然九年孟嘗君薛文來相秦奐攻

楚取八城殺其將景快十年楚懷王入朝秦秦留之薛文以金受免正義曰金受秦丞相姓名免奪其丞相樓緩爲丞相十一年齊韓魏趙宋中山五國共攻秦正義曰蓋中山此時屬趙故云五國也至鹽氏而還徐廣曰鹽一作監。正義曰括地志云鹽故城一名司鹽城在蒲州安邑縣按掌鹽池之官因稱氏秦與韓魏河北及封陵以和正義曰年表云秦與魏封陵與韓武遂以和按河外陝虢曲沃等地封陵在古蒲坂縣西南河曲之中武近平陽地也彗星見楚懷王走之趙趙不受還之秦即死歸葬十二年樓緩免穰侯正義曰括地志云穰鄧州所理縣即古穰侯國魏冉爲相予楚粟五萬石十三年向壽伐韓取武始地理志魏郡有武始縣。正義曰括地志云武始故城在洺州武始縣西南十里左更白起攻新城正義曰白起傳云白起爲左庶長將而擊韓之新城括地志云洛州伊闕縣本是漢新城縣隋文帝改爲伊闕在洛州南七十里五大夫禮出亡奔魏任鄙爲漢中守漢書百官表曰郡守秦官十四年左更白起攻韓魏於伊闕正義曰括地志云伊闕在洛州南十九里注水經云昔大禹疏龍門以通水兩山相對望之若闕伊水歷其間故謂之伊闕按今洛南猶謂之龍門也斬首二十四萬虜公孫喜拔五城十五年大良造白起攻魏取垣正義曰垣音袁前秦取蒲阪復以蒲阪與魏魏以爲垣今又取魏垣復與之後秦以爲蒲阪皮氏復予之攻楚取宛十六年左更錯取軹及鄧地理志河內有軹縣南陽有鄧縣○正義曰括地志云故軹城在懷州濟源縣東南十三里故鄧城在懷州河陽縣西三十一里並六國時魏邑也按二城相連故云及也冄免封公子市宛公子悝鄧索隱曰悝號高陵君初封於鄧昭襄王弟也魏冄陶爲[illegible]

十七年城陽君正義曰括地志云濮州雷澤縣本漢陽縣古郕伯姬姓之國周武王封弟季載於郕其後遷城之陽也入朝及東周君來朝秦以垣爲蒲坂皮氏索隱曰爲當爲易蓋字訛也。正義曰蒲坂今河東縣也皮氏故縣在絳州龍門縣西一里八十步王之宜陽十八年錯攻垣正義曰蓋蒲坂皮氏又歸魏魏復以爲垣今重攻取之也河雍決橋取之徐廣曰汲冢紀年云魏哀王二十四年改宜陽曰河雍改向曰高平向在軹之西十九年王爲西帝齊爲東帝皆復去之呂禮來自歸齊破宋宋王在魏死溫任鄙卒二十年徐廣曰秦地有父馬生駒王之漢中又之上郡北河二十一年徐廣曰有牡馬生牛而死錯攻魏河內魏獻安邑秦出其人募徙河東賜爵赦罪人遷之涇陽君封宛二十二年蒙武伐齊河東爲九縣與楚王會宛與趙王會中陽地理志西河有中陽縣二十三年尉斯離正義曰尉都尉斯離名也與三晉燕伐齊索隱曰尉秦官斯離其姓名破之濟西王與魏王會宜陽與韓王會新城二十四年與楚王會鄢正義曰鄢於建反又音偃括地志云故偃城在襄州安養縣北三里古郾子之國又會穰秦取魏安城地理志云汝南有安城縣。正義曰括地志云安城在豫州汝陽縣東南十七里至大梁燕趙救之秦軍去魏冉免相二十五年拔趙二城與韓王會新城與魏王會新明邑二十六年赦罪人遷之穰侯冉復相二十七年錯攻魏赦罪人遷之南陽正義曰南陽及上遷之穰皆今鄧州也白起攻趙取代光狼城正義曰括地志云光狼故城在澤州高平縣西二十里又使司馬錯發隴西因蜀攻楚黔中正義曰今黔府也拔之二十八年大良造白起攻楚取鄢鄧正義曰鄢鄧二城並在襄州赦罪人遷之二十九年大良造白起攻楚取郢爲南郡正義曰括地志云郢城在荊州江陵縣東北六里楚平王築都之地也楚王走周君來王與楚王會襄陵地理志何東有襄陵縣。正義曰括地志云襄陵在晉州臨汾縣東南三十五里土地十三州志云襄陵晉大夫犨邑也白起爲武安君正義曰言能撫養軍士戰必剋得百姓安集故號武安故城在潞州武安縣西南五十里七國時趙邑即趙奢救閼與處也三十年蜀守若伐取巫郡正義曰華陽國志張若爲蜀云以守括地志云巫郡在夔州東百里及江南爲黔中郡正義曰括地志云黔中故城在辰州沅陵縣西二十里江南今黔府亦其地也三十一年白起

伐魏取兩城楚人反我江南正義曰黔中郡反歸楚三十二
年相穰侯攻魏至大梁破暴鳶斬首四萬鳶走
魏入三縣請和三十三年客卿胡傷攻魏卷地理
志河南有卷縣。正義曰卷音丘袁反括地志云故卷城在鄭州原武縣西北七里即衡雍也蔡陽長社
取之地理志潁川有長社縣。正義曰括地志云蔡陽今豫州上蔡水之陽古城在豫州北七十里長社故城
在許州長社縣西一里皆魏邑也擊芒卯華陽破之司馬彪曰華陽亭名在密縣。
索隱曰芒卯魏將譙周云孟卯也。正義曰括地志云故華城在鄭州管城縣南三十里國語云史伯對鄭桓公鄶十
邑華其一也華陽即此城也按是時韓趙聚兵於華陽攻秦即此矣斬首十五萬魏入南
陽以和徐廣曰河內脩武古曰南陽秦始皇更名河內屬魏地荊州之南陽郡本屬韓地。正義曰括地志
云懷州獲嘉縣即古之南陽杜預云在晉州山南河北
故曰南陽秦破芒卯軍斬首十五萬魏入南陽以和三十

四年秦與魏韓上庸地為一郡南陽免臣遷居

之三十五年佐韓魏趙伐燕初置南陽郡正義曰今鄧州也前已屬秦秦置南陽郡在漢水之北釋名云在中國之南而名陽地故以為名焉張衡南都賦云陪京之南居漢之陽

三十六年客卿竈攻齊取剛壽正義曰括地志云故剛城在兗州龔丘縣界壽鄆州之縣予穰侯三十八年中更胡傷攻趙閼

與孟康曰音焉與邑名在上黨涅縣西。正義曰閼於達反與音預閼與聚城一名烏蘇城在潞州銅鞮縣西北二十里趙奢破秦軍處又儀州和順縣即古閼與城亦云趙奢破秦軍處然儀州與潞州相近二所未詳又閼與山在潞州武安縣西南五十里趙奢拒秦軍於閼與即山北也按閼與山在武安故城西南又近武安故城蓋儀州是所封故地不

能取四十年悼太子死魏歸葬芷陽徐廣曰今霸陵。正義曰括地志云芷陽在雍州藍田縣西六里三秦記云麗原東有霸川之西坂故芷陽也四十一年夏攻

魏取邢丘懷徐廣曰邢丘在平皋駰案韓信外傳武王伐紂到于邢丘勒兵於甯更名邢丘曰懷甯曰脩武。正義曰括地志云平皋故城本邢丘邑漢置平皋縣在懷州武德縣東南二十里故懷城周之懷邑在懷州武陟縣西十一里四十二年安國君為太子十月宣太后薨徐廣曰芊氏葬芷陽酈山正義曰酈力知反在雍州新豐縣南十四里也九月穰侯出之陶四十三年武安君白起攻韓拔九城斬首五萬四十四年攻韓南郡取之四十五年五大夫賁正義曰音奔五大夫官疑賁名也攻韓取十城葉陽一云華陽。正義華車涉反悝出之國未至而死四十七年秦攻韓上黨上黨降趙秦因攻趙趙發兵擊秦相距秦使武安君白起擊大破趙於長平四十餘萬盡

齕胡結反

代

殺之四十八年十月韓獻垣雍〔司馬彪曰河南卷縣有垣雍城〕秦軍分爲三軍武安君歸王齕將伐趙武安皮牢拔之司馬梗北定太原盡有韓上黨正月兵罷復守上黨其十月五大夫陵攻趙邯鄲四十九年正月益發卒佐陵陵戰不善免王齕代將其十月將軍張唐攻魏爲蔡尉〔正義曰爲于僞反蔡姓尉名〕捐弗守還斬之五十年十月武安君白起有罪爲士伍遷陰密〔如淳曰甞有爵而以罪奪爵皆稱士伍○正義曰括地志云陰密故城在涇州鶉觚縣西即古密須國也〕張唐攻鄭拔之十二月益發卒軍汾城旁〔正義曰括地志云臨汾故城在絳州正平縣東北二十五里即古臨汾縣城也按汾城即此城是也〕武安君

白起有罪死齕攻邯鄲不拔去還奔汾軍二月
餘攻晉軍斬首六千晉楚流死河二萬人徐廣曰楚一作
走○正義曰按此時無楚軍走字是也攻汾城即從唐拔寧徐廣曰一作曼此趙邑也
○正義曰唐今晉州平陽堯都也括地志云寧新中七国時魏邑秦昭襄王拔魏寧新中更名安陽城即今相州外城是
也新中寧新中更名安陽徐廣曰魏郡有安陽縣○正義曰今相州外城古安
陽城初作河橋正義曰此橋在同州臨晉縣東度河至蒲州今蒲津橋也五十一年將
軍摎攻韓取陽城負黍正義曰今河南府縣也負黍亭在陽城縣西南三十五里
本周邑亦時屬韓也斬首四萬攻趙取二十餘縣首虜九萬
西周君正義曰武公背秦與諸侯約從將天下銳兵出
伊闕攻秦令秦毋得通陽城於是秦使將軍摎

秦紀

攻西周西周君走來自歸頓首受罪盡獻其邑三十六城口三萬秦王受獻歸其君於周五十二年周民東亡其器九鼎入秦正義曰器謂寶器也禹貢金九牧鑄鼎於荊山下各象九州之物故言九鼎歷殷至周赧王十九年秦昭王取九鼎其一飛入泗水餘八入於秦中周初云五十三年天下來賓魏後秦使摎伐魏取吳城徐廣曰在大陽○正義曰括地志云虞城故城在陝州河北縣東北五十里虞山之上亦名吳山周武王封弟虞仲於周之北故夏墟吳城即此城也韓王入朝魏委國聽令五十四年王郊見上帝於雍五十六年秋昭襄王卒子孝文王立索隱曰名柱五十三而立立一年卒葬壽陵子莊襄王尊唐八子爲唐太后徐廣曰八子者妾媵之號姓唐○正義曰孝文王之母也先死故尊之晉灼云除皇后自昭儀以下

秩至百石凡十四等漢書外戚傳云八子視千石比中更亦合其葬於先王正義曰以其母

唐太后與昭王合葬韓王衰絰入弔祠諸侯皆使其將相來

弔祠視喪事孝文王元年赦罪人修先王功臣

褒厚親戚弛苑囿孝文王除喪十月己亥即位

三日辛丑卒子莊襄王立索隱曰名子楚三十二而立立四年卒葬陽陵子始

皇帝莊襄王元年大赦罪人修先王功臣施德厚

骨肉而布惠於民東周君與諸侯謀秦秦使相

國呂不韋誅之盡入其國秦不絕其祀以陽人

地地理志河南梁縣有陽人聚賜周君奉其祭祀使蒙驁伐韓

韓獻成皐鞏正義曰括地志云洛州汜水縣古之虢國亦鄭之制邑又名虎牢漢之成皐

反今洛州鞏縣。爾時秦滅東周，韓亦得其地，又獻於秦。秦界至大梁，初置三川郡。韋昭曰：有河洛伊，故曰三川。駰案：地理志漢高祖更曰河南郡。二年，使蒙驁攻趙，定太原。三年，蒙驁攻魏高都、汲，徐廣曰：一作波。波縣亦在河內。○正義曰：汲音急。括地志云：高都故城今澤州是。汲故在衛州所理汲縣西南二十五里。孟東云：潢波縣今郗城是也。括地志云：故郗城在懷州河內縣西三十二里。左傳云蘇忿生七十二邑，郗其一也。拔之。攻趙榆次、新城、狼孟，正義曰：括地志云：榆次，并州縣，即古榆次地也。新城一名小平城，在朔州善陽縣西南四十七里。狼孟故城在并州陽曲縣東北二十六里。按：取三十七城，并代朔三州之地矣。取三十七城。四月日食。四年，王齮攻上黨。正義曰：上黨又反秦，故攻之。初置太原郡。正義曰：上黨以北皆太原地，即上三十七城也。魏將無忌率五國兵擊秦，正義曰：信陵君也。率燕趙韓楚魏之兵擊秦也。秦卻於河外。正義曰：蒙驁被五國兵敗，遂解。

秦紀

而却至於河外河外陝華二州也蒙驁敗解而去五月丙午莊襄王卒子政立是爲秦始皇帝索隱曰十三而立立三十七年崩葬酈邑子二世皇帝秦王政立二十六年初并天下爲三十六郡號爲始皇帝始皇帝五十一年而崩子胡亥立是爲二世皇帝索隱曰十二而立紀云二十一立三年葬宜春秦自襄公至二世凡六百一十七歲此實本紀而註別舉之以非本文耳三年諸侯並起叛秦趙高殺二世立子嬰子嬰立月餘諸侯誅之遂滅秦其語在始皇本紀中

太史公曰秦之先爲嬴姓其後分封以國爲姓有徐氏郯氏莒氏終黎氏徐廣曰世本作鍾離鍾離曰氏姓注云有姓終黎者

菟音徒

運奄氏菟裘氏將梁氏黃氏江氏脩魚氏白冥氏蜚廉氏秦氏然秦以其先造父封趙城爲趙氏

索隱述贊曰

栢翳佐舜　皁游是旌　蜚廉事紂
石槨斯營　造父善馭　封之趙城
非子息馬　厥號秦嬴　禮樂射御
西垂有聲　襄公救周　始命列國
金祠白帝　龍祚水德　祥應陳寶
妖除豐特　里奚致霸　衛鞅任刻

厥后吞并　卒成凶慝

史捌仟伍伯陸拾陸字

註壹萬玖伯壹拾貳字

秦本紀第五　史記五

（漢）司馬遷　撰
（南朝宋）裴駰　集解
（唐）司馬貞　索隱
（唐）張守節　正義

宋本史記

第八册

國家圖書館出版社

宋本史記

十八册

（漢）司馬遷 撰

（宋）裴駰 集解

（唐）張守節 正義

（唐）司馬貞 索隱

第八册目録

史記年表　廿五

建元以來侯

史　年表　八

建元以來侯

卅五

建元以來侯者年表第八　史記二十

（索隱曰七十二國太史公舊餘四十五國褚先生補也）

太史公曰匈奴絶和親攻當路塞閩越擅伐東甌請降二夷交侵當盛漢之隆以此知功臣受封侔於祖考矣何者自詩書稱三代戎狄是膺荊荼是徵（毛詩傳曰膺當也鄭玄曰徵艾○索隱曰荼音舒徵音澄）齊桓越燕伐山戎武靈王以區區趙服單于秦繆用百里霸西戎吳楚之君以諸侯役百越況乃以中國一統明天子在上兼文武席卷四海內輯億萬之衆豈以晏然不為邊境征伐哉自是後遂出師

北討彊胡南誅勁越將卒以次封矣

國名	侯功	元光	元朔	元狩	元鼎	元封	太初已後
翕 索隱曰音吸案漢表在內黃	匈奴相降侯元朔二年屬車騎將軍擊匈奴有功益封	三 四年七月壬午侯趙信元年	五 六年侯信爲前將軍擊匈奴遇單于兵敗信降匈奴國除				
持裝 索隱曰漢表裝作轅在南陽	匈奴都尉降侯	一 六年後九月丙寅侯樂元年	六	六	元鼎元年侯樂死無後國除		

侯者年表

親陽 索隱曰漢表在舞陽	匈奴相降侯	三 四年十月癸巳侯月氏元年	五 元朔五年侯月氏坐亡斬國除			
若陽 索隱曰表在平氏	匈奴相降侯	三 四年十月癸巳侯猛元年	五 元朔五年侯猛坐亡斬國除			
南奅 徐廣曰匹孝反	以騎將軍從大將軍青擊匈奴得王功侯太初二年以丞相封為葛繹侯		二 五年四月丁未侯公孫賀元年	六	四 元鼎五年賀坐酎金國除絕十歲	十三 太初二年三月丁卯封葛繹侯征和二年賀子敬聲罪國除

國名	侯功		元朔	元狩
合騎 索隱曰表在高城	以護軍都尉三從大將軍擊匈奴至右賢王庭得王功侯元朔六年贈封		二 五年四月丁未侯公孫敖元年	一 元狩二年侯敖將兵擊匈奴與驃騎將軍期後畏懦當斬贖爲庶人國除
樂安 索隱曰表在昌地理志昌縣在琅耶	以輕車將軍再從大將軍青擊匈奴得王功侯		二 五年四月丁未侯李蔡元年	四 元狩五年侯蔡以丞相侵盜孝景園神道壖地罪自殺國除

龍頟	隨成
龍頟 索隱曰地理志縣名屬平原劉氏音額崔浩音洛屬齊又云在河關有龍頟雀村與弓高相近	**隨成** 索隱曰表在千乘
以都尉從大將軍青擊匈奴得王功侯元鼎六年以橫海將軍擊東越功爲案道侯。索隱曰漢表以龍頟案道爲二人封非也韋昭云案道屬齊	以校尉三從大將軍青擊匈奴攻農吾先登石累得王侯功。索隱曰累音壘險阻地名漢表作壘音門
二 五年四月丁未侯韓說元年	二 五年四月乙卯侯趙不虞元年
六	三 元狩三年侯不虞坐爲定襄都尉匈奴敗太守以聞非實坐謾國除。索隱曰謂上聞天子狀不實爲謾國除謾音本[illegible]
四 元鼎五年侯說坐酎金國絕二歲復侯	
六 元年五月丁卯按道侯說元年	
十三 征和三年子長代有罪絕子曾復封爲龍頟侯	

國名	侯功	元光	元朔	元狩	元鼎	元封	太初
從平 索隱曰表在樂昌邑	以校尉三從大將軍青擊匈奴至右賢王庭數爲鷹行上石山先登功使		二 五年四月乙卯公孫戎奴元年	一 元狩二年侯戎奴坐爲上郡太守發兵擊匈奴不以聞謾國除			
長平 索隱曰地理志縣名屬汝南	以元朔二年再以車騎將軍擊匈奴取朔方河南功侯元朔五年以大將軍擊匈奴破右賢王益封三千戶		五 二年三月丙辰烈侯衛青元年徐廣曰青以元封五年薨	六	六	六	太初元年今侯伉元年
平陵 索隱曰表在武當	以都尉從車騎將軍青擊匈奴功侯以元朔五年用游擊將軍從大將軍益封		五 二年二月丙辰侯蘇建元年	六	六 元鼎六年侯建爲右將軍與翕侯信俱敗獨身脫來歸當斬贖国除		

岸頭 索隱曰漢表在皮氏	平津	涉安
以都尉從車騎將軍青擊匈奴功侯元朔六年從大將軍益封	以丞相詔所褒侯	以匈奴單于太子降侯
二年六月壬辰侯張次公元年 五		
元狩元年次公坐與淮南王女陵姦及受財物罪國除	三年十一月乙丑獻侯公孫弘元年 四	三年四月丙子侯於單元年。五年卒無後國除 三 索隱曰單音丹
	元狩三年侯慶元年 二 四	
	六	
	元封四年侯慶坐為山陽太守有罪國除 三	

昌武 索隱曰表在武陽	以匈奴王降侯以昌武侯從驃騎將軍擊左賢王功益封		三 四月七月庚申堅侯趙安稽元年	六	六	一 二年侯充國元年 三	太初元年侯充國薨亡後國除
襄城 索隱曰漢表作襄武侯不同案韓嬰亦封襄城侯地理志襄城在潁川襄武在隴西	以匈奴相國降侯		三 四年七月庚申侯無龍元年一云乘龍	六	六	六	一 太初二年無龍從浞野侯戰死 二 四年侯病已元年

國名	侯功	元光	元朔	元狩	元鼎	元封	太初
涉軹 索隱曰漢表軹在西安無涉字地理志西安在齊郡涉軹猶從驃然皆當時意也故上又有涉安侯	以校尉三從大將軍擊匈奴至右賢王庭得王虜閼氏功侯		二 五年四月丁未侯李朔元年	元狩元年侯朔有罪國除			
宜春 索隱曰志縣名屬汝南豫章亦有之	以父大將軍青破右賢王功侯		二 五年四月丁未侯衛伉元年	六	元鼎元年侯伉坐矯制不害國除		

陰安 索隱曰志縣名屬魏郡	以父大將軍青破右賢王功侯		二 五年五月丁未侯衛不疑元年	六	四 元鼎五年侯不疑坐酎金國除		
發干 索隱曰志縣名屬東郡	以父大將軍青破右賢王功侯		一 五年四月丁未侯衛登元年	六	四 元鼎五年侯登坐酎金國除		
博望 索隱曰志縣名屬南陽	以校尉從大將軍六年擊匈奴知水道及前使絕國大夏功侯		一 六年三月甲辰侯張騫元年	一 元狩二年侯騫坐以將軍擊匈奴畏懦當斬贖國除			

國名	侯功	元朔	元狩	元鼎	元封
冠軍 索隱曰縣名屬南陽	以嫖姚校尉再從大將軍六年從大將軍擊匈奴斬相國功侯元狩二年以驃騎將軍擊匈奴至祁連益封迎渾邪王益封擊左右賢王益封	一 六年四月壬申景桓侯霍去病元年	六	元鼎元年哀侯嬗元年 六	元封元年哀侯嬗薨無後國除 徐廣曰嬗字子侯爲武帝奉車登封泰山暴病死
衆利 索隱曰表在陽城姑莫後以封伊即軒也	以上谷太守四從大將軍六軍擊匈奴首虜千級以上功侯	一 六年五月壬辰侯郝賢元年。索隱曰郝音呼惡反又音釋	一 元狩二年侯賢坐爲上谷太守入戍卒財物上計謾罪國除		

潦 索隱曰表在舞陽	宜冠 索隱曰冠音官表在昌也
以匈奴趙王降侯	以校尉從驃騎將軍二年出擊匈奴侯功故匈奴歸義
元年七月壬午悼侯趙王煖旹元年。索隱曰煖音況遠反旹即移反 一 元狩二年煖旹死無後國除	二年正月乙亥侯高不識元年 二 元狩四年不識擊匈奴戰軍功增首不以實當斬贖罪國除

煇渠　索隱曰：鄉名，案表在魯陽。煇，上音徽，下並音渠。	從驃　索隱曰：以從驃騎得封，故曰從驃，後封浞野侯。
以校尉從驃騎將軍二年再出擊匈奴得王功侯。以校尉從驃騎將軍二年虜五王功，益封。匈奴歸義。	以司馬再從驃騎將軍數深入，得兩王子騎將功侯。以匈河將軍元封三年擊樓蘭功，復侯。
二年二月乙丑，忠侯僕多元年。索隱曰：漢表作僕朋，此云僕多，與衛青傳同。五	二年五月丁丑，侯趙破奴元年。五
三　元鼎四年，侯電元年。三	元鼎五年，侯破奴坐酎金，國除。四
六	浞野　三年，侯破奴元年。四
四	一　二年，侯破奴以浚稽將軍擊匈奴，失軍，為虜所得，國除。

下麾 索隱曰表在猗氏麾音攜	漯陰 索隱曰表在平原
以匈奴王降侯	以匈奴渾邪王將衆十萬降侯萬戶
二年六月乙亥侯呼毒尼元年 五	四 二年七月壬午定侯渾邪元年
四 元鼎五年煬侯伊即軒元年 二	六 元鼎元年魏侯蘇元年。索隱曰魏謚蘇名謚法克捷行軍曰魏也
六	五 元封五年魏侯蘇薨無後國除
四	

煇渠 索隱曰韋昭云僕多所封則作煇渠應庀所封則作渾渠二者皆鄉名在魯陽今並作煇誤也案漢表及傳亦作煇孔文祥云同是元狩中封則邑分封二人也其義爲得	以匈奴王降侯			三年七月壬午悼侯扁訾元年○索隱曰漢表作悼侯應庀庀讀爲必二反扁北顯反訾子移反 四	一 二年侯扁訾死無後國除		
河綦 索隱曰表在濟南	以匈奴右王與渾邪降侯			三年七月壬午庚侯烏犂元年索隱曰漢書作禽犂 四	二 元鼎三年餘利鞮元年 四	六	四

常樂 索隱曰表在濟南	符離 索隱曰縣名屬沛郡
以匈奴大當戶與渾邪降侯	以右北平太守從驃騎將軍四年擊右王將重會期首虜二千七百人功侯。索隱曰將重將字上屬重者冊也會期言冊赴期將去聲重平聲
四 三年七月壬午肥侯稠雕元年○索隱曰漢書衛青傳作雕離	三 四年六月丁卯侯路博德元年
六	六
六	六
二 太初三年今侯廣漢元年	太初元年侯路博德有罪國除

壯 索隱曰表在東平	以匈奴歸義因淳王從驃騎將軍四年擊左王以少破多捕虜二千一百人功侯			三 四年六月丁卯侯復陸支元年	二 元鼎三年今侯偃元年 四	六	四
衆利	以匈奴歸義樓剸王從驃騎將軍四年擊右王手自劍合功侯。索隱曰剸音專手自劍謂手刺其王而合戰得封			三 四年六月丁卯質侯伊即軒元年。索隱曰軒居言反	六	五 六年今侯當時元年 一	四

湘成 索隱曰表在陽城	以匈奴符離王降侯			三 四年六月丁卯侯敞屠洛元年	四 元鼎五年侯敞屠洛坐酎國除		
義陽 索隱曰表在平氏	以北地都尉從驃騎將軍四年擊左王得王功侯			三 四年六月丁卯侯衛山元年	六	六	四
散 索隱曰表在陽城	以匈奴都尉降侯			三 四年六月丁卯侯董荼吾元年○索隱曰劉氏荼音大姑反盡誤耳今以其人名余吾余吾匈奴水名也	六	六	二 太初三年今侯安漢元年 二

臧馬 索隱曰表在朱虛	周子南君 索隱曰表在長社	樂通 索隱曰韋昭云在臨淮高平
以匈奴王降侯	以周後紹封	以方術侯
四年六月丁卯康侯延年元年 一 五年侯延年死不得置後國除		
	三 四年十一月丁卯侯姬嘉元年	一 四年四月乙巳侯五利將軍欒大元年 五年侯大有罪斬國除
	三 四年君買元年 三	

龍亢 索隱曰晉灼云龍闕左傳齊侯圍龍龍曾邑蕭該云廣德所封止是龍有亢者誤也	術陽 索隱曰表在下邳	瞭 索隱曰音遼表在舞陽
以校尉摎世樂擊南越死事子侯。索隱曰摎居虬反	以南越王兄越高昌侯	以匈奴歸義王降侯
五年三月壬午侯廣德元年 二	四年侯建德元年 一 五年侯建德有罪國除	四年六月丙午侯次公元年 一 五年侯次公坐酎金國除
元封六年侯廣德有罪國除 六		

成安 索隱曰表在郟志在陳留	以校尉韓千秋擊南越死事子侯				二 五年三月壬子侯延年元年	六 元封六年侯延年有罪國除	
昆 索隱曰表在鉅鹿	以屬國大且渠擊匈奴功侯				二 五年五月戊戌昆侯渠復累元年○索隱曰樂彥累力委反顏師古音力追反	六	四
騏 索隱曰志屬河東表在北屈	以屬國騎擊匈奴捕單于兄功侯				二 五年五月壬子侯駒幾元年一云騎幾	六	四

梁期	牧丘	瞭
梁期 索隱曰志屬魏郡	牧丘 索隱曰表在平原	瞭 索隱曰表在下邳
以屬國都尉五年間出擊匈奴得復累絺縵等功侯	以丞相及先人萬石積德謹行侯	以南越將降侯
二 五年七月辛巳侯任破胡元年	二 五年九月丁丑恪侯石慶元年	一 六年三月乙酉侯畢取元年。索隱曰初以封次公又封畢取
六	六	六
四	二 三年侯德元年 二	四

將梁	安道 索隱曰表在南陽	隨桃 索隱曰表在南陽	湘成 索隱曰表在堵陽
以樓船將軍擊南越推鋒却敵侯	以南越揭陽令聞漢兵至自定降侯	以南越蒼梧王聞漢兵至降侯	以南越桂林監聞漢兵破番禺諭甌駱兵四十餘萬降侯
一 六年三月乙酉侯楊僕元年	一 六年三月乙酉侯揭陽令定元年	一 六年四月癸亥侯趙光元年	一 六年五月壬申侯監居翁元年索隱曰監官也居姓翁字
三 元封四年侯僕有罪國除	六	六	六
	四	四	四

海常索隱曰表在琅耶	北石索隱曰漢表作外石在濟南	下鄘索隱曰漢表作鄘
以伏波司馬捕得南越王建德功侯	以故東越衍侯佐繇王斬餘善功侯	以故甌駱左將斬西于王功侯
一 六年七月乙酉莊侯蘇弘元年		
六	六 元年正月壬午侯吳陽元年	六 元年四月丁酉侯左將軍黃同元年○索隱曰西南夷傳甌駱將左黃同則左是姓恐誤漢表云將黃同則左將其官不疑
太初元年侯弘死無後國除	三 太初四年今侯首元年	四

國名	侯功						
繚嫈 索隱曰繚音繚繞之繚嫈按字林音乙耕反西南夷傳音聊嫈	以故校尉從橫海將軍說擊東越功侯					元年五月乙卯侯劉福元年 一 二年侯福有罪國除	
蘌兒 索隱曰韋昭云在吳越界今爲鄉也	以軍卒斬東越徇北將軍功侯					元年閏月癸卯莊侯轅終古元年徐廣曰閏四月也 六	太初元年終古死無後國除
開陵 索隱曰表在臨淮	以故東越建成侯與繇王共斬東越王餘善功侯					元年閏月癸卯侯建成元年 六	四

臨蔡 索隱曰表在河內	以故南越郎聞漢軍破番禺爲伏波得南越相呂嘉功侯					元年閏月癸卯侯孫都元年 六	四
東成 索隱曰表在九江	以故東越繇王斬東越王餘善功侯萬戶					元年閏月癸卯侯居服元年 六	四
無錫 索隱曰表在會稽	以東越將軍漢兵至弃軍降侯					元年侯多軍元年 六	四

涉都 索隱曰表在南陽	以父弃故南海守漢兵至以城邑降子侯					元年中侯嘉元年 六	太初二年侯嘉薨無後國除 二
平州 索隱曰表在梁父	以朝鮮將漢兵至降侯					三年四月丁卯侯唊元年如淳曰唊音頰 一 四年侯唊薨無後國除	
荻苴 索隱曰音秋蛆表在勃海	以朝鮮相漢兵至圍之降侯					三年四月侯朝鮮相韓陰元年 四	四

國名	侯功					元封	太初
澅清 索隱曰表在齊。澅音獲，水名，在齊。又音乎卦反	以朝鮮尼谿相使人殺其王右渠來降侯					三年六月丙辰侯朝鮮尼谿相侯參元年 四	四
騠茲 索隱曰騠音啼。表在琅耶	以小月氏若苴王將衆降侯。索隱曰苴音子餘反					三 四年十一月丁卯侯稽谷姑元年	太初元年侯稽谷姑薨無後國除
浩	以故中郎將將兵捕得車師王功侯					四年正月甲申侯王恢元年 一 四年四月侯恢坐使酒泉矯制害當死贖國除封凡三月	

國名	侯功					元封	太初
瓡讘 徐廣曰在河東瓡音胡讘之涉反○索隱曰縣名案表在河東志亦同即狐字	以小月氏王將衆千騎降侯					四年正月乙酉侯扜者元年索隱曰扜音烏亦音汙 二 六年侯勝元年	四
幾 索隱曰音機表在河東	以朝鮮王子漢兵圍朝鮮降侯					四年三月癸未侯張路歸義元年○索隱曰韋昭云路姑落反 二 元封六年侯張路使朝鮮謀反死國除	
涅陽 索隱曰表在齊志屬南陽	以朝鮮相路人漢兵至首先降道死其子侯					三 四年三月壬寅康侯子最元年	二 太初二年侯最死無後國除

右太史公本表

當塗 索隱曰表在九江 魏不害以圉守尉捕淮陽反者公孫勇等侯

蒲 索隱曰表在琅邪 蘇昌以圉尉史捕淮陽反者公孫勇等侯

潦陽 索隱曰潦音遼表在清河 江德以園廄嗇夫共捕淮陽反者公孫勇等侯

富民 索隱曰表在蘄 田千秋家在長陵以故高廟寢郎上書諫孝武曰子弄父兵罪當笞父子之怒自古有之蚩尤畔父黃帝涉江上書至意

拜爲大鴻臚征和四年爲丞相封三千戶至昭帝時病死子順代立爲虎牙將軍擊匈奴不至質誅死國除漢書音義曰質所期處也

右孝武封國名

後進好事儒者褚先生曰太史公記事盡於孝武之事故復修記孝昭以來功臣侯者編于左方令後好事者得覽觀成敗長短絕世之適得以自戒焉當世之君子行權合變度時施宜希世用事以建功有土封侯立名當世豈不盛哉觀其持滿守成

之道皆不謙讓驕蹇爭權喜揚聲譽知進不知退終以殺身滅國以三得之以三得之者即上所謂行權合變度時施宜希世用事也及身失之不能傳功於後世令恩德流子孫豈不悲哉夫龍頟侯曾爲前將軍世俗順善厚重謹信不與政事退讓愛人其先起於晉六卿之世有土君國以來爲王侯子孫相承不絕歷年經世以至于今凡八百餘歲豈可與功臣及身失之者同日而語之哉悲夫後世其誡之

博陸 霍光家在平陽以兄驃騎將軍故貴前事

武帝覺捕得侍中謀反者馬何羅等功侯
三千户（文穎曰博陸平取其嘉名無此縣也食邑北海河東瓚曰漁陽有博陸城也）中
輔幼主昭帝爲大將軍謹信用事擅治尊
爲大司馬益封邑萬户後事宣帝歷事三
主天下信鄉之益封二萬户子禹代立謀
反族滅國除

秺（漢書音義曰音妬在濟陰成武今有其亭矣）金日磾以匈奴休屠
王太子從渾邪王將衆五萬降漢歸義侍
中事武帝覺捕侍中謀反者馬何羅等功
侯三千户中事昭帝謹厚益封三千户子

弘代立爲奉車都尉事宣帝

安陽 索隱曰表在蕩陰志屬汝南 上官桀家在隴西以善騎射從軍稍貴事武帝爲左將軍覺捕斬侍中謀反者馬何羅弟重合侯通功侯三千戶中事昭帝與大將軍霍光爭權因以謀反族滅國除

桑樂 索隱曰表在千乘 上官安以父桀爲將軍故貴侍中事昭帝安女爲昭帝夫人立爲皇后故侯三千戶驕蹇與大將軍霍光爭權因以父子謀反族滅國除

富平 索隱曰志屬蜀平原 張安世家在杜陵以故御史大夫張湯子武帝時給事尚書爲尚書令事昭帝謹厚習事爲光祿勳右將軍輔政十三年無適過侯三千戶及事宣帝代霍光爲大司馬用事益封萬六千戶子延壽代立爲太僕侍中

義陽 索隱曰表在平氏 傅介子家在北地以從軍爲郎爲平樂監昭帝時刺殺外國王天子下詔書曰平樂監傅介子使外國殺樓蘭王以直報怨不煩師有功其以邑千三百戶封介

子爲義陽侯子厲代立爭財相告有罪國除

商利 索隱曰表在徐郡

王山齊人也故爲丞相史會騎將軍上官安謀反山說安與俱入丞相斬安山以軍功爲侯三千戶上書願治民爲代太守爲人所上書言繫獄當死會赦出爲庶人國除

建平 索隱曰表在濟陽

杜延年以故御史大夫杜周子給事大將軍幕府發覺謀反者騎將軍上官安等罪封爲侯邑二千七百戶拜爲太僕

元年出爲西河太守五鳳三年入爲御史大夫

弋陽 索隱曰志屬汝南 任宮以故上林尉捕格謀反者左將軍上官桀殺之便門封爲侯二千戶後爲太常及行衛尉事節儉謹信以壽終傳於子孫

宜城 索隱曰表在濟陰 燕倉以故大將軍幕府軍吏發謀反者騎將軍上官安有罪功封侯邑二千戶爲汝南太守有能名

宜春 索隱曰志屬汝南 王訢家在齊本小吏佐史稍遷至

右輔都尉武帝數幸扶風郡訢共置辨拜
爲右扶風至孝昭時代桑弘羊爲御史大
夫元鳳三年代田千秋爲丞相封二千戶
立二年爲人所上書言暴自殺不殊子代
立爲屬國都尉

安平 索隱曰表在汝南志屬涿郡

楊敞家在華陰故給事大將
軍幕府稍遷至大司農爲御史大夫元鳳
六年代王訢爲丞相封二千戶立二年病
死子賁代立十三年病死子翁君代立爲
典屬國三歲以季父惲故出惡言繫獄當

死得免爲庶人國除

右孝昭時所封國名

蔡義家在温故師受韓詩爲博士

陽平 索隱曰志屬東郡 給事大將軍幕府爲杜城門候入侍中授

昭帝韓詩爲御史大夫是時年八十衰老

常兩人扶持乃能行然公卿大臣議以爲

爲人主師當以爲相以元平元年代楊敞

爲丞相封二千戶病死絶無後國除

扶陽 索隱曰志屬沛郡表在蕭 韋賢家在魯通詩禮尚書爲將

士授魯大儒入侍中爲昭帝師遷爲光祿

大夫大鴻臚長信少府以爲人主師本始三年代蔡義爲丞相封扶陽侯千八百戶爲丞相五歲多恩不習吏事免相就第病死子玄成代立爲太常坐祠廟騎奪爵爲關內侯

平陵 索隱曰表在武當

范明友家在隴西以家世習外國事使護西羌事昭帝拜爲度遼將軍擊烏桓功侯二千戶取霍光女爲妻地節四年與諸霍子禹等謀反族滅國除

營平 索隱曰表在濟南

趙充國以隴西騎士從軍得官侍

中事武帝數將兵擊匈奴有功爲護軍都尉中事昭帝昭帝崩議立宣帝决疑定策以安宗廟功侯封二千五百户

陽成

索隱曰表在濟陰非也且濟陰有城陽縣耳而潁川汝南又各有陽城縣城字從土在陽之下今此似誤不可分別也

田延年以軍吏事昭帝發覺上官桀謀反事後留遲不得封爲大司農本造發昌邑王議立宣帝决疑定策以安宗廟功侯二千七百户逢昭帝崩方上事並急因以盜都內錢三千萬漢書百官表曰司農屬官有都內發覺自殺國除

平丘 索隱曰志屬陳留表在肥城 王遷家在衛 索隱曰一作衙音牙地理志衙縣在馮翊 為尚書郎習刀筆之文侍中事昭帝帝崩立宣帝決疑定策以安宗廟功侯二千戸為功祿大夫秩中二千石坐受諸侯王金錢財漏洩中事誅死國除

樂成 索隱曰表在平氏志屬南陽 霍山山者大將軍光兄子也光未死時上書曰臣兄驃騎將軍去病從軍有功病死賜謚景桓侯絕無後臣光願以所封東武陽邑三千五百戸分與山天子許之拜山為侯後坐謀反族滅國除

冠軍 索隱曰志屬南陽 霍雲以大將軍兄驃騎將軍適孫爲侯地節三年天子下詔書曰驃騎將軍去病擊匈奴有功封爲冠軍侯薨卒子侯伐立病死無後春秋之義善善及子孫其以邑三千戶封雲爲冠軍侯後坐謀反族滅國除

平恩 索隱曰志屬魏郡 許廣漢家昌邑坐事下蠶室獨有一女嫁之宣帝未立時素與廣漢出入相通卜相者言當大貴以故廣漢施恩甚厚地節三年封爲侯邑三千戶病死無後國

除

昌水 索隱曰表在於陵 田廣明故郎為司馬稍遷至南郡都尉淮陽太守鴻臚左馮翊昭帝崩議廢昌邑王立宣帝決疑定策以安宗廟本始三年封為侯邑二千三百戶為御史大夫後為祁連將軍擊匈奴軍不至質當死自殺國除

高平 索隱曰志屬臨淮 魏相家在濟陰少學易為府卒史以賢良舉為茂陵令遷河南太守坐賊殺不辜繫獄當死會赦免為庶人有詔守茂

陵令為揚州刺史入為諫議大夫復為河南太守遷為大司農御史大夫地節三年譖毀韋賢代為丞相封千五百戶病死長子寅代立坐祠廟失侯

博望 索隱曰志屬南陽 許中翁名舜以平恩侯許廣漢弟封為侯邑二千戶亦故有私恩為長樂衛尉死子延年代立

樂平 許翁孫以平恩侯許廣漢少弟故為侯封二千戶拜為彊弩將軍擊破西羌還更拜為大司馬光祿勳亦故有私恩故得封嗜

酒好色以早病死子湯代立

將陵 史子回名曾以宣帝大母家封爲侯二千六百戶與平臺侯昆弟行也子回妻宜君故成王孫嫉妬絞殺侍婢四十餘人盜斷婦人初產子臂膝以爲媚道爲人所上書言論棄市子回以外家故不失侯

平臺 索隱曰志屬常山 史子叔名玄以宣帝大母家封爲侯二千五百戶衛太子時史氏內一女於太子嫁一女魯王今見魯王亦史氏外孫也外家有親以故貴數得賞賜

樂陵 索隱曰志屬臨淮平原亦有樂陵 史子長名高以宣帝大母家貴侍中重厚忠信以發覺霍氏謀反事封三千五百戶

博成 索隱曰表在臨淮 張章父故潁川人為長安亭長失官之北闕上書寄宿霍氏第舍卧馬櫪間夜聞養馬奴相與語言諸霍氏子孫欲謀反狀因上書告反為侯封三千戶

都成 索隱曰志屬潁川 金安上先故匈奴以發覺故大將軍霍光子禹等謀反事有功封侯二千八百戶安上者奉車都尉秺侯從羣子行謹

善退讓以自持欲傳功德於子孫

平通 索隱曰表在博陽 楊惲家在華陰故丞相楊敞少子任為郎好士自喜知人居衆人中常與人顏色以故高昌侯董忠引與屏語言霍氏謀反狀共發覺告反侯二千戶為光祿勳到五鳳四年作為妖言大逆罪腰斬國除

高昌 索隱曰志屬千乘 董忠父故潁川陽翟人以習書詣長安忠有材力能騎射用短兵給事期門漢書東方朔傳曰武帝微行出與侍中常侍武騎及待詔隴西北地良家好能騎射者期諸殿門故有期門之號與張章相習知章告語忠霍禹謀反狀

忠以語常侍騎郎楊惲共發覺告反侯二千戶今爲梟騎都尉侍中坐祠宗廟乘小車奪百戶

爰戚 趙成索隱曰漢表作趙長平用發覺楚國事侯二千三百戶地節元年楚王與廣陵王謀反成發覺反狀天子推恩廣德義下詔書曰無治廣陵王廣陵王不變更後復坐祝詛滅國自殺國除今帝復立子爲廣陵王

酇 地節三年天子下詔書曰朕聞漢之興相國蕭何功第一今絕無後朕甚憐之其以邑

三千戶封蕭何玄孫建世爲酇侯

平昌 王長君名無故家在趙國常山廣望邑人也衛太子時嫁太子家爲太子男史皇孫爲配生子男絕不聞聲問行且四十餘歲至今元康元年中詔徵立以爲侯封五千戶宣帝舅父也

樂昌 索隱曰表在汝南 王稚君名武家在趙國常山廣望邑人也以宣帝舅父外家封爲侯邑五千戶平昌侯王長君弟也

邛成 索隱曰表在濟陰 王奉光家在房陵以女立爲宣帝

皇后故封千五百戶言奉光初生時夜見光其上傳聞者以爲當貴云後果以女故爲侯

安遠 索隱曰表在愼 鄭吉家在會稽以卒伍起從軍爲郎使護將弛刑士田渠黎會匈奴單于死國亂相攻日逐王將衆來降漢先使語吉吉將吏卒數百人往迎之衆頗有欲還者因斬殺其渠率遂與俱入漢以軍功侯二千戶

博陽 索隱曰表在南頓 邴吉家在魯本以治獄爲御史屬

給事大將軍幕府常施舊恩宣帝遷爲御史大夫封侯二千戶神爵二年代魏相爲丞相立五歲病死子翁孟代立爲將軍侍中甘露元年坐祠宗廟不乘大車而騎至廟門有罪奪爵爲關內侯

建成 索隱曰表在沛

黃霸家在陽夏以役使徙雲陽以廉吏爲河內守丞遷爲廷尉監行丞相長史事坐見知夏侯勝非詔書大不敬罪久繫獄三歲從勝學尚書會故以賢良舉爲楊州刺史潁川太守善化男女異路耕者

讓畔賜黃金百斤秩中二千石居穎川入爲太子太傅遷御史大夫五鳳三年代邴吉爲丞相封千八百戶

西平 索隱曰表在臨淮 于定國家在東海本以治獄給事爲廷尉史稍遷御史中丞上書諫昌邑王遷爲光祿大夫爲廷尉乃師受春秋變道行化謹厚愛人遷爲御史大夫代黃霸爲丞相

右孝宣時所封

陽平 索隱曰表在東郡 王稚君 名傑○索隱曰漢書表名禁 家在魏郡故丞

相史女為太子妃太子立為帝女為皇后故侯千二百戶初元以來方盛貴用事游宦求官於京師者多得其力未聞其有知略廣宣於國家也

索隱述贊曰

孝武之代天下多虞南討甌越北擊單于長平鞠旅冠軍前驅術陽銜璧臨蔡破禺博陸上宰平津巨儒金章且佩紫綬行紆昭帝已後勳寵不殊惜哉絕筆褚氏補諸

建元以來侯者年表第八　史記二十

史記年表　廿六

建元已來王子侯

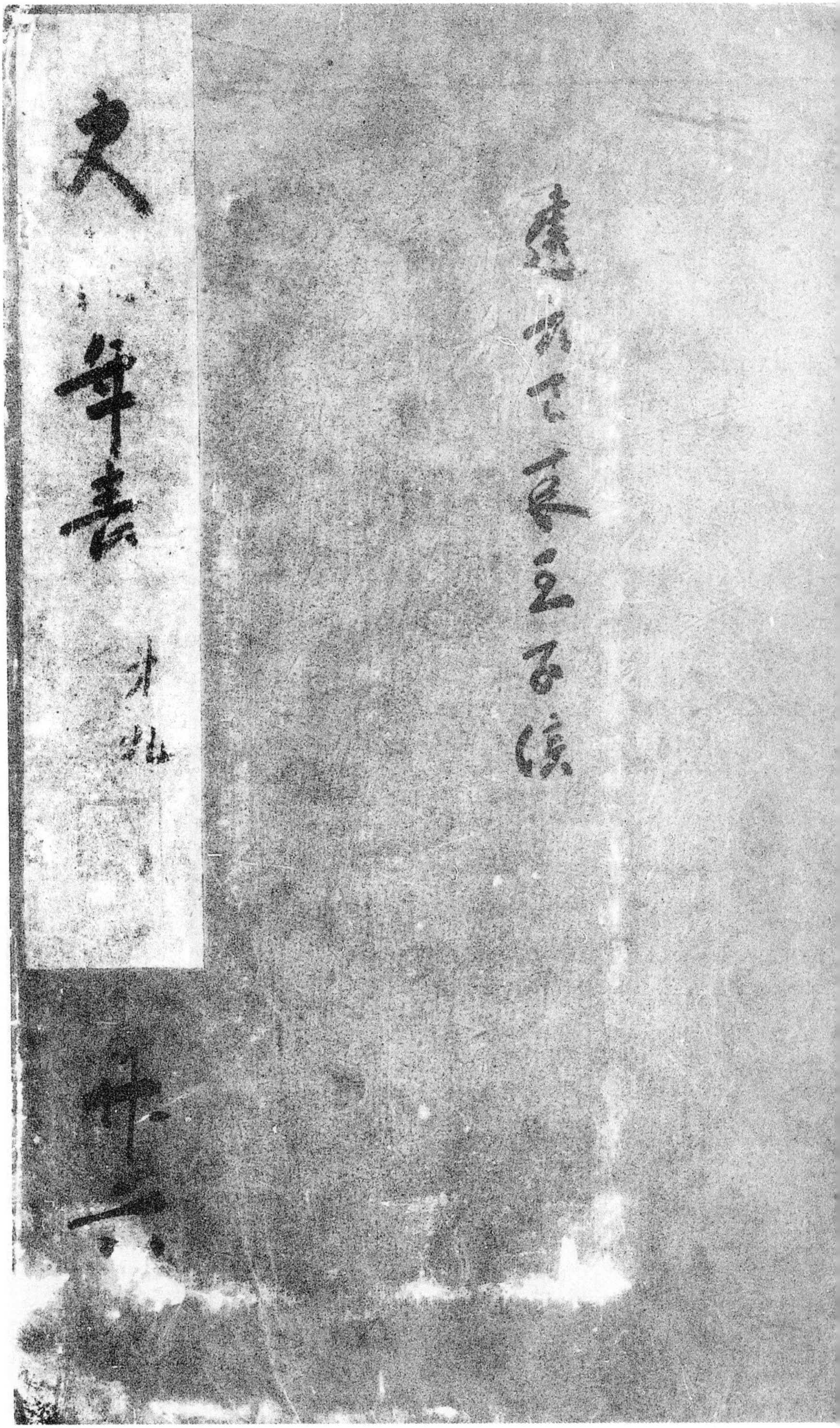

建元已來王子侯者年表第九　史記二十一

制詔御史諸侯王或欲推私恩分子弟邑者令各條上朕且臨定其號名

太史公曰盛哉天子之德一人有慶天下賴之

國名	王子號	元光	元朔	元狩	元鼎	元封	太初
兹	河間獻王子		五年正月壬子侯劉明元年 二	二 元朔三年侯明坐謀反殺人弃市國除 徐廣曰一作殺[illegible]人[illegible]			

安成 索隱曰表在豫章	長沙定王子	六年七月乙巳思侯劉蒼元年 一	六	六	元年 今侯自當元年 六	六	四
宜春	長沙定王子	六年七月乙巳侯劉成元年 一	六	六	四 五年侯成坐酎金國除		
句容 索隱曰表在會稽	長沙定王子	六年七月乙巳哀侯劉黨元年 一	元朔元年哀侯黨薨無後國除				
句陵 徐廣曰一作容陵	長沙定王子	六年七月乙巳侯劉福元年 一	六	六	四 五年侯福坐酎金國除		

杏山	楚安王子	六年後九月壬戌侯劉成元年 一	六	六	五年侯成坐酎金國除 四		
浮丘 索隱曰表在沛	楚安王子	六年後九月壬戌侯劉不審元年 一	六	五年今侯霸元年 四 二	五年侯霸坐酎金國除 四		
廣戚	魯共王子		元年十一月丁酉節侯劉擇元年徐廣曰擇一作將 六	元年侯始元年 六	五年侯始坐酎金國除 四		
丹楊 索隱曰表[illegible]	江都易王子		元年十二月甲辰哀侯敢元年 六	元狩元年侯敢薨無後國除			

盱台	江都易王子		元年十二月甲辰侯劉象之元年。索隱曰表作蒙之 六	六	四 五年侯象之坐酎金國除		
湖孰 索隱曰表在丹陽	江都易王子		元年正月丁亥頃侯劉胥元年。索隱曰表名胥行 六	六	四 五年今侯聖元年 二	六	四
秩陽 索隱曰表作秣陵	江都易王子		元年正月丁卯終侯劉漣元年。索隱曰表名纏 六	六	三 四年終侯漣薨無後國除		
睢陵 索隱曰表在淮陵	江都易王子		元年正月丁卯侯劉定國元年 六	六	四 五年侯定國坐酎金國除		

國名	王子號						
龍丘 索隱曰表在琅邪	江都易王子		二年五月乙巳侯劉代元年 五	六	四 五年侯代坐酎金国除		
張梁	江都易王子		二年五月乙巳哀侯劉仁元年 五	六	二 三年今侯須元年 四	六	四
劇	菑川懿王子		二年五月乙巳原侯劉錯元年 五	六	一 二年孝昌侯廣昌元年 五	六	四
壤	菑川懿王子		二年五月乙巳夷侯劉高遂元年 五	六	元年今侯延元年 六	六	四

國名	王子號						
平望	菑川懿王子		二年五月乙巳夷侯劉賞元年 五	二 二年今侯楚人元年 四	六	六	四
臨原 索隱曰表作臨衆	菑川懿王子		二年五月乙巳敬侯劉始昌元年 五	六	六	六	四
葛魁 徐廣曰葛一作莒。索隱曰表志闕或鄉名	菑川懿王子		二年五月乙巳節侯劉寬元年 五	三 四年今侯戚元年 三	二 元鼎三年侯戚坐殺人棄市國除		
益都	菑川懿王子		二年五月乙巳侯劉胡元年 五	六	六	六	四

國名	王子號		元朔					
平酌 索隱曰漢表作平的志屬北海	菑川懿王子		二年五月乙巳戴侯劉彊元年 五	六	元年忠侯中時元年 六	六	四	
劇魁 索隱曰志屬北海	菑川懿王子		二年五月乙巳夷侯劉墨元年 五	六	六	元年侯昭元年 三 四年侯德元年	四	
壽梁 索隱曰表在壽樂	菑川懿王子		二年五月乙巳侯劉守元年 五	六	四 五年侯守坐酎金国除			
平度 索隱曰志屬東萊	菑川懿王子		二年五月乙巳侯劉衍元年 五	六	六	六	四	

國名	王子號		元朔	元狩	元鼎	元封	太初
宜成 索隱曰表在平原	菑川懿王子		二年五月乙巳康侯劉衍元年 五	六	六 元年侯福元年	六	太初元年侯福坐殺弟弃市国除
臨朐 索隱曰表在東海	菑川懿王子		二年五月乙巳哀侯劉奴元年 五	六	六	六	四
雷 索隱曰表在東海	城陽共王子		二年五月甲戌劉稀元年 五	六	五 五年侯稀坐酎金國除		
東莞 索隱曰志在琅邪	城陽共王子		三年五月甲戌侯劉吉元年 三 元朔五年侯吉有痼疾不朝廢國除				

辟 索隱曰表在東海	城陽共王子		二年五月甲戌節侯劉壯元年 三 五年侯朋元年 二	六	四 五年侯朋坐酎金國除		
尉文 索隱曰表在南郡	趙敬肅王子		二年六月甲午節侯劉丙元年 五	元年侯犢元年 六	四 元鼎五年侯犢坐酎金國除		
封斯 索隱曰志屬常山	趙敬肅王子		二年六月甲午共侯劉胡陽元年 五	六	六	六	一 四年今侯如意元年
榆丘	趙敬肅王子		二年六月甲午侯劉壽福元年 五	六	四 元鼎五年侯壽福坐酎金國除		

襄嚵 索隱曰韋昭云廣平縣嚵音仕咸反又仕儉反	趙敬肅王子		二年六月甲午侯劉建元年	五	六	四 元鼎五年侯建坐酎金國除		
邯會 索隱曰志魏郡	趙敬肅王子		二年六月甲午侯劉仁元年	五	六	六	六	四
朝 索隱曰凡侯不言郡縣皆表志闕	趙敬肅王子		二年六月甲午侯劉義元年	五	六	二 二年今侯祿元年 四	六	四
東城 索隱曰志屬九江	趙敬肅王子		二年六月甲午侯劉遺元年	五	六	元年侯遺有罪國除		

陰城	趙敬肅王子		二年六月甲午侯劉蒼元年 五	六	六	元年侯蒼有罪國除	
皇廣 索隱曰志屬涿郡	中山靖王子		二年六月甲午侯劉安中元年 五	六	六	六	四
將梁 索隱曰表在涿郡	中山靖王子		二年六月甲午侯劉朝平元年 五	六	四 元鼎五年侯朝平坐酎金國除		
新館 索隱曰表在涿郡	中山靖王子		二年六月甲午侯劉未央元年 五	六	四 元鼎五年侯未央坐酎金國除		

國名	王子號		元朔	元狩	元鼎	元封	太初
新處　索隱曰表在涿郡	中山靖王子		二年六月甲午侯劉嘉元年　五	六	四　元鼎五年侯嘉坐酎金國除		
陘城　索隱曰表在涿郡志屬中山	中山靖王子		二年六月甲午侯劉貞元年　五	六	四　元鼎五年侯貞坐酎金國除		
蒲領　索隱曰表在東海	廣川惠王子		三年十月癸酉侯劉嘉元年　四				
西熊	廣川惠王子		三年十月癸酉侯劉明元年　四				

東彊 索隱曰志屬清河	廣川惠王子		三年十月癸酉侯劉晏元年 四				
畢梁 索隱曰表在魏郡	廣川惠王子		三年十月癸酉侯劉嬰元年 四	六	六	二 元封四年侯嬰有罪國除	
房光 索隱曰表在魏郡	河間獻王子		三年十月癸酉侯劉殷元年 四	六	元鼎元年殷有罪國除		
距陽	河間獻王子		三年十月癸酉侯劉匄元年 四	四 五年侯渡元年 二	四 元鼎五年侯渡有罪國除		

蔞安 索隱曰蔞音力俱反漢表蔞節侯無安字節謚也	河間獻王子		三年十月癸酉侯劉邈元年 四	六	六	元年今侯嬰元年 六	四
阿武	河間獻王子		三年十月癸酉湣侯劉豫元年 四	六	六	六	三年侯寬元年 二
參戶 索隱曰志屬勃海	河間獻王子		三年十月癸酉侯劉勉元年 四	六	六	六	四

列一	列二	列三	列四	列五	列六
州鄉 索隱曰志屬涿郡	河間獻王子	三年十月癸酉節侯劉禁元年 四	六	六	五 六年今侯惠元年 一
成平 索隱曰表在南皮	河間獻王子	三年十月癸酉侯劉礼元年 四	二 元狩三年侯礼有罪國除		
廣 索隱曰表在勃海	河間獻王子	三年十月癸酉侯劉順元年 四	六	四 元鼎五年侯順坐酎金國除	
蓋胥 索隱曰漢志在太山表在魏郡	河間獻王子	三年十月癸酉侯劉讓元年 四	六	四 元鼎五年侯讓坐酎金國除	

國名	王子號						
陪安 索隱曰表在魏郡	濟北貞王子		三年十月癸酉康侯劉不害元年 四	六	二年哀侯秦客元年 一 元鼎三年侯秦客薨無後國除 二		
縈簡 徐廣曰一作營簡。索隱曰漢表作縈關在茌平	濟北貞王子		三年十月癸酉侯劉騫元年 四	三年侯騫有罪國除 二			
周堅	濟北貞王子		三年十月癸酉侯劉何元年 四	四 五年侯當時元年 二	四 元鼎五年侯當時坐酎金國除		

安陽　索隱曰表在平原	五據　索隱曰表在泰山	富
濟北貞王子	濟北貞王子	濟北貞王子
三年十月癸酉侯劉桀元年　四	三年十月癸酉侯劉臒丘元年。○索隱曰蒦作臞音劬劉氏烏霍反　四	三年十月癸酉侯劉龔元年　四
六	六	六
六	四　元鼎五年侯臒丘坐酎金國除	六
六		六
四		四

陪 索隱曰表在平原	濟北貞王子		三年十月癸酉繆侯劉明元年 四	六	三年侯邑元年 二 元鼎五年侯邑坐酎金國除		
叢 徐廣曰一作散。索隱曰叢音緅漢表作前在平原今平原無前縣此例非一盖鄉名也	濟北貞王子		三年十月癸酉侯劉信元年 四	六	四 元鼎五年信侯坐酎金國除		
平 索隱曰志屬河南	濟北貞王子		三年十月癸酉侯劉遂元年 四	元狩元年侯遂有罪國除			

羽 索隱曰志屬平原	濟北貞王子		三年十月癸酉侯劉成元年 四	六	六	六	四
胡毋 索隱曰表在泰山	濟北貞王子○索隱曰自陪安侯不害已下十一人是濟北貞王子而漢表自安陽侯已下是濟北式王子同是元朔三年十月封恐因此誤也		三年十月癸酉侯劉楚元年 四	六	四 元鼎五年侯楚坐酎金國除		

離石 索隱曰表在上郡志屬西河	代共王子		三年正月壬戌侯劉綰元年 四	六	六	六	四
邵 索隱曰表在山陽	代共王子		三年正月壬戌侯劉慎元年 四	六	六	六	四
昌利 索隱曰志屬齊郡	代共王子		三年正月壬戌侯劉嘉元年 四	六	六	六	四
藺 索隱曰志屬西河	代共王子		三年正月壬戌侯劉憙元年				

臨河 索隱曰志屬朔方	代共王子		三年正月壬戌侯劉賢元年				
隰成 索隱曰志屬西河	代共王子		三年正月壬子侯劉忠元年				
土軍 索隱曰志屬西河	代共王子		三年正月壬戌侯劉郢客元年		侯郢客坐與人妻姦棄市		
皋狼 索隱曰表在臨淮	代共王子		三年正月壬戌侯劉遷元年				

國名	王子號		元朔	元狩	元鼎	元封	太初
千章 徐廣曰一作斥。索隱曰表在平原	代共王子		三年十月壬戌侯劉遇元年				
博陽 索隱曰志屬汝南	齊孝王子		三年三月乙卯康侯劉就元年 四	六	二 三年侯終吉元年 二 元鼎五年侯終吉坐酎金國除		
寧陽 索隱曰表在濟南	魯共王子		三年三月乙卯節侯劉恢元年 四	六	六	六	四

瑕丘 索隱曰志屬山陽	魯共王子		三年十二月乙卯節侯劉貞元年 四	六	六	六	四
公丘 索隱曰志屬沛郡	魯共王子		三年十二月乙卯夷侯劉順元年 四	六	六	六	四
郁狼 索隱曰韋昭云屬魯志不載狼音盧黨反又音郎	魯共王子		三年十二月乙卯侯劉騎元年 四	六	四 元鼎五年侯騎坐酎金國除		

國名	西昌	陘城 索隱曰漢表在陸地在辛處於理爲得靖王子貞已封陘二人不應重封	邯平 索隱曰表在廣平
王子號	魯共王子	中山靖王子	趙敬肅王子 索隱曰以異年封故別見於此
元朔	三年二月乙卯侯劉敬元年 四	三年三月癸酉侯劉義元年 四	三年四月庚辰侯劉順元年 四
元狩	六	六	六
元鼎	四 元鼎五年侯敬坐酎金國除	四 元鼎五年侯義坐酎金國除	四 元鼎五年侯順坐酎金國除

武始 索隱曰表在魏	趙敬肅王子 索隱曰後立爲趙王	三年四月庚辰侯劉昌元年 四	六	六	六	四	
象氏 索隱曰韋昭云在鉅鹿	趙敬肅王子	三年四月庚辰節侯劉賀元年 四	六	六	二 元封三年思侯安德元年 四	四	
易 索隱曰志屬涿郡表在鄗	趙敬肅王子	三年四月庚辰安侯劉平元年 四	六	六	四 五年今侯種元年 二	四	
洛陵 索隱曰表作路陵在南陽	長沙定王子	四年三月乙丑侯劉章元年 三	元鼎二年侯章有罪國除 一				

國名	屬	元朔	元狩	元鼎	元封	太初	太初已後
攸輿 索隱曰按今長沙有攸縣本名攸輿乎表在南陽	長沙定王子	四年三月乙丑侯劉則元年 三	六	六	六	太初元年侯則篡死罪棄市國除	
茶陵 索隱曰表在桂陽志屬長沙	長沙定王子	四年三月乙丑侯劉欣元年 三	六	一 二年哀侯陽元年 五	六	太初元年侯陽薨無後國除	
建成 索隱曰表在豫章	長沙定王子	四年三月乙丑侯劉拾元年 三	五 元狩六年拾坐不朝不敬國除				

安衆 索隱曰志屬南陽	長沙定王子		四年三月乙丑康侯劉丹元年 三	六	六	二 六年今侯山拊元年 索隱曰拊音趺 一	四
葉 索隱曰葉音攝縣名屬南陽	長沙定王子		四年三月乙丑康侯劉嘉元年 三		四 元鼎五年侯嘉坐酎金國除		
利鄉	城陽共王子		四年三月乙丑康侯劉[illegible]年 三	二 一 元狩三年侯嬰有罪國除			

國名	王子號		元朔	元狩	元鼎		
有利 索隱曰表在東海	城陽共王子		[illegible]月乙丑侯劉釘元年 三	元狩元年侯釘坐遺淮南書稱臣棄市國除			
東平 索隱曰表在東海	城陽共王子		四年三月乙丑侯劉慶元年 三	三 元狩三年侯慶坐與姊妹姦有罪國除			
運平 索隱曰表在東海	城陽共王子		四年三月乙丑侯劉訢元年 三	六	四 元鼎五年侯訢坐酎金國除		
山州	城陽共王子		四年三月乙丑侯劉齒元年 三	六	四 元鼎五年侯齒坐酎金國除		

國名	王子號		元朔	元狩	元鼎	元封	太初
海常 索隱曰表在琅耶	城陽共王子		四年三月乙丑侯劉福元年 三	六	四 元鼎五年侯福坐酎金國除		
鈞丘 索隱曰漢表作騶丘	城陽共王子		四年三月乙丑侯劉憲元年 三	三 四年今侯執德元年 三	六	六	四
南城	城陽共王子		四年三月乙丑侯劉貞元年 三	六	六	六	四
廣陵 徐廣曰一作陽	城陽共王子		四年三月乙丑常侯劉表元年 三	四 五年侯成元年 二	四 元鼎五年侯成坐酎金國除		

國名	王子號		元朔	元狩	元鼎	元封	太初
茬原 索隱曰漢表作杜原	城陽共王子		四年三月乙丑侯劉皋元年 三	六	四 元鼎五年侯皐坐酎金國除		
臨樂 索隱曰韋昭云縣名屬渤海	中山靖王子		四年四月甲午敦侯劉光元年。索隱曰謚法善行不怠曰敦 三	六	六	五 六年今侯建元年	四
東野	中山靖王子		四年四月甲午侯劉章元年 三	六	六	六 四	

高平 索隱曰表在平原	中山靖王子		四年四月甲午侯劉嘉元年 三	六	四 元鼎五年侯嘉坐酎金國除	
廣川	中山靖王子		四年四月甲午侯劉頗元年 三	六	四 元鼎五年侯頗坐酎金國除	
千鍾 徐廣曰一作重。索隱曰漢表作重侯在平原地理志有重丘	河間獻王子		四年四月甲午侯劉搖元年一云劉陰 三	一 元狩二年侯陰不使人為秋請有罪國除		

[illegible]	定	稻
索隱曰音譜該披音皮劉氏音皮彼反志屬千乘	索隱曰定地名	索隱曰志屬琅耶
齊孝王子	齊孝王子	齊孝王子
四年四月乙丑敬侯劉燕元年 三	四年四月乙卯敬侯劉越元年。索隱曰漢表作數侯數謚也說文云數讀如躍 三	四年四月乙丑夷侯劉定元年
六	六	六
四 五年今侯陽元年 二	三 四年今侯德元年 三	二 二年今侯都陽元年 四
六	六	六
四	四	四

山 索隱曰表在勃海	繁安	柳	雲 索隱曰志[illegible]
齊孝王子	齊孝王子	齊孝王子	齊孝王子
四年四月乙卯侯劉國元年 三	四年四月乙卯侯劉忠元年 三	四年四月乙卯康侯劉陽元年 三	四年四月乙卯夷侯劉信元年 三
六	六	六	六
六	六	三 四年侯罷師元年 三	五 六年今侯歲發元年 一
六	六	四 五年侯自爲元年 二	六
四	三 四年今侯壽元年 三	四	四

國名	王子號	元朔	元狩	元鼎	元封	太初
牟平 徐廣曰一作羊。○索隱曰志屬東萊	齊孝王子	四年四月乙卯，恭侯劉渫元年。○索隱曰渫音薛 三	二 四年，今侯奴元年 四	六	六	四
柴 索隱曰志屬泰山	齊孝王子	四年四月乙卯，原侯劉代元年 三	六	六	六	四
栢陽 索隱曰表在中山	趙敬肅王子	五年十一月辛酉，侯劉終古元年 三	六	六	六	四

鄗 索隱曰漢表鄗作鄗音許昭反志屬常山郡	桑丘 索隱曰表在深澤	高丘
趙敬肅王子	中山靖王子	中山靖王子
五年十一月辛酉侯劉延年元年 二	五年十一月辛酉節侯洋元年。索隱曰漢表名將夜 二	五年三月癸酉東侯劉破[illegible] 二
六	六	六
元鼎五年侯延年坐酎金国除 四	四年今侯德元年 三 三	元鼎元年侯破胡薨无後国除
	六	
	四	

國名	王子號		元朔	元狩	元鼎	元封	太初
柳宿 索隱曰表在涿郡	中山靖王子		月癸酉夷侯劉蓋元年 二	一 二年侯蘇元年 四	四 元鼎五年侯蘇坐酎金国除		
戎丘	中山靖王子		五年三月癸酉侯劉讓元年 二	六	四 元鼎五年侯讓坐酎金国除		
樊輿	中山靖王子		五年三月癸酉節侯劉條元年 二	六	六	六	四
曲成 索隱曰表在涿郡	中山靖王子		五年三月癸酉侯劉万歲元年 二	六	四 元鼎五年侯万歲坐酎金国除		

國名	王子號		元朔	元狩	元鼎	元封	太初
安郭 索隱曰表在涿郡	中山靖王子		五年三月癸酉侯劉博元年 二	六	六	六	四
安險 索隱曰志屬中山	中山靖王子		五年三月癸酉侯劉應元年 二	六	四 元鼎五年侯應坐酎金國除		
安遥 索隱曰表作安道	中山靖王子		五年三月癸酉侯劉恢元年 二	六	四 元鼎五年侯恢坐酎金國除		
夫夷	長沙定王子		五年三月癸酉敬侯劉義元年 二	六	四 五年今侯禹元年 二	六	四

舂陵 索隱曰志屬南陽	都梁 索隱曰志屬零陵	洮陽 索隱曰志屬零陵洮音滔又音道
長沙定王子	長沙定王子	長沙定王子
五年六月壬子侯劉買元年 二	五年六月壬子敬侯劉遂元年 二	五年六月壬子靖侯劉狗彘元年。索隱曰漢表名將燕 二
六	六	五 元狩六年侯狗彘薨無後國除
六	元年今侯係元年 一 六	
六	六	
四	四	

泉陵 索隱曰志屬零陵	長沙定王子		三年六月壬子節侯賢元年 三	六	六	六	四
終弋 索隱曰表在汝南	衡山王賜子		六年四月丁丑侯劉廣置元年 二	六	四 元鼎五年侯廣置坐酎金國除		
麥 索隱曰表在琅耶	城陽頃王子			元年四月戊寅侯劉昌元年 六	四 元鼎五年侯昌坐酎金國除		
鉅合 索隱曰表在平原	城陽頃王子			元年四月戊寅侯劉發元年 六	四 元鼎五年侯發坐酎金國除		

國名	王子號						
昌 索隱曰志屬琅耶	城陽頃王子			元年四月戊寅侯劉差元年 六	四 元鼎五年侯差坐酎金國除		
賁 索隱曰或作費音祕又扶味反表在琅耶	城陽頃王子			元年四月戊寅侯劉方元年 六	四 元鼎五年侯方坐酎金國除		
雩殷 索隱曰志屬琅耶表作虖葭音呼加	城陽頃王子			元年四月戊寅康侯劉澤元年 六	六	六	四
石洛 索隱曰表在琅耶	城陽頃王子			元年四月戊寅侯劉敬元年 六	六	六	四

扶浸 索隱曰漢表作挾術在琅耶浸音侵	挍 索隱曰音効志闕說者或以爲琅耶被縣恐非
城陽頃王子	城陽頃王子
元年四月戊寅侯劉昆吾元年 六	元年四月戊寅侯劉霸元年。索隱曰按城陽頃王子二十二人挍侯名雲挾釐侯名霸此上十九人疑脫 六
六	六
六	六
四	

朸 索隱曰音勒 朸縣屬平原	城陽頃王子			元年四月戊寅侯劉讓元年 六	六	六	四
父城 徐廣曰一作六。索隱曰志在遼西表在東海	城陽頃王子			元年四月戊寅侯劉光元年 六	四 元鼎五年侯光坐酎金國除		
庸 索隱曰表在琅耶	城陽頃王子			元年四月戊寅侯劉譚元年。索隱曰漢表名餘 六	六	六	四
翟 索隱曰表在東海	城陽頃王子			元年四月戊寅侯劉壽元年 六	四 元鼎五年侯壽坐酎金國除		

鱣 索隱曰表在襄賁音奔又音肥縣名	城陽頃王子		元年四月戊寅侯劉應元年 六	四 元鼎五年侯應坐酎金國除		
彭 索隱曰表在東海	城陽頃王子		元年四月戊寅侯劉偃元年 六	四 元鼎三年侯偃坐酎金國除		
瓡 徐廣曰一作報。索隱曰縣名志屬北海顏師古曰即狐字	城陽頃王子		元年四月戊寅侯劉息元年 六	六	六	四
虛水 索隱曰虛音墟志屬琅耶	城陽頃王子		元年四月戊寅侯劉禹元年 六	六	六	四

東淮 索隱曰表在東海	城陽頃王子		元年四月戊寅侯劉類元年	六	四 元鼎五年侯類坐酎金國除		
栒 索隱曰栒音荀表作栒音俱在東海案志栒在扶風與栒別也	城陽頃王子		元年四月戊寅侯劉買元年	六	四 元鼎五年侯買坐酎金國除		
涓 索隱曰表作涓在東海音育按涓水在南陽南陽有涓陽縣疑表非也	城陽頃王子		元年四月戊寅侯劉不疑元年	六	四 元鼎五年侯不疑坐酎金國除		

陸 索隱曰表在壽光	菑川靖王子			元年四月戊寅侯劉何元年 六	六	六	四
廣饒 索隱曰志屬齊郡	菑川靖王子			元年十月辛卯康侯劉國元年 六	六	六	四
缾 索隱曰缾音瓶韋昭云古缾邑音蒲經反志屬琅邪	菑川靖王子			元年十月辛卯侯劉成元年 六	六	六	四
俞閭	菑川靖王			元年十月辛卯侯劉不害元年 六	六	六	四

甘井 索隱曰表在鉅鹿	廣川穆王子			元年十月乙酉侯劉元元年 六	六	六	四
襄陵 索隱曰表在鉅鹿志屬河東	廣川穆王子			元年十月乙酉侯劉聖元年 六	六	六	四
皋虞 索隱曰志屬琅耶	膠東康王子				元年五月丙午侯劉建元年 三 四年今侯處元年 三	六	四
魏其 索隱曰志屬琅耶	膠東康王子				元年五月丙午暢侯劉昌元年 六	六	四

祝茲

索隱曰案表志松子茲在盧江亦作祝茲表在琅耶劉氏云諸侯封名史漢表多有不同不敢輒改今亦略檢表志同異以備多識也

膠東康王子

元年五月丙午侯劉延元年

四

元鼎五年延坐弃印綬出國不敬國除

索隱述贊曰

漢氏之初 矯枉過正 欲大本枝

先封同姓 建元已後 藩翰克盛

主父上言，推恩下令。長沙濟北，
中山趙敬，分邑廣封。振振在詠，
扞城禦侮，曄曄煒映。百足不僵，
一人有慶。

建元已來王子侯者年表第九　史記二十一

廿四

史記年表　廿七

漢興以來將相名臣

史記年表

漢興以來將相名臣

廿七

漢興以來將相名臣年表第十　史記二十二

	大事記 索隱曰謂誅伐封建薨叛	相位 索隱曰置立丞相太尉三公	將位 索隱曰命將興師	御史大夫位 索隱曰亞相
高皇帝元年	春沛公爲漢王之南鄭秋還定雍	一 丞相蕭何守漢中		御史大夫周苛守滎陽
二 立太子	春定塞翟魏河南韓殷國夏伐項籍至彭城還據滎陽	二 守關中	一 太尉長安侯盧綰	
三	魏豹反使韓信別定魏代趙楚圍我	三	二	

使韓信別定魏[illegible]
與太公自楚歸與[illegible]
楚界洪溝[illegible]

四

二年[illegible]周苛守滎陽死

御史大夫汾陽侯周昌。索隱曰汾陽屬河東

五

入都關中。索隱曰咸陽也東函谷南嶢武西散關北蕭關在四關之中用劉敬張良之計故也

冬破楚垓下殺項籍春王踐皇帝位定陶。索隱曰垓音陔堤名在沛郡洨縣定陶在濟陰汜水之陽

五

罷太尉官

四

後九月綰為燕王

六

尊太公為太上皇劉仲為代王立大市更命咸陽曰長安索隱曰案上盧綰已封長安侯者蓋當時別有長安號

六

封為酇侯張蒼為計相。索隱曰計相主天下書計及計吏

七	八	九
長樂宮成自櫟陽徙長安伐匈奴匈奴圍我平城	擊韓信反虜於趙城貫高作亂明年覺誅之匈奴攻代王代王棄國亡廢爲郃陽侯○索隱曰郃音合在馮翊劉仲封	未央宮成置酒前殿太上皇輦上坐帝奉玉卮上壽曰始常以臣不如仲力今臣功孰與仲多太上皇笑殿上稱萬歲徙齊田楚昭屈景于關中
七	八	九 遷爲國相
		御史大夫昌爲趙丞相

十	十一	十二	孝惠元年	二
太上皇崩。陳豨反代地。	誅淮陰、彭越。黥布反。	冬，擊布。還過沛。夏，上崩，置長陵。	趙隱王如意死。始作長安城西北方。除諸侯丞相爲相。	楚元王、齊悼惠王來朝。七月辛未，何薨。
十	十一	十二	十三	十四　七月癸巳，齊相平陽侯曹參爲相國。
	周勃爲太尉。攻代。後官省。			
御史大夫江邑侯趙堯。				

六	五	四	三
七月齊悼惠王薨立太倉西市八月赦齊	爲高祖立廟於沛城成置歌兒一百二十人 [illegible]八月乙丑	三月甲子赦無所復作	初作長安城蜀湔氏反擊之〔索隱〕曰湔音煎氐音低蜀郡縣名
十月乙巳安國侯王陵爲右丞相十月己巳曲逆侯陳平[illegible]	四	三	二
[illegible]			
廣阿侯任敖爲御史大夫徐廣曰漢書在高后元年			

	高后元年	二	三
[illegible]大臣用張辟彊計呂氏權重以呂台為呂王立少帝己卯葬安陵	王孝惠諸子置孝悌力田	十二月呂王台薨子嘉代立為呂王行八銖錢	
三	十一月甲子徙平為右丞相辟陽侯審食其為左丞相	四 平 二 食其	五 三
		平陽侯曹窋一本為御史大夫在六年。索隱曰窋音竹律反	

四	廢少帝，更立常山王弘為帝	六 置太尉官 四	一 絳侯周勃為太尉	
五	八月淮陽王薨，以其弟壺關侯武為淮陽王。令戍卒歲更	七 五	二	
六	以呂產為呂王。四月丁酉，赦天下。晝昏	八 六	三	
七	趙王幽死，以呂祿為趙王。梁王徙趙，自殺	九 七	四	
八	七月，高后崩。九月，誅諸呂。後九月，代王至，踐祚為帝	後九月食其免相 十 七月辛巳為帝太傅，九月丙戌復為丞相 八	五 隆慮侯竈為將軍，擊南越。徐廣曰：姓周	御史大夫蒼

年	大事記	相位	將位
孝文元年	除收帑相坐律立太子賜民爵	十一 十一月辛巳平徙為左丞相太尉絳侯周勃為右丞相	六 勃為相潁陰侯灌嬰為太尉
二	除誹謗律皇子武為代王參為太原王勝為梁王 十月丞相平薨	一 十一月乙亥絳侯勃復為丞相	一
三	徙代王武為淮陽王上幸太原濟北王反匈奴大入上郡以地盡與太原太原更號代 十一月壬子勃免相之國	一 十二月乙亥太尉潁陰侯灌嬰為丞相 罷太尉官	二 棘蒲侯陳武為大將軍擊濟北昌侯盧卿共侯盧罷師甯侯遬深澤侯將夜皆為將軍屬武祁侯賀將兵屯滎陽 徐廣曰遬姓魏將夜姓趙

四	五	六	七	八	九
十二月乙巳嬰卒	除錢律民得鑄錢	廢淮南王遷嚴道道死雍。索隱曰嚴道在蜀雍在扶風	四月丙子初置南陵	[illegible]	溫室鍾自鳴以芷陽鄉爲霸陵。索隱曰芷音止又音昌改反地理志有芷陽縣霸陵今京兆
一 正月甲午御史大夫北平侯張蒼爲丞相	二	三	四	五	六
安丘侯張說爲將軍擊胡出代					
關中侯申屠嘉爲御史大夫					御史大夫敬

十一	上幸代地動	八		
十二	河決東郡金隄徙淮陽王為梁王	九		
十三	除肉刑及田租稅律戍卒令	十		
十四	匈奴大入蕭關發兵擊之及屯長安旁	十一	成侯董赤內史欒布昌侯盧卿隆慮侯竈甯侯遬皆為將軍東陽侯張相如為大將軍皆擊匈奴中尉周舍郎中令張武皆為將軍屯長安旁	

大事記		相位	將位	御史大夫位
十五	黃龍見成紀。上始郊見雍五帝。	十二		
十六	上始見渭陽五帝。	十三		
後元元年	新垣平詐言方士，覺，誅之。	十四		
二	匈奴和親。地動。	八月戊辰蒼免相。 十五 八月庚午，御史大夫申屠嘉為丞相，封故安侯。		御史大夫青
三	置谷口邑。	二		
四		三		
五	上幸雍。	四		

五

匈奴三萬人入上郡，三萬人入雲中。

以中大夫令免爲車騎將軍，軍飛狐；故楚相蘇意爲將軍，軍句注；將軍張武屯北地；河內守周亞夫爲將軍，軍細柳；宗正劉禮軍霸上；祝茲侯徐厲軍棘門：以備胡。數月，胡去，亦罷。○索隱曰句如字，又音鉤。

六

六月己亥，孝文皇帝崩。其年丁未，太子立。民出臨三日，葬霸陵。

中尉亞夫爲車騎將軍，郎中令張武爲復土將軍，軍屬國捍爲將屯將軍，詹事戎奴爲車騎將軍，侍太后。索隱曰復音伏，捍戶幹反，亦作悍。徐廣曰姓徐，一名厲，即祝茲侯。

七

年	大事記	相位	將位	御史大夫位
孝景元年	立孝文皇帝廟郡國爲太宗廟	七 置司徒官		
二	立皇子德爲河閒王閼爲臨江王餘爲淮南王非爲汝南王彭祖爲廣川王發爲長沙王四月中孝文太后崩 卒 薨	八 開封侯陶青爲丞相		御史大夫錯
三	吳楚七國反發兵擊皆破之皇子端爲膠西王勝爲中山王	二 置太尉官	中尉條侯周亞夫爲太尉擊吳楚曲周侯酈寄爲大將軍擊趙竇嬰爲大將軍屯滎陽欒布爲大將軍擊齊○索隱曰條一作脩渤海有脩市縣	

年	大事記	相位	將位	御史大夫位
		三	二 太尉亞夫	御史大夫蚡
五	置陽陵邑 丞相北平侯張蒼卒	四	三	
六	徙廣川王彭祖爲趙王	五	四	御史大夫陽陵侯岑邁
七	廢太子榮爲臨江王四月丁巳膠東王立爲太子 丞相青免	六月乙巳太尉條侯亞夫爲丞相 罷太尉官	五 遷爲丞相	御史大夫舍
中元元年		二		
二	皇子越爲廣川王寄爲膠東王	三		

三	四	五	六
皇子乘為清河王	臨江王徵自殺葬藍田燕數萬為銜土置冢上	皇子舜為常山王	梁孝王武薨分梁為五國王諸子子買為梁王明為濟川王彭離為濟東王定為山陽王不識為濟陰王
四 丞相亞夫免 御史大夫桃侯劉舍為丞相	二	三	四
御史大夫綰			

年	大事記	相位	將位	御史大夫位
後元元年	五月地動。七月乙巳，日蝕。舍免	五 八月壬辰，御史大夫建陵侯衛綰爲丞相		御史大夫不疑
二		二	六月丁丑，御史大夫岑邁卒	
三	正月甲子，孝景崩。二月丙子，太子立	三		
孝武建元元年 建元元年 索隱曰：年之有號始自武帝，自建元至後元，共六十一號	綰免	四 魏其侯竇嬰爲丞相。置太尉	武安侯田蚡爲太尉	御史大夫抵 漢表云牛抵

年	大事記	相位	將位	御史大夫位
二	置茂陵 嬰免相	二月乙未太常栢至侯許昌為丞相	太尉蚡免 罷太尉官	御史大夫趙綰。索隱曰代衛綰者
三	東甌王廣武侯望率其衆四萬餘人來降處廬江郡	二		御史大夫青翟。索隱曰姓莊
四		三		
五	行三分錢。徐廣曰漢書云半兩四分曰兩	四		
六	正月閩越王反。孝景太后崩。徐廣曰景帝母竇氏 昌免相	五 六月癸巳武安侯田蚡為丞相	青翟為太子太傅	御史大夫安國

元光元年

二	三	四
帝初之雍郊見五畤	五月丙子決河於瓠子	十二月丁亥地動
三	四	五 平棘侯薛澤爲丞相
夏御史大夫韓安國爲護軍將軍衛尉李廣爲驍騎將軍大僕公孫賀爲輕車將軍大行王恢爲將屯將軍大中大夫李息爲材官將軍篡單于馬邑不合誅恢		
		御史大夫歐

五	六	元朔元年	
十月族灌夫家弃魏其侯市	南夷始置郵亭	衛夫人立爲皇后	
二	三	四	五
	太中大夫衛青爲車騎將軍出上谷衛尉李廣爲驍騎將軍出鴈門太中大夫公孫敖爲騎將軍出代太僕公孫賀爲輕車將軍出雲中皆擊匈奴	車騎將軍青出鴈門擊匈奴衛尉韓安國爲將屯將軍軍代明年屯漁陽卒	春車騎將軍衛青出雲中至高闕取河南

年	大事記	相位	將位	御史大夫位
三	匈奴入[illegible]右北平定[illegible]	[illegible]		御史大夫弘
四	匈奴[illegible]入定襄代上郡	七		
五	匈奴敗代都尉朱英	八 十一月乙丑御史大夫公孫弘爲丞相封平津侯	春長平侯衛青爲大將軍擊右賢衛尉蘇建爲游擊將軍屬青左內史李沮爲彊弩將軍太僕賀爲車騎將軍代相李蔡爲輕車將軍岸頭侯張次公爲將軍大行息爲將軍皆屬大將軍擊匈奴。索隱曰沮音子如反	

六	元狩元年
	十月中淮南王安衡山王賜謀反皆自殺國除
二	三
大將軍青再出定襄擊胡合騎侯公孫敖為中將軍太僕賀為左將軍郎中令李廣為後將軍翕侯趙信為將軍敗降匈奴衛尉蘇建為將軍敗身脫皆屬青左內史沮為彊弩將軍	
	御史大夫蔡

年	事	相位	將位	御史大夫位
二	匈奴入雁門代郡江都王建反膠東王子慶立為六安王	四 御史大夫樂安侯李蔡為丞相	冠軍侯霍去病為驃騎將軍擊胡至祁連合騎侯敖為將軍出北地博望侯張騫郎中令李廣為將軍出右北平	御史大夫湯
三	匈奴入右北平定襄	二		
四		三	大將軍青出定襄郎中令李廣為前將軍太僕公孫賀為左將軍主爵趙食其為右將軍平陽侯曹襄為後將軍擊單于	

年	大事記	相位	將位	御史大夫位
五	蔡坐侵園壖自殺 索隱曰壖而緣反 壖垣外垣短墻也	四 太子少傅武彊侯莊青翟為丞相		
六	四月乙巳皇子閎為齊王旦為燕王胥為廣陵王	二		
元鼎元年		三		
二	青翟有罪自殺	四 太子太傅高陵侯趙周為丞相	湯有罪自殺	御史大夫慶
三		二		
四	立常山憲王子平為真定王商為泗水王 六月中河東汾陰得寶鼎	三		

年	大事記	相位	將位	御史大夫位
五	三月中，南越相嘉反，殺其王及漢使者。	四 [illegible] 九月辛巳，御史大夫石慶為丞相，封牧丘侯。	衛尉路博德為伏波將軍，出桂陽；主爵楊僕為樓船將軍，出豫章：皆破南越。	
六	十二月，東越反。	二	故龍頟侯韓說為橫海將軍，出會稽；樓船將軍楊僕出豫章；中尉王溫舒出會稽：皆破東越。	
元封元年		三		御史大夫寬。索隱曰：兒寬。
二		四	秋，樓船將軍楊僕、左將軍荀彘出遼東，擊朝鮮。	

三	四	五	六	太初元年	二
				改曆，以正月為歲首。○索隱曰：始用夏正也。	[illegible]慶申[illegible]卒
五	六	七	八	九	十
					三月丁卯，太僕公孫賀為丞相，封葛繹侯。

年	大事記	相位	將位	御史大夫位
[illegible]		二		御史大夫延廣
四		三		
天漢元年		四		御史大夫卿 索隱曰王卿
二		五		
三		六		御史大夫周 索隱曰杜周
四		七	春貳師將軍李廣利出朔方至余吾水上游擊將軍韓説出五原因杅將軍公孫敖皆擊匈奴○索隱曰因杅地名	

大始元年 班固云司馬遷記事訖于天漢自此已後後人所續○索隱曰即褚先生所補也後史所記不無異呼故今不討論也 呼一作乎		八		
二		九		
三		十		御史大夫勝之
四		十一		
征和元年	[illegible]	十二		

年	大事記	相位	將位	御史大夫位
二	七月壬午太子發兵殺游擊將軍說使者江充	三月丁巳涿郡太守劉屈氂爲丞相封彭城侯		御史大夫成
三	六月劉屈氂因蠱斬	二	春貳師將軍李廣利出朔方以兵降胡重合侯莽通出酒泉御史大夫商丘成出河西擊匈奴	
四		六月丁巳大鴻臚田千秋爲丞相封富民侯		
後元元年		二		

二	孝昭始元元年	二	三	四
三	四 九月日磾卒	五	六	七
二月己巳光祿大夫霍光爲大將軍博陸侯都尉金日磾爲車騎將軍秺侯太僕安陽侯上官桀爲大將軍				三月癸酉衛尉王莽爲左將軍騎都尉上官安爲車騎

年	大事記	相位	將位	御史大夫位
五		八		
六		九		
元鳳元年		十	九月庚午光祿勳張安世爲右將軍	御史大夫訢
二		十一		
三		十二	十二月庚寅中郎將范明友爲度遼將軍擊烏丸	
四	三月甲戌千秋卒	三月乙丑御史大夫王訢爲丞相封富春侯		御史大夫楊敞

孝宣本始元年	元平元年	六	五
	敞薨		十二月庚戌訢薨
二	九月戊戌御史大夫蔡義為丞相封陽平侯	十一月乙丑御史大夫楊敞為丞相封安平侯	二
	四月甲申光祿大夫龍額侯韓曾為前將軍五月丁酉水衡都尉趙充國為後將軍右將軍張安世為車騎將軍	九月庚寅衛尉平陵侯范明友為度遼將軍擊烏九	
	御史大夫昌水侯田廣明		

	三
	三月戊子皇后崩　六月乙丑蔡義薨
	六月甲辰長信少府韋賢爲丞相封扶陽侯　田廣明田順擊胡還皆自殺充國奪將軍印
[illegible]大夫田廣明爲祁連將軍龍頟侯韓會爲後將軍營平侯趙充國爲蒲類將軍度遼將軍平陵侯范明友爲雲中太守富民侯曰順爲虎牙將軍皆擊匈奴	
	御史大夫魏相

四
十月乙卯立霍后

地節元年

二

三
立太子
五月甲申丞相賢老賜安車駟馬免

四

元康元年

二

二

三

四
三月庚戌大將軍光卒
二月丁卯侍中中郎將霍禹為右將軍

六月壬辰御史大夫魏相為丞相封高平侯
七月安世為大司馬衛將軍禹為大司馬
御史大夫邴吉

二
七月壬[illegible]

三

四

三

五

四

六

八月丙寅安世卒

神爵元年

上郊甘泉太畤汾陰后土

七

四月樂成侯許延壽爲彊弩將軍後將軍充國擊羌酒泉太守辛武賢爲破羌將軍韓曾爲大司馬車騎將軍

二

上郊雍五畤祋栩中寶璧玉器

八

三

三月相卒

四月戊戌御史大夫邴吉爲丞相封博陽侯

御史大夫望之

四	五鳳元年	二	三	四	甘露元年	二
		—	— 辛丑三月壬		赦殊死賜高年及鰥寡孤獨帛女子牛酒	
二	三	四 辛酉 五月己丑	三月壬申御史大夫黃霸為丞相封建成侯	二	三 辛亥 三月丁未 延壽	四
		五月延壽為大司馬車騎將軍				
		御史大夫霸	御史大夫延年			御史大夫定國

年	大事記	相位	將位	御史大夫位
三	[illegible]	七月丁巳，御史大夫于定國爲丞相，封西平侯。		太僕陳萬年爲御史大夫。
四		二		
黃龍元年		三	樂陵侯史子長爲大司馬車騎將軍。太子太傅蕭望之爲前將軍。	
孝元初元元年		四		
二		五		
三		六	十二月，執金吾馮奉世爲右將軍。	

四	五	永光元年	二
		十月戊寅定國免	三月壬戌朔日食
七	八	九 七月壬長免就第	二月丁酉御史大夫韋玄成為丞相封扶陽侯丞相賢子
	二月丁巳平恩侯許嘉為左將軍	九月衛尉平昌侯王接為大司馬車騎將軍 二月廣德免	七月太常任千秋為奮武將軍擊西羌雲中太守韓次君為建威將軍擊羌後不行
	中少府貢禹為御史大夫 十二月丁未長信少府薛廣德為御史大夫	七月太子太傅韋玄成為御史大夫	二月丁酉右扶風鄭弘為御史大夫

大事記	相位	將位	御史大夫位
三	二	右將軍平恩侯許嘉為車騎將軍侍中光祿大夫樂昌侯王商為右將軍右將軍馮奉世為左將軍	
四	三		
五	四		
建昭元年	五		
二	六	衡遷	光祿勳匡衡為御史大夫
三	六月甲辰丞相玄成薨 七月癸亥御史大夫匡衡為丞相封樂安侯		衛尉繁延壽為御史大夫

年		序		
四		二		
五		三		
竟寧元年		四	六月己未衛尉楊平侯王鳳爲大司馬大將軍	延壽卒 三月丙寅太子少傅張譚爲御史大夫
孝成建始元年		五		
二		六		
三	十二月丁丑 [illegible]免	七	[illegible] 十月右將軍樂昌侯王商爲光祿大夫右將軍執金吾弋陽侯任千秋爲右將軍	譚免 廷尉尹忠爲御史大夫

四	河平元年	二	三	四	陽朔元年
				四月壬寅丞相商免	
三月甲申右將軍樂昌侯王商為右丞相	二	三	四	六月丙午諸吏散騎光祿大夫張禹為丞相	二
[illegible]秋為將[illegible]將軍長樂衞尉史丹為右將軍 十月己[illegible]			十月辛卯史丹為左將軍太僕平安侯王章為右將軍		
[illegible]少府張忠為御史大夫					

二		三	張忠卒	六月太僕王音為御史大夫
三			九月甲子御史大夫王音為車騎將軍	十月乙卯光祿勳于永為御史大夫
四		七月乙丑右將軍光祿勳平安侯王章卒	閏月壬戌永卒	
鴻嘉元年	三月禹卒	四月庚辰薛宣為丞相		

索隱述贊曰

高祖初起　嘯命群雄　天下未定

王我漢中　三傑既得　六奇獻功

章邯已破　蕭何築宮　周勃厚重
朱虛至忠　平津作相　條侯總戎
丙魏立志　湯堯飾躬　天漢之後
表述非功

漢興以來將相名臣年表第十　史記二十二

將相名年表　史一　終

(漢)司馬遷　撰
(南朝宋)裴駰　集解
(唐)司馬貞　索隱
(唐)張守節　正義

宋本史記

第九册

國家圖書館出版社

宋本史記

第九册目録

史記八書　廿八

禮書

一

史記八書
卷一
禮書
共八

禮書第一　史記二十三

索隱曰書者五經六籍總名也此之八書記國家大體班氏謂之志志亦記也○正義曰天地位日月明四時序陰陽和風雨節羣品滋茂萬物宰制君臣朝儀尊卑貴賤有序咸謂之禮經六籍咸謂之書故曲禮云道德仁義非禮不成教訓正俗非禮不備分爭辯訟非禮不決云云

太史公曰洋洋美德乎索隱曰洋音羊洋洋美盛貌鄒誕生音翔非也宰制萬物役使羣衆豈人力也哉正義曰言天地宰制萬物役使羣品順四時而動故有成功豈籍人力營爲哉是美善盛大衆多之德也故孔子曰四時行焉百物生焉余至大行禮官索隱曰大行秦官主禮儀漢景帝改曰大鴻臚鴻臚者掌九賓之儀也觀三代損益乃知緣人情而制禮依人性而作儀其所由來尚矣人道經緯萬端規矩無所不貫誘進以

仁義束縛以刑罰故德厚者位尊祿重者寵榮
所以總一海內而整齊萬民也人體安駕乘正義
時證反爲之金輿錯衡以繁其飾周禮王之五路有金路鄭玄曰以金
飾諸末○索隱曰錯鑣衡扼爲文飾也詩曰約軝錯衡毛傳云錯衡文衡也○正義爲于僞反錯作鎗七公反目好
五色爲之黼黻文章以表其能耳樂鐘磬爲之
調諧八音以蕩其心口甘五味爲之庶羞酸鹹
以致其美周禮曰羞用百有二十品鄭玄曰羞出于牲及禽獸以備其滋味謂之庶羞鄭衆曰羞者進也
情好珍善爲之琢磨圭璧以通其意故大路越
席服虔曰大路祀天車也越席結括草以爲席也王肅曰不緣也○正義按括蒹蒲草越戶括反皮弁
布裳周禮曰王視朝則皮弁之服鄭玄曰皮弁之服十五升白布衣積素以爲裳也○正義曰以鹿子皮爲弁也

按襞積素而爲裳也朱絃洞越鄭玄曰朱絃練朱絲絃也越瑟底孔大羹玄酒鄭玄曰大羹肉湆不調以鹽菜也玄酒水也所以防其淫侈救其彫敝索隱曰彫謂彫飾也言彫飾是奢侈之漸弊也是以君臣朝廷尊卑貴賤之序下及黎庶車輿衣服宮室飲食嫁娶喪祭之分事有宜適物有節文仲尼曰禘自既灌而往者吾不欲觀之矣孔安國曰禘祫之禮爲序昭穆也故毀廟之主及羣廟之主皆合食于太祖灌者酌鬱鬯灌於太祖以降神也既灌之後列尊卑序昭穆而魯逆祀躋僖公亂昭穆故不欲觀之周衰禮廢樂壞大小相踰管仲之家兼備三歸包氏曰三歸娶三姓女也婦人謂嫁曰歸循法守正者見侮於世奢溢僭差者謂之顯榮自子夏門人之高弟也索隱曰言子夏是孔子門

人之中高弟者謂才優而品第高也故論語四科有文學子游子夏也猶云出見紛華盛麗而說入聞夫子之道而樂二者心戰未能自決而況中庸以下漸漬於失教被服於成俗乎孔子曰必也正名於衛所居不合論語曰子路曰衛君待子而爲政子將奚先子曰必也正名乎馬融曰正百事之名仲尼沒後受業之徒沈湮而不舉或適齊楚或入河海正義曰論語云大師摯適齊亞飯干適楚鼓方叔入于河少師陽擊磬襄入于海魯哀公時禮壞樂崩人皆去也豈不痛哉至秦有天下悉內六國禮儀采擇其善雖不合聖制其尊君抑臣朝廷濟濟依古以來正義曰秦採擇六國禮儀尊君抑臣朝廷濟濟依古以來典法行之至于高祖光有四海叔孫通頗有所增

益減損大抵皆襲秦故應劭曰抵至也瓚曰抵歸也○索隱曰按大抵猶大略也臣瓚以抵訓爲歸則是大略大歸其義皆通於自天子稱號正義稱尺證反下至佐僚及宮室官名少所變改孝文即位有司議欲定儀禮孝文好道家之學以爲繁禮飾貌無益於治躬化謂何耳正義曰孝文本紀云上身衣弋綈所幸愼夫人令衣不曳地幃帳不得文繡治霸陵皆以瓦器是躬化節儉謂何嫌耳不須繁禮飾貌也故罷去之孝景時御史大夫鼂錯明於世務刑名數干諫孝景曰諸侯藩輔臣子一例古今之制也今大國專治異政不禀京師恐不可傳後孝景用其計而六國畔逆正義曰吳楚趙菑川濟南膠西謂六國也齊孝王狐疑城守三國兵圍齊齊使路中大夫告天子不

言七國也以錯首名天子誅錯以解難正義曰上紀買反下乃憚反

事在袁盎語中是後官者養交安祿而已莫敢

復議今上即位招致儒術之士令共定儀十餘

年不就或言古者太平萬民和喜瑞應辨至正義

曰辨音遍乃采風俗定制作上聞之制詔御史曰蓋

受命而王各有所由興殊路而同歸謂因民而

作追俗為制也議者咸稱太古百姓何望漢亦

一家之事典法不傳謂子孫何化隆者閎博治

淺者褊狹可不勉與乃以太初之元改正朔正義

曰初用夏正以正月為歲首改年為太初易服色封太山定宗廟百官之

儀以爲典常垂之於後云禮由人起人生有欲

欲而不得則不能無忿忿而無度量則爭正義音諍

爭則亂先王惡其亂故制禮義以養人之欲給

人之求使欲不窮於物物不屈於欲正義曰屈羣物反二

者相待而長是禮之所起也故禮者養也稻粱

五味所以養口也椒蘭芬茝所以養鼻也索隱曰茝音止又音昌改反

鐘鼓管弦所以養耳也刻鏤文章所以

養目也疏房牀第几席所以養體也服虔曰簀謂之第○索隱曰疏謂窻也○正義曰疏謂窻也第側里反

故禮者養也君子既得其養

又好其辨也所謂辨者貴賤有等長少有差貧

富輕重皆有稱也故天子大路越席所以養體也 正義曰謂蒲草爲席既縈且柔縈可以祀神柔可以養體也 側載臭茝所以養鼻也 索隱曰劉氏云側持也臭香也芷香草也言天子行持得以香草自隨也其餘則否臭爲香者山海經云臭如蘼蕪易曰其臭如蘭是臭爲草之香也今以側爲邊側載者置也言天子之側常置芳香於左右 前有錯衡所以養目也 注見前 和鸞之聲 鄭玄曰和鸞皆鈴也所以爲車行節也韓詩內傳曰鸞在衡和在軾前升車則馬動馬動則鸞鳴鸞鳴則和應服虔曰鸞在鑣和在衡續漢書輿服志曰鸞雀立衡也○正義曰皇甫云鸞以金爲鸞懸鈴其中於衡上以爲遲疾之節所以正威儀行節疾也 步中武象驟中韶護所以養耳也 鄭玄曰武武王樂也象武舞也韶舜樂也護湯樂也○正義曰步循緩行則和鸞之音中於武象驟中於韶護也 龍旂九斿所以養信也 ○周禮曰交龍爲旂○正義斿音流 寢兕持虎鮫韅 徐廣曰鮫魚皮可以

飾服器音交韅者當馬腋之革音呼見反○索隱曰寢兕以兕牛皮爲席持虎者以猛獸皮文飾倚較及伏軾故云持虎劉氏云畫之於旌竿及楯杖等以今所見爲說也鮫韅者以鮫魚皮飾韅韅馬腹帶也○正義曰兕音似爾雅云兕似牛**彌龍所以養威也**徐廣曰乘輿車金薄璆龍爲輿倚較文虎伏軾龍首銜軛○索隱曰彌亦音弭謂金飾銜軛爲龍此皆王者服御崇飾所以示威武故云所以養威也此文皆出大戴禮蓋是荀卿所說劉氏云薄猶飾也璆然龍貌音虯**故大路之馬必信至教順然後乘之所以養安也孰知夫士出死要節之所以養生也**索隱曰言人誰知夫志士推誠守死要立名節仍是養生安身之本故下云人苟生之爲見若者必死是解上意言人苟以貪生之爲見不能見危致命若者必死若猶如也言孰必爲見如此者必刑戮及身故云必死下文皆放此也○正義曰夫音扶要音腰孰知猶審知也出死猶處死也審知志士推誠處死要立名節若曹沫茅焦所以養生命也**孰知夫輕費用之所以養財也**正義曰費音芳味反輕猶薄言

審知勤薄費用財能蓄聚所以養財貨也孰知夫恭敬辭讓之所以養安也正義曰言審知恭敬辭讓所以養禮安身孰知夫禮義文理之所以養情也正義曰言審知禮義文章道理所以養其情性也此四科是儒者有禮義故兩得之也人苟生之爲見若者必死正義曰苟且若如此也言平凡好生人且見操節之士以禮義處死養得其生有效如此者必死也苟利之爲見若者必害正義曰言平凡好利之人且見利義之士以輕省費用養得其財有效如此者必害身怠惰之爲安若者必危正義曰怠惰徒卧反言平凡怠惰之人且有見禮之士以恭敬禮讓養得安樂有效如此者必危亡也情勝之爲安若者必滅索隱曰覆解上禮義文理之所以養情也○正義曰勝音叔證反言平凡好勝人且見禮義之士禮義文理養得情有效如此者滅亡也此四科是無禮義故兩失之也故聖人一之於禮義則兩得之矣一之於情性則兩失矣

之矣故儒者將使人兩得之者也墨者將使人
兩失之者也（索隱曰墨者不尚禮義而任儉嗇無仁由故使人兩失之詩曰恍以使人人忘其如是也）是儒墨之分（正義曰分音扶問反分猶等也若儒等而是治辯之極彊固之本威行之道功名之總則天下歸矣）
治辨之極也彊固之本也（索隱曰自此已下皆是儒分之功也○正義曰附堅固也言國以禮義四方欽仰無有攻伐故爲彊而且固本也）威行之道也（正義曰以禮義導天下天下伏而歸之故爲威行之道也）功名之總也（正義曰以禮義率天下天下咸尊之故爲功名之總也合也聚也）王公由之（正義曰由禮義也）所以一天下
臣諸侯也弗由之所以捐社稷也故堅革利兵
不足以爲勝（索隱曰覆上功名之總也）高城深池不足以爲
固嚴令繁刑不足以爲威由其道則行不由其

道則發楚人鮫革犀兕所以爲甲堅如金石宛之鉅鐵徐廣曰大剛曰鉅○正義曰宛城今鄧州南陽縣城是音於元反鉅剛鐵也施鑽如蜂蠆索隱曰鑽謂矛刃及矢鏃也輕利剽遬正義曰上匹妙反下音速剽遬疾也卒如熛風正義曰卒千忽反熛必遥反熛風疾也然而兵殆於垂沙唐昧死焉許慎曰垂沙地名也莊蹻起楚分而爲四索隱曰蹻音其略反楚將之名言其起兵亂後楚遂分爲四按漢志滇王莊蹻之後也○正義曰以起字爲絕句或云楚莊王苗裔也括地志云師州黎州在京西南五千六百七十里戰國楚威王時莊蹻王滇則爲滇國之地楚昭王徙都鄀莊蹻王滇楚襄王徙陳楚考烈王徙都壽春咸被秦逼乃四分也然昭王雖在莊蹻之前故荀卿兼言之也參是豈無堅革利兵哉索隱曰參參驗也言驗是楚豈無利兵哉○正義曰參七南反言蹻起楚國豈無堅甲利兵哉爲其不由禮義故衆分也其所以統之者非其道故也汝潁以

爲險正義曰括地志云水源出汝州魯山縣西伏牛山亦名猛山汝水至豫州郾城縣名濆水爾雅云河有雍汝有濆亦汝之別名潁水源出洛州嵩高縣東南三十五里陽乾山俗名潁山地理志云古陵山汝出東南至新蔡縣入淮陽乾江山潁水出東至更蔡入淮也江漢以爲池正義曰江即岷江從蜀入楚在荊州南漢江從漢中東南入江四水爲楚之險固也阻之以鄧林緣之以方城山海經曰夸父與日逐走日入渴欲得飲飲於渭河不足北飲大澤未至道渴而死棄其杖化爲鄧林駰謂鄧林後遂爲林名○索隱曰按裴氏引山海經以爲夸父在杖爲鄧林其言北飲大澤蓋非在中國也劉氏以爲今襄州南鳳林山是古鄧祁侯之國在楚之北境故云阻以鄧林也○正義曰括地志云方城房州竹山縣東南四十一里其山頂上平四面險峻山南有城長十餘里名爲方城即此山也然而秦師至鄢郢舉若振槁索隱曰振動也擊也槁乾葉也○正義曰鄢音偃括地志云故城在襄州安養縣北三里古偃子之國鄧之南鄙也又率道縣南九里有故鄢城漢惠帝改曰宜城也郢城荊州江陵縣東北六里即吳公子光伐楚楚平王恐城郢者也又楚武王始都郢絕南

故城是也在江陵北十五里也是豈無固塞險阻哉其所以統之者非其道故也紂剖比干囚箕子爲炮烙刑殺無辜時臣下懍然莫必其命索隱曰言無人必保其性命然而周師至而令不行乎下不能用其民是豈令不嚴刑不陖哉其所以統之者非其道故也古者之兵戈矛弓矢而已然而敵國不待試而詘徐廣曰試一作誡也○正義曰詘丘勿反試用也城郭不集溝池不掘正義曰求勿反又求厥固塞不樹機變不張然而國晏然不畏外而固者無他故焉明道而均分之正義曰分扶問反言明儒墨之分使禮義均等則下應之如影響也時使而誠愛之則下應之如景響

不由命者然後俟之以刑正義曰事君以禮義民有不由禮義者然後待之以
刑則民之從以刑矣則民知罪矣故刑一人而天下服罪人
不尤其上知罪之在已也是故刑罰省而威行
如流無他故焉由其道故也故由其道則行不
由其道則廢古者帝堯之治天下也蓋殺一人
刑二人而天下治傳曰威厲而不試刑措而不
用天地者生之本也先祖者類之本也正義曰類種類也
君師者治之本也無天地惡生正義曰惡音烏無先祖
惡出無君師惡治三者偏亡則無安人索隱曰鄒氏偏音遍
○正義曰偏疋然反故禮上事天下事地尊先祖而隆君師

是禮之三本也。故王者天太祖，毛詩敘曰文武之功起於后稷故推以配天焉諸侯不敢懷，索隱曰懷思也言諸侯不敢思以太祖配天而食也又一解王之子孫為諸侯不得祀其父祖故禮云諸侯不敢祖天子蓋與此同意大夫士有常宗，禮記曰別子為祖繼別為宗百世不遷者謂別子之後也所以辨貴賤。貴賤治，得之本也。郊疇乎天子，索隱曰疇類也天子類得郊天餘並不合祭今大戴禮作郊止乎天子當是也止或作疇因誤耳社至乎諸侯，索隱曰言天子已下至諸侯得立社函及士大夫，函音含○索隱曰含謂包容諸侯已下至士大夫得祭社故禮云大夫成群立社曰置社亦曰里社也鄒誕生音啗徒濫反意義亦通但不見古文各以意為說耳今按大戴禮作導及士大夫道亦通也今此為啗者當以道與啗同後足字失止直由存故使辭者得以穿鑿而用也所以辨尊者事尊，卑者事卑，宜鉅者鉅，宜小者小。故有天下者事七世，有一國者事五世有五乘之地者事三世鄭玄曰古者方十里其中六十四井出兵車一乘此兵法之賦有三乘之地者事二世穀梁傳曰天子至于士皆有廟天子七諸侯五大夫三士二始封之君必為其太祖有特牲而食者不得立宗廟禮記曰庶人祭於寢所以辨積厚者流澤廣積薄者流澤狹也大饗上玄尊俎上腥魚鄭玄曰大饗祫祭先王以腥魚為俎實不臑孰之也先大羹貴食飲之本也大饗上玄尊而用薄酒食先黍稷而飯稻粱祭嚌先大羹鄭玄曰嚌至齒而飽庶羞貴本而親用也貴本之謂文親用之謂理兩者合而成文以歸太一是謂大隆索隱曰貴本親用兩者合而成文以歸太一太一者天地之本也得禮之文理是合於太一也隆者盛也高也得禮文理歸于

太上謂禮之盛也故尊之上玄尊也正義曰皇侃云玄酒水也上古未有酒而始之祭但

酌水用之至晚世雖有酒存古禮尚用水代酒也俎之上腥魚也豆之上大

羹一也索隱曰樽之上玄樽俎之上腥魚豆之上大羹三者如一皆是本故云一也利爵弗

啐也鄭玄曰啐入口也○索隱曰按儀禮祭畢獻祝西面告以成是為利爵祭初未行無算爵故不啐入口也

成事俎弗嘗也索隱曰成事卒哭之祭故記曰卒哭曰成事既是卒哭始從吉祭故受胙爵而

不嘗俎也三宥之弗食也索隱曰禮祭必立宥以勸尸食至三飯而後止每飯有宥一人

故有三宥既是勸尸故不相食也大昏之未發齊也索隱曰發齊謂婚禮父親醮子

而迎之時故曲禮云齊戒以告鬼神是婚禮有齊也大廟之未內尸也始絕之

未小斂一也索隱曰此五者皆以禮之初始質而未備亦是貴本之義故云一也大路之素

幬也禮記曰乘素車貴其質也鄭玄曰素車殷輅也○索隱曰幬音稠謂車蓋以素帷亦質之也郊之

禮書 九

麻絻周禮曰王祀昊天上帝服大裘而冕論語曰麻冕禮也孔安國曰冕緇布冠古者績麻三十升布以為之○禮義絻音冕亦作冕喪服之先散麻一也儀禮士喪禮曰始死主人散帶垂之三尺禮記曰大功已上散帶也○索隱曰大路已下三事相似細一文故云一也散麻取其質無文飾亦貴本也三年哭之不反也禮記曰慟哀之哭若往而不反清廟之歌鄭玄曰清廟謂作樂歌清廟一倡而三歎鄭玄曰倡發歌句也者三歎三人從歎縣一鍾尚拊膈徐廣曰一作搏膈○索隱曰縣音懸拊音撫膈音格膈縣鐘格也不擊其鍾而拊其格不取其聲亦質也鄭氏膈音膊蓋依大戴禮也而鄭注禮云搏拊柷敔也朱弦而通越一也索隱曰大瑟而練朱其絃又通其下孔使聲濁且遲上質而貴本不取其聲又自一耳已下四事皆不取其聲也凡禮始乎脫索隱曰脫猶疏略也始初也言禮之初尚疏略也成乎文索隱曰言禮或就有文飾也終乎稅徐廣曰一作悅○索隱曰音悅言禮終卒和悅人情大戴禮作終於隆隆盛也故至備情文

損

俱盡（徐廣曰古情字或假借作請諸子中多有此○正義曰言情文俱盡言是禮之至備也）其次情文代勝（索隱曰音昇又音尸證反或文勝情或情勝文是情文更代相勝大戴禮作迭興）其下復情以歸太一（索隱曰言其次情文俱失歸心渾沌天地之初復禮之本是歸太一也）天地以合日月以明四時以序星辰以行江河以流萬物以昌好惡以節喜怒以當以爲下則順以爲上則明（正義曰自天地以下八事大禮之備情文俱盡故用爲下則順用爲上則明也）

太史公曰至矣哉（索隱曰已下亦是太史公取荀卿禮論之意極言禮之損益以結禮書之論）立隆以爲極而天下莫之能益損也本末相順終始（索隱曰謂禮之盛文理合以歸太一至禮之殺復情以歸太一隆殺皆歸之一者是本末相順也）相應（索隱曰禮始於脫成於文終於稅稅亦殺也脫與稅是終始相應也○正義曰應乙陵反應常）

文

有以辨索隱曰言禮之至文作辨尊卑貴賤故云有以辨也至察有以說索隱曰言禮至察有以明隆殺損益委曲情文以說人心故云有以說也天下從之者治不從正義曰小者亂從之者安不從者危小人不能則也人謂庶人也則法也言天子以上至于帝王能從禮者則治安不能從禮者則危亂庶人據於事不能法禮也禮之貌誠深矣索隱曰有本作貌誠深者非也○正義曰言禮之貌信深厚矣雖有鄒子堅白同異之辯明察入於禮義之中自然懦弱敗壞之禮也堅白同異之察入焉而弱其貌誠大矣正義曰言禮之貌信廣大矣雖有擅作典制褊陋之說文辭入於禮義之中自然成溪俗褊陋之言擅作典制褊陋之說入焉而望索隱曰言擅作典制褊陋之說入禮則自嫌望知其小大其貌誠高矣正義曰言禮之貌信尊高矣雖有暴慢恣睢輕俗以爲高之屬入於禮義之中自然成隊墜落暴慢輕俗之人暴慢恣睢輕俗以

注入作之

興作典

為高之屬入焉而隊索隱曰恣睢猶毀此言也言此毀禮者自取隊滅故繩
誠陳鄭玄曰誠猶審也陳設也謂彈畫也則不可欺以曲直衡誠縣
鄭玄曰衡稱也縣謂錘也○正義曰音玄則不可欺以輕重規矩誠錯索隱
曰錯置也規員也矩曲尺也○正義曰錯七故反則不可欺以方員君子審
禮則不可欺以詐偽正義曰詐偽謂堅白同異擅作典制暴戾恣睢自高也故陳繩曲直
定縣衡輕重分錯規矩方員自消滅矣故繩者直之至也衡者平之至
也規矩者方員之至也禮者人道之極也然而
不法禮者不足禮謂之無方之民鄭玄曰方猶道也法禮
足禮謂之有方之士禮之中能思索索隱曰索求也謂
之能慮能慮勿易正義曰易以豉反謂輕易也謂之能固能慮能

固能好之焉聖矣正義曰好呼到反言人以得禮之又能思審索求其禮謂之能思慮又能固謂之能堅固能慮能求其禮更加好之乃聖人矣天者高之極也地者下之極也日月者明之極也無窮者廣大之極也聖人者道之極也正義曰道謂禮義也言人有禮義則爲聖人比於天地日月廣大之極也以財物爲用以貴賤爲文以多少爲異以隆殺爲要索隱曰隆猶厚也殺猶薄也文貌繁情欲省禮之隆也文貌省情欲繁禮之殺也文貌情欲相爲內外表裏並行而雜禮之中流也正義曰言文飾情用表裏外內合於儒墨是得禮情之中而流行不息也君子上致其隆下盡其殺而中處其中正義曰中謂禮文也步驟馳騁廣騖不外正義曰騖音務言君子之人上存文飾下

務[illegible]省而合情文處得其中繳有戰陣殺伐邪惡則丕棄於禮義矣三皇步五帝驟三王馳五伯騖焉也是以君子之性守宮庭也索隱曰言其性守正不謾遠行如常守宮庭也○正義曰宮庭聽朝處喻前君子心內常守禮義若宮庭焉人域是域士君子也索隱曰域居也言君子之行非人居弗居也○正義曰處平凡人域之中能知禮義之域限即爲士及君子也外是民也索隱曰外謂人域之外非人所居之地以喻禮義之外別爲它行即是小人故云外是人也於是中焉房皇周浹曲得其次序聖人也索隱曰房音旁房皇猶徘徊也周浹猶周匝言徘徊周浹委曲得禮之[illegible]則[illegible]聖人之行也故厚者禮之積也大者禮之廣也索隱曰言君子聖人有厚大之德則爲禮之所歸積益弘廣物故曰甘受和白受[illegible][illegible]忠信之人可以學禮禮苟無忠信之人則[illegible]此文皆荀卿禮論之所載者也高者禮之隆也明者禮之盡也正義曰言君子內守其禮德厚大積廣至於高尊明禮則是禮之終竟也

[illegible]先生爲之[illegible]句

索隱述贊曰

大者豊因人心　非從天下　合誠飾貌

救弊興雜　以制黎甿　以事宗社

情文可重　豐殺難假　仲尼坐樹

孫通蕝野　聖人作教　罔不由者

禮書第一　　史記二十三

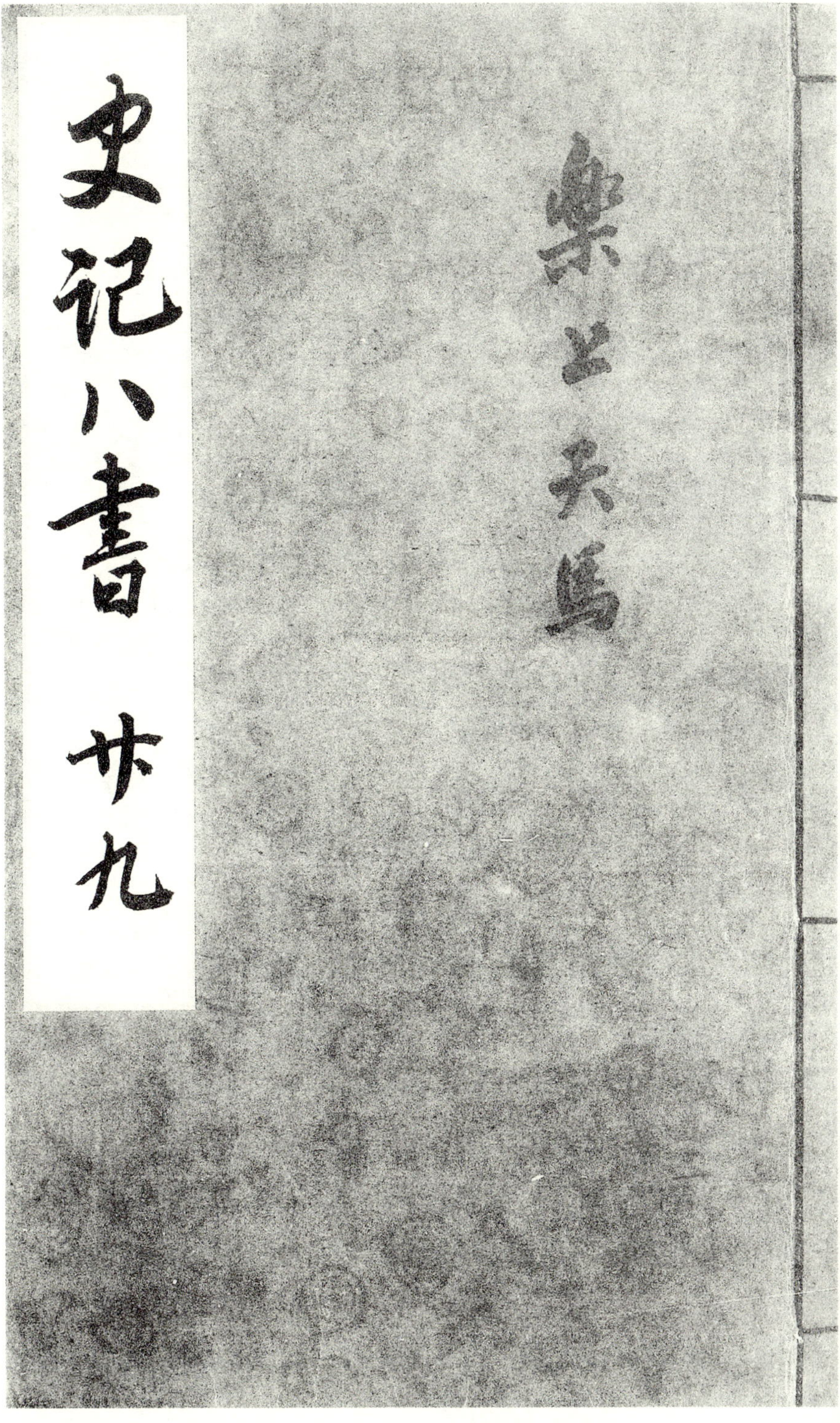
史記八書　卄九
樂上天馬

困学紀聞十二卷之漢春秋樂書作十九章、索隱云安世房中樂今改之漢春秋安世房中歌十七章郊祀歌十九章索隱誤

樂書第二　史記二十四

正義曰天有日月星辰地有山陵河海歲有萬物成熟國有聖賢宮觀周域官僚人有言語衣服體貌端脩咸謂之樂樂書者猶樂記也鄭玄云以其記樂之義也按別録目屬樂記蓋十一篇合爲一篇十一篇者有樂本有樂論有樂施有樂言有樂禮有樂情有樂化有象法有賓牟有師乙有魏文侯今雖合之亦略有分焉劉向校書得書樂二十三篇著於別録今樂記雖有十一篇其名猶存也

太史公曰余每讀虞書至於君臣相敕維是幾安而股肱不良萬事墮壞未嘗不流涕也成王作頌推己懲艾正義音刈悲彼家難正義曰乃憚反家難謂文王囚羑里武王伐紂可不謂戰戰恐懼善守善終正義曰言成王作頌悲文

主戰戰恐懼推己戒勑爲以是善守善終也君子不爲約則修德正義爲爲于僞反滿則棄禮佚能思初安能惟始沐浴膏澤而歌詠勤苦非大德誰能如斯傳曰治定功成禮樂乃興海內人道益深其德益至所樂者益異滿而不損則溢盈而不持則傾凡作樂者所以節樂正義曰音洛言不樂至荒淫也君子以謙退爲禮以損減爲樂樂其如此也以爲州異國殊情習不同故博采風俗協比聲律正義比音鼻以補短移化助流政教天子躬於明堂臨觀而萬民咸蕩滌邪穢斟酌飽滿以飾厥性故云雅頌之音理而民正嘄噭

之聲興而士奮索隱曰嘄音姑堯反又音叫噭音擊鄭衛之曲動而心淫及其調和諧合鳥獸盡感而況懷五常含好惡自然之勢也治道虧缺而鄭音興起封君世辟索隱曰辟亦君也○正義辟并亦反名顯鄰州爭以相高自仲尼不能與齊優遂容於魯索隱曰齊人歸女樂而孔子行言不能遂容於魯而去也或作逐容誤耳雖退正樂以誘世作五章以刺時索隱曰按家語云孔子嗤季桓子作歌引詩曰彼婦之口可以出走彼婦之謁可以死敗優哉游哉聊以卒歲此是五章之刺也猶莫之化陵遲以至六國流沔沈佚遂往不返卒於喪身滅宗并國於秦秦二世尤以為娛丞相李斯進諫曰放棄詩書極意聲色祖伊所以

懼也。正義曰：祖伊諫紂，紂不聽。孔安國云：祖己後賢臣也。輕積細過，恣心長夜，紂所以亡也。趙高曰：「五帝、三王樂各殊名，示不相襲。朝廷下至人民，得以接歡喜，合殷勤，非此和說不通，解澤不流，正義曰：說音悅，解音蟹，言非此樂和適亦悅樂之不通，散恩澤之事不流，各一世之化也。諫二世，故名之也。亦各一世之化，度時之樂，何必華山之騄耳而后行遠乎？」二世然之。高祖過沛詩三侯之章，令小兒歌之。索隱曰：按過沛詩即大風歌也。其辭曰「大風起兮雲飛揚，威加海內兮歸故鄉，安得猛士兮守四方」是也。侯，語辭也。詩曰「侯其禕而」者是也。兮亦語辭也。沛詩有三兮，故云三侯也。高祖崩，令沛得以四時歌儛宗廟。孝惠、孝文、孝景無所增更，於樂府習常肄舊而已。正義隸音

樂書

通鑑十九元狩二年是歲得神馬於渥洼水中上方立樂府胡三省注樂府有安世房中歌十七章郊祀歌十九章使童男女七十人歌之師古曰始置之也樂府之名蓋起於此矣[illegible]

異。至今上即位，作十九章，【索隱曰：按禮樂志安世房中樂有十九章。】令侍中李延年次序其聲，拜爲協律都尉。通一經之士不能獨知其辭，皆集會五經家，相與共講習讀之，乃能通知其意，多爾雅之文。漢家常以正月上辛祠太一甘泉，以昏時夜祠，到明而終。常有流星經於祠壇上。使僮男僮女七十人俱歌。春歌青陽，夏歌朱明，【瓚曰：爾雅云春曰青陽，夏曰朱明。】秋歌西皞，【韋昭曰：西方少皞也。】冬歌玄冥，【正義曰：禮記月令云玄冥，水官也。】世多有故不論。【索隱曰：言四時歌多有其詞，故此不論載，今見漢書禮樂志。】又嘗得神馬渥洼水中，【李斐曰：南陽新野有暴利長，當武帝時遭刑，屯田燉煌界，人數於此水旁見羣野馬中有奇異者，與凡馬黯進曰云云。樂書出曰黯誹謗聖制，說所。唐氏曰：按漢書武紀，元鼎四年秋，馬生渥洼水中，作天馬之歌；太初四年春，貳師將軍廣利斬大宛王首，獲汗血馬來，作西極天馬之歌。而元狩二年春三月，丞相弘薨，則先元鼎已八年矣。汲黯傳：淮南王謀反之歲，汲黯坐法免官，隱田園者數年。至更立五銖錢，復起為淮陽太守，居淮陽十歲而卒。按武紀，是歲淮南王謀反在元狩元年，而行五銖錢在五年，又十歲則元封四年也，其去太初四年尚六年，則汲黯之卒亦久矣。今樂書乃云得大宛馬而作天馬之歌，汲黯有言，而公孫弘又從而譖之，不亦不合？證古人，説黯在武帝時始為謁者，遷滎陽令，稱疾歸，乃召為中大夫，出為東海太守，又召為主爵都尉，公孫弘請徙為右內史，數歲而免官，又數歲而起為淮陽太守，則未嘗為中尉也。假使黯之言在馬生渥洼之年，則弘之死固已久矣。廣司馬遷傳言史記十篇有錄無書，而注言樂書亦亡之，則此非遷之作明矣。遷在當時而乖舛如此，不亦繆乎。

樂書

異來飲此水傍利長先爲土人持勒靽於水傍後馬玩習久之代土人持勒靽收得其馬獻之欲神異此馬云從水中出

蘇林曰洼音窐曲之窐也○索隱曰洼音烏花反蘇林音窐窐即窊也

復次以爲太一之歌歌曲曰太一貢兮天馬下索隱曰按禮樂志貢作況況與貢意亦通○正義曰太一北極太星也

霑赤汗兮沫流赭應劭曰大宛馬汗血霑濡也流沫如赭

騁容與兮跇萬里孟康曰跇音逝如淳曰跇謂超踰也○索隱曰鄒誕生云跇一作世音跇

今安匹兮龍爲友後伐大宛得千里馬馬名蒲梢應劭曰大宛舊有天馬種蹋石汗血汗從前肩髆出如血號一日千里○索隱曰梢音史交反又作騷亦同音

次作以爲歌歌詩曰天馬來兮從西極經萬里兮歸有德承靈威兮降外國涉流沙兮四夷服中尉汲黯進曰凡王者作樂上以承祖宗下以化兆

通鑑十九上默然不悅胡三省注說徐日悅秀異日史記樂書武帝作十九章歌常以正月
上辛祠太一甘泉使僮男僮女七十人俱歌又嘗得神馬渥洼水中復次以爲太一之歌後
伐大宛得千里馬次以爲歌中尉汲黯進曰陛下得馬詩以爲歌云云丞相公孫弘曰黯毀謗聖
制當族漢書禮樂志武帝定郊祀之禮祠太一於甘泉祭后土於汾陰乃立樂府作十九
章之歌以正月上辛用事甘泉圜丘指天馬歌本志曰元狩三年馬生渥洼水中作
武紀曰元鼎四年秋馬生渥洼水中五年十一月立泰畤於甘泉太初四年貳師獲汗血
馬作西極天馬之歌公孫弘以元狩二年薨汲黯以元狩三年免右內史五年為淮陽太守
元鼎五年卒又黯未嘗為中尉武馬生渥洼水作歌在元狩三年汲黯為右內史不敢譏之言
當族者非公孫弘也雖未立泰畤或以歌之於郊廟其十九章之歌當時未能盡備也

民今陛下得馬詩以爲歌協於宗廟先帝百姓豈能知其音邪上默然不說丞相公孫弘曰黯誹謗聖制當族凡音之起由人心生也正義曰皇侃云此章有三品故名爲樂本備言音聲所起故名樂本夫樂之起其事有二一是人心感樂樂聲從心而生一是樂感人心心隨樂聲而變也人心之動物使之然也正義曰物若外境也外有善惡來觸於心則應觸而動故云物使之然也感於物而動故形於聲鄭玄曰宮商角徵羽雜比曰音單出曰聲形猶見也王肅曰物事也謂哀樂喜怒和敬之事感人而動見於聲聲相應故生變鄭玄曰樂之器彈其宮則衆宮應然而不足樂是以變之使雜也○正義曰崔靈恩云緣五聲各自相應不足爲樂故變使雜令聲音諧和也變成方謂之音鄭玄曰方猶文章○正義曰皇侃云單聲不足故變雜五聲使交錯成文乃謂爲音也比音而樂之及干戚羽旄謂之樂

也鄭玄曰干楯也戚斧也武舞所執也羽翟羽也旄旄牛尾文舞所執也○正義曰比音鼻次也音五音也言五音雖雜猶未足爲樂復須以此器之音及文武所執之物共相諧會乃是由音得名爲樂武陰文陽故所執有輕重異樂者音之所由生也正義曰合音乃成樂是樂由音音而生諸樂生起所由之生也其本在人心之感於物也正義曰本猶初也物外境也言樂欲明樂隨心見故更陳此句也是故其哀心感者其聲噍以殺鄭玄曰噍踧也○索隱曰焦音始字鄒誕生作噍音將妙反○正義曰殺所介反噍踧急也若外境痛苦則其心哀感哀感在心故樂聲踧急而殺也此下六者皆人君見前境來感已而制樂音隨心見之也其樂心感者其聲嘽以緩鄭玄曰嘽寬綽之貌○正義曰嘽寬也若外境可美則其心歡樂歡樂在心故樂聲必隨而寬緩也其喜心感者其聲發以散鄭玄曰發揚也○正義曰若外境會意其心喜悅悅喜在心故樂聲發揚也其怒心感者其聲麤以厲正義曰若外境乖失故己心怒謂怒隨心心隨

樂書

〔怒而發揚故無轔殺則樂聲麤麤彊而嚴厲也〕其敬心感者其聲直以廉〔正義曰廉隅也若外境尊高故己心悚敬悚敬在內則樂聲直而有廉角也〕其愛心感者其聲和以柔〔正義曰柔軟也若外境憐慕故己心愛惜愛惜在內則樂和柔也〕六者非性也〔正義曰性本靜寂無此六事六事之生由應感見而動故云非性〕感於物而後動〔鄭玄曰言人聲在所見非有常〕是故先王愼所以感之〔正義曰六事隨見而動非關本性先王聖人在上制正礼以防之故先王愼所以感之者也〕故禮以道其志樂以和其聲政以壹其行〔正義曰胡孟反〕刑以防其姦禮樂刑政其極一也〔鄭玄曰極至也○正義曰四事防愼所感之由也用禮教尊其志用樂諧和其聲用法律齊其行用刑辟防其凶民不復流僻徙感防之使同其一敬不爲非也極至也〕所以同民心而出治道也〔鄭玄曰此其所謂至也○正義曰上四事功成民同其心俱不邪僻故治道出也民

心所觸有前六者不同故聖人用後四者制之凡音者生人心者也正義曰此樂本章第二段明樂感人心也人心即君人心也樂音善惡由君上心之所好故云生於人心者也情動於中故形於聲正義曰情君之情也中猶心也心既感物而動故形見於聲也聲成文謂之音正義曰謂之音清濁雖異各見於外成於文彩並謂之音也是故治世之音安以樂其政和正義曰樂音洛言平理之世其樂音安靜而歡樂也正政同也亂世之音怨以怒其政乖徐廣曰一作煩○正義曰亂世之音民心怨懟樂聲亦怨由其正乖僻故亡國之音哀以思其民困正義曰思音四亡國謂將欲滅亡之國樂音悲哀而愁思亡國之時民之心哀思其樂音亦哀思由其民困苦故也聲音之道與政通矣鄭玄曰言以八音和否隨政也○正義曰政和則聲音安樂正乖則聲音怨怒是聲音之道與正通矣宮為君王肅曰居中總四方○索隱曰宮絃最大用八十一絲聲重而尊故為君○正義曰宮屬土居中央總四方君之象也

商爲臣王肅曰秋義斷○索隱曰商是金金爲決斷臣事也絃用七十二絲次宮如臣次君者也角爲民王肅曰春物並生各以區別民之象也○索隱曰絃用六十四絲聲居宮羽之中比君爲劣比物爲優故云清濁中人之象也○正義曰角屬木以其清濁中民之象徵爲事王肅曰夏物盛故事多○索隱曰徵屬夏夏時生長萬物皆成形體事亦有體故配事絃用五十四絲○正義曰徵屬火以其徵清事之象也羽爲物王肅曰冬物聚○索隱曰羽爲水最清物之象故爲物絃用四十八絲五者不亂則無惉滯之音矣鄭玄曰惉懘弊敗不和之貌也○索隱曰又本作怗懘省也○正義曰惉弊也懘敗也君臣民事物五者各得其用不相壞亂則五音之響無弊敗也宮亂則荒鄭玄曰荒猶散○正義曰宮亂則其聲放散由其君驕溢故也其君驕商亂則搥徐廣曰搥今禮作陂也○索隱曰搥音都回反陂音詖○正義曰商音亂其聲欹邪不正由其臣不理於官壞故也其臣壞角亂則憂正義曰角音亂其聲憂愁由政虐民怨故也其民怨徵亂則哀正義曰徵

音亂其聲哀苦由繇役不休其民事勤勞也**其事勤羽亂則危**正義曰羽音亂其聲傾危由君賦重於其民貧乏故也**其財匱五者皆亂迭相陵謂之慢**正義曰迭互也陵越也五聲並不和則君臣上下互相陵越所以謂之爲慢也**如此則國之滅亡無日矣**鄭玄曰君臣民事物也其道乱則其音應而亂也○索隱曰無日猶言無復一日也以言君臣交慢如此無復一日則國之滅亡朝夕可待也**鄭衛之音亂世之音也比於慢矣**鄭玄曰比猶同○正義曰鄭音好濫淫志衛國之音促速煩志並是亂世音雖亂而未滅亡故比慢也比必以反**桑間濮上之音**鄭玄曰濮水之上地有桑間在濮陽南○正義曰昔殷紂使師延作靡靡之樂以致亡國武王伐紂此樂師師延將樂器投濮水而死後晉國樂師師涓夜過此水聞水中作此樂因聽而寫之既得還國爲晉平公奏之師曠撫之曰此亡國之音也得此必於桑間濮上乎紂之所由亡也**亡國之音也其政散其民流誣上行私而不可止**正義

曰若用此濮上之音其政必離散而民人流徙逃亡緣臣無上各行私情國即滅亡而不可禁止也**凡音者生於人心者也**正義曰此樂章第三段也前第一明人心感樂第二段明樂感人心此段聖人制正樂以應之此段自有二重自凡音至反人道爲一重却應第二段樂感人心也又自人心生而靜至王道備矣爲一重却應第一段人心感樂也**樂者通於倫理者也**鄭玄曰倫猶類也理分也○正義曰音初生自君心形而成樂樂成則能通於百姓使各盡其類分故曰通倫理者也**是故知聲而不知音者禽獸是也知音而不知樂者衆庶是也唯君子爲能知樂**鄭玄曰禽獸知此爲聲耳不知其宮商之變八音並作克諧曰樂**是故審聲以知音**正義曰聲爲音本若欲知音當須審定其聲然後音可知**審音以知樂**正義曰音爲樂本前審定其音然後可知樂也**審樂以知政**正義曰樂爲政本前審定其樂然後政可知也**而治道備矣**正義曰前審定其本後識其末則爲治之道乃

可備也是故不知聲者不可與言音不知音者不可與言樂知樂則幾於禮矣鄭玄曰幾近也○正義曰禮謂治國之禮包萬事萬事備具始是禮極今知樂者但正君臣民事物五者之情於禮未極故云幾於禮也禮樂皆得謂之有德德者得也鄭玄曰聽樂而知政之得失則能正君臣民事物之禮○正義曰若聽樂而知禮則是禮樂皆得二者備具則是有德之君也又言有德之人是能得禮樂之情故云德者得也是故樂之隆非極音也鄭玄曰隆猶盛也極猶窮也○正義曰大樂之盛本在移風易俗非窮鐘鼓之音故云非極音也故樂云樂云鐘鼓云乎哉是也食饗之禮非極味也正義曰食音嗣食享謂宗廟祭也夫禮之盛本在安上治民非崇玉帛至味故云非極味也故論語禮云禮云玉帛云乎哉是也清廟之瑟鄭玄曰清廟謂作樂歌清廟王肅曰於清廟中所鼓之瑟朱絃而疏越鄭玄曰越瑟底孔畫疏之使聲遲一倡而三歎有遺音者矣鄭玄

曰遺猶餘也王肅曰未盡音之極○正義曰倡音唱一唱謂一人始唱歌三人讚嘆也樂歌此文王之道不極音聲故但以熟弦廣孔少唱寡和此音有德傳於無窮是有餘音不已一云所重在德本不在音是有遺餘音念之不忘也

大饗之禮正義曰大享即食享也饗食言大嘗其名故也不尚重味故食言大也此言禮盛不作至味之事**尚玄酒**正義曰祫祭之禮則列玄尊在上五齊在下也**而俎腥魚**正義曰九俎有肴生腊是俎腥魚者生魚也俎雖有三牲而兼載生魚也**大羹不和**正義曰和胡臥反大羹肉汁也祫祭有肉汁爲羹無鹽菜之芼和也**有遺味者矣**正義曰遺亦餘也此者質素之食禮人主誠設之道不極滋味故尚明水而腥魚此禮可重流芳竹帛傳之無已有餘味一云禮本在德不在甘味故用水魚而遺味也

是故先王之制禮樂也非以極口腹耳目之欲也將以教民平好惡而反人道之正也鄭玄曰教之使知好惡○正義曰好火到反惡一故反平均也言先王制禮作樂本是教訓澆民平於好惡之理故去惡歸善不爲

口腹耳目之欲令反歸人之正道也人生而靜天之性也正義曰此第三段第二重也人初生未有情欲其情欲至靜禀于自然是天之性也感於物而動性之頌也徐廣曰頌音容今禮作欲○正義曰其心雖靜感於外境因物而動是性之貪欲也物至知知然後好惡形焉王肅曰事至能以智知之然後情之好惡見○正義上知音智好惡無節於內知誘於外不能反己天理滅矣王肅曰內無定節智爲物所誘於外情從之動而失其天性○正義曰言好惡不自節量於心唯知情慾誘之於外不能反還己躬之善則天性滅絕矣夫物之感人無窮而人之好惡無節則是物至而人化物也鄭玄曰隨物變化○正義曰夫物不一故言無窮也若人心嗜慾無度隨好惡不能節之則與之而化故云人化物人化物也者滅天理而窮人欲者也鄭玄曰言無所不爲○正義曰心隨物化則滅天性而恣人心之欲也於是有悖逆詐僞

樂書

之心有淫佚作亂之事是故彊者脅弱衆者暴寡知者詐愚勇者苦怯疾病不養老幼孤寡不得其所此大亂之道也是故先王制禮樂人爲之節鄭玄曰爲作法度以遏其欲也王肅曰以人爲之節言得其中也衰麻哭泣正義曰此以下並是陳禮節人之事也制五服哭泣所以紀喪事之節而不使背死忘生也事死者難故以哀哭爲前也所以節喪紀也鐘鼓干戚所以和安樂也婚姻冠笄所以別男女也鄭玄曰男二十而冠女許嫁而笄○正義曰冠音貫笄音雞射鄉食饗所以正交接也鄭玄曰射鄉大射鄉飲酒禮節民心樂和民聲政以行之刑以防之禮樂刑政四達而不悖則王道備矣樂者爲同禮者爲異鄭玄曰同謂協

好惡也異謂別貴賤○正義曰此第二章名爲樂論其中有
四段此章論禮樂同異也夫樂使率土合和是爲同也禮使
父子殊別是爲異也 同則相親異則相敬樂勝則流 王肅曰流遁不
能自還 禮勝則離 王肅曰離析而不親○正義曰勝式證
反勝猶過也禮樂雖有同異而又相須
也若樂過和同而無禮則流慢無復尊卑之敬若
禮過殊隔無樂則親屬離析無復骨肉之愛也 合情飾
貌者禮樂之事也 鄭玄曰欲其並行彬彬然○正義曰
樂和內是合情也禮撿迹是飾貌也
禮義立則貴賤等矣 鄭玄曰等階級 樂文同則上下和
矣 正義曰文謂聲成文也若作樂文采
諧同則上下並和是樂和民聲也 好惡著則賢
不肖別矣 正義曰好惡並去聲又並如字著張慮反若法
律分明善惡章著則賢愚斯別是政化行矣
刑禁暴爵舉賢則政均矣 正義曰王者爲用刑則禁
制暴慢蹤爵以舉賞賢良
則政治均平是刑以防之矣既見禁暴而又言舉祿若示刑
嚴爲重不宜獨行必須賞罰兼明也然禮樂之用非政不行

樂書

明須四事連行也仁以愛之義以正之如此則民治行矣正義曰言禮樂刑政既均又須仁以愛民義以正民如此則民順理正行矣樂由中出鄭玄曰和在心○正義曰此樂論第二段謂樂功也出猶生也爲人在中和有未足故生此樂禮自外作鄭玄曰敬在貌○正義曰作猶起也爲人在敬有未足起此禮也樂由中出故靜正義曰樂和心在內故云靜禮自外作故文鄭玄曰文猶動○正義曰禮肅人貌貌在外故云動大樂必易正義曰易以豉反朱絃疏越是也大禮必簡鄭玄曰易簡若於清廟朝大饗然○正義曰玄酒腥魚是也樂至則無怨禮至則不爭鄭玄曰至猶達也行也○正義曰樂行主和和達則民無復怨怒也禮行主謙謙達則民不爭競也揖讓而治天下者禮樂之謂也暴民不作諸侯賓服兵革不試鄭玄曰賓協也試用也五刑不用百姓無患天子不怒如此則樂

達矣合父子之親正義曰前云禮至不爭故致天下尊卑之序也禮使父慈子孝是合父子之親也即父事三老也明長幼之序正義曰長坐幼立是明長幼之序即兄事五更是也以敬四海之內正義曰孝經云教以孝所以敬天下之爲人父教以弟所以敬天下之爲人兄教以臣所以敬天下之爲君即是敬四海之內也天子如此則禮行矣正義曰言天子能躬行禮則臣下必用禮如此則禮行矣合父子以下悉自天子自身行之也大樂與天地同和正義曰此樂論第三段論禮與樂唯聖能識也言天地以氣氤氳合生萬物大樂之理順陰陽律呂生養萬物是大樂與天地同和大禮與天地同節鄭玄曰言順天地之氣與其數也○正義曰言天有日月地有山川高卑殊形生用各別大禮辯尊卑貴賤等差異別是大禮與天地同節和故百物不失鄭玄曰不失其性○正義曰樂與天地同和能生成性萬物節故祀天祭地鄭玄曰成物有功報焉○正義曰禮與天地生成同節有尊卑上下報萬物之功明則有禮樂鄭玄

曰教人者也○正義曰明猶外也言聖王能使樂與天地同和禮與天地同節又能顯明其禮樂以教人也**幽則有鬼神**鄭玄曰助天地成物者也易曰知鬼神之情狀然則聖人精氣謂之神賢智之精氣謂之鬼也○正義曰幽內也言聖王又能內敬鬼神助天地生成萬物**如此則四海之內合敬同愛矣**正義曰言行禮同節故四海合敬矣樂同和故四海同愛矣**禮者殊事合敬者也**正義曰尊卑貴賤之別是殊事也施之同以莊敬是合敬也**樂者異文合愛者也**正義曰宮商錯而成文隨事而制變是異文同以勸愛是合愛也**禮樂之情同故明王以相沿也**鄭玄曰沿猶因述也殷因於夏周因於殷○正義曰樂情主和禮情主敬致化是同以其致化情同故明王相因述也**故事與時並**鄭玄曰舉事在其時也王肅曰有其時然後得立其事○正義曰言聖王所爲之事與所當之時並行也若堯舜揖讓之事與淳和之時並行湯武干戈之事與澆薄之時並行此句明礼也**名與功偕**鄭玄曰爲名在於其功也偕猶俱也王肅曰有功然

後得受其名。○正義曰名謂樂名也偕俱也功者揖讓干戈之功也聖王制樂之名與所建之功俱作也若堯舜樂名咸池大韶湯武樂名大護大武也。故鐘鼓管磬羽籥干戚樂之器也。正義曰此陳樂事也鐘鼓之屬是樂之器有形質故爲事也。詘信俯仰級兆舒疾。徐廣曰級今礼作綴騶案鄭玄曰兆其外營域○索隱曰綴舞者酇列也又按下文其舞行及遠及短禮皆作綴蓋是字之殘缺訛變耳故此爲級而下又爲及也並依字讀義亦雖通恐違古記耳。樂之文也。正義曰文飾之事也。簠簋俎豆制度文章禮之器也升降上下周旋裼襲禮之文也故知禮樂之情者能作。正義曰既能窮本知末知變又能著誠去僞所以能述作故謂之聖也。識禮樂之文者能述。鄭玄曰述謂訓其義○正義曰謂上文屈伸俯仰升降上下也。作者之謂聖。正義曰堯舜禹湯之屬是也。述者之謂明。正義曰游夏之屬是也。明聖者述作之謂也樂者天地之和也禮者天地之序也正義曰此樂論第四段也謂禮樂之情也樂法天地之氣故云天地之和禮法天地之形故云天地之序禮樂從天地而來王者必明於天地然後能興禮樂也和故百物皆化序故羣物皆別鄭玄曰化猶生也別謂形體異樂由天作禮以地制鄭玄曰言法天地○正義曰天用和氣化物物從氣化是由天作也地有高下區分以生萬物禮有品節殊文是由地制也過制則亂過作則暴鄭玄曰過猶誤也暴失文武意也明於天地然後能興禮樂也正義曰禮樂既不可誤故須明天地者乃可制作也論倫無患樂之情也王肅曰言能合道論中倫理而無患也○王義曰既云唯聖人識禮樂之情此以下更説其情狀不同也倫類也賀瑒云樂使物得類序而無害是樂之情也欣喜驩愛樂之容也正義曰容猶事也賀瑒云八音克諧使物欣喜此樂之事迹也中正無邪禮之質也鄭玄曰質猶本也○正義曰明禮情也

質本也禮以心內中正無有邪僻是禮之本**莊敬恭順禮之制也**正義曰明禮情之事也謂容貌莊敬謙恭謹愼是禮之節制也**若夫禮樂之施於金石越於聲音用於宗廟社稷事于山川鬼神則此所以與民同也**王肅曰自天子至民人皆貴禮之敬樂之和以事鬼神先祖也○正義曰言四者施用祭祀隨世而異則前王所不專故文云則此所以與民同言隨世也**王者功成作樂治定制禮**鄭玄曰功成治定同時耳功主于王業治主于教民○正義曰此第三章名禮樂章言明王爲治制禮作樂故名禮樂章其中有三段一明禮樂齊其用必對二一明禮樂法天地之事三明天應禮樂也**其功大者其樂備其治辨者其禮具**徐廣曰辨一作別駰案鄭玄曰辨徧也○正義曰辯皮勉反又邊練反夫禮樂必由功治有小大故禮樂應之而廣狹也若上世民淳易化故王者功治廣徧是以禮樂備也而殷周民澆難化故王者功治徧狹則禮樂亦不具**干戚之舞非備樂也**鄭玄曰樂以文

德爲備若咸池也○正義曰諸樂不備也于戚周武也樂以文德爲備故用朱絲疏越于戚之舞故非備樂也亨孰

而祀非達禮也鄭玄曰達猶具也至敬不饗味而貴氣臭○正義曰解禮不具也謂腥俎玄尊表誠象古而已不在芬苾孰味是乃澆世爲之非達禮也五帝殊時不相沿樂三

王異世不相襲禮鄭玄曰言其有損益○正義曰使前之云樂與於五帝禮成於三王樂與王者之功禮隨世之質文崔靈恩云五帝淳澆不同故不得相沿爲樂三王文質之不等故不得相襲爲同禮樂

極則憂禮粗則偏矣鄭玄曰樂人之所好也害在淫侉禮人之所勤害在倦略及

夫敦樂而無憂鄭玄曰敦厚也禮備而不偏者其唯大

聖乎天高地下萬物散殊而禮制行也鄭玄曰禮爲異○正義曰天高於上地卑於下萬物布散殊別於其中而大聖制禮別異尊卑是衆大而行故云禮制行矣禮以節制爲義故云禮制

流而不息合同而化而樂興也鄭玄曰樂爲同○正義曰

天地二氣流行不息合同氤氳化生萬物而大聖作樂合同人心是以象天地而起故云樂興也春作夏長仁也秋斂冬藏義也仁近於樂義近於禮鄭玄曰言樂法陽而生禮法陰而成○正義曰近其類反春夏生長萬物故爲仁愛樂主陶和萬性故仁近於樂也秋則殺斂冬則蟄藏並是義主斷割禮爲節限故義近於禮也樂者敦和率神而從天鄭玄曰敦和樂貴同○正義曰此釋仁近樂之義言樂之爲體敦厚和同因循聖人之神氣而從順於天禮者辨宜居鬼而從地鄭玄曰別宜禮尚異也孫炎曰居鬼品處人鬼之志○正義曰此解義近禮之由居鬼猶循神也鬼謂先賢也禮之爲體尊卑殊別各有其宜因居先賢鬼氣而從順於地分別禮分故聖人作樂以應天作禮以配地禮樂明備天地官矣鄭玄曰各得其事也王肅曰各得其位也天尊地卑君臣定矣正義曰此禮樂章第二段也明禮樂法天地事也言君尊於上臣卑於下是象天地定矣高卑已陳貴賤

位矣鄭玄曰高卑謂山澤也位矣尊卑之位象山澤動靜有常小大殊矣鄭玄曰動靜陰陽用事也小大萬物也大者常存小者隨陰陽出入方以類聚物以羣分則性命不同矣鄭玄曰方謂行蟲物謂殖生者性之言生也命生之長短○正義曰性生也萬物各有嗜好謂之性命者長短夭壽也所祖之物既禀大小之殊故性命夭壽不同也在天成象在地成形鄭玄曰象光耀形體貌○正義曰言日月星辰之光耀草木鳥獸之體貌也如此則禮者天地之別也正義曰結禮之別也此天地明聖制禮殊別是天地之分別也亦別辨宜居鬼而從地也地氣上濟鄭玄曰隮升也天氣下降正義曰明禮樂法天地氣也天地二氣之升降合而生物故樂以氣法地弦歌聲氣升降相合以教民也然氣從下升此樂象氣故從地始也形以上尊故禮象形從天始也陰陽相摩正義曰二氣切磨而萬物生發作樂亦令聲氣切磨使民心生敬也天地相蕩鄭玄曰蕩動也○正義曰天地八節蕩動也天地化物八節更相感動作樂亦令八音相感動也

鼓之以雷霆正義曰萬物雖以氣生而物未發故雷霆以鼓動之如樂用鍾鼓以發節也大雷曰霆奮之以風雨鄭玄曰奮迅也○正義曰萬物皆以風雨奮迅而出如樂用舞奮迅以象之使發人情也動之以四時正義曰萬物生長隨四時而動如樂各逐心內所須而奏之煖之以日月正義曰煖音喧遠反萬物之生必須日月煖照如樂有蘊藉使人喧昭也蘊藉者歌不直言而長言嗟歎之屬也而百物化興焉鄭玄曰百物化生如此則樂者天地之和也正義曰結樂之和也如此有聖人作樂法天地和同是樂者天地之和也亦是敦和率神而從天地化不時則不生正義曰此禮樂章第三段明天地應於禮樂也前聖人既作禮樂此明天地應樂也若人主行化失時天地應以惡氣毀物故云化不時則不生也男女無別則亂登鄭玄曰登成也樂失則害物禮失則亂人○正義曰此明天地應禮也登成也若人君行禮男女無別則天地應而錯亂成之也此天地之情也正義曰結隨禮得失而應之是天地之情也然樂是氣化故云害物

禮是形教故言亂人也及夫禮樂之極乎天而蟠乎地鄭玄曰極至也蟠猶委也行乎陰陽而通乎鬼神正義曰言陰陽和四時順以應禮樂禮樂與鬼神並助天地而成化也窮高極遠而測深厚鄭玄曰高遠三辰也深厚山川也言禮樂之道上至於天下委於地則其間無所不之樂著大始而禮居成物王肅曰著明也明太始謂法天也成物謂地也居亦謂也○索隱曰樂能明太始是法天地地能成萬物故禮所以法地也○正義曰著猶處也天為萬物之始故曰太始天蒼而氣化樂亦氣化故云處太始也成物地也體盤薄長成萬物也在地成形禮亦形教故云居成也地卑故曰居天高故曰著也著不息者天也著不動者地也鄭玄曰著猶明白也息謂休止也○索隱曰運生不息者天之功也故易乾卦云天行健君子以自強不息著養萬物不動者地之德也故易坤卦云安貞之吉是也○正義曰此美禮樂配天地也著亦處也言樂氣處運生不息者配天也禮制尊卑定位成養萬物處不移動者配地也一動一靜者

天地之間也鄭玄曰間謂百物也○正義曰此美禮樂若分則配天地若合則與百物齊一也靜動而生百物稟天動地靜而生故呼百物爲天地之間也故聖人曰禮云樂云鄭玄曰言禮樂之法天地也○正義曰引聖證此章也言聖人云明此一章是禮樂法天地也故言聖人曰禮云樂云樂動禮靜其苑甲事如天地間物有動靜也

昔者舜作五絃之琴以歌南風鄭玄曰南風長養之風也言父母之長養己也其辭未聞也王肅曰南風育養民之詩也其辭曰南風之薰兮可以解吾民之慍兮○索隱曰此詩之辭出尸子及家語○正義曰此第四章明樂施明禮樂前備後施布天下也中有三段一明施樂以賜諸侯也二明施樂須節既賜之所以宜節也三明禮樂所施各有本意本德世本神農作琴今云舜作者非謂舜始造也改用五弦琴特歌南風詩始自舜也五弦者無文武二弦唯宮商角徵羽之五絃也南風是孝子之詩也南風養萬物而孝子之歌也得父母生長如萬物得南風也舜有孝行故以五絃之琴歌南風詩以教理天下之孝也

夔始作樂以賞諸侯鄭玄曰夔欲舜與天下之君共此樂故天子之爲

樂也以賞諸侯之有德者也德盛而教尊五穀
時孰正義曰陳其合賞也若諸侯孝德明盛教化尊嚴年穀豐稔故天子賞樂也天下因而法之也然後
賞之以樂故其治民勞者其舞行綴遠正義曰行音胡
郎反綴音下衞反本或作綴音同此明雖得樂賜而隨功德優劣也舞位行列也綴謂纘列也若諸侯治民勞苦由君德
薄王賞之以樂則舞人少不滿將去纘疏遠也其治民佚者其舞行綴短王肅
曰遠以象民行之勞近以象民行之逸○正義曰佚音逸若諸侯治民暇逸由君德盛王賞舞人多則滿將去纘促近也
庚蔚之云此爲虞夏禮也虞猶淳故可隨功賜樂殷周漸澆易生怨怨不宜猶有優劣是以同制諸侯六佾故與周禮不
同也故觀其舞而知其德正義曰觀其舞位人多少去綴近遠即知其君德薄厚也
聞其謚而知其行鄭玄曰謚者行之迹○正義曰行音故孟反制死謚隨君德故聞死謚則
知生行此一句比擬其舞也大章章之也鄭玄曰堯樂名言堯德章明○正義曰既生時舞則

知德死則聞謚驗行故更引死後聞樂則知行事解之也大章堯樂也章明也民樂堯德大明故名樂曰大章後人聞大章則知堯生時德太明上章是堯德之明下章是後明於堯德白虎通云大章大明天地之道

咸池備也 鄭玄曰黃帝所作樂名堯增修而用之咸皆也池之言施也言德之無不施也王肅曰包容浸潤行化皆然故曰備也

韶繼也 鄭玄曰舜樂名言能繼堯之德

夏大也 鄭玄曰禹樂名言禹能大堯舜之德

殷周之樂盡也 鄭玄曰言盡人事也周禮曰殷曰大護周曰大武

天地之道寒暑不時則疾 正義曰此則樂施章第二段明施樂須節也既必須節故引譬例寒暑天地之氣也若寒暑不得則民多疾疫也

風雨不節則饑 正義曰風雨天事也風雨有聲形故為事也若飄灑淒厲不有時節則穀損民饑也

教者民之寒暑也 鄭玄曰教謂樂也

教不時則傷世 正義曰寒暑不時既為民疾苦樂教不時則傷世俗之化也

事者民之風雨也事不節則無功 正義曰風雨不節則民饑饉禮事不節則治無功也

然

則先王之爲樂也以法治也王肅曰作樂所以法其治行也善則
行象德矣王肅曰君行善即臣下之行皆象君之德○正義曰此廣樂所以須節已言先王爲樂必
以法治治善則臣下之行皆象君之德也夫豢豕爲酒鄭玄曰以穀食犬豕曰豢爲作也非
以爲禍也正義曰此言禮須節也豢養也言前王豢大豕及作酒之事本以爲禮祀神祇設賓客和親族
禮賢能而賓非爲民作禍災也而獄訟益煩則酒之流生禍也鄭玄曰小
人飲之善酗以致獄訟○正義曰此禮事也言民得豢酒無復節限卒至沉酗鬬爭殺傷而刑獄益生煩多則是酒之流
害生其禍也是故先王因爲酒禮一獻之禮賓主百拜
鄭玄曰一獻士飲酒之禮百拜以喻多也終日飲酒而不得醉焉此先王
之所以備酒禍也故酒食者所以合歡也正義曰此
結節功也既防酒禍故飲不醉爭以特合歡適也樂者所以象德也正義曰此樂施

章第三段明禮樂之所施各有本意在於象德也此言樂意也言樂之所施於人本有和愛之德禮者所
以閑淫也正義曰此言禮意也言禮之所施於人大止邪淫過失也是故先王有
大事必有禮以哀之鄭玄曰大事謂死喪○正義曰民有喪則先王制衰麻哭泣之
禮以節之使其各遂哀情是禮以哀之也有大福必有禮以樂之正義曰樂音洛
大福祭祀者慶也民慶必歌舞飲食庶羞之禮使不過而各遂歡樂是有以樂之也哀樂之分皆
以禮終正義曰分扶問反結二事哀樂雖反皆用禮節各終其分故云皆以禮終樂也者施
也禮也者報也鄭玄曰言樂出而不反而禮有往來○正義曰施式鼓反此第六段樂象法章
第五段不以次第而亂升在此段明禮樂用別也庾蔚之云樂者所以宣暢四氣導達情性功及物而不知其所報即是
出而不反所以謂施也禮者所以通彼之意故有往必有來所以謂報也樂樂其所自生鄭玄
曰自由也○正義曰此廣施也樂各所起由民下之心所樂生非有所報也而禮反其所自

始正義曰此廣報也反猶報也禮生無名但是事耳隨時得質文之事而報之樂章德正義曰闡名知德若大章是也禮報情反始也孫炎曰作樂者緣民所樂於己之德若舜之民樂其紹堯也周之民樂其伐紂而作韶武也制禮者本己所由得民心殷尚質周尚文是也○正義曰禮報人情而制隨質文之始也所謂大路者天子之輿也正義曰此以下廣言禮以報爲體之事輿車也大路天子之車也諸侯朝天子脩其職貢若有動勞者天子賜之大路也龍旂九旒天子之旌也正義曰巾車云龍旂九旒上公之旌青黑緣者天子之葆龜也公羊傳曰龜青緣何休曰緣甲頓也千歲之龜青頓明乎吉凶也○索隱曰葆與寶同史記多作此字頓音髯占反○正義曰緣以絹反從之以牛羊之羣則所以贈諸侯也鄭玄曰贈諸侯謂來朝將去送之以禮也○正義曰合結上諸事皆是天子送諸侯禮也言五等諸侯朝畢反去天子贈之大路龍旂寶龜又送以牛羊之羣也樂也者情之不可變者也

正義曰此第七章明樂之情與之符達鬼神合而不可變也中有三段一明禮樂情達鬼神也二證禮樂達鬼神之事三明識禮樂之本可尊也前第六章明象象必見情故以樂主情樂變則情變故云情之不可變也

禮也者理之不可易者也 鄭玄曰理猶事也○正義曰禮主事禮別也故云事之不可易者也

樂統同 正義曰解情不變也統須也同和合之情者也

禮別異 鄭玄曰統同和合也辨異異尊卑之位○正義曰解事不可易也禮別於尊卑之事也

禮樂之說貫乎人情矣 正義曰貫猶通也言人情莫過於同異而禮樂能統同辨異故其說理能通人情

窮本知變樂之情也 正義曰康成云樂能通和性分使各不失其所是窮自然之本也使人不守其所守是知變通之情也

著誠去僞禮之經也 正義曰著竹慮反去丘呂反著明也經常也著明誠信違去詐僞是禮之常行也

禮樂順天地之誠 正義曰見胡練反合明禮樂也禮出於地尊卑有序是見地情也樂出於天遠近和合是見天之情也

達神明之德 正義曰達通也禮樂不失

則天降甘露地出醴泉是通於神明之德也降興上下之神鄭玄曰降下也興猶出也○正義曰樂六變天神下八變地祇出是興降上下之神而凝是精粗之體領父子君臣之節鄭玄曰凝猶成也精粗謂萬物大小也領猶理治也是故大人舉禮樂則天地將爲昭焉正義曰爲于僞反召音照此樂請章第二段明禮樂能通達鬼神之事前既云能通鬼神此明其事也大人聖人與天地合德故舉禮樂爲教而天地從之大明也天地欣合陰陽相得正義曰欣喜也合猶蒸也禮樂化行故天氣下地氣蒸合陰陽交會故相得也論體謂之天地論氣謂之陰陽也煦嫗覆育萬物鄭玄曰氣曰煦體曰嫗然後草木茂區萌達鄭玄曰屈生曰區○正義曰區音勾草木據其成體之茂區萌據其新牙故曰達達猶出也菽豆之屬直出曰萌稻稷之屬也羽翮奮角觡生鄭玄曰無䚡曰觡○索隱曰牛羊有䚡曰角䚡粟㐌無䚡曰觡○正義曰觡加客反羽翮鳥也角觡獸也然獸得天地覆育煦嫗故飛者則奮翅翮走者則生角

觡也蟄蟲昭蘇鄭玄曰昭曉也蟄蟲以發出為曉更息曰蘇○正義曰蟄蟲得陰陽煦嫗故皆出

地上始夜得曉始死更有氣也羽者嫗伏毛者孕鬻鄭玄曰孕任也鬻生也○正義

曰伏孚富反羽鳥也毛獸也二氣既交萬物生乳故鳥生卵嫗伏之獸懷孕而生育之也胎生者不殰

而卵生者不殈鄭玄曰肉敗曰殰殈猶裂也○正義曰殰音瀆殈音呼覓反胎生獸也卵生鳥

也懷任在內而死曰殰卵坼不成子曰殈今和氣不殰殈也則樂之道歸焉耳孫炎

曰樂和陰陽故歸此也○正義曰更辭之云一論天地二氣萬物各得其所乃歸於樂耳樂者非謂

黃鍾大呂弦歌干揚也鄭玄曰揚越也○索隱曰干楯也揚與鍚同皇侃以揚為

舉恐非也○正義曰此樂情章第三段明識禮樂本者為尊識末者為卑黃鍾大呂之屬故云非謂也揚舉也謂舉楯以干

舞也樂之末節也正義曰黃鍾已下是樂之末節也故童者舞之正義

曰太專易之不足貴重故使童子小兒舞奏之也布筵席陳尊俎列籩豆以

升降爲禮者正義曰此亦明末也用禮之本在著誠去僞安上理民不在鋪筵席樽俎升降爲禮之事也禮之末節也正義曰布筵以下是禮之末節也故有司掌之鄭玄曰言禮樂之本由人君也禮本著誠去僞樂本窮本知變○正義曰有司典禮小官也末節事易解不爲可重故小官掌其事也樂師辯乎聲詩故北面而弦王肅曰但能別聲詩不知其義故北面而弦鄭玄曰弦謂鼓琴瑟○正義曰此更引事證樂師曉樂者辯別聲詩聲謂歌也言樂師雖能別歌詩並是末事故北面言坐處卑也宗祝辯乎宗廟之禮故後尸正義曰此禮事也宗祝大祝即有司之屬也雖能分別正宗廟之禮然佐於尸而非爲敬之主爲卑故在尸後也商祝辯乎喪禮鄭玄曰商祝祝習商禮者商人教以敬於接神故後主人鄭玄曰後尸居後贊禮儀也此言知本者尊知末者卑○正義曰商祝者殷商之神祝習商家神祀以相佐喪事故云辯喪禮其雖掌喪事而非發哀之主故在主人後言立處賤也是故德成而上正義曰上謂堂上也德成謂人君禮樂

德成則爲君故居堂上南面尊之也藝成而下正義曰下謂堂下也藝成謂樂師伎藝雖成唯識禮樂之末故在堂下北面卑之也行成而先正義曰行胡孟反先猶前也尸及喪主也行成謂尸尊而人孝故爲行成事成而後鄭玄曰德三德也行三行也藝才技也先謂位在上也後謂位在下也○正義曰事爲祭務故爲在宗廟之下祝也識尸及主人後也是故先王有上有下有先有後然後可以有制於天下也鄭玄曰言尊卑備乃可制作以爲治○正義曰故先王使有上下前後尊卑之分乃可制禮作樂以班於天下也如周公六年乃爲禮樂也樂者聖人之所樂也正義曰此樂施章第三段後也誤在此間注之後又用此章覆爲樂象其德故云聖人之所以觀德也而可以善民心其感人深其風移俗易故先王著其教焉鄭玄曰謂立司樂以下使教國子也夫人有血氣心知之性正義曰此第五章名言樂明樂歸趣之事樂有三段一言人心隨王之樂也二明前王制正樂化民也三言邪

史記八書　冊

樂下

史記八書
樂下
三十

志

樂不可化民也前既以施人人必應之言其歸趣也此言人心隨王之樂也夫人不生則已既已生必有血氣心知之性也

而無哀樂喜怒之常正義曰性合五常之行有喜怒哀樂之分但其發無常時隨外境所觸故亦無常也

應感起物而動正義曰解所有四事之由也緣外物來感心心觸感來起動應感之故有上四事也

然後心術形焉鄭玄曰言在所以感之也術所由也形猶見也

是故微焦衰之音作鄭玄曰志微意細也吳公子札曰其細已甚

而民思憂正義曰殺音所界反又色例反思音先利反此以下皆言心樂感而應見外事也若人君叢脞情志細劣其樂音唯感殺急不舒緩也音既局促故民應之而憂也

嘽緩慢易繁文簡節之音作鄭玄曰簡節少易也

而民康樂正義曰嘽昌單反易以豉反樂音洛嘽綽也緩和也慢疏也繁文多也康和樂安也言人君道德綽和疏易則樂音多文采與節奏簡略而下民所以安

粗厲猛起奮末廣賁之音作王肅曰粗厲亢厲猛起發揚奮末浸疾廣賁廣大之也

而民剛

毅，正義曰：粗，音麤。賁，房扮反，又音墳。粗，略也。厲，嚴也。猛，剛起動也。末，支體也。廣，大也。憤，氣充也。言人君若性麤嚴剛動，而四支奮躍，則樂充大，民應之，所以剛毅也。廉直經正，孫炎曰：經，法也。○索隱曰：經，今禮本作勁。莊誠之音作，而民肅敬，正義曰：經音勁。言人君廉直勁而剛正，則樂音矜嚴而誠信，故民應之，所以肅敬也。寬裕肉好，王肅曰：肉好，言音之洪美。順成和動之音作，而民慈愛，正義曰：肉，仁救反。好，火到反。肉，肥也。謂音如肉之肥。言人君寬容肥好，則樂音順成而和動，故民應之，所以慈愛也。流辟邪散狄成滌濫之音作，王肅曰：狄成，言成而似夷狄之音也。滌，放盪。濫，僭差也。而民淫亂。正義曰：辟，疋亦反。邪音斜。狄音惕。狄、滌皆往來疾速也。往來速而成，故云逖成。往來疾而僭濫，故云滌濫也。言君上流淫縱僻，回邪放散，則樂音有往來速疾僭差之響，故民應之而淫亂也。心本無此六事，由隨王而起也。是故先王本之情性，正義曰：此言樂章第二段也。前言民隨樂變，此言先王制正樂化民也。言聖人制樂，必本人之性情也。稽之度數制之禮義正義曰稽考也制樂又考天地度數為之如律呂應十二月八音應八風之屬是也合生氣之和道五常之行鄭玄曰生氣陰陽也五常五行也○正義曰道音導行故孟反合應也使之陽而不散陰而不密鄭玄曰密之言閉也○正義曰陽謂稟陽氣多人也氣舒散人稟陽多則奢陰氣閉密人稟陰多則密縝今以樂通二者之性皆使中和故陽者不散陰者不密也剛氣不怒柔氣不懾鄭玄曰懾猶恐懼也○正義曰懾之涉反懼也性剛者好怒柔者好懼今以樂和使各得其所不至怒懼也四暢交於中而發作於外正義曰四陰陽剛柔也暢通也交午也中心也今以樂調和四事通暢交午於中心而行用舉動發於外不至散密怒懾者也皆安其位而不相奪也正義曰此結樂為本情性之事也閉陽開陰抑剛引柔懼使中庸故天下安其位無復相侵奪之也然後立之學等鄭玄曰等差也各用其材之差學之也○正義曰前用樂陶情和暢然後乃以樂語樂舞二事教之民各隨己性才等差而學之以備分也

廣其節奏省其文采鄭玄曰廣增習之也省猶審習之也文采謂節奏合也以

繩德厚也鄭玄曰繩猶度也王肅曰繩法也法其德厚薄也類小大之稱孫炎

曰作樂器大小稱十二律○索隱曰類今禮作律比終始之序鄭玄曰始於宮終於羽以

象事行鄭玄曰宮為君商為臣使親疏貴賤長幼男女之理

皆形見於樂正義曰此結本人之情以下緣本而教親疏以下之理悉章著樂功使聞者皆知而

見緝睦情也故曰樂觀其深矣正義曰此引古語證觀感人之深矣土敝

則草木不長水煩則魚鼈不大正義曰此言樂章第三段言邪樂不

可化民將言邪樂之由故此前引天也為譬言此以地為譬言也弊猶勞孰煩猶數攪動也土過勞孰水過撓動則草木魚鼈

不長十也氣衰則生物不育正義曰此以天譬也氣者天時氣也氣若衰微則生物不

復成遂也世亂則禮廢而樂淫正義曰此合譬也世謂時世亂其禮不備樂不節故

流淫過度水土勞斃則草木魚鱉不長大如時世濁亂之禮樂不可爲化矣是故其聲哀而
不莊樂而不安正義曰樂音洛此證樂淫之事也淫樂則聲哀而無莊故雖奏以自樂必致傾
危非自安之道故云樂而不安若關雎樂而不淫哀而不傷則是有莊敬而安者也慢易以犯節
正義曰易以豉反言無莊敬慢易也無節奏故云犯節也即是哀而不莊也流湎以忘本正義
曰湎音沔靡靡無窮失於終止故言忘本即樂而不安也廣則容姦正義曰言淫慝禮樂聲無節也
廣聲緩也容含也其聲緩者則含容姦偽也狹則思欲王肅曰其音廣大則容姦偽其狹者則使人思
利欲也○正義曰狹聲急也其聲急者則思欲之攻也感滌蕩之氣而滅平和
之德正義曰感動也言此惡樂能動善人滌蕩之善氣使失其所而滅善人平和之德也是以君
子賤之也正義曰君子賴樂調和是故賤於動滅平和之氣也凡姦聲感人而
逆氣應之正義曰此第六章名象法也本第八失次也明人君作樂則天地必法象應之中有五段一明

淫樂正樂俱能成象，二明君子所從正樂皆有本非可假偽。四、證第三段有本不偽之由。五明禮樂之用前有證故明其用別也。今此明淫正二樂俱能成象，故先言淫樂為習，應人事也。言君奏姦聲之樂以感動人民，則天地應之而生逆亂之氣也。**逆氣成象，**鄭玄曰：成象謂人樂習之也。**而淫樂興焉。**正義曰：興，生也。若逆氣流行於世，而民又習之為法，故云成象。既習亂為法，故民之樂聲生於淫佚也。**正聲感人，而順氣應之；順氣成象，而和樂興焉。**正義曰：言順氣流行，民習成法，故樂聲亦生於和也。**倡和有應，**正義曰：倡音昌尚反。和，胡臥反。君唱之，天地和之，民應之，故云唱和有應也。**回邪曲直各歸其分，**正義曰：分，房問反。此是有應也。回邪，不正也。曲，折也。直，不邪也。言相應稱，表直影正，表曲影邪，各歸其分也。**而萬物之理以類相動也。**正義曰：姦聲致應，正樂招順，是以天下萬物之理各隨君善惡以類而相動也。**是故君子反情以和其志，**鄭玄曰：反，猶本也。○正義曰：此樂象章第二段也。明君子從正樂也。君子，人君也。反

樂書

循本也民下所習既從於君故君宜杏情不使流宕以自安和其志也**比類以成其行**正義曰行故孟反萬物之理以類相動故君子比於正類以成己行也**姦聲亂色不流聰明淫樂慝禮不接於心術惰慢邪辟之氣不設於身體**正義曰此以下皆反情性之類事也術道也既本情和志又比類成行故姦聲亂色不留視聽淫樂穢禮不與心道相接惰慢邪辟不設置己身也聲色是事故云聰明而氣無形故於身爲設也**使耳目鼻口心知百體皆由順正以行其義**正義曰百體謂身體百節既不行姦亂已下諸事故能使諸行並由順正以行其德美化其天下也不留聰明於姦聲亂色故耳目得順正也不用心術接淫慝禮樂故心知得順正也不設身於情僻故百體得順正也不言鼻口者嗜不一也亦因戒臭味順正也**然後發以聲音文以琴瑟**正義曰其身已正故然後乃可制樂爲化故用歌之音聲內發已之德用琴瑟之響外發已之行歌者在上此是堂上之樂故前明之也**動以干戚飾以羽旄**

從以簫管正義曰又用干戚羽旄簫管從而播之絲竹在下此是堂下之樂故後明之也奮至德之光動四氣之和以著萬物之理孫炎曰奮發也至德之光天地之道也四氣之和四時之化也著猶誠也是故清明象天廣大象地終始象四時周旋象風雨王肅曰清明廣大終始周旋皆樂之節奏容儀發動也○正義曰歷解樂所以能通天地言歌聲清明是象天氣也廣大謂鍾鼓有形質是象地形也謂奏歌周而復始如四時循還也若樂六變九變是也謂舞人廻旋如風雨從天而下五色成文而不亂八風從律而不姦百度得數而有常鄭玄曰五色五行也八風從律應節至也百度百刻也言日月晝夜不失正也王肅曰至樂之極能使然耳小大相成正義曰大小謂日晦小大相通以成歲也賀瑒云十二律互相為宮羽而相成也終始相生正義曰歲月終而更始也賀瑒云五行宮商迭相為終始也倡和清濁代相為經鄭玄曰清謂蕤賓至應鍾也濁

謂黃鍾至仲呂也○正義曰代更也經常也日月半歲陰陽更相爲常也即還相爲宮也故樂行而倫清鄭玄曰倫謂人道也○正義曰謂上正樂之行也謂下事張本也即樂行之事也由正樂既行故人民之道清也耳目聰明正義曰不視聽姦亂故視聽聰明血氣和平正義曰口鼻心之百體皆由從正故血氣和平移風易俗天下皆寧正義曰既皆由從正以行其義故風移俗華天下陰陽皆安寧移是移從之名易是改易之稱也文王之國自有文王之風桀紂之邦亦有桀紂之風桀紂之後文王之風被於紂民易前之惡俗從今之善俗上行謂之風下習謂之俗故曰樂者樂也正義曰引舊語樂名證前事也前事邪正之樂雖異並是其人所樂故名曰樂也君子樂得其道正義曰雖其人所樂一而名爲樂而人心不同故所樂有異有異而名通故皆名樂君子樂堯舜也道謂仁義故制樂亦仁義也小人樂得其欲正義曰小人樂桀紂也人欲邪淫也以道制欲則樂而不亂正義曰若君子在上小人在下君子樂用仁義以制小人之欲則天下安樂而不敢爲亂也

樂書

以欲忘道則惑而不樂鄭玄曰道謂仁義也欲謂邪淫也○正義曰若小人在上君子在下則小人肆縱其欲忘正道而天下從化皆爲亂惑不得安樂是故君子反情以和其志正義曰若以道制欲則是君子以欲忘道則爲小人故君子之人本情脩性以和其志不使逐欲忘道反情以至其行也廣樂以成其教正義曰内本情和志而外又廣於樂以成其教然後發以聲音以著萬物之理也樂行而民鄉方正義曰君上内和志行樂教流行故民皆向君子之道即仁義制欲者故樂行而倫清以至天下安寧也可以觀德矣鄭玄曰方猶道也○正義曰結樂使人知上之事故觀知其德也德者性之端也正義曰此樂象章第二段明邪正有本皆可爲也德得理也性之端本也言人稟生皆以得理爲本也樂者德之華也正義曰得理於内樂爲外故云德華也金石絲竹樂之器也正義曰歷解飾所須也樂爲德華若莫之能用故須金石之器也詩言其志也正義曰前金石爲器須用詩述申其志志在心

不述不暢故用詩述之也

歌詠其聲也

正義曰若直述其志則無𢡟藉之美故又長言歌詠使聲音之美可得而聞之也

舞動其容也

正義曰若直詠歌未暢故又舉手蹈足以動其形容也

三者本乎心然後樂氣從之

正義曰三者志聲容也樂氣詩歌舞也君子前有三德爲本乎心後乃詩歌舞可觀故云然後樂氣從之也

是故情深而文明

正義曰德爲性本故曰情深也樂爲德華故云文明

氣盛而化神

正義曰歌舞蹈樂氣從之故云氣盛天下咸寧故曰化神也

和順積中而英華發外唯樂不可以爲僞

鄭玄曰三者本志也聲也容也言無此本於內則不能爲樂耳○正義曰內外符合而無有虛假不可以爲僞也

樂者心之動也

正義曰此樂象章第四段也明諸前第三段樂本之事緣有前境可樂而心動應之故云樂者心之動也

聲者樂之象也

正義曰象法也樂舞無聲則不彰故聲爲樂之法也

文采節奏聲之飾也

正義曰若直有聲而無法度故須文采節奏聲之儀

飾也君子動其本正義曰本德也心之動必應德也樂其象正義曰德行必應法也然後治其飾正義曰飾文采節奏也前動心有德次行樂有法然後乃理其文飾也是故先鼓以警戒鄭玄曰將奏樂先擊鼓以警戒衆也○正義曰此引武王伐紂之事諸前有德後有飾也武王聖人是前有德也而用此節奏是後有飾也先鼓者爲武王伐紂未戰之前鳴皮鼓以警戒使軍衆逆備也今作武王樂者未奏之前鳴皮鼓以敕人使豫備具也是明志後有事也三步以見方鄭玄曰將舞必先三舉足以見其舞之漸也王肅曰舞武樂三步爲一節者以見伐道也○正義曰見胡練反三步只三步也見方謂方戰也武王伐紂未戰之前兵士樂奮其勇出軍陣前三步示勇氣方將戰也今作樂象之纘列畢而舞者將欲舞先舉足三頓爲步以表方將舞之勢也再始以著往鄭玄曰武舞再更始以明伐紂時再往之○正義曰著竹慮反再始謂兩過爲始也著明也文王受命十一年而武王除喪軍至孟津觀兵曰紂未可伐也乃還師是一始也至十三年更興師伐之是再始也今舞武者前成列將欲舞而不舞是一始也去復更來是二過始明象武王之

再往故云再如著往也復亂以飭歸鄭玄曰謂鳴鐃而退明以整歸德也○正義曰復者伏也飾音勑復亂者紂凶亂而安復之飾歸者武王伐紂勝鳴金鐃整武而歸也以去奏皮鼓歸奏金鐃者皮文也金武也初示文德使紂自改之則不伐紂既不改因而用兵用兵既竟故鳴金鐃而歸示用已竟也今奏武舞初皮鼓鼙警衆末鳴鐃以歸象伐紂已竟也鐃鐙鐸也奮疾而不拔也王肅曰舞雖奮疾而不失節若樹木得疾風而不拔○正義曰謂舞形也奮迅疾速也拔傾側也伐紂時士卒歡喜奮迅急速以尚威勢猛而不傾側也今武舞亦奮迅急疾而速不傾倒象之極幽而不隱鄭玄曰極幽謂歌也○正義曰皆謂文采節奏也獨樂其志不厭其道王肅曰樂能使仁人獨樂其志不厭倦其道也○正義曰言武王諸將人各忻悅象武王有德天下之志並無厭干戈君臣之道備舉其道不私其欲正義曰緣人人不厭故作樂者事事法之欲備舉武王之道耳非爲私情之所欲也是以情見而義立正義曰不厭武王之道其情既見則不私其欲義亦立也樂終而德尊正義曰爲樂之理既終是

象德之事其德亦尊顯也君子以好善小人以息過正義曰樂理周足象德可尊以此教世何往而不可君子聞之則好善小人聞之則改過也故曰生民之道樂為大焉正義曰此引舊語結樂道之為大君子曰禮樂不可以斯須去身正義曰此第十一章名為樂化此章第十以化民故次賓牟賈成第十也其章中皆言樂陶化為善也凡四段一明人生禮樂恒與己俱也二明禮樂不可偏用各有一失也三明聖人制禮作樂之由也四明聖人制禮作樂天下服從此初段人生禮樂恒與己俱也恒故能化化故在前也引君子之言以張本也斯須俄頃也失之者死故俄頃不可去身者也致樂以治心鄭玄曰致猶深審也樂由中出故治心也則易直子諒之心油然生矣王肅曰易平易直正直子諒愛信也鄭玄曰油新生好貌易直子諒之心生則樂樂則安安則久久則天天則神天則不言而信神則不怒而威鄭玄曰若善心生則寡於利欲寡於

樂書

利欲則樂矣志明行成不言而見信如天也不怒而見畏如神也致樂以治心者也正義曰結所由也有威信由於深審樂以結心之故致禮以治躬者也正義曰前明樂治心今明禮檢迹若深審於禮以治身則莊敬也鄭玄云禮自外作故治身也治躬則莊敬莊敬則嚴威鄭玄曰禮自外作故治身也○正義曰既身莊敬嚴然人望而畏之是威嚴也治內難見發明樂句多治外易觀發明禮句少而又結也心中斯須不和不樂而鄙詐之心入之矣鄭玄曰謂利欲生也外貌斯須不莊不敬而慢易之心入之矣鄭玄曰易輕易也故樂也者動於內者也禮也者動於外者也樂極和禮極順內和而外順則民瞻其顏色而弗與爭也望其容貌而民不生易慢焉德煇動乎內而民莫不承聽理發乎外

而民莫不承順鄭玄曰德煇顔色潤澤也理容貌進止也孫炎曰德煇明惠也理言行也故

曰知禮樂之道舉而錯之天下無難矣正義曰錯七故反引舊説民莫不承聽莫不承順也聖王有能詳審極致禮樂之道舉而措之於天下天下悉從無難爲之事也樂

也者動於內者也禮也者動於外者也正義曰此樂化章第三段也明禮樂不可偏用各有一失既方明所失故前更言其所發外內不同也動亦感觸故禮主其

謙鄭玄曰人所倦也王肅曰自謙損也樂主其盈鄭玄曰人所權也王肅曰充氣志也禮

謙而進以進爲文鄭玄曰進者謂自勉強也文猶美也善也王肅曰禮自減損所以進德修業也

樂盈而反以反爲文鄭玄曰反謂自抑止也王肅曰樂充氣志而反本也禮

謙而不進則銷樂盈而不反則放鄭玄曰放淫於聲樂不能止也

故禮有報孫炎曰報謂禮尚往來以勸進之王肅曰禮自減損而以進爲報也而樂有反

孫炎曰反謂曲終還更始禮得其報則樂樂得其反則安禮之報樂之反其義一也鄭玄曰俱起立於中不銷不放夫樂者樂也人情之所不能免也正義曰此樂化章第三段也明聖人所以制樂由人樂於歌舞故聖人制樂以和樂之故云樂者樂也但權樂是人所貪貪不能自止故云人情也樂必發諸聲音形於動靜人道也鄭玄曰人道人之所為也聲音動靜性術之變盡於此矣鄭玄曰不可過故人不能無樂樂不能無形鄭玄曰形聲音動靜也形而不為道不能無亂先王恥其亂故制雅頌之聲以道之使其聲足以樂而不流使其文足以綸而不息鄭玄曰文篇辭也息銷也使其曲直繁省廉肉節奏鄭玄曰曲直歌之曲折繁省廉肉聲之洪殺也足以感動人

之善心而已矣不使放心邪氣得接焉是先王立樂之方也鄭玄曰方道也是故樂在宗廟之中君臣上下同聽之則莫不和敬在族長鄉里之中長幼同聽之則莫不和順在閨門之內父子兄弟同聽之則莫不和親故樂者審一以定和比物以飾節節奏合以成文鄭玄曰審一審其人聲也比物謂雜金革土匏之屬以成文五聲八音克諧相應和也所以合和父子君臣附親萬民也是先王立樂之方也故聽其雅頌之聲志意得廣焉正義曰前云先王制雅頌之聲音形於動靜故此諸其事也此是發於聲音也民聽正聲得盛德之美志意得廣大也執其干戚習其俯仰詘信容貌得莊焉行其綴兆

鄭玄曰綴表也所以表行列也要其節奏鄭玄曰要猶會也行列得正焉進退得齊焉故樂者天地之齊中和之紀鄭玄曰紀總要之名人情之所不能免也夫樂者先王之所以飾喜也正義曰此樂化章第四段也明樂唯聖人在上者制作天下乃從服也若內有喜則外歌舞以飾之故云王以樂飾喜也軍旅鈇鉞者先王之所以飾怒也故先王之喜怒皆得其儕焉喜則天下和之怒則暴亂者畏之先王之道禮樂可謂盛矣魏文侯問於子夏曰正義曰此章第八明文侯問也文侯故晉大夫畢萬之後見子夏而問於樂也吾端冕而聽古樂鄭玄曰端玄衣也古樂先王之正樂○正義曰此文侯問事也謂玄冕凡冕服其制正幅袂二尺二寸故稱端也著玄冕衣與玄端同色故曰端冕聽古樂也此當是廟中聽樂玄冕祭服也則唯

恐臥聽鄭衛之音則不知倦敢問古樂之如彼何也新樂之如此何也子夏答曰今夫古樂進旅而退旅鄭玄曰旅猶俱也俱進俱退言其齊一也○正義曰子夏之荅凡有三初則舉古禮次新樂以酬問意又因更別說以誘引文侯欲使更問也此是荅述古樂之情旅衆也和正以廣鄭玄曰無姦聲也弦匏笙簧合守拊鼓鄭玄曰合皆也言衆皆待擊鼓乃作也拊者以韋為表裝之以糠也○正義曰拊音敷武反拊一名相亦奏古笙樂也弦琴瑟也匏瓠屬也四十六簧笙十九至十三簧也簧施於匏笙之管端者也合會也守待也拊者皮為之以糠實如革囊也用手拊之鼓也言奏弦匏笙簧之時若欲令堂上作樂則撫拊堂上樂工聞撫拊乃弦歌也若欲令堂下作樂則擊鼓堂下樂工聞鼓乃吹管播樂也言弦匏笙簧皆待拊為節故言會守拊鼓也始奏以文上亂以武鄭玄曰文謂鼓也武謂金也治亂以相訊疾以雅孫炎曰整其亂行節之以相赴敵迅疾謝之以雅鄭玄曰相即拊也亦以節樂

雅亦樂器名狀如漆筩中有椎君子於是語於是道古修身及家
平均天下此古樂之發也今夫新樂進俯退俯
鄭玄曰俯猶曲也言不齊一也○正義曰此第二述雜樂也俯曲也新樂行列不齊進退曲也姦聲以淫
溺而不止王肅曰姦聲淫使人溺而不能自止及優侏儒王肅曰俳優短人也獶
雜子女不知父子鄭玄曰獶獼猴也言舞者如獼猴戲亂男女尊卑也樂終不
可以語不可以道古此新樂之發也正義曰此結新樂答也
今君之所問者樂也所好者音也正義曰此第三別誘引文侯更
問前故說此句言文侯所問乃是樂而好鏗鎗之音非律呂克諧之樂也夫樂之與音相
近而不同鄭玄曰鏗鎗之類皆為音應律乃為樂文侯曰敢問如何鄭玄
曰欲知音樂異意子夏答曰夫古者天地順而四時當正義

曰當于浪反此答古樂之由也天地從四時當聖人在上故也民有德而五穀昌疾疢不作而無祆祥此之謂大當鄭玄曰當謂不失其所也然後聖人作爲父子君臣以爲之紀綱紀綱既正天下大定天下大定然後正六律和五聲弦歌詩頌此之謂德音德音之謂樂詩曰莫其德音其德克明克明克類克長克君王此大邦克順克俾鄭玄曰德正應和曰莫照臨四方曰明勤施無私曰類教誨不倦曰長慶賞刑威曰君慈和徧服曰順俾當爲比擇善而從之曰比俾於文王其德靡悔既受帝祉施于孫子此之謂也鄭玄曰施延也言文王之德皆能如此故受天福延及後世今君之所好者其溺音與鄭玄曰言無文王之德則所好非樂文侯曰敢

問溺音者何從出也子夏答曰鄭音好濫淫志鄭玄曰濫濫竊竊姦聲也○正義曰子夏歷述四國之所由以答文侯也宋音燕安溺志王肅曰燕歡悅衛音趨數煩志孫炎曰趨數音促速而數數變也鄭玄曰煩勞也齊音驁辟驕志四者皆淫於色而害於德是以祭祀不用也鄭玄曰言四國出此溺音詩曰肅雍和鳴先祖是聽夫肅肅敬也雍雍和也夫敬以和何事不行鄭玄曰古者樂敬且和故無事而不用溺音無所施爲人君者謹其所好惡而已矣君好之則臣爲之上行之則民從之詩曰誘民孔易此之謂也鄭玄曰誘進也孔甚也言民從君之所好惡進之於善無難也然後聖人作爲鞉鼓椌楬壎篪鄭玄曰椌楬謂柷敔○索隱曰壎以土爲之大如鵝

子形以鍾吹之爲聲篪以竹爲之六孔一孔上出名曰翹橫吹之今之橫笛是也詩云伯氏吹壎仲氏吹篪是也此六者德音之音也鄭玄曰六者爲本以其聲質然後鐘磬竽瑟以和之干戚旄狄以舞之此所以祭先王之廟也所以獻酬酳酢也所以官序貴賤各得其宜也鄭玄曰官序貴賤謂尊卑樂器列數有差此所以示後世有尊卑長幼序也鐘聲鏗鏗以立號鄭玄曰號令所以警眾也王肅曰鐘聲高故以之立號也號以立橫鄭玄曰橫充也謂氣作充滿橫以立武君子聽鐘聲則思武臣石聲硜王肅曰聲果勁硜以立別鄭玄曰謂分明於節義別以致死君子聽磬聲則思死封疆之臣絲聲哀哀以立廉鄭玄曰廉廉隅廉以立志君子聽琴瑟之聲則思

樂書

志義之臣竹聲濫（王肅曰濫會諸音）濫以立會會以聚衆君子聽竽笙簫管之聲則思畜聚之臣鼓鼙之聲讙讙以立動動以進衆君子聽鼓鼙之聲則思將帥之臣（鄭玄曰聞讙囂則人意動作也）君子之聽音非聽其鏗鎗而已也彼亦有所合之也（鄭玄曰以聲合己意）賓牟賈侍坐於孔子（正義曰此第九章名賓牟賈問者盖孔子之問本為牟賈而没故云牟賈問也）孔子與之言及樂曰夫武之備戒之已久何也（鄭玄曰武謂周武也備戒擊鼓警衆也○正義曰此孔子問牟賈及樂之事凡問有五此其一也備戒者謂將欲作樂前鳴鼓警戒使樂人各備容儀言初欲奏樂時既已備戒使有節奏故云武備者備戒已久疑其遲久故問之也）答曰病不得其衆也（鄭玄曰病猶憂也以不得衆心為憂憂其難○正義曰牟賈答也亦有五而一）

荅是三荅非今荅是也言武王伐紂時憂不得衆心故前鳴
鼓戒衆久久乃出戰也故令舞者久久乃出象武王憂不得衆
心故也**永歎之淫液之何也**鄭玄曰永歎淫液歌遲之也○正義曰此第二問也
荅曰恐不逮事也鄭玄曰逮及也事伐事也○正義曰此荅亦是也言衆士望武王欲伐速
恒恐不及伐事之機故有詠歎淫液之聲**發揚蹈厲之已蚤何也**王肅曰厲
疾也備戒雖久至其發作又疾也○正義曰第三問也發初也揚舉袂也蹈頓足蹋地厲顏色勃然如戰色也問樂舞何
意發初揚袂又蹈頓足蹋地勃然作色何忽如此何也**荅曰及時事也**鄭玄曰時至武事當
施也王肅曰欲合會大事各及時○正義曰此荅非也今賈意言發揚蹈厲象武王一人意欲及時之事故早為此也鄭亦
隨賈意注之也**武坐致右憲左何也**王肅曰右膝至地左膝去地也○正義曰憲音
軒第四問也坐跪也致至也軒起也問舞人何忽有時而跪也**荅曰非武坐也**鄭玄曰言武之
事無坐也○正義曰此荅亦非也今賈言武奮之士不應有坐也**聲淫及商何也**王肅曰聲

樂書

深淫貪冒商○正義曰第五問也答曰非武音也王肅曰言武王不復伐爲天下除殘非貪商○正義曰此答又非也子曰若非武音則何音也正義曰孔子評其答武音不會貪但不知其實解理空言其非又問也答曰有司失其傳也鄭玄曰有司典樂者傳猶說也○正義曰傳直緣及賈其答言武王伐有貪是有司傳之謬妄故有此矣如非有司失其傳則武王之志荒矣鄭玄曰荒老耄也言典樂者失其說時人妄說也○正義曰賈又云假令非傳者謬妄則是武王末年年志荒耄之時致有貪商之聲也子曰唯丘之聞諸萇弘亦若吾子之言是也鄭玄曰萇弘周大夫○索隱曰大戴礼云孔子適周訪礼於老聃學樂於萇弘是也○正義曰萇音直良反吾子牟賈也言我聞萇弘所言亦如賈今所言之也賓牟賈起免席而請曰正義曰免猶避也前所答四事五不敢叩問今疑不知前答之是非故起所疑而問也夫武之備戒之已久則既聞命矣孫炎曰聞命謂

言其

敢問遲之遲而又久何也鄭玄曰遲之遲謂久立於綴子曰

居吾語汝鄭玄曰居猶安坐也夫樂者象成者也王肅曰樂象成功為舞正義曰此一節明往昔成

總干而山立王肅曰總持干楯山立不動武王之事也正義曰此明

成之事也若合舞者持楯正也象武王伐紂持楯立以待諸侯之至故云武王之事也

發揚蹈厲太公之志也王肅曰志在鷹揚也○正義曰若舞者發揚蹈厲以為象武王欲及時事非也言

此是太公之志以太公相武王伐紂志在威武王之速成自發其威勇以助也武亂皆坐周召之

治也王肅曰武亂武之治也皆坐以象安民無事也○正義曰賈前言武坐非也因又為之說言當伐紂時事

卒行伍有亂者周召二公以治正之使其跪敬若左以待勅命故今入舞者跪以象之亂挨相正之則與跪跪乃更起

以作行列象周召之事耳非武舞有坐之也且夫武始而北出鄭玄曰始奏象觀兵盟津時也

時也○正義曰說其舞意未周成之事其意貴象

成之事其苦前王事故又且夫也始而北出者謂奏樂象武

樂書

王觀兵孟津之時也王居鎬在南紂居朝歌在河北故舞者南來時楯向北尚象之也**再成而滅商**鄭玄曰成猶奏也再奏象克殷時○正義曰再成謂舞者再來奏時也舞者初始前一向北而不舞象武王前觀兵孟津不伐而反也至再往而向北遂奏成擊刺**三成而南**王肅曰誅紂已而南○正義曰舞者第三奏往而轉向南象武王勝紂向南還鎬之時也**四成而南國是疆**王肅曰有南國以爲疆界○正義曰舞者第四奏象周太平時南方荊蠻並來歸服爲周之疆界**五成而分陝周公左召公右**王肅曰分陝東西而治○正義曰舞者至第五奏而東西中分之爲左右二部象周太平後周公召公分職爲左右二伯之時**六成復綴以崇天子**鄭玄曰六奏象兵還振旅也復綴反位止也王肅曰以象尊崇天子**夾振之而四伐盛振威於中國也**王肅曰振威武也四伐者伐四方與紂同惡者一擊一刺爲一伐也○正義曰夾音古合反夾振謂武王與大將軍夾軍而奮鐸振動士卒也言當奏武樂時亦兩人執鐸夾之爲節之象也凡四伐到一止當伐紂時士卒皆四伐一止也

故牧誓云今日之事不過四伐五伐是也故作武樂擬者亦以干戈伐之象也分夾而進徐廣曰一作遲事蚤濟也王肅曰分部而並進者欲事早成久立於綴以待諸侯之至也鄭玄曰象武王伐紂待諸侯也且夫女獨未聞牧野之語乎鄭玄曰欲語以作武樂之意○正義曰今衛州所理汲縣即牧野之地也更欲語答賓奏武樂遲久之意其語即下所陳是也武王克殷反商鄭玄曰反當爲及謂至紂都也未及下車正義曰車戎車也軍法一車三人乘之步卒七十二人牧誓云戎車三百兩則二萬二千五百人也而封黃帝之後於薊封帝堯之後於祝正義曰地理志云平原即祝阿縣也薊音計幽州縣是也封帝舜之後於陳正義曰陳州宛丘縣故陳城是也下車而封夏后氏之後於杞正義曰汴州雍丘縣故杞國封殷之後於宋封王子比干之墓鄭玄曰積土爲封封比干之墓崇賢也釋箕

子之囚使之行商容而復其位徐廣曰周本紀曰命召公釋箕子之
囚又曰表商容之閭庶民弛政庶士倍祿鄭玄曰弛政去紂時苛役倍祿復其紂時薄者
濟河而西正義曰濟渡也河黃河也武王伐紂事畢從懷州河陽縣南渡河至洛州從洛城而西歸鎬京也
馬散華山之陽鄭玄曰散猶放而弗復乘牛散桃林
之野徐廣曰在弘農縣今曰桃丘而不復服正義曰云無復用服亦乘也桃林在華山之旁此二事並是牛馬放生之地初伐就此取之今事竟歸之前處故尚書武成篇序云武王伐殷往伐歸獸是也車
甲弢徐廣曰弢音韜而藏之府庫而弗復用倒載干戈
苞之以虎皮鄭玄曰包干戈以虎皮明能以武服兵也將率之士使為
諸侯名之曰建櫜王肅曰所以能櫜弓矢而不用者將率之士力也故建以為諸侯謂之建櫜也
然後天下知武王之不復用兵也散軍而

郊射鄭玄曰郊射為射宮於郊也王肅曰郊有學宮可以習禮也左射貍首右射騶虞鄭玄曰左東學也右西學也貍首騶虞所歌為節也而貫革之射息也鄭玄曰貫革射穿甲革也裨冕搢笏鄭玄曰裨冕衣裨衣而冠冕也裨衣袞之屬也搢插也而虎賁之士稅劒也祀乎明堂鄭玄曰文王之廟為明堂而民知孝朝覲然後諸侯知所以臣耕藉鄭玄曰耕藉藉田也然後諸侯知所以敬五者天下之大教也食三老五更於大學鄭玄曰老更互言之耳皆老人更知三德五事者也周名太學曰東膠天子袒而割牲執醬而饋執爵而酳冕而總干鄭玄曰冕而總干在舞位所以教諸侯之悌也若此則周道四達禮樂交通則夫武之遲久不亦宜乎鄭玄曰言武遲久為重禮

樂也子貢見師乙而問焉鄭玄曰師樂官也乙名也曰賜聞聲歌各有宜也鄭玄曰氣順生如賜者宜何歌也師乙曰乙賤工也鄭玄曰樂人稱工也何足以問所宜請誦其所聞而吾子自執焉鄭玄曰執猶處也寬而靜柔而正者宜歌頌廣大而靜疏達而信者宜歌大雅恭儉而好禮者宜歌小雅正直清廉而謙者宜歌風肆直而慈愛者鄭玄曰肆正也宜歌商溫良而能斷者宜歌齊夫歌者直己而陳德鄭玄曰各因其德歌所宜動己而天地應焉四時和焉星辰理焉萬物育焉鄭玄曰育生也故商者五帝之遺聲也商人志之故謂之商齊者

者三代之遺聲也齊人志之故謂之齊明乎商之詩者臨事而屢斷〔鄭玄曰以其肆直〕明者齊之詩者見利而讓也〔鄭玄曰以其温良而能斷也〕臨事而屢斷勇也見利而讓義也有勇有義非歌孰能保此故歌者上如抗下如隊曲如折止如槀木居中矩句中鉤纍纍乎殷如貫珠〔鄭玄曰言歌聲之著動人心之審而有此聲〕故歌之爲言也長言之也〔鄭玄曰長言引其聲〕說之故言之言之不足故長言之長言之不足故嗟歎之嗟歎之不足故不知手之舞之足之蹈之〔鄭玄曰手舞足蹈歡之至〕子貢問樂

〔正義曰結此前事悉是子貢問之事其樂記者公孫尼子次撰也爲樂記通天地貫人情辯政治故細解之以前劉向〕

別録篇次與鄭目録同而樂記篇次又不依鄭目今此文篇次顛倒者以褚先生升降故今亂也今逐舊次第隨段記之使後略知也以後文出褚意耳凡音由於人心天之與人有以相通如景之象形響之應聲故為善者天報之以福為惡者天與之以殃其自然者也故舜彈五弦之琴歌南風之詩而天下治紂為朝歌北鄙之音身死國亡舜之道何弘也紂之道何隘也夫南風之詩者生長之音也舜樂好之樂與天地同意得萬國之驩心故天下治也夫朝歌者不時也北者敗也鄙者陋也紂樂好之與萬國殊心諸侯不附百姓不親天下畔之故身死國

亡而衛靈公之時正義曰時衛都楚丘楚丘故城在宋州楚丘縣北三十里衛之楚丘邑也將之晉至於濮水之上舍正義曰括地志云在曹州離狐縣界即師延投濮處也夜半時聞鼓琴聲問左右皆對曰不聞乃召師涓曰吾聞鼓琴音問左右皆不聞其狀似鬼神為我聽而寫之師涓曰諾因端坐援琴聽而寫之明日曰臣得之矣然未習也請宿習之靈公曰可因復宿明日報曰習矣即去之晉見晉平公平公置酒於施惠之臺正義曰一本虒祁之堂左傳云虒祁之宮杜預云虒祁地名也在絳州西四十里臨汾水也酒酣靈公曰今者來聞新聲請奏之平公曰可即令師涓坐師曠旁援琴鼓之